清汪士鐘影刻宋本儀禮疏

第一册

唐 賈公彦撰

天津圖書館藏清道光十年長洲汪士鐘藝芸書社影刻南宋單疏本

（原闕卷三十二至三十七）

山東人民出版社·濟南

圖書在版編目（CIP）數據

清汪士鐘影刻宋本儀禮疏 /（唐）賈公彥撰 .— 濟南：山東人民出版社 , 2024.3
（儒典）
ISBN 978-7-209-14340-0

Ⅰ . ①清… Ⅱ . ①賈… Ⅲ . ①《儀禮》- 注釋 Ⅳ . ① K892.9

中國國家版本館 CIP 數據核字（2024）第 036372 號

項目統籌：胡長青
責任編輯：吕士遠
裝幀設計：武　斌
項目完成：文化藝術編輯室

清汪士鐘影刻宋本儀禮疏
〔唐〕賈公彥撰

主管單位　山東出版傳媒股份有限公司
出版發行　山東人民出版社
出 版 人　胡長青
社　　址　濟南市市中區舜耕路517號
郵　　編　250003
電　　話　總編室（0531）82098914
　　　　　市場部（0531）82098027
網　　址　http://www.sd-book.com.cn
印　　裝　山東華立印務有限公司
經　　銷　新華書店

規　　格　16開（160mm×240mm）
印　　張　69
字　　數　552千字
版　　次　2024年3月第1版
印　　次　2024年3月第1次
ISBN　978-7-209-14340-0
定　　價　164.00圓（全四册）

《儒典》選刊工作團隊

學術顧問　杜澤遜　李振聚　徐　泳

項目統籌　胡長青

責任編輯　劉　晨　劉嬌嬌　張艷艷

　　　　　呂士遠　趙　菲　劉一星

前言

中國是一個文明古國、文化大國，中華文化源遠流長，博大精深。在中國歷史上影響較大的是孔子創立的儒家思想，因此整理儒家經典、注解儒家經典，爲儒家經典的現代化闡釋提供权威、典范、精粹的典籍文本，是推進中華優秀傳統文化創造性轉化、創新性發展的奠基性工作和重要任務。

中國經學史是中國學術史的核心，歷史上創造的文本方面和經解方面的輝煌成果，大量失傳了。西漢是經學的第一個興盛期，除了當時非主流的《詩經》毛傳以外，其他經師的注釋後來全部失傳了。東漢的經解衹有鄭玄、何休等少數人的著作留存下來，其餘也大都失傳了。南北朝至隋朝興盛的義疏之學，其成果僅有皇侃《論語疏》幸存於日本。五代時期精心校刻的《九經》、北宋時期國子監重刻的《九經》以及校刻的單疏本，也全部失傳。南宋國子監刻的單疏本，我國僅存《周易正義》、《爾雅疏》、《春秋公羊疏》（三十卷殘存七卷）、《春秋穀梁疏》（十二卷殘存七卷），日本保存了《尚書正義》、《毛詩正義》、《禮記正義》（七十卷殘存八卷）、《周禮疏》（日本傳抄本）、《春秋公羊疏》（日本傳抄本）、《春秋正義》（日本傳抄本）。南宋兩浙東路茶鹽司刻八行本，我國保存下來的有《周禮疏》、《禮記正義》、《春秋左傳正義》（紹興府刻）、《論語注疏解經》（二十卷殘存十卷）、《孟子注疏解經》（存臺北『故宮』），日本保存有《周易注疏》《尚書正義》（凡兩部，其中一部被清楊守敬購歸）。南宋福建刻十行本，我國僅存《春秋穀梁注疏》、《春秋左傳注疏》（六十卷，一半在大陸，一半在臺灣），日本保存有《毛詩注疏》《春秋左傳注疏》。從這些情況可以看出，經書代表性的早期注釋和早期版本國内失傳嚴重，有的僅保存在東鄰日本。

鑒於這樣的現實，一百多年來我國學術界、出版界努力搜集影印了多種珍貴版本，但是在系統性、全面性和準確性方面都還存在一定的差距。例如唐代開成石經共十二部經典，石碑在明代嘉靖年間地震中受到損害，明代萬曆初年西安府學等學校師生曾把損失的文字補刻在另外的小石上，立於唐碑之旁。近年影印出版唐石經拓本多次，都是以唐代石刻與明代補刻割裂配補的裱本爲底本。由於明代補刻采用的是唐碑的字形，這種配補本難以區分唐刻與明代補刻，不便使用，亟需單獨影印唐碑拓本。

爲把幸存於世的、具有代表性的早期經解成果以及早期經典文本收集起來，系統地影印出版，我們規劃了《儒典》編纂出版項目。

《儒典》出版後受到文化學術界廣泛關注和好評，爲了滿足廣大讀者的需求，現陸續出版平裝單行本。共收録一百十一種元典，共計三百九十七册，收録底本大體可分爲八個系列：經注本（以開成石經、宋刊本爲主。開成石經僅有經文，無注，但它是用經注本删去注文形成的）、經注附釋文本、纂圖互注本、單疏本、八行本、十行本、宋元人經注系列、明清人經注系列。

《儒典》是王志民、杜澤遜先生主編的。本次出版單行本，特請杜澤遜、李振聚、徐泳先生幫助酌定選目。特此説明。

二〇二四年二月二十八日

目録

第一册

第二册

第三册

第四册

重刻宋本儀禮䟽序

儀禮合䟽於經注而并其卷第始自明正德陳鳳梧迨李元陽以下皆因之從事校讎者多言其譌而宋景德官刊賈公彥元分五十卷不合經注之䟽與唐舊新志同者則均未得見也宋槧殘本幸存僅缺去卅二至卅七無恙者計卷尚四十有四嘉慶初入吾郡黄氏於是張古餘太守得其校本別合嚴州經注重編於江省後阮宫保取配十行不足者也唯時段若膺大令亦得此校本謂之單䟽儀禮亦訂正自來用經

傳通解轉改之失而單疏之善既有聞矣然五十卷之面目仍未有見之者也吾郡宋槧轉歸予藝芸書舍念世間無二遂命工影寫重彫之以餉學子使數百年來弗克寓目者今乃可家置一部竟如前此馬廷鸞之得諸篋中豈非大愉快哉宋每半葉十五行每行廿七字修者不等各仍其舊鈌卷亦然幷卷内鈌葉十有三翻因他本盡割棄所標經注無由推知也其卷内正誤補脱去衍乙錯數千百處視邇日諸家約略是同究不若此次之行摹款倣尤傳景德之

眞矣若夫撰定異同不特出入紛紜恐致詞費
抑復管窺專輒曷若闕如悉心尋繹元文自見
云爾
道光十年歲次庚寅秋九月長洲汪士鐘序

重刻宋本儀禮疏後序

道光庚寅歲閬原觀察重刻所藏宋景德官本五十卷賈公彥儀禮疏自一至卅一又自卅八至五十既成以千里平日粗涉此經命以一言綴於後千里思夫治經者期曉然乎經之意而已經之意不易曉曉之必由注經注之意不易曉曉之必由疏此讀疏之所以爲治經先務歟讀賈公彥之疏由之以曉經注之意者最多舉其一言之鄉飲酒禮疏曰鄭注鄉射云昔大王王季文王始居岐山之陽彼兼言文王者欲見

文王未受命以前亦得召南之化此不兼言文王者據文王徙豐受命之後專行周南之教賈合鄉飲酒鄉射燕三篇之注周南召南者而疏通其意也學子但讀此疏則鄉飲酒之注與燕同不兼言文王者可以曉然而鄉射之注與鄉飲酒燕不同兼言文王者亦可以曉然又何用如若膺大令待其晚年別讀詩序先王之所以敎鄭注而後始見其或不言文王或言文王有不合仍未述及賈公彥具有明文轉謂從前不能知此哉用是推之治經者必以讀疏爲先務

斷斷然矣今閻原觀察知所先後獨舉罕遘之本用餉學子可謂盛心千里轉慮此後得之較易而讀者通患習焉弗察爰附著之若乃是書流傳之緒美善之徵校刊之例此不具出者見觀察所自序中也元和顧千里撰

儀禮疏卷第一

唐朝散大夫行太學博士弘文館學士臣賈公彦等撰

儀禮疏序

竊聞道本沖虛非言無以表其疏言有微妙非釋無能悟其理是知聖人言曲事資注釋而成至於周禮儀禮發源是一理有終始分爲二並是周公攝政太平之書周禮爲末儀禮爲本本則難明末便易以周禮注者則有多門儀禮所注後鄭而已其爲章疏則有二家黃慶者齊之盛德李孟悊者隋日碩儒慶則舉大略小經注疎漏山遠望而近不知悊則舉小略大經注稍周似入室近觀而家之疏互有脩短時之所尚李則爲先案士冠三加有弁既冠又著玄冠見於君有此四種之冠故記人下陳弁以釋經之四種經之與記都無天子冠法而李云委始冠之冠李之謬也喪服一篇凶禮之要是以南北二之所以皆資黃氏案鄭注喪服引禮記檀弓云叀忠實之心故爲制此服焉則經之所作表

心經以表首以黃氏公違鄭注黃之謬
矣今以先儒失路後宜易塗故悉鄙情聊裁
本擇善而從兼增己義仍取四門助敎李玄植詳論
可施以函丈之儒青衿之俊幸以去瑕取玖得無譏

士冠禮第一　鄭目録云童子任職居士位年二十
服則是於諸侯天子之士朝服皮弁素積古者四民
士冠禮於五禮屬嘉禮大小戴及別録此皆第一　釋曰鄭
職居士位年二十而冠爲士身加冠知者鄭見下昏禮及士相見
士身自昏自相見又大戴禮公冠篇及下諸侯有冠禮夏之末造
諸侯身自加冠故鄭據士身自加冠爲目也鄭云四人世事士之
爲士者是齊語文彼云桓公謂管仲曰成人之士若何管子對曰
勿雜處也公曰處士農工商若何管子對曰昔聖王之處士就閑燕
處工就官府也處商就市井也處農就田野也少而習焉其心安焉是
四人世事士之子恒爲士也引之者證此士身年二十加冠法若士之
子則四十彊而仕何得有二十爲士自加冠也二十而冠者鄭據曲禮

文二十曰弱冠故云年二十而冠其大夫始仕者二十已冠訖五十乃
爵命爲大夫故大夫無冠禮又案喪服小功章云大夫爲昆弟之長殤
鄭云大夫爲昆弟之長殤小功謂爲士者若不仕者也以此知爲大夫
無殤服也小記云大夫冠而不爲殤大夫身已加冠降兄殤在小功是
身有德行得爲大夫冠不以二十始冠也若諸侯則十二而冠故左
襄九年晉侯與諸侯伐鄭還公送晉侯以公宴于河上問公年
子對曰會于沙隨之歲寡君以生注云沙隨在成十六年晉侯
二年矣是謂一終一星終也國君十五而生子冠而生子禮也君
冠矣是諸侯十二而冠也若天子亦與諸侯同十二而冠文
云王與大夫盡弁時成王年十五云王與大夫盡弁則知
而冠矣又大戴禮云文王十三生伯邑考左傳云冠而生
之諸侯亦十二而冠若夏之天子諸侯與殷天子亦十二而
天子之子則亦二十而冠故禮記祭法云王下祭殤五又禮
君之適長殤車三乘是年十九已下乃爲殤故二十乃冠矣若
侯冠自有天子諸侯冠禮故大戴禮有公冠篇天子自然有冠

禮之内亡耳士既三加爲大夫早冠者亦依士禮三加若天子則多矣故大戴禮公冠篇云公冠四加者緇布皮弁爵弁後加子亦四加後當加衮冕矣案下文云天子之元子猶士天下者則天子之子雖早冠亦用士禮而冠案家語冠頌云王太冠則天子元子亦擬諸侯四加若然諸侯之子不得四加可知鄭又云冠於五禮屬嘉禮者鄭據周禮大宗伯所掌軍嘉而言宗伯云以嘉禮親萬民下云以昏冠之禮親成男屬嘉禮者也鄭又云大小戴及别録此皆第一者大戴戴聖與劉别録十七篇次第皆冠禮爲第一昏禮爲第二士相見爲第三自下篇次則異故鄭云大小戴别録即皆第一也其劉向别録即此篇之次是也皆尊卑吉凶次第倫敘故鄭用之至於大戴即以士第四既夕爲第五士虞爲第六特牲爲第七少牢爲第八有司徹爲第九鄉飲酒第十鄉射第十一燕禮第十二大射第十三聘禮第十四公食第十五覲禮第十六喪服第十七小戴於鄉飲鄉射燕禮大射四篇亦依此别録次第而以士虞爲第八喪服爲第九特牲爲第十少牢爲

第十一有司徹爲第十二喪爲第十三既夕爲第十四聘禮爲第十五公食爲第十六覲禮爲第十七皆尊卑吉凶雜亂故鄭玄皆不從之矣

儀禮　釋曰儀禮者一部之大名士冠者當篇之小號退大名在下者取配注之意故也然周禮言周不言儀儀禮言儀不言周既同是周公攝政六年所制題號不同者周禮取別夏殷故言周儀禮不言周者欲見兼有異代之法故此篇有醮用酒燕禮云諸公士喪禮云商祝夏祝是兼夏殷故不言周又周禮是統心儀禮是履踐外内相因首尾是一故周禮巳言周儀禮不須言周周可知矣且儀禮亦名曲禮故禮器云經禮三百曲禮三千鄭注云曲猶事也事禮謂今禮也其中事儀三千言儀者見行事有威儀言曲者見行事有屈曲故有二名也鄭氏注

釋曰後漢書云鄭玄字康成青州北海郡高密縣人鄭崇之後也言注者注義於經下若水之注物亦名爲著故鄭叙云凡著三禮七十二篇云著者取著明經義者也孔子之徒言傳者取傳述之意爲意不同故題目有異也但周禮六官六十叙官之法事急者爲先不問官之大小儀禮見其行事之法賤者爲先故以士冠爲先無大夫冠禮諸侯冠次

之天子冠又次之其昏禮亦士爲先大夫次之諸侯次之天子爲後諸侯鄉飲酒爲先天子鄉飲酒次之鄉射燕禮已下皆然又以冠昏士相見爲先後者以二十而冠三十而娶四十彊而仕即有摯見鄉大夫見己君及見來朝諸侯之等又爲鄉大夫州長行鄉飲酒鄉射之事已下先吉後凶盡則行祭祀吉禮次叙之法其義可知略陳儀禮元本至於禮之大義備於禮記疏　士冠至廟門　釋曰自此至宗人告事畢一節論將行冠禮先筮取日之事案下文云布席于門中闑西閾外者闑爲門限即是門外故特牲禮筮日主人即位于門外西面此不言門外者閾外之文可參故省文也　注筮者至廟神　釋曰鄭知筮以著者曲禮云龜曰卜著曰筮故知筮以著也云問日吉凶於易也者下云若不吉則筮遠日如初儀又案周禮大卜掌三易一曰連山二曰歸藏三曰周易筮得卦以易辭占吉凶故云問日吉凶於易也不筮月者夏小正云二月綏多士女冠子取妻時也既有常月故不筮也云冠必筮日於廟門者重以成人之禮成子孫也者案冠義云筮日筮賓所以敬冠事敬冠事所以重禮是筮日爲重禮之事也冠義又云古者重冠重冠

故行之於廟行之於廟者所以尊重事尊重事而不敢擅重事不敢擅重事所以自卑而尊先祖也是成人之禮成子孫也此經唯論父子兄弟不言祖孫鄭兼言孫者家事統於尊若祖在則爲冠主故兼孫也云廟謂禰廟者案昬禮行事皆直云廟記云凡行事受諸禰廟此經亦直云廟故知亦於禰廟也然儀禮之内單言廟者皆是禰廟若非禰廟則以廟名別之故聘禮云賓朝服問卿卿受于祖廟又受聘在始祖廟即云不腆先君之祧是不言於廟舉祖祧以別之也士於廟若天子諸侯冠在始祖之廟是以襄九年季武子云以先君之祧處之祧則與聘禮先君之祧謂遷主所藏始祖同也若然服氏注以祧爲曾祖者以其公還及衛冠於衛成公之廟服注成公衛曾祖故以祧爲曾祖廟時不冠於衛之始祖以非己廟故也無大夫冠禮若幼而冠者與士同在禰廟也云不於堂者嫌蓍龜之靈由廟神者此據經冠在廟堂此著筮在門外不同處故以廟決堂以蓍自有靈知吉凶不假廟神故云嫌蓍龜之靈由廟神也案天府職云季冬陳玉以貞來歲之美惡注云問歲之美惡謂問於龜凡卜筮者實問於鬼神龜筮能出其卦兆之占耳若然卜筮實問七八九六之鬼神故以六玉禮

耳而龜筮直能出其卦兆之占似無靈者各有所對若以龜蓍對生數成數之鬼神則蓍龜直能出卦兆不得有神若以卦對生成之鬼神則蓍龜亦自有神是以易繫辭云蓍之德圓而神又云定天下之吉凶成天下之亹亹者莫善於蓍龜又郭璞云上有蔭叢蓍下有千齡蔡凡蟲之智莫善於龜凡草之靈莫善於蓍蓍龜自有靈也若蓍自有神不假廟神也不於寢門筮者一取成人之禮成子孫二兼取鬼神之謀故易繫辭云人謀鬼謀鄭注云鬼謀謂謀卜筮於廟門是也　主人至西面　釋曰此主人將欲謀日之時先服即位於禰廟門外東西面立以待筮事也　注主人至入與　釋曰經直云主人當是父子加冠之禮知兼有兄者論語云出則事公卿入則事父兄父兄者一家之統父不在則兄爲主可知故兼其兄也又案下文若孤子則父兄戒宿冠之日主人紒而迎賓則無親父親兄故彼注云父兄諸父諸兄則知此主人迎賓是親父親兄也云玄冠委貌者此云玄冠下記云委貌彼云委貌見其安正容體此云玄冠見其色實一物也云朝服者十五升布衣者雜記云朝服十五升布也云素裳者雖經不言裳裳與韠同色云素韠者故知裳亦

積白素絹爲之也云衣不言色者衣與冠同也者禮之通例衣與冠同色故郊特牲云黃衣黃冠是也裳與韠同色故下爵弁服纁裳韎韐韎韐即纁之類是也經直云朝服不言色與冠同可知也若然鄭不言裳與韠同色者舉衣與冠同裳與韠同亦可知故不言也其衣冠色異經即別言之是以下云爵弁服純衣是也云筮必朝服者尊蓍龜之道者此決正冠時主人服玄端爵韠不服此服朝服是尊蓍龜之道也若然下又云有司如主人服又宿賓賓如主人服又宿贊冠者及夕爲期皆朝服云尊蓍龜者案鄉飲酒主人朝服則此有司賓主朝服自是尋常相見所服非特相尊敬之禮此筮而朝服決正冠時與士之祭禮入廟常服玄端今此筮亦在廟不服玄端故云尊蓍龜之道此筮唯有蓍草言龜者案周禮小事徒筮而已若大事先筮而後卜龜筮是相將之物同著朝服故兼言龜是以雜記卜筮皆朝服也案特牲禮筮日與祭同服玄端少牢筮日與祭同服朝服不特尊蓍龜者彼爲祭事龜不可尊於先祖故同服此爲冠事冠事龜可尊於子孫故服異也云緇帶黑繒帶者案玉藻云君素帶終裨大夫素帶裨垂士練帶率下裨注云大夫

裨其紐及末士裨其末而已又云雜帶君朱綠大夫玄華士緇裨鄭云君裨帶上以朱下以綠終之大夫裨垂外以玄内以華士裨垂之下外内皆以緇是謂緇帶鄭彼云是謂者指此文也若然天子諸侯并繞䙡及垂者皆裨之大夫則不裨其繞䙡者直裨垂之三尺屈而垂者士則裨其末繞三尺所垂者不裨在者若然大帶所用物大夫已上用素士練繒爲帶體所裨者用緇則此言緇據裨者而言也云士帶博二寸再繚四寸屈垂三尺者此亦玉藻文大夫已上大帶博四寸此士卑降於大夫已上博二寸再繚共爲四寸屈垂三尺則大夫已上亦屈垂三尺同矣云素韠白韋韠者案玉藻云韠君朱大夫素士爵韋彼以韠爲揔目而云君朱大夫素士爵韋是韠色不同下云韋者是君大夫同用韋也但彼是玄端服之韠此士用素韋爲之故鄭云白韋韠也又云韠長三尺至博二寸亦皆玉藻文鄭彼注云頸五寸亦謂廣也頸中央肩兩角皆上接革帶肩與革帶廣同此韠即韍也祭服謂之韍朝服謂之韠也云天子與其臣玄冕以視朔皮弁以日視朝者此約玉藻而知案彼云天子玄端聽朔於南門之外皮弁以日視朝又云諸侯皮弁以聽朔

於太廟朝服以日視朝於内朝彼注云端當爲冕謂天子以玄冕聽朔於南門之外明堂之中彼皆不言臣此鄭兼言臣者欲見在朝君臣同服引之者證此玄冕朝服而筮者是諸侯之士則諸侯與其臣與子加冠同服皮弁以筮日天子與其臣與子加冠同服玄冕以筮日矣知天子服玄冕諸侯服皮弁以筮日者鄭既取君臣同服明筮時還君臣同服若云天子用玄冕諸侯用皮弁其臣不得上同於君君下就臣同朝服也云凡染黑五入爲緅七入爲緇玄則六入與者案爾雅一染謂之縓再染謂之赬三染謂之纁此三者皆是染赤法周禮鍾氏染鳥羽云三入爲纁五入爲緅七入爲緇此是染黑法故云凡染黑也但爾雅及周禮無四入與六入之文禮有色朱玄之色故注此玄則六入下經注云朱則四入無正文故皆云與以疑之但論語有紺緅連文紺又在緅上則以纁入赤爲朱若以纁入黑則爲紺故淮南子云以涅染緅則黑於涅又以紺入黑汁則爲緅故紺緅連言也若然玄爲六入緇爲七入深淺不同而鄭以衣與冠同以緇與玄同色者大同小異皆是黑色故云同也　有司至北上　釋曰此論主人有司從主人有事故立位於

廟門外西方東面以待事也　注有司至是也　釋曰士雖無臣皆有
屬吏胥徒及僕隸故云有司羣吏有事者也云謂主人之吏所自辟除
府史以下者案周禮三百六十官之下皆有府史胥徒不得君命主人
自辟除去役賦補置之是也又案周禮皆云府史此云羣吏吏亦一
也故舉漢法爲證又周禮鄭注云官長所自辟除此云主人者以此經
云主人故依經而直云主人中亦爲長者也又此注以有司爲羣吏案
特牲以有司爲士屬吏不同者言羣吏則謂府史胥徒也言屬吏則謂
君命之士是以下文宿賓贊冠者注云謂賓若他官之屬中士若下士也
又主人贊者亦云其屬中士若下士是言屬者尊之義特牲之有司士
之屬吏亦親類也特牲有司之上有子姓此文無者彼祭祀事重故子
姓皆來此冠事稍輕故容有不至故不言　筮與至西塾　釋曰下云
布席於門中闑西閾外彼據筮此云西塾據陳處　注筮所至堂也
釋曰筮所以問吉凶謂蓍也者案曲禮云龜爲卜策爲筮故知問吉凶
謂蓍案易筮法用四十九蓍分之爲二以象兩卦一以象三揲之以四
以象四時歸奇於扐以象閏十有八變而成卦是也云所卦者所以畫

地記爻者筮法依七八九六之爻而記之但古用木畫地今則用錢以三少爲重錢重錢則九也三多爲交錢交錢則六也兩多一少爲單錢單錢則七也兩少一多爲拆錢拆錢則八也案少牢云卦者在左坐卦以木故知古者畫卦以木也云易曰六畫而成卦者說卦文彼云昔者聖人之作易也將以順性命之理是以立天之道曰陰與陽立地之道曰柔與剛立人之道曰仁與義兼三才而兩之故易六畫成卦注云三才天地人之道六畫畫六爻引之者證畫地識爻之法云西塾門外西堂也者案爾雅云門側之堂謂之塾即士虞禮云羞燔俎在內西塾上南順是也筮在門外故知此經西塾門外西堂也　布席至西面　釋曰此所布之席擬卜筮之事言在中門者以大分言之云闑西閾外者指陳席處也　注闑門至爲蹙　釋曰云闑門橛者闑一名橛也云閾閫也者曲禮云外言不入於閫閫門限與閾爲一也云古文闑爲槷閾爲蹙者遭於暴秦燔滅典籍漢興求録遺文之後有古書今文漢書云魯人高堂生爲漢博士傳儀禮十七篇是今文也至武帝之末魯恭王壞孔子宅得古儀禮五十六篇其字皆以篆書是爲古文也古文十七篇與高堂生所傳者

同而字多不同其餘三十九篇絶無師説祕在於館鄭注禮之時以今古二字並之若從今文不從古文即今文在經闑閾之等是也於注内疊出古文槷閾之屬是也若從古文不從今文則古文在經注内疊出今文即下文孝友時格鄭注云今文格爲嘏又喪服注今文無冠布纓之等是也此注不從古文槷閾者以槷閾非門限之義故從今不從古也儀禮之内或從今或從古皆逐義彊者從之若二字俱合義者則互換見之即下文云壹揖壹讓升注云古文壹皆作一公食大夫三牲之肺不離贊者辨取之一以授賓注云古文一爲壹是大小注皆疊今古文二者俱合義故兩從之又鄭疊古今之文者皆釋經義盡乃言之若疊今古之文説須别釋餘義者則在後乃言之即下文孝友時格注云今文格爲嘏又云凡醮不祝之類是也若然下記云章甫殷道鄭云章明也殷質言以表明丈夫也甫或爲父今文爲斧事相違故因疊出今文也　筮人至主人　釋曰此經所陳據筮時之事案少牢云史左執筮右抽上韇兼與筮執之東面受命于主人得主人命許史曰諾西面于門西抽下韇左執筮右兼執韇以擊筮乃立筮此云筴彼云筮一也

但筮法不殊此亦應不異少牢具陳此不言者文不具當與彼同案三正記大夫蓍五尺故立筮士之蓍三尺當坐筮與彼異也　注筮人至筮也　釋曰案周禮春官筮人掌三易一曰連山二曰歸藏三曰周易注云問蓍曰筮其占易是筮人主三易者也云韇藏筴之器者韇有二其一從下向上承之其一從上向下韜之也云今時藏弓矢者謂之韇丸也者此舉漢法爲況亦欲見韜弓矢者以皮爲之故詩云象弭魚服是以魚皮爲矢服則此韇亦用皮也知自西方而前者上云即位於西方故知前向東方受命也云受命者當知所筮也者謂執之不知以請筮何事宰遂命之也凡卜筮之法案洪範云七稽疑擇建立卜筮人三人占從二人之言又案尚書金縢云乃卜三龜一習吉則天子諸侯卜時三龜並用於玉瓦原三人各占一兆也筮時連山歸藏周易亦三易並用夏殷以不變爲占周易以變者爲占亦三人各占一易筮皆三占從二三者三吉爲大吉一凶爲小吉三凶爲大凶一吉爲小凶案士喪禮筮宅卒筮執卦以示命筮者命筮者受視反之東面旅占注云旅衆也反與其屬共占之謂掌連山歸藏周易者又卜葬日云占者三人在

其南注云占者三人掌玉兆瓦兆原兆者也少牢大夫禮亦云三人占鄭既云反與其屬占之則鄭意大夫卜筮同用一龜一易三人共占之矣其用一龜一易則三代顒用不專一代故春秋緯演孔圖云孔子脩春秋九月而成卜之得陽豫之卦宋均注云陽豫夏殷之卦名故今周易無文是孔子用異代之筮則大夫卜筮皆不常據一代者也　宰自至贊命　注宰有至自右　釋曰知宰是有司主政教者士雖無臣以屬吏爲宰若諸侯使司徒兼冢宰以出政教之類故云主政教者引少儀者取證贊命在右之義以其地道尊右故贊命皆在右是以士喪禮亦云命筮者在主人之右注云命尊者宜由右出特牲云宰自主人之左贊命不由右者爲神求吉變故也士喪在右不在左者以其始死未忍異於生故在右也少牢宰不贊命大夫尊屈士卑不嫌故使人贊命也　筮人至在左　釋曰此言筮人於主人受命訖行筮事也但即席坐西面者主人爲筮人而言作坐文宜在西面下今退西面於下者欲西面之文下就畫卦者亦西向故也　注即就至爻者　釋曰鄭知東面受命者以其上文有司在西方東面主人在門東西面今從門西東

面主人之宰命之故東面受命可知也知右還北行就席者以其主人在門外之東南席在門中故知右還北行乃得西面就席坐也云卦者有司主畫地識爻者上云所卦者謂於此云卦者據人以杖畫地記識爻之七八九六者也　卒筮至主人　釋曰此言所筮六爻俱了卦體得成更以方版畫體示主人之事也　注卒已至之卦　釋曰云書卦者筮人者下文云筮人還東面旅占明此書卦是筮人也不使他人書卦者筮人尊卦亦是尊蓍龜之道也案特牲云卒筮寫卦筮者執以示主人注云卦者主畫地識爻六爻備乃以方版寫之則彼寫卦亦是卦者故鄭云卦者畫爻者彼爲祭禮吉事尚提提故卦者寫卦筮人執卦以示主人士喪禮注云卦者寫卦示主人經無寫卦之文是卦者自畫示主人以其喪禮遽於事故卦者自畫自示主人也此冠禮筮者自寫自示主人冠禮異於祭禮喪禮故也　主人受眡反之　釋曰此筮訖寫所得卦示主人主人受得省視雖未辨吉凶主人尊先受視以知卦體而已主人既知卦體反還與筮人使人知其占吉凶也　筮人至告吉　釋曰此言筮人既於主人受得卦體還於門西東面旅共占之是吉卦

乃進向門東東面告主人云吉也　若不至初儀　釋曰曲禮吉事先近日此冠禮是吉事故先筮近日不吉乃更筮遠日是上旬不吉乃更筮中旬又不吉乃更筮下旬云如初儀者自筮於廟門已下至告吉是也　注遠日旬之外　釋曰曲禮云旬之内曰近某日旬之外曰遠某日彼據吉禮而言旬之内曰近某日據士禮旬内筮故云近某日是以特牲旬内筮日是也旬之外曰遠某日者據大夫以上禮旬外筮故言遠某日是以少牢筮旬有一日是也案少牢云若不吉則及遠日又筮日如初鄭注云及至也遠日後丁若後巳言至遠日又筮日如初明不并筮則前月卜來月之上旬上旬不吉至上旬又筮中旬中旬不吉至中旬又筮下旬下旬不吉則止不祭祀也若然特牲不言及則可上旬之内筮不吉則預筮中旬中旬不吉又預筮下旬又不吉則止若此冠禮亦先近日士冠禮亦於上旬之内預筮三旬不吉則更筮後月之上旬以其祭祀用孟月不容入他月若冠子則年已二十不可止然須冠故容入後月也若然大夫已上筮旬外士筮旬内此士禮而注云遠日旬之外者此遠日旬之外自是當月上旬之内筮不吉更筮中旬云遠日非謂曲禮文大

夫已上前月預筮來月上旬爲遠某日者彼自有遠日與此別也　徹
筮席　注徹去也斂也　釋曰據席則徹去之筮則斂藏之故兩訓之
也　宗人告事畢　注宗人至禮者　釋曰士雖無臣亦有宗人掌禮
比於宗伯故云有司主禮者　主人至辭許　釋曰自此已下至賓拜
送一節論主人筮日訖三日之前廣戒僚友使來觀禮之事也云主人
戒賓者謂主人親至賓大門外之西東面賓出大門外之東西面戒之
云賓禮辭許者即下云戒賓曰某有子某將加布於其首願吾子之教
之也賓對曰某不敏恐不能共事以病吾子敢辭主人曰某猶願吾子
之終教之也賓對曰吾子重有命某敢不從是一度辭後乃許之是賓
禮辭許者也　注戒警至許也　釋曰同官爲僚同志爲友此賓與主
人同是官與爲同志故以僚友解之此謂上中下士嘗執摯相見者也
若未嘗相見則不必戒故鄭以僚友言之是也云古者有吉事則樂與
賢者歡成之者則此經戒賓使來者是也云有凶事則欲與賢者哀戚
之者則士喪禮始死命赴者使告君及同僚之等是也云禮辭一辭而
許者即此文是也云再辭而許曰固辭者則士相見云某也願見無由

達某子以命命某見主人對曰某子命某見吾子有辱請吾子之就家也某將走見賓對曰某不足以辱命請終賜見主人對曰某不敢爲儀固請吾子之就家也某將走見賓對曰某不敢爲儀固以請主人對曰某也固辭不得命將走見是其再辭而許名爲固辭之義也云三辭曰終辭不許也者又士相見云士見於大夫終辭其摯是三辭不許爲終辭之義也若一辭不許後辭上許則爲禮辭許若再辭不許後三辭上許則爲再辭而許之曰固辭若不許至於三辭又不許則爲三辭曰終辭不許也又三辭而許則曰三辭若三辭不許乃曰終辭是以公食大夫戒賓上介出請入告三辭又司儀云諸公相爲賓主君郊勞交擯三辭車逆拜辱三揖三辭注云先辭辭其以禮來於外後辭辭升堂皆是三辭而許稱三辭若然此戒賓賓禮辭許不固辭案鄉飲酒主人請賓賓禮辭許注云不固辭者素所有志是賓習道藝本望賓舉是素所有志故不固辭此亦素有志樂與主人歡成冠禮故不固辭諸經云禮辭許者是素有志之類也案鄉飲酒主人戒賓賓拜辱主人荅拜乃請賓賓禮辭許主人再拜賓荅拜主人退賓拜辱鄉射亦然皆與此文不同

此經文不具當依彼文爲正但此不言拜辱者亦是不爲賔已故也
前期至之儀　釋曰此文下盡宿賛冠者亦如之論筮賔若賛冠者之
節云前期三日者加日爲期期前三日也筮賔者謂於僚友衆士之中
筮取吉者爲加冠之賔也云如求日之儀者亦於廟門外下至告事畢
唯命筮別其餘威儀並同故云如求日之儀也命筮雖無文宰賛蓋云
主人某爲適子某加冠筮某爲賔庶幾從之若庶子則改適爲一庶字
異餘亦同此經不云命筮并上筮日亦不云命筮者皆文不具也　注
前期至國本　釋曰云前期三日空二日也者謂正加冠日是期日冠
日之前空二日外爲前期三日故云空二日也二日之中雖有宿賔宿
賛冠者及夕爲期但非加冠之事故云空也云筮賔筮其可使冠子者
即下文三加皆賔親加冠於首者是也云賢者恒吉者解經先戒後筮
之意凡取人之法先筮後戒今以此賔是賢者必知吉故先戒賔賔已
許方始筮之以其賢恒自吉故先戒後筮之也若賢恒吉必筮之者取
其審愼重冠禮之事故鄭引冠義爲證也云重禮所以爲國本者詩云
人而無禮胡不遄死禮運云治國不以禮猶無耜而耕也故云重禮所

以爲國本也然冠既筮賓特牲少牢不筮賓者彼以祭祀之事主人自爲獻主羣臣助祭而已天子諸侯之祭祭前已射於射宫擇取可預祭者故不筮之也　乃宿至荅拜　釋曰此經謂宿賓擯者傳主人辭入内告賓賓如主人服出門與主人相見之儀也　注宿進至朝服　釋曰鄭訓宿爲進者謂進之使知冠日當來故下文宿曰某將加布於某之首吾子將莅之敢宿賓對曰某敢不夙興是宿之使進之義也云宿者必先戒者謂若賓及贊冠同在上戒賓之内已戒之矣今又宿是宿者必先戒也云戒不必宿者即上文戒賓之中除正賓及贊冠者但是僚友欲觀禮者皆戒之使知而已後更不宿是戒不必宿者也云不宿者爲衆賓或悉來或否者此決賓與贊冠者戒而又宿不得不來衆賓主來觀禮非要須來容有不來者故直戒不宿也云主人朝服者見上文筮日時朝服至此無改服之文則知皆朝服凡有戒無宿者非止於此案鄉飲酒鄉射主人戒賓及公食大夫各以其爵皆是當日之戒理無宿也又大射宰戒百官有事於射者射人戒諸公卿大夫射司士戒士射與贊者前射三日宰夫戒宰及司馬皆有戒而無宿是也射人宿

視滌此言宿者謂將射之前於宿預視滌濯非戒宿之意也若然特牲禮云前期三日宿尸前無戒而直有宿者特牲文不具其實亦有戒也又禮記祭統云先期旬有一日宮宰宿夫人夫人亦散齊七日致齊三日注云宿讀爲肅肅猶戒也戒輕肅重也者彼以夫人尊故不得言戒而變言宿讀爲肅者肅亦戒之義彼以宿當戒處非謂祭前三日之宿也大宰云祀五帝則掌百官之誓戒者謂戒百官使之散齊至祭前三日當致齊也凡宿賓之法案特牲云前期三日筮尸乃宿尸厥明夕陳鼎則前期二日宿之也少牢筮吉下云宿鄭注云大夫尊儀益多筮曰旣戒諸官以齊戒矣至前祭一日又戒以進之使知祭日當來又云前宿一日宿戒尸注云先宿尸者重所用爲尸者又爲將筮吉則乃遂宿尸是前祭二日筮尸訖宿尸至前祭一日又宿尸天子諸侯祭前三日宿之使致齊也　乃宿至拜送　釋曰上據擯者傳辭賓出與主人相見此經據主人自致時故再舉宿賓之文也　宿贊至如之　注贊冠至明日　釋曰案下文冠子之時贊者坐櫛設纚卒紘之類是贊冠者佐賓爲冠事者以其佐賓爲輕故不筮也云謂賓若他官之屬者此所

取本由主人之意或取賓之屬或取他官之屬故鄭兩言之案周禮三百六十官每官之下皆有屬官假令上士爲官首其下有中士下士爲之屬若中士爲官首其下即有下士爲之屬也云中士若下士也者此據主人是上士而言之贊冠者皆降一等假令主人是上士賓亦是上士則取中士爲之贊假令主人是下士賓亦是下士則亦取下士爲之贊禮窮則同故也云宿之以筮賓之明日者以下有厥明夕爲期是冠前一日宿賓宿贊在厥明之上則去冠前二日矣筮賓是前期三日則知宿賓贊冠者是筮賓之明日可知不在宿賓下而在宿贊冠之下言之者欲取爲厥明相近故也　厥明至北上　釋曰自此至賓之家論冠前一日之夕爲明日加冠之期告賓之事也云厥明夕爲期者謂宿賓與贊冠明日向暮爲加冠之期必於廟門者以冠在廟知亦在廟爲期也主人之類在門東賓之類在門西者各依賓主之位夾處東西也　注厥其至朝服　釋曰知宿服朝服者以其宿服如筮日之服筮日朝服轉相如故知是朝服也　擯者至行事　釋曰上經布位已訖故此經見爲期之事言請期者謂請主人加冠之期言告日者即是宰贊命

告之也　注擯者至冠事　釋曰上云有司此言擯者故知擯者是有司佐主人行冠禮者也云在主人曰擯在客曰介者案聘禮及大行人皆以在主人曰擯在客稱介亦曰相司儀云每門止一相是也云旦日正明行冠事者案特牲請期曰羮飪鄭注云肉謂之羮飪熟也謂明日質明時而曰肉熟重豫勞賓此無羮飪故云質明少牢云旦明行事故此注取彼而言旦日正明行冠事也　告兄弟及有司　注擯者告也　釋曰上文陳兄弟及有司位次此告訖下乃云告事畢則兄弟及有司亦廟門之外矣必告之者禮取審慎之義故也必知擯者告者上擯者請期此即云告明還是擯者告可知　告事畢　注宗人告也　釋曰知宗人告者亦約上文筮日時宗人告事得知也　擯者至之家　釋曰有司是家之屬吏者則告期皆得在位賓是同僚之等爲期時不在故就家告之於夕爲期當暮即得告之者以其共仕於君其家必在城郭之內相近故得告也　夙興至洗東　釋曰自此至賓升則東面論將冠子豫陳設冠與服器物之事也　注夙早至小異　釋曰云洗承盥洗者棄水器也者謂盥手洗爵之時恐水穢地以洗承盥洗水而棄

之故云棄水器也云士用鐵者案漢禮器制度洗之所用士用鐵大夫用銅諸侯用白銀天子用黃金也云榮屋翼也者卽今之摶風云榮者與屋爲榮飾言翼者與屋爲翅翼也云周制自卿大夫以下其室爲夏屋者言周制者夏殷卿大夫以下屋無文故此經是周法卽以周制而言也案此經是士禮而云榮鄉飲酒卿大夫禮鄉射喪大記大夫士禮皆云榮又案匠人云夏后氏世室堂脩二七廣四脩一五室此謂宗廟路寢同制則路寢亦然雖不云兩下爲之彼下文云殷人重屋四阿鄭云四阿四注屋重屋謂路寢殷之路寢四阿則夏之路寢不四阿矣當兩下爲之是以檀弓孔子云見若覆夏屋者矣鄭注云夏屋今之門廡漢時門廡也兩下爲之故舉漢法以況夏屋兩下爲之或名兩下屋爲夏屋夏后氏之屋亦爲夏屋鄭云卿大夫以下其室爲夏屋兩下而周之天子諸侯皆四注故喪大記云升自屋東榮鄭以爲卿大夫士其天子諸侯當言東霤也周天子路寢制似明堂五室十二堂上圓下方明四注也諸侯亦然故燕禮云洗當東霤鄭云人君爲殿屋也云水器尊甲皆用金罍及大小異者此亦案漢禮器制度尊甲皆用金罍及其大

小異此篇與昏禮鄉飲酒鄉射特牲皆直言水不言罍大射雖云罍水不云枓少牢云司宮設罍水於洗東有枓鄭注云設水用罍沃盥用枓禮在此也欲見罍枓俱有餘文無者不具之意也儀禮之内設洗與設尊或先或後不同者若先設洗則兼餘事此士冠賓與贊共洗昏禮有夫婦與御媵之等少牢特牲兼舉鼎不專爲酒以是皆先設洗鄉飲酒鄉射先設尊者以其專爲酒燕禮大射自相對大射辨尊卑故先設尊燕禮不辨尊卑故先設洗又儀禮之内或有尊無洗或尊洗皆有文不言設之者是不具也

儀禮疏卷第一

儀禮疏卷第二

唐朝散大夫行太學博士弘文館學士臣賈　公彥　等撰

陳服至北上　釋曰自此至東面論陳設衣服器物之等以待冠者喪大記與士喪禮服或西領或南領此東領者此嘉禮異於凶禮故士之冠特先用卑服北上便也　爵弁至韎韐　釋曰此所陳從北而南故先陳爵弁服　注此與至作熏　釋曰士禮玄端自祭以爵弁服助君祭故云與君祭之服也云爵弁者冕之次者凡冕以木爲體長尺六寸廣八寸績麻三十升布上以玄下以纁前後有旒其爵弁制大同唯無旒又爲爵色爲異又名冕者俛也低前一寸二分故得冕稱其爵弁則前後平故不得冕名以其尊卑次於冕故云爵弁冕之次也云其色赤而微黑如爵頭然或謂之緅者七入爲緇若以纁入黑則爲紺以紺入黑則爲緅是三入赤再入黑故云其色赤而微黑也云如爵頭然者以目驗爵頭赤多黑少故以爵頭爲喻也以緅再入黑汁與爵同故取鍾氏緅色解之故鄭注鍾氏云今禮俗文作爵言如爵頭色也玄此言赤者對文爲赤若將緅比纁則又黑多矣故淮南子云以涅染紺則黑於

涅況更一入黑爲緅乎故巾車云雀飾鄭注云雀黑多赤少之色是也云其布三十升者取冠倍之義是以喪服衰三升冠六升朝服十五升故冕三十升也云纁裳淺絳裳者絳則一染至三染同云淺絳詩云我朱孔陽毛傳云朱深纁也故從一染至三染皆謂之淺絳也云朱則四入與者爾雅及鍾氏皆無四入之文經有朱色故鄭約之若以纁入黑則爲紺若以纁入赤則爲朱無正文故云與以疑之也然上注以解玄緇故引鍾氏染黑法此注解纁故引爾雅染赤法也云純衣絲衣也者案鄭解純字或爲絲或爲色兩解不同者皆望經爲注若色理明者以絲解之若絲理明者以色解之此經玄衣與纁裳相對上玄下纁色理自明絲理不明則以絲解之昏禮女次純衣注云絲衣以下文有女從者畢袗玄色理自明則亦絲理不明故亦以絲理解之周禮媒氏云純帛無過五兩注云純實緇字也古緇以才爲聲納幣用緇婦人陰也以經云純帛絲理自明故爲色解之祭統云蠶於北郊以共純服絲理自明故鄭亦以色解也論語云麻冕禮也今也純儉以純對麻絲理自明故鄭亦以色解之是況有不同之事但古緇紂二字並行若據布爲色

者則爲緇字若據帛爲色者則爲紂字但緇布之緇多在本字不誤紂
帛之紂則多誤爲純云餘衣皆用布者此據朝服皮弁服玄端服及深
衣長衣之等皆以布爲之是以雜記云朝服十五升布玄端亦服之類
則皮弁亦是天子朝服深衣或名麻衣故知用布也云唯冕與爵弁服
用絲耳者祭統云王后蠶於北郊以共純服爵弁服是冕服之次故知
亦用絲也云先裳後衣者欲令下近緇明衣與帶同色者衣在上宜與
冠相近應先言衣今退衣在裳下者若衣與冠同色者先言衣後言裳
今爵弁與衣異故退純衣於下使與帶同色也云韎韐緼韍也者此經
云韎韐二者一物故鄭合爲一物解之也云士緼韍而幽衡者玉藻文
言幽衡者同繫於革帶故連引之也云合韋爲之者鄭即因解名緼韍
之字言韐者韋旁著合謂合韋爲之故名韐也云士染以茅蒐因以名
焉者案爾雅云茹藘茅蒐孫氏注一名蒨可以染絳若然則一草有此
三名矣但周公時名蒨草爲韎草以此韎染韋合之爲韐因名韍爲韎韐
也云韍之制似韠者案上注已釋韠制其韍之制亦如之但有飾無飾爲
異耳祭服謂之韍其他服謂之韠易困卦九二困於酒食朱韍方來利

用享祀是祭服之韍也又案明堂位云有虞氏服韍夏后氏山殷火周龍章鄭云後王彌飾天子備焉諸侯火而下卿大夫山士韎韋而已是士無飾則不得單名韍一名韎韐一名緼韍而已是韍有與緼異以制同飾異故鄭云韍之制似韠也但染韋爲韍之體天子與其臣及諸侯與其臣有異詩云朱芾斯黄鄭云天子純朱諸侯黄朱詩又云赤芾在股是諸侯用黄朱玉藻再命三命皆云赤韍是諸侯之臣亦用赤韍易困卦九二云困於酒食朱韍方來利用享祀鄭注云二據初辰在未未爲土此二爲大夫有地之象未上值天廚酒食象困於酒食者采地薄不足已用也二與日爲體離爲鎮霍爻四爲諸侯有明德受命當王者離爲火火色赤四爻辰在午時離氣赤又朱是也文王將王天子制用朱韍故易乾鑿度云孔子曰天子三公諸侯同色困卦困于酒食朱韍方來又云天子三公大夫不朱韍諸侯亦同色者其染之法同以淺絳爲名是天子與其臣純朱諸侯與其臣黄朱爲異也云冠弁不與衣陳而言於上以冠名服耳者案此文上下陳服則於房緇布冠及皮弁在堂下是冠弁不與服同陳今以弁在服上并言之者以冠弁表明其服

耳不謂同陳之也云今文纁皆作熏者纁是色當從糸旁爲之故疊今文不從熏從經文古纁也　皮弁至素韠　釋曰此皮弁服卑於爵弁故陳之次在爵弁之南上爵弁服下玄端服皆言衣此獨不言衣者以其上爵弁服與爵弁異故言衣下玄端服但冠時用緇布冠不用玄冠既不言冠故言衣也今此皮弁之服用白布衣與冠同色故不言衣也

注此與至象焉　釋曰案玉藻云諸侯皮弁聽朔於大廟又案鄉黨説孔子之服云素衣麑裘鄭云視朔之服視朔之時君臣同服也云皮弁者以白鹿皮爲冠象上古也者謂三皇時冒覆頭句頷遶項至黃帝則有冕故世本云黃帝作旒冕禮運云先王未有宫室又云食草木之實鳥獸之肉未有麻絲衣其羽皮鄭云此上古之時則此象上古謂象三皇時以五帝爲大古以三皇爲上古也若然黃帝雖有絲麻布帛皮弁至三王不變是以下記云三王共皮弁鄭注云質不變鄭注郊特牲云所不易於先代故孝經緯云百王同之不改易也案禮圖仍以白鹿皮爲冠故云以白鹿皮爲冠象上古也云積猶辟也以素爲裳辟蹙其要中者經典云素者有三義若以衣裳言素者謂白繒也即此文之等是

也畫繢言素者謂白色即論語云繢事後素之等是也器物無飾亦曰
素則檀弓云奠以素器之等是也是以鄭云以素爲裳辟蹙其要中也
知皮弁之衣亦用十五升布者雜記云朝服十五升此皮弁亦天子之
朝服故亦十五升布也然喪服注云祭服朝服辟積無數則祭服皮弁
皆辟積無數餘不云者舉皮弁可知不並言也唯喪服裳幅三袧有數
耳云其色象焉者謂象皮弁之色用白布也以此言之論語注云素用
繒者彼上服裼衣用素也　玄端至爵韠　釋曰此玄端服服之下故
後陳於皮弁之南陳三等裳者凡諸侯之下皆有二十七士公侯伯之
士一命子男之士不命不同一命不命皆分爲三等故服分爲三等之
裳以當之上下經三等之服同用緇帶者以其士唯有一幅裨之帶故三
服共用之大帶所以束衣革帶所以珮韠及珮玉之等不言革者舉韠有
革帶可知故略不言耳三裳之下云可也者欲見三等之士各有所當當
者即服之故言可以許之也　注此莫至爵韋　釋曰云此莫夕於朝之
服者當是莫夕於君之朝服也案玉藻云君朝服以日視朝於内朝夕深
衣祭牢肉是君朝服朝服夕服深衣矣下又云朝玄端夕深衣朝時不服

與君不同故鄭注云謂大夫士也則彼朝玄端夕深衣是大夫士家私朝也若然大夫士既服玄端深衣以聽私朝矣此服注云莫夕於朝之服是士向莫之時夕君之服必以莫爲夕者朝禮備夕禮簡故以夕言之也若卿大夫莫夕於君當亦朝服矣案春秋左氏傳成十二年晉郤至謂子反曰百官承事朝而不夕此云莫夕者無事則無夕法若夕有事須見君則夕故昭十二年子革云夕哀十四年子我亦云夕者皆是有事見君非常朝夕之事也云玄端即朝服之衣易其裳耳者上云玄冠朝服緇帶素韠此玄端亦緇帶彼云朝服即此玄端也但朝服亦得名端故論語云端章甫鄭云端諸侯視朝之服耳皆以十五升布爲緇色正幅爲之同名也云易其裳耳者彼朝服素韠韠同裳色則裳亦素此既易其裳以三等裳同爵韠則亦易之矣不言者朝服言素韠不言裳故須言易彼言素韠此云爵韠於文自明故不須言易也云上士玄裳中士黄裳下士雜裳者此無正文直以諸侯之士皆有三等之裳故還以三等之士記之但玄是天色黄是地色天尊而地卑故上士服玄中士服黄下士當雜裳雜裳者還用此玄黄但前陽後陰故知前玄後

黄也云易曰者是文言文引之者證此裳等是天地二色爲之云士皆
爵韋爲韠其爵同者三裳同云爵韠故知三等之士同用爵韋爲韠也
其爵韋者所引玉藻文是也云不以玄冠名服者是爲緇布冠陳之者
今不以玄冠表此服者此爲冠時緇布冠陳之冠旣不用玄冠故不言
也云玉藻者案彼注云此玄端服之韠也云韠者與下君大夫士爲揔
目韋者又揔三者用韋爲之言君朱大夫素士爵者韠之韋色也云君
朱者見五等諸侯則天子亦朱矣韠同裳色則天子諸侯朱裳士言爵
則此經爵韠亦一也以其裳有三等爵亦雜色故同爵韠若然大夫素
裳則與朝服不異者禮窮則同也　緇布至同篋　注缺讀至曰篋
釋曰云缺讀如有頍者弁之頍者讀從頍弁詩義取在首頍者弁貌之
意也云緇布冠無笄者案經皮弁爵弁言笄緇布冠不言笄故云無笄
也云著頍圍髮際者無正文約漢時卷幘亦圍髮際故知也云結項者
此亦無正文以經云頍明於項上結之也云隅爲四綴以固冠也者此
亦無正文以義言之旣武以下別有頍項明於首四隅爲綴上綴於武
然後頍項得安穩也云項中有緇亦由固頍爲之耳者此亦無正文以

義言之頍之兩頭皆爲絙別以繩穿絙中結之然後頍得牢固故云亦由固頍爲之也云今之未冠笄者著卷幘頍象之所生者此舉漢法以況義耳漢時男女未冠笄者首著卷幘之狀雖不智知既言頍圍髮際故以冠之明漢時卷幘亦以布帛之等圍繞髮際爲之矣云頍象之所生者漢時卷幘是頍之遺象所生至漢時故云頍象之所生也云滕薛名蔮爲頍者此亦舉漢時事以況之漢時滕薛二國云蔮蔮卷幘之類亦遺象故爲況也云纚今之幘梁者亦舉漢法爲況耳幘梁之狀鄭目驗而知至今久遠亦未審也云纚一幅長六尺足以韜髮而結之矣者人之長者不過六尺纚六尺故云足以韜髮既云韜髮乃云結之則韜訖乃爲紒矣云有笄者即經云皮弁及爵弁皆云笄者是有笄也云屈組爲紘者經緇組紘纁邊是爲有笄者而設言屈組謂以一條組於左笄上繫定遶頤下右相向上仰屬於笄屈繫之有餘因垂爲飾也云無笄者纓而結其條者無笄即經緇布冠是也則以二條組兩相屬於頍故經云組纓屬于頍也既屬訖則所垂條於頤下結之故云纓而結其條也云纁邊組側赤也者纁是三入之赤色又云邊則於邊側赤也若

然以緇爲中以纁爲邊側而織之也云同篋謂此上凡六物者緇布至
屬于頍共爲一物纚長六尺二物皮弁笄三物爵弁笄四物其緇組紘
纁邊皮弁爵弁各有一則爲二物通前四爲六物云隋方曰篋者爾雅
無文此對笥方而不隋也隋謂狹而長也案周禮弁師云掌五冕而云
玉笄朱紘則天子以玉爲笄以朱爲紘又案祭義云天子冕而朱紘諸
侯冕而青紘諸侯之笄亦當用玉矣又案弁師韋弁與皮弁同科皮弁
有笄則二者亦有笄矣又爲笄者屬纓不見有緌則六冕無緌矣然士
緇布冠無緌故下記云孔子曰其緌也吾未之聞也若諸侯亦以緇布
冠爲始冠之冠則有緌故玉藻云緇布冠繢緌諸侯之冠也鄭注云尊
者飾其大夫紘案禮器云管仲鏤簋朱紘鄭注云大夫士當緇組纁邊
是也其笄亦當用象耳　櫛實于簞　注簞笥也　釋曰鄭注曲禮圓
曰簞方曰笥笥與簞方圓有異而云簞笥共爲一物者鄭舉其類注論
語亦然　蒲筵二在南　注筵席也　釋曰筵二者一爲冠子即下云筵
于東序少北是也一爲醴子即下云筵于户西南面是也云在南者最
在南頭對下文側尊一甒醴在服北也鄭注云筵席也者鄭注周禮司

王　曹完英

几筵云敷陳曰筵藉之曰席然其散言之筵席通矣前敷在地者皆言
藉取相承之義是以諸席在地者多言筵也　側尊至南上　注側猶
至作廡　釋曰云側猶特也無偶曰側置酒曰尊側者無玄酒者凡禮
之通例稱側有二一者無偶特一爲側則此文側是也又昬禮云側尊
甒醴于房中亦是無玄酒曰側至於昬禮合升側載聘禮云側襲士虞
禮云側尊此皆是無偶爲側之類也一者聘禮云側受几者側是旁側
之義也云服北者纁裳北也者此上先陳爵弁服之時纁裳最在北向
南陳之此云服北明在纁裳北可知也云篚竹器如笭者其字皆竹下
爲之故以竹器言之如笭者亦舉漢法爲況也云勺尊升所以㪺酒也
者案少牢云罍水有枓與此勺爲一物故云尊升對彼是罍枓所以㪺
水則此爲尊枓㪺酒者也云爵三升曰觶者案韓詩外傳云一升曰爵
二升曰觚三升曰觶四升曰角五升曰散相對爵觶有異散文則通皆
曰爵故鄭以爵名觶也云柶狀如匕以角爲之者欲滑也者對士喪禮
用木柶者喪禮反吉也云南上者篚次尊籩豆次篚知然者以經云尊
在服北南上則是從南北向陳之以尊爲貴次云篚後云籩豆故知次

第然也云古文甒作廡者此甒爲酒器廡是夏屋兩下故不從古文也
爵弁至東面　釋曰此一節論使有司三人各執其一豫在階以待冠
事賓未入南面以向賓在堂亦以向賓言升則東面據終言之也　注
爵弁至作襘　釋曰云爵弁者制如冕而黑色但無繅耳者已於上解
訖今復言之者上文直舉冠以表服其冠實不陳故略言其冠至此專
爲冠言之是以注并引皮弁以下之事案弁師言冕有五采繅玉皮弁
有五采玉璂象邸玉笄下云諸侯及孤卿大夫之冕韋弁皮弁弁經各
以其等爲之鄭注云各以其等繅斿玉璂如其命數也但上文已言上
公之法故此諸侯唯據侯伯子男是以鄭云冕則侯伯繅七就用玉九
十八子男繅五就用玉五十繅玉皆三采孤繅四就用玉三十二三命
之卿繅三就用玉十八再命之大夫繅再就用玉八藻玉皆朱緑韋弁
皮弁則侯伯璂飾七子男璂飾五玉亦三采孤則璂飾四三命之卿璂
飾三再命之大夫璂飾二玉亦二采弁經之弁其辟積如冕繅之就然
庶人弔者素委貌一命之大夫冕而無斿士變冕爲爵弁其韋弁皮弁
之會無結飾弁經之弁不辟積彼經文具言之今此注略引以證士皮

弁無玉以象爲飾之意不取於韋弁弁經及依命數之事故不具引之
云緇布冠今小吏冠其遺象也者但緇布冠士爲初加之冠冠訖則弊
之不用庶人則常著之故詩云臺笠緇撮是庶人以布冠常服者以漢
之小吏亦常服之故舉爲況云匴竹器名今之冠箱也者此亦舉漢法
爲況云執之者有司也者則上云有司如主人服有司不主一事故知
此亦有司也云坫在堂角者但坫有二文一者謂若明堂位云崇坫亢
圭及論語云兩君之好有反坫之等在廟中有之以亢反爵之屬此篇
之內言坫者皆據堂上角爲名故云堂角云古文匴爲篹坫作檐者皆
從經今文故疊古文也　主人至西面　釋曰上文已陳衣冠器物自
此已下至外門外論賓主兄弟等著服及位處也云玄端爵韠者主人
之服與上所陳子加冠玄端服亦一也云立於阼階下者時欲與賓行
禮之事也云直東序者直當也謂當堂上東序牆也　注玄端至之序
釋曰案特牲士禮祭服用玄端此亦士之加冠在廟故與祭同服故云
士入廟之服也云東西牆謂之序者爾雅釋宮文　兄弟至北上　釋
曰此論兄弟來觀禮之服也　注兄弟至均也　釋曰云兄弟主人親

戚也者既云兄弟故是親戚云袗同也玄者玄衣玄裳也緇帶韠者以其同玄故知上下皆玄云緇帶韠者緇亦玄之類因士有緇帶故韠亦言緇實亦玄也云位在洗東退於主人者主人當序南西面洗當榮兄弟又在洗東故云退於主人也云不爵韠者降於主人也者爵弁同色主人尊故也兄弟用緇韠不用爵韠兄弟卑故云降於主人也　擯者至東塾　釋曰擯者不言如主人服別言玄端則與主人不同可知主人與兄弟不同故特言玄端與下贊者玄端從之同言玄則此擯者是主人之屬中士若下士也故直舉玄端不言裳也　注東塾至北面　釋曰知者擯者是主人擯相事在門内故知在門内東堂負之北面向主人也　將冠至南面　注采衣至爲結　釋曰將冠者即童子二十之人也以其冠事未至故言將冠者也云緇布衣錦緣者以其童子不帛襦袴不衣裘裳故云緇布衣以錦爲緇布衣之緣也云錦紳者以錦爲大帶也云并紐者亦以錦爲紐紳之垂也云錦束髮者以錦爲總云皆朱錦也者童子之錦皆朱錦也云紒結髮者則詩云總角丱兮是也以童子尚華飾故衣此也　賓如至之外　注外門大門外　釋曰云

賓如主人服者以其賓與主人尊卑同故得如之贊者皆降主人一等
其衣冠雖同其裳則異故不得如主人服故別玄端也若然此冠兄弟
及賓贊皆得玄端特牲主人與尸祝佐食玄端自餘皆朝服者彼助祭
在廟緣孝子之心欲得尊嘉賓以事其祖禰故朝服與主異也　擯者
告　注告者出請入告　釋曰出請入告者告主人也　主人至荅拜
注左東至爲右　釋曰出以東爲左入以東爲右據主人在西出則以
西爲右入則以西爲左也　主人至先入　注贊者至隨賓　釋曰云
贊者賤揖之而已者正謂贊者降於主人與賓一等爲賤也云又與賓
揖者對前爲賓拜訖今又揖者爲主人將先入故又與賓揖乃入也云
贊者隨賓者後不見更與贊者爲禮故知隨賓入也　每曲揖　注周
左至又揖　釋曰周左宗廟者祭義與小宗伯俱有此文對殷右宗廟
也言此皆欲見入大門東向入廟云入外門將東曲揖者主人在南賓
在北俱東向是一曲故一揖也至廟南主人在東北面賓在西北面是
曲爲二揖故云直廟將北曲又揖也通下將入廟又揖三也　至于至
三讓　注入門至碑揖　釋曰經直云入門揖鄭知此爲三揖者以上

云每曲揖據入門東行時此入廟門三揖是據主人將右欲背客宜揖將北曲與客相見又揖云當碑揖者碑是庭中之大節又宜揖是知三揖據此而言也案昏禮注入三揖者至内霤將曲揖既曲北面揖當碑揖及聘禮鄉飲酒入三揖注雖不同皆據此三節爲三揖義不異也

主人至東面　注主人至相鄉　釋曰此文主人與賓立相鄉位定將行冠禮者也主人升堂不拜至者冠子爲賓客故異於鄉飲酒之等也

贊者至南上　注盥於至作浣　釋曰此賓者之贊冠者不在堂升即位於房中與主人贊者並立者以其與主人贊者俱是執勞役之事故先入房並立待事故鄭云近事也云盥於洗西由賓階升也者贊者盥於洗西無正文案鄉飲酒主人在洗北南面賓在洗南北面如此相鄉又主人從内賓從外來之便贊者亦從之又卑不可與賓並明在洗西東面及向賓階便知在洗西也云由賓階升者以與主人贊者在房並立恐由阼階故明之同於賓客也云南上尊於主人之贊者以其賓主贊者俱降一等兩贊尊卑同而云尊者直以主人尊敬賓之贊故云尊於主人之贊又知與主人贊並立者以贊冠一人而已而云南上明與

主人爲序也　主人至西面　注主人至主人　釋曰云主人之贊者其屬中士若下士者以主人上士爲正故云其屬中士若主人是中士贊是其屬下士爲之賓與贊冠者同云筵布席也者謂布冠者席也云東序主人位也者引冠義云適子冠於阼爲證是也　將冠至南面　注南面至賓命　釋曰知在房外之西不在東者以房外之東南當阼階是知房外者皆在房外之西故昏禮女出于母左母在房外之西故得出時在母左也云待賓命者以其下文有賓揖將冠則賓有命也　贊者至南端　注贊者至爲節　釋曰前頍項巳下六物同一篋陳於房今將用之故贊冠者取置于將冠之席南擬用若然六者俱用不言纚紘等四物大略其實皆有可知不言櫛盛於簞今亦併簞將來置於席南端也服不將來置於席南者皆加冠訖宜房中隱處加服訖乃見容體也知贊者是其賓之贊冠者也者以其贊冠者主爲冠事而來故知取笄纚是賓之贊冠者若非賓之贊者則云主人以別之故上云主人之贊者是也　賓揖至設纚　釋曰此二者勞役之事故贊者爲之也　賓降至人對　釋曰云辭對之辭未聞者上筮賓宿賓之時雖不

言其辭下皆陳其辭此賓主之辭下皆不言故云未聞也　賓盥至初位　釋曰云主人升復初位者謂初升序端也　注古文壹皆作一　釋曰一壹得通用雖疊古文不破之也　賓筵至授賓　注正纚至冠也　釋曰云正纚者將加冠宜親之者以其贊者前已設纚訖今賓復出正之者雖舊設已正以親加冠故纚亦宜親之也云下一等升一等則中等相授者案匠人天子之堂九尺賈馬以爲傍九等爲階則諸侯堂宜七尺則七等階大夫堂宜五尺則五等階士宜三尺則三等階故鄭以中等解之也知冠是緇布冠者以下文有皮弁爵弁故知此是緇布冠也　賓右至者卒　注進容至纓也　釋曰知進容者行翔而前鶬焉者曲禮云堂上不趨室中不翔則堂上固得翔矣又云大夫濟濟士蹌蹌注云皆行容止之貌此進容是士故知進容謂行翔而前鶬焉云至則立祝者以經祝下乃云坐如初故祝時立可知云坐如初坐筵前者上正纚時筵前坐是初坐也云卒謂設缺項結纓也者下文皮弁贊者卒紘此謂緇布冠無笄紘直頍項青組纓屬於頍故卒者終頍項與結纓也若然經云右手執項謂冠後爲項非頍項其下皮弁爵弁無

頍項皆云執項故知非頍項也　冠者至南面　注復出至容體　釋曰言復者對前出房故云復前出爲待賓命此出爲觀衆以容體也案郊特牲論加冠之事云加有成也故此鄭云一加禮成也云觀衆以容體者以其既去緇布衣錦緣童子服著此玄端成人之服使衆觀知故云觀衆以容體也　賓揖至卒紘　注如初至屬之　釋曰此當第二加皮弁之節云即筵坐櫛者坐訖當脫緇布冠乃更櫛也云設笄者凡諸設笄有二種一是紒内安髮之笄一是皮弁爵弁及六冕固冠之笄今此櫛訖未加冠即言設笄者宜是紒内安髮之笄也若安髮之笄則緇布冠亦宜有之前櫛訖不言設笄者以其固冠之笄緇布冠無笄而皮弁爵弁有笄上文已陳訖今若緇布冠亦言設笄即與皮弁爵弁相亂故緇布冠不言設笄其實亦有也若然緇布冠不言設笄而言設纚皮弁冠言設笄不言設纚互見爲義明皆有也其於固冠之笄則於賓加弁之時自設之可知云如初爲不見者言也者上加緇布冠時有賓降主人降賓辭主人對賓盥卒一揖一讓升主人升復初位賓筵前坐之等相次此皆不見故設經省文如之而已故云爲不見者言

也云卒紘謂繫屬之者即上注云有笄者屈組以爲紘仰屬之左相繫定右相縕繫擬解時易爲繫屬之也　興賓至南面　釋曰興謂冠者加皮弁訖起待賓揖之也云適房服素積素韠者上陳服皮弁云緇帶素韠此不言緇帶者上唯有一帶不言可知故不言也　注容者至益繁　釋曰此對上加緇布冠時直言出房南面不言容此則言容以再加彌成其儀益繁故言容其實彼出亦是容故鄭注云觀衆以容體也　賓降至之儀　注降三至容出　釋曰云降三等下至地者據士而言云他謂卒紘容出者以其自餘皆緇布冠見訖皮弁如之而已至卒紘容出唯皮弁有之故知他謂此二者也　徹皮至于房　注徹者至爲之　釋曰冠即緇布冠也不言緇布冠者可知故也皮弁具言者以有爵弁之嫌然不言爵弁者著之以受醴至見母兄弟姑姊訖乃易服故也云徹者贊冠者主人之贊者爲之者以其贊冠者奠櫛主人之贊者設筵故知還遣之也　筵于戶西南面　注筵主至戶西　釋曰知主人之贊者設筵者以上文筵於東序已遣主人之贊故知此亦主人之贊者也云戶西室戶西者以下記醮於客位在戶西醮醴同處故知戶

西也　贊者至面葉　注洗盥至爲攝　釋曰云洗盥而洗爵者凡洗爵者必先盥盥有不洗爵者此經直云洗明盥手乃洗爵故鄭云盥而洗爵引昏禮房中之洗至北面盥者證房中有洗之事若然前設洗于庭者不爲醴以房中有洗醴尊也云側酌者言無爲之薦者謂無人爲之薦脯醢還是此贊者故下直言薦脯醢不言別有他人明還是贊者也昏禮贊醴婦是贊者自酌自薦經雖不言側酌側自明也云葉柶大端者謂扱醴之面柄細故以爲柶大端此與昏禮賓皆云面葉者此以賓尊不入戶贊者面葉授賓賓得面枋授冠者冠者得之面葉以扱醴而祭昏禮賓亦主人尊不入房贊者面葉以授主人主人面枋以授賓賓得面葉以扱祭至於聘禮禮賓宰夫實觶以醴加柶于觶面枋授公者凡醴皆設柶聘禮宰夫不訝授公側受醴則還面枋以授賓故面枋也　賓揖至北面　注戶東至爲柄　釋曰知室戶東者以其冠者在室戶西賓自至房戶取醴酌醴者出向西以授也　冠者至荅拜　注筵西至主人　釋曰云筵西拜南面拜也者上云冠者筵西南面知受觶拜還南面也知賓東面在西序者以上文與主人相對本位於西序

也云東面者明成人與爲禮異於荅主人者案鄉飲酒鄉射賓於西階北面荅主人拜今此於西序東面拜故云異於荅主人又昏禮禮賓聘禮禮賓皆云拜送此云荅拜不云拜送者彼醴是主人之物故云拜送此醴非賓物故云荅拜也　薦脯醢　注贊冠者也　釋曰上文云贊側酌醴是贊冠者明此薦亦是贊冠者也　冠者至荅拜　釋曰云祭醴三興者三祭者亦如昏禮始扱一祭又扱再祭也云筵末坐啐醴建柶興降筵此啐醴不拜既爵者以其不卒爵故不拜也　冠者至于母　注薦東至闈門　釋曰云薦東薦左者據南面爲正故云薦左也云凡奠爵將舉者於右者謂若鄉飲酒鄉射是也此文及昏禮贊醴婦是不舉者皆奠之於左也云適東壁者出闈門也者宮中之門曰闈門母既冠子無事故不在門外今子須見母故知出闈門也云婦人入廟由闈門者雜記云夫人奔喪入自闈門升自側階鄭注云宮中之門曰闈門爲相通者也是也　母拜至又拜　注婦人至俠拜　釋曰鄭云婦人於丈夫雖其子猶俠拜者欲見禮子之體例但是婦人於丈夫皆使俠拜故舉子以見義也　賓降至初位　釋曰此將欲與冠者造字而迎

之位也　注初位至之位　釋曰云初位初至階讓升之位者謂初迎
賓至階讓升之位其賓直西序則非初讓升之位主人直東序西者欲
迎其事聞字之言故也　冠者至者對　注對應至未聞　釋曰云賓
字之者即下文有字辭又有某甫之字若孔子云尼父之字是也云其
辭未聞者下有賓祝辭不見冠者應辭故云未聞也案禮記冠義云既
冠而字之成人之道也見於母母拜之據彼則字訖乃見母此文先見
乃字者此文見母是正見彼見母在下者記人以下有兄弟之等皆拜
之故退見母於下使與兄弟拜文相近也若然未字先見母字訖乃見
兄弟之等者急於母緩於兄弟也　賓出至門外　注不出至醴之
釋曰以下云請醴賓故云將醴之也　請醴至就次　注此醴至爲之
釋曰云此醴當作禮者對上文有酌醴受醴之等不破之此當爲上於
下之禮不得用醴禮即從醴字何者周禮云諸侯用鬯不云鬯賓明不
得以醴禮賓即爲醴故破從禮也云次門外更衣處也者次者舍之名
以其行禮衣服或與常服不同更衣之時須入於次故云更衣處也云
必帷幕簟席爲之者案聘禮記云宗人授次次以帷少退于君之次注

云主國之門外諸侯及卿大夫之所使者次位皆有常處又案周禮幕
人掌帷幕幄帟綬之事注云帷幕皆以布爲之四合象宮室曰幄云簟
席者士卑或用簟席是以雜記諸侯大夫喪皆用布士用簟席爲之次
亦當然　冠者至如之　注見贊至賓出　釋曰兄弟位在東方此贊
冠者則賓之類故贊者東面也言贊者先拜冠者荅之也知贊者後賓
出者文於見兄弟下始見之明贊者後賓出也出亦當就次待禮之也
入見至見母　注入入至妹卑　釋曰男子居外女子居內廟在寢門
外入見入寢門可知不見父與賓者蓋冠畢則已見也不言者從可知
也云不見妹妹卑者以其妹卑於姑姊故不見也　乃易至先生　注
易服至仕者　釋曰云易服者爵弁既助祭之服不可服見君與先生
等故易服服玄端也云易服不朝服者非朝事也者此乃因加冠以成
人之禮見君非正服之節故不朝服經直云玄端則兼玄冠矣今更云
玄冠者以初冠時服玄端爲緇布冠服緇布冠非常著之冠而弊之易
服宜服玄冠配玄端故兼云玄冠也朝服與玄端同玄端則玄裳黄裳
雜裳黑屨若朝服玄冠玄端雖同但裳以素而屨色白也以其但正幅

故朝服亦得端名然六冕皆正幅故亦名端是以樂記云魏文侯端冕而聽古樂又論語云端章甫鄭云端玄端諸侯視朝之服則玄端不朝得名爲玄端也云摯雉也者士執雉是其常故知摯是雉也云鄉先生鄉中老人爲卿大夫致仕者者此即鄉飲酒與鄉射記先生及書傳父師皆一也先生亦有士之少師鄭不言者經云鄉大夫不言士故先生亦略不言其實亦當有士也　乃醴至之禮　注壹獻至用清　釋曰此醴亦當爲禮不言可知也云壹獻者主人獻賓而巳即燕無亞獻者者案特牲少牢主人獻尸主婦亞獻爲二獻此則主人獻賓而巳無亞獻知即燕者鄉飲酒末有燕故知獻後有燕云獻酢酬賓主人各兩爵而禮成者主人獻賓賓酢主人主人將酬賓先自飲訖乃酬賓奠而不舉是賓主人各兩爵而禮成也必知一獻之禮禮備有酬酢者昏禮舅姑饗婦以一獻之禮奠酬得正禮不旅又曰婦酢舅更爵自薦是備酬酢也鄉飲酒亦備獻酢酬是其義也云特牲少牢饋食之禮獻尸此其類也者此賓主人各兩爵無亞獻彼主人主婦各一爵有亞獻雖不同得主人一獻義類同故云此其類也云士禮一獻者即士冠及昏禮鄉

飲酒禮鄉射皆是一獻也云卿大夫三獻者案左氏傳云季孫宿如晉拜莒田也晉侯享之有加籩武子退使行人告曰小國之事大國也苟免於討不敢求貺得貺不過三獻又禮記郊特牲云三獻之介亦謂卿大夫三獻之介案大行人云上公饗禮九獻侯伯七獻子男五獻是以大夫三獻士一獻亦是其差也云禮賓不用柶者泲其醴者此有獻酢酬飲之泲者故不用柶冠禮禮子用醴不泲故用柶也云內則曰飲者鄭注云目諸飲也云重醴清糟者鄭云重陪也糟醇也清泲也致飲有醇者有泲者陪設之稻醴以下是也云凡禮事質者用糟文者用清者質者謂若冠禮禮子之類是也故於房戶之間顯處設尊也　主人至儷皮　注飲賓至爲離　釋曰主人酬賓當奠酬之節行之以財貨也此禮賓與饗禮同但爲饗禮有酬幣則多故聘禮云若不親饗致饗以酬幣注云禮幣束帛乘馬亦不是過也又案大戴禮云禮幣采飾而四馬是大夫禮多與士異也案禮器云琥璜爵鄭云天子酬諸侯諸侯相酬以此玉將幣也則又異於大夫也下凡酬幣之法尊卑獻數多少不同及其酬幣唯於奠酬之節一行而已春秋秦后子出奔晉后子享晉

侯歸取酬幣終事八反杜注云備九獻之儀始禮自齎其一故續送其八酬酒幣彼九獻之間皆云幣春秋之代奢侈之法非正禮也云束帛十端也者禮之通例凡言束者無問脯與錦皆以十爲數也云儷皮兩鹿皮也者當與射禮庭實之皮同禮記郊特牲云虎豹之皮示服猛也又覲禮用馬則國君用馬或虎豹皮若臣聘則用鹿皮故鄭注聘禮云凡君於臣臣於君麋鹿皮可也言可者以無正文若然兩說諸侯自相見亦用虎豹皮也　贊者至爲介　注贊者至爲介　釋曰鄭知贊者衆賓者以其下別言贊冠者明上云贊者是衆賓也云介賓之輔者以其鄉飲酒之禮賢者爲賓其次爲介又其次爲衆賓彼據將貢以爲優劣之次也此雖不貢以飲酒之禮立賓主亦以優劣立介以輔也云以贊爲之尊之者謂賓此贊冠者故遣爲介也云飲酒之禮賢者爲賓其次爲介者取尊爲義也　賓出至賓俎　注一獻至家也　釋曰賓不言薦脯醢者案舅姑共饗婦以一獻有姑薦則此一獻亦有薦脯醢可知經有俎必有特牲但鄉飲酒鄉射取擇人而用狗此冠禮無擇人之義則不用狗但無正文故云其牲未聞也知使人歸諸賓家者以賓出

主人送於門外乃始言歸賓俎明歸於賓家也

儀禮疏卷第二

儀禮疏卷第三

唐朝散大夫行太學博士弘文館學士臣賈　公彥　等撰

若不至用酒　注若不至爲禮　釋曰自此巳上說周禮冠子之法自此巳下至取籩脯以降如初說夏殷冠子之法云若不醴則醮用酒者案上文適子冠於阼三加訖一醴於客位是周法今云若不醴則醮用酒非周法故知先王法矣故鄭云若不醴謂國有舊俗可行聖人用焉不改者也云聖人者即周公制此儀禮用舊俗則夏殷之禮是也云曲禮曰巳下者是下曲禮文也云君子行禮不求變俗者與下文爲目謂君子所往之國不求變彼國之俗若衛居殷墟者也云祭祀之禮者若郊特牲云殷人先求諸陽周人先求諸陰求諸陽者先合樂乃灌地降神也求諸陰者謂先灌地乃合樂若衛居殷地用殷禮則先合樂乃灌也云居喪之服者謂若檀弓周之諸侯絶旁期降上下殷之諸侯服旁期不降上下衛居殷墟亦不降上下也云哭泣之位者殷禮無文亦應有異也云皆如其國之故者謂上所云皆如其故國之俗而行之云是者依先王舊俗而行不改之事向來所解引曲禮據人君施化之法不

改彼國舊俗證此醮用酒舊俗之法也故康誥周公戒康叔居殷墟當用殷法是以云玆殷罰有倫使用殷法故所引曲禮皆據不變彼國之俗但君子行禮不求變俗有二途若據曲禮之文云君子行禮不求變俗鄭注云求猶務也不務變其故俗重本也謂去先祖之國居他國又云祭祀之禮居喪之服哭泣之位皆如其國之故謹脩其法而審行之注其法謂其先祖之制度若夏殷者謂若杞宋之人居鄭衛鄭衛之人居杞宋若據彼注謂臣去己國居他國不變己國之俗是以定四年祝佗云殷人六族在魯啓以商政亦不變本國之俗故開商政示之皆據當身居他國不變己國之俗與此注引不同者不求變俗義得兩合故各據一邊而言也云酌而無酬酢曰醮者鄭解無酬酢曰醮唯據此文而言所以然者以周法用醮無酬酢曰醮案曲禮云長者舉未釂鄭注云盡爵曰釂是醮不專於無酬酢者若然醴亦無酬酢不爲醮名者但醴大古之物自然質無酬酢此醮用酒酒本有酬酢故無酬酢得名醮也云醴亦當爲禮者亦上請醴賓之醴故破之也　尊于至南枋　注房戶至古也　釋曰云禁承尊之器也名之爲禁者因爲酒戒也者以

醴不言禁醴非飲醉之物故不設戒也此用酒酒是所飲之物恐醉因
而禁之故云因爲酒戒若然玄酒非飲亦爲禁者以玄酒對正酒不可
一有一無故亦同有禁也云不忘古也者上古無酒今雖有酒猶設之
是不忘古也　洗有至南順　注洗庭至上也　釋曰知洗庭洗者上
周法用醴之時醴之尊在房今醮用酒與常飲酒同故洗亦當在庭是
以下云賓降取爵于篚卒洗升酌故知洗在庭也設洗法在設尊前此
洗亦當在設尊前設之故此直云洗有篚在西不言設也若然上不言
設洗者以其上云醮用酒即連云尊文勢如此故不言設洗云當東榮
南北以堂深者上已有文也云篚亦以盛勺觶者周法用醴在房庭洗
無篚此用酒庭洗有篚故周公設經辯其異者但醴篚在房以盛勺觶
此庭洗篚亦盛勺觶故云亦也云南順北爲上也者席之制有首尾者
據識之先後爲首尾此篚亦云上者應亦有記識爲上下以其南順之
言故北爲上也　始加至升酌　注始加至東房　釋曰云始加醮用
脯醢者此言與周別之事周家三加訖乃一醴於客位用脯醢此加訖
即醮於客位用脯醢是其不同也但言始加醮用脯醢者因言與周異

之意其實未行事是以下乃始云賓降取爵于篚也云加冠於東序醮之於戶西同耳者經不見者嫌與周異故辯之其經不言冠者醮之處即與周同故經不見也云始醮亦薦脯醢者以其經云醮用脯醢汎言若醮用酒未著其節故亦如上周家三加始薦脯醢云賓降者爵在庭酒在堂將自酌也者決周家醴在房贊者酌授賓賓不親酌此則賓親酌酒洗爵故有升降也云辭降如初如將冠時降盥辭主人降也者欲見用醴時直有將冠時賓降無賓降取爵以其酌在房故也今云如初者唯謂如將冠降盥之事也云凡薦出自東房者用醴時尊在房脯醢出自東房醮用酒酒尊在堂脯醢亦出自東房鄉飲酒鄉射特牲少牢薦者皆出東房故云凡以該之也冠者至如初　注贊者至薦之　釋曰此經略言拜受荅拜不言處所面位言如初者以其雖用酒與周異自外與周同故直言如初也是以鄭取上醴子法以言之故言如初以結之也云於賓荅拜贊者則亦薦之者經直云拜受荅拜如初亦不言出薦之時節故鄭別言之亦當如周家醴子時薦也凡醴子醴婦弁昏禮禮賓面位不同者皆隨時之便故不同也冠者至筵西　注冠者至

之筵　釋曰此經雖用醴酒不同其於行事與周禮醴子同但位有異彼一加訖入房易服訖出房立待賓容命此則醮訖立於席西待賓命爲異皆爲更加皮弁也云與筵末坐啐酒者爲醮於客位敬之故也昏禮禮賓與聘禮禮賓在西階上啐醴者昏禮注云此筵不主爲飲食起聘禮注云糟醴不卒故也冠子用醴拜此醮子用酒亦拜者以與醴子同是成人法拜啐故雖用醮亦拜啐也　徹薦至不徹　注徹薦至便也　釋曰云徹薦與爵者辟後加也者案下文云加皮弁如初儀再醮攝酒其他皆如初酒則云攝明因前也除酒之外云其他如初明薦爵更設是後加卒設於席前也故知前云徹薦爵爲辟後加也　加皮至如初　注攝猶至爲聶　釋曰云攝猶整也整酒謂撓之者案有司徹云司宫攝酒注云更洗益整頓之不可云洗亦當爲撓謂更撓攪添益整頓示新也　加爵至于母　注乾肉至嘗之　釋曰前二醮有脯醢更加此乾肉折俎言嚌之者嚌謂至齒嘗之案下若殺再醮不言攝此經再醮言攝三醮不言攝則再醮之後皆有攝互文以見義也云取脯見于母者亦適東壁俠拜與周同案下文若殺巳下云卒醮取籩脯以

降此亦取籩脯乾肉曰脯云乾肉牲體之脯也者案周禮腊人云掌乾肉凡田獸之脯腊鄭注云大物解肆乾之謂之乾肉若今涼州烏翅矣薄折曰脯捶之而施薑桂曰腶脩若然乾肉與脯脩別言若今涼州烏翅者或爲豚解而七體以乾之謂之乾肉及用之將升于俎則節折爲二十一體與燕禮同故總名乾肉折俎也　若殺至扃鼏　注特豚至爲密　釋曰上醮子用乾肉不殺自此至取籩脯以降論夏殷醮子殺牲之事殺言若者是不定之辭殺與不殺俱得云若也云載合升者在鼎曰升在俎曰載載在後今先言載後言升又合字在載升之間通事之者欲見在俎在鑊俱曰合也云設扃鼏者以茅覆鼎長則束其本短則編其中案冬官匠人廟門容大扃七个注云大扃牛鼎之扃長三尺又曰闈門容小扃參个注云小扃腳鼎之扃長二尺皆依漢禮而知今此豚鼎之扃當用小扃也云特豚一豚也者此特若郊特牲之特皆以特爲一也云凡牲皆用左胖者案特牲少牢皆用右胖少儀云大牢則以牛左肩折九个爲歸胙用左則用右而祭之鄉飲酒鄉射主人用右體生人亦與祭同用右者皆據周而言也此云用左鄭據夏殷之法與

周異也但士虞喪祭用左反吉故也云煮於鑊曰亨者案特牲云亨于門外東方西面北上注云亨煑也亨豕魚腊以鑊各一爨詩云誰能亨魚漑之釜鬵是鑊爲亨也云在鼎曰升在俎曰載者案昏禮云特豚合升又云側載特牲亦云卒載加匕于鼎少牢云司馬升羊實于一鼎皆是在鼎曰升在俎曰載之文但在鼎直有升名在俎則升載兩稱也故少牢云升羊載右胖升豕其載如羊有司徹亦云乃升注云升牲體於俎也是在俎升載二名也云載合升者明亨與載皆合左右胖者以升載並陳又合在二者之間故知從鑊至俎皆合左右胖也云離割也割肺者使可祭也可嚌也者凡肺有二種一者舉肺一者祭肺就舉肺之中復有三稱一名舉肺爲食而舉二名離肺少儀云三牲之肺離而不提心也三名嚌肺以齒嚌之此三者皆據生人爲食而有也就祭肺之中亦復有三稱一者謂之祭肺爲祭先而有之二者謂之忖肺忖切之使斷三者謂之切肺名雖與忖肺異切肺則忖肺也三者皆爲祭而有若然切肺離肺指其形餘皆舉其義稱也云今文扃爲鉉古文鼏爲密者一部之内皆然不從今文故疊之也　始飄如初　注亦薦至徹矣　釋

曰云始醮如初者此一醮與不殺同未有所加故云如初也　再醮至栗脯　注蠃醢至爲蝸　釋曰此二豆二籩增數者爲有殺牲故盛其饌也案鄭注周禮醢人云細切爲虀全物若䐑爲菹作醢及臡者先膊乾其肉乃後剉之雜以粱麴及鹽漬以美酒塗置甀中百日則成矣是作醢及菹之法也云蠃醢蠯蝓醢者爾雅文　三醮至嚌肺　注攝酒至脯醢　釋曰云攝酒如再醮則再醮亦攝之矣者周公作經取省文再醮不言攝酒以三醮如之則再醮攝之可知故鄭云再醮亦攝之矣云加俎嚌之嚌當爲祭字之誤也者經有二嚌不破如初嚌之嚌唯破加俎嚌之字者以祭先之法祭乃嚌之又不宜有二嚌故破加俎之嚌爲祭也云祭俎如初如祭脯醢者以三醮唯祭俎之肺不復祭脯醢也若然前不殺之時一醮徹脯醢爲辭再醮之脯醢至再醮不言徹脯醢者以三醮上唯加乾肉不薦脯醢故不徹也今殺亦然一醮徹薦辭至再醮亦不徹薦直徹爵而已亦爲三醮以不加籩豆加牲俎是以祝辭一醮亦云嘉薦至三醮者直云籩豆有楚楚陳列貌是三醮不加籩豆明文也　卒醮至如初　釋曰此取籩脯見母與前不異上周法與不

殺皆不云籩者上皆直薦脯醢不云籩豆此若殺云兩籩故云籩脯若
然既殺有俎肉而取脯者見其得禮而已故不取俎肉如若得束帛者
不須取脯是以冠禮禮賓得束帛皆不取脯也　若孤至戒宿　注父
兄諸父諸兄　釋曰上陳士有父加冠禮訖自此至東塾北面論士之
無父自有加冠之法也周公作文於此乃見之者欲見周與夏殷孤子
同冠於阼階禮之於客位惟一醮三醴不同耳是以作經言其與上異
者而已言父兄諸父諸兄者以其上文父兄非直戒宿而已故知此是
諸父諸兄非己之親父親兄也　冠之至於阼　注冠主至作醴　釋
曰云主人紒而迎賓者即上采衣紒是也云拜揖讓立于序端者謂主
人出先拜賓荅拜訖揖讓而入于廟門既入門又三揖至階又三讓而
升堂乃立于東序端賓升立西序端一皆如上父兄爲主人故作文省
略總云揖讓立于序端皆如冠主也云禮於阼者別言其異者也云今
文禮作醴者鄭不從今文者以其言醴則不兼於醮言禮則兼醴醮二
法故也　凡拜至荅拜　釋曰此亦異於父在者云凡拜者謂初拜至
及啐拜之等賓主皆北面與父在時拜于筵西南面賓拜于序端東面

爲異也　若殺至北面　釋曰云若殺者有則殺無則已故云若不定之辭也言舉鼎者謂於廟門外之東壁鑊所舉至廟門外之東直東塾二鼎豚魚腊鼎皆北向相重而列之也　注孤子至門外　釋曰案上文父在亦有殺法今鄭云孤子得申禮盛之者不爲殺起止爲陳鼎于外而言鄭知父在有鼎不陳於外者以上文若殺直云特豚載合升不辯外內孤子乃云舉鼎陳于門外類于上父在陳鼎不於門外也凡陳鼎在外者賓客之禮也在內者家私之禮也是在外者爲盛也今孤子則陳鼎在外故云孤子得申禮盛之也　若庶至醮焉　釋曰上已言三代適子冠禮訖此經論庶子加冠法也周公作經於三代之下言之則三代庶子冠禮皆於房外同用醮矣但不知三代庶子各用幾醮耳今於周之適子三加一醴夏殷適子三加三醮是以下文祝辭三醴一而醮三皆爲三代而爲言至於三代庶子皆不見别辭則周之庶子宜依適子用一醮夏殷庶子亦依三醮三代適子有祝辭若庶子則無故下文注云凡醮者不祝　注房外至不尊　釋曰知房外謂尊東也者上陳尊在房戶之間案鄉飲酒賓東則東則尊東明此亦於尊東也云

不於阼階非代也者案下記云適子冠於阼以著代也明庶子不於阼非代故也云不醮於客位成而不尊者下記云醮於客位加有成也是適子於客位成而尊之此則成而不尊故因冠之處遂醮焉　冠者至階下　釋曰案内則云舅没則姑老若死當云没不得云不在且母死則不得使人受脯今言不在者或歸寧或疾病也使人受脯爲母生在於後見之也　戒賓至之也　注吾子至爲謀　釋曰自此至唯其所當者周公設經直見行事恐失次第不言其辭今行事既終總見戒賓醮及爲字之辭也云某有子某者上某主人名下某子之名加布初加緇布冠也云願吾子之教之也者即此以加冠行禮爲教之也云吾子相親之辭吾我也者謂自己身之子故云吾子相親之辭也云子男子之美稱者古者稱師曰子又公羊傳云名不若字字不若子是子者男子之美稱也今請賓與子加冠故以美稱呼之也　注令吉至首也　釋曰元首左傳曰先軫入狄師而死之狄人歸先軫之元是元爲首又尚書云君爲元首亦是元爲首也　注爾汝至福也　釋曰云既冠爲成德者案冠義既冠責以父子君臣長幼之禮皆成人之德云祺祥也

者祺訓爲祥祥又訓爲善也云因冠而戒者則經棄爾幼志順爾成德是也云且勸之者即經云壽考惟祺介爾景福是也　再加至爾服

注辰子至重也　釋曰上云令月吉日此云吉月令辰互見其言是作文之體無義例也云辰子丑也者以十幹配十二辰直云辰子丑明有幹可知即甲子乙丑之類略言之也　注黄黄至疆竟　釋曰爾雅云黄髮齯齒故以黄爲黄髮也云耇凍棃者爾雅云耇老壽也此云耇凍棃者以其面似凍棃之色故也　醴辭至令芳　注嘉善至香也　釋曰謂脯醢爲善薦芳香者謂作之依時又造之依法故使芳香而善也

注善父至不祝　釋曰善父母爲孝善兄弟爲友者爾雅文不言善事父母善事兄弟者欲見非且善事兄弟而亦爲兄弟之所善者諸行周備之意也云凡醮者不祝者案上文前後例周與夏殷冠子法其加冠祝辭三節不辨三代之異則三代祝辭同可知也至於周醮之辭三等別陳之者以其數異辭宜不同故也若然醮辭唯據適子而言以其將著代重之故備見祝辭也此注云凡醮者不祝者言凡謂庶子也既不出冠於阼又不禮於客位無著代之理故略而輕之也亦不設祝辭者

曾子問注云凡殤不祭之類也其天子冠禮祝辭案大戴禮公冠篇成王冠周公爲祝辭使王近於人遠於天嗇於時惠於財其辭旣多不可具載其諸侯無文蓋亦有祝辭異於士也　注湑清也伊惟也　釋曰湑泲酒之稱故伐木詩云有酒湑我注云湑莤之文鳧鷖詩云爾酒旣湑注云湑酒之泲者是湑爲清也云伊惟也者助句辭非爲義也　注旨美至之貌　釋曰楚茨詩亦云籩豆有楚注云楚陳列之貌是用其再醮之籩豆不增改之故云有楚也　注肴升至謂豚　釋曰云折俎者即謂折上若殺之豚也　字辭至爾字　釋曰此字文在三代之下而言則亦遂三代字辭同此辭賓直西序東面與子爲字時言之也

宜之至所當　釋曰云伯某甫者某若云嘉也但設經不得定言人字故言甫爲且字是以禮記諸侯薨復曰皐某甫復鄭云某甫且字以臣不名君且爲某之字呼之即此某甫立爲且字言伯仲叔季者是長幼次第之稱若兄弟四人則依次稱之夏殷質則積仲周文則積叔若管叔霍叔之類是也云唯其所當者二十冠時與之作字猶孔子生三月名之曰丘至二十冠而字之曰仲尼有兄曰伯居第二則曰仲但殷質

二十爲字之時兼伯仲叔季呼之周文二十爲字之時未呼伯仲至五十乃加而呼之故檀弓云五十以伯仲周道也是呼伯仲之時則兼二十字而言若孔子生於周代從周禮呼尼甫至五十去甫以尼配仲而呼之曰仲尼是也若然二十冠而字之未呼伯仲叔季今於二十加冠而言者一則是殷家冠時遂以二十字呼之二則見周家若不死至五十乃加而呼之若二十已後死雖未滿五十即得呼伯仲知義然者見慶父乃是莊公之弟桓六年莊公生至閔公二年慶父死時莊公未滿五十慶父乃是莊公之弟時未五十慶父死號曰共仲是其死後雖未五十得呼仲叔季故二十冠時則以伯仲叔季當擬之故云唯其所當也　注于猶至作父　釋曰知甫是丈夫之美稱者以其人之賢愚皆以爲字故隱元年公及邾儀父盟于蔑穀梁傳云儀字也父猶傅也男子之美稱也是也云孔子爲尼甫者哀十六年孔丘卒哀公誄之曰哀哉尼甫因字號謚曰尼甫也云周大夫有嘉甫者桓公十五年天王使嘉甫來求車是也云宋大夫有孔甫是其類者案左氏傳桓二年孔父嘉爲司馬是也鄭引此者證有冠而爲此字之意故云是其類也又甫

字或作父者字亦通或尼甫嘉甫孔甫等見爲父字者也　屨夏至博寸　注屨者至廣也　釋曰自此至繶屨論三服之屨不於上與服同陳者一則屨用皮葛冬夏不同二則屨在下不宜與服同列故退在於此此言夏用葛下云冬皮則春宜從夏秋宜從冬故舉冬夏寒暑極時而言詩魏地以葛屨履霜刺褊也云屨者順裳色者禮之通例衣與冠同屨與裳同故云順裳色也云玄端黒屨以玄裳爲正也者以其玄端有玄裳黄裳雜裳經唯云玄端黒屨與玄裳同色不取黄裳雜裳故云以玄裳爲正也云絇之言拘也以爲行戒者以拘者自拘持之言故云以爲行戒也云狀如刀衣鼻在屨頭者此以漢法言之今之屨頭見有下鼻似刀衣鼻故以爲況也云繶縫中紃也者謂牙底相接之縫中有條紃也云純緣也者謂逺口緣邊也云皆青者以經三者同云青也云博廣也者謂純所施廣一寸也　素積至博寸　注魁蜃蛤柎注者　釋曰以魁蛤灰柎之者取其白耳云魁蜃蛤者魁即蜃蛤一物是以周禮地官掌蜃掌共白盛之蜃鄭司農云謂蜃炭引此士冠白屨以魁柎之玄謂今東萊用蛤謂之叉灰云是也云柎注者以蛤灰塗注於上使

色白也　爵弁至博寸　注爵弁至繢次　釋曰案此三服見屨不同何者玄端以衣見屨以玄端有黄裳之等裳不得舉裳見屨故舉玄端見屨也皮弁以素積見屨屨裳同色是其正也爵弁既不舉裳又不舉衣而以爵弁見屨者上陳服已言纁裳裳色自顯以與六冕同玄衣纁裳與冕服之嫌故不以衣裳而以首服見屨也云爵弁屨以黑爲飾爵弁尊其屨飾以繢次者案冬官畫繢之事云青與白相次赤與黑相次玄與黄相次鄭云此言畫繢六色所象及布采之第次繢以爲衣又云青與赤謂之文赤與白謂之章白與黑謂之黼黑與青謂之黻鄭云此言刺繡采所用繡以爲裳此是對方爲繢次比方爲繡次案鄭注屨人云複下曰舄禪下曰屨又注云凡舄之飾如繢之次凡屨之飾如繡之次也者即上黑屨以青爲絇繶純白屨以黑爲絇繶純則白與黑黑與青爲繡次之事也今次爵弁纁屨纁南方之色赤不以西方白爲絇繶純而以北方黑爲絇繶純者取對方繢次爲飾舉舄者尊爵弁是祭服故飾與舄同也　冬皮屨可也　釋曰冬時寒許用皮故云可也　不屨繐屨　注繐屨至曰繐　釋曰案喪服記云繐衰四升有半繐衰既是喪

服明繐屨亦是喪屨故鄭云喪屨也云繐不灰治曰繐者斬衰冠六升傳云鍛而勿灰則四升半不灰治可知言此者欲見大功未可以冠子恐人以冠子故於屨未因禁之也　記冠義　釋曰凡言記者皆是記經不備兼記經外遠古之言鄭注燕禮云後世衰微幽厲尤甚禮樂之書稍稍廢棄蓋自爾之後有記乎又案喪服記子夏爲之作傳不應自造還自解之記當在子夏之前孔子之時未知定誰所録云冠義者記士冠中之義者記時不同故有二記此則在子夏前其周禮考工記六國時所録故遭秦燔滅典籍有韋氏雕氏闕其記則在秦漢之際儒者記之故王制有正聽之棘木之下異時所記故其言亦殊也　始冠至可也　注大古至是也　釋曰此經直言加緇布冠不言有緌無緌又不言加冠之後此緇布冠更著以不故言不緌不更著之事也云大古冠布者謂著白布冠也云齊則緇之者將祭而齊則爲緇者以鬼神尚幽暗也云其緌也孔子曰吾未之聞也者孔子時有緌者故非時人緌之諸侯則得著緌故玉藻云緇布冠繢緌諸侯之冠也鄭云尊者飾也經士冠不得緌也云冠而敝之可也者據士以上冠時用之冠訖則敝去

之不復著也若庶人猶著之故詩云彼都人士臺笠緇撮是用緇布冠籠其髮是庶人常服之矣云大古唐虞以上者此記與郊特牲皆陳三代之冠云牟追章甫委貌之等鄭注郊特牲云三代改制齊冠不復用也以白布冠質以爲喪冠也三代旣有此明大古是唐虞巳上可知云未之聞大古質蓋亦無飾者此經據孔子時非其著緌未知大古有緌以不故鄭云大古質無飾也云重古始冠冠其齊冠者以經云始冠緇布之冠即云大古冠布則齊冠一也故鄭云冠其齊冠也云白布冠者今之喪冠是也者以其大古時吉凶同服白布冠未有喪冠三代有牟追之等則以白布冠爲喪冠若然喪服起自夏禹以下也　適子至成也　注醮夏至人也　釋曰此記人說夏殷法可兼于周以其於阼及三加皆同唯醮醴有異故知舉二以見一也　冠而至名也　注名者至敬之　釋曰案内則云子生三月父名之不言母今云受於父母者夫婦一體受父即是受於母故兼言也云冠成人益文者對名是受於父母爲質字者受於賓爲文故君父之前稱名至於他人稱字也是敬其名也　委貌至道也　釋曰記人歷陳此三代冠者上緇布冠記諸

殤故也雖早冠亦行士禮而冠是大夫無冠禮也云二十而冠急成人也五十乃爵重官人也者解試爲大夫二十則其爵命要待五十意也云大夫或時改娶有昏禮者釋經而有其昏禮以其三十而取五十乃命爲大夫則昏時猶爲士何得有大夫昏禮乎五十巳後容改娶故有大夫昏禮也若然案下文古者生無爵鄭云古謂殷此經以古爲周初者下云古者生無爵對周時士生有爵故知古者生無爵據殷也今此云古者以周末時大夫冠對周初時無若以古者爲殷時則周家有大夫冠禮何得言周末始有乎明古者據初而言也　公侯至造也　注造作至君也　釋曰記人言此者欲見夏初巳上雖諸侯之貴未有諸侯冠禮猶依士禮故記之於士冠篇末也云自夏初以上者以經云公侯之有冠禮夏之末造明夏初未有言以上者夏以前唐虞之等亦未有諸侯冠禮也未滿五十者亦服士服行士禮五十乃命也者旣云服士服行士禮亦如上文五十而後爵何公侯冠禮之有以其與大夫同末五十服行士禮也云至其衰末上下相亂至以正君臣也者解經夏之末造公侯冠禮也引坊記者欲見夏末以後制諸侯冠禮以防諸侯

相簒弑之事也云同車者謂參乘爲車右及御者也云不同服者案玉
藻云君之右虎裘厥左狼裘又云僕右恒朝服君則各以時事服是不
同服此謂非在軍時若在軍時君臣同服韋弁服也　天子至者也
注元子至下升　釋曰此記者見天子元子冠時亦依士冠禮故於此
兼記之也天子之元子雖四加與十二而冠其行事猶依士禮故云猶
士也元子尚不得生而貴則天下之人亦無生而貴者也云無生而貴
皆由下升者天子元子冠時行士禮後繼世爲天子是由下升自餘天
下之人從微至著皆由下升也　繼世至賢也　釋曰記此者欲見上
言天子之子冠行士禮此諸侯之子冠亦行士禮以其士之子恒爲士
有繼世之義諸侯之子亦繼世象父祖之賢雖繼世象賢亦無生而貴
者行士冠禮故記之於此也云能法先祖之賢者凡諸侯出封皆由有
德若周禮典命云三公八命其卿六命大夫四命及其出封皆加一等
出爲五等諸侯即爲始封之君是其賢也於後子孫繼立者皆不毁始
祖之廟是象先祖之賢也　以官至殺也　注殺猶至小官　釋曰記
人記此者欲見仕者從士至大夫而冠無大夫冠禮者也云以官爵人

者以用也謂用官爵命於人也云德之殺也者殺衰也以德大小爲衰殺故鄭云德大者爵以大官德小者爵以小官官者管領爲名爵者位次高下之稱也　死而至無謚　注今謂至始也　釋曰記人記此者欲見自上所陳冠禮以士爲本者由無生而貴皆從士賤者而升也云死而謚今也者據士生時雖有爵死不合有謚若死而謚之正謂今周衰之時也云古者生無爵死無謚者古謂殷以前夏之時士生無爵死無謚是士賤今古皆不合有謚也鄭云今謂周衰記之時也者以記者自云今也明還據周衰記之時案禮運云孔子曰我觀周道幽厲傷之是周衰也自此已後始有作記故云周衰記之時也云古謂殷者周時士有爵故知古謂殷云殷士生不爲爵死不爲謚者對周士生有爵死猶不謚也云周制以士爲爵死猶不謚耳下大夫也者案周禮掌客職云羣介行人宰史以其爵等爲之牢禮之陳數鄭注云以命數則參差難等略於臣用爵而已羣介行人皆士故知周士有爵雖有爵死猶不謚卿大夫已上則有謚也云今記之時士死則謚之非也者解經死而謚今也云謚之由魯莊公始也者案禮記檀弓云魯莊公及宋人戰于

乘丘縣賁父御卜國爲右馬驚敗績公墜佐車授綏公曰末之卜也縣賁父曰他日不敗績而今敗績是無勇也遂死之圉人浴馬有流矢在白肉公曰非其罪也遂誄之士之有誄自魯莊公始也若然作記前莊公誄士至記時亦行之故此禮云死而謚今也故鄭云今謂周衰之時也案郊特牲云死而謚之今也古者生無爵死無謚鄭注云古謂殷以前也大夫以上乃謂之爵死有謚也以此而言則殷大夫以上死有謚而檀弓云幼名冠字五十伯仲死謚周道也者殷巳前皆因生號爲謚若堯舜禹湯之屬是也因生號以謚故不得謚名周禮死則別爲謚故云死謚周道也

儀禮疏卷第三

儀礼䟽卷第四

唐朝散大夫行太學博士弘文館學士臣賈　公彦　等撰

士昬礼第二　鄭目録云士娶妻之礼以昬為期因而名焉必以昬者陽往而陰来日入三商為昬昬礼於五礼属嘉礼大小戴及别録此皆第二　釋曰鄭知是士娶妻之礼者以記云記士昬礼故知是士娶妻鄭云日入三商者商謂商量是漏刻之名故三光靈曜亦日入三刻為昬不盡為明案馬氏云日未出日没後皆云二刻半前後共五刻今云三商者據整数而言其實二刻半也　昬礼至用鴈　釋曰從此下至主人許賔入授如初礼陳納采問名之礼云下達者謂未行納采已前男父先遣媒氏女氏之家通辭往来女氏許之乃遣使者行納采之礼也言下達者男為上女為下取陽唱陰和之義故云下達謂以言辭下通於女氏也是以下記昬辭云吾子有惠貺室某也注云稱有惠明下達謂此下達也云納采用鴈者昬礼有六五礼用鴈納采問名納吉請期親迎是也唯納徵不用鴈以其自有幣帛可執故也且三礼不云納言納者恐女氏不受若春秋納幣之義若然納采言納者以其始相采

擇恐女家不許故言納問名不言納者女氏巳許故不言納也納吉言納者男家卜吉往與女氏復恐女家翻悔不受故更言納也納徵言納者納幣帛則昏礼成復恐女家不受故更云納也請期親迎不言納者納幣則昏礼巳成女家不得移改故皆不言納也其昏礼有六尊卑皆同故左氏莊公二十二年經書冬公如齊納幣穀梁傳曰納幣大夫之事也礼有納采有問名有納徵有告期四者備而後娶礼也公之親納幣非礼也故譏之彼无納吉者以莊公在母喪内親行納幣非礼之事故闕其納吉以非之也　注達通至廉恥　釋曰鄭云必先使媒氏下通其言女氏許之乃後使人納其采擇之礼者欲見納采之前有此下達之言也案周礼地官有媒氏職是天子之官則諸侯之国亦有媒氏傳通男女使成昏姻故云媒氏也云用鴈為摯者取其順陰陽往來者案周礼大宗伯云以禽作六摯卿執羔大夫執鴈士執雉此昏礼无問尊卑皆用鴈故鄭注其意云取順陰陽往来也順陰陽往來者鴈木落南翔冰泮北徂夫為陽婦為陰今用鴈者亦取婦人從夫之義是以昏礼用焉引詩者證須媒下達之義也云昏必由媒交接設紹介者詩云

匪媒不得是由媒也其行五禮自納采已下皆使使往是交接設紹介也云皆所以養廉恥者解所以須媒及設紹介者皆所以養成男女使有廉恥也使媒通之媵御沃盥交之等皆是行事之漸養廉恥之義也

主人至右几　釋曰此女將受男納采之禮故先設神坐乃受之　注主人至首尾　釋曰云筵爲神布席也者下文禮賓云徹几改筵是爲人設席故以此爲神席也云戶西者以戶西是賓客之位故爲尊處也必以西爲客位者以地道尊右故也知受禮於禰廟者以記云凡行事受諸禰廟也云席西上右設几神不統於人者案鄉射燕禮之等設席皆東上是統於人今以神尊不統於人取地道尊右之義故席西上几在右也云席有首尾者以公食記蒲筵萑席皆卷自末是席有首尾也

使者玄端至　注使者至緇裳　釋曰云使者夫家之屬者案士冠贊者於中士下差次爲之此云夫家之屬亦當然假令主人是上士屬是中士主人是中士屬是下士主人是下士屬亦當是下士禮窮即同也云玄端士莫夕之服又服以事其廟者此亦如士冠禮玄端士莫夕於朝之服也但士以玄端祭廟今使者服玄端至亦於主人廟中行事故

云又服以事其廟也云有司緇裳者案士唯有三等之裳玄裳黃裳雜裳此云緇裳者即玄裳者矣以其緇玄大同小異也然士有三等裳今直言玄裳者據主人是上士而言案士冠云有司如主人服則三等士之有司亦如主人服也　擯者至入告　注擯者至愼也　釋曰云擯者有司佐禮者案士冠禮有司並是主人之屬及羣吏佐主人行禮之人故知此擯者亦是主人有司佐禮者也在主人曰擯云請猶問也禮不必事雖知猶問之重愼也者案論語云無必故云不必事也以其前已有下達之事今使者來在門外是知有昏事也而猶問之重愼也

主人至揖入　釋曰案士冠禮主人迎賓於大門外云主人西面賓東面此及鄉飲酒鄉射皆不言面位者文不具耳當亦如士冠也　注門外至盛禮　釋曰知門外是大門外者以其大夫唯有兩門寢門大門而已廟在寢門外之東此下有至于廟門明此門外是大門外可知也云不荅拜者奉使不敢當其盛禮者此士卑無君臣之禮故賓雖屬吏直言不荅拜不言辟若諸侯於使臣則言辟是以聘禮擯迎入門公拜賓辟不荅拜公食大夫主爲賓已故賓荅拜稽首亦辟乃拜之以其君

尊故也　至于至三讓　注入三至碑揖　釋曰凡入門三揖者以其入門賓主將欲相背故須揖賓主各至堂塗北面相見故亦須揖至碑碑在堂下三分庭之一在北是庭中之節故亦須揖但士冠注云入門將右曲揖將北曲揖當碑揖此注至內霤將曲揖既曲北面揖當碑揖文不同者鄭舉二文相兼乃足也三者禮之大節尊卑同故鄉飲酒鄉射聘禮公食大夫皆有此三揖之法但注有詳略耳　主人至再拜

釋曰賓則使者也禮之通例賓主敵者賓主俱升若士冠與此文是也若鄉飲酒鄉射皆主尊賓卑故初至之時主人升一等賓乃升至卒洗之後亦俱升唯聘禮公升二等賓始升者彼注云亦欲君行一臣行二也覲禮王使人勞侯氏使者不讓先升者奉王命尊故也主人阼階上北面再拜者主人不言當阿則如鄉飲酒主人當楣再拜　注阿棟至爲庪　釋曰案鄉飲酒聘禮皆云賓當楣無云當阿者獨此云賓當阿故云示親親也凡士之廟五架爲之棟北一楣下有室戶中脊爲棟棟南一架爲前楣楣前接簷爲庪鄉射記云序則物當棟堂則物當楣鄭云是制五架之屋也鄉大夫射於庠庠則有室故物當前楣士射於序

序則無室故物當棟此士之廟雖有室其棟在室外故賓得深入當之也　授于楹閒南面　注授於至授也　釋曰楹閒謂兩楹之閒賓以鴈授主人於楹閒者明和合親好令其賓主遠近節同也凡賓主敵者授於楹閒不敵者不於楹閒是以聘禮賓覿大夫云受幣于楹閒南面鄭注云受幣楹閒敵也聘禮又云公側襲受玉於中堂與東楹之閒鄭注云東楹之閒亦以君行一臣行二至禮賓及賓私覿皆云當東楹是尊卑不敵故不於楹閒也今使者不敵而於楹閒故云明爲合好也云南面並授也者以經云南面不辨賓主故知俱南面並授也　賓降至老鴈　釋曰授鴈訖賓降自西階出門主人降自阼階授老鴈於階立待後事也　注老羣吏之尊者　釋曰大夫家臣稱老是以喪服公士大夫以貴臣爲室老春秋左氏傳云執臧氏老論語云趙魏老禮記大夫室老行事皆是老爲家臣之貴者士雖無君臣之名云老亦是羣吏中尊者也　擯者出請　注不必至有無　釋曰此主人不知賓有事使擯出請者亦是不必賓之事有無也　賓執至初禮　釋曰此之一使兼行納采問名二事相因又使還須卜故因即問名乃還卜之故共

一使也云主人許者擯請入告乃報賔賔得主人許乃入門升堂授鴈
與納采禮同故云如初禮也　注問名至爲醴　釋曰言問名者問女
之姓氏不問三月之名故下記問名辭云某旣受命將加諸卜敢請女
爲誰氏鄭云誰氏者謙也不必其主人之女是問姓氏也然以姓氏爲
名者名有二種一者是名字之名三月之名是也一者是名號之名故
孔安國注尚書以舜爲名鄭君目録以曾子爲姓名亦據子爲名皆是
名號爲名者也今以姓氏爲名亦名號之類也鄭云將歸卜其吉凶者
亦據下記文也　擯者至醴賔　注此醴至厚之　釋曰此下至送于
門再拜主人禮賔之事云此醴亦當爲禮者亦士冠禮賔爲醴字彼巳
破從禮故云亦此以醴酒禮賔不從醴者以大行人云上公再祼而酢
侯伯一祼而酢子男一祼不酢及以酒禮之用齊禮之皆不依酒醴爲
名皆取相禮故知此醴亦爲禮敬之禮不取用醴爲醴之義也秋官司
儀云諸公相爲賔及將幣賔亦如之注云上於下曰禮敵者曰儐聘禮
卿亦云無擯注云無擯辟君是大夫巳上尊得有禮儐兩名士以下卑
惟稱禮也　賔禮辭許　注禮辭一辭　釋曰禮賔一辭許者主人禮

賔之常法鄉已行納采問名賔主之情已通矣故略行一辭而已　主人至房中　釋曰徹几改筵者於戶西禮神坐徹去其几於後授賔改設其筵設側尊甒醴在東房之中以禮賔也　注徹几至之設　釋曰經云東上者統於主人注云鄉爲神今爲人者爲神則西上爲人則東上不同故辨之云側尊亦言無玄酒者醴糟例無玄酒配之以其醴象大古質故士冠與此昏禮之等皆無玄酒也鄭知此亦有篚有籩豆如冠禮者此下云贊者酌醴加角柶明有篚盛之又云贊者薦脯醢則有籩豆可知但冠禮尊在服北南上則此尊與篚等亦南上故云如冠禮之設也　主人至荅拜　釋曰云主人迎賔于廟門外揖讓如初升者如納采時三揖三讓也云主人北面再拜者拜賔至此堂飲之是以公食大夫燕禮鄉飲酒鄉射大射皆云拜至並是拜賔至此堂也但燕禮大射公食大夫皆云至再拜先言至者欲見賔至乃拜之是有尊卑不敵之義餘皆言拜至至在拜下者體敵之義也若然此爲禮賔有拜至者前雖有納采問名之事以昏禮有相親之義故雖後亦拜至也聘禮享禮及禮賔不拜至者聘禮不取相親之義故不拜至是以彼鄭注云

以賓不於此始至也云主人拂几者此拂几雖不言外拂內拂又不言三案有司徹主人西面左手執几縮之以右袂推拂几三二手橫執几進授尸于筵前注云衣袖謂之袂推拂去塵示新云拂者外拂之也則此亦外拂之三也凡行敵禮者拂几皆若此卑於尊者則內拂之故聘禮云宰內拂几三奉兩端以進鄭云內拂几不欲塵坋尊者是也若然冠禮禮賓無几者冠禮比昏爲輕故無几鄉飲酒鄉射及燕賓賓輕故無几聘賓及公食大夫賓重故有几也云授校者凡授几之法卑者以兩手執几兩端尊者則以兩手於几間執之授皆然是以聘禮宰夫奉兩端以進有司徹云尸進二手受于手間注云受從手間謙也雖不言兩手兩手授之可知又案聘禮云公東南鄉外拂几三卒振袂中攝之進西鄉賓進訝受几于筵前以此言之公尊中執几以一手則賓以兩手於几兩端執之也而此亦賓主不敵授校者昏禮異於餘禮云拜送者此當再拜送君於聘賓則一拜故聘禮云公一拜送鄭注云公尊也是也此几以安體非己所得故賓受訖然後荅拜下經受醴之時先拜乃受者彼是入口之物已所當得故先拜乃受之云賓以几辟者以賓

卑故以几辟聘禮賓卑亦云以几辟有司徹不云以几辟者尊尸故也覲禮不云以几辟者尊王使也凡設几之法受時或受其足或受于手間皆橫受之及其設之皆旋几縱執乃設之於坐南北面陳之位爲神則右之爲人則左之爲異不坐設之者几輕故也　注拂拭至爲技　釋曰鄭知校几足者既夕記云綴足用燕几校在南御者坐持之故知校是几足也　賛者至于房　注賛佐至作揭　釋曰云賛者亦洗酌加角柶覆之如冠禮矣者案冠禮云賛者洗于房中側酌醴加柶覆之此與冠禮同故知如冠禮矣　主人至拜送注主人至食起　釋曰經唯云主人西北面知疑立者鄉飲酒云主人阼階東疑立明此亦然也凡主人將授酒醴於筵前待賓即筵前乃授之此鄭云即筵謂就筵前與下賓即筵別也是以冠禮禮子及下禮婦皆於筵西受禮然禮賓進筵前受醴是不獵席之事也云賓復位於西階上北面明相尊敬此筵不主爲飲食起者但此筵爲行禮故拜及啐皆於西階也　賛者至荅拜　釋曰此經云坐奠觶遂拜言遂者因事曰遂因建柶興坐奠觶不復興遂因坐而拜冠禮禮子并醮子及此下禮婦不言坐奠觶遂者皆

文不具聘禮賓不言拜者理中有拜可知也　注即就至停也　釋曰鄭
云祭以右手出于鄉射也云凡祭於脯醢之豆間者謂祭脯醢俎豆皆
於豆間此及冠禮鄉飲酒鄉射燕禮大射皆有脯醢則在籩豆之間此
注不言籩直言豆者省文公食大夫及有司徹豆多者則言祭於上豆
之間也云必所爲祭者謙敬示有所先也者案曲禮云主人延客祭注
云祭祭先也君子有事不忘本也此云謙敬示有所先先即本謂先世
造此食者也云啐嘗也嘗之者成主人意者主人設饌望賓爲美之今
客嘗之告言是成主人意也　賓即至人辭　釋曰此奠於薦左不言面
位下贊禮婦奠于薦東注云奠于薦東升席奠之此云奠于薦東升席
奠之明皆升席南面奠也必南面奠者取席之正又祭酒亦皆南面並
因祭酒之面奠之則冠禮禮子亦南面奠之聘禮禮賓賓北面奠者以
公親執束帛待賜己不敢稽留故由便疾北面奠之也鄉飲酒鄉射酬
酒不祭不舉不得因祭而奠于薦東也燕禮大射重君物君祭酬酒故
亦南面奠云降下也自取脯者尊主人之賜將歸執以反命者案下記
云賓右取脯左奉之乃歸執以反命是也　賓降至再拜　注人謂至

出去　釋曰鄭知人謂使者從者者以其此脯使者將歸故授從者也又知授於階下西面然後出去者以其賓位在西授脯文在出上故知西階下西面授之然後出去也　納吉至采禮　釋曰案上文納采在前問名在後今此不云如問名而云如納采者問名賓不出大門故此納吉如其納采也　注歸卜至是定　釋曰鄭知義然者案下記云納吉曰吾子有貺命某加諸卜占吉使某也敢告凡卜並皆於禰廟故然也未卜時恐有不吉婚姻不定知納吉乃定也　納徵至吉禮　釋曰此納徵無鴈者以有束帛爲贄故也是以孝經鉤命決云五禮用鴈是也案春秋左氏莊公二十二年冬公如齊納幣不言納徵者孔子制春秋變周之文從殷之質故指幣體而言周文故以義言之徵成也納此則昏禮成故云徵也　注徵成至作熏　釋曰云用玄纁者象陰陽備也束帛十端也者周禮凡嫁子娶妻入幣緇帛無過五兩鄭彼注云納幣帛緇婦人陰也凡於娶禮必用其類五兩十端也必言兩者欲得其配合之名十象五行十日相成也士大夫乃以玄纁束帛天子加以穀圭諸侯加以大璋雜記云納幣一束束五兩兩五尋然則每端二丈若

彼據庶人空用緇色無纁故鄭云用緇婦人陰此玄纁俱有故云象陰陽備也案玉人穀圭天子以聘女大璋諸侯以聘女故鄭據而言焉玄纁束帛者合言之陽奇陰偶三玄二纁也其大夫無冠禮而有昏禮若試爲大夫及幼爲大夫者依士禮若五十而爵改娶者大夫昏禮玄纁及鹿皮則同於士餘有異者無文以言也　請期至徵禮　釋曰請期如納徵禮納吉禮如納采禮案上納采之禮下至主人拜送於門外其中揖讓升降及禮賓迎送之事此皆如之　注主人至告之　釋曰壻之父使使納徵訖乃下卜婚月得吉日又使使往女家告日是期由男家來今以男家執謙故遣使者請女家若云期由女氏故云請期女氏知陽唱陰和當由男家出故主人辭之使者既見主人辭遂告主人期日也是以下記云使者曰某使某受命吾子不許某敢不告期曰某日注云某吉日之甲乙是告期之辭故鄭云辭即告也　期初至扃鼏　釋曰此文下盡合巹一節論夫家欲迎婦之時豫陳同牢之饌也云陳三鼎于寢門外東方北面北上者謂在夫寢門外也言東方北面是禮之正但數鼎故云北面北上則此及少牢皆是也特牲陳鼎於門外北面

北上當門而不在東方者辟大夫故也今此亦東方不辟大夫者重昏禮攝盛也鼎不言北上直言北面士冠所云是也凡鼎陳于外者北面爲正阼階下西面爲正士喪禮小斂陳一鼎於門外西面者喪禮少變在東方者未忍異於生於大斂大奠及朔月奠旣夕陳鼎皆如大斂奠門外皆西面者亦是喪禮旣夕變也士虞陳三鼎于門外之右北面北上入設于西階前東面北上不在東者旣葬鬼事之反吉故也公食陳鼎七當門南面西上者以賔是外人向外統之　注期取至作容　釋曰云期取妻之日者此陳同牢之饌下云親迎之禮其中無厥明之文明是娶婦之日也云鼎三者升豚魚腊也者即經文自顯也云寢壻之室也者命士以上之父子異宫自然别有寢若不命之士父子同宫雖大院同居其中亦隔别各有門戶故經揔云寢門外也云合升合左右胖升於鼎也者以夫婦各一故左右胖俱升若祭則升右也云去蹄蹄甲不用也者以其踐地穢惡也云舉肺脊者食時所先舉者案下文贊者告具揖婦即對筵皆坐祭祭薦黍稷肺即此祭肺也下又云贊爾黍稷授肺脊皆食以湆醬皆祭舉食舉也　即此舉肺脊也祭時二肺俱有

生人唯有舉肺皆祭今此得有祭肺者禮記郊特牲論娶婦玄冕齊戒鬼神陰陽也故與祭祀同二肺也據下文先用祭肺後用舉肺此經先言舉肺後言祭肺者以舉肺脊長大故先言是以特牲少牢入鼎時舉肺脊在前云肺者氣之主也周人尚焉者案禮記明堂位云有虞氏祭首夏后氏祭心殷祭肝周祭肺鄭注云氣主盛也但所尚不同故云周人尚焉云脊者體之正也食時則祭之者對祭肺未食時祭也云飯必舉之貴之也者但一身之上體摠有二十一節前有肩臂臑後有肫胳脊在中央有三脊正脡橫脊而取中央正脊故云體之正凡云先以對後案特牲舉肺脊後食幹骼注云肺氣之主也脊正體之貴者先食啗之所以導食通氣此不言先食啗之從彼可知也云每皆二者夫婦各一耳者釋經多之義云凡魚之正十五而鼎減一爲十四者據特牲記云魚十有五注云魚水物以頭枚數陰中之物重數於月十有五日而盈少牢饋食禮亦云十有五而俎尊卑同則是尊卑同用十五而同鼎也云欲其敵偶也者夫婦各有七也此夫婦鬼神陰陽故同祭禮十五而去一若平生人則與此異故公食大夫一命者七魚再命者九魚三

命者十有一魚天子諸侯無文或諸侯十三魚天子十五魚也云腊兔
腊也者少牢用麋腊士兔腊可知故曲禮云兔曰明視也云肫或作純
純全也凡腊用全者此或少牢文案少牢腊一純注云純猶全也凡牲
體則用一胖不得云全其腊則左右體脅相配共爲一體故得全名也
特牲少牢亦用全士喪大斂與士虞皆用左胖不全者喪禮略云今文
冪皆作密者鄭以省文故兼下綌冪摠疊之故云皆也　饌于至皆蓋
注醯醬至春時　釋曰鄭知以醯和醬者得醯者無醬得醬者無醯
若和之則夫妻皆有是以知以醯和醬也云生人尚褻味者此文與公
食皆以醯和醬少牢特牲不言之故云然也引周禮釋敦皆有蓋者飯
宜溫比春時故也　大羹湆在爨　注大羹至作汁　釋曰湆與汁一
也知大古之羹無鹽菜者左傳桓二年臧哀伯云大羹不致禮記郊特
牲云大羹不和謂不致五味故知不和鹽菜唐虞以上曰大古有此羹
三王以來更有鉶羹則致以五味雖有鉶羹猶存大羹不忘古也引周
禮者證大羹須熱故在爨臨食乃取也　尊于至南枋　注墉牆至作
柄　釋曰云禁所以庪甒者士冠云甒此亦士禮雖不言甒然此尊亦

甒也㢊承於甒云禁者因爲酒戒故以禁言之也云玄酒不忘古也者古謂黃帝已前以禮運云汙尊而抔飲謂神農時雖有黍稷未有酒醴則神農以上以水爲玄酒也禮運又云後聖有作以爲醴酪據黃帝以後雖有酒醴猶是不忘古也　尊于至合巹　注無玄至曰爵　釋曰云無玄酒者略之者此對上文夫婦之尊有玄酒此尊非爲夫婦故略之也云夫婦酌於內尊其餘酌於外尊者據上文玄酒知之云一升曰爵者韓詩外傳云一升曰爵二升曰觚三升曰觶四升曰角五升曰散是也

主人至前馬　釋曰此至俟于門外論壻親迎之節　注主人至炤道　釋曰云主人壻也者以其親迎向女家女父稱主人男稱壻已下皆然今此未至女家仍據男家而言故云主人是壻爲婦主故下親迎至男家壻還稱主人也云爵弁而纁裳者下爵弁亦冕之類故亦纁裳也云玄冕之次者鄭注周禮弁師云一命之大夫冕而無旒士變冕爲爵弁故云冕之次也云大夫以上親迎冕服者士家自祭服玄端助祭用爵弁今爵弁用助祭之服親迎一爲攝盛則卿大夫朝服以自祭助祭用玄冕親迎亦當玄冕攝盛也若上公有孤之國孤絺冕卿大夫

同玄冕侯伯子男無孤之國卿絺冕大夫玄冕也孤卿大夫士爲臣卑復攝盛取助祭之服以親迎則天子諸侯爲尊則衮矣不須攝盛宜用家祭之服則五等諸侯玄冕以家祭則親迎不過玄冕天子親迎當服衮冕矣是以禮記郊特牲云玄冕齊戒鬼神陰陽也將以爲社稷主以社稷言之據諸侯而説故知諸侯玄冕也其於孤卿雖絺冕以助祭至於親迎亦用玄冕臣乃不得過君故也云冕服迎者鬼神之鬼神之者所以重之親之者郊特牲文云纁裳者衣緇衣不言衣與帶而言袘者空其文明其與袘俱用緇者鄭言纁裳者衣緇衣言緇衣即玄衣大同故也上士冠陳爵弁服云緇衣緇帶此文有緇袘無衣帶二字故云空其文以袘著緇者欲見袘與衣帶色同故云俱用緇也云袘謂緣者謂純緣於裳故字從衣云袘之言施者義取施及於物故作施也云以緇緣裳象陽氣下施者男陽女陰男女相交接示行事有漸故云象陽氣下施故以衣帶上體同色之物下緣於裳也云從者有司也乗貳車從行者也者以士雖無臣其僕隷皆曰有司使乗貳車從壻大夫已下有貳車士無貳車此有者亦是攝也云墨車漆車者案巾車注云棧車不

革鞔而漆之則士之棧車漆之但無革爲異耳案考工記云棧車欲其
弇鄭云無革鞔又云飾車欲其侈鄭云革鞔則大夫巳上皆以革鞔則
得飾車之名飾者革上又有漆飾士甲無飾雖有漆不得名墨車故唯
以棧車爲名若然自卿巳上更有異飾則又名玉金象夏篆夏縵之等
也云士乘墨車攝盛也者案周禮巾車云一曰玉路以祭祀又云金路
同姓以封象路異姓以封革路以封四衛木路以封蕃國孤乘夏篆卿
乘夏縵大夫乘墨車士乘棧車庶人乘役車士乘大夫墨車爲攝盛則
大夫當乘卿之夏縵卿當乘孤之夏篆巳上有木路質而無飾不可使
孤乘之禮窮則同也孤還乘夏篆又於臣之外特置亦是尊尊則尊矣
不欲攝盛若然庶人當乘士之棧車則諸侯天子尊則尊矣亦不假攝
盛依巾車自乘本車矣玉路祭祀不可以親迎當乘金路矣以攝言之
士之子冠與父同則昏亦同但尊適子皆與父同庶子宜降一等也
婦車至有裧　注亦如至有蓋　釋曰婦車亦墨車但有裧爲異耳云
士妻之車夫家共之者即此是也云大夫以上嫁女則自以車送之者
案宣公五年冬左傳云齊高固及子叔姬來反馬也休以爲禮無反馬

而左氏以爲得禮禮婦人謂嫁曰歸明無大故不反於家經書高固及子叔姬來故譏乘行匹至也士昏皆異據士禮無反馬蓋失之矣士昏禮曰主人爵弁纁裳緇袘從者畢玄端乘墨車從車二乘執燭前馬婦車亦如之有裧此婦乘夫家之車鵲巢詩曰之子于歸百兩御之又曰之子于歸百兩將之國君之禮夫人始嫁自乘其車也何彼襛矣篇曰曷不肅雝王姬之車言齊侯嫁女以其母王姬始嫁之車遠送之則天子諸侯女嫁留其車可知今高固大夫反馬大夫亦留其車禮雖散亡以詩論之大夫以上至天子有反馬之禮留車妻之道反馬壻之義高固秋月逆叔姬冬來反馬則婦人三月祭行故行反馬禮也以此鄭箴膏肓言之則知大夫已上嫁女自以其車送之若然詩注以爲王姬嫁時自乘其車箴膏肓以爲齊侯嫁女乘其母王姬始嫁時車送之不同者彼取三家詩故與毛詩異也凡婦車之法自士已上至孤卿皆與夫同有裧爲異至于王后及三夫人并諸侯夫人皆乘翟車案周禮巾車王后之五路重翟厭翟安車皆有容蓋又云翟車輦車鄭注云詩國風碩人曰翟茀以朝謂諸侯夫人始來乘翟茀之車以朝見於君盛之也

此翟蔽蓋厭翟也然則王后始來乘重翟矣又詩序云王姬下嫁於諸侯車服不繫其夫下王后一等以此差之王后始來乘重翟則上公夫人用厭翟侯伯子男夫人用翟車若然巾車安車次厭翟在翟車之上者以其安車在宮中所乘有容蓋與重翟厭翟有屈退之在下其實安車無翟飾不用爲嫁時所乘也三夫人與三公夫人當用翟車九嬪與孤妻同用夏篆世婦與卿大夫妻同用夏縵女御與士妻同用墨車也其諸侯夫人姪娣及二媵并姪娣依次下夫人以下一等爲差也云裧車裳幃周禮謂之容者案巾車職重翟厭翟安車皆有容蓋鄭司農云容謂幨車山東謂之裳幃或謂之潼容後鄭從之衞詩云漸車帷裳是山東名幃裳也云車有容則固有蓋者巾車云有容蓋容蓋相配之物此旣有裧之容明有蓋可知故云固有蓋矣至于門外　注婦家大門之外　釋曰知是大門外者以下有揖入乃至廟廟在大門內故知此大門外也　主人至右几　注主人至布席　釋曰以先祖之遺體許人將告神故女父先於廟設神席乃迎壻也

儀禮疏卷第四

儀禮疏卷第五

唐朝散大夫行太學博士弘文館學士臣賈　公彥　等撰

女次至南面　注次首至非常　釋曰不言裳者以婦人之服不殊裳是以內司服皆不殊裳彼注云婦人尚專一德無所兼連衣裳不異其色是也注云次首飾也今時髲也周禮追師掌爲副編次者案彼注云副之言覆所以覆首爲之飾其遺象若今步繇矣編編列髮爲之其遺象若今假紒矣次次第髮長短爲之所謂髲鬄言所謂謂如少牢主婦髲鬄也又云外內命婦衣鞠衣襢衣者服編衣褖衣者服次其副唯於三翟祭祀服之士服爵弁助祭之服以迎則士之妻亦服褖衣助祭之服也若然案內司服王后之六服褘衣揄翟闕翟鞠衣展衣褖衣素沙素沙與上六服爲裏五等諸侯上公夫人與王后同侯伯夫人自揄翟而下子男夫人自闕而下案王藻有鞠衣襢衣褖衣注云諸侯之臣皆分爲三等其妻以次受此服公之臣孤爲上卿大夫次之士次之侯伯子男之臣卿爲上大夫次之士次之其三夫人已下內命婦則三夫人自闕翟而下九嬪自鞠衣而下世婦自襢衣而下女御自褖衣而下嫁

時以服之諸侯夫人無助天子祭亦各得申上服與祭服同也云純衣絲衣者此經純亦是絲理不明故見絲體也云女從者畢袗玄則此衣亦玄矣者此鄭欲見既以純爲絲恐色不明故云女從袗玄則此絲衣亦同玄色矣云袡亦緣也者上纁裳緇袘袘爲緣故云袡亦緣也云袡之言任也以纁緣其衣象陰氣上任也者婦人陰象陰氣上交於陽亦取交接之義也云凡婦人不常施袡之衣盛昏禮爲此服者此純衣即褖衣是士妻助祭之服尋常不用纁爲袡今用之故云盛昏禮爲此服云喪大記曰復衣不以袡明非常者以其始死招魂復魄用生時之衣生時無袡知亦不用袡明爲非常所服爲盛昏禮故服之引之者證袡爲非常服也然鄭言凡婦人服不常施袡者鄭欲見王后已下初嫁皆有袡之意也　姆纚至其右　釋曰此經欲見女既在房須有傳命者之義也　注姆婦至婦禮　釋曰云姆婦人年五十無子出而不復嫁能以婦道教人者婦人年五十陰道絶無子乃出之案家語云婦人有七出不順父母出淫辟出無子出不事舅姑出惡疾出多舌出盜竊出又莊二十七年何休注公羊云無子棄絶世也淫佚棄亂類也不事舅

姑棄悖德也口舌棄離親也盜竊棄反義也嫉妬棄亂家也惡疾棄不可奉宗廟也又家語有三不去曾經三年喪不去休云不忘恩也賤取貴不去休云不背德也有所受無所歸不去休云不窮窮也休又云喪婦長女不娶無敎戒也世有惡疾不娶棄於天也世有刑人不娶棄於人也亂家不娶類不正也逆家女不娶廢人倫也是五不娶又案易同人六二鄭注云天子諸侯后夫人無子不出則猶有六出其天子之后雖失禮鄭云嫁於天子雖失禮無出道遠之而已若其無子不廢遠之后尊如故其犯六出則廢之然就七出之中餘六出是無德行不堪敎人故無子出能以婦道敎人者以爲姆既敎女因從女向夫家也云若今時乳母者漢時乳母與古時乳母别案喪服乳母者據大夫子有三母子師慈母保母其慈母闕乃令有乳者養子謂之爲乳母死爲之服緦麻師敎之乳母直養之而已漢時乳母則選德行有乳者爲之并使敎子故引之以證姆也云纚縚髮者此纚亦如士冠纚以繒爲之廣充幅長六尺以縚髮而紒之姆所異於女者女有纚兼有次此姆則有纚而無次也云笄今時簪者舉漢爲況義也云宵讀爲詩素衣朱綃之綃

者引詩以爲證也云姆亦玄衣以綃爲領因以爲名者此衣雖言綃衣亦與純衣同是褖衣用綃爲領故因得名綃衣也必知綃爲領者詩云素衣朱綃詩又云素衣朱襮爾雅釋器云黼領謂之襮襮既爲領明朱綃亦領可知案上文云女褖衣下文云女從者畢袗玄皆是褖衣則此綃衣亦褖衣矣女與女從禪黼領此姆以玄綃爲領也若然特牲云綃衣者謂以綃繒爲衣知此綃爲領者以下女從者云被潁黼據領明此亦據領也云姆在女右當詔以婦禮者案禮記少儀云贊幣自左詔辭自右地道尊右之義故姆在女右也　女從至其後　釋曰此是從女之人在女後爲尊卑威儀之事也　注女從至常服　釋曰知女從是姪娣者案下文云雖無娣媵先鄭云古者嫁女必姪娣從謂之媵即此女從故云女從者謂姪娣也云詩者韓奕篇引之證姪之義也云袗同也同玄者上下皆玄者此袗讀從左氏均服振振一也故云同玄上下皆玄也同者即婦人之服不殊裳也云潁禪也者此讀如詩云褧衣之褧故爲禪也引詩爾雅周禮者證黼得爲領之義也黼謂刺之在領爲黼文名爲襮故云黼領謂之襮云天子諸侯后夫人狄衣者案周禮內

司服云掌王后之六服褘衣揄狄闕狄又注云侯伯之夫人揄狄子男之夫人亦闕狄唯二王後褘衣故云后夫人狄衣也云卿大夫之妻刺黼以爲領者以士妻言被明非常故知大夫之妻刺之常也不於后夫人下言領於卿大夫妻下乃云刺黼爲領則后夫人亦同刺黼爲領也但黼乃白黑色爲之若於衣上則畫之若於領上則刺之以爲其男子冕服衣畫而裳繡繡皆刺之其婦人領雖在衣亦刺之矣然此士妻言被禪黼謂於衣領上別刺黼文謂之被則大夫已下刺之不別被之矣案禮記郊特牲云綃黼丹朱中衣大夫之僭禮也彼天子諸侯中衣有黼領服則無之此今婦人事華飾故於上服有之中衣則無也云如今偃領矣者舉漢法鄭君目驗而知至今已遠偃領之制亦無可知也云士妻始嫁施禪黼於領上假盛飾耳言被明非常服者對大夫已上妻則常服有之非假也　主人至荅拜　釋曰此言男至女氏之大門外女父出迎之事也主人至降送　釋曰此言女父迎賓壻入廟門升堂父迎出大門之事也云賓升北面奠鴈再拜稽首者此時當在房外當楣北面知在房戶者見隱二年紀履緰來逆女公羊傳曰譏始不親迎

也何休云夏后氏逆於庭殷人逆於堂周人逆於戶後代漸文迎於房者親親之義也　注賓升至不參　釋曰云賓升奠鴈拜主人不答明主爲授女耳者案納采阼階上拜至問名納吉納徵請期轉相如皆拜獨於此主人不答明主爲授女耳云主人不降送禮不參者禮賓主宜各一人今壻既送主人不送者以其禮不參也　壻御至不受注壻御至人綏　釋曰云僕人之禮必授人綏者曲禮文今壻御車即僕人禮僕人合授綏姆辭不受謙也　婦乘至者代　注乘以至作憬　釋曰云乘以几者謂登車時也几所以安體謂若尸乘以几之類以重其初昏與尸同也云景之制蓋如明衣者案既夕禮明衣裳用布袂屬幅長下膝鄭注云長下膝又有裳於蔽下體深也此景之制無正文故云蓋如明衣直云制如明衣此嫁時尚飾不用布案詩云衣錦褧衣裳錦褧裳鄭云褧禪也蓋以禪縠爲之中衣裳用錦而上加禪縠焉爲其文之大著也庶人之妻嫁服也士妻紂衣纁袡彼以庶人用禪縠連引士妻紂衣則此士妻衣上亦用禪縠碩人是國君夫人亦衣錦褧衣則尊卑同用禪縠庶人卑得與國君夫人同用錦爲文大著此士妻不用錦不

爲文大著故云行道禦風塵也　壻乘至門外　注壻車至門外　釋曰云壻車在大門外者謂在婦家大門外知者以其壻於此始言乘其車故知也云男率女女從男夫婦剛柔之義自此始也者並郊特牲文云門外壻家大門外者命士已上父子異宫故解爲壻家大門外若不命之士父子同宫則大門父之大門外也　婦至至盥交　釋曰此明夫導於婦入門升階及對席媵御沃盥之儀云主人揖婦以入者此則詩云好人提提宛然左辟是也云夫入于室即席者謂壻也婦在尊西未設席壻既爲主東面須設饌訖乃設對席揖即對席爲前後至之便故也　注升自至其志　釋曰云升自西階道婦入也者以尋常賓客主人在東賓在西今主人與妻俱升西階故云道婦入也云媵送也謂女從者也即姪娣也云御當爲訝訝迎也謂壻從者也者以其與婦人爲盥非男子之事謂夫家之賤者也知媵沃壻盥於南洗御沃婦盥於北洗者以其有南北二洗又云媵御沃盥交明知夫婦與媵御南北交相沃盥也　贊者至從設　注執匕至載也　釋曰案特牲少牢公食與有司徹及此昏禮等執匕俎舉鼎各別人者此吉禮尚威儀故也士

喪禮舉鼎右人以右手執匕左人以左人執俎舉鼎人兼執匕俎者喪禮略也云從設者以從男之事故從吉祭法也公食執匕俎之人入加匕於鼎陳俎於鼎南其匕與載皆舉鼎者爲之特牲注云右人也尊者於事指使可也則右人於鼎北南面匕肉出之左人於鼎西俎南北面承取肉載於俎士虞右人載者喪祭少變故在西方長者在左也今昬禮鬼神陰陽當與特牲禮同亦右人匕左人載遂執俎而立以待設也云匕所以別出牲體也者凡牲有體別謂肩臂臑肫胳脊脅之等於鼎以次別匕出之載者依其體別以次載之於俎故云別出牲體也　北面載執而俟　注執俎至先設　釋曰知俟豆先設者下文菹醢後乃云俎入設于豆東故知也　匕者至西上　注執匕至賤也　釋曰云至此乃著其位略賤也者案士冠未行事陳主人位訖即言兄弟及擯者之位於此初陳鼎門外時不見執匕者位至此乃著其位故言略賤也　注豆東菹醢之東　釋曰醬與菹醢俱在豆知不在醬東者下文醬東有黍稷故知在菹醢東也　贊設至醬南　注饌要方也　釋曰豆東兩俎醬東黍稷是其要方也　設對醬于東　注對醬至特俎

釋曰壻東面設醬在南爲右婦西面則醬在北爲右皆以右手取之爲便故知設之當特俎東也菹醢至于北　釋曰菹醢在其南北上者謂菹在醬南其南有菹有醢若壻醢在菹北從南向北陳爲南上此從北向南陳亦醢在菹南爲北上也云湇即上文大羹湇在爨者羹宜熱臨食乃將入是以公食大夫云大羹湇不和實于鐙由門入公設之于醬西是也又生人食公食大夫是也特牲士虞等爲神設皆爲敬尸尸亦不食也鄉飲酒鄉射燕禮大射不設者湇非飲食之具故無也少牢無湇者文不備有司徹有湇者賓尸禮褻故有之與少牢禮異也云設湇于醬北者案上設壻湇於醬南在醬黍之南特俎出於饌北此設婦湇於醬北在特俎東饌內則不得要方上注云要方者據大判而言耳云啓會卻于敦南對敦于北者取壻東面以南爲右婦西面以北爲右各取便也卻仰也謂仰於地也　贊告至稷肺　注贊者至菹醢　釋曰知贊者西面告饌具者以其所告者宜告主人主人東面知西面告也云薦菹醢者以其儀禮之內單言薦者皆據籩豆而言也　贊爾至舉也　釋曰云祭舉食舉也者舉謂舉肺以其舉以祭以食故名肺爲舉

則上文云祭者祭肺也　注爾移至作稷　釋曰云爾移也者爾訓爲近謂移之使近人故云移置席上便其食也案玉藻云食坐盡前謂臨席前畔則不得移黍於席上此云移置席上者鬼神陰陽故此昏禮從特牲祭祀法云皆食食黍也者案特牲少牢祭舉食舉乃飯此先食黍乃祭舉相反者彼九飯禮成故先食舉以爲導食氣此三飯禮略故不須導也此先爾黍稷後授肺特牲亦然以其士禮同也少牢佐食先以舉肺脊授尸乃爾黍者大夫禮與士異故也然士虞亦先授舉肺脊後乃爾黍者喪禮與吉反故也云用者謂啜湇肺咟醬者以其大羹汁不用箸醬又不須以箸故用口啜湇用指咟醬也　三飯卒食　注同牢至禮也　釋曰云同牢示親不主爲食起者少牢十一飯特牲九飯而禮成此獨三飯故云同牢示親不主爲食起三飯而成禮也　贊洗至皆祭　釋曰自此至尊否論夫婦食訖酳及徹饌於房節云主人拜受者壻拜當東面酳婦亦如之者婦拜當南面是以少牢云蓑皆荅拜鄭注云在東面席者東面拜在西面席者皆南面拜故知婦拜南面若贊荅婦拜亦於戶内北面也云皆祭者祭先也　注酳漱至内尊　釋曰

云醑漱也醑之言演也安也漱所以絜口且演安其所食者案特牲云主人洗角升酌醑尸注云醑猶衍也是獻尸也謂之醑者尸既卒食又欲頤衍養樂之又少牢云主人酌酒乃醑尸注云醑猶羡也既食之而又飲之所以樂之三注不同者文有詳略相兼乃具士虞亦是醑尸注直云醑安食也不言養樂及羡者喪故略之此三醑俱不言獻皆云醑直取其絜故注云漱所以絜口演安其所食亦頤養樂之義知醑酌內尊者以下文云贊酌于戶外尊故知此夫婦酌內尊也　贊以至葅豆　釋曰案特牲少牢獻尸以肝從尸嚌之加于葅豆與此同禮之正也主人與祝亦以肝從加於俎不加於豆者下尸故不敢同之也士虞獻尸尸以肝加於俎者喪祭故鄭云加於俎從其牲體也以喪不志於味但此云實不云加異於祭故也　卒爵至如之　注亦無從也　釋曰卒爵皆拜贊荅拜者獻主處也云再醑如初者如自贊洗爵已下至荅拜受爵也云亦無從也者三醑用巹亦如之亦自贊洗爵至受爵鄭直云亦無從用巹文承再醑之下明知事事如再醑以其初醑有從再醑如初無從三醑用巹亦無從故鄭以亦無從言之其實皆同再醑也　贊

洗至拜興　釋曰言皆者皆夫婦也三酳乃酌外尊自酢者皆是略賤者也既隔合巹乃用爵不嫌相襲爵明更洗餘爵也　主人出婦復位注復尊西南面之位　釋曰直云主人出不云處所案下文云主人說服于房矣則此時亦向東房矣云復尊西南面之位者婦人不宜出復入故因舊位而立也　乃徹至尊否　釋曰經云乃徹于房中如設于室雖據豆俎而言理兼於尊矣故云徹尊不設有外尊明徹中兼尊也云尊否者唯尊不設于房中而言也知爲媵御餕之者下文云媵餕主人之餘已下是也　主人至授巾　釋曰自此至呼則聞論夫婦寢息及媵御餕之事也云主人說服于房媵受婦脫服于室御受者與沃盥文同亦是交接有漸之義也疊今文爲稅不從者稅是追服之言非脫去之義故不從也　御衽至北止　注衽臥至作趾　釋曰衽于奧主于婦席使御布婦席使媵布夫席此亦示交接有漸之義也云衽臥席也者案曲禮云請席何鄉請衽何趾鄭云坐問鄉臥問趾因於陰陽彼衽稱趾明衽臥席也若然前布同牢席夫在西婦在東今乃夫在東婦在西易處者前者示有陰陽交會有漸故男西女東今取陽往就陰故

男女各於其方也云孟子者案孟子離婁篇云齊人有一妻一妾而處室者其良人出則必厭酒肉而後反其妻問所與飲食者則盡富貴者也其妻告其妾曰良人出則厭酒肉而後反問所與飲食者則盡富貴者也而未嘗有顯者來吾將瞷良人之所之注云瞷視也彼瞷爲視亦得爲見故鄭此注爲見也引之者證婦人稱夫爲良人之義也云古文止作趾者雖疊古文趾爲足亦一義也　主人至之纓　注入者至未聞　釋曰知從房還入室者夫前出說服於房今言入明從房入室也云婦人十五許嫁笄而禮之因著纓者案曲禮云女子許嫁纓又云女子許嫁笄而字鄭據此諸侯文而言但言十五許嫁則以十五爲限則自十五已上皆可許嫁也云明有繫也者纓是繫物爲之明有繫也云蓋以五采爲之者以周禮巾車職五路皆有繁纓就數鄭注纓皆用五采罽爲之此纓雖用絲爲之當用五采但無文故云蓋以疑之也云其制未聞者此纓與男子冠纓異彼纓垂之兩傍結其條此女子纓不同於彼故云其制未聞但纓有二時不同内則云男女未冠笄者總角衿纓皆佩容臭鄭注云容臭香物也以纓佩之爲迫尊者給小使也此是

幼時纓也內則又云婦事舅姑子事父母衿纓綦屨注云衿猶結也婦人有纓示繫屬也是婦人女子有二時之纓內則示有繫屬之纓即許嫁之纓與此說纓一也若然笄亦有二等案問喪親始死笄纚據男子去冠仍有笄[redacted]與婦人之笄並有安髮之笄也爵弁皮弁及六冕之笄皆是固冠冕之笄是其二也　媵餕至酳之　釋曰亦陰陽交接之義云酌外尊者賤不敢與主人同酌內尊也　媵待至則聞　釋曰不使御待于戶外供承夫婦者以女爲主故使媵待于戶外也　夙興至俟見　釋曰自此至授人論婦見舅姑之事云纚笄宵衣者此則特牲主婦宵衣也不著純衣纁袡者彼嫁時之盛服今已成昏之後不可使服故退從此服也　注夙早至異宮　釋曰言昏明日之晨者以昨日昏時成禮此經言夙興故知是昏之晨旦也云興起也俟待也待見於舅姑寢門之外者因訓即解之也云古者命士以上年十五父子異宮者案內則云由命士以上父子異宮不云年限今鄭知十五爲限者以其十五成童是以鄭注喪服亦云子幼謂年十五已下則不隨母嫁故知十五以後乃異宮也鄭言此限者欲見不命之士父子同宮雖俟見不得言

舅姑寢門外也　質明至即席　注質平至作咎　釋曰此經論設舅姑席位所在鄭知房外是房户外之西者以其舅在阼阼當房户之東若姑在房户之東即當舅之北南面向之不便又見下記云父醴女而俟迎者母南面於户外女出於母左以母在房户西故得女出於母左是以知此房外亦房户外之西也　婦執至于席　釋曰此經論婦從舅寢門外入見舅之事也必見舅用棗栗見姑以腶脩者案春秋莊二十四年經書秋八月丁丑夫人姜氏入戊寅大夫宗婦覿用幣公羊傳云宗婦者何大夫之妻也覿者何見也用者何用者不宜用也見用幣非禮也然則曷用棗栗云乎腶脩云乎注云腶脩者脯也禮婦人見舅以棗栗爲贄見姑以腶脩爲贄見夫人至尊兼而用之云乎辭也棗栗取其早自謹敬腶脩取其斷斷自脩正是用棗栗腶脩之義也案雜記云婦見舅姑兄弟姑姊妹皆立于堂下西面北上是見已注云婦來爲供養也其見主於尊者兄弟以下在位是爲已見不復特見又云見諸父各就其寢注云旁尊也亦爲見時不來今此不言者文略也　注笲竹至授也　釋曰知笲竹器者以字從竹故知竹器知有衣者下記云

笄纚被纁裏加于橋注云被表也笄有衣者婦見舅姑以飾爲敬是有衣也云如今之筥𥫗蘆矣者此舉漢法以況義但漢法去今以遠其狀無以可知也云進拜者進東面乃拜者謂從西階進至舅前而拜云奠之者舅尊不敢授也者案下姑奠于席不授而云舅尊不敢授者但舅直撫之而已至姑則親舉之親舉者若親授之然故於舅得云尊不敢授也　舅坐至又拜　注還又至俠拜　釋曰云先拜處者謂前東面拜處也云婦人與丈夫爲禮則俠拜者謂若士冠冠者見母母拜受子拜送母又拜母於子尚俠拜則不徒此婦於舅而已故廣言婦人與丈夫爲禮則俠拜　降階至授人　釋曰此經論婦見姑之事　注人有至徹之　釋曰云人有司者凡行事者皆主人有司也知舅則使宰徹者此見下記云舅荅拜宰徹是也　贊醴婦　注醴當至厚之　釋曰自此至於門外論舅姑堂上禮婦之事云醴當爲禮者士冠内則昏義諸文醴皆破從禮者案司儀注上於下曰禮敵者曰儐又案大行人云王禮再祼而酢之等用鬱鬯不言王鬯再祼而酢而言禮則此諸文雖用醴禮賓不得即言主人醴賓故皆從上於下曰禮解之　席于戶牖

閒　注室戶至面位　釋曰知義然者以其賔客位於此是以禮子禮婦禮賔客皆於此尊之故也　側尊至席西　注疑正立自定之貌　釋曰云婦疑立于席西者以其禮未至而無事故疑然自定而立以待事也若行之閒而立則云立不得云疑立也　贊者至脯醢　釋曰云面枋出房者以其贊授故面枋冠禮贊酌醴將授賔則面葉賔受醴將授子乃面枋也此婦又拜并下經婦又拜者皆俠拜也　注婦東至之禮　釋曰云婦東面拜贊北面荅之變於丈夫始冠成人之禮者案冠禮禮子與此禮婦俱在賔位彼禮子南面受醴此則東面不同故決之彼南面者以向賔拜此東面者以舅姑在東亦面拜之也　婦升至門外　注奠于至氏人　釋曰鄭知奠者升席奠之者見上冠禮禮子禮賔皆云即筵奠于薦東降筵北面坐取脯明此奠時升席南面奠乃降北面取脯降出授人云親徹且榮得禮者言且兼二事何者下饗婦之俎不親徹又自出門授人是且榮得禮下饗不親徹俎者於禮時禮訖故於後略之知人是婦氏人者以其在門外婦往授之明是婦氏之人也　舅姑至女禮　釋曰自此至之錯論婦饋舅姑成孝養之事云其

他如取女禮者則自側載以下南上以上與取女異異者彼則有魚腊并稷此則無魚腊與稷彼男東面女西面別席其醬醯菹夫則南上婦則北上今此舅姑共席東面俎及豆等皆南上是其異也　注側載至作併　釋曰豚載皆合升若成牲載一胖是常得云側此乃載胖故云側但周人尚右故知右胖載之舅俎左胖載之姑俎是以鄭云異尊卑也云並南上者舅姑共席于奥其饌各以南爲上者決同牢男女東西相對各上其右也云其他謂醬湆菹醢者以同牢時夫婦各有此四者今以饋舅姑亦各有此四物故云如同牢時也雖不言酒旣有饋明有酒在其他中酒在内者亦在北牖下外尊亦當在房戶外之東鄭不云者略耳　婦贊至無從　注贊成祭者授處之　釋曰贊成祭者謂授之又處置令知在於豆閒也　席于北墉下　釋曰此席將爲婦餕之位處也　婦徹至易醬　釋曰婦徹設于席前如初西上者此直餕餘舅辭易醬者舅尊故也不餕舅餘者以舅尊嫌相褻言西上者亦以右爲上也　注婦餕至淬汙　釋曰言將者事未至以其此始言婦餕之意至下文婦餕姑之饌乃始餕耳云辭易醬者婦嫌淬汙者以其醬乃

以指呬之淬汙也婦餕至奠之　注奠之奠于篚　釋曰云御贊祭豆黍肺舉肺脊者御贊婦祭之也鄭知奠之於篚者此云如取女禮取女有篚明此亦奠之于篚可知也　婦徹至之錯　注古者至爲姑　釋曰云古者嫁女必姪娣從謂之媵者媵有二種若諸侯有二媵外別有姪娣是以莊公十九年經書秋公子結媵陳人之婦于鄄公羊傳曰媵者何諸侯娶一國則二國往媵之以姪娣從姪者何兄之子也娣者何弟也諸侯夫人自有姪娣并二媵各有姪娣則九女是媵與姪娣別也若大夫士無二媵即以姪娣爲媵鄭云古者嫁女必姪娣從謂之媵是據大夫士言也云姪兄之子娣女弟也娣尊姪卑者解經云雖無娣媵先之義以其若有娣乃先媵即姪也云猶先媵容之也者對御是夫之從者爲後若然姪與娣俱名媵今言雖無娣媵先似娣不名媵者但姪娣俱是媵今去娣娣外唯有姪姪言媵先以對御爲先非對娣也稱媵以其姪娣俱是媵也云始飯謂舅姑者舅姑始飯而今媵餕舅餘御餕姑餘是交錯之義若媵御沃盥交也舅姑爲飯始不爲餕始俗本云與始餕之錯者誤也　舅姑至奠酬　注以酒至舉爵　釋曰自此至歸

俎于婦氏人論饗婦之事此饗與上盥饋同日爲之知者見昬義曰舅姑入室婦以特豚饋明婦順也厥明舅姑共饗婦鄭彼注云昬禮不言厥明此言之者容大夫以上禮多或異日故知此士同日可也此與上事相因亦於舅姑寢堂之上與禮婦同在客位也云共饗婦以一獻之禮者案下記云饗婦姑薦焉注云舅姑共饗婦舅獻姑薦脯醢但薦脯醢無盥洗之事今設此洗爲婦人不下堂也云姑洗于北洗洗者洗爵則是舅獻姑酬共成一獻仍無妨姑薦脯醢也云凡酬酒皆奠於薦左不舉者此經直云奠酬不言處所故云凡通鄉飲酒鄉射燕禮之等云燕則更使人舉爵者案燕禮獻酬訖別有人舉旅行酬是也饗亦用醴酒知者以下記云庶婦使人醮之注云使人醮之不饗也酒不酬酢曰醮亦有脯醢適婦酌之以醴尊之庶婦酌之以酒卑之是也若然知記非醴婦者以記云庶婦使人醮之明適婦親之案上醴婦雖適使贊不親明記醮庶婦使人當饗節也　舅姑至阼階　注授之至代已　釋曰案曲禮云子事父母升降不由阼階是主人尊者之處今舅姑降自西階婦降自阼階是授婦以室之事也云授之室昬義文也　歸婦俎

于婦氏人　注言俎至得禮　釋曰案雜記云大饗卷三牲之俎歸于賓館是賓所當得也饗時設几而不倚爵盈而不飲肴乾而不食故歸俎此饗婦婦亦不食故歸也經雖不言牲既言俎俎所以盛肉故知有牲此婦氏人即上婦所授脯者也故上注引此婦氏人證所授人爲一也　舅饗至束錦　注送者至爲帛　釋曰此一獻與饗婦一獻同禮則異彼兼有姑此依常饗賓客法知送者是女家有司者故左氏傳云齊侯送姜氏非禮也凡公女嫁于敵國姊妹則上卿送之以禮於先君公子則下卿送之於大國雖公子亦上卿送之於天子則諸卿皆行公不自送於小國則上大夫送之以此而言則尊無送卑之法則大夫亦遣臣送之士無臣故知有司送之也云古文錦皆爲帛者此及下文錦皆爲帛不從古文者禮有玄錦非獨此文則禮有贈錦之事故不從古文也　姑饗至束錦　注婦人至速之　釋曰左氏傳云士有隸子弟士卑無臣自以其子弟爲僕隸并己之子弟之妻妾但尊無送卑故知婦人送者是隸子弟之妻妾也云凡饗速之者案聘禮饗食速賓則知此舅姑饗送者亦速之也凡速者皆就館召之是以下云若異邦則贈

丈夫送者以束錦鄭云就賓館則賓自有館若然婦人送者亦當有館男子則主人親速其婦送者不親速以其婦人迎客不出門當别遣人速之　若異至束錦　注贈送也就賓館　釋曰案莊二十七年冬莒慶來逆叔姬公羊傳云大夫越境逆女非禮也鄭注喪服亦云古者大夫不外娶今言異邦得外娶者以大夫尊外娶則外交故不許士卑不嫌容有外娶法故有異邦送客也鄭知就館者贈賄之等皆就館故知此亦就館也

儀禮疏卷第五

云三帛二牲一死摯卽士摯雉今此亦是士禮恐用死鴈故云不用死也云皮帛必可制者可制爲衣物此亦是教婦以誠信之義也　腊必至殽全　注殽全至剥傷　釋曰腊用鮮者義取夫婦日新之義云魚用鮒者義取夫婦相依附者也云殽必全者義取夫婦全節無虧之理此並據同牢時也　女子至稱字　釋曰女子許嫁謂年十五已上至十九已下案曲禮女子許嫁纓有笄兼有纓示有繫屬此不言纓文不具也云醴之稱字者猶男子冠醴之稱字同是以禮記喪服小記云丈夫冠而不爲殤婦人笄而不爲殤是其義同也　注許嫁至其禮　釋曰知許嫁已受納徵禮也者以納采問名納吉三禮雖使者往來未成交親故曲禮云非受幣不交不親鄭據納徵唯未行請期親迎也二者要待女二十爲之云笄女之禮猶冠男也使主婦女賓執其禮者案雜記云女雖未許嫁年二十而笄禮之婦人執其禮鄭注云言婦人執其禮明非許嫁之笄彼以非許嫁笄輕故無主婦女賓使婦人而已明許嫁笄當使主婦對女賓執其禮其儀如冠男也又許嫁者用醴禮之不許嫁者當用酒醮之彰其早得禮也　祖廟至宗室　注祖廟至之家

釋曰此謂諸侯同族之女將嫁之前教成之法經直云祖廟鄭知女高祖爲君者之廟也以有緦麻之親者以其諸侯立五廟大祖之廟不毀親廟四以次毀之經云未毀與巳毀是據高祖之廟而言故云祖廟女高祖爲君者之廟也共承高祖是四世緦麻之親若三世共曾祖曾祖小功之親若共祖大功之親若共禰廟是齊衰之親則皆教於公宮今直言緦麻者舉最疏而言親者自然教於公宮可知也云教以婦德婦言婦容婦功者昏義文鄭彼注云婦德貞順也婦言辭令也婦容婉娩也婦功絲麻也云宗室大宗之家者案喪服小記繼別爲宗謂別子之世適長子族人來宗事之者謂之宗者收族者也高祖之廟既毀與君絕服者則皆於大宗之家教之又小宗有四或繼祖或繼禰或繼曾祖或繼高祖此等至五代皆遷不就之教者小宗卑故也　問名至乃降注受鴈至女名　釋曰此亦記經不具者案經直云問名如納采之禮納采禮中無主人西面對事故記之也知受鴈於兩楹閒南面者納采時賓當阿東面致命主人阼階上北面再拜又云授于楹閒南面問名如納采之禮故亦楹閒南面授鴈於彼唯不云西面故記之也云還于

阼階上對賓以女名者此則西面對與拜時北面異處也　祭醴至反
命　釋曰云祭醴者謂贊醴婦之時禮成於三其爲三祭之時始祭醴
云初故始扱壹祭後祭醴又扱爲再祭也云賓右取脯左奉之乃歸者
經直云降筵北面坐取脯不言用左右手故記之也云右取脯左奉之
者謂先用右手取得脯乃用左手兼奉之以降授從者於西階下乃歸
執以反命　注反命至壻父　釋曰知反命是此問名納吉納徵請期
者以下云凡使者歸反命曰某既得將事矣敢以禮告言凡非一則知
四者皆有反命也以納采與問名同使親迎又無使者故據此四者而
言也　納徵至在南　釋曰案經直云納徵玄纁束帛儷皮如納吉禮
則授幣得如授鴈之禮至於庭實之皮無可相如故記之　注攝猶至
位併　釋曰執皮者相隨而入至庭北面皆以西爲左一手執兩足毛
在內故云內文云左首象生者案聘禮執皮者皆左首此亦執皮而左
首故云象生與執禽者同故引曲禮執禽者左首爲證必象生者取婦
人生息之義云隨入爲門中阨陜者皮皆橫執之案匠人云廟門容大
扃七个　注云大扃牛鼎之扃長三尺每扃爲一个七个二丈一尺彼天子

廟門此士之廟門降殺甚小故云門中阨陜故隨入得並也云西上中庭位併者俱北面西上也　賓致至東壁　釋曰此亦爲經不見主人之士受皮之事故記之也云釋外足者據人北面以足向上執之足遠身爲外受之則文見故釋外足見文也云士受皮者取皮自東方出于後者謂自東方出於執皮者之後至於左北面受之故云自左受也云逆退者二人相隨自東而西今以後者先向東行故云逆退也　注賓致至由也　釋曰云賓致命主人受幣庭實所用爲節者以其上經納徵授幣如納吉之禮其目巳具今言之者爲執皮者釋外足見文及士受皮時節不見故云賓堂上致命時庭中執皮者釋外足見文主人堂上受幣時主人之士於堂下受取皮是其庭實所用爲節也云士謂若中士下士不命者但諸侯之士國皆二十七人依周禮典命侯伯之士一命子男之士不命命與不命國皆分爲三等上九中九下九案周禮三百六十官皆有官長其下皆有屬官但天子之士上士三命中士再命下士一命與諸侯之士異若諸侯上中下士同命今言士謂若中士下士不命者據上士爲官長者若主人是中士則士是下士若主人是

下士則士是不命之士府史之等此不命與子男之士不命者別彼雖
不得君簡策之命仍得人君口命爲士此則不得君命是官長自辟除
者也案既夕宰舉幣是士之府史則庭實胥徒爲之云自由也者謂由
執皮者之左受之也　父醴至房外　注女既至女也　釋曰此亦前
經不具故記之云女既次純衣父醴之于房中南面者見於上文云蓋
母薦焉者舅姑共饗婦姑薦脯醢故知父母醴女亦母薦脯醢重昏禮
故母薦也云女奠爵于薦東立于位而俟壻者案士冠禮子與醮子及
此篇禮賓禮婦皆奠爵于薦東明此亦奠薦東也云壻至父出使擯者
請事者見于上文云母出南面房外示親授壻且當戒女也者並參下
文而言也　女出至不降　釋曰此記亦經不具以母出房戶之西南
面女出房西行故云出于母左父在阼階上西面故因而戒之云母戒
諸西階上者母初立房西女出房母行至西階上乃戒之也　注必有
至不忘　釋曰云託戒使不忘者謂託衣笄恒在身而不忘持戒亦然
故戒使不忘也下文父母及庶母重云戒者並與此文相續成也此士
禮父母不降送案桓公三年經書九月齊侯送姜氏于讙穀梁傳曰禮

送女父不下堂母不出祭門祭門則廟門言不出廟門則似得下堂者彼諸侯禮與此異以其大夫諸侯天子各有昏禮故不同也　婦乘以几　注持几者重愼之　釋曰上經雖云婦乘以几不見從者二人持之故記之也此几謂將上車時而登若王后則履石大夫諸侯亦應有物履之但無文以言今人猶用臺是石几之類也　婦入至加勺　釋曰經中唯置酒尊不見徹冪以下事故記之　注屬注至尊中　釋曰經云酌玄酒三注於尊謂於外器中酌取此涚水三度注於玄酒尊中禮成於三故三注之也云玄酒涚水貴新者案郊特牲云明水涚齊貴新也又云凡涚新之也是禮有貴新也今昏禮事至乃取之故云貴新也若然禮有玄酒涚水明水三者各逐事物生名玄酒據色而言涚水據新取爲號其實一也以上古無酒用水爲酒後代雖有酒用之配尊不忘本故也明水者案周禮秋官司烜氏云以陰鑒取明水於月郊特牲云其謂之明水也由主人之絜著此水也注云著猶成也言主人齊絜此水乃成可得也配尊之酒三酒加玄酒鬱鬯與五齊皆用明水配之郊特牲云五齊加明水三酒加玄酒不言鬱鬯者記人文略也相對

玄酒與明水別通而言之明水亦名玄酒故禮運云玄酒在室彼配鬱鬯五齊是明水名爲玄酒也以其俱是水故通言水也若天子諸侯祭祀得鬱鬯與五齊三酒並用卿大夫士祭直用三酒與玄酒無五齊與鬱鬯又明水若生人相禮不忘本亦得用以其用醴醴則五齊之中醴齊之類也笄緇至徹笄　釋曰上經雖云笄不言表裏加飾之事故記之也　婦席薦饌于房注醴婦至薦也　釋曰此亦於經不見故記之但醴婦時唯席與薦無俎其饗婦非直有席薦并有俎俎則不饌于房從鼎升于俎入設于席前今據醴婦時同有席與薦饌于房中者而言也　饗婦姑薦焉　釋曰經直言舅姑共饗婦以一獻之禮時同自明不言姑薦故記之也　婦洗至面盥　釋曰經唯言北洗不言洗處及篚故記之也　注洗在至隅間　釋曰房與室相連爲之房無北壁故得北堂之名故云洗在北堂也云所謂北洗者所謂經中北洗也云北堂房半以北者以其南堂是戶外半以南得堂名則堂是戶外之稱則知此房半以北得堂名也知房無北戶者見上文云尊于房戶之東房有南戶矣燕禮大射皆云羞膳者升自北階立于房中不言入房是無

北壁而無戶是以得設洗直室東隅也云洗南北直室東隅者是南北節也云東西直房戶與隅閒者是東西節也　婦酢舅更爵自薦　釋曰謂舅姑饗婦獻時舅姑薦今婦酢舅婦自薦之嫌別人薦故記之也　不敢拜洗　釋曰此事當在婦酢舅之上退之在下者欲見酬酒洗時亦不辭故也此對士冠鄉飲酒之等主與賓爲禮皆辭洗此則不敢也此事於經不見故記之也　凡婦人相饗無降　注姑饗至在上　釋曰本設北洗爲婦人有事不下堂今以北洗及篚在上故不降經不言故記之也言凡者欲見舅姑共饗婦及姑饗婦人送者皆然故言凡也　婦入至祭行　注入夫至祭也　釋曰此據舅在無姑或舅沒姑老者若舅在無姑三月不須廟見則助祭案內則云舅沒則姑老者謂姑六十亦傳家事任長婦婦入三月廟見祭菜之後亦得助夫祭故鄭云謂助祭也此亦謂適婦其庶婦無此事亦以經不見故記之也　庶婦至不饋　注庶婦至適也　釋曰不饗者以適婦不醮而有饗今使人醮之以醮替饗故使人醮之不饗也云酒不酬酢曰醮者亦如庶子醮然知亦有脯醢者以其饗婦及醮子皆有脯醢故知亦有脯醢也云

其儀則同者適婦用醴於客位東面拜受醴贊者北面拜送今庶婦雖於房外之西亦東面拜受醮者亦北面拜送故云其儀則同也云不饋者共養統於適也者謂不盥饋特豚以其共養統于適婦也　昏辭至某也　注昏辭至壻名　釋曰鄭知昏辭是擯者請事告之辭者以其言吾子有惠貺室某也是使告主人之辭明知是擯者出門請事使者告之辭也知吾子謂女父者使人告擯者稱前已有惠貺其妻於壻某申明是女父乃得以女許人故知吾子女父也云明下達者此擯者稱有惠貺室即壻家舊已有辭下達女家見許今得言貺室也故引上文下達以釋此也引子謂公冶長可妻也者證以女許人稱貺室室猶妻也　某有至納采　注某壻至名也　釋曰此亦是使者門外通達上語告擯者之辭也以其使者稱向主人擯者故知上某是壻父下某是使者名也　對曰至敢辭　注對曰至能字　釋曰鄭知對曰者擯出納賓之辭者以其上文賓告擯者辭下經致命主人明此是中間擯者出領賓告者辭下經致語入告主人擯者又領主人此語以告使者知也　致命曰敢納采　釋曰此使者升堂致命於主人辭若然亦當有

主人對辭如納徵致命主人對辭不言之者文不具也問名賓在門外請問名主人許無辭者納采問名同使前已相親於納采許昏訖故於問名略不言主人所傳辭也是以於此直見賓升堂致命主人之辭也自此已下有納吉納徵請期之等皆有門外賓與擯者傳辭及升堂致命主人對或理有不須而言或理須辭而文不具以情商度義可皆知也

注某使至之女　釋曰知某使者名也者以使者對主人稱某既受命明是使者之名也云誰氏者謙也者以其下達乃納采則知女之姓矣今乃更問主人女爲誰氏者恐非主人之女假外人之女收養之是謙不敢必其主人之女也其本云問名而云誰氏者婦人不以名行明本不問女之三月名此名卽姓號之名若尚書孔注云虞氏舜名舜爲謚號猶爲名解之明氏姓亦得爲名若然本問名上氏姓故云誰氏也

對曰至敢辭　釋曰云吾子有命者正謂行納采問名使者將命來是已有命來擇卽是且以備數而擇之也　注卒曰至之女　釋曰云卒曰某氏者主人終卒對客之辭當云某氏對使也云不記之者明爲主人之女者若是他女當稱女氏以荅今不言之者明是主人之女容舊

知之故不對是以云明爲主人之女也　注貺賜至父名　釋曰知某是壻父名者以其云命某加諸卜是壻父卜故知某是壻父名　對曰至敢辭　注與猶兼也　釋曰云我與在以其夫婦一體夫既得吉婦吉可知故云我兼在占吉中也　納徵至承命　釋曰吾子有命以下至請納徵是門外向擯者辭也云致命曰某敢納徵者是所升堂致命辭也云對曰者是堂上主人對辭也　請期至吉日　釋曰云某既申受命矣者申重也謂前納采已後每度重受主人之命也云惟是三族之不虞使某也請吉日者今將成昏須及吉時但吉凶不相干若值凶不得行吉禮故云惟是三族死生不可億度之事若值死時則不得娶及今吉時使某請吉日以成昏禮也　注三族至嫁子　釋曰鄭知三族是父己子三者之昆弟者若大功之喪服内不廢成禮若期親内則廢故舉合廢者而言以其父昆弟則伯叔及伯叔母己昆弟則己之親兄弟子昆弟則己之適子庶子者皆己之齊衰期服之内親故三族據三者之昆弟也引雜記者見大功小功之末既葬則可以嫁子娶妻經云三族不據之矣今據父之昆弟期於子小功不得與子娶妻若於子

期於父小功亦不得娶妻知今皆據壻之父而言若然己父昆弟於子爲小功而言此三族者己及子皆爲服期者亦據大判而言耳　注某吉日之甲乙　釋曰云曰某日者是使者付主人吉日之辭云某吉日之甲乙者謂以十日配十二辰若云甲子乙丑丙寅丁卯之類故鄭略舉甲乙而言之也　注告禮所執脯　釋曰知禮是所執脯者上文禮賓賓皆北面取脯降授從者今此云歸以反命故知禮是所執脯也

父醮子　釋曰女父禮女用醴又在廟父醮子用酒又在寢不同者父禮女者以先祖遺體許人以適他族婦人外成故重之而用醴復在廟告先祖也男子直取婦入室無不反之故輕之而用酒在寢知醮子亦不在廟者若在廟以禮筵於戸西右几布神位今不言故在寢可知也

勗帥至有常　注勗勉至徽音　釋曰云以敬其爲先妣之嗣者謂婦人入室使之代姑祭也詩云大姒嗣徽音者大雅文王詩大姒者文王妃嗣繼徽美也娶大姒所以繼先妣美音也引之者證敬其爲先妣之嗣也　賓至至承命　注賓壻至來迎　釋曰云命某某壻父名者以其經有二某命某者是壻自稱之以對擯者也經云使某者是壻名故

不言也　父送至違命　釋曰上送女之時父母俱戒訖今此記人又云此戒者當同是送女時并有此戒續成前語庶母所戒亦然以前後語時不同故記人兩處記之但父戒之使無違舅命母戒之使無違姑命故父云命母云戒也然若此注有云命舅姑之敎命有姑字者傳寫誤也云古文毋爲無不從者以許氏說文毋爲禁辭故從經今文毋爲正也　宮事　釋曰則姑命婦之事若內宰職云后敎六宮婦人稱宮故也　庶母至衿鞶　注庶母至行之　釋曰云男鞶革女鞶絲者內則文男女用物不同故并引男子鞶革於經無所當也云所以盛帨巾之屬爲謹敬者案內則云箴管線纊施縏袠鄭云縏袠言施明爲箴管線纊有之是鞶以盛帨巾之屬此物所以供事舅姑故云謹敬也云不示之以衣笄者尊者之戒不嫌忘之者前文父戒以衣笄此經母施衿結帨庶母直示之以衿鞶不示以衣笄故鄭決之也云視乃正字今文作示俗誤行之者案曲禮云童子常視毋誑注云視今之示字彼注破視從示此注以視爲正字以示爲俗誤不同者但古文字少故眼目視瞻與以物示人皆作視字故此注云視乃正字今文作示是俗人以今

示解古視故云誤也彼注云視今之示字者以今曉古故舉今文示而
言兩注相兼乃具也　宗子至命之　注宗子至命之　釋曰云宗子
者適長子也者案喪服小記云繼別宗繼禰者爲小宗大宗小宗皆是
適妻所生長子也云命之命使者者謂納采已下至請期五者皆名使者
也云母命之在春秋紀裂繻來逆女是也者案隱二年經書秋九月紀
裂繻來逆女公羊傳曰裂繻者何紀大夫也何以不稱使昬禮不稱主
人何休云爲養廉遠恥也又云然則曷稱稱諸父兄師友宋公使公孫
壽來納幣則其稱主人何辭窮也辭窮者何無母也休注云禮有母母
當命諸父兄師友稱諸父兄師友以行宋公無母莫使命之辭窮故自
命之自命之則不得不稱使又云然則紀有母乎曰有有則何以不稱
母母不通也休注云禮婦人無外事但得命諸父兄師友稱諸父兄師
友以行耳母命不得達故不得稱母通使文所以遠別也服注亦云不
稱主人母命不通故稱使婦人無外事若然直命使子之父兄師友使
命使者不自親命使者此注云命之命使者似母親命者鄭略言之其
實使子父兄師友命使者也云躬猶親也親命之則宋公使公孫壽來

納幣是也者成八年文義取公羊傳如向說舉納幣其餘使親命之也云言宗子無父至不及者案曲禮七十曰老而傳注云傳家事在子孫是謂宗子之父又王制云八十齊喪之事弗及也注云八十不齊則不祭也子代之祭是謂宗子不孤二者皆是宗子有父雖主家事其昏事則父命使者也　支子則稱其宗　釋曰云稱其宗者謂命使者當稱宗子以命之以大小宗皆然也　弟則稱其兄　注弟宗子之母弟　釋曰知此弟是宗子同母弟者以上支子謂庶昆弟稱其宗子命使者故知此弟宗子同母弟也　若不至請覿　釋曰上已言親迎自此已下至篇末論壻不親迎過三月及壻往見婦父母事也必亦待三月者亦如三月婦廟見一時天氣變婦道成故見外舅姑自此至敢不從並是壻在婦家大門外與擯者請對之辭　注女氏至覿見　釋曰女氏稱昏壻氏稱姻者爾雅釋親文所以別男女則男曰昏女曰姻者義取壻昏時往娶女則因之而來及其親則女氏稱昏男氏稱姻義取送女者昏時往男家因得見之故也　主人至走見　釋曰云某之子未得濯溉於祭祀者前祭之夕濯溉祭器以其自此以前未廟見未得祭祀

故未敢相見也云請吾子之就宮者使壻還就家是欲往就見也　注
主人至曰辱　釋曰云以白造緇曰辱者謂以絜白之物造置於緇色
器中是汙白色猶今賓至己門亦是屈辱故云以白造緇曰辱也　對
曰至賜見　注非他至終賜　釋曰此壻對擯者辭云非他故彌親之
辭者上擯云得爲外昏姻是相親之辭今又云非他故是爲壻而來見
彌相親之辭也　主人至拜出　注出門至雉也　釋曰云出内門入
大門者以大夫士迎賓皆於大門外故此決之也云婿見於寢者聘禮
凡見賓客及上親迎皆於廟者聘禮敬賓客故在廟親迎在廟者以先
祖之遺體許人故在廟此壻見外舅姑非賓非親迎故知在適寢也云
奠摯者壻有子道不敢授也者凡執摯相見皆親授受此獨奠之象父
子之道質故不親授奠之而已云摯雉也者以其士執雉是其常也
擯者以摯出請受　注欲使至相見　釋曰案聘禮賓執摯入門右從
臣禮辭之乃出由門左西進北面從賓客禮此亦然故知所請受者請
退從賓客相見受之　壻禮至送出　注出已見女父　釋曰云受摯
入者亦如聘禮受摯乃更西入也云出已見女父者以其相見訖擬出

更與主婦相見也　見主至其内　注主婦至左扉　釋曰云見主婦者兄弟之道宜相親也者爾雅毋與妻之黨爲兄弟故知主婦於壻者兄弟之道也故云宜相親也云闔扉者婦人無外事者婦人送迎不出門見兄弟不踰閾是無外事也云扉左扉者士喪禮卜葬云闔東扉主婦立于其内既言東扉即是左扉故知是左扉也　主人至無幣　注及與至賓客　釋曰訓及爲與者以主人與壻揖讓而入寢門升堂醴壻故訓及爲與也云無幣異於賓客者上冠禮醴賓酬之以幣昏禮饗賓酬以束錦燕禮大射酬賓客皆有幣此無幣故云異於賓客也

儀禮疏卷第六

儀禮疏卷第七

唐朝散大夫行太學博士弘文館學士臣賈　公彥　等撰

士相見禮第三　鄭目録云士以職位相親始承摯相見禮雜記會葬禮曰相見也反哭而退朋友虞祔而退士相見於五禮屬賓禮大小戴及别録皆第三　釋曰鄭云士以職位相親始承摯相見者釋經亦有大夫及庶人見君之禮亦士見大夫之法獨以士相見爲名者以其兩士職位不殊同類昵近故以士相見爲首云雜記相見也反哭而退朋友虞祔而退者以送葬之禮恩厚者退遲恩薄者退疾引之者證有執摯相見之義也云士相見於五禮屬賓禮者案周禮大宗伯五禮賓禮之别有八春朝夏宗秋覲冬遇時會殷同此六者是五等諸侯見天子兼有自相朝覲之禮彼又云時聘曰問殷覜曰視二者是諸侯使臣出聘天子及自相聘之禮並執玉帛而行無執禽摯之法此屬直新升爲士大夫之等同國執禽摯相見及見君之禮雖非出聘亦是賓主相見之法故屬賓禮也且士卑唯得作介從君與卿大夫出向他國無身自聘問之事案周禮行夫是士官其有美惡無禮特行無介始得出向他

邦亦非聘問之法也然昏冠及喪祭尊卑各自有禮及執摯相見唯有此士相見其篇内含卿大夫相見以其新升爲士或士自相見或士往見卿大夫或卿大夫下見士或見己國君或士大夫見他國君來朝者新出仕從微至著以士爲先後更有功乃升爲大夫已上故以士爲惣號也又天子之孤卿大夫士與諸侯之孤卿大夫士執摯既同相見之禮亦無別也　士相見至某見　釋曰自此至送于門外再拜論士與士相見之事也云某也願見無由達者謂新升爲士欲見舊爲士者謂久無紹介中間之人達彼此之意雖願見無由得與主人通達相見也云某子以命命某見者某子是紹介中間之人姓名以主人之命命某是賓之名命某來見主人也案少儀始見君子者辭曰某固願聞名於將命者謂以卑見尊法彼又云敵者曰某固願見於將命者此兩士相見亦是敵者不言願見於將命者者此既言願見無由達見敵者始欲相見案下文及還摯者皆云於將命者明此亦有願見於將命者不言者文不具也　注摯所至爲脰　釋曰云摯所執以至者摯得訓爲至升爲士者　彼人相見欲相尊敬必執禽鳥始得至故云摯所執以至

者也云士摯用雉者對大夫已上所執羔鴈不同也云取其耿介交有時別有倫也者倫類也交接有時至於別後則雄雌不雜謂春交秋別也士之義亦然義取耿介不犯於上也云雉必用死者爲其不可生服也者經直云冬用雉知用死雉者尚書云三帛二牲一死摯則雉義取耿介爲君致死也云夏用腒備腐臭也者案周禮庖人云春行羔豚夏行腒鱐鄭云腒乾雉鱐乾魚腒鱐暵熱而乾乾則不腐臭故此取不腐臭也冬時雖死形體不異故存本名稱曰雉夏爲乾腒形體異故變本名稱曰腒也云左頭頭陽也者曲禮云執禽者左首雉與羔鴈同是合生執之物以不可生服故殺之雖死猶尚左以從陽也云某子今所因緣之姓名也者謂紹介之姓名云以命者稱述主人之意者言紹介之人稱述主人之辭意傳來賓也云今文頭爲脰者鄭不從今文者以其脰項也項不得爲頭故不從也但此云某子以命命某見謂舊未相見今始來見主人故須某子傳通孺悲欲見孔子不由紹介故孔子辭以疾且經云某子鄭云某子今所因緣之姓名案鄉飲酒云某子受酬注云某者衆賓姓又鄉射云某酬某子注云某子者氏也與此注某子爲

姓名不同者彼旅酬下爲上尊敬在上以公羊傳名不若字字不若子故下者稱姓以配子彼對面語故不言名此非對面之言於彼遥稱紹介之意若不言名直稱姓是何人故鄭以姓名解之也若然特牲云皇祖某子注爲伯子仲子者以孫不宜云父祖姓故以伯子仲子言之望經爲義故注有殊若然注宜有名無者誤也　主人至走見　釋曰云某子命某見者某子則是紹介姓名以某子是中間之人故賓主共稱之也此上下皆言請不言辭辭而不受須相見故言請而已　注有又至無走　釋曰鄭轉有爲又者以言某子以命命某往就彼見吾子又自辱來於義爲便故從又不從有也云走猶往也者以言走直取急往相見之意非走驟之義故釋從往也云今文無走字者無走於文義不足故不從今文從古文也　注不敢至以請　釋曰固如故也者固爲堅固堅固則如故以再請如前故云固如故也云今文不爲非者云非敢於義不便故不從今文非也云古文云固以請者固請於文從便若有以字於文賒緩故不從古文固以請也　注不得至走見　釋曰云走猶出也者亦如上之走往彼據向賓家故走爲往此據出門故云走

出也云辭其摯爲其大崇也者凡賔主相見唯此新升爲士有摯又初不相識故有摯爲重對重相見則無摯爲輕是以始相見辭之爲大崇故也云古文曰某將走見者上再番皆云某將走見今此三者亦云某將走見與前同此疊古文不從者以上第一番請賔主皆無不敢爲儀第二番賔及主人皆云不敢爲儀文句旣異若不云某於文不便故須云某也此三番於上已云某也固辭不得命於下不須云某於文便古文更云某將走見文疊故不從也　注見於至大簡　釋曰此士相見唯是平敵相伉案曲禮云主人敬客則先拜客客敬主人則先拜主人並不問爵之大小唯以相尊敬爲先後故雖兩士亦得云相尊敬不敢空手須以摯相見若無摯相見是則大簡略也　注言不至見已　釋曰案上經賔云某不以摯不敢見是賔以崇禮來見主人今主人不敢當其崇禮來見已故變文言不足以習禮故鄭云言不足習禮者不敢當其崇禮來見已也　注言依至卑也　釋曰凡相見之禮以卑見尊必依摯禮記檀弓云魯人有周豐也者哀公執摯請見之者是下賢非正法今士相見云不依於摯不敢見謙自卑也　注右就至文無　釋

曰凡門出則以西爲右以東爲左入門則以東爲右以西爲左依賓西主東之位也知受摯於庭者以其入門左右不言揖讓而升之事故知在庭也云既拜送則出矣者欲見賓拜送摯訖而言出則去還家無意得待主人留己也云不受摯於堂下人君也者聘禮賓升堂致命授玉又下云君在堂升見無方階亦是升堂見君法故云不於堂下人君也

主人請見至再拜　注請見至而出　釋曰鄭解主人留賓之意云請見者爲賓崇禮來相接則執摯來是也云以矜莊歡心未交也者正謂入門拜受拜送時賓主俱矜莊相敬歡心未交也云賓反見則燕矣者上士冠禮賓士昏納采之等禮記皆有禮賓饗賓之事明此行禮主人留必不虛宜有歡燕故云則燕矣以摯相見非聘問之禮燕既在寢明前相見亦在寢之庭矣若諸文有留賓者多是禮賓之事知此不行禮賓而云燕者彼諸文皆是爲餘事相見以其事重故爲禮賓此直當身相見其事輕故直有燕矣是以諸文禮賓此燕賓故直云請見也云凡燕見於君至反見之燕義者凡燕見或反見或本來侍坐非反見下注云此謂特見圖事非立賓主之燕是也侍坐於君子之下乃有侍坐問

夜膳葷賜食爵之等不引證燕見者彼直是侍坐法非燕見之禮故也
云臣初見於君再拜奠摯而出者鄭欲見自燕見于君下至凡侍坐於
君子皆反見燕法其中仍有臣見于君法臣始事見于君法禮畢奠摯
而出君亦當遣人留之燕也若然下有他邦之人則還摯雖不見反燕
臣尚燕他邦有燕可知但文不具也　主人至命者　釋曰自此至賓
退送再拜論主人還于賓之事　注復見至相者　釋曰云復見之者
禮尚往來也者鄭解主人還摯之意云禮尚往來曲禮文五等諸侯身
自出朝及遣臣出聘以其圭璋重不可遥復朝聘訖即還之辟琮財輕
故不還彼朝聘用玉自爲一禮有不還之義其在國之臣自執摯相見
雖禽摯皆還之臣見於君則不還義與朝聘異不可相決也云將猶傳
也傳命者謂擯相者者謂出接賓曰擯入詔禮曰相一也故聘禮與冠
義皆云每一門止一相是謂擯介爲相也　主人至敢辭　釋曰上言
主人此亦言主人者上言主人者據前爲主人而言此云主人者謂前
賓今在己家而説也　注言不至當也　釋曰云嫌褻主人不敢當也
者鄉者主人見己今即來見主人賓主頻見是褻也今云非敢求見嫌

褻主人不敢更相見也故不敢當相見之法直云還摯而已　注言不
敢至敢當　釋曰上云非敢求見巳是不敢當此云不敢以聞耳聞䟽
於目見故云又益不敢當也　注異日至則否　釋曰下云賓奉摯入
不言主人出迎又不言厥明是與前相見同日知異日出迎者鄉飲酒
禮云明日乃息司正主人出迎之司正猶迎之況同僚乎是知異日出
迎也若然聘禮公迎于大門內至禮賓又出迎者彼初是公迎彼初之
命不爲迎賓身故至醴賓身雖同日亦出迎之故鄭注云公出迎者巳
之禮更端是也昏禮賓爲男家使初時出迎至醴賓身雖同日亦出迎
也有司徹前爲尸後爲賓所爲異故云雖同日亦出迎此二者亦是更
端之義也案鄉飲酒及公食大夫皆於戒賓之時未行賓主之禮是以
賓至乃迎之故雖同日亦迎賓非更端之義也　士見於大夫至再拜
注終辭至尊賓　釋曰云以將不親荅也者事未至謂之將如上士相
見賓來見上後將親荅就士家則辭而受其摯此則以將不親荅終不
受也若然經直云終辭其摯不言一辭再辭亦有可知但略而不言也
又少儀云始見君子曰願聞名此不言願聞亦文不具也云凡不荅而

受其摯唯君於臣耳者見下文他邦之人則使擯者還其摯見已君不言還摯又文有三辭初辭中辭終辭初辭之時則云使某中辭云命某以辭在中者傳言而已故云命某然使某者是尊君卑臣之義其心重若云命某者尊君卑臣稍淺漸輕之義故鄭云或言命某傳言耳必知有此義者案僖九年左傳曰天子有事於文武使孔賜伯舅胙以伯舅耋老加勞賜一級無下拜是尊君稱使傳言云命有輕重之義也　注受其摯而去之　釋曰云受其摯而去者以其嘗爲臣爲輕既不受其摯又相見無饗燕之禮故鄭云而去以絶之也　下大夫至執雉　釋曰言下大夫者國皆有三卿五大夫言上大夫據三卿則此下是五大夫也二十七士與五大夫轉相副貳則三卿宜有六大夫而五者何休云司馬事省闕一大夫　注鴈取至其足　釋曰云鴈取知時者以其木落南翔冰泮北徂隨陽南北義取大夫能從君政教而施之云飛翔有行列也者義取大夫能依其位次尊卑有叙也上士執雉左頭奉之此云如執雉明執鴈者亦左頭奉之也案曲禮云飾羔鴈者以繢彼天子卿大夫非直以布上又畫之此諸侯卿大夫執摯雖與天子之臣同

飾羔鴈者直用布爲飾無繢彼不言士則天子之士與諸侯之士同亦無飾士賤故無別也　上大夫至執之　注上大至爲脰　釋曰云上大夫卿也者即三卿也云羔取其從帥者凡羔羊羣皆有引帥若卿之從君之命者也云羣而不黨也者羊羔羣而不黨義取三卿亦皆正直雖羣居不阿黨也云繫聯四足交出背上於胷前結之者謂先以繩雙繫前兩足復以繩繫後兩足乃以雙繩於左右從腹下向背上交過於胷前結之也云如麛執之者秋獻麛有成禮如之者案周禮獸人云冬獻狼夏獻麋春秋獻獸物鹿豕羣獸及狐貍可也麛是鹿子與鹿同時獻之又庖人云秋行犢麛則獻麛當在秋時故云秋獻麛也又案禮器曲禮三千鄭云曲猶事也事禮謂今禮也其中事儀三千則禮未亡之時三千條内有此獻麛之法是有成禮可依故此經得如之也云或曰麛孤之摯也者案大宗伯及大行人與聘禮皆云孤執皮帛謂天子之孤與諸侯之孤執皮帛今此執麛者謂新升爲孤見己君法至餘事則皆皮帛也云其禮蓋謂左執前足右執後足者案經云左頭則與雉鴈同是以曲禮云執禽者左首此鄭又云執之蓋謂左執前足右執後足者

西階　釋曰此文據君所在隨便升階無常之事亦謂反燕及圖事之法若立賔主君升自阼階賔及主人升自西階燕禮所云是也　凡言至傳言　注凡言至爲綏　釋曰此據臣與君言之法也云凡言謂己爲君言事也者謂臣有圖爲君言也禮記少儀云量而後入不入而後量是臣有事將入見君須量己所言亦當量君安坐乃可得入而後傳出己言向君道之云妥安坐也者爾雅釋詁文　與君至忠信　釋曰上文據與君言此文則揔說尊卑言語之別云與君言言使臣與大人言言事君者但君臣相對有事即言不必與君言恒言使臣與臣言恒言事君今唯言使臣事君者下供上命禮法當然故君以使臣爲主臣以事君爲正無妨更言餘事已下皆隨事爲主可也云與老者言言使弟子者謂七十致仕之人依書傳大夫致仕爲父師士致仕爲少師教鄉閭子弟雷次宗云學生事師雖無服有父兄之恩故稱弟子也云與幼者言言孝弟於父兄者幼既與老者相對此幼即弟子之類孝弟事父兄之名是人行之本故云言孝弟于父兄與衆言言忠信慈祥者此文承老幼之下亦非朝廷之臣但是鄉閭長幼共聚之處使之行忠信慈

善之事也云與居官者言言忠信者此與在朝之士言以忠信爲主也
注博陳至以下　釋曰云博陳燕見言語之儀也者據巳上博陳與君
燕見舉動言語知此博陳也云言使臣者使臣之禮也者弁事君以服
並是論語孔子對定公之文云大人卿大夫也者此云言事君明非天
子諸侯又非士是卿大夫可知又案下文云凡與大人言始視面中視
抱卒視面並是臣視君之法則大人據君也又禮運云大人世及以爲
禮鄭解爲諸侯者以彼上文云天下爲家以據天子明下云大人是諸
侯可知易革卦云君子豹變據諸侯則大人虎變是天子可知又案論
語云狎大人注爲天子諸侯爲政教者彼據小人不在朝廷故以大人
爲天子諸侯政教解之鄭皆望文爲義故解大人不同云居官謂士以
下者以上大人云事君巳據居官卿大夫其居官之內唯有二十七士
弁府史胥徒故云士以下也　凡與至若是　注始視至爲終　釋曰
云中視抱容其思之且爲敬者案曲禮天子視不上於袷袷交領也不
下於帶上於袷則敖下於帶則憂視大夫得視面此視君得視面者彼
據尋常視君法此據與君言時故不同也云且爲敬者此言抱即面相

袷不視袷是敬君之常禮故云且爲敬也云爲嫌解惰不虚心也者禮記云虚中以治之鄭注云虚中言不兼念餘事是虚心之意也云衆謂諸卿大夫同在此者言於君視之高下如此其卿大夫視君之儀與言者無異也云古文毋作無不從者說文云毋蓋亦禁辭故不從有無之無也云今文衆爲終不從者以上巳有卒卒爲終故從古爲衆也　若父至於帶　注子於至作無　釋曰案曲禮大夫之臣視大夫得視面不得遊目士之臣視士得旁遊目今子視父應與視君同不上於袷與士大夫同者以子於父主孝不主敬所視廣者因視安否何如也　若不至視膝　注不言至而巳　釋曰巳上皆據臣子與君父言語之時此據不言之時鄭言伺其行起者行解經立行由立始故以行解立是以論語云立不中門鄭云立行不當棖闑之中央是亦以行解立一也又以起解坐以其起由坐始故也　凡侍至可也　注君子至作蚤　釋曰此陳侍坐於君子之法鄭云君子卿大夫者禮之通例大夫得稱君子亦得稱貴人而士賤不得也知及國中賢者者鄉射禮云徵唯所欲以告於鄉先生君子可也鄭云鄉先生鄉大夫致仕者君子有大德行

不仕者則曲禮云博文強識而讓敦善行而不怠謂之君子是也云志倦則欠體倦則伸鄭注曲禮亦然云古文申作信早作蚤者此二字古通用故大宗伯云侯執身圭爲信字詩云一之日其蚤獻羔祭韭爲蚤字既通用疊古文者據字體非直從今爲正亦得通用之義也　夜侍至可也　注問夜至作薰　釋曰云問夜問其時數也者謂若鍾鼓漏刻之數也云古文葷作薰者玉藻云膳於君有葷桃茢作此葷鄭注論語作焄義亦通若作薰則春秋一薰一蕕薰香草也非葷辛之字故疊古文不從也　若君至後食　注君祭至嘗膳　釋曰此經及下經論臣侍君坐得賜食之法鄭云先飯示爲君嘗食也者凡君將食必有膳宰進食則膳宰嘗君前之食備火齊不得下文是也今此文謂膳宰不在則侍食者自嘗自己前食既不嘗君前食則不正嘗食故云示爲君嘗食也云此謂君與之禮食者謂君與臣小小禮食法仍非正禮食正禮食則公食大夫是也彼君前無食此君臣俱有食故知小小禮食此即玉藻云若賜之食而君客之則命之祭然後祭彼云客之則此注禮食亦不得祭故一也但此文不云客之命之祭然後祭文不具也若尋

常食不得云禮食亦不得祭故鄭注玉藻云侍食則正不祭是也　若
有至後食　注將食至乃食　釋曰云膳宰進食則臣不嘗食者已爲
君嘗食本爲膳宰不在今膳宰既在明臣不嘗食也是以玉藻云若有
嘗羞者則俟君之食然後食飯飲而俟注云不祭侍食不敢備禮也不
嘗羞膳宰存也是也云膳夫者天子膳夫則諸侯之膳宰引之者證經
將食之人是膳宰因將膳與君品嘗食凡君食臣有侍食之時唯子不
侍食是以文王世子云命膳宰曰末有原應曰諾然後退是大子不侍
食若卿大夫已下則有侍食法故内則云父没母存冢子御食羣子婦
佐餕是也　若君至虛爵　注受爵至君也　釋曰云受爵者於尊所
者曲禮亦是賜爵法而云酒進則起拜受於尊所是也云至於授爵坐
授人耳者見曲禮與玉藻并此文並無立授之文故知坐授也云必俟君
卒爵者若欲其釂然也者此經文與玉藻文同皆燕而君客之賜爵法
故臣先飲以酒是甘味欲美君之味故先飲必待君卒爵而後授虛爵
者臣意若欲君盡爵然也案曲禮云侍飲於長者酒進則起拜受於尊
所長者辭少者反席而飲長者舉未釂少者不敢飲彼是大燕飲禮故

鄭注引燕禮曰公卒爵而後飲案燕禮當無筭爵後得君賜爵待君卒爵乃飲是也　退坐至遂出　注謂君至當也　釋曰云謂君若食之飲之而退也者以上云若君賜之食若君賜之爵下而云退者明為此二者而退也云隱辟俛而逡巡者案曲禮云鄉長者而屨此亦當然云不敢辭其降者謂君降送時明有不降法故曲禮云就屨跪而舉之屏於側注云謂獨退也云若者不定之辭也　大夫至三辭　釋曰云大夫則辭退下者對上不敢辭是士士卑不敢辭降大夫之内兼三卿五大夫臣中尊者故得辭降也　若先至見之　注先生至拜賓　釋曰此先生即鄉飲酒云就先生而謀賓介亦一也故彼注與此注皆云致仕者也云異爵謂卿大夫也者此士相見本文是士故以卿大夫為異爵也訓走為出者亦謂士見異爵取急意而言走其實非走直出也引曲禮者欲見言敬客先拜也彼云客此云賓者對文賓客異散文賓客通故變文云賓也　非以至之老　注謂擯至之老　釋曰云非以君命使則不稱寡者此則玉藻云大夫私事使私人擯則稱名以其非聘問之禮則為私事使私人擯也聘禮云若有言則以束帛如享禮引春

秋晉侯使韓穿來言汶陽之田歸於齊玉藻注亦引之是也鄭云謂擯贊者辭也者以玉藻自諸侯之於天子以下至大夫皆云擯者曰故知不自稱是擯贊之辭也云其使則皆曰寡君之某者釋經大夫士則曰寡君之老爲公事使者也此則玉藻云公士擯則曰寡大夫君之老大夫有所往必與公士爲賓亦一也彼注云謂聘也大聘使上大夫小聘使下大夫則曰寡君之某故鄭揔云某也若然經直云大夫鄭兼云士者經本文是士則云非以君命使可以兼士也但士無特聘問或作介往他國亦有稱謂而云寡君之士某也云檀弓曰仕而未有祿者謂試爲大夫士直有試功之祿未有正祿云君有饋焉曰獻者謂有饋物于君亦與正祿者同稱獻云使焉云寡君之老者於他國君邊自稱寡君之某此文亦兼士大夫引之者證公事使稱寡君之某也　凡執至爲儀　釋曰案小行人合六幣玉馬皮圭璧帛皆稱幣下文別云執玉則此幣謂皮馬享幣及禽摯皆是　注不趨至無容　釋曰凡趨有二種有疾趨行而張足曰趨是也有徐趨則下文舒武舉前曳踵是也今此經云不趨者不爲疾趨故云主慎也既不云疾趨又不爲下文徐趨但

徐疾之閒爲之故以進而益恭爲威儀也　執玉至曳踵　釋曰此篇直見在國以禽摯相見之禮無執玉朝聘鄰國之事而云執玉者因執摯相見故兼見朝聘執玉之禮也案玉藻記徐趨之節云圈豚行又與此不同者文有詳略俱是徐趨也　注唯舒至作拙　釋曰云唯舒者重玉器尤愼也者案玉藻云執龜玉不趨不趨者不爲疾趨又曲禮云凡執主器執輕如不克皆爲重玉器尤愼也云備蹥跲也者蹥跲則顛倒恐損玉故徐趨也　凡自至外臣　釋曰云凡自稱於君士大夫則曰下臣者此與君言之時案玉藻云上大夫曰下臣與此同也　注宅者至作苗　釋曰此亦自稱於君以其致仕不在故指宅而言故云宅者謂致仕者也云或在國中或在野者案爾雅郊外曰野則自郊至畿五百里內皆名野又案鄉大夫職國中七尺野自六尺此亦云在國在野相對其言國外則云野則云宅在野者城外畿內皆是也引載師職者彼鄭注云宅田致仕者之家所受田也引之證彼言宅田此言宅據所居一也云剌猶剗除也者案詩有其鎛斯趙注云趙剌也故以剌爲剗除草木者也

儀禮疏卷第七

儀禮疏卷第八

唐朝散大夫行太學博士弘文館學士臣賈　公彦　等撰

鄉飲酒禮第四　鄭目録云諸侯之鄉大夫三年大比獻賢者能者於其君以禮賔之與之飲酒於五禮屬嘉禮大戴此乃第十小戴及別録此皆第四　釋曰鄭知此鄉飲酒是諸侯之鄉大夫獻賢能法者案春官小胥掌樂縣之法而云凡縣鍾磬半爲堵全爲肆注云鍾磬者編縣二八十六枚而在一虡謂之堵鍾一堵磬一堵謂之肆半之者謂諸侯之卿大夫士也諸侯之卿大夫半天子之卿大夫西縣鍾東縣磬士亦半天子之士縣磬而已今此下唯縣磬而無鍾故以爲諸侯卿大夫也若然謂諸侯卿大夫是大夫爲之亦應鍾磬俱有而直有磬者鄭彼注方賔鄉人之賢者從士禮也故縣磬而已若然天子鄉大夫賔賢能從士禮亦鍾磬俱有不得獨有磬也知諸侯之鄉大夫非士者案鄉射記云士則鹿中大夫則兕中又經有堂則物當楣序則物當棟則非直州射兼有諸侯鄉大夫以五物詢衆庶行射之禮則知諸侯鄉大夫是大夫爲之可知也凡鄉飲酒之禮其名

有四案此賓賢能謂之鄉飲酒一也又案鄉飲酒義云六十者坐五十者立侍是黨正飲酒亦謂之鄉飲酒二也鄉射州長春秋習射於州序先行鄉飲酒亦謂之鄉飲酒三也案鄉飲酒義又有卿大夫士飲國中賢者用鄉飲酒四也其王制云習射尚功習鄉尚齒還是鄉飲酒黨飲酒法　鄉飲至賓介　釋曰自此至介亦如之論鄉大夫與先生謀賓介并戒告之儀主人就先生而謀賓介者謂鄉大夫尊敬之先就庠學者若先生謀此二人道藝優者爲賓稍劣者爲介

注主人至齒也　釋曰云賓介處士賢者案玉藻云大夫素帶士練帶居士錦帶弟子縞帶鄭云以居士在士之下弟子之上解爲道藝處士非朝廷之士此處士亦名君子即鄉射禮云徵唯所欲以告於先生君子可也鄭亦云君子有大德行不仕者以其未仕有德自處故名處士君子也云賢者義取鄉大夫之興賢能者而言也云周禮至書數並大司徒職文故彼鄭注云物猶事也興猶舉也民三事教成鄉大夫舉其賢者能者以飲酒之禮賓客之既則獻其書於王矣知明於事仁愛人以及物聖通而先識義能斷時宜忠言以中心和不剛不柔善於父母

爲孝善於兄弟爲友睦親於九族姻親於外親任信於友道恤振憂貧者禮五禮之義樂六樂之歌舞射五射之法御五御之節書六書之品數九數之計引此天子司徒者欲兼諸侯司徒亦使鄉大夫教民以三物教成亦使鄉大夫行鄉飲酒之禮尊之爲賓客興舉之也云鄉大夫已下至於王並周禮地官鄉大夫職文云正月之吉謂周之正月朔日也云受法于司徒者謂六鄉大夫皆於大司徒處受三物教民賓舉之法也云退而頒之于其鄉吏使各以教其所治者吏即州長黨正族師閭胥之等是也云以考其德行察其道藝者德行即六德六行道藝正謂民中有道藝者考察知其優者擬舉之也云及三年大比而興賢者能者大比謂三年大案比戶口之時而興舉之賢者即德行者也能者即道藝者也云鄉老謂三公二鄉公一人云及鄉大夫帥其吏者即帥其鄉吏州長已下云與其衆寡者即鄉中之人也云以禮禮賓之者以鄉飲酒之禮禮而賓舉之也云厥明獻賢能之書於王者令日行鄉飲酒之禮至其明日獻此賢能之書于王王再拜而受之登于天府也云是禮乃三年正月而一行也者欲見彼是天子鄉大夫法諸侯鄉大夫

無文以此約之故云諸侯之鄉大夫貢士於其君蓋亦如此云但無正文故云蓋以疑之也云古者年七十至學焉案略說云大夫七十而致仕老於鄉里名曰父師士曰少師以教鄉人子弟於門塾之基而教之學焉是也云賢者爲賓其次爲介又其次爲衆賓而與之飲酒是亦將獻之以禮禮賓之也者謂據此經諸侯鄉大夫貢士之法亦如天子之鄉大夫貢法故云亦也若據鄉貢一人其介與衆賓不貢之矣但立介與衆賓輔賓行鄉飲酒之禮待後年還以貢之耳案射義云古者天子之制諸侯歲獻貢士注引舊說大國三人次國二人小國一人大國三鄉次國二鄉小國一鄉所貢之士與鄉同則鄉送一人至君所其國有遂數亦同其鄉幷有公邑采地皆有賢能貢之而貢士與鄉數同不言遂與公邑采地所貢者蓋當鄉送一人至君所君又摠校德之大小取以貢之縱取鄉外仍准鄉數爲定鄉大夫雖行飲酒禮賓之于君其簡訖仍更行飲酒禮賓之於王是易觀盥而不薦鄭注云諸侯貢士於天子鄉大夫貢士於其君必以禮賓之唯主人觀而獻賓賓盥而酢主人設薦俎則弟子也是鄉大夫及諸侯貢士皆行飲酒禮禮賓也云今

郡國至之說然者鄭欲解此鄉飲酒貢士法彼漢時所行飲酒禮者是正齒位與此不同之意漢時已罷諸侯之國而爲郡郡有大守而封王子母弟者仍爲國故云郡國也云十月行此飲酒禮者謂行此鄉飲酒禮也云以黨正每歲邦索鬼神而祭祀者則禮記郊特牲云蜡者索也歲十二月合聚萬物而索饗之周謂之十二月即夏之十月農功畢而蜡祭也云則以禮屬民而飲酒于序以正齒位者屬聚也謂當蜡祭之月黨正聚民於序學中以三時務農將闕於禮此時農隙故行正齒位之禮則禮記鄉飲酒義云六十者坐五十者立侍六十者三豆七十者四豆八十者五豆九十者六豆年長者在上是正齒位之法也云之說然者漢時十月飲酒禮取此黨正之文而然與此篇鄉飲酒禮異也云此篇無正齒位焉者以其此篇以德行爲本而貢之無黨正正齒位法也云凡鄉黨飲酒必於民聚之時者此鄉飲酒必於三年大比民聚之時黨正鄉飲酒亦於大蜡民聚之時也云皆欲其見化知尚賢尊長也者尚賢據此篇鄉飲酒尊長據黨正鄉飲酒也但黨正飲酒以鄉大夫臨觀行禮或鄉大夫居此黨內則亦名鄉飲酒也云孟子者孟子公孫

丑篇齊王召孟子不肯朝後不得已而朝之宿於大夫景丑之家景子譏之曰禮云父召無諾君召不俟駕而行固將朝矣聞君命而遂不果宜與夫禮若不相似然對曰天下有達尊三爵也德也齒也朝廷莫如爵鄉黨莫如齒輔世長民莫如德惡有得其一以慢其二哉是也引之者證鄉大夫飲酒是尚德也黨正飲酒尊長尚齒也爵則於此無所當連引之耳　主人至荅拜　注戒警至有志　釋曰云拜辱出拜其自屈辱至己門也者知賓出門者見冠禮主人宿賓賓出門左鄉射戒賓亦出門故知此亦出門云所爲來之事者謂行鄉飲酒之禮也云不固辭者素所有志者不如士相見固辭此禮辭即許者以其主人與先生謀時賓已知欲貢己又賓以學習德業擬爲賓主情意相許是以不固辭爲素有志也案冠禮主人先拜賓荅拜此賓先拜主人荅拜者彼冠禮主人戒同寮同寮尊又使之加冠於子尊重之故主人先拜此則鄉大夫尊矣賓是鄉人卑矣又將貢己宜尊敬主人故賓先拜辱也是以下注云去又拜辱者以送謝之也　介亦如之　注如戒賓也　釋曰言如戒賓者亦如上主人戒賓已下賓拜辱已上之事謀賓介及戒亦言

賓介意不言衆賓衆賓德劣但謀介時雖不言衆賓亦當謀之故上注兼言其次爲衆賓至於戒速之日必當遣人戒速使知但略而不言故下云賓及衆賓皆從之是也鄉飲酒義云主人親速賓及介而衆賓自從之亦據不得主人戒速而爲自從也　乃席賓主人介　注席敷至東面　釋曰知夙興往戒歸而敷席不別日者下記云鄉朝服而謀賓介皆使能而不宿戒是同日也鄭知賓介與主人席位如此者案鄉飲酒義云主人者尊賓故坐賓於西北而坐介於西南以輔賓賓者接人以義者也故坐於西北主人者接人以仁以德厚者也故坐於東南而坐僎於東北以輔主人也又云賓必南面介必東鄉介賓主也鄉射云乃席賓南面席主人于阼階上西面以此故知賓主及介其位然也

衆賓至屬焉　注席衆至各特　釋曰鄭知衆賓席在賓席之西者見鄉射云席賓南面東上衆賓之席繼而西此衆賓之席亦當然但此不屬爲異耳云皆獨坐明其德各特者鄉射注云言繼者甫欲習衆庶未有所殊別此乃特貢於君故衆賓之席皆不屬焉明三物已久其德各特故不屬續其席雖不屬猶統賓爲位同南面也　尊兩至兩壺　注

斯禁至陳也　釋曰凡設尊之法但醴尊見其質皆在房內故士冠禮禮子婚禮禮婦醴皆在房隱處若然聘禮禮賓尊於東廂不在房者見尊欲與卑者爲禮相變之法設酒之尊皆於顯處見其文是以此及醮子與鄉射特牲少牢有司徹皆在房戶之閒是也燕禮大射尊在東楹之西者君尊專大惠也云設篚于禁南東肆者言東肆以頭首爲記從西向東爲肆則大頭在西也云斯禁禁切地無足者斯澌也澌盡之名故知切地無足昏禮冠禮皆云禁者士禮以禁戒爲名卿大夫士並有禁名故鄭以大夫士雙言也是以玉藻云大夫側尊用棜士側尊用禁注云棜斯禁也大夫士禮之異也禮器云大夫士棜禁注云棜斯禁也謂之棜者無足有似於棜或因名云耳大夫用斯禁士用棜禁然則禁是定名言棜者是其義稱故禮器大夫士揔名爲棜禁案特牲禮云實獸於棜注云棜之制如今大木轝矣則棜是轝非承尊之物以禁與斯禁無足似轝故世人名爲棜若然周公制禮少牢名爲棜則以周公爲世人或有本無世人字者是以少牢不名斯禁謂之爲棜取不爲酒戒特牲云壺禁在東序記云壺棜禁饌于東序注云禁言棜者祭尚厭飫

得與大夫同器不爲神戒也其實不用云棜禁不敢與大夫同名斯禁
作記解注故云士用棜禁明與少牢棜同也若然士之棜禁大夫之斯
禁名雖異其形同是以禮器同名棜禁也其餘士冠昬禮禮賓用醴不
飲故無禁不爲酒戒若天子諸侯承尊之物謂之豐上有舟是尊與卑
異號也　設洗至南肆　注榮屋翼　釋曰云南北以堂深者堂深謂
從堂廉北至房室之壁堂下洗北去堂遠近深淺取於堂上深淺假令
堂深二丈洗亦去堂二丈以此爲度云榮屋翼者榮在屋棟兩頭與屋
爲翼若鳥之有翼故斯干詩美宣王之室云如鳥斯革如翬斯飛與屋
爲榮故云榮也　羹定　注肉謂至孰也　釋曰云肉謂之羹者爾雅
文言肉正謂其狗孰云定者孰即定止然故以定言之言此者以與速
賓時節爲限不敢煩勞賓故限之也主人至拜辱　釋曰自此至皆從
之論主人往賓門召之使來之事案鄉射云主人朝服乃速賓賓朝服
出迎再拜彼云乃速賓此不云主人乃者彼戒速别服故云乃以閒之
此戒速雖與彼同但此戒速同服故不云乃云主荅拜還賓拜辱案聘
禮云賓入境至近郊使下大夫至賓館下大夫遂以賓入賓送不拜又

公食大夫禮使大夫戒賔大夫還賔不拜送遂從之鄭注云不拜送者爲從之不終事皆不拜送此獨拜送者亦是鄉大夫尊賔卑又擬貢故特拜辱而送之異於餘者　賔及至從之　注從猶至中矣　釋曰鄭云言及衆賔介亦在其中矣者上文戒及速皆言賔與介不言衆賔及從主人來即言賔及衆賔衆賔不戒不速尚從主人則介在從主人可知也　主人至荅拜　注相主至命者　釋曰自此至荅再拜論主人迎賔入升堂并拜至之事云主人一相迎于門外者謂主人於群吏中立一相使傳賔主之命主人乃自出迎賔於大門外必非一相迎賔者案鄉飲酒義云主人拜迎賔于庠門之外明主人自迎若然主人輒言一相者欲見使一相傳命乃迎故云相主人之吏擯賛傳命者也若然士相見注異日則拜迎同日不拜迎者彼以摯相見法此自以賔舉賢能故與彼異也　揖衆賔　注差益至南面　釋曰云差益卑者以上文主人迎賔而拜介是介差卑於賔今於衆賔不拜直揖之而已故云差益卑也知拜介揖衆賔皆西南面者以其賔介衆賔立位在門外位以北爲上主人與賔正東西相當則介與衆賔差在南東面明知主人

正西面拜賔則側身向西南拜介揖衆賔矣　主人揖先入　注揖揖至西面　釋曰此鄉大夫行鄉飲酒在庠學唯有一門即向階門内既有三揖故主人導賔揖而先入門至内霤西向待賔也　賔厭至北上　注皆入至無門　釋曰主人入後賔乃厭介介厭衆賔相隨入門皆東面北上定位賔既北上主人西面相向揖訖乃相背各向堂塗介與衆賔亦隨賔至西階下也云賔之屬相厭變於主人也者以賔與介衆賔等自用引手而入故不揖是變於主人也云推手揖引手曰厭者厭字或作撎字者古字義亦通也云推手揖者案周禮司儀云土揖庶姓時揖異姓天揖同姓鄭以推手小下之爲土揖平推手爲時揖推手小舉之爲天揖皆以推手爲揖又案僖二年公羊傳荀息進曰虞郭見與獻公揖而進之何休云以手通指曰揖與此別者推手解其揖狀通指道其揖意也鄭則解揖體何氏釋其揖意相兼乃足也云引手曰厭者以手向身引之云今文皆作揖者鄭不從也云又曰衆賔皆入門左無門亦不從也　主人至荅拜　注三揖至尊之　釋曰云三讓主人升者主人先升賔後升故鄉射云主人升一等賔升是也云三揖者將進揖

當陳揖當碑揖者爾雅陳堂塗也云楣前梁也者對後梁爲室戶上云
復拜賓至此堂尊之者案公食禮云公升二等賓升公當楣北鄉至再
拜燕禮大射皆云主人升自西階賓右至再拜鄉飲酒義亦云拜至拜
洗此不云至者略之是知此升堂拜亦是拜至可知凡拜至者皆是尊
之也　主人至降洗　注將獻賓也　釋曰自此至主人阼階上荅拜
論主人盥洗獻賓之節也云主人坐取爵于篚者篚在堂上尊南故取
之乃降也　注重以至曰辭　釋曰主人獻賓乃是主人事故云重以
己事煩賓也云事同曰讓事異曰辭者事同謂若上文主人與賓俱升
階而云三讓是也事異若此文主人有事賓無事是事異則曰辭此對
文爲義若散文則通是以周禮司儀云主君郊勞交擯三辭車逆拜辱
三揖三辭拜受注云三辭重者先辭辭其以禮來於外後辭辭升堂事
同而云辭是其通也　注賓主之辭未聞　釋曰其辭未聞者謂若冠
禮醮辭之等雖行事辭不見於後以次見辭此則無見辭之事故云未
聞也　主人至盥洗　注已盥至無奠　釋曰案鄉飲酒義云主人盥
洗揚觶所以致絜也拜至拜洗拜受拜送所以致敬也此經先言盥後

言洗則盥手乃洗爵者所以致絜鄭取鄉飲酒義爲言也若然盥手洗
爵止是致絜拜受之等乃是致敬并言敬者鄭注兼拜至拜受而言耳
賓進東北面辭洗　釋曰案下經云賓復位當西序東面注云言復位
者明始降時位在此者案鄉射賓進東北面辭洗彼注云必進者方辭
洗宜違其位也言東北面則位南於洗矣是其賓初降立至于序南東
鄉至於主人洗爵乃東行故此得北面辭洗也云示情者賓進前就主
人示謙下主人之情也　主人至東面　注言復至在此　釋曰上經
奠爵于階前者主人未洗見賓降即奠爵故在階前奠爵此即至洗將
洗爵見賓辭故奠爵於篚與對故不同也云言復位者明始降時位在
此者上始降時直云賓降不言處所於此見之是舉下以明上之義也
主人至北面　注沃洗至群吏　釋曰知主人群吏者下記云主人之
贊者西面北上不與注云贊佐也謂主人之屬佐助主人之禮事徹鼏
沃盥設薦俎是也　卒洗至讓升　注俱升　釋曰知俱升者鄉射云
主人卒洗一揖一讓以賓升明俱升可知若然上文主人先升賓乃升
者以初至之時賓客之道進宜難故主人升導之至此以辭讓訖故略

威儀而俱升也　賓拜至降盥　注復盥爲手坋汙　釋曰言奠爵遂拜者因事曰遂是以燕禮云賓受酬坐祭酒遂奠于薦東注云遂者因坐而奠不北面是其類也凡賓主行事相報皆言荅此不言荅省文也

賓降至疑立　注疑讀至之貌　釋曰言揖讓升不言一揖一讓從上可知云疑讀爲疑然從於趙盾之疑疑正立自定之貌者案宣公六年公羊傳云晉靈公欲殺趙盾於是伏甲于宫中召趙盾而食之趙盾之車右祁彌明者國之力士也仡然從乎趙盾而入放乎堂下而立何休云仡然壯勇貌鄭氏以仡然從乎趙盾而入放乎堂下而立不取何休注義以鄉射注云疑止也有矜莊之色自定其義不殊字義與何少異也　主人至獻賓　注獻進至於賓　釋曰云西北面者賓在西階北面將就席受故西北面向其席故也　賓進至少退　釋曰云賓進者以賓西階上疑立今見主人西北面獻於己席前故賓進將於席前受之故也案鄉射云賓進受爵於席前復位此不言席前文不具也　薦脯醢　注薦進至有司　釋曰知非主人自薦者案昏禮禮賓贊者薦脯醢周禮膳宰薦脯醢皆非主人故知此亦非主人是有司也　賓升

席自西方　注升由至中席　釋曰案曲禮云席南鄉北鄉以西方爲上今升席自西方云升由下者以賓統於主人以東方爲上故以西方爲升由下也　乃設折俎　注牲體至在俎　釋曰凡解牲體之法有全烝其豚解爲二十一體體解即此折俎是也是以下有賓俎脊脅肩介俎脊脅肫胳是體解也　主人至脯醢　注坐坐至右手　釋曰知賓坐坐於席上者上文賓升席下文降席故知此坐在席可知云祭脯醢者以右手者此經左執爵明祭用右手是以鄉射亦云右祭脯醢

奠爵至于俎　注興起至嘗也　釋曰奠爵於薦右者爲取肺奠之將舉故奠於右禮記少儀云取俎進俎不坐是以取時奠爵興至加于俎又興也云肺離之本端厚大者此是舉肺刲者於下記文本謂根本肺之大端故云厚大云繚猶紾也者弗繚即弗紾一也云大夫以上威儀多者此鄉飲酒大夫禮故云繚祭鄉射士禮云絶祭但云繚必兼絶言絶不得兼繚是以此經云繚兼言絶也言大夫以上則天子諸侯亦繚絶兼有但禮篇亡無以可知也案周禮大祝云辨九祭七曰絶祭八曰繚祭注云本同禮多者繚之禮略者絶則祭之亦據此與鄉射而言也

大夫已上爲繚祭燕禮大射雖諸侯禮以賓皆大夫爲之臣在君前故不爲繚祭皆爲絶祭也云嚌嘗也者嚌至齒則嘗之也　坐捝手遂祭酒　注捝拭至作説　釋曰案内則事佩之中有帨則賓客自有帨巾以拭手也坐捝手因事曰遂因坐祭酒故云遂也案鄉射坐捝手執爵遂祭此不言執爵省文也　興席末坐啐酒　注啐亦嘗也　釋曰言席末謂於席之尾故云末鄉飲酒義云祭薦祭酒敬禮也嚌肺嘗禮也啐酒成禮也於席末言是席之正非專爲飲食也此所以貴禮而賤財也注云祭薦祭酒嚌肺於席中惟啐酒於席末是也啐酒於席末者酒是財賤財之義也云啐亦嘗者亦前肺云嚌是至齒爲嘗此酒云啐謂入口爲嘗雖至齒入口不同皆是嘗也又肺於前用之不得言成禮酒後乃用故云成禮異於肺也　降席至荅拜　注降席至矣也　釋曰賓拜告旨主人拜崇酒其節同義即異矣賓言旨甘主人之味啐則拜之主人云崇者崇充也謝賓以酒惡相充實飲訖乃崇酒先後亦同也賓西至荅拜　注卒盡至食起　釋曰言遂拜者亦因奠爵不起因拜也云於此盡酒者明此席非專爲飲食起者但此席爲賓賢能起故謂

在席盡爵於此西階上卒之也云不專爲飲食者啐酒於席末兼爲飲食之事故以不專言之也

儀禮疏卷第八

儀禮疏卷第九

唐朝散大學行大學博士弘文館學士臣賈　公彦　等撰

賔降洗　注將酢主人　釋曰自此已下至西階上荅拜論賔酢主人之事云將酢主人者案爾雅云酢報也前得主人之獻今將酌以報之故降洗而致絜敬故云將酢主人也　主人降　注降立至西面　釋曰知面位如此者案下云主人復阼階東西面故知此當於阼階東西面也　賔坐奠爵興辭　注西階前也　釋曰鄭知西階前者鄉射云賔西階前東面坐奠爵興辭降此亦然故也　主人至賔禮　注祭者至嚌啐　釋曰此賔坐取爵適洗南盥坐取爵卒洗以此言之則賔未盥主人辭洗案鄉射賔盥訖將洗主人乃辭洗先後不同者彼與鄉人習禮輕故盥訖乃辭洗此鄉人將賔舉之故未盥先辭洗重之故也若然鄉射禮内兼有鄉大夫即尊與州長同於盥後辭洗者以其盥後辭洗是禮之常故也但鄉射賔坐取爵適洗坐奠爵于篚下主人辭洗之時賔方奠爵于篚下此不奠爵篚下便言奠爵于篚者鄉射云賔坐取爵洗之時未得主人之命故得奠於篚下得主人之命乃奠于篚此則

賓取爵適洗未奠之時主人即辭故奠于篚也云揖讓如初升者謂前主人卒洗一揖一讓升也云降盥如主人禮者謂如主人降盥禮則此賓降主人亦降賓辭降主人對一與主人降辭已下同也云祭如賓禮者如上賓祭時坐左執爵右祭脯醢奠爵于薦西興右手取肺卻左手執本坐弗繚右絕末以祭尚左手嚌之興加于俎坐挩手遂祭酒興席末坐啐酒故云祭如賓禮云祭者祭薦俎及酒者薦謂脯醢俎即離肺也云亦嚌啐者直云祭如賓禮嫌祭不嚌啐故鄭明之云亦嚌肺啐酒是以下文云不告旨明亦啐也　自席至荅拜　注自席至便也　釋曰案曲禮云席東鄉西鄉以南方爲上南鄉北鄉以西方爲上凡升席必由下降由上今主人當降自南方以啐酒於席末遂因從席北頭降又從北向南北面拜是由便也若降由上之正亦是便故下云主人作相降席自南方不由北方亦由便也　主人坐奠爵于序端　注東西至充實　釋曰奠爵于序端者擬後酬賓訖取此爵以獻介也云東西牆謂之序者爾雅釋宫文但彼云東西廂廂即牆故變言之也　主人至東面　釋曰自此至復位論主人酬賓之事　注不辭至自飲　釋

曰酬酒先飲乃酬賓故云將自飲若然既自飲而盥洗者禮法宜絜故
也若然經云賓降主人辭應奠爵不言者理在可知故爲文略也　卒
洗至荅拜　注酬勸至爲周　釋曰云賓西階上疑立者待主人自飲
故也云酬之言周忠信爲周者此解主人將酬賓先自飲之意以其酬
賓若不自先飲主人不忠信恐賓不飲示忠信之道故先自飲乃飲賓爲
酬也忠信爲周國語文　坐祭至拜洗　注不拜洗殺於獻　釋曰云
坐祭遂飲者因坐祭即飲飲卒觶因事曰遂故曰遂云辭如獻禮者主
人辭賓降主人爲己洗爵此與獻賓時同故云辭如獻禮禮殺升堂不
拜洗與獻時異故别言之使不蒙如也禮殺於獻者獻時拜洗禮初不
殺故也　賓西至薦西　注賓已至其觶　釋曰賓已拜主人奠其觶
者非久停下文賓取之奠于薦東是也　賓辭至復位　注酬酒至交
也　釋曰賓辭不解所辭之事案鄉射二人舉觶于賓與大夫進坐奠
于薦右賓與大夫辭坐受觶以興注云辭辭其坐奠觶以彼云賓與大
夫辭即云坐受觶以興若自手受之以舉觶是禮已故賓與大夫可以
當亢荅之禮得云辭其親奠此禮初賓謙卑不辭其奠故經不云坐受

以與然此辭是主人復親酌己故鄉射主人酬賓云賓辭鄭注云辭主人復親酌己是也云酬酒不舉君子不盡人之歡不竭人之忠以全交也者並禮文案彼歡謂飲食忠謂衣服引之并證飲食者鄭於彼歡與忠相對解之故歡爲飲食忠爲衣服通而言之揔爲飲食於義合也云全交者所有飲食與己已盡之恐人嫌貪而交絶故不盡爲全交酬酒不飲亦是全交故引爲證也此以奠於薦東爲酬酒不舉案燕禮二人媵爵于公奠于薦南彼皆舉爲旅酬而在左者鄭彼注云奠于薦南不敢必君舉也案特牲主人酬賓奠于薦北彼舉旅而在左者鄭彼云行神惠故不與此同也　主人至東面　注主人至堂上　釋曰自此下至主人介右荅拜論主人獻介之事　主人至拜洗　注介禮殺也　釋曰案上主人迎賓之時介與衆賓從入又主人與賓三揖至於階之時介與衆賓亦隨至西階下東面今此文云揖讓升如賓禮則唯於升堂時相讓無庭中三揖之事矣升堂而云拜者謂拜至亦如賓矣云介禮殺也者謂不拜洗是以鄉飲酒義云三讓以賓升拜至獻酬辭讓之節繁及介省矣是也　注不言疑者省文　釋曰此決上獻酬辭賓時

賓於西階上疑立此亦當獻酒節而不言疑者省文也　主人至少退
注主人至北面　釋曰云主人介之席前西南面獻介者以介席東面
故邪向之若獻賓時於賓席前北面向之也　主人拜于介右降尊以就
卑也者以主人獻賓時主人自在阼階今於獻介主人來在西階介右
是介卑故降主人之尊就西階介之東北面拜也至旅酬皆同階者禮
殺故也　主人至荅拜　注不嚌啐下賓　釋曰云主人立于西階東
者始獻介之時近西在介右今於設薦之時主人無事稍近東案上獻
賓薦設之時主人云疑立此不言者文略也云主人介右荅拜者還近
西於前立處荅拜也　介降至如初　注如賓酢之時　釋曰自此至
介降立于賓南論介酢主人之事云主人復阼階降辭如初者如賓酢
主人之時介辭主人從已降主人辭介爲已洗一皆如之也　卒洗主
人盥　注盥者當爲介酌　釋曰此主人自飲而盥者尊介也是以鄉
射云大夫將酢主人卒洗主人盥注云盥者雖將酌自飲尊大夫不敢
褻是其類也　介揖至之間　釋曰揖讓升者謂一揖一讓升也云授
主人爵于兩楹之間以爵授主人也　注就尊至共之　釋曰知兩楹

間是尊南者以上云尊於房戶間房戶間當兩楹之北故云就尊南授之也云介不自酌下賓者以其賓親酌以酢主人此不自酌故云下賓也云酒者賓主共之者此鄭解酒賓主共之故賓自酌以酢主人介卑故不敢酌是以鄉飲酒義云尊於房戶之間賓主共之是也　介西至荅拜　釋曰此主人既受爵介無事故於西階上立不言疑立可知也亦省文　注奠爵至衆賓　釋曰知此奠爵爲衆賓者案下文云主人揖升坐取爵于西楹下是也鄉射無介故獻衆賓時於東序端取爵獻訖奠爵于篚也　主人至賓南　釋曰向來主人與介行禮於西階上事訖故復阼階揖讓降介降立于賓南者以將獻衆賓故介無事就賓南也　主人至壹拜　注三拜至賤也　釋曰自此已下至奠于篚論獻衆賓之事云西南面者以其主人在阼階下衆賓在賓介之南故西南向拜之云三拜壹拜示徧不備禮也者衆賓各得主人一拜主人亦徧得一拜是不備禮故鄉射云三拜衆賓衆賓皆荅壹拜彼注云三拜示徧也壹拜不備禮也大夫禮皆然故少牢云主人一拜籑者籑者皆荅拜鄭云三拜旅之示徧也又有司徹云主人降南面拜衆賓于門

東三拜衆賓門東北面皆荅壹拜大夫尊故也士則荅再拜故特牲云主人三拜衆賓衆賓荅再拜鄭云衆賓再拜者士賤旅之得備禮是也云不升拜賤也者此決上主人與賓介行禮皆升堂拜至此三拜賓賤故不升拜至也　主人至三人　注長其至多矣　釋曰云主人揖升者從三人爲首一一揖之而升也云降洗升實爵者以下不更言洗則以下因此不復洗矣云西階上獻衆賓者下別言衆賓之長三人則衆賓之中兼言堂下衆賓故鄭云衆賓多矣自三人已下於下便以次歷言之矣云拜受者三人則堂下衆賓不拜受矣　主人拜送　注於衆賓右　釋曰知在衆賓右拜送者約上文介右而知也　坐祭至復位　注既卒至禮簡　釋曰云卒爵不拜立飲立授爵賤者禮簡者賓賢能以賢者爲賓其次爲介不問長幼其三賓德劣于賓介則數年之長幼故上衆賓之長也賓介則坐祭坐飲又拜既爵此三賓則坐祭與賓介同不拜既爵立飲立授則異賤故禮簡也　衆賓至立飲　注次三至彌簡　釋曰此據堂下衆賓不拜受簡於三人故云禮彌簡也　每一至其席　注謂三人也　釋曰上已云獻此以下別言薦云每一人還

發三人而言云每一人獻則薦諸其席則一一得獻即薦之以其言席又下別言衆賓則此三是三人故鄭云三人也　衆賓辯有脯醢　注亦每至作徧　釋曰云亦每獻薦於其位者如上三人一一薦之知位在下者以其言堂下立侍不合有席既不言席故位在下既不言其數則鄉人有學識者皆來觀禮皆入飲酒之内是以鄉射云旅酬堂上辯卒受者與以旅在下者明衆賓在堂下也　主人至于篚　釋曰以此合一獻徧不復用故以主人爵降奠於篚也　揖讓至即席　注序次至爲揖　釋曰自此至舉觶者降論徧獻衆賓訖將以旅酬之事云衆賓序升者謂三賓堂上有席者以年長爲首以次即席也云今文厭皆爲揖不從者以賓相引以手不得爲揖故也　一人至于賓　注一人至曰舉　釋曰此一人舉觶爲旅酬也云發酒端曰舉者從上至下徧飲訖又從上而起是發酒端曰舉也　實觶至賓拜　注賓拜拜將受觶　釋曰云賓席末荅拜者謂於席西南面非謂席上近西爲末以其無席上拜法也巳下賓拜皆然　進坐至以興　注舉觶至謙也　釋曰云舉觶不授下主人也者決上主人獻賓皆親授而奠之今不親授

是下主人鄉射注云不授賤不敢也下主人明此亦賤不敢授也云言
坐受者明行事相接若親受謙也者若於人手相授受名爲受不於
人取之不得言受今於地取之而言受者以主人奠之賓取之而無
隔絶雖於地若手受之故云明行事相接若親受之謙也　舉觶至其
所　注所薦西也　釋曰賓奠於其所者待作樂後云司正賓乃取此
觶以酬主人以其將舉故且奠之於右也　舉觶者降　注事已　釋
曰案鄉射舉觶者降後有大夫此不言者大夫觀禮之人或來或否故
不言也　設席至東上　注爲工至階東　釋曰自此下至樂正告于
賓乃降論主人樂賓之事大判揔爲作樂其中别有四節之殊有歌有
笙有間有合次第不同也案燕禮席工于西階上即云樂正先升大射
亦云席工于西階上工六人四瑟始云小樂正從之不同者燕禮主於
歡心尚樂故先云樂正先升大射主於射略於樂故辨工數乃云樂正
從之也若然此主於樂不與燕同而席工下辨工數乃云樂正升者此
臣禮避初也至於鄉射亦應主於射略於樂而不言工數先云樂正而
不與大射同者亦是避初之事也云爲工布席也者以鄉射燕禮大射

皆席工連言此不言席工文不具爾故此爲工布席下云工入外明此
席也引燕禮者欲證此席爲工又取此工席在西階東以其此經云堂
廉東上不言階東故取燕禮西階上少東樂正又在工西此下云樂正
於西階東據樂正於西階東而立在工西則知工席更在階東北面可
知但此言近堂廉亦在階東彼云階東亦近堂廉也　工四至手相
注四人至之者　釋曰云四人大夫制也者此鄉大夫飲酒而云四人
大射諸侯禮而云六人故知四人者大夫制也燕禮亦諸侯禮而云四
人者鄭彼注云工四人者燕禮輕從大夫制也鄉射是諸侯之州長士
爲之其中兼有鄉大夫以三物詢衆庶行射禮法故工亦四人大夫制
也若然士當二人天子當八人爲差次也云二瑟二人鼓瑟則二人歌
也者既云工四人二人瑟明二人鼓瑟可知也云相扶工也衆賓之少
者爲之者見鄉射云樂正適西方命弟子弟子則衆賓之少者也云每
工一人者案周禮瞽三百人又此經二人瑟相者二人皆左何瑟又大
射僕人正相大師以諸文言之故知每工一人若然此經工四人二人
瑟相二人則工二人歌雖不言相亦二人可知以空手無事故不言也

云鄉射禮曰弟子相工如初入者彼謂將射樂正命弟子相工遷樂於下降時如初入之次第亦瑟先歌後引之證弟子相工之事天子相亦使眡瞭爲之知者見周禮眡瞭職云凡樂事相瞽是也云凡工瞽矇也者鄭司農云無目眹謂之瞽有目眹而無見謂之矇有目無眸子謂之瞍故詩大雅云矇瞍奏工是也引論語者證瞽人無目須扶之義也云師即大師之官無目瞽矇之長也云後首者變於君也者案燕禮云小臣左荷瑟面鼓注云燕尚樂可鼓者在前也此鄉飲酒亦尚樂而不面鼓是變於君也案大射主於射略於樂鄉射亦應主於射略於樂所以面鼓亦是變於君也云挎持也者瑟底有孔越以指深入謂之挎也云其相歌者徒相也者徒空也無可荷空以右手相以經不言故也云內弦側擔之者以左於外側擔之使弦向內也　樂正至階東　注正長也　釋曰案周禮有大司樂樂師天子之官此樂正者諸侯及大夫士之官當天子大司樂言先升對後升云長樂官之長也　工入至乃降　注降立至其事　釋曰工入升不言歌瑟先後案上文已云瑟先其歌可知也鄭知降立於西方近其事者鄉射云樂正適西方命弟子贊工遷

樂故知西方是近其事也　工歌至者華　注三者至光明　釋曰凡歌詩之法皆歌其類此時貢賢能擬爲卿大夫或爲君所燕食以鹿鳴詩也或爲君出聘以皇皇者華詩也或使反爲君勞來以四牡詩也故賓賢能而預歌此三篇使習之也云三者皆小雅篇也者其詩見於小雅之内也云鹿鳴君與臣下及四方之賓燕講道脩政之樂歌也者自此已下鄭皆先引詩序於上覆引詩經於下以其子夏作序所以序述經意故鄭並引之也案鹿鳴序云鹿鳴燕羣臣嘉賓也然後羣臣嘉賓得盡其心之事還依序而言也云此采其已有旨酒以召嘉賓嘉賓既來示我以善道至可則傚也者案彼經云我有旨酒以燕樂嘉賓之心又云示我周行德音孔昭視民不恌是則是傚之事四牡序云勞使臣之來也經云王事靡盬我心傷悲豈不懷歸將母來諗皇皇者華序云君遣使臣也經云於彼原隰駪駪征夫每懷靡及周爰諮謀之事故鄭依而引之爲證也　卒歌至送爵　注一人至之洗　釋曰云一人工之長也者謂就四人之内爲首者也云凡工賤不爲之洗者下大師爲之洗是君賜者爲之洗明自外不爲之洗也案此鄉飲酒及燕禮同是

主歡心尚樂之事故有升歌笙閒合樂及其獻工獻笙後閒合不獻以
知二節自前已得獻故不復重獻鄉射主於射略於樂無笙閒唯有合
樂笙工並爲至終總獻之大射亦主於射略於樂但不閒歌不合樂故
有升歌鹿鳴三終主人獻工乃後下管新宮不復得獻此君禮異於鄉
射也若鄉射與大射同略於樂大射不略升歌而略笙閒合者二南是
鄉大夫之正小雅是諸侯之正鄭注鄉射云不略合樂者不可略其正
諸侯不略鹿鳴之等義亦然也　薦脯醢使人相祭　注使人至祭薦
釋曰知使人相祭者以相者扶工之人每事使之指授故知還使相者
爲之知祭酒祭薦者以其云獻薦脯醢即云相祭知相其祭酒祭薦也
注坐授之　釋曰知坐授之者以經不云興故知坐授之也　衆工至
不祭　注祭飲至爲徧　釋曰言獻酒重無不祭也者衆工諸事皆不
備尚祭飲則知得獻酒無有不祭故云獻酒重無不祭也其正酬亦祭
至於旅酬以下則不祭而已故下記云凡旅不洗不洗者不祭鄭注云
敬禮殺也不甚絜也此衆工亦不洗而祭是以云獻酒重無不祭也
大師至辭洗　注大夫至則後　釋曰天子諸侯有常官則有大師也

大夫則無常官若君賜之樂并樂人與之則亦謂之大師主人爲之洗
若然工非大師則無洗云賔介降從主人也者案鄉射云大師則爲之
洗賔降注云大夫不降尊也此既大夫禮則有大夫亦不降可知也云
工大師也者既言大師則爲之洗而云工不辭洗故知工即大師是以論
語云師冕見孔子爲之相鄭云相扶工是工爲樂人之揔稱也云上既
言獻工矣乃言大師者大師或瑟或歌也者以其前工有瑟有歌後別
言大師則大師能瑟或在瑟中若大師能歌或在歌中故云大師或瑟
或歌也云其獻之瑟則先歌則後者以其序入及升堂皆瑟先歌後其
獻法皆先瑟後歌是以知獻之瑟先歌後隨大師所在以次獻之也燕
禮云卒歌主人洗升獻工工不興左瑟一人拜受爵注云左瑟便其右
一人工之長者也燕禮諸侯禮有常官不言大師以燕禮主爲臣子故工
四人從大夫制其大師入工不別言之也大射云主人洗升實爵獻工
工不興左瑟注云大師無瑟於是言左瑟者節也若大師在歌亦先得
獻與燕異也　笙入至華黍　釋曰此升歌訖得獻乃始入也云磬南
北面者磬既南面其南當有擊磬者在磬南北面而云笙入磬南北面

者在磬者之南北面也　注笙吹至信也　釋曰言小雅篇也者今序仍在魚麗之下是小雅也云今亡其義未聞者案詩魚麗之下見子夏序序此三篇案彼子夏序云南陔孝子相戒以養也白華孝子之絜白也華黍時和歲豐宜黍稷也此巳上是子夏序文則云有其義而亡其辭者此是毛公續序云有其義指子夏序有其義也云而亡其辭者謂詩辭亡矣若然彼亡辭此亡義與此義異也云昔周之興也周公制禮作樂至明矣者欲明周公制此儀禮之時有此三篇之意也云後世衰微幽厲尤甚者禮運云孔子曰我觀周道幽厲傷之吾舍魯何適是幽厲尤甚者也禮樂之書稍稍廢棄者自幽厲巳後稍稍更加廢棄此篇之失也又引孔子以下至其信者欲明孔子以前言亡三篇之意也案南陔注云孔子論詩雅頌各得其所時俱在耳篇第當在於此時遭戰國及秦之世而亡之其義則與衆篇之義合編故存至毛公爲詁訓傳乃分衆篇之義各置於其篇端彼詩鄭注又與此不同者鄭君注禮之時未見毛傳以爲此篇孔子前亡注詩之時既見毛傳以爲孔子後失必知戰國及秦之世者以子夏作序具序三篇之義明其詩見在毛公

之時亡其辭故知當戰國及秦之世也　主人至人爵　注一人至於下　釋曰自此至不祭論獻笙者之事云一人拜者謂在地拜乃盡階不升堂受爵也云一人笙之長者也者笙者四人今言一人受爵明據爲首長者而言也云笙三人和一人凡四人者案鄉射記云三笙一和而成聲注三人吹笙一人吹和凡四人爾雅曰笙小者謂之和是也云鄉射禮曰笙一人拜于下者即此一人拜者亦在堂下可知但獻工之時拜送在西階東以工在階東故也此主人拜送笙之時在西階上以其笙在階下故不同也　衆笙至不祭　注亦受至爲偏　釋曰衆笙除一人之外二人者不備禮故亦受爵於西階上者與一人同也云薦之皆於其位磬南者亻良前笙入立于磬南之處是其類也　乃間至由儀　釋曰此一經堂下吹笙堂上升歌間代而作故謂之乃間也　注間代至未聞　釋曰云謂一歌則一吹者謂堂上歌魚麗終堂下笙中吹由庚續之以下皆然此魚麗南有嘉魚南山有臺其詩見在云六者皆小雅篇也者見編在小雅之内故知之見在者鄭君亦先引其序後引其詩案魚麗序云魚麗美萬物盛多也詩云君子有酒旨且多南有

嘉魚序云太平之君子至誠樂與賢者共之也詩云君子有酒嘉賓式燕以樂南山有臺序云樂得賢也得賢則能爲邦家立太平之基矣詩云樂只君子邦家之基又云樂只君子民之父母遐不眉壽是也此其鄭君所言義意云由庚崇丘由儀今亡其義未聞者案詩序云由庚萬物得由其道也崇丘萬物得極其高大也由儀萬物之生各得其宜也有其義而亡其辭此毛公續序義與南陔白華華黍同堂上歌者不亡堂下笙者即亡蓋當時方以類聚笙歌之詩各自一處故存者併存亡者併亡也乃合至采蘋　注合樂至未聞　釋曰此一經論堂上　堂下衆聲俱合之事也云合樂謂歌樂衆聲俱作者謂堂上有歌瑟堂下有笙磬合奏此詩故云衆聲俱作云周南召南國風篇也者案論語注國風之首篇謂十五國風之篇首義可知也云王后國君夫人房中之樂歌也者案燕禮記云有房中之樂注云弦歌周南召南之詩而不用鍾磬之節謂之房中者后夫人之所諷誦以事其君子是也既名房中之樂用鍾鼓奏之者諸侯卿大夫燕饗亦得用之故用鍾鼓婦人用之乃不用鍾鼓則謂之房中之樂也云關雎言后妃之德以下至脩其法

度周南三篇即言后妃召南三篇則言夫人不同者此雖同是文王之化召南是文王未受命已前之事諸侯之禮故稱夫人周南是文王受命稱王之後天子之禮故稱后也云昔大王王季居于岐山之陽者案魯頌云后稷之孫實維大王居岐之陽鄭云大王自豳徙居岐陽是大王居於岐陽也兼言王季者王季大王之子繼大王後亦居岐陽至文王始居于豐故兼言王季也云躬行召南之教以興王業者大王得鸑鷟鳴于岐又實始翦商王季又纂我祖考是其以興王業也云及文王而行周南之教以受命者文王徙居豐得赤雀之命故云以受命也鄭注鄉射云昔大王王季文王始居岐山之陽彼兼言文王者欲見文王未受命以前亦得召南之化知者案羔羊詩序云召南之國化文王之政摽有梅序云召南之國被文王之化此不兼言文王者據文王徙豐受命之後專行周南之教是周南十一篇唯言文王之化不言大王王季也大雅云刑于寡妻者是大雅思齊之詩也引之者證文王施化自近及遠自微至著之意云其始一國耳者謂大王自豳遷于岐山周原膴膴過百里之地言此者欲見徙居于豐以後二分天下以此故國分

與二公故云文王作邑于豐以故地爲卿士之采地乃分爲二國也云
周周公所食召召公所食者此二公身爲三公下兼卿士即上采地一
也云此者欲見采地得稱周召之意云於時文王三分天下有其二德
化被于南土者欲見周召皆稱南之意也云是以其詩有仁賢之風者
屬之召南焉者謂文王未受命以前也云有聖人之風者屬之周南焉
者謂受命以後也故詩序云關雎麟趾之化王者之風故繫之周公鵲
巢騶虞之德諸侯之風也先王之所以教故繫之召公必將二南繫此
二公者天子不風文王受命稱王故繫於二公也云夫婦之道生民之
本王政之端者欲見合樂之時作此六篇之意也云故國君與其臣下
及四方之賓燕用之合樂也者此據燕禮而言之也云鄉樂者風也者
亦據燕禮而言故燕禮記云遂合鄉樂者據此鄉飲酒鄉大夫所作也
云小雅爲諸侯之樂者則升歌鹿鳴之等是也云大雅頌爲天子之樂
者肆夏繁遏渠之等是也云鄉飲酒升歌小雅禮盛者可以進取也者據
此鄉飲酒爲饗禮升歌鹿鳴進取諸侯之樂饗禮盛可以進取也云燕
合鄉樂禮輕者可以逮下也者逮及也以燕禮輕故言可以逮下也鄭

君據儀禮上下而言其實饗燕同樂知者穆叔如晉晉侯饗之歌鹿鳴之三是與燕禮同樂也若然小雅云鄉或進取燕可以逮下者饗亦逮下也云春秋傳曰者襄公四年左氏傳文彼云穆叔如晉晉侯享之金奏肆夏之三不拜工歌文王之三又不拜歌鹿鳴之三三拜韓獻子使行人子員問之曰吾子舍其大而重拜其細敢問何禮也穆叔對曰三夏天子所以享元侯也使臣弗敢與聞文王兩君相見之樂也臣不敢及鹿鳴所以嘉寡君也敢不拜嘉引之者證肆夏繁遏渠是頌謂天子之樂歌案鍾師杜子春注引呂叔玉云肆夏時邁也繁遏執競也渠思文也鄭君不從以爲詩篇名頌之族類也此歌之大者載在樂章樂崩亦從而亡之是以頌不能具是也云然則諸侯相與燕升歌大雅合小雅天子與次國小國之君燕亦如之與大國之君燕升歌頌合大雅者此約穆叔云肆夏繁遏渠天子所以享元侯肆夏繁遏渠則頌也元侯大國之君也凡合樂者遏取卑者一節故歌頌合大雅也若元侯自相享亦依此案詩譜云天子諸侯燕羣臣及聘問之賓皆歌鹿鳴合鄉樂鄭云諸侯相燕天子與國君燕與大國之君燕國語及襄公四年公言

饗見之者亦欲饗同也向來所言皆據升歌合樂有此尊卑之差若納賓之樂天子與五等諸侯同用肆夏是以燕禮納賓用肆夏禮記郊特牲云大夫之奏肆夏由趙文子始也是大夫不得用之其諸侯以上同用之也云其笙間之篇未聞者案鄉飲酒禮笙間之樂前與升歌同在小雅則知元侯及國君相饗燕笙間亦同升歌矣而云未聞者謂如由庚由儀之等篇名未聞　工告至乃降　注樂正至北面　釋曰鄭知降立西階東北面者以其堂上時在西階之東北面知降堂下亦然在笙磬之西亦得監堂下之樂故知位在此也此鄉飲酒及鄉射大夫禮卑無大師故工告樂備國君禮備有大師告樂備大射不告樂備者是主於射略於樂故也　主人降席自南方　注不由北方由便　釋曰自此至退立于觶南論立司正之事云不從北方由便者主人之席南上升由下降由上是其常而言不從北方由便者解禮故所以升由下降由上者是由便也　側降　注賓介不從　釋曰側者特也賓介不從故言側上文主人降賓介皆從降此獨不從者以其方燕禮殺故也　作相爲司正　注作使至其許　釋曰上經云一相迎于門外今將燕

使爲司正監察賓主之事故使相爲司正也云禮樂之正既成者謂主人與賓行獻酢之禮是禮成也升歌笙間合樂三終是樂成也故鄭揔言禮樂之正既成也　主人至辭許　注爲賓至西階　釋曰此司正升西階適阼階上案鄉射云司正升自西階由楹内適阼階上北面彼此同此不言由楹内者省文也云告賓於西階者鄉射云司正西階上故知也　司正至復席　注再拜至就席　釋曰凡相拜者當在賓主拜前今相見云在賓拜下者以經云司正告于主人因即拜賓賓即荅拜文理切不得先言相拜故退之在下其實相時在賓主拜前是以鄉射云司正告于主人遂立楹間以相拜主人阼階上再拜賓西階上荅再拜是其相拜在前也云賓主既拜揖就席者以鄉射賓主拜訖即揖就席故也知此亦然也　司正至少立　注階間至北面　釋曰云階間北面東西節也者階間謂兩階之間東西等是東西節也云其南北當中庭者案鄉射云司正實觶降自西階中庭北面坐奠觶此經雖不言中庭宜與彼同故云中庭也云己帥而正孰敢不正者此是論語孔子語季康子之言也彼言子帥指季康子爲子此言己帥指司正爲己

欲見司正退也云共拱手也少立自正愼其位也者欲見令賓主亦皆正愼其位也云燕禮曰右還北面者燕禮司正降自西階右還北面取不背其君此亦降自西階亦右還北面取不背大夫也故引以爲證也

坐取至觶南　注洗觶至察衆　釋曰執觶興洗北面者案鄉射大射禮皆直云取觶洗南面反奠於其所不云盥此俗本有盥者誤又此文及鄉射奠空觶皆位南北面奠之燕禮大射皆南面奠之者以國君禮盛儀多故也

儀禮疏卷第九

儀禮疏卷第十

唐朝散大夫行太學博士弘文館學士臣賈　公彥　等撰

賓北至賓東　釋曰自此至司正降復位論堂上堂下徧行旅酬之事云取俎西之觶者謂前一人舉觶奠于薦右今爲旅酬而舉之前主人酬賓奠于薦東者不舉故言俎西以別之云主人降席不云自南方北方者案下記云主人介凡升席自北方降席自南方指此文也　注初起至遺矣　釋曰云凡旅酬者少長以齒以下並是鄉飲酒義文是以彼云賓酬主人主人酬介介酬衆賓少長以齒終於沃洗者焉知其能弟長而無遺矣案下記云主人之贊者西面北上不與注云贊佐也謂主人之屬佐助主人禮事徹冪鼎沃盥設薦俎者與及也不及謂不及獻酒言不及獻酒則旅酬亦不與旅酬所以酬正獻也記又云無筭爵然後與若然此旅酬得終於沃洗者鄭解酬之大法欲見堂上賓主人之黨無不與故鄭君連引無筭爵旅酬而言終沃洗也其實此時未及沃洗也　注旅酬同階禮殺　釋曰決上正酬時不同階今同階故云禮殺也　注其酌至如之　釋曰知西南面授介者案賓酬主人時於阼

階上東南面向之則知此主人酬介于西階上西南面可知云自此已下旅酬酧者亦如之者謂亦如主人酬介其酬酧介實觶西南面授之以其旅酬皆西階上故也　注旅序至別之　釋曰上文作相爲司正注云將留賓爲有懈惰立司正以監之今以賓主及介旅酬不監之至衆賓乃監者以其主人與賓介習禮已乆又各一位不嫌失禮至於衆賓旣不乆習禮又同在一位恐其失禮故須監之也云某者衆賓姓也者以某在子上故知是衆賓姓也若單言某則是字故鄉射云某酬某子注云某者字也云同姓則以伯仲別之者但此衆賓之内有同姓司正命之則呼伯仲別之也云又同則以且字別之者爲同姓之中有伯仲同者則以某甫且字別之也　司正至東面　注辟受至北面　釋曰司正初時在堂上西階西北面命受酬者訖退立于西序端東面者一則案此下文衆受酬者受自左即是司正立處故須辟之二則東面時贊上贊下便也云始升相西階西北面者雖無正文以衆賓之席在賓西南面介酬在西階上司正升相旅當在西階西北面命賓故知位如此也　受酬者自介右　注由介至故位　釋曰北面以東爲右故

鄭云由介東也云尊介使不失故位者凡授受之法者授由其右受由其左即下文衆受酬者是也此受介酬者應自介左而自介右者介位在西故云尊介使不失故位也　衆受至自左　注後將至酬者　釋曰言衆受酬者謂上衆賓之内爲首者一人自介右受之自第二以下弁堂下衆賓皆自左受之言變於介者即是授受之常法也　注辯辯至階上　釋曰引鄉射者彼禮與此同經直言辯不云遂酬在下者皆外受酬于西階上者文不具故引以證也　司正降復位　注觶南之位　釋曰復位者以相旅畢堂上無事故降復觶南之位　使二至荅拜　注二人至盥洗　釋曰自此至無筭樂論賓主燕坐爵樂無數之事云賓介席末荅拜者賓於席西南面荅拜介於席南東面荅云二人亦主人之吏者亦上一人舉觶是主人之吏以其主人使之故知皆是主人之吏也云若有大夫則舉觶于賓與大夫者以其大夫尊於介故也引燕禮者證此二人舉觶將盥時亦於洗南西面北上以次盥手也　注於席末拜　釋曰言席末拜者賓在席西南面介在席南東面以其俱是荅拜故同前席末拜也　皆進至其所　釋曰言皆進者一人之

賔所奠觶于薦西一人之介所奠觶于薦南　注賔言至異文　釋曰尊者得卑者物言取是以家語云定公假馬於季氏孔子曰君於臣有取無假故賔尊言取介卑言受也　司正至以俎　釋曰云司正升自西階受命于主人此不言阼階上受案鄉射司正升自西階阼階上受命于主人適西階上北面請坐於賔則此亦同彼云主人曰請坐于賔者亦是使司正傳語於賔也　注至此至貴者　釋曰自此以上皆立行禮人皆勞倦故請坐於賔也云酒清肴乾者案聘義云酒清人渴而不敢飲也肉乾人飢而不敢食也彼上云聘射之禮至大禮也則是聘射皆有飲酒禮故此鄉飲酒引之云賔主百拜者樂記文彼是飲酒禮與此同故引而相證但此鄉飲酒之禮雖無百拜舉全數而言也云強有力者亦聘義文言此者欲見自此以前未得安坐飲食也云張而不弛弛而不張非文武之道者此雜記文略而言之此以弓弩喻行禮之法張而不弛以喻旅酬已前立行禮弛而不張喻無筭爵以後坐食一張一弛是文武之道張而不弛弛而不張非文武之道故後須坐也云俎者肴之貴者謂骨體貴而肉賤故云肴之貴者云辭之者不敢以禮

殺當貴者自旅以前立行禮是盛自此後無筭爵坐以禮謂之殺故今將坐辭以俎不敢以禮殺當貴者案燕禮司正奠觶于中庭請徹俎而坐此禮司正監旅訖二人舉觶後將行無筭爵始請坐于賓不同者燕禮司正之前云二人致爵三舉旅得爵多故司正奠時即坐燕此禮由來未行旅酬故使二人舉觶徹俎後乃坐也　司正降階　注西階至之義　釋曰云弟子賓之少者以其稱弟子故知是賓之少者西階前命之故知賓弟子賓敬主人而使弟子徹俎故云賓之義也　司正至席端　釋曰司正降階前命弟子徹俎訖即升立于席端弟子仍未徹俎故鄭云待事也　賓降階至南面　釋曰皆立者將取俎以授人遵不北面者以其尊故席東南面向主人　注皆立至爲全　釋曰云皆立相須徹俎也者須待也受俎之人一時徹而授之也云遵者謂此鄉之人仕至大夫者也者以鄉射云大夫若有遵者入門左注云謂此鄉之人爲大夫者也謂之遵者方以禮樂化民欲其遵法之也既云大夫若有遵明士不得有遵又士立于下不得升堂故知此遵是大夫也云或有無者下文云賓若有遵言若者不定之辭故知或有或無也云來

不來用時事耳者言來之與不來事在當時故云用時事耳　賓取至皆降　釋曰主人取俎還授弟子弟子以降自西階案燕禮膳宰徹公俎降自阼階與此不同者彼公不降故宰夫降阼階此主人降自阼階故弟子降自西階也　注取俎至之位　釋曰云取俎者皆鄉其席者以其俎在席前鄉席取俎還轉授之故經皆言還授也云既授弟子皆降復初入之位者以其下云揖讓如初升故知此降時亦復初入之位位在東階西階相讓也　說屨至升坐　釋曰自此以下至再拜論無筭爵飲酒禮終送賓之事也云如初升坐者謂賓主初入揖讓而升堂升堂雖同前則升堂立此則即席坐與前異也　注說屨至爲稅　釋曰云說屨者爲安燕當坐也者凡堂上行禮之法立行禮不說屨坐則說屨屨空則不宜陳於側故降說屨然後升坐也云說屨主人先左賓先右者案曲禮云上於東階則先右足上於西階則先左足鄭注云近於相鄉敬也案玉藻著屨之法坐左納右坐右納左今說之亦北面鄉階主人先坐左賓先坐右亦取近於相鄉敬之義也　乃羞　注羞進至賢也　釋曰知所進者狗胾醢者案下記云其牲狗禮記又云薦羞

不踰牲則所羞者狗胾也但醢是舊作之物諸經又不見以狗作醢則胾必狗也醢則當兼有餘牲也云鄉設骨體所以致敬也今進羞所以盡愛也者骨體貴人不食故云致敬胾醢賤人所食故云盡愛也　無算爵　注算數至皆是　釋曰引鄉射禮者證此無算爵從首至末更從上至下唯醉乃止鄭云皆是者從首至末皆是行無算爵之義　無算樂　注燕樂至無算　釋曰云燕樂亦無數者亦上無算爵也案上升歌笙間合樂皆三終言有數此即無也云或間或合盡歡而止也者以其不言風雅故知或間如上間歌用小雅也或合用二南也言或間或合者於後科用其一但不並用也引春秋者彼是國君禮此是大夫禮見其異也但無算之樂還依尊卑用之案春秋爲季札所歌大雅與頌者但季札請觀周樂魯爲之盡陳又魯周公之後歌樂得與元侯同故無算之樂雅頌並作也　賓出奏陔　注陔陔至皆出　釋曰云陔陔夏也者周禮鍾師有陔夏故云陔夏也云周禮鍾師以鍾鼓奏九夏者案鍾師云凡樂事以鍾鼓奏九夏王夏肆夏昭夏納夏章夏齊夏族夏裓夏驁夏杜子春云王出入奏王夏尸出入奏肆夏牲出入奏昭夏

四方賓來奏納夏臣有功奏章夏夫人祭奏齊夏族人侍奏族夏客醉而出奏陔夏公出入奏驁夏言以鍾鼓者庭中先擊鍾却擊鼓而奏此九夏故云是奏陔夏則有鍾鼓矣云鍾鼓者天子諸侯備用之者鍾師天子禮有鍾鼓大射諸侯禮亦具有鍾鼓故云天子諸侯備用之云大夫士鼓而已者案鄉射云不鼓不釋明無鍾可知此且語鍾鼓若用九夏則尊卑不同天子則九夏俱作諸侯則不用王夏得奏其肆夏以下大夫以下據此文用陔夏其餘無文云葢建于阼階之西南鼓者據此奏陔夏之時其鼓約大射建鼓在阼階西南鼓而知無正文故云葢彼注云鼓不在東縣南爲君也此鄉大夫無東縣直有一鼓而已故縣在阼階之西南鄉主人也引鄉射者證賓出遠近陔作之義云賓出衆賓皆出者經賓據正賓不言衆賓與介則賓出之時衆賓與介俱出可知

主人至再拜　注門東至終也　釋曰云門東西面拜也者此約主人迎賓之時門東西面拜今送賓還依此位立也云賓介不荅拜禮有終也者於迎賓介時賓介荅拜今送賓主人再拜若賓介荅拜是行禮無終畢故賓介不荅是禮有終也不言衆賓者迎送俱不拜故不言也

賓若至乃入　釋曰自此已下至不加席論鄉内有諸公大夫來觀禮主人迎之與行禮事也　注不干至謂之公　釋曰言不干主人正禮者正禮謂賓主獻酢是也是以一人舉觶爲旅酬始乃入若然即是作樂前入而於此篇末乃言之者以其無常或來或不來故於後言之也云遵者諸公大夫也者孤只一人而言諸者案鄭注燕禮云諸公者謂大國之孤也孤一人言諸者容牧下三監案王制云天子使其大夫監於方伯之國國三人王制所陳是殷法言容者周公制禮時因而不改故云容也云大國有孤四命者周禮典命文謂之公者若天子有三公也　席于至再重　注席此至大夫　釋曰言三重再重者席有地可依若衣裳在身一領即爲一重再重三重猶二領三領也云席此二者於賓東者賓在戶牖之閒酒尊又在戶東席此二者又在酒尊之東但繼賓而言耳云尊之不與鄉人齒也者鄉人謂衆賓之席在賓西故云不與鄉人齒案上注云此篇無正齒位之事今此言齒者彼云無正齒位者對黨正飲酒鄉人五十已上九十已下有齒法鄉飲酒貢士以德爲次故云無正齒位之禮此言齒者謂士已上來觀禮乃有齒法云天

子之國三命者不齒者案周禮黨正職云國索鬼神而祭祀則以禮屬民而飲酒于序以正齒位壹命齒于鄉里再命齒于父族三命不齒彼是天子黨正飲酒法故知天子之國三命不齒彼是天子貢人鄉飲酒法鄭引之爲證者欲見天子鄉飲酒三命不齒同也云於諸侯之國爵爲大夫則不齒矣者以此篇及鄉射皆云若有大夫不辨命數故知爵爲大夫即不齒也皆謂鄉射鄉飲酒之禮若黨正飲酒則與此異案文王世子云其朝于公内朝則東面北上臣有貴者以齒下文云庶子治之雖有三命不踰父兄鄭注云治之治公族之禮也唯於内朝則然其餘會聚之事則與庶姓同又引黨正飲酒云一命齒于鄉里再命齒於父族三命不齒不齒者特爲位不在父兄行列中但文王世子是諸侯之法即諸侯黨正飲酒還與天子同但諸侯之國一命已上至三命大夫士具有言一命齒於鄉里者公侯伯之士一命與堂下鄉人齒以其士立堂下故也子男之士不命與一命之士同齒於階下子男之大夫一命坐於上與六十巳上齒於堂再命齒於父族者謂子男之卿與公侯伯之大夫以父族爲賓則與之齒異姓爲賓則不與之齒席於尊東

三命不齒者謂公侯伯之卿雖父族爲賓亦不與之齒席於尊東也云不言遵者遵者亦卿大夫者案上文賓若有遵者與諸公大夫雖文異諸公大夫則遵也故鄭云遵者諸公大夫也明此經不言遵者亦卿大夫可知　公如至去之　釋曰此據諸公大夫入賓介與衆賓皆避之降復西階下東面位　注如讀至大夫　釋曰鄭云如讀若今之若者前無大夫入直以大夫與主人爲禮是其當公則非當故鄭讀如若今之若謂大夫之於公更無異禮矣云主人迎於門内者以經公如大夫主人不言出故知迎於門内也云辭一席謙自同於大夫者大夫再重公三重故辭去一席同於大夫再重　大夫至加席　釋曰云大夫則如介禮者以其公如賓故大夫則如介禮主人迎賓賓厭介此公與大夫同入公亦厭大夫故云大夫如介禮云有諸公則辭加席委于席端主人不徹者大夫再重是其正大夫以公在故謙委加席於席端主人不徹也　注加席至再重　釋曰云加席上席也者以其再重三重席皆一種故云上席也記云蒲筵緇布純明無異也以其鄉大夫賢者公與大夫來觀禮而已故俱加重數更無異席也公食大夫禮異國之客

有別席是以公食大夫云宰夫設筵加席几又記云司宮具几與蒲筵常緇布純加萑席尋又上注云謂三命大夫也孤爲賓則莞筵紛純加藻席畫純是與當國之大夫異也燕禮云司宮筵賓于戶西東上無加席也者以其燕私故也大射云司宮設賓席于戶西南面有加席與公侯同者以其大射辨尊卑故也　明日至拜賜　注拜賜至鄉服　釋曰鄭知鄉服是朝服者下記云朝服而謀賓介是也此賓言鄉服其鄉射賓言朝服不同者案鄉射記云大夫與則以公士爲賓謂在朝著朝服是其常此賓是鄉人子弟未仕雖著朝服仍以鄉服言之故鄭云不言朝服未服以朝也　主人至拜辱　注拜賓至乃退　釋曰引鄉射者於此文不具故引以爲證明彼此賓主皆不相見造門外拜謝而已

主人釋服　釋曰自此已下至鄉樂唯所欲論後日息司正徵唯所欲更行飲酒之禮　注釋朝至作舍　釋曰言釋朝服更服玄端也者以其昨日正行賓擧飲酒之禮相尊敬故朝服此乃燕私輕故玄端勞也注息勞至長也　釋曰鄭云勞賜昨日贊執事者者案下記云主人之贊者西面北上不與鄭注云主人之屬佐助主人禮事徹冪沃盥設薦

其上者於脯爲横於人爲縮其挺有五通祭者六故鄉射記云薦脯用籩五膱祭半膱横于上膱長尺二寸則祭半膱者長六寸此脯不言長短者記文不具也云冠禮之饌脯醢南上者欲見此房中之饌亦南上也引曲禮者欲見此脯與曲禮脯羞雖朐挺有異其設之皆横於人前鄭彼注云屈中曰朐以左手案之右手擘之便　俎由至階升　注亨狗至東方　釋曰亨狗於東方熟乃載之於俎饌陳於東壁既饌於東方恐由東階升故記辨之云自西階升也　賓俎至進腠　注凡牲至作骼　釋曰此序體賓用肩主人用臂介用胳其閒有臑肫在而介不用者蓋爲大夫俎故此闕焉是以鄉射記云賓俎脊脅肩肺主人俎脊脅臂肺注云賓俎用肩主人用臂尊賓也若有尊者則俎其餘體是臑肫爲大夫明矣大夫雖尊不奪賓主正禮故用體卑於主人與賓而尊於介也或有介俎肫胳不言者欲見用體無常若有一大夫即介用肫若有二大夫則介用胳故肫胳兩見亦是也云後脛骨二膞胳也者此皆如特牲少牢不取觳也云祭統者據祭祀歸俎之法此據飲酒生人之禮引之者取一邊骨有貴賤之義以其賓用肩主人用臂介用胳前

貴於後也　以爵拜者不徒作　注作起至主人　釋曰經直云以爵拜者不徒作鄭知拜既爵者不徒起起必酢主人者以其拜受爵者有不酢主人法故上經衆賓之長一人受爵而不酢主人故此是拜既爵起必酢主人者也　坐卒至既爵　注降殺至此禮　釋曰以其工無目不使立卒爵唯坐卒爵不拜既爵與立卒爵者同故云唯工不從此禮也　凡奠者於左　注不飲至其妨　釋曰奠於左者謂主人酬賓之觶主人奠於薦右客不盡主人之歡奠之於左是不欲其妨後奠爵也將舉於右　注便也　釋曰謂若上文一人舉觶爲旅酬始二人舉觶爲無筭爵始皆奠於右是其將舉者於右以右手舉之便也　衆賓至賓禮　注於三至不洗　釋曰此記上主人獻衆賓時主人揖升坐取爵于西楹下降洗爵衆賓長一人降亦進東向辭洗如賓禮是於三人之中復差尊者得辭洗餘二人雖爲之洗不敢辭也云其下不洗者謂其堂下立者不爲之洗獻之而已　立者至東上　注賢者至於門　釋曰此謂堂下立者鄉人賢者或多或少若少則東面北上統於堂也若多東面立不盡即門西北面東上統於門也　樂正至以齒　注謂

其至北面　釋曰云謂其飲之次也者謂樂正與立者以齒受旅是飲之次也云薦者以先飲乃薦依飲之次而薦之故明飲也必知飲薦相將者案上經云衆賓徧有脯醢鄭注云亦每獻薦於其位位在下此言樂正與立者皆薦以齒明受獻乃薦於衆賓在下者同也　凡舉至徒爵　釋曰徒空也謂獻賓獻大夫獻工不空以爵獻之而已皆有薦脯醢　樂作大夫不入　注後樂賢者　釋曰大夫之入當一人舉觶之後未樂作之前以助主人樂賢若樂作之後後樂賢者故不入也　獻工至下篚　注明其至三爵　釋曰鄭知上篚三爵者以上經初主人獻賓時云取爵於篚降洗獻賓受酢主人奠爵于序端酬賓訖又取爵於東序端以獻介受酢訖奠爵于西楹南降三拜衆賓訖猶升取爵于西楹下獻堂上堂下衆賓訖主人以爵降奠于篚是其上篚一爵也此記又云獻工與笙取爵于上篚既獻奠于下篚是上篚二爵也又鄉射禮獻大夫云主人揖讓以大夫升拜至大夫荅拜主人以爵降洗獻大夫此篇亦有大夫故知上篚有三爵也　其笙至階上　注謂主至無上　釋曰上經主人獻笙於西階上此記人又言之者爲拜送爵而

言也故鄭云主人拜送爵也云於工拜于阼階上者以其坐於西階東也者以工坐於西階東主人不得西階上拜送爵故也此笙在西階獻於西階上嫌亦阼階拜送故此明之也　磬階至鼓之　注縮從至爲蹙　釋曰言大夫而特縣者案周禮小胥半爲堵全爲肆鄭注云鍾磬者縮縣之二八十六枚而在一虡謂之堵鍾一堵磬一堵謂之肆半之者謂諸侯之卿大夫士也諸侯之卿大夫西縣鍾東縣磬今諸侯卿大夫合鍾磬俱有今直云磬是以鄭云大夫而特縣方賓鄉人之賢者從士禮也云射則磬在東者據鄉射而言避射位故在東與此階閒異也

主人至南方　注席南至由便　釋曰案曲禮云席南鄉北鄉以西方爲上東鄉西鄉以南方爲上鄭注云坐在陽則上左在陰則上右是以主人與介席南方爲上故升由下降由上者便也若然席坐在陰以東爲上者統於主人也　司正至其位　注司正至薦之　釋曰案下文云主人之贊者西面北上不與無筭爵然後與是其無獻也故因舉觶薦諸其位　凡旅不洗　注敬禮殺也　釋曰案上二人舉觶皆爲旅始不可不自絜故洗自此以後旅酬皆不洗故云凡旅不洗也　既旅

士不入　注後正至燕矣　釋曰旅謂旅酬所酬獻皆拜受故云正禮既旅之後無筭爵行燕飲之法非正禮故士不入後正禮故也　徹俎至從者　釋曰以上文正經賓介遵者之俎直云降自西階無出之文故記之上之必授從者以其己所當得也　主人之俎以東　注藏於東方　釋曰已上文直云主人授弟子俎弟子以降自西階不言以東故記人辨之云藏於東方者以其主人故云藏之　樂正至陔作　釋曰陔謂陔夏詩篇名命擊鼓者賓降自西階恐賓醉失禮故至階奏之　若有至西面　注其西至於公　釋曰若無諸公則大夫南面西上統於遵也　主人至不與　注賛佐至獻酒　釋曰云西面北上統於堂也者以其主人之屬故也　注燕乃及之　釋曰以其主人之屬非主人所敬故無筭爵乃得酒也

儀禮疏卷第十

儀禮疏卷第十一

唐朝散大夫行太學博士弘文館學士臣賈公彦等撰

鄉射禮第五　鄭目録云州長春秋以禮會民而射於州序之禮謂之鄉者州鄉之屬鄉大夫或在焉不改其禮射禮於五禮屬嘉禮大戴十一小戴及别録皆第五　釋曰鄭云州長春秋以禮會人而射於州序者周禮地官州長職文也鄭引之者證此鄉射是州長射法云謂之鄉者欲見州長射得名鄉射之意云州鄉之屬者周禮大司徒職云五州爲鄉是州屬鄉故云州鄉之屬云鄉大夫或在焉者一鄉管五州鄉大夫或宅居一州之内則鄭注禮記云或則鄉之所居州黨而鄉大夫來臨此射禮是爲鄉大夫在焉則名鄉射又鄉大夫三年大比興賢者能者訖而以鄉射之禮五物詢衆庶亦行此州長射禮以詢之亦是鄉大夫在焉故名爲鄉射云不改其禮者雖鄉大夫在其禮仍依州長射禮故云不改其禮案經鄉大夫射於庠云堂則由楹外又云堂則物當楣又云大夫用兕中其禮與士射於序别而云不改者大判卿大夫士射先行鄉飲酒禮及未旅而射爲不改其實亦有少異也鄭云射禮於五

禮屬嘉禮者案周禮大宗伯云以嘉禮親萬民下有以賓射之禮親故舊朋友故知屬嘉禮也　鄉射至乃請　釋曰自此至無介論州長將射先戒賓之事案大射前三日宰夫戒宰及司馬又射前一日樂人宿縣此不言日數則戒賓與射同日矣禮同鄉飲酒也以其鄉射先行鄉飲酒鄉飲酒戒賓與飲酒同日知此鄉射戒賓與射亦同日也　注主人至庶乎　釋曰案鄉大夫是諸侯鄉大夫則此州長亦諸侯之州長以士爲之是以經云釋獲者執鹿中記云士鹿中是皆爲此州長射而言是諸侯州長可知若天子州長中大夫爲之若然記云大夫兕中者爲鄉大夫詢衆庶而言也云鄉大夫若在焉則稱鄉大夫也者謂大夫來臨禮之時州長戒賓不自稱稱鄉大夫以戒賓也云出迎出門也者謂出庠之學門亦如鄉飲酒出庠門皆有一門入門即至堂耳云不言拜辱者此爲習民以禮樂不主爲賓已也者對鄉飲酒主人戒賓賓拜辱者彼爲賓也非爲習民以禮樂故也云不謀賓者時不獻賢能事輕也者還決鄉飲酒獻賢能故須就先生而謀賓介禮重對此不獻賢能爲輕故不謀賓也云今郡國行此禮以季春者漢時雖無諸

侯國而置郡爲守其王之子弟猶名國其君曰相故鄭注禮記云如今從太守相臨之禮是也引之者證時節與周異也云周禮至衆庶皆周禮鄉大夫職文引之者證此鄉射中兼有鄉大夫行射禮故有射于堂及兕中之事云五物者案彼云一曰和二曰容三曰主皮四曰和容五曰興舞鄭注云和載六德容包六行也庶民無射禮因田獵分禽則有主皮主皮者張皮射之無侯也主皮和容興舞則六藝之射與禮樂與當射之時民必觀焉因詢之也是也鄭云和載六德者和是六德之下六德大故舉下以載上也容爲孝者人有孝行則性行合容故以孝爲容孝是六行中之大故舉上以包下故云容包六行也云主皮六藝之射者但六藝中射揔言諸射不專據主皮但三物敎萬民射唯有主皮此詢衆庶不兼士已上故以主皮爲六藝之射以和容爲禮者禮之用和爲貴又行禮有容儀是以漢時謂禮爲容故以禮爲和容也以樂爲興舞者爲樂必興舞故興舞以表樂也若然六德與六行在身所有故可舉少以兼多六藝施於外非獨身所行不可舉一以包六但六者之中御與書數三者於施化民爲緩故特舉禮樂與射而言之鄭以主皮

和容與舞非射及禮樂之正名故云乎以疑也　注退還至射事　釋曰射宮者鄉庠州序是也知省録射事者即下文云乃張侯之等是也下言飲酒之事知不爲飲酒事者以飲酒者止爲射事故以射爲主也

無介　注雖先至禮略　釋曰鄭云雖先飲酒者自此已下先言飲酒獻後乃射以是禮記射義云古者諸侯之射也必先行燕禮卿大夫士之射也必先行鄉飲酒之禮是也但鄉飲酒之禮有介一人以輔賓此無介者主於射序賓之禮略故無介以輔賓也

乃席至東上　注不言至於序　釋曰自此以下至羹定論將射預前設席位尊罍樂懸及張侯之事也云不言於戸牖之間者此射於序者决鄉飲酒在庠以其序無室庠有室此據州長射於序以其無室無戸牖設席亦當戸牖之處耳言東上亦主人在東故席端在東不得以曲禮席南向北向西方爲上因陰陽解之也

衆賓至而西　注言繼至殊别　釋曰甫始也言始欲習衆庶未有所殊別此決鄉飲酒三賓之席不屬殊別彼有德之人故各自特不繼有所殊別

尊於至東肆　注斯禁至陳也　釋曰云斯禁禁切地無足者也者案州長是士應言禁制不言者其中兼

有卿大夫禮故舉大夫斯禁與鄉飲酒同云設尊者北面西曰左尚之也者經云左玄酒據人設尊北面故以西爲左若據酒則以南面爲正地道尊右以西爲右玄酒在右故云尚之若然云左據設尊又云尚之據酒尊也　注此縣至無鍾　釋曰云此縣謂磬也者對大射縣鍾磬鎛具有也云縣于東方辟射位也者此言決鄉飲酒無射事縣于階間也云但縣磬者半天子之士無鍾者案周禮小胥職云半爲堵全爲肆鄭云鍾磬者編縣之二八十六枚而在一虡謂之堵鍾一堵磬一堵謂之肆半之者謂諸侯之卿大夫士也諸侯之卿大夫半天子之卿大夫天子之卿大夫判縣者東西各有鍾磬爲肆諸侯之卿大夫判縣者分一肆於兩廂東縣磬西縣鍾若天子之士特縣者直東廂有鍾磬二虡爲一肆諸侯之士分取磬而已縣於東方爲特縣故云無鍾對大夫及天子士有鍾若然此既兼鄉大夫詢衆庶當爲判縣宜有鍾而揔云無鍾者亦以禮樂化民雖大夫亦同士特縣也若鄉飲酒亦賓鄉人之賢者從士禮也其天子諸侯鍾磬鎛具卿大夫天子士已下亦無鎛知者以其諸侯卿大夫士半天子卿大夫士若有鎛添鍾磬爲三半不得故知

卿大夫已下皆無鑮也　乃張至地武　注侯謂至數焉　釋曰此已下
論預張侯之事鄭知侯用布案下記云獸侯大夫士皆言布侯則餘賓
射大射其侯皆用布此鄉射采侯二正亦用布可知云綱持舌繩也者
周禮梓人云上綱與下綱出舌尋縜寸焉注云綱所以繫侯於植者也
故云綱持舌繩也云武迹也中人之迹尺二寸者無正文蓋目驗當時
而言似云中人定扼圍九寸也漢禮云五武成步步六尺或據此而言
也云侯象人者案鄭注梓人云上下皆出舌一尋者亦人張手之節也
以其張侯之法下兩舌半上舌兩頭綱皆出一尋即是上廣下狹象人
張足六尺張臂八尺故云象人也云綱即其足也者謂經下綱象足云
是以取數焉者以下綱象足張之六尺是取數於武也　不繫至東之
注事未至也　釋曰案下記云東方謂之右个注云侯以向堂爲面也
則此左下綱以西畔而言云中掩束之者案記云鄉侯一丈倍中以爲
躬躬二丈倍躬以爲左右舌舌四丈兩舌各出一丈又云下舌半上舌則
左右各出五尺今將此五尺與下綱不繫者中掩左廂向東待將射乃
解之故云事未至也　乏參至五步　注容謂至三丈　釋曰乏參侯

道者謂三分侯道云居侯黨之一者黨旁也謂在侯西北邪向之故以
旁言之其居旁之一者謂侯道內三分之居一分之地十丈也云西五
步者據侯之正北落西有五步即三丈也云容謂之乏者案周禮射人
職云王以六耦射三侯三獲三容五正彼據王三侯有三容容者以革
爲之可以容身故云容也云乏者謂矢於此匱乏不去故云乏也云獲
者御矢也者謂唱獲者恐矢至身故云獲者御矢也云侯道五十步者
記云鄉侯五十弓弓之下制六尺與步相應故鄭云步也云此乏去侯
北十丈者五十步計之步六尺五十步則三十丈三分取一爲十丈云
西三丈者經云西五步五六三十故云三丈也遠近如此者一得避矢
一得去堂二十丈聞唱獲聲是其節也　羹定　注肉謂至可食　釋
曰云謂狗孰者此與鄉飲酒同亨狗於東方是也　主人至再拜　釋
曰自此至當楣北面荅再拜論主召賓從己之事此主人與賓俱朝服
案鄉飲酒賓主俱不言服者以彼賓禮重故戒與速賓俱朝服故不言
此習禮輕是故戒時玄端召時乃朝服故須言之也必此戒時玄端者
見公食大夫云賓朝服即位于大門外如聘注云於是朝服則初時玄

端宜與彼同皆是戒時不言服後速時朝服故知此亦戒時玄端矣且鄉飲酒戒速俱不言服知皆朝服者下記云鄉朝服而謀賓介是也云今郡國已下引之者欲見與周異也　賓及至再拜　注相主至命者　釋曰鄉飲酒云賓及衆賓皆從之彼兼介故云皆此無介故不言皆也云主人一相出迎于門外注與鄉飲酒同此亦主人自迎而言一相者使之傳賓言兼相禮也　揖衆賓　注差卑禮宜異　釋曰此賓與衆賓同是鄉人無爵者而云差卑者唯據立爲賓者尊衆賓即不爲卑不論有爵無也云禮宜異者賓則拜之衆賓則揖之是其異也　主人至先入　注以猶至西面　釋曰云以猶與者案左氏傳云蔡人以呉子與楚人戰于伯舉彼以者能東西之曰以以謂驅使前人之稱此言嫌有驅使之稱故以爲與謂主人與賓是以爲平敵之義故須訓之云先入入門右西面者此注亦與鄉飲酒同以其賓入東面故西面待之　賓厭至少進　注引手至衆賓　釋曰此經亦與鄉飲酒同此云賓少進彼亦宜然不言者文不具也　主人至賓升　注三讓至難也　釋曰言皆行者賓主既行衆賓亦行故云皆行鄉飲酒亦皆行不言者文略

也知主人先讓於賔者　以其主人之法先升導賔賔後升進冝難禮之常法故知主人先讓賔也此先升一等禮之常燕禮君升二等者尊君故也　注主人拜賔至此堂　釋曰知拜是拜至者鄉飲酒義云拜至拜洗公食亦云當楣北嚮再拜故知拜是拜至　主人至以降　注將獻賔也　釋曰自此至主人阼階上荅拜論主人獻賔之事凡取爵于篚以降者皆是上篚鄉飲酒不言上者文略也　賔對　注對荅

釋曰鄉飲酒注云賔主之辭未聞此不注從可知　注疑止至之色

釋曰鄉飲酒注疑讀爲疑然從於趙盾之疑疑正立自定之貌此言疑止也有矜莊之色二注相兼乃具也　注進酒至曰獻　釋曰云凡進物曰獻者欲見此賔乃是鄉民而已無尊卑上下猶言獻者此獻直是進物而言獻進之也案周禮玉府注云古者致物於人尊之則曰獻彼據尊敬前人雖卑亦曰獻若齊侯獻捷於魯之類義與此别也　注少退猶少辟也　釋曰鄉飲酒文與此同注云少退少辟又下文云賔少退注云少退逡巡義亦與此同　注賔升降由下也　釋曰凡席升由下降由上下文降席不由上者以主人在東敬主人不得降由上又於

席西拜便使升降皆由下故云賓升降由下也　注卻左至爲末　釋曰鄭皆約鄉飲酒知之也　賓以虛爵降　注將洗以酢主人　釋曰自此至賓西階上荅拜論賓酢主人之事鄉飲酒不言虛爵直云降洗此直云虛爵降不言洗互見爲義相兼乃具也　注從賓至東序　釋曰皆鄉飲酒文也　注賓北至外來　釋曰對主人自內出南面是也上文主人坐取爵適洗南面是也　注反位至洗進　釋曰云反位從降之位也者即上東序之西南面位云主人辭洗進者經直言反不言進鄭以言反位由前進乃反位故鄭却本之主人辭洗進也　賓卒至初升　釋曰言如初則亦一揖一讓也　注自由至便也　釋曰鄭知義然者亦約鄉飲酒得知也　主人坐奠爵于序端　釋曰奠爵于序端此擬下獻衆賓故云取爵于序端與鄉飲酒同也　主人至以降注將酬賓　釋曰自此至當西序論酬賓之事　注以將酌已　釋曰鄭言此者前不辭洗主人自飲至此辭洗以將酌已故辭也　注賓辭至酌已　釋曰此射前獻時親酌已今復親酌已　主人阼階上拜送注酬酒不舉　釋曰鄉飲酒注引曲禮不盡人之歡之事此不言亦從

鄭注可知　主人至壹拜　注三拜至能並　釋曰云三拜示徧也
者衆賓無問多少止爲三拜而已是示徧也云一拜不備禮也者衆賓
人皆一拜是拜不備禮此亦荅大夫拜法以其此禮中含卿大夫法若
荅士拜則亦再拜見於特牲也云獻賓畢乃與衆賓拜者自爾來唯與
賓拜未與衆賓拜今始拜之故云敬不能並　主人至三人　注長其
至有乎　釋曰衆賓之長升拜受者三人此雖非賓賢能其衆亦三人
在堂上與鄉飲酒數同其堂上衆賓無定數故鄭云言三人則衆賓多
矣云國以多德行道藝爲榮者案周禮大司徒以鄉三物教萬民一曰
六德二曰六行三曰六藝此既鄉人則德行亦據六德六行道藝則六
藝也此並與鄉飲酒賓介與衆賓之類並來與在射中是以孔子射於
矍相之圃觀者如堵牆彼亦據孔子爲鄉大夫習人以禮樂之射至於
誓之於後僅有存焉亦無常數之事也　主人拜送　注拜送至賓右
釋曰知在衆賓右者約鄉飲酒獻衆賓皆於西階上賓右知之也　坐
祭至復位　釋曰此還上三人者降復賓南東面位　衆賓至立飲
注自第至彌略　釋曰此謂堂下衆賓無數者故鄭云自第四以下云

又不拜受爵禮彌略者三賓雖坐祭立飲不拜既爵仍拜受此衆賓非直坐祭立飲不拜既爵又不拜受爵故云禮彌略也　每一至其席　釋曰此還據堂上三人有席者故云薦諸其席謂席前也　衆賓辯有脯醢　注薦於其位　釋曰還據堂下無席者故鄭云薦於其位不席也　揖讓至就席　釋曰自此以下至舉觶者降論旅酬之事　一人洗舉觶於賓　注一人主人之吏　釋曰主人之吏亦謂府史以下非屬官也　注不授賤不敢也　釋曰以其是主人之吏既賤故不敢親授奠之也　注若親受然　釋曰云若親受然者賓辭即坐取以興故云若親受然也　舉觶至舉觶者降　釋曰云反奠于其所者還於薦西以其射後賓北面舉之爲旅酬故不奠于薦東也　大夫至門左　注謂此至爲僎　釋曰云大夫若有遵者言若者或無不定故云若也鄭知是當鄉大夫者以其鄉射既與人行射禮而言大夫者當鄉大夫可知云其士也於旅乃入者下記云士既旅不入明未旅閒皆得入是以未旅而射其士皆在也知鄉大夫士非鄉人禮亦然者以其同是鄉大夫士禮無異故也但異鄉不助主人樂賓爲別也　主人降　注迎大

至於賓　釋曰鄭知迎大夫於門内者以其上文大夫入門左此經直云主人降不云出故知迎大夫在門内可知　賓及至初位　注不敢至東面　釋曰知初位門内東面者上文賓厭衆賓皆入門左東面北上故知也　主人至尊東　注尊東至尊也　釋曰上云尊於賓席之東則在尊西今大夫言席於尊東明爲賓來尊可知云不言東上統於尊也者席於尊東繼尊而言又不言東上西上是以下云大夫降席東南面降由下故知西上統於尊也　升不至加席　注辭之至重席　釋曰云升不拜洗者以大夫尊故不拜洗也云反位者大夫反西階上位云主人大夫之右拜送者謂在大夫之東拜送爵也云辭之者謙不敢以己尊加賢者鄉射之禮鄉人爲賓下記云若大夫與則以公士爲賓亦選賢者爲之故辭加席又不以己尊加賢者也云不去者大夫再重席正也者鄉飲酒云公三重大夫再重故知大夫再重席禮之正也云賓一重席者鄉人故一重縱公士爲賓亦一重也　乃薦至荅拜　注凡所至東方　釋曰云凡所謂經中三事以其殺於賓若然上云不拜洗亦是殺於賓之類也云大夫升席由東方者以其大夫席西上升

由下故知大夫升席由東方也　大夫降洗　注將酢至乃酢　釋曰自此至皆升就席論大夫酢主人訖賓主皆升就席之事知大夫若衆則辯獻長乃酢者此經據一大夫而言故獻大夫即酢案有司徹主人洗爵獻長賓于西階上然後衆賓長升拜受爵宰夫贊主人酬若是以辯乃升長賓主人酬于長賓西階上北面賓在左注云主人酬自酢序賓意賓卑不敢酢賓尸與凡平飲酒禮同可以相參亦是辯獻長乃酢也　主人至人盥　注盥者至不敢褻　釋曰云盥者雖將酬自飲者以其下文大夫洗爵升受主人爵是主人酬以自酢故云雖將酬自飲云不敢褻者決有司徹主人自酬不盥是此爲尊大夫雖自酢亦不敢褻也　揖讓至揖降　注將升賓　釋曰云主人坐奠爵於西楹南者前獻賓賓酢主人主人飲酢訖奠爵于東序端將後獻衆賓不得奠于篚中此受大夫酢不奠于篚者爲士於旅乃入擬獻士故奠爵于此也　大夫至賓南　注雖尊至正禮　釋曰大夫尊在堂則席之于尊東特尊之今降而在賓下者欲使賓主相對行禮若在北北則妨賓主揖讓之正禮故云不奪主人之正禮　席工至其西　注言少至射位　釋曰自

此至告于賓論作樂之事云席工者謂爲工設席下文乃升席也云言少東者明樂正西側階者既言席工于西階上少東則在西階東矣復云樂正立于其西則近席西其言從近故知樂正側近西階東則不欲大東辟射位大射亦同此注燕禮注亦然者燕亦容有射法鄉飲酒工位與此同注不言者不射故也　工四至乃降　釋曰云四人二瑟則是二人歌可知經不言相歌二人者以其空相亦與瑟者同故不言直言瑟之難者也　注瑟先至西方　釋曰云瑟先賤者先就事也者案大射太師少師歌衆工瑟是知瑟者賤也凡工者皆先瑟後歌是賤者先即事故序亦在前若然得獻亦在前以隨其先後而取之故也云鼓在前變於君也者鄉射與大射相對大射君禮而後首此臣禮前首故云變於君燕禮與鄉飲酒相對是以燕禮面鼓又與鄉飲酒後首相變云執越內弦右手相者案鄉飲酒注云內弦側擔之者據瑟體而言燕禮注云內弦弦爲主者據弦體而説此言內弦右手相由便語異義同也云前越言執者內有弦結手入之淺也者瑟體首寬尾狹內越孔雖長廣狹亦等但弦居瑟上近首鼓處則寬近尾不鼓處并而狹側持之法近

鼓持之入則近手入則深是以通與燕禮言面鼓則云執之手入淺也大射與鄉飲酒言後首則云挎越手入深故也云相者降立西方者其相者是弟子位在西者是以下文云樂正適西方命弟子贊工遷樂于下故知此相工是弟子故降立還於西方也　笙入至西面　注堂下至西面　釋曰云堂下樂相從也者案上文云縣于洗東北西面此云立于縣中明是堂下相從皆在東方也云縣中磬東立西面者謂在磬東當磬之東鄭知不在磬西西面者若磬西西面則笙者背磬不可故知在磬東西面也　乃合至采蘋　釋曰言乃者以其作樂之法先歌後乃合樂今不歌不笙不閒唯合樂故言乃以見非常故也　注不歌至歌之　釋曰據鄉飲酒燕禮作樂有四節今不歌不笙不閒唯有合樂故云志在射略於樂也云合樂者周南召南之風鄉樂也者上注已云頌及大雅天子樂小雅諸侯樂此二南鄉大夫樂但鄉飲酒鄉射是大夫士爲主人故大夫士樂爲鄉樂者也云不可略其正也者二南是大夫士之鄉樂已之正樂故云不可略其正者也云昔大王巳下於鄉飲酒注巳説義具於彼此注略言之耳若然者燕禮與鄉飲酒文同注

又與燕禮不異者以其鄉射與鄉飲酒同是大夫士禮卿大夫士行射禮先行鄉飲酒禮鄉飲酒與鄉射自爲首尾故鄉飲酒注具於此略言燕禮是諸侯禮天子諸侯射先行燕禮則燕禮與大射自爲首尾是以燕禮歌笙閒合鄭亦具注之大射又略言之也　工不至歌備　注不興至略也　釋曰言正歌者升歌也升歌鹿鳴是上歌諸侯樂非已正樂故以二南爲正歌也言備者凡作樂皆三終此備明亦三終也云不興者瞽矇禮略也者以工告樂正以畢告尊當興今以瞽矇無目不可責其備禮故不興者於禮略也　樂正至乃降　注樂正至北面　釋曰言告于賓者作樂主爲樂賓今歌備故告賓言歌備也言樂正降者堂上正樂畢也者以其鄉飲酒燕禮但升歌笙閒合樂皆是正歌今略去升歌笙閒三者唯有合樂於堂上故云堂上正樂畢也云正樂者對後無筭樂非正樂也下射雖歌騶虞亦是堂下非堂上故以堂上決之也云降立西階東北面者此無正文約堂上樂正位在西階東北面今降亦當在西階東北面也　主人至之洗　注尊之至大師　釋曰自此至及升席論主人獻工笙之事但天子諸侯官備有大師少師瞽人

作樂之長大夫士官不備不合有大師君有賜大夫士樂器之法故春秋左氏云晉侯歌鍾二肆取半以賜魏絳魏絳於是乎始有金石之樂禮也時以樂人賜之故鄭云君賜大夫樂又從之以其人謂之大師也

賓降主人辭降　注大夫不降尊也　釋曰云大夫不降尊也者此賓降大夫若降直與賓共文今不言大夫降鄉飲酒亦云賓介不言大夫降明大夫皆不降以其尊故也

工不至受爵　釋曰此言工不辭洗及一人拜受爵皆上大師也不言大師言工一人者欲見有大師則大師不辭洗拜受爵若無大師則凡工不辭洗拜受爵故變言工與一人假令大師左瑟先獻若歌則後獻亦先獻工一人是以鄭云一人無大師則工之長者以鄉飲酒獻工時云一人不興受爵注云一人笙之長者也大師爲歌者未得獻先獻瑟工之長者也

主人至相祭　注人相者　釋曰云人相者則弟子相之既相工明祭亦相之可知

工飲至不祭　注祭飲至坐飲　釋曰云工飲不拜既爵者還是上一人拜受爵者雖不拜既爵仍拜受也下衆工又對上一人拜受爵衆工不拜受爵也鄭云祭飲不興受爵坐祭坐飲者對上賓主坐祭立飲故云坐

祭坐飲亦不拜既爵可知也 不洗至階上 注不洗至洗也 釋曰云衆工而不洗矣而著笙不洗者笙賤於衆工正君賜之猶不洗也鄭云此者欲見工在上貴君賜之大師爲之洗笙賤位在下正謂君賜之笙人猶不爲之洗況衆笙乎欲取賜笙人不爲之洗之意不取衆笙不爲洗也 笙一至于篚 釋曰此經摠獻笙人雖賤中亦有尊卑故一人升階受爵餘者不升不拜既爵則同也 反升就席 注亦揖至皆升 釋曰云亦揖讓以賓升衆賓皆升者謂亦前大夫若有遵者則入門左主人降賓及衆賓皆降主人共大夫行禮訖主人揖讓以賓升大夫及衆賓皆升就席相似故云亦若然上賓降時雖不言衆賓降衆賓卑從降可知故今從賓升也 主人至南方 注禮殺由便 釋曰自此盡未旅論立司正之事也云禮殺由便者對上文主人受酢爵時禮盛故主人降席自北方啐酒於席末亦然今此立司正禮殺故降席自南方故云禮殺由便也 側降 注賓不從降 釋曰側降猶特降故云賓不從降也 作相至荅拜 注爵備至之史 釋曰云爵備者謂賓及衆賓與尊者并工笙並得獻是爵備也云樂畢者合樂訖是樂畢以

無升笙與間故不言樂成而云畢而已也云將留賓以事者下有射事射訖行旅無筭之事故須立司正以監之但中間爲射繫變司正爲司馬射訖反爲司正以監察儀法也引詩者證監與正爲一物皆察儀法也　主人至主人　注洗觶至盥北　釋曰云受命于主人者謂受主人請安賓之命是以下云請安于賓鄭注云傳主人之命也　司正至少立　注奠觶至退立　釋曰此云北面坐奠觶鄉飲酒亦然者此二者皆臣禮故北面奠觶燕禮大射皆司正南面奠觶者彼是君禮欲取還不背君故南面奠觶故大射云南面坐奠觶興右還北面少立坐取觶興坐不祭卒觶奠之興再拜稽首左還南面坐取觶洗南面反奠于其所北面立注云皆所以自昭明於衆也將於觶南北面則右還於觶北南面則左還如是得從觶西往來也必從觶西往來者爲君在阼不背之也又取威儀多此及鄉飲酒在阼非君直北面奠觶又威儀簡故也　與少至觶南　注立觶至擯位　釋曰云立觶南亦其故擯位者案上未有擯位此云擯位者案射禮云擯者退中庭是擯者在中庭有位燕禮大射皆擯者爲司正則此鄉射及鄉飲酒云作相爲司正相即

擯者也故知觶南者中庭故擯位也　未旅　注旅序至終也　釋曰
旅衆也而言序者謂衆以次序相酬必於未旅而射者旅則醉禮終恐
不得射故於未旅而射也此大夫士禮將射先行鄉飲酒行旅酬而已
故射前未旅而射後乃始行旅酬燕禮大射國君禮故先行燕禮雖
行一獻以其辨尊卑故行四舉旅大射主爲射故再拜訖即射燕禮主
爲燕故三舉旅乃射彼皆與此不同也　三耦至東上　注司正至於
此　釋曰自此已下盡樂正北面立于其南論三番射事鄭知司正既
立司射即選弟子之中爲三耦俟事於此者經云俟於堂西明此時始
選故知既立司正司射乃選弟子使俟事於此也故記云三耦者使弟
子司射前戒之注云弟子賓黨之少者也前戒謂先射請戒之　司射
至請射　注司射至作接　釋曰云司射取弓于階西兼挾乘矢者以
其司射之弓矢豫陳於西階故司射於堂西袒決遂訖即取弓矢於階
西是以下記云司射之弓矢與扑倚于西階之西是也云有司請射者
此有司謂司馬故大射云司射自阼階前曰爲政請射注爲政謂司馬
司馬政官主射禮諸侯之州長無司馬官直言有司請射以比司馬也

云司射主人之吏也者大射諸侯禮有大射正爲長射人次之司射又次之小射正次之皆是士爲之則此大夫士禮不得用士故知是主人之吏爲之可知云於堂西袒決遂者主人無次隱蔽而已者此對大射人君禮有次在東方不須適堂西也云袒左免衣也知袒左者凡事無問吉凶皆袒左是以士喪主人左袒此及大射亦皆袒左不以吉凶相反唯有受刑袒右故覲禮云乃右肉袒于廟門之東注云右肉袒者刑宜施於右是也云決猶闓也以象骨爲之者大射注亦然案繕人云掌王之用弓弩矢箙矰弋決拾鄭注云士喪禮決用正王棘若檡棘則天子用象骨與無正文故引士喪禮又言與以疑之若然諸侯及大夫生用象死用棘天子無問死生皆用象者蓋取其滑也云著右大擘指以鉤弦闓體也知者以右巨指鉤弦故知著於右大擘指也以右擘著極是以大射云朱極三注云以朱韋爲之三者食指將指無名指是也云遂射韝也以韋爲之以遂弦者也者大射注亦云遂射韝也以朱韋爲之著左臂所以遂弦也云其非射時則謂之拾拾斂也所以蔽膚斂衣也者此篇及大射將射云袒決遂射訖則云說決拾於公雖射亦謂之

拾故大射云公就物小射正奉決拾以笥大射正執弓皆以從於物彼亦臨時而云拾以公射袒朱襦言拾以見斂衣故變文以見義也云所以蔽膚斂衣也者言蔽膚據士斂衣據大夫已上是以下記大夫與士射袒薰襦燕禮記云君射袒朱襦若對君大夫亦與士同亦蔽膚也云方持弦矢曰挾知者下記云凡挾矢於二指之間横之是言其方可知引大射挾乘矢於弓外見鏃於弣是其方也若側持弓矢則名執故下文云司射猶袒決遂左執弓右執一个兼諸弦面鏃注云側持弓矢曰執面猶尚也并矢於弦尚其鏃是也云乘矢四矢也者下云司射搢三挾一个又詩云四矢反兮是四矢曰乘凡物四皆曰乘也引大射者欲見挾爲方持弦矢　賓對至許諾　注言某至已下　釋曰二三子謂衆賓以下者謂除三耦之外通射者而言故云謂衆賓以下也若然投壷禮賓固辭乃許者彼因燕而爲之再辭乃許此爲衆習禮不専爲己故一辭即許大射不請者彼爲擇士而射故不須云許直告射節而已此爲衆庶習禮故云爲二三子許諾亦一辭而許也　司射至射器　注弟子至西面　釋曰鄭知弟子是賓黨之年少者以其賓黨西方東面

今以西面命之明是賓黨是以鄭云賓黨東面主人之吏西面也言弟
子故知少者知射器弓矢以下者並案下文所陳用者知之也云賓黨
東面主人之吏西面者案投壺賓黨及主黨皆爲弟子皆得與投壺者彼
燕法主歡心故皆與今此射與鄉人習禮鄉飲酒同上下經文黨皆不
與也　乃納至其上　注上堂至北括　釋曰云賓與大夫之弓倚于
西序矢在弓下北括衆弓倚於堂西矢在其上者以其序在堂上故矢
在弓下堂西矢在堂上隨其弓在堂下隨其所宜而已云上堂西廉者
以其在堂西故矢在上者還在堂上之廉稜也云矢亦北括者其在堂
上西序者北括故知堂下者於上亦北括也　主人至序東　注亦倚
至北括　釋曰上賓大夫弓矢在西序矢在北括此主人弓矢如上也
司射至子射　注比選至於子　釋曰言遂以者司射因上階前令弟
子納射器不釋弓矢遂比三耦因曰遂故云遂以也云比選次其才相
近者也者才雖各自用乃因選其力相近爲宜也　司正爲司馬　注
兼官至無事　釋曰言兼官者若以諸侯對大夫大夫兼官諸侯具官
特以諸侯對天子天子具官諸侯兼官各有所對故云兼官云由便也

者使司正爲司馬不煩餘官也案射義云孔子射於矍相之圃射至於司馬使子路執弓矢出延射又使公罔之裘序點揚觶而語但此篇是州長春秋習射法兼士有鄉大夫三年貢士之後以五物詢衆庶射於庠鄉大夫五物詢衆而引孔子射于矍相之事則孔子魯之鄉大夫也以其天子鄉卿大夫爲之諸侯鄉大夫使下大夫爲之是其差也但鄉飲酒之禮二人舉觶爲無筭爵據此篇未旅先射射訖行旅酬酬訖乃始二人舉觶爲無筭爵未射時詢衆庶得使公罔之裘序點二人揚觶者揚觶實在射後一酬訖始行之今孔子詢衆庶之時借取無筭爵時於旅也語故使公罔之裘序點二人揚觶以詢衆庶此篇司射恆執弓矢子路亦執弓矢則子路爲司射也射於矍相時云射至司馬此文又云司正爲司馬則使子路詢衆庶時當此節也　司馬至下綱　注事至也　釋曰上張侯時不繫左下綱中掩束之今弟子說其束不致地遂繫左下綱於植事至故也　司馬至侯中　注爲當至名之　釋曰案下記云司馬階前命張侯遂命倚旌以記言之司馬命張侯與命倚旌其事相因故云遂明同是西階前也云爲當負侯也者下云司馬命

獲者執旌以負侯是也知獲者亦弟子者堂下位主人之黨在東賓弟子在西下云獲者由西方坐取旌倚于侯中言由西方是賓黨弟子可知亦上張侯者也云以事名之者以其唱獲故名獲者也　弟子至上坐　注笴矢幹也　釋曰言如初入者亦如上升堂時相者亦在左何瑟面鼓内弦右手相如入升時也云笴矢幹也者案矢人注矢幹長三尺是去堂九尺也　樂正至其南　注北面至序也　釋曰云不與工序也者工西面北上以南北爲序樂正北面則東西爲列故云不與工序也

儀禮疏卷第十一

清汪士鐘影刻宋本儀禮疏

第二册

唐 賈公彦撰

天津圖書館藏清道光十年長洲汪士鐘藝芸書社影刻南宋單疏本

（原闕卷三十二至三十七）

山東人民出版社·濟南

儀禮疏卷第十二

唐朝散大夫行太學博士引文館學士臣賈公彦等撰

司射至矢拾　注猶有至更也　釋曰自此盡取扑搢之以反位論司射誘射敎三耦射法之事大射有次三耦取弓矢於次注云取弓矢不拾者次中隱蔽處則此無次取弓矢拾者拾更也遞取弓矢見威儀故也云猶有故之辭者前已云司射兼挾乘矢此云猶是有故之辭云此者欲見司射恒執弓矢未改之意　三耦至授弓　注有司至俟事　釋曰前有司請射解爲司馬此有司爲弟子者以有事者皆有司故鄭注解上有司請射與大射爲政請射同故解爲司馬此經以納射器使弟子不見出文則弟子執射器入者即使守之以授用者故知有司還是弟子是以鄭云凡納射器者皆執以俟事　遂授矢　注受於至授之　釋曰此授矢者則上文有司授弓者以其弟子執弓矢故授弓訖復授矢是以鄭云受於納矢而授之　三耦至一个　注未違至帶右　釋曰上云三耦俟于堂西又云遂以比三耦於堂西此云三耦皆執弓搢三而挾一个前後皆因前位去未違俟處下文乃云三耦皆進由司

射之西立于其西南東面北上是移本位者也云搢插也插於帶右者以其左手執弓右手抽矢而射故知插於帶右故詩云左旋右抽是也

司射至一箇　注爲當至時還　釋曰云固東面矣復言之者明卻時還者司射先在中西南東面今三耦立定司射卻來向三耦之北東面明司射卻時右還西南東面也

揖進至面揖　注鉤楹至非也　釋曰凡行射禮耦耦各相對揖故司射誘射發東面位揖進當西階北面揖及階揖升堂揖訖東行向兩楹間物須過西楹是以豫則鉤楹內北過以記云序則物當棟物近北故過由楹北也堂則由楹外過而東行以記云堂則物當楣物近南故過由楹南也云當左物者以南面爲正東爲左物北面又揖也云鉤楹繞楹而東也者北而東也云序無室可以深也者據州立序而言云周立四代之學於國者案王制云有虞氏上庠下庠夏后氏東序西序殷人左學右學周人東膠虞庠周立四代者通己爲四代但質家貴右故虞殷大學在西郊小學在國中文家貴左故夏周大學在國中王宮之東小學在西郊周所立前代學者立虞夏殷亦然大學皆然則虞氏上庠則周之小學爲有虞氏之庠制在西

郊也立殷之右學則瞽宗周立之亦在西郊立夏后氏之東序則周之東膠立在王宮之東以其改東序爲東膠東膠二代名故云周立四代學文王世子亦論四代學中學樂之事云而又以有虞氏之庠爲鄉學者與周立虞庠同制故引鄉飲酒義爲證鄉立庠之義也云庠之制有堂有室也者則此篇云堂則由楹外又記云堂則物當楣是也論語云由也升堂矣未入於室室堂相將有室必有堂言此者見庠則室堂俱有對榭則有堂無室也云今言豫者謂州學也者周禮地官州長職云春秋以禮會民而射于序是也云讀如成周宣榭災之榭者案宣公十六年經書成周宣榭火彼雖不據學以其無室與爾雅無室曰榭同故引以爲證也云周禮作序者據州長職文云凡屋無室曰榭宜從榭者鄭廣解榭名爾雅云闍謂之臺有木者謂之榭及成周宣謝及此州立謝皆是無室故云凡以該之不得從豫及序故云宜從榭也云州立榭者下鄉也者以其鄉之庠有室有堂州謝則有堂無室故云下鄉也云今文豫爲序序乃夏后氏之學亦非也不從今文者以其虞庠夏序皆是有室州之序則無室故云非言亦者古文爲豫已非今文作夏后氏

之序亦非若然禮記學記及州長職幷下記皆作序鄭不破之者以鄉立虞庠依虞有室州立夏序去室猶取序名是以鄭注州長云序州黨之學也故不破之也　及物至正足　注方猶至其足　釋曰云志在於射者解足未正先視侯中之意言左足至者解左足履物云右足還併足則是立也者解經不方足還及正足之言若然云還時兼視侯中也此不言畫物早晚案大射納射器之下即言工人士與梓人升自北階兩楹閒跣數容弓若丹若墨度尺而午此不言者畢者文略亦當在納射器後即畫之也　不去旌　注以其不獲　釋曰以其旌擬唱獲今以三耦誘射不唱獲故不去旌也　將乘矢　注將行至四方　釋曰云象有事於四方者詩云四矢反兮以御亂兮是四矢有事於四方執弓至執弦　注不挾矢盡　釋曰案上文司射將射時云搢三而挾一个又云將乘矢故知矢盡空執弦也　南面至挾之　釋曰云出于其位南適堂西者上文司射位設于所設中之西南東面今乃適位南而北迴適堂西者取教衆耦威儀之法故也云改取一个挾之者此不在西階而在堂西故適堂西即云改取一个也　遂適至反位　注扑

所至教刑　釋曰引書者舜典文也彼謂教學之刑此爲教射法教雖不同用扑是一故引爲證也　司馬至負侯　注欲令至於中　釋曰自此盡搢扑論三耦爲第一番射法云欲令射者見侯與旌深有志於中者凡射主欲中侯使獲者舉旌唱獲以是豫使見之望深有志於中也　獲者至而俟　釋曰俟待也而待者謂待司馬命去侯　司射至耦射　注還左還也　釋曰知左還者經云還當上耦上耦位在司射之西南東面司射還欲西面與上耦相當故知左還迴身當之取便可知也　司射至中等　釋曰云司射反位者反中西南東面位也　上射至並行　注併東行　釋曰知併行併東行者以其旣言升乃言併行故知併東行向物也云少左者言上射先升少左避下射升階也皆當至執弓　注不決至不備　釋曰皆左足履物者謂先以左足履物東頭合足而俟司馬命去侯云因不射不備此決司射誘射行事袒即決遂執弓挾矢今司馬不射故不備直袒而已也若然大射司馬正不射而袒又復決遂者彼大射志於射故司馬正雖不射袒復決遂以其不爲射仍不挾矢也　出于至去侯　注鉤楹至舉也　釋曰鉤楹

者於西楹西而北東行過由上射之後乃西南面立于物間者欲取南
揚弓向侯便故也右執簫者不可一手揚弓故引大射曰左手執弣左
當卻手則右執簫者右當覆手也　獲者至而俟　注聲不至仆也
釋曰云而俟者待射者發矢當坐故下云獲者坐而獲也云鄉射威儀
省者決大射云負侯皆許諾以宮趨直西及乏南又諾以商至乏聲止
是其唱諾爲宮商是其威儀多此不者威儀省故也　司馬至之南
注圍下至去侯　釋曰司馬由上射之後立於物間命去侯訖物間南
行西向適階降是其順矣今命去侯訖乃圍下射之後繞下射之東南
行而適西階去若出物間西行則似直爲上射命去侯是以并下射圍
遶之明爲二人命去侯也　司射至反位　注射獲至從傍　釋曰云
交于階前相左者既云司射與司馬交于階前相左乃云由堂下西階
遶東北面則相左之時在西階之西司馬由北而西行司射由南而東
行各以左相迎故云相左也司射既不升堂不得云司射向北司馬向
南而相左也云射獲謂矢中人也者人謂獲者亦以事名云獵矢從傍
者謂從乏傍也　乃射至乘矢　注古文至從后　釋曰引孝經說取

孝經緯援神契文彼説孝經云然後能保其社稷之等皆作后后孝經
也故不從古文後是以云當從后　獲者坐而獲　注射者至獲也
釋曰此未釋筭故下經云獲而未釋獲鄭云但大言獲未釋其筭是也
云獲得也射講武田之類是以中爲獲也者詩云舍拔則獲謂射諸禽
獸爲獲獲則得也戰伐得囚俘亦曰獲射著正鵠亦曰獲但舉旌以宫
大言獲也偃旌以商小言獲也　注宫爲至相生　釋曰宫爲君商爲
臣礼記樂記文宫數八十一數最濁故爲君配中央土商數七十二次
君故爲臣配西方金云聲和律吕相生者以其以黄鍾之初九下生林
鍾之初六林鍾又上生大蔟之九二初九與九二雖非以次相生大蔟
亦由黄鍾所生故云聲和由律吕相生故舉旌以宫偃旌以商不取其
餘律吕也　上射至於左　釋曰此上射下射升與降皆上射為先又
上射升降皆在左　與升至卒射　注去扑至之側　釋曰云不敢佩
刑器即尊者之側者此司射將升堂即賓前故去扑於階西乃升是不
敢佩刑器即於尊者之側也大射司射去扑倚于階西適阼階下北面
告于公曰三耦卒射不升堂亦去扑者國君尊雖堂下亦去扑也

賓揖　注以揖然之　釋曰大射司射告公三耦卒射不見公揖然之者公尊故也　司馬適堂西　釋曰自此盡加于楅論三耦射訖取矢之事　注揖推之也　釋曰推手曰揖引手曰厭故周禮司儀天揖時揖土揖鄭注皆以推手解之是以推手為揖但揖弓者向侯而推之以其命取矢故也揚弓者向乏而揚之以其命去侯故也　注侯弟至教之　釋曰此即下文弟子取矢委于楅是也　司馬至設楅　注楅猶至矢者　釋曰云楅猶幅也訓楅爲幅者義取若布帛有邊幅整齊之意故云所以承笴齊矢即下云委于楅北括又大射云既拾取矢梱之注云梱齊等之是其承笴也　乃設至東肆　注東肆統於賓　釋曰此弟子設楅之時司馬教之故大射云小臣師設楅司馬正東面以弓爲畢鄭注云畢所以教助執事者明此亦然云東肆統於賓者然則楅有首尾故下記云楅長如笴博三寸厚寸有半龍首鄭注云兩端爲龍首若然則有首無尾而言西上者應有刻飾記之爲首尾也　司馬至乘之　注撫拊至乃袒　釋曰云司射之南退釋弓者司馬往堂西釋弓還依三耦所行之處亦取威儀進止之事故曰司射之南也云委矢

于楅北括者順射時矢南行故也云撫拊之也者言撫者撫拍之義言拊者取拊近之理故轉從拊也云就委矢左右手撫而四四數分之也者謂司馬北面就所委矢之南北面以右手撫四矢於東以左手撫四矢於西是四四數而分之也云上旣言襲矣復言之者嫌有事即袒也者案上文命弟子設楅退時已襲今復言襲進者嫌有事則袒故重言之也云凡事升堂乃袒者堂下雖有事亦不袒若司射不問堂上堂下有事即袒司馬與司射遞行事恐同故明之也　注增故至相明　釋曰上言獲者執旌許諾故曰　鄉獲者許諾至此弟子曰諾以其事同互相明也言互者獲者執旌許諾不言弟子許諾則弟子亦許諾此直言弟子自西方應曰諾不言獲者應諾則獲者亦應諾可知以其事同省文故互相明之　司射至爲耦　注言若至賓射　釋曰自此盡比衆耦辯論次番將射比衆耦之事但射禮三而止第一番直司射與三耦誘射不釋筭第二番三耦與衆耦俱射釋筭第三番兼有作樂爲射節云言若者或射或否者以若是不定之辭故知或射或否射者繹己之志者禮記射義文繹謂陳己之志意也云大夫遵者也者上云大夫有

遵者是也故與賔主同在任情之限云告賔曰主人御于子告主人曰子與賔射此約下大夫與士射之辭以賔比大夫以主人比士尊賔之義也　遂告至於子　注大夫至鄉里　釋曰云大夫爲下射而云御於子尊大夫也者上命三耦云命上射曰某御於子命下射曰子與某子射今命大夫云某御于子與上射同者尊大夫也大夫雖爲下射其辭不與下射同也云士謂衆賔之在下者言衆賔則與賔俱來者也下記云大夫與則公士爲賔鄭注云公士在官之士則衆賔之內亦有士矣與賔俱至則得主人之所命者也其將射而至者非主人之所命直來觀禮者也但是一命巳下莫問先後而至皆齒于堂下故鄭揔云士謂衆賔之在下者及羣士來觀禮者也云禮一命以下齒于鄉里者周禮黨正禮十月行正齒位之禮云一命齒于鄉里再命齒于父族三命不齒案鄉飲酒注云此篇無正齒位之禮則鄉射先行鄉飲酒之禮亦無正齒位之法而云一命以下齒于鄉里者鄉飲酒鄉射雖無正齒位之禮士立于下是以一命者在下與鄉里齒是其常法諸侯之士無再命以上若爲公卿大夫自在尊東爲遵也言士謂衆賔之在下者則堂

上三賓不與大夫爲耦矣亦皆射故下文云衆賓與射者皆降是也
司射至衆耦　注衆耦至三耦　釋曰云衆耦大夫耦及衆賓也者言
大夫之耦唯謂堂下之士言衆賓則兼堂上三賓故下云衆賓皆降云
命大夫之耦曰子與某子射此即上文命下射之辭也云其命衆耦如
三耦者上命三耦云命上射曰某御於子命下射曰子與某子射是也
以其俱是士故命辭同　衆賓至北上　注言若至數也　釋曰言由
司馬之南適堂西者上文司馬位在司射之南東面是也云多無數也
者以其言若亦是不定之辭故無常數也衆賓若少以南面爲正若多
不受則西邊東面北上若然大夫來在尊東爲遵而此言之者鄭總解
來觀禮之意不謂大夫輒在此位也　賓主至未降　注言未至在射
釋曰言未降後有降階之理故下云三耦卒射賓主人大夫揖皆由其
階降與耦俱外射也言志在射者以其射在於堂上故也　司射至耦
辯　注衆賓至乃徧　釋曰云衆賓射者降比之耦乃徧者以上文司
射降比衆耦下文乃云衆賓將與射者皆降鄭恐衆賓堂上後降者不
比故兼堂上後降亦比乃徧也　遂命至反位　注反位至遂來　釋

曰自此盡爲上論拾取矢并衆耦皆就射位之事云反位者俟其袒決遂來者下文云三耦拾取矢進立于司馬之西南是也此司射反位不言先下將欲爲下畨射司射堂西命三耦及衆賔皆袒決遂執弓就位司射先反位鄭注云言先三耦及衆賔繦不言先三耦未有拾取矢位無所先以此言之明言先反者對未反位之辭俱有位得言先若一有一無不得言先即此文是以下文注決此也若俱無亦得言先故上云司射比三耦於堂西云司射先立於所設中之西南東面三耦皆進由司射之西立于其西南東面北上而俟是其皆未有位亦得言先　三耦至西南　注必袒至射事　釋曰立于司馬之西南者案上司射位在中西南司馬位在司射南今立于司馬之西南亦東面北上也云必袒決遂者明將有射事者始取未有射事而袒決遂者以其取矢即訖有射故豫著之故云將有射事也　司射至取矢　注作之至作射　釋曰案上文司射作射之時左還當上耦西面作上耦射今作取矢亦如之故云還當上耦如作射　司射至楅揖　注當楅至東西　釋曰此上耦發位東行時一南一北並行及將至楅南下耦在南稍進當前

楅南俱北面揖其時上射稍西下射稍東東西相當故云當楅楅正南
之東西也　上射至面揖　注橫弓至可也　釋曰言順羽且興者謂
以右手順羽之時則興故云且興也言左還者以左手向外而西回東
面揖者揖下射使取矢也云橫弓者南踣弓也者覆左手以執弓卻右
手以取矢便故知不北踣弓也云以左手在弓表者表弓背也覆手以
執背故云左手在弓表云右手從裏取之便也者覆手在表執弓右手
卻在裏取矢故云便也云不言毋周在阼非君周可也者案大射云左
旋毋周反面揖鄭注云左還反其位毋周右還而反東面也君在阼還
周則下射將背之此直云左還反位不言毋周明還周可也鄭云下射
將背之則上射背左還毋周也　下射至上射　注覆手至亦便　釋
曰云以左手在弓裏右手從表取之亦便者上射在西云南踣弓此不
云踣弓則亦南踣弓知者以其亦用左手執弓覆右手取矢則執弓卻
左手可知既仰左手向上執弓而南踣故用右手弓上向下取矢亦便
也　既拾至一个　注楅南至之位　釋曰云楅南鄉當楅之位者上
云進當楅北面揖今至此位皆還北面也　揖皆至於右　注上射至

西面　釋曰云上射轉居右便其反位也者此決射時升降上射皆居左彼自堂西不復庭位故也此復庭位故上射轉在右是以鄭云便其反位也云下射左還少南行乃西面者以其初北面時東西相當今西行宜並故下射少南行乃西面取並行故也　與進至反位　注相左至之北　釋曰云由進者之北者以其進取矢者東行此則西行由進者之北則得相左也　三耦至反位　注取誘至之後　釋曰云三耦拾取矢亦如之者上云三耦之中上耦外而言之云取誘射之矢挾五个者以其前拾取矢皆搢三挾一个乃反位此則先取四矢亦搢三挾一个乃升取誘射四矢兼挾之故五个也云弟子逆受於東面位之後者弟子即納射器者因留主授受於堂西西方今見下耦將司射矢來向位仍西面弟子即往逆受之訖下射乃反東面故云授有司于西方而后反位謂反向東面位是以鄭亦云弟子逆受於東面位之後也

衆賓至爲上　注未猶至禮也　釋曰云未猶不也者若言未謂此第一番初時未有拾取矢禮以其第一番唯有三耦射無賓射法不得云未是以轉爲不以其全不拾取矢也云言此者嫌衆賓三耦同倫初時

有射者此解經云衆賓不拾之意有此嫌故明之云後乃射有拾取矢
禮也者據第三番衆賓乃射自然有楅上拾取矢禮後文見之也　司
射至于賓　注猶有至必也　釋曰自此盡共而俟論第二番射之事
案大射第二番射司馬命去侯云如初此司馬命去侯不言如初者此
臣禮威儀省司馬初命去侯時獲者許諾聲不絶以至于乏再番三番
命去侯獲者直許諾無不絶聲故不言如初大射君禮威儀多故第二
番與前同獲者以宫商趨之故言如初於第三番禮殺復不以宫商直
許諾又不得言如初云今三耦卒射衆足以知之矣猶挾矢者君子不
必也者三耦教射者三耦卒射衆賓足知射禮猶挾矢教之者君子不
必也者案論語孔子云君子無必無固無我以不必即知故仍教之
賓許至視之　注視之當教之　釋曰云當教之者謂教其釋筭安置
左右及數筭告勝負之事亦教之也　釋獲至從之　注鹿中至兕中
釋曰以州長是士射于榭鄉大夫是大夫爲之射于庠下記云士則鹿
中大夫兕中故云鹿中謂射於榭也於庠當兕中也　釋獲至而俟
注興還至實之　釋曰云設中南當楅南北節西當西序東西節云興

還北面受筭反東面實之者以其所納射器皆在堂西執中與筭皆從堂西來向西序之南南面執中者旣東面坐設訖與還向北面受筭迴向東面實之也　司射至不釋　注貫猶至作關　釋曰言不貫者以其以布爲侯故中者貫穿布侯故以中爲貫也是以鄭云貫猶中也中則貫也　上射至而俟　注執所取筭　釋曰八筭者人四矢一耦八矢雖不知中否要須一矢則一筭改實八筭擬後來者用之　乃射至委之　注委餘至中西　釋曰云上射於右下射於左者以釋筭者東面爲正依投壺禮賓黨於右主黨於左是以上射於右賓黨也下射於左主黨也云委餘筭禮尚異也者手中餘筭未知有幾不可盡中所有餘亦得於後釋要委餘於地別取中内八筭者禮尚異故不用餘者云委之合於中西者筭法多少視射人多少不定要橫委其餘於中西手中餘者與之合也　又取至就席　注或言至堂西　釋曰上云榭則鉤楹内謂射於榭者也堂則由楹外謂射於庠者也此當有鄉大夫射於庠亦有州長射於序故互見其義互言者今袒決遂則言堂東西見在庠在榭亦然釋弓説決拾則言序東序西則榭也在庠亦然故言

互言之周公省文欲兩見之也云大夫止於堂西者上賓主人大夫俱降無堂西之文下云大夫袒決遂就其耦故知此時止於堂西故下記大夫降立于堂西以俟射也　大夫至就席　注耦於至得申　釋曰言在堂如上射之儀者謂耦先升是如上射身先升法以其近射事故得申也　衆賓至上耦　注於是至及賓　釋曰云於是言唯上耦者嫌賓主人射亦作之鄭言此者若二耦射下即言所作唯上耦則賓主人射作之未可知故於衆賓射訖乃言此明賓主射不作可知故於此乃言所作唯上耦明除賓主矣故鄭云於是言唯上耦嫌賓主射亦作之引大射者公尊公與賓射不作直請記云賓主人射則司射擯升降是雖不作猶爲擯相之但不請也　卒射至而俟　注司射至數也　釋曰云宜終之也者決前番射司射告卒射此二番射不告卒使獲者告是宜終之也云餘獲餘筭者一耦不必盡中故有餘筭也云無餘筭則空手耳者或賓主八矢盡中釋八筭故空手告也　司馬至握焉　注兼束至作尚　釋曰自此盡司馬乘矢論取矢之事云束于握上則兼取之順羽便也者握上則兼取之順持之處今束於握之上取持於

中央握之向下順羽便故乘矢摠束之也云不束主人矢不可以殊於賔也者主人鄉大夫則是大夫官當束之不敢殊別於賔若主人是州長則士自然不束也肅愼氏者國語文引之者證矢有題識以有題識故束者得知是大夫之矢也　司馬至視筭　注釋弓至事巳　釋曰凡言遂者因上事司射於上無事而言遂適者以司射與司馬遞行事今以司馬進乘矢司射遂適西階西釋弓去扑也云射事巳此始再番射未巳而言巳者前畨不釋獲今據第二釋獲之功成則爲巳是以下記云司射釋弓矢視筭與獻釋獲者釋弓矢注云唯此二事休武主文休武者射訖數筭主文者洗爵獻釋獲者是也　釋獲至右獲　注固東至右獲　釋曰釋獲者在中西東面釋筭之時賔黨於右主黨於左今將數筭宜就之是以少南就右獲更東面也　二筭爲純　注純猶至陰陽　釋曰云耦陰陽者陰陽對合故二筭爲耦陰陽也　注縮從至爲蹙　釋曰凡言從横者南北爲從東西爲横今釋筭者東面而言從横則據數筭東爲正是以東西者爲從南北者爲横故鄭云於數者東西爲從也　有餘至於下　釋曰此則以南北爲横也　注少北至

鄉之　釋曰云少北於故故則右筭也又移至左筭之後東面鄉之是以云少北於故　注變於右　釋曰云變於右者右則一一取之於地實于左手此則揔斂於左手二取之於左手委於地是變也必變之者禮以變爲敬也　司射至于賓　注賢獲至其餘　釋曰云齊之而取其餘者解經取賢獲以筭爲獲以其唱獲則釋筭故名筭爲獲左右數齊有餘則賢獲故以告也　若右至曰奇　注賢猶至干奇　釋曰若干者數不定之辭凡數法二三已上得稱若干奇則一也一外無若干鄭亦言若干者因純有若干奇亦言若干奇言若干者衍字也　若左至而侯　釋曰此將爲第三番射故豫設之或實或委一如前法也　司射至設豐　注將飲至而畢　釋曰自此盡徹豐與觶論罰爵之事云設豐所以承其爵也者案燕禮君尊有豐此云承爵豐則兩用之燕禮注豐形似豆卑而大此不言大彼以承尊故言大此承爵不言大或小耳　弟子至反位　注勝者至有事　釋曰知弟子是少者以其執弟子禮使令故知少者也云執弓反射位不待其黨已酌有事者以此弟子由堂西固在射賓中矣黨即衆賓是也案下文三耦及衆射者皆與其耦進立于射位今

酌者不待其黨與俱進而先反射位者由己酌酒有事訖其黨未得司射命又無事不得共酌者同就射位故酌者先得反射位也　司射至張弓　注執張至卒射　釋曰云右手執弦如卒射者上文卒射執弓不挾右執弦矢盡故也此非卒射亦執張弓爲無矢亦右執弦也故注云如卒射　注固襲至執弦　釋曰云固襲説決拾矣者謂前降堂時既襲説決拾矣云起勝者也者謂至此復言不勝者謂以此襲説決拾以不能用也起發勝者袒決遂能用也云兩手執弣又不得執弦者上勝者言執張弓如卒射則左手執弓右手執弦此則云執弣明仰弓於左手之上執弣横之而不得執弦則宜右手共執弓弣故云兩手執弣又不得執弦也　司射先反位　注居前俟所命來　釋曰云居前俟所命來者以衆射者皆止於堂西未向射位而司射先反位於下文衆耦等乃來就射位是得命即來故云俟所命來也來訖司射乃作之也　三耦至少右　注先升至之位　釋曰云少右辟飲者也者以其豐在西楹之西正當西階飲者升少西又當辟豐上之爵故云少右辟飲者也云亦相飲之位者以其相飲者皆北面於西階授者在東飲者在西

故云亦相飲之位　注右手至執弓　釋曰此無正文以祭禮皆左手執爵用右手以祭故知此亦用左手執弓右手執觶可知也　注後升至由次　釋曰此對射時升降皆有上射在先今後升先降故云略之不由次第也　注俟復射　釋曰待復射者謂待第三番射也　有執爵者　注主人至序端　釋曰以初使勝黨弟子酌酒於豐上以發首故使弟子今云有執爵者明主人使贊者代弟子酌於豐上以次至終也贊者謂主人之賤不射者此則鄉飲酒云主人之贊者之類也云於既升飲而升自西階立于序端者謂於上耦既飲訖贊者乃升自西階酌訖奠於豐上如下文贊者即立于序端立于序端文出于大射也

執爵至如初　注每者至於徧　釋曰云執爵者坐取觶實之者謂初飲訖反奠於豐上贊者取此觶實之反奠于豐上云升飲者如初已下皆如初故鄭云每者輒酌以至於徧也　司馬至于侯　注鄉人至獻也　釋曰自此盡負侯而俟論司馬獻獲者之節云鄉人獲者賤明其主以侯爲功得獻也者案大射云司馬正洗散遂實爵獻服不服不侯西北三步北面拜受爵注云近其所爲獻彼國君禮使服不士官唱獲

故就其所爲唱獲獻之此鄉人獲者賤故獻於侯明以侯爲功得獻也
薦脯至三祭　注皆三至處也　釋曰三處者下文右與左中是也
獲者至送爵　注負侯至受爵　釋曰知負侯中者以下云適右个又
適左个後言中明先居中可知云拜送爵不同面者辟正主也者案上
文正主獻賓獻衆賓皆北面與受獻者同面今此與受獻不同面故云
辟正主也云其設薦俎西面錯以南爲上者獲者據文東面而云西面
錯據設人而言以南爲上者特牲少牢東面籩豆皆以南方爲上故知
此亦然云受爵於侯薦之於位者此云負侯北面拜受爵是受爵于侯
云薦之於位者下云左个之西北三步東面設薦是薦之於位也若然
不薦亦在侯者以其酒在人手可得就侯獻獲者薦乃設之於地若與
酒俱在侯所則正祭侯何名獻獲也若大射則獻與薦俱在乏乃適侯
祭之君禮與此異也　獲者至薦俎　注獲者至新之　釋曰此將祭
侯也云獲者以侯爲功是以獻焉者以獲者卑賤因侯有功乃得獻今
還以得獻之酒獻侯故云是以獻也云人謂主人贊者以其前使爲獲
者設薦俎是主人之贊者今還使之設薦俎故知人是主人贊者知籩

在東豆在西俎當其北也者以其侯以北面爲正依特牲少牢皆籩在右故知籩在東右廂豆在西左廂可知也云言使設新之者鄭意嫌更使人設之其實薦此者仍前人而云使人設薦俎示新之而已故云言使設也　獲者至祭酒　注爲侯至大射　釋曰此正祭侯故獲者南面鄉侯祭故鄭云爲侯祭也云亦二手祭酒反注如大射者案大射云獲者左執爵右祭薦俎二手祭酒鄭注云二手祭酒者南面於俎之北當爲侯祭於豆間爵反注爲一手不能正也此薦俎之設如於北面人焉此祭亦然故云如大射也　左个至既爵　注不就至北面　釋曰云不就乏者明其享侯之餘也者若就之則已所當得今不就乏近侯者明享侯之餘云立飲于薦右近司馬者解在薦右之意也知於是司馬北面者此約獻釋獲者司射之位案下文司射獻釋獲者釋獲者薦右東面拜受爵司射北面拜送爵故知此時司馬亦北面也若然釋獲者在司射之西北面立飲此獲者不北面飲者案大射注此鄉受獻之位也不北面者嫌爲侯卒爵此亦然故不北面也　司馬至乏南　注遷設至之前　釋曰云遷設薦俎就乏明已所得禮也者前設近侯見

享侯之餘此近乏者乏者已所有事之處還近乏是明其已所得禮故也云設于南右之也者以右取之便也云凡他薦俎皆當其位之前者言凡見廣解薦處謂凡燕及食并祭祀之薦俎皆當其位之前唯此與大射獲者與釋獲者薦俎辟設不當前也　獲者負侯而俟　釋曰獲者既受獻負侯而俟第三番射也　司射至有祭　注不當其位辟中　釋曰自此盡反位論司射獻釋獲之事此薦脯醢及折俎有肺祭一與獻獲者同但彼三祭此一祭爲異也一祭者亦薦有祭肺俎有祭肺以爲將食而祭故言有祭也云不當其位辟中者以釋獲者位在中西故獻之於其位少南所以辟中也　釋獲至反位　注辟薦至辟俎　釋曰云亦辟俎者上獻獲者訖獲者執其薦使人執俎從之設于乏南此釋獲者受獻訖釋獲者少西辟薦不云辟俎亦辟俎與獲者同可知故云亦辟俎也　司射至反位　注爲將復射　釋曰自此盡反位論將爲下番射作之使拾取矢之事　司射至就位　注位射至取矢　釋曰云位射位者知是射者下云各以其耦反於射位故知此是射位在司射之西南東面者也云不言射位者以當序取矢者以此當次序拾

取矢射故不言射位也　司射先反位　注言先至所先　釋曰言先三耦及衆賓也者此下有三耦及衆賓故知先三耦及衆賓也云鄉不言先三耦未有拾取矢位無所先者案前第二番將射命三耦拾取矢司射反位不言先未有位無所先故決之第二番無位者以司射之西南有三耦射位至再番司射反於故位三耦將移於司馬之西南拾取矢之位未往之時未有故位三耦既無故位故司射不得言先故以此決之也凡射大射與鄉射各有三位此鄉射無次有堂西取弓矢袒決遂及比耦之位又有三耦射位在司射位西南又有拾取矢及再番射位是三位大射有次次内有袒決遂取弓矢之位又有堂東次比耦之位又有射位并拾取矢之位是亦有三位但君臣禮異故位事不同也

三耦至射位　注以猶與也　釋曰訓以爲與者春秋之義能東西之曰以若存以字謂言尊卑不同任意以之故轉爲與則平敵之義也

司射至前揖　注南面至行也　釋曰言南面者謂賓主各於堂東西南面立相待言揖行者謂各於堂上北面相見而揖揖訖行向楅也

及楅至三耦　注及楅至便也　釋曰云及楅當楅東西也者賓主出

堂東西相見揖訖東西行至福所也云不北面揖由便也者決三耦及衆賓皆於福南北面揖及福揖此則無福南北面揖賓主各由東西便故也　卒北至一个　注亦於三耦爲之位　釋曰經云揖三挾一个與上三耦取矢訖揖三挾一个同又同處故云亦於三耦爲之位也　揖退　注皆已至反位　釋曰云皆已揖左還各由其塗反位者謂賓主北面揖退之時賓主皆左還相背各向堂塗反堂東西之位知左還者約上三耦也　賓堂至就席　注將袒至賓也　釋曰袒是盡敬之事襲是脩容之禮故上經將袒先言主人此經襲則先言賓是尊賓故也　大夫至其耦　注降袒至取矢　釋曰知於堂西者上文賓主人大夫降賓堂西袒決遂又上文大夫射時堂西袒決遂故知也　揖皆至矢東　注説矢至拾取　釋曰大夫西面者爲下射故也　與反至位揖　注兼取至接也　釋曰此大夫與耦取矢踣弓覆手仰手一如上三耦法其揖退之儀亦如上左還而西也　司射至如初　注進前至升射　釋曰自此盡退中與筭而俟論第三番用樂射之事云鄉言還當上耦西面是言進終始互相明也者上番將射時云司射還當上

耦西面作上耦射不言進明還當上耦時者進近上耦乃作之此直進
作射不言還當上耦明進時亦還當上耦而作之故言終始互相明也
司馬至賓許　注東面至在堂　釋曰知在西階之前不就樂正命之
者以經云司射降搢扑即言東面命樂正無行進之事故知西階之前
遥命之也云樂正亦許諾知者案大射云司射東面命樂正曰命用樂
樂正曰諾是樂正許諾之事此不言者文不具故言之云猶北面不還
以賓在堂者此亦無文樂正位東階東南北面大師位東北西面賓在
堂南面樂正猶北面不還西面是以下文特云東面命大師明此時不
西面受命矣大射鄭注彼云樂正西面受命左還東面命大師與此禮
異者雖無正文鄭以義言君在阼故也　司射至不釋　注不與至聽
也　釋曰云鄉射之鼓五節者以鄉大夫士用五節是以射人云王以
騶虞九節諸侯以貍首七節卿大夫以采蘋五節士以采蘩五節是卿
大夫士同五節云歌五終所以將八矢者下記云歌騶虞若采蘋皆五
終是也云一節之間當拾發四節四拾其一節先以聽也者尊卑樂節
雖多少不同四節以盡乘矢則同其餘外皆以聽以知樂終始長短也

王九節者五節先以聽諸侯七節者三節先以聽卿大夫士五節者一節先以聽皆四節拾將乘矢但尊者先以聽則多卑者先以聽則少優至尊先知審政也此節亦取侯道之數故鄭注射人云九節七節五節者奏樂以爲射節之差言節者容侯道之數也凡射皆與臣下共爲若與尊者同耦自然與尊者同節若不與尊者同耦則各自用其節樂當與射義同　上射至若一　注東面至重節　釋曰云東面者進還鄉大師也者以其大師西面樂正北面明知進身鄉大師乃命之云此天子之射節也者周禮射人而知云取其宜也者騶虞喻得賢者多此鄉射亦樂賢故云取其宜也云其他賓客鄉大夫則歌采蘋者采蘋是鄉大夫樂節其他謂賓射與燕射若州長他賓客自奏采蘩若然此篇有鄉大夫州長射法則同用騶虞以其同有樂賢之志也云閒若一者重節者閒若一謂五節之閒長短希數皆如一則是重樂節也　大師至射降　注皆應至衆賓　釋曰云樂正退反位者反工南北面位也云降者衆賓者次番射時賓與主人大夫卒射皆升堂此降者衆賓也

釋獲至如初　注側持至射也　釋曰言猶袒者亦是有故之辭以其

常袒恐不袒故言猶以連之也云側持弦矢曰執者對方持弦矢曰挾并矢於弦尚其鏃將止變於射也者亦是對將射挾矢而言　司射至堂西　注不挾至禮畢　釋曰云不挾亦謂執之如司射也者執之如司射兼諸弦弣則與司射異以其司射直執一个無三矢兼於弣三耦以下則執一个并於弦又以三矢并於弣所以異也　辯拾至就席　注謂賓至留下　釋曰知相俟于堂西者以經言辯拾取矢訖乃言揖皆升就席則知先取矢者皆相待堂西其主人則在堂東徧取矢訖乃揖而升堂就席也云主人以賓揖升大夫及衆賓從升立時少退于大夫三耦及弟子自若留下者衆賓則三賓也皆依上文獻後升及留在下之法　司射至反位　釋曰司射之扑在階西今來去扑於堂西之等以其不復射故也　司馬至釋之　注說解至束之　釋曰上初張侯時云乃張侯下綱不及地武不繫左下綱中掩束之鄭云事未至也又至將射時司馬命張侯弟子說束遂繫左下綱鄭注云事至今言司馬命弟子說侯之左下綱而釋之直言說侯之左下綱而釋之明未全去備復射故鄭下注云諸所退皆俟於堂西備復射也故知此釋之爲

三番射畢不復射若有射則行燕射旅酬以後乃爲之故於此時中掩左下綱如初張時也　命獲至而俟　注諸所至薦俎　釋曰獲者釋獲者亦退薦俎者上獻時皆有薦俎辟之於右今獲者以旌退釋獲者退中故知亦退薦俎也　司馬至而立　注當監旅酬　釋曰自此盡司正降復位論射訖行旅酬之事故司馬反爲司正鄭云當監旅酬也　樂正至反坐　注贊工至北面　釋曰前爲將射遷工于東方西面樂正北面今將旅酬作樂故遷升於堂上也云降時如初入者以經直云如其降也降時威儀不見故取上文降時如初入初入則上工四人已下是也云樂正反自西階東北面者上初升於西階之東樂正立于其西合樂訖工告樂正曰正歌備樂正告于賓乃降立于西階東北面又將射時樂正命弟子贊工遷樂于下弟子相工如初入降自西階東北面近其事知不升者以正樂畢上無告請於賓之事宜與正歌備已後同也　賓北至南面　注所不至立飲　釋曰賓北面坐取俎西之觶者謂上一人舉觶于賓賓奠于薦西者也云賓立飲者鄉飲酒當此賓酬主人時云賓不祭立飲是也　注旅酬至殺也　釋曰對獻酬之時

賓主各於其階故云同階禮殺也　賓揖至之禮　注其既至所酬

釋曰云主人以觶適西階上酬大夫者旅酬恒執此觶以相酬故言以知義然者上文命獲者以旌退鄭注云旌言以者旌恒執也是也云其既實觶進西南面立鄉所酬知者以上賓酬主人阼階上實觶進南面則知此主人酬大夫西階上實觶而亦進西面可知也　主人至如之

釋曰云若無大夫者鄉人爲公卿大夫來觀禮者爲遵或有或無不定故云若有大夫先酬之無大夫則酬長以鄉射無介直有三賓以長幼之次受酬此言酬衆賓則三賓也　司正至某子　注某者至爲主

釋曰云旅酬下爲上尊之也者以旅酬者少長以齒逮下之道前人雖卑其司正命之飲酒呼之稱謂尊於酬者故受酬者爲某子酬他爲某也云春秋傳曰者案莊十年秋九月經書荆敗蔡師于莘以蔡侯獻舞歸公羊傳曰荆者何州名也州不若國國不若氏氏不若人人不若名名不若字字不若子何休云爵最尊也鄭引之者證旅酬下爲上之義酬者稱字受酬者稱子子是尊稱云此言某酬某子者射禮略於飲酒飲酒言某子受酬以飲酒爲主者此鄉射主於射略於飲酒故稱酬他

者字又稱受酬飲酒者爲子是字不若子飲酒言某子受酬直以飲酒爲主故也　受酬至東面　注退立至北面　釋曰云始升相立階西北面者鄉飲酒注亦然知者以司正升自西階與西階之酬者立故知始時在西階西北面也　衆受至階上　注在下至於賓　釋曰引鄉飲酒記者欲見賓黨在西主黨在東主黨不與酬之義

儀禮疏卷第十二

儀禮疏卷第十三

唐朝散大夫行太學博士弘文館學士臣賈　公彥　等撰

司正降復位　釋曰自此盡唯賓論舉觶於賓與大夫爲無筭爵之事云司正降復位者司正當監旅酬訖故降使二人舉觶于賓與大夫爲無筭始也　舉觶至薦右　注坐奠之不敢授　釋曰賓與大夫皆席末荅拜者皆席西南面荅拜云皆進坐奠于薦右者以其將飲者於右故也云坐奠之不敢授者對獻酬時親授主人之贊者卑不敢親授觶也　賓與至以興　注辭辭其坐奠觶　釋曰必辭者贊者不敢親授賓與大夫不可自尊故辭之不言取而言受者亦是若親受之然　舉觶至所興　注不舉至反坐　釋曰崇重也凡飲酒禮成於酬前已旅酬所盛禮已重今主人復舉觶爲無筭爵盡歡情客不盡主人歡故且奠之未舉之故不奠薦左　若無大夫則唯賓　注長一至之爲　釋曰鄉二人舉觶爲賓與大夫今若無大夫當闕一人故云則唯賓也云長一人舉觶如燕禮媵爵之爲者燕禮初二大夫媵觶至旅酬復使二人君命長媵一爵於君與此同故云如燕禮之爲彼旅酬此爲無筭爵不同

但一人是同故引爲證也　司正至于賓　注請坐至倦焉　釋曰自此盡少退北上論請坐徹俎之事云酒清肴乾強有力者猶倦焉者此禮記聘義文案彼云故強有力者將以行禮也酒清人渴而不敢飲也肉乾人飢而不敢食也日莫人倦引之者證此賓須坐之義　賓辭以俎　注俎者至貴肴　釋曰俎所盛骨體骨體是肴之貴者故辭之也　反命至徹俎　注弟子至備耳　釋曰知弟子是賓黨者以其司正降自西階階前命之明賓黨弟子在西階東面也必使賓黨弟子者徹俎是賓請之故鄭云俎者主人贊者設之今賓辭之使其黨俟徹順賓意也云上言請坐于賓此言主人曰互相備耳者凡辭皆司正請于主人主人有命司正乃傳告賓今上文云司正請坐于賓直見司正傳主人辭不見主人曰請坐于賓之辭此經直見主人曰請徹俎不見司正傳主人以告賓是互相備也不言互文而云互相備者凡言互文者各舉一事一事自周是互文此據一邊理一邊理不備文相續乃備故云互相備若云糗餌粉餈鄭注云餌言糗餈言粉互相足之類也　司正至南面　注俟弟子升受俎　釋曰云俟弟子升受俎者下云司正以俎出

授從者注云授賓家從來者也所以厚禮之則此弟子升受俎者案下
文據大夫與主人而言若賓俎授司正非弟子也　注授賓至禮之
釋曰云古者與人飲食必歸其盛者所以厚禮之者鄉飲酒燕禮大射
賓客皆有俎徹歸客之左右俎是肴之貴是歸其盛者公食大夫既食
有司卷三牲之俎歸于賓館故揔云古者與人飲食必歸其盛者所以
厚禮之也　主人至面立　注以東至侍者　釋曰云以東授主人侍
者弟子是賓黨非主人之贊者故知徹主人俎還授主人侍者歸入於
内也　注從降亦爲將燕　釋曰賓主人大夫有俎從俎而降此三賓
無俎亦從大夫而降亦如賓主人大夫將燕故同降同升也　主人至
升坐　注說屨至被地　釋曰自此盡門外再拜論升坐行無筭爵賓
醉送出之事云說屨則摳衣爲其被地者曲禮云摳衣趨隅彼謂升席
時引之證說屨低身亦然若不摳衣恐衣被地履之但對文上曰衣下
曰裳散文衣裳通此衣即裳也案少儀云排闔說屨於戶内一人而已
矣鄭注云雖衆敵猶有所尊也彼尊卑在室則尊者說屨在戶内自餘
說屨於戶外若尊卑在堂則亦尊者一人說屨在堂自餘說屨於堂下

是以燕禮大射臣皆說屨於階下公不見說屨之文明公舃在堂矣此乃鄉飲酒臣禮賓主人行敵禮故皆說屨於堂下也　乃羞　注羞進至案酒　釋曰云所進者狗胾醢也者以其牲用狗故知狗胾醢醢未必狗以其醢豫造乃成非臨時之物故知非狗連言之也　無筭至不拜　注二人至復崇　釋曰經賓上有于字者誤以此二觶仍是前二人所舉者今以二人外者舉發使行無筭爵非新觶以鄭注可知故誤有也若然舉觶上屬賓下屬爲句也云卒觶者固不拜矣著之者嫌坐卒爵者拜既爵者上正旅酬時賓酬主人賓不祭卒觶不拜不洗今此二人舉觶禮彌殺故云卒觶者固不拜矣嫌坐卒爵者拜既爵者以正獻酬時皆坐卒爵拜既爵嫌此無筭爵飲卒觶亦有拜義故明之云坐于席禮既殺不復崇者此決正行獻酬時在於階下有拜既爵此說屨就席禮既殺不復崇重故無拜爵也　注錯者至殺也　釋曰云其或多者迭飲於坐而已者衆賓之長在賓西者三人大夫則席於賓東若大夫亦三人則與衆賓等得交錯相酬言其或多者若有一大夫則衆賓二人無所酬直二人迭飲而已若大夫四人已上多於三賓自三人

之外亦無所酬則亦自相酬迭飲而已云皆不拜受禮殺也者上二人舉觶於賓與大夫皆拜受及飲卒不拜是其殺今衆賓與大夫不拜受觶故言禮又殺也　辯卒至階上　注衆賓至復位　釋曰經云辯謂堂上衆賓已上皆飲訖云卒受者謂最末後飲者云衆賓之末飲而酬主人之贊者大夫之末飲而酬賓黨亦錯焉者此亦若堂上交錯也云不使執觶者酌謂不使二人執觶者酌云以其將旅酬不以己尊孤人也者其堂上皆坐行酒至此立階上旅在下解經與以旅在下者云其末若皆衆賓則先酬主人之贊者謂大夫或少或無則衆賓爲末飲也云若皆大夫者謂大夫多衆賓徧後二觶並酬大夫則大夫爲末飲也云執觶者酌在上辯降復位者謂二人舉觶酌堂上衆賓已上辯其堂下自酌相旅二人無事故降復于東階前西面北上位也故鄉飲酒記云主人之贊者西面北上不與無筭爵然後與必知復位者下經云執觶者皆與旅是也　長受至實之　注言酬至不拜　釋曰謂堂下或賓黨之長或主人贊者之長受堂上酬酬者不拜鄭云酬者不拜者嫌酬堂下異位當拜也者嫌堂下異位堂上酬堂下當拜故明之也　受酬

者不拜受　注禮殺至不拜　釋曰堂下卑者受堂上尊者酒當拜由禮殺雖尊者之酬猶不拜也　辯旅皆不拜　注主人至有拜　釋曰以鄉飲酒記云主人之贊者不與無筭爵然後與故鄭偏言主人之贊者於此始旅嫌有拜故明之也　執觶者皆與旅　注嫌已至旅也　釋曰此即上文二人舉觶者於西階上已卒觶故鄭云嫌已飲不復飲也　卒受至大夫　注復奠至爲之　釋曰今文此經云執觶者無此執觶又今文無執觶及賓觶大夫之觶皆爲爵不從者以其皆在無筭爵之科明不爲爵云實觶觶爲之者亦不從也　無筭樂　注合鄉樂無次數　釋曰知合鄉樂二南者約上正歌時不略其正已歌鄉樂但上有次第先歌關雎次歌葛覃卷耳次歌鵲巢采蘩采蘋皆三終有次數今無次數任賓主所好也　賓興至奏陔　注陔陔至而已　釋曰此賓興即命奏下文賓降乃作樂也云陔陔夏其詩亡者九夏皆詩篇鄭注鍾師云歌之大者載在樂章樂崩亦從而亡云周禮者鍾師云陔夏杜子春云客醉而出奏陔夏雖非正文亦據周禮而言云陔夏者天子諸侯以鍾鼓知者鍾師云以鍾鼓奏九夏是天子法襄公四年穆叔

如晉晉侯饗食之金奏肆夏之三不拜則陔夏奏用鍾矣大夫士尚有鼓明諸侯亦有鼓故摠云天子諸侯以鍾鼓知大夫士用鼓者此鄉射鄉飲酒皆有鼓故知以鼓奏陔而已也　賔降至再拜　注拜送至有終　釋曰知拜送賔于門東西面者此約迎賔時於此拜也云不荅拜禮有終者以行禮有終故不荅也　明日至門外　釋曰自此盡經末論息勞司正之事　主人至乃退　注不見至屈辱　釋曰不見不褻禮者禮不欲數數則瀆今主人不見恐相褻故不見也　主人至司正　注釋服至息之　釋曰上文主人如賔服則主人亦朝服矣今言釋服謂釋去朝服朝服之下衣則次玄端故知釋服説朝服服玄端也玄端即朝服之下易其裳爲異也月令者彼是十月農功畢勞農以休息之爲息田夫之臘祭引之者證息勞來休息之義也　無介　注勞禮至異者　釋曰云勞禮略貶於飲酒也者謂貶於鄉飲酒鄉飲酒禮有介此上司正飲酒及此勞禮皆無介是貶於鄉飲酒也云此以下皆記禮之異者謂息司正之禮與上飲酒禮異之事也　不殺　注無俎故也　釋曰下文云無俎無俎故不殺殺即有俎也　使人速　注速召賔

釋曰若公食使人召之還司正爲擯也　迎于至筭爵　注言遂至筭爵　釋曰云言遂者明其間闕也者間闕謂閒一人舉觶下有工升歌立司正旅酬及二人舉觶及徹俎之事以其闕此數事故云遂無筭爵也云賓坐奠觶于其所擯者遂受命于主人請坐于賓賓降説屨升坐矣此並依正飲酒禮不言遂請坐者請坐主於無筭爵者以其請坐主於無筭爵今言無筭爵自然請坐可知故不須言請坐於賓也　無司正　注使擯至立之　釋曰不立司正亦是與飲酒禮異　賓不與　注昨日至作豫　釋曰賓者主人所尊敬不可復召之復召之亦是褻瀆也　徵唯所欲　注徵召至請呼　釋曰須止則止須召則召在主人之意故云所欲請呼也　以告至可也　注告請至仕者　釋曰云鄉大夫致仕者也者此即鄉飲酒注云先生謂老人教學者云君子有大德行不仕者大德行謂六德六行可貢而不仕者此即居士縞帶亦曰處士　羞唯所有　注用時見物　釋曰謂昨日所有之餘見物　鄉樂唯欲　注不歌至所好　釋曰此即與上無筭樂同而云不歌雅頌者以其上飲酒主於射略於樂不用小雅此非鄉射而亦不歌雅頌

者亦不可過于正飲酒禮故云周召之詩在所好也　記大至爲賔
注不敢至處士　釋曰據此鄉射使處士無爵命者爲賔故有大夫來
不以鄉人加尊於大夫故易去之使公士爲賔若然鄉飲酒貢士法賢
者爲賔其次爲介又其次爲衆賔有大夫來不易去之以其賔擬貢故
也云鄉賔主用處士即君子者也　使能不宿戒　注能者至習之
釋曰解上賔用處士云能者敏於事者孝經云參不敏鄭云敏猶達也
則此通達於事　其牲狗也　注狗取擇人　釋曰鄉飲酒鄉射義取
擇賢士爲賔天子已下燕亦用狗亦取擇人可與燕者　亨于堂東北
注鄉飲至發也　釋曰陽氣起於東北而盛於南方亨狗于東北飲酒
是陽故法之　尊綌冪賔至徹之　注以綌至堅絜　釋曰凡冪者皆
爲塵埃加故設之但用冪不用冪不同者凡用醴皆不見用冪質故也
即士冠禮子昏禮禮賔贊禮婦聘禮禮賔此等用醴皆無冪是也醮用
酒亦無冪者從禮子質也或以尊厭卑亦無冪燕禮君尊有冪方圜壺
則無冪昏禮尊於室內有冪尊於房戶外爲媵御賤故無冪鄉飲酒鄉
射有冪者無所厭故也若祭祀之冪冪人云以疏布冪八尊鄭云天地

之神尚質以畫布幂六彝鄭云宗廟可以文凡王巾皆黼注云周尚武其用文德則黻可諸侯無文或與王同其喪中之幂皆用疏布士喪禮小斂用功布大斂亦同士虞用絺幂與吉同大夫亦當然也云賓至徹之者巾幂必布執幂賓未至恐塵加賓至徹去不復用以其鄉射飲酒不見更用之文故也燕禮君命徹幂則未命之前重用之者君尊乆設恐塵故重覆之　蒲筵緇布純　注筵席也純緣　釋曰鄉大夫州長與鄉人習禮雖有公卿之尊無加席唯一種故記人記之云筵席者鄭注周禮序官云鋪陳曰筵藉之曰席然其言之筵席通但在地者爲筵取鋪陳之義在上曰席取相承藉之義耳　西序之席北上　注衆賓統於賓　釋曰衆賓之席繼賓已西南面東上今云西序之席北上者謂衆賓有東面者則北上此東面非常故記之也若然此鄉射上設席雖不言衆賓之數上文云三拜衆賓鄭云三拜示徧也則衆賓亦三人矣而復有東面者若公卿大夫多尊東不受則於尊西賓近於西則三賓東面北上統於賓也　薦脯至二寸　注脯用至作植　釋曰云豆宜濡物也者案王制云一爲乾豆鄭云謂腊之以爲祭祀豆實與此違

者以其豆實則醢也鄭注周醢人云作醢及臡者必先膊乾其肉乃後細莝之雜以粱麴及鹽漬以美酒塗置甀中百日則成矣是乾以爲豆實醢是也云膱猶脡也爲記者異耳者鄉飲酒記云脯五脡此云五膱膱與脡不同非訓之是記者異名不同非别有義故鄭云膱猶脡也云於人爲縮者脯法於人爲縮者鄉飲酒記引曲禮云以脯脩置者左朐右末鄭注曲禮云屈中曰朐取左手案之右手擘之便故於人爲縮横祭半膱横上於脯爲横於人則爲縱也　俎由至階升　注狗既至東方　釋曰云狗既亨載于東方者上云亨于堂東北今云俎由東壁者亨在東北實俎曰載載則於東方東方則東壁故云俎由東壁也云自西階升者既由東壁恐如祭饌由東階升故記人明之若祭饌則東階升特牲少牢是也尊神故由阼階升　賓俎至進腠　注以骨至體也　釋曰云以骨名肉者骨爲本有名肉爲末無名所食即肉故以骨名肉必知骨有肉者特牲乃食舉注云舉言食者明凡解體皆連肉是有肉也云賓俎用肩主人用脅尊賓也者此據前三體而言以其體有肩臂臑禮記祭統云周人貴肩爲其顯故賓用肩尊賓也云離猶捘也者案禮記

少儀云牛羊之肺離而不提心鄭云提猶絶也刲離之不絶中央少者
中央少者即是心也此將食舉肺也云進理謂前其本者此與公食同
生人食法少牢進下者是鬼神食法云右體周所貴也者對左殷所貴
云若有尊者則俎其餘體也者前有三肩辟臑以次用之賓主已用肩
辟有一大夫則用臑二大夫則取後體用膊若有三大夫已上則用胳
其脊脅與賓主同故下文云獲者之俎折脊脅肺臑注云臑若膊胳觳
折之以爲大夫之餘體是也　注謂獻至有薦　釋曰知此三人者以
其言三作故知唯此三人而已　凡奠者於左　釋曰謂若酬賓奠於
右賓奠之於左　將舉者於右　釋曰謂若酬一人二人舉奠之於薦
右後舉之者也　衆賓至賓禮　注尊之於其黨　釋曰此獻三賓之
時主人唯爲長者一人洗爵如經文恐已後更洗故記人明之也　三
笙至成聲　注三人至之和　釋曰云爾雅曰笙小者謂之和者案爾
雅釋樂云大笙謂之巢孫氏注云巢高大又云小者謂之和注云和小
笙是也　獻工至階上　注奠爵至與笙　釋曰云奠爵于下篚不復
用也者謂堂上不復用無妨堂下更入用之知者獻獲及釋獲者皆取

而獻之是也大射獻服不氏用散不用爵者彼君禮與此異也　立者東面北上　注賓黨　釋曰此謂一命及不命來觀禮者與堂下衆賓齒東面北上而立　司正至其位　注薦於觶南　釋曰知薦於觶南不薦於觶北者以司正觶南北面立若薦觶北與觶相隔非位前故知觶南位北也　三耦至戒之　注弟子至戒之　釋曰云使弟子司射前戒之者謂請射之前戒之以其經云三耦俟於堂西故鄭云前戒謂先射請戒之也　司射至之西　注便其事也　釋曰此矢謂挾一个者初司射適堂西袒決遂取弓矢于階西兼挾乘矢則誘射之弓矢亦在階西矣若然誘射訖適堂西改取一个挾之遂適階西取扑此一个實在堂西至視筭之時於西階西釋弓矢去扑獻釋獲者此亦在西階西故鄭云便其事也　司射至倚旌　注著並至倚旌　釋曰云著並行者謂司射與司馬有不並行事時案上文將射適堂西袒決遂取弓矢於西階上北面告賓曰弓矢既具有司請射其時司馬即階前令倚旌此皆同時故鄭云著並行事如上經納射器及比三耦以前司射獨行事後及司正爲司馬與司射並行事故記人記之也　凡侯至鹿豕

注此所至物之　釋曰云此所謂獸侯也者周禮梓人云張獸侯以息燕注云息者休農息老物也燕謂勞使臣若與羣臣飲酒而射是也云燕射則張之者燕禮大射正爲司射如鄉射之禮是諸侯燕用鄉射之禮故云燕射則張之也天子雖無文據記天子燕射記明天子燕射亦用鄉射之法也云鄉射及賓射當張采侯二正者案周禮射人掌賓射大夫士同二正是賓射二正鄉射無文知亦采侯二正者周禮賓射與賓客爲射此鄉射雖與鄉人習禮亦如賓主行射禮又非私相燕勞故約與賓射同也言采侯者梓人云張五采之侯則遠國屬是賓射之侯故云采侯也云而記此者天子諸侯之燕射各以其鄉射之禮者以天子自用鄉射之禮諸侯自用鄉射之禮大夫士亦各隨其君用鄉射之禮也用鄉射之禮謂張侯道五十步及三耦一與鄉射同云張此侯則經獸侯是也云由是云焉者謂由是用鄉射法故云獸侯於此鄉記也云白質赤質皆謂采其地者案周禮掌蜃云共白盛之蜃則此以蜃灰塗之使白爲地赤質者亦以赤塗之使赤爲地云不采者白布也者謂大夫士直云布侯者也云熊麋虎豹鹿豕皆正面畫其頭者知皆畫首

者以其言貍首者射不來者之首明此獸侯等亦正面畫其頭也云象於正鵠之處耳者案梓人云參分其廣而鵠居一焉據大射之侯若賔射之侯則三分其侯正居一焉若燕射之侯則獸居一焉故云象其正鵠之處耳云君畫一臣畫二陽奇陰耦之數也者禮記郊特牲云君之南鄉荅陽之義也臣之北面荅君也是君陽臣陰又天一生水地二生火是一二陰陽之數故云君一臣二陽奇陰耦之數也云燕射射熊虎豹不忌上下相犯者三者皆猛獸不苟相下若君臣之道亦獻可者替否者不苟相從輒當犯顏而諫似獸等故用之云射麋鹿豕志在君臣相養也者案内則云麋鹿豕皆有軒並是可食之物故云相養也云其畫之皆毛物之者此無正文但畫五正三正之侯各以其色明畫獸侯亦以毛物畫之可知也　凡畫者丹質　注賔射至於赤　釋曰云賔射之侯燕射之侯者此鄉射以采侯二正是賔射之侯也此獸侯也又是燕射之侯故鄭並言之云皆畫雲氣於側以爲飾者鄭解經凡言畫者皆畫雲氣故以雲氣解之也蓋象雲色若賔射之侯天子九十步侯朱白蒼黃玄五正者還畫此五色雲氣於其側七十步侯朱白蒼三正

者還畫此三色雲氣於其側五十步侯朱緑二正者還畫此二色雲氣
於其側以爲飾也云必先以丹采其地者欲畫此五色三色雲氣時必
先用丹采此地乃於其上畫雲氣也天子侯九十步之内更有七十五
十步侯畿内諸侯七十步侯内更有五十步侯畿外諸侯者之九十步
侯之内更有七十五十步侯其畫之采皆如其數也以侯數非一尊卑
又不同故云凡以廣之言凡畫雲氣以丹爲質地者也云丹淺於赤者
案月令云乗朱路駕赤騮載赤旗衣朱衣朱與赤互言之即爲一物又
案冬官鍾氏云以朱湛丹秫四入爲朱色深而湛丹秫故知丹淺於赤
鄭言此者欲見以丹爲地丹上得見赤色雲之義故言此也　射自至
長武　注自楹至二寸　釋曰云自楹閒者謂射於庠也知者以其言
楹閒則是庠則物當楣故知非射於序者也云楹閒中央東西節也者
以其楹閒南北無限東楹西楹相當故知東西之節也云長如笴者謂
從畫之長短也者其下有距隨爲横此言物長又是從迹之稱故知南
北之長短也云笴矢幹也長三尺者以矢人職得知也云與跬相應者
禮記祭義云故君子跬步而弗志孝也一舉足謂之跬再舉足謂之步

步射者履物不過一跬故知以三尺爲限也云距隨者物横畫也始前足至東頭爲距後足來合而南面爲隨者謂上射下射並足處皆然言長武武跡也中人之跡尺二寸謂横尺二寸也　序則至當楣　注是制至曰庪　釋曰云是制五架之屋也者庠序皆然但有室無室爲異命負至其位　釋曰其位者正據司馬自在己位遥命之遥命者由負侯者賤略之故也對司射比耦則就其位經無司馬命負侯之位故記之也　旌各以其物　注旌摠至於謝　釋曰云旌摠名也者以周禮司常云九旗對文通帛爲旜雜帛爲物全羽爲旞析羽爲旌各别今名物爲旌者散文通故云旌摠名也云雜帛爲物大夫士之所建也者司常文通帛者通體並是絳帛周所尚赤也雜帛者中絳縁邊白也白殷之正色故鄭彼注云言先王正道佐職也云各者鄉射或於庠或於謝者諸侯鄉大夫是大夫詢衆庶射於庠射于謝于序是諸侯州長是士春秋習射于謝大夫士同建物而云各者雖同建物仞則大夫五仞士三仞不同故云各也　無物至二尋　注無物至爲翿　釋曰云無物者謂小國之州長也者案典命子男之卿再命大夫一命士不命大夫

一命得建物士不命則無物是以不得與上各以其物同别爲此旌云此翿旌也者據下文士鹿中翿旌也下云君國中射則皮樹中以翿旌獲此不命士與國君同者士卑不嫌命士以上尊卑自異也云翿亦所以進退衆者此非直用之於獲案喪大記君葬時執翿居前詔傾虧亦所以進退衆人也云七尺曰仞者無正文鄭案書傳云雉長三丈高一丈則牆高一丈禮記祭義云築宫仞有三尺牆高一丈云仞有三尺除三尺之外只有七尺故知七尺曰仞也王肅則依小爾雅四尺曰仞孔君則八尺曰仞所見不同也云鴻鳥之長脰者也者脰則項也云八尺曰尋者亦無正文冬官云車有六等之數云殳長尋有四尺長丈二而云尋有四尺除四尺則尋長八尺矣　凡挾至横之　注二指至挾之

釋曰云二指謂左右手之第二指知左右手皆挾之者以云二指之閒横之則知左右手也云此以食指將指挾之者以左臂指拓弓右臂指鉤弦故知挾矢以第二第三指閒第二指爲食指左傳云子公之食指動是也第三指爲將指左傳云吴王闔閭傷於將指是也故云食指將指之閒挾之知不在無名指閒者以無名指短與將指不相應故知不

是也　司射在司馬之北　釋曰經不明言司射與司馬南北相當故
明之也　始射至行之　釋曰始射獲而未釋獲據三耦射時云復釋
獲者據第二番射時復用樂行之據第三番射時　楅長至韋當　注
博廣至於當　釋曰云蛇龍君子之類也者易云龍戰于野其血玄黃
鄭注云聖人喻龍君子喻蛇是蛇龍揔爲君子之類也云直心背之衣
曰當者直通身之言其楅兩頭爲龍首於背上通身著當言當心中央
也知丹韋爲之者周尚赤上云凡畫者丹質又周禮九旗之帛皆用絳
故知此當亦以丹韋爲之云司馬左右撫矢而乘之分委於當者若未
分時揔在於當今則四四在一邊不謂分訖乃置於兩當也　楅髹至
當洗　注髹赤黑漆也　釋曰云南面坐而奠之者取向弟子持矢北
面故南面奠之云南北當洗者恐南北不知遠近故記言南北當洗南
北節也　射者至撻之　注過謂至教刑　釋曰云是以輕之以扑撻於
中庭而已引書者謂尚書堯典之文彼據教學故彼注云不勤道業則
撻之引之者於射時司射搢扑亦是教射法故引證撻犯禮之過者是
以尚書亦云侯以明之撻以記之是也　衆賓至不降　注不以至爲

豫　釋曰鄉射不得與射者雖誓僅有存焉三賓已上容其有文無武者許其不射故記者言之也　取誘至取之　注謂反至因也　釋曰云不相因者旣自拾取己之乘矢反位東西望訖上射乃更向前兼取誘射之矢禮以変為敬故不相因　賓主至卒事　注擯賓至於射　釋曰云不使司馬擯其升降主於射者必以司射決之者以司馬本是司正不主射事司射主射事故使司射也　注前足至負也　釋曰服不氏教擾猛獸猛獸不堪受負其有合負物者教擾則屈前足以受負若今駞受負則四足俱屈之類也　大夫至侯射　注尊大至射位　釋曰謂主人大夫降時賓主先射大夫則立于堂西其耦在司馬之西射位大夫且立於堂西射至乃取其耦共升射　司射至弓矢　注唯此至不釋　釋曰此二者經文自具記之者以唯此二事釋欲顯出賓主升降時不釋故言之是以鄭云然則擯升降不釋也　禮射至者降　注禮射至獸侯　釋曰云禮射謂以禮樂射也者射時有禮兼作樂故連樂言之不言鄉射者鄉射用采侯賓射中兼之故不言也云不主皮者貴其容體比於禮其節比於樂者此即九節七節五節應於樂節是也

云言不勝者降不復升射也者據主皮射者也禮射二番不勝仍待三番復升射也尚書傳者濟南伏生爲尚書作傳云巳祭取餘獲陳於澤然後卿大夫相與射也者此則周禮山虞田訖虞人植旗於中屬禽焉每禽擇取三十餘將向國以祭謂若大司馬云仲春祭社仲夏享礿仲秋祀方仲冬享烝巳祭乃以餘獲陳於澤宫中卿大夫士共以主皮之禮射取之云雖不中雖中者據内田時也云非所於禮者云云揖讓取即是行禮而云非所於行禮者揖讓雖是禮對大射之等其體比於禮其節比於樂爲非所行禮也云此主皮之射與者書傳不言主皮以義約同故云與以疑之也云天子大射巳下者案梓人云張皮侯而棲以鵠則春以功即此鄭云天子大射張皮侯一也梓人又云張五采之侯遠國屬即此鄭云賓射張五采之侯也梓人又云張獸侯以息燕即此鄭云燕射張獸侯也鄭言此者證此是禮射與主皮異也若然天子有澤宫又有射宫二處皆行射禮者澤宫之内有班餘獲射又有試弓習武之射若西郊學中射者行大射之禮張皮侯者是也澤宫中射將欲向射宫先向澤宫中試弓習武之射此習武之射無侯直射甲革椹質

故司弓矢職云王弓弧弓以授射甲革椹質而注引囯人職曰射則充椹質是也　主人至階上　注就射至辭罰　釋曰此謂主人在不勝之黨受罰爵之時也云就射爵而飲也者謂西楹西豐上射爵也云已無俊才不可以辭罰者以主人尊恐不受罰爵故言此也獲者至肺臑　注臑若至餘體　釋曰上賔主人已用肩臂唯有臑及膊胳觳若脊脅骨多尊卑皆有自臑巳下各得其一个鄭具言之欲見科取其一不定以其若無大夫獲者得臑即經所云者故臑在肺下欲見無大夫已合得若大夫一人大夫得臑獲者得膊若大夫二人獲者即得胳若大夫三人獲者即得觳若大夫公卿更多則折之不得整體或更取餘體也故鄭又云折以大夫之餘體也　東方謂之右个　注侯以鄉堂爲面也　釋曰以其經直云左右个不辨東西故記人明之也　釋獲至有祭　注皆皆至祭肺　釋曰云以言肺謂刌肺不離者即經中脊脅肺是切肺與祭肺同也云嫌無祭肺者此明記人之意見上巳有刌肺不離者即經中脊脅肺是刌肺與祭肺同嫌更不别有祭肺故言皆有祭肺言皆皆獲者欲見釋獲者與主獲者二者皆别有祭肺故云皆也若

然上肺即舉肺案公食大夫有切肺與祭肺者優賓使賓祭此二者亦以舉肺爲祭肺者略賤者之義是以有司徹侑羊俎切肺一侑豕俎亦切肺一鄭云豕又祭肺不嚌肺不備禮則是略賤之類也　歌騶至無筭　注謂衆至終也　釋曰上用騶虞以化民下用采蘋大夫之樂節亦可皆五終者大夫士皆五節一節一終故云五終也鄭言衆賓無數者謂堂下衆賓繼射者故無數若堂上衆賓則三人也　注士入齒於鄉人　釋曰以其士立于下故齒於鄉人也　大夫後出　注不干其賓主之禮　釋曰賓主及衆賓出後乃出故云不干其賓主之禮　主人至再拜　注拜送至拜之　釋曰上文大夫後出是大夫意不干賓主之禮此經主人意故鄭云拜送大夫尊之也知主人送賓還入門揖大夫乃出送拜之者以其上經云賓出主人送于門外再拜此記又云大夫後出主人送于門外再拜故知主人送賓還入門揖大夫乃出送再拜之也　鄉侯上个五尋　注上个至四丈　釋曰以五尋尋八尺五八四十故四丈也　中十尺　注方者至中也　釋曰云方者也者謂侯中正方十尺云用布五丈今官布幅廣二尺二寸旁削一寸者鄭

意此言十尺用布五幅幅廣二尺二寸兩畔各削一寸爲縫幅各二尺在故五幅爲一丈也漢法幅二尺二寸亦古制存焉故舉以爲況若然周禮鄭志純三只只八寸二尺四寸者據繒幅也士喪禮云士則以緇長半幅注云半幅一尺終幅二尺亦謂繒而幅二尺者幅有二種喪禮略用其狹者故周禮鄭云凡爲神之衣物必沽而小是也引梓人者彼揔據三侯侯中皆廣與崇方引之證經十尺是方也　侯道至侯中

注言侯至肱也　釋曰云言侯中所取數也者謂侯中大小取數于侯道云量侯道以貍步者大射文故彼云以貍步張三侯是用步耳而云弓者六尺爲步弓之下制六尺與步相應而云弓者侯之所取數宜於射器也故此經云弓也云正二寸者骹中之博也者案周禮弓人云骹解中有變焉謂弓弣把中側骨之處博二寸故於此處取數焉　倍中以爲躬　注躬身至二丈　釋曰身謂中上中下各接一幅布者故鄭云中之上下幅用布各二丈也　倍躬以爲左右舌　注謂上至之舌

釋曰言謂上个者對下个不得倍躬故謂上个也云兩旁謂之个在躬之兩傍則謂之个云左右出謂之舌謂躬外兩相各出一丈若人舒舌

故下云下舌半上舌據出者而言也　注半者至六丈　釋曰半者半
其出於躬者也者以其言舌故知半其出者也云用布三丈者上舌兩
相各一丈今下舌兩相各五尺通躬二丈故云用布三丈也云侯人之
形類也者人形上廣下狹故也云五八四十據上个四丈五六三十據
下个三丈以此上下爲衰差也云凡鄉侯用布十六丈數起侯道五十
弓以計者用布十六丈者中五幅幅一丈用布五丈上下躬各二丈揔
四丈上个四丈下个三丈是揔十六丈也云道七十弓之侯用布二十
五丈二尺者道七十弓弓取二寸二七十四侯中丈四尺七幅幅有丈
四尺中用布九丈八尺上下躬各用布二丈八尺上下揔用布五丈六
尺上个倍躬爲五丈六尺下舌半上舌上舌出者兩相各出丈四尺下
舌半之兩相各出七尺下舌用布一丈四尺通躬二丈八尺揔計用布
四丈二尺也通計用布二十五丈二尺云道九十弓之侯用布三十六
丈者弓取二寸九十弓侯中丈八尺侯中用布九幅幅別丈八尺中用
布十六丈二尺倍中以爲躬上下躬各用布三丈六尺上下揔七丈二
尺倍躬以爲左右舌上舌用布亦七丈二尺下舌亦半上舌上舌出者

丈八尺下舌半之則下舌摠用布五丈四尺以此計之摠用布三十六丈也　箭籌八十　注箭篠至從賔　釋曰云箭篠也者謂以箭爲籌射之耦隨賔多少今言八十舉成數以十耦爲文但一者數之始十者數之終以十耦爲成數也　長尺有握握素　注握本至一膚　釋曰云長尺復云有握則握在一尺之外則此籌尺四寸矣云刊本一膚者公羊傳僖三十一年云觸石而出膚寸而合不崇朝而徧雨乎天下者唯泰山爾何休云側手爲膚又投壺云室中五扶注云鋪四指曰扶一指案寸皆謂布四指一指一寸四指則四寸引之者證握膚爲一謂刊四寸也　以翿旌獲　注國中至無以　釋曰知城中是燕射者以其下有賔射大射不在國故國中是燕射以其燕在寢故也云以翿旌獲尚文德也者以其燕主歡心故旌從不命之士亦取尚文德之義必知取尚文德者以其以文德者舞文舞羽舞也以武德者舞武舞干舞也此既用羽知取尚文德也　於郊至旌獲　注於郊至爲旌　釋曰知於郊謂大射也者案大射云公入驁從外來入此既言於郊故知大射在郊也云大射於大學者據諸侯而言也天子大射在虞庠小學以其天

子大學在國中小學在郊諸侯不得立大學在國立大學在郊故鄭引
王制小學在公宫之左大學在郊是殷法諸侯用焉故引爲證必知諸
侯立大學在郊者見詩魯頌有泮宫禮記云故魯人將有事於上帝必
先有事於頖宫鄭云頖宫郊之學也則詩泮宫此郊學是也云閭獸名
如驢一角或曰如驢歧蹄周書曰北唐以閭者歧蹄巳上山海經文周
書見於國語也　於竟則虎中龍旜　注於竟至爲旜　釋曰與鄰國
君射則賓射也以其君有送賓之事因送則射云尚文章也者亦若翿
旌也云通帛爲旜司常文鄭注云凡九旗之帛皆用絳則通帛者正幅
爲絳長尋曰旐繫旐曰旆通體皆用絳帛爲之名旜　大夫至物獲
注兕獸名似牛一角　釋曰下有士則此專據大夫爲文而云各以其
物者公侯伯大夫再命子男之大夫一命爲卿大夫刃數雖同旒依命
數不同故云各又下云士翿旌以獲唯小國之州長不命者則公侯之
州長一命有旌亦入物中則各内兼之矣故云各兕似牛一角案爾雅
及山海經知之　唯君至餘否　注臣不至餘否　釋曰天子諸侯皆
燕射在國又天子賓射在朝亦在國大夫士燕射賓射不在國大夫又

得行大射雖無郊學亦不得在國是以孔子爲鄉射射於矍相之圃是其一隅若然此鄉射亦不在國射亦宜在國外故記人於此見之也

君在至肉袒　注不袒至於君　釋曰上云大夫與士射袒纁襦今與君射爲厭與士同故肉袒也

儀禮䟽卷第十三

儀禮䟽卷第十四

唐朝散大夫行大學博士弘文館學士臣賈　公彥　等撰

燕禮第六　鄭目録云諸侯無事若卿大夫有勤勞之功與羣臣燕飲以樂之燕禮於五禮屬嘉大戴第十二小戴及别録皆第六　釋曰案上下經注燕有四等目録云諸侯無事而燕一也卿大夫有王事之勞二也卿大夫又有聘而來還與之燕三也四方聘客與之燕四也若然目録云卿大夫有勤勞之功聘使之勞兼王事之勞二者也知臣子頫聘還與之燕者四牡勞使臣是也知有王事之勞燕者下記云若以樂納賓則賓及庭奏肆夏鄭注云卿大夫有王事之勞則奏此樂焉是也知君臣無事有燕者案魯頌云夙夜在公在公明明振振鷺鷺于下鼓咽咽醉言舞于胥樂兮鄭箋云君臣無事則相與明義明德而已絜白之士羣集於君之朝君以禮樂與之飲酒燕樂以盡其歡是其無事而燕也又知賓及庭奏肆夏是己之臣子有王事之勞者案郊特牲云賓入大門而奏肆夏鄭注云賓朝聘者是異國聘賓入大門奏肆夏故知記云賓及庭奏肆夏者是己之臣子也又知異國聘賓有燕者聘禮所

云燕與時賜者是也　燕禮小臣戒與者　釋曰自此巳下盡射人告具論告戒羣臣及陳饌之事必使小臣戒與者以其燕爲聘使者爲主兼與舊在者歡樂之故今戒可與之人使依期而至　注小臣至歡也　釋曰云小臣相君燕飲之法者案周禮大僕職云王燕飲則相其法又案小臣職云凡大事佐大僕則王燕飲大僕相小臣佐之此諸侯禮降於天子故宜使小臣相是以下云小臣師一人在東堂下注云師長也小臣之長一人猶天子大僕正君之服位者也是諸侯小臣當大僕之事戒與者謂留羣臣也者謂羣臣留在國不行者也云君以燕禮勞使臣若臣有功者此即目録卿大夫有勤勞之功勞使臣即四牡勞使臣也若臣有功即王事之勞也故鄭揔云卿大夫勤勞之功若然鄭不言與羣臣無事燕者以其經云戒與者功勞之外與及之爲有事之臣燕不得云無事燕者故不言之案大射云君有命戒射者以其大射辨尊卑故云君有命明政教由尊者出燕禮主歡心不辨尊卑故不言君有命　膳宰至寢東　注膳宰至路寢　釋曰以其燕在寢故膳宰具官饌于寢東擬燕時設之云膳宰天子曰膳夫掌君飲食膳羞者也者以

其天子有宰夫兼有膳夫掌君飲食諸侯亦有宰夫復有膳宰掌君飲食與天子膳夫同故引天子膳夫並之云具官饌具官之所饌者謂卿大夫士之饌揔饌之大射亦用燕礼直云官饌不言膳宰与此同不言者文不具云謂酒也牲也脯醢也知者案下所設亦有此三者牲即其牲狗也云寢路寢者以其饗在廟服朝服下記云燕朝服於寢正處在路寢不在燕寢可知故云路寢也案公食大夫云凡宰夫之具饌于東房不使膳宰者彼食異國之大夫敬之故使宰夫具饌此燕己臣子故使膳宰卑者具饌必知膳宰卑於宰夫者案天子宰夫下大夫膳夫上士天子膳夫卑於宰夫則知諸侯膳宰亦卑於宰夫者也　樂人縣

注縣鍾至新之　釋曰案大射樂人宿縣在射前一日又具辨樂縣之位者以其大射在學宮學宮不常縣樂射乃設之故射前一日縣之又辨樂縣之位此燕在路寢有常縣之樂今言樂人縣者為燕新之而已故不在燕前一日又不辨樂縣之處又直云樂人未知樂人意是何官案周礼春官大司樂云凡樂事宿縣又案樂師云凡樂成則告備是天子有大司樂并有樂師之官案序官樂師下大夫四人上士八人下

士十有六人以此知天子有大司樂樂師諸侯無大司樂直有大樂正小樂正以其諸侯兼官此二者皆當天子樂師大夫及士則諸侯樂師不用大夫大樂正當上士小樂正當下士爲之故鄭下注云樂正于天子樂師也大射注亦云小樂正於天子樂師若然縣樂之法案周礼眡瞭職云掌大師之縣鄭注云大師當縣則爲之案下僕人相大師則諸侯無眡瞭則使僕人縣樂大師以聲展之樂師又監之云縣鍾磬也者案小胥天子宫縣諸侯軒縣面皆鍾磬鎛各一虡大夫判縣士特縣不得有鎛故云鍾磬案下唯有磬而無鍾而云鍾磬者鄭汎解樂縣法故兼言鍾其實諸侯之士特縣磬而已云國君無故不徹縣者案曲礼唯有大夫無故不徹縣士無故不去琴瑟不言國君但大夫無故不徹縣則國君無故亦不徹縣可知鄭以燕礼爲國君法故以義約之也云言縣者爲燕新之者更整理樂縣之法爲新之也　設洗至西面　注設此至其文　釋曰云設此不言其官賤也者決膳宰具官饌樂人縣司宫設尊皆言其官獨此不言官故知賤也案少牢司官設罍水大夫兼官此國君禮或可別人爲之但無文故鄭不細辨云當東霤者人君爲殿

屋也者漢時殿屋四向流水故舉漢以況周言東霤明亦有西霤對大夫士言東榮兩下屋故也云亦南北以堂深者亦士冠礼鄉飲酒等也云膳篚者君象觚所饌也者案下文洗象觚升實之東北面獻于公是也但君尊不可與臣同篚故别釋之也云亦南陳者亦臣之南肆者也言西面尊之異其文者欲見膳篚西面南肆者亦西面此不可言南肆而言西面是尊君之篚故異其文也　司宫至圜壺　注司宫至爲緆

釋曰云司宫天子曰小宰聽酒人之成要者也者案天官小宰職掌建邦之宫刑以治王宫之政令是小宰掌宫事此諸侯無小宰有司宫明司宫亦當掌宫刑治宫之政令可知是司宫掌宫事與小宰同又案酒正云酒正之出日入其成月入其要小宰聽之此司宫亦設酒尊當掌酒事與小宰同是以知此諸侯司宫當天子小宰者也若然案酒正云酒正之出日入其成月入其要小宰聽之案彼文則是小宰聽酒正之成要此注云聽酒人成要者案彼注云出謂授酒材及用酒之多少也受用酒者日言其計於酒正酒正月盡言於小宰云日言其計於酒正者是酒人也酒正月盡揔言於小宰則是小宰所聽者並是酒人所

言故鄭之此注據酒人而言也云尊方壺爲卿大夫士也者以其燕揔有卿大夫士又别有公尊瓦大兩故知方尊爲此人也云於東楹之西予君專此酒也者此決鄉飲酒鄉射皆於房戶之間賓主共之此於東楹之西向君設之人君尊專大惠故云予君專此酒也引玉藻者欲見尊面向君順君面非賓主共之意案少儀云尊壺者面其鼻鄭注云鼻在面中言鄉人也鄉人者據此燕礼尊面向君而言少儀又云尊者以酌者之左爲上尊鄉飲酒云尊兩壺于房戶之間玄酒在西又鄉射云尊於賓席之東兩壺斯禁左玄酒鄭注云設尊者北面西曰左此等皆據酌者北面而言玄酒在左若據設尊之人及尊面而言即南面以右爲尊此燕礼尊面向君據君面以左爲尊玄酒在南若據酌者不得背君而西面當尊西東面則酌者之右爲上尊是以下文媵爵于公者交於東楹北也云瓦大有虞氏之尊也者明堂位文引礼器君尊瓦甒大射亦云膳尊兩甒不引大射而引礼器者鄭欲同此三者之文皆是一物故也云豐形似豆卑而大者據漢法而知但豆徑尺柄亦長尺此承尊之物不可同於常豆故知卑而大取其安穩也云冪夏絺冬

錫冬夏異也者夏宜用緆冬宜用錫葛之麤者曰緆案喪服傳云錫者何也麻之有錫者也錫者十五升抽其半無事其縷有事其布曰錫鄭注云治其布使之滑易是也云在尊南在方壺之南也者其冪本爲瓦大設今未用陳在方壺之南者不可在方壺瓦大之閒相雜故也瓦大不言玄酒者以其言瓦大兩又言南上有玄酒在南可知凡無玄酒者直陳之而已不言上下是以此尊士旅食直云兩圜壺大射亦云兩圜壺特牲尊兩圜壺於阼階西方亦如之皆是無玄酒不言上下也又凡用醴者無玄酒士冠禮醴子昏禮醴婦聘禮醴賓醴皆無玄酒質故也昏禮房外之尊無玄酒鄭云略之此及大射尊士旅食無玄酒鄭云賤也特牲少牢陽厭納一尊無玄酒鄭注云禮殺也士喪既夕士虞皆有酒醴無玄酒者以凶變於吉故也特牲東西階兩壺無玄酒者注云優之云士衆食謂未得正禄者以其士大夫已上得正禄王制云下士九人禄中士倍下士上士倍中士下大夫倍上士卿四大夫禄皆正禄此則未得正禄云所謂庶人在官者也者所謂王制文故王制云庶人在官者其禄以是爲差謂府史胥徒謂府八人禄史七人禄

胥六人徒五人皆非正禄號爲士旅食者也　司宮至席也　注筵席
至筵也　釋曰云筵席也者案周礼序官司几筵鄭注云鋪陳曰筵藉
之曰席然其言之筵席通若然鋪陳曰筵者先鋪一席在地者藉之曰
席據重巳上相承藉者筵席一也故鄭云筵席通云席用蒲筵緇布
純者案公食大夫記云蒲筵常緇布純加萑席尋玄帛純彼有加席故
有萑在上此無加席故言席用蒲云無加席燕私礼臣屈也　者對公食大夫
礼異國之賓有加席礼得申云諸侯之官無司几筵也者對天子有司几筵
布席諸侯兼官使司宮設尊并設席　射人告具　注告事至射也　釋
曰云射人主此礼以其或射也者案公食大夫礼賛者負東房告具以
其無射故使賛者此乃射人告具與大射同案下文若射則不獻庶子言
若者或射或不故此鄭注云以其或射言或亦是不定之義案大射告具之
上有羹定此不言羹定者文不具也　小臣至西鄉　注周礼至後也　釋曰
自此下盡諸公卿者論君臣位次及命羞者之事注引周礼者司几筵之文
也彼諸侯祭祀神席及受酢之席此乃燕飲之席引之者欲見燕飲與受
酢席同若饗食諸侯來朝則郊特牲云大饗君三重席而酢焉是也燕

他國之臣即郊特牲云三獻之介君專席而酢焉此降尊以就卑也故君單席受酢也云後設公席者凡禮卑者先即事尊者後也者此燕私禮故賤者先即事大射辨尊卑故先設公席後設賓席也小臣至東上　注納者至闑西　釋曰云卿大夫皆入門右北面東上者此是擬君揖位故下經君始爾之就庭位云士立於西方東面北上者此是士之定位士賤故不待君揖入門即就定位云祝史立於門東北面東上者案大射大史在豻侯之東北北面不言祝此言祝史不言大史者大射及下文云大史俟於所設中之西東面以聽政嫌其位初在此不在豻侯之東北故著大史以明之其餘祝史彼不言者以其大射先行燕禮此燕禮有祝史故於彼不言省文也云納者以公命引而入也者雖無正文進止由君故知以公命者也云自士以下從而入即位耳者對大夫以上小臣引之就門東揖位未就庭位自士已下不須引從大夫而入徑即庭位云師長也小臣之長一人猶天子大僕正君之服位者也者案夏官大僕職云掌正王之服位出入王之大命彼下文有小臣之官上士四人其職云掌王之小命詔相王之小法儀諸侯兼

官無大僕唯有小臣出入君之教命正君之服位但諸侯小臣之官有上下是以大射云小臣師從者在東堂下南面西上又云小臣正贊袒若然諸侯小臣正次有小臣師大射禮小臣正相君小臣師佐之常在君左右不在堂下之位故唯云小臣師從者在堂下南面此燕輕宜有小臣師及從者相君燕飲小臣正一人無事得在堂下此言小臣師即大僕小臣正一也故鄭以爲當天子大僕云凡入門而右由闑東左則由闑西者鄭云凡入門者廣解賔主人入門之義案曲禮云大夫士出入君門由闑右又玉藻云公事自闑西私事自闑東言私事即大夫士出入君門一也又與此經卿大夫士入君門亦由闑右同公事自闑西者即聘禮聘賔入由闑西是也若然此注云入門而右由闑東者是臣朝君之法也左即由闑西者是聘賔入門之法　公降至少進

注爾近至少前　釋曰曲禮云揖人必違其位是以公將揖卿大夫降立於阼階之東南南面揖之變揖言爾者爾訓近也移也卿大夫得揖移近中庭也是以鄭云揖而移之近之也云大夫猶北面少前者三卿五大夫初入門右同北面三卿得揖東相西面五大夫得揖中庭少進

北面不改故云大夫猶北面少前　射人請賓　注命當由君出也
釋曰案大射云大射正擯擯者請賓此直云射人請賓不云爲擯者但
射人有大小大者爲大射正其次爲射正又其次爲司正悉監射事見
於大射禮大辨尊卑故云大射正爲擯此燕禮或因燕而射以其禮輕
或大射正爲擯或小射正爲擯此二者皆是射人故直云射人請賓不
定尊卑也旣當請君不辨射人面位者以其君南面射人北面可知故
不言　公曰命某爲賓　注某大夫也　釋曰知大夫非卿者以其賓
主相對宰夫爲主人是大夫明賓亦是大夫燕義云不以公卿爲賓而以
大夫爲賓爲疑也故知是大夫　射人至禮辭　注命賓至敬也　釋曰鄭
知命賓者東面南顧者少儀云詔辭自右明知在君之右東面者向君
南顧者向賓便也知禮辭辭不敢者取孝經曾子云參不敢爲義　賓
出至東面　注當更以賓禮入　釋曰前卿大夫從臣禮相從而入故
出更以賓禮入是以下經賓入及庭公降一等揖之　公揖至就席
注揖之人之也　釋曰言人之者公將及升堂故以人意相存偶是以揖
之乃升　小臣至膳者　注執冪至庶羞　釋曰云執冪者執瓦大之

冪也方圜壺無冪鄭知者以其上文冪用綌文承瓦大之下方圜壺不言冪故知義然云羞於公謂庶羞者知羞於公者以其言羞膳據君而言又與執冪者連文冪據君明羞膳據公可知又知是庶羞者以其脯醢稱薦明羞是庶羞　乃命至東上　注以公至略之也　釋曰鄭知西階前命之者案下記云羞膳者與執冪者皆士也士位在西方東面故知西階前以君命命之云東上玄酒之冪爲上也者以其唯瓦大兩有冪玄酒尊於正酒經云東上故知玄酒之冪爲上羞膳者以下盡略之鄭知義然者以經直云執冪者升自西階羞膳者無升文又且東面階西面階婦人之階非男子之所升則羞者升自北階知由堂東者以羞在房又大射云工人士與梓人升自北階知房中西面南上者約士冠禮脯醢在房中服北贊者盥于洗西升立于房中西面南上下注云近其事也言略之者解不由前堂升執冪與羞膳臨時請者以其諸侯兼官有常職先定亦有臨時命之者是以經與記直云士不言其官不請羞賓者下記約與君同亦用士也　膳宰至卿者　注小臣至爲敬

釋曰言彌略者上請賓使射人請執冪使小臣已是其略今羞諸公卿

乃使膳宰膳宰卑於小臣故云彌略也知膳宰卑於士者周禮膳夫是上士此諸侯膳宰明非上士且禮之大例薦羞者尊於設俎者公士爲薦羞膳宰設俎故知膳宰卑也　射人納賓　注射人至擯者　釋曰自此至賓以虚爵降論賓升堂主人獻賓之事案大射大射正擯此云射人爲擯與上射人請賓義同還是小射正也　賓入至揖之　注及至至面時　釋曰鄭知至庭謂既入而左北面時者以其云賓入及庭賓入謂入門時及庭謂賓入門而出堂塗北面是其當公降揖之節故知北面時也　公升就席　注以其至之也　釋曰鄭知將與主人爲禮不參之者下經云賓升主人亦升是其賓與主人爲禮不得相參之也　賓升至再拜　注主人至獻主　釋曰知主人是宰夫者案禮記燕義云使宰夫爲獻主是也云宰夫大宰之屬者案天官云大宰卿一人小宰中大夫二人宰夫下大夫四人宰夫屬大宰故云大宰之屬云掌賓客之獻飲食者也者案宰夫職云凡朝覲會同賓客掌其牢禮委積膳獻飲食引之者證宰夫爲主人之義云其位在洗北西面者案下文獻大夫下胥薦主人于洗北西面是也云君於其臣雖爲賓不親獻

以其尊莫敢伉禮也者此略取燕義文設賔主飲酒之禮使宰夫爲獻主臣莫敢與君伉禮也不以公卿爲賔而以大夫爲賔爲疑明嫌之義也是君不親爲主人之事也云天子膳夫爲獻主者案膳夫職云王燕飲酒則爲獻主是也案燕義注云天子使膳宰爲主人則是膳宰膳夫一人也上文注云膳宰天子曰膳夫者欲見天子諸侯之臣名異其實同也主人至北面　釋曰此宰夫代君爲獻主升降不由阼階與賔同由西階升降故降自西階當洗南北面今西北面者鄭云賔將從降鄉之當辭賔降故也案鄉飲酒鄉射主人降洗爵在階下辭賔降者彼賔主異階故在階下不在洗南也　主人至反位　注賔少至爲觶　釋曰賔少進者又辭宜違其位也者言又辭對前主人辭降今又賔辭洗言少進者前賔降賔在階下曲禮云揖人必違其位以其賔又辭洗宜違本位也云獻不以爵避正主也者此宰夫爲主人非正主故用觚對鄉飲酒鄉射是正主皆用爵　主人至乃升　注賔每先升尊也　釋曰每先升者前賔初升時先云賔升自西階後云主人亦升自西階此賔揖乃升下云主人升故云賔每先升賔先升者尊賔故也　主人至

降盥　注主人至塵也　釋曰言復盥者前盥爲洗爵此盥爲汙手
注君物至賓也　釋曰言君物曰膳膳之言善也者言君物揔衆物之
名上云設膳篚設膳尊膳之言善所以別於臣子之尊篚也云酌君尊
者尊賓也者大夫爲賓賓亦臣子而酌膳尊尊賓故也必尊之者立賓
以對君故也　膳宰至折俎　注折俎至肩肺　釋曰引鄉飲酒記者燕
禮不言賓之牲體之數此燕禮既與鄉飲酒同用狗則與此賓之牲體數
同故引以爲證也　賓坐至荅拜　注降席至美也　釋曰云降席坐奠
爵拜鄭云降席席西不言面案前體例降席席西拜者皆南面拜訖則
告旨　賓西至荅拜　注遂拜拜既爵也　釋曰經云坐卒爵又云興
坐奠爵遂拜遂拜之文隔坐奠爵嫌遂拜不爲拜既爵故鄭明之云
遂拜拜既爵也　賓以虛爵降　注將酢主人　釋曰自此已下盡序
内東面論賓酢主人之事鄭知將酢主人者下經論酢主人之事故知
也　主人至面對　注上既至爲爵　釋曰云上既言爵矣復言觚者嫌
易之也者上文主人洗觚獻賓云賓以虛爵降此經又云坐奠觚中間
言爵者欲見對文一升曰爵二升曰觚散文即通觚亦稱爵以此言之

此觚即前爵周公作經嫌易之故復言觚也引大射禮者此經直有主人降又云主人東面對不辨主人立處又無少進之文大射先行燕禮與此同故引以爲證　賓坐至送爵　注賓既至之左　釋曰鄭云賓既南面授爵乃之左鄭知南面授爵與主人者以經言主人北面拜受爵明賓於東楹之西東面酌膳訖向西階南面授主人可知授爵訖乃之主人之左北面拜送爵故鄭云南面授爵乃之左也　主人坐祭不啐酒　注辟正至臣也　釋曰案鄉飲酒鄉射皆是正主經直云祭如賓禮亦不見有啐酒之事未知正主有啐不此云不啐辟正主者案文可知以燕禮大射啐酒告旨並不爲者經云不啐酒不告旨並言不鄉飲酒鄉射直云不告旨不言不啐酒明主人啐矣有司徹儐尸之禮尸酢主人云席末坐啐酒特牲少牢尸酢主人主人皆有啐酒是其雖不告旨唯有啐酒之事云未薦者臣也者對賓禮獻訖則薦脯醢此主人是臣故獻訖不薦至獻大夫下胥薦主人于洗北是也　不拜酒不告旨　注主人之義　釋曰拜酒主人爲告旨但告旨者賓拜訖主人告酒美鄉飲酒鄉射正主人不拜酒不告旨主人無自告美故此主人代君爲

主不得直云主人故云主人之義射人至東面　注東西至升賓　釋曰東西牆謂之序者爾雅文引大射禮者證此經云射人升賓之時亦得君命　主人至于公　注象觚至東面　釋曰自此下盡奠于膳篚論主人獻公之事云取象觚者東面者以膳篚南有臣之篚不得北面取又不得南面背君取從西階來不得篚東西面取以是知取象觚者東面也公拜至西階　注薦進至左房　釋曰凡此篇内公應先拜者皆後拜之尊公故也是以下舉旅行酬皆受酬者先拜公乃荅拜此公先拜受爵者受獻禮重故也是以下云主人受公酢得酌膳燕上歡故也大射主人受公酢者辨尊卑故也云士薦脯醢膳宰設折俎者案前獻賓薦脯醢及設折俎皆使膳宰者賓卑故也今於公士薦脯醢膳宰設折俎異人以其士尊於膳宰君尊故使士薦必知士尊於膳宰者以其諸侯膳宰當天子膳夫上士二人諸侯降等膳宰則卑故下記云羞膳者與執冪者皆士也鄭注云尊君也膳宰卑於士是其士尊也大射主於射略於飲酒故公及賓同使宰胥薦脯醢庶子設折俎此燕禮燕私主於羞故賓之薦俎庶羞同使膳宰君之

脯醢庶羞同使士尊官爲之大射必使庶子設折俎者案周禮庶子下大夫大射序尊卑變於燕禮故尊官爲之引大射禮者證此經脯醢從左房而來天子諸侯有左右房故得言左房大夫士無右房故言東房而巳公祭至爵興　注凡異至賓也　釋曰云凡異者君尊變於賓也者云凡非一謂膳宰贊授肺立卒爵又上文士薦脯醢皆是異於賓故言凡以廣之　更爵至再拜　釋曰自此巳下盡主人奠爵于篚論主人受公酢之事主人受公酢而自酌者不敢煩公尊君之義　注更爵至爲受　釋曰獻君自酢同用觚必更之者襲因也不敢因君之爵喪服傳云君至尊也故以君爲至尊也　主人至荅拜　釋曰自此盡東南面立論主人酬賓之事案前受獻訖立于序内以來未有升筵之事案鄉飲酒大射酬時皆主人西階上坐奠爵拜賓西階上北面荅拜酬前賓皆無道在席者又以下文賓奠于薦東賓降筵西東南面立以此約之則此無升筵之事或言降筵者蓋誤　注媵送至作騰　釋曰云媵送也讀或爲揚揚舉也者案禮記檀弓下云知悼子卒未葬平公飲酒師曠李調侍鼓鍾杜蕢自外來升酌曰曠飲斯又酌曰調飲斯注云皆罰平公曰寡人

亦有過焉酌而飲寡人杜蕢洗而揚觶注云舉爵於君也禮揚作媵揚舉也媵送也揚近得之若然此注今文媵作騰騰與媵皆是送義讀從檀弓杜蕢揚觶之揚揚訓爲舉義勝於媵送故讀從之也　主人至荅拜　注辭者至酬也　釋曰案鄉飲酒鄉射主人酬賓皆坐卒觶此主人酬賓亦坐飲賓辭之者上文獻君君立卒爵此主人代君酬賓亦宜立飲今主人坐祭遂飲故鄭云辭者辭其代君行酒不立飲云此降於正主酬也者正主謂鄉射飲酒正主酬處　主人酌膳　釋曰自此至薦東此爲酬賓若然案鄉飲酒鄉射主人酬賓皆主人實觶席前北面賓始西階上拜此及大射主人始酌膳時賓已西階上拜者以其燕禮大射皆是主人代君勸酒其賓是臣急承君勸不敢安暇故先拜也主人又不坐奠於薦西賓祭訖遂南面奠於薦東不北面奠也　主人至面立　注賓不至類與　釋曰云賓不立于序內位彌尊也位彌尊者其禮彌卑者案上初賓得獻降升之時序內立是不敢近賓席是禮尊而賓卑至此酬訖立於席西是賓位彌尊禮漸殺故云彌卑也云記所謂一張一弛者禮記雜記文案彼孔子謂子貢黨正飲酒百日之蜡一

日之澤以弓弩喻是一張一弛之法此獻時爲盛是一張也酬時爲殺是一弛也無正文故云是之類與言與以疑之　小臣至命長　注命長至使者　釋曰自此盡公荅再拜論使下大夫媵爵於公之事此旅酬從公而起故須大夫之中長幼可使者知非卿大夫最長而云長幼可使者案下文大夫長升受旅是長幼次第非專最長則此命長非最長是長幼之中可使者也　小臣至媵爵　注作使至其尊　釋曰案王制上大夫卿是卿爲上大夫云不使之者爲其尊者謂若主人與賔使下大夫不使卿之類也　媵爵至再拜　釋曰西面北上者是未盥相待之位序進盥則北面向洗　注序次至爲上　釋曰云楹北西楹之北也者二大夫盥手洗爵訖先者升西階由西楹之北向東楹之西東面酌酒訖右還由西楹北向西階上北面後者升西階亦由西楹之北向東楹之西酌酒訖亦由西楹之北西階上北面相待乃次第而降故云交而相待於西階之上既酌右還而反往來以右爲上云以右爲上者謂在洗南西面及階上北面時先者在右地道尊右故也　媵爵至洗南　注待君命也　釋曰云執觶待于洗南待君命者以其君尊自

卑雖自飲訖故執觶待于洗南以待君命也　小臣請致者　注請使至君也　釋曰案下二人俱致禮法當然是以不敢必君舉也故云一人與二人與取君進止是優君也　若君至再拜　注序進至反位　釋曰云序進進往來由尊北交于東楹之北者前二人酌酒降自西階故交于西楹之北此酌酒奠于君所故交于東楹之北交于東楹北者以其酒尊所陳在東楹之西西向而陳其尊有四并執冪者在南不得南頭以之君所又唯君面尊尊東西面酌酒以背君故先酌者東面酌訖由尊北又楹北往君所奠訖右還而反後酌者亦於尊北又於楹北與反者而交先者於南西過後者於北東行奠訖亦右還而反相隨降自西階云奠于薦南不敢必君舉也者案鄉射皆云奠者於左將舉者於右是鄉飲酒一人舉觶及二人舉觶皆奠于薦右今言媵爵於公是將舉旅當奠於薦右而奠於薦左故云不敢必君舉也引大射禮者此經二人階下再拜稽首送觶無反位之文故引大射媵爵者皆退反門右北面位　公坐至成拜　注興以至成然　釋曰自此至奠于篚論公爲賓舉旅之節公坐取大夫所媵觶者取上楹北觶云興以酬賓就其

階而酬之也者經但云興以酬賓鄭知公就西階者以其賓降拜不於阼階下而言西階下故知公在賓西階上也不言西階者以公尊空其文也云升成拜復再拜稽首也先時君辭之於礼若未成然者凡臣於君雖爲賓與君相酬受爵不敢拜於堂上皆拜於堂下若君辭之聞命即升若堂下拜訖君辭之即升堂復再拜稽首所以然者以堂下再拜而君辭之若未成然故復升堂再拜稽首以成之升則不云再拜稽首直云成拜以堂下既有再拜稽首則此文是也若堂下未拜之間聞命則升升乃再拜稽首則不得言升成拜以其堂下未拜即下經云小臣辭賓升再拜稽首鄭注不言成拜者爲拜故下實未拜是也凡臣拜於君有三等初受獻拜於堂下或親辭或遣小臣辭成與不成如上說至於酬酒雖下堂拜未即拜待君辭即此下經云公坐奠觶荅再拜執觶興立卒觶賓下拜小臣辭賓升再拜稽首注云不言成拜者爲拜故下實未拜也下不輒拜禮殺也此篇末無筭爵受公賜爵者皆下席堂上拜稽首不堂下拜者禮末又輕於酬時　公坐至稽首　注不言至於君　釋曰云此賓拜于君之左不言之者不敢敵偶于君者上云公酬

賓于西階上則此賓升再拜者拜于君之左可知經不言拜于君之左
者若言再拜于君之左則臣與君敵偶故鄭云不言之者不敢敵偶于
君闕其文也　公坐至觶洗　注君尊至文也　釋曰云君尊不酌故
也者以其君酬賓當親酌以授賓今賓爵自酌者君尊不酌與臣故也
云凡爵不相襲者也於尊者言更自敵以下言易者於尊者言更謂受
尊者之爵及與尊者爵皆言更上文主人獻公訖受爵以降奠于膳篚
更爵洗酌膳以自酢是受尊者之爵言更也下文云賓酬卿若膳觶也
則降更觶鄭注云言更觶卿尊也是與尊者之爵言更云自敵以下
言易者謂與卑者之爵及受卑者之爵皆云易此文公酬賓云賓進受
虛爵降奠于篚易觶洗言易者賓尊以公舉觶酬賓是與卑者故言易
也上文大夫二人媵爵于公者卒觶執觶待于洗南小臣請致者若君
命皆致則序進奠觶于篚阼階下再拜稽首媵爵者洗象觶升實之序
進坐奠于薦南是受卑者之爵合言易而不言者理自明若不言易者
奠散觶洗象觶觶再拜稽首故不復言易也若然主人受公酢賓受公
酬二者之爵皆從尊者來所以受酢爲受尊者之爵言更受酬爲與卑

者之爵言易者以其主人受酢由己獻公公報己已所當得是以爲受尊者之爵言更也賓受公酬以公舉媵觶就西階上以酬賓特爲賓舉旅故以爲尊者與卑者之爵言易案下士舉旅公坐取賓所媵觶唯公所賜受者如初受酬之禮降更爵洗升酌膳彼亦是尊者與卑者之爵不言易而言更者旅酬下爲上尊前人故不言易而言更也云更作新者欲見此爵前人已用今不復用更新用一爵故云更作新也云易有故之辭者言此爵我先嘗用今由前人後用已不用亦以爲爵故云易有故之辭也案特牲賓長致爵于主人主婦言更爵酢者欲得嘉賓美客以事其先故言更少牢不儐尸云致爵于主人主婦賓易爵酢者大夫禮尊于賓有君道故言易若然又案少牢不儐尸主婦致爵于主人主婦更爵酢注云更猶易也若然更與易似不別者但更易不殊以尊卑不同設文有異云不言公酬賓於西階及公反位者亦尊君空其文也者以其公就西階是降尊就卑敬公不言降尊故空文不言　公有至稽首　注下拜至成拜　釋曰云凡下未拜有二或禮殺或君親辭云禮殺者謂若酬時下爲拜實未拜辭之即升再拜稽首是也云或君親

辭者謂若公食大夫云公拜至賓降西階東北面荅拜公降一等辭賓不拜直言階上北面再拜稽首是階下未拜不得言升成拜直言再拜稽首而已　注拜於至侍臣　釋曰云於是賓請旅侍臣者案下記云凡公所酬既拜請旅侍臣鄭注云既拜謂自酌升拜時也擯者阼階下告於公還西階下告公許旅行也請行酒於羣臣必請者不專君惠也大射於此時賓請旅於諸臣此不言者文不具故記人辨之　賓以至階上　注旅序至飲酒　釋曰此經論旅酬先尊後卑之法仍未行旅下經射人作大夫長乃始旅酬　射人至受旅　注言作至卑後　釋曰遣人作大夫者燕或射故使之云言作大夫則卿存矣者以其卿稱上大夫言大夫長故知卿亦存在作中矣云長者尊先而卑後者賓則旅三卿三卿徧次第至五大夫大夫徧不及士　賓大至荅拜　注賓在至之位　釋曰言賓在右者賓在西階上酬卿賓與卿並北面賓在東卿在西是賓在大夫之右賓位合在西今在東故云賓在右者相飲之位也　賓坐至不拜　注酬而禮殺　釋曰此對酢之時坐卒爵拜既爵是禮盛也今旅酬立卒觶不拜既爵故云禮殺也　若膳至

拜送　注言更觶卿尊也　釋曰案上文體例與卑者之爵稱易與尊者之爵稱更雖云爲賓仍是大夫爲之是賓卑於卿故言更觶者卿尊也　大夫至于篚　注卒猶至作徧　釋曰言不祭者是酬禮殺也引大射禮者此經云降奠于篚不言反位故引大射奠爵於篚訖當復門右北面位　主人至階上　釋曰自此盡無加席論主人獻孤卿之節注酬而至酬也　釋曰此酬非謂尋常獻酬乃是君爲賓舉旅行酬以其主人獻君君酢主人主人不敢酬君故使二大夫媵爵于公以當酬處所以覆獻也但君恩既大爲賓舉旅飲酒之禮成於酬故酬辨乃獻卿以君尊卿卑是以君禮成卿乃得獻故云別尊卑也

儀禮疏卷第十四

儀禮疏卷第十五

唐朝散大夫行太學博士弘文館學士臣賈公彥等撰

宮至東上　注言兼至房來　釋曰此經設三卿之席在於賓東言兼卷則每卿異席也者若三卿同席則直云卷重席不須言兼今云兼卷則兼三卿重席皆卷之故知每卿皆異席也云重席重蒲筵者案公食大夫記云司宮具几與蒲筵常緇布純加萑席尋玄帛純彼爲異國之賓有蒲筵萑席兩種席故稱加上小臣設公席與公食大夫席及賓皆稱加亦是兩種席兩種而稱加此燕己臣子一種席重設之故不稱加若然案鄉飲酒云席于賓東公三重大夫再重公升如賓禮大夫則如介禮有諸公則辭加席鄉射亦云大夫辭加席案彼二文雖稱加上文云三重再重則無異席故彼記直云蒲筵彼云加者以上席加於下席故鄭彼云加席上席也故此下注云重席雖非加猶爲其重累去之是其一種席也云卿坐東上統於君也者決鄉飲酒鄉射諸公大夫席于尊東西上彼遵尊於主人故鄭注云統於尊此爲君尊故統於君而東上也云席自房來者案公食記云宰夫筵出自東房故知也　卿升

至徹之　注徹猶至君也　釋曰云重席雖非加猶爲其重累去之辟君也者案鄉射云大夫辭加席之等皆是異席而辭之此重席重蒲筵不合辭以君有加席兩重故辭之以辟君　乃薦至復位　釋曰此云卿薦脯醢不言其人略之故下記辨之云羞卿者小膳宰是也　注不酢至於羞　釋曰案上主人獻公主人酢于阼階下此即不酢故決之云卿無俎者燕主於羞者決大射庶子設俎辨尊卑故與此異　射人至之禮　注諸公至三監　釋曰云諸公者謂大國之孤也知者周禮典命云公之孤四命侯伯已下不言孤故據大國而言云孤一人者鄭司農注典命云上公得置孤卿一人後鄭從之故此亦云孤一人與司農義同云言諸者容牧有三監者以其言諸非一人案王制云天子使其大夫爲三監監於方伯之國國三人彼是殷法同之周制使伯佐牧不置監周公制禮因殷不改者若士冠醮用酒之類故鄭云容言容有異代之法據周禮天子大夫四命與孤等故同稱公　席于至加席　注席孤至之坐　釋曰案上文卿初設重席辭之乃徹此孤北面初無加席者皆是爲大尊屈之也云親寵苟敬私昵之坐者案下記云賓爲

苟敬席于阼階之西以爲敬此孤亦席於阼階之西故爲苟敬私昵之坐也　小臣至如初　釋曰自此至送觶公荅再拜論一人致爵于公之事云二大夫媵爵如初者亦上二人媵爵媵爵者阼階下皆北面再拜稽首公荅再拜媵爵者立于洗南西面北上序進盥洗角觶升自西階序進酌散交于楹北降阼階下皆奠觶再拜稽首執觶興公荅再拜媵爵者皆坐祭遂卒觶興坐奠觶再拜稽首執觶興公荅再拜媵爵者執觶待于洗南相似也故言二大夫媵爵如初也　請致至再拜　注命長至暇也　釋曰上文小臣請媵爵則此請致者亦小臣也云命長致者公或時未能舉自優暇也者脫屨升坐以前公爲賓爲卿爲大夫三舉旅也燕禮之正不得損益而云公或時未能舉自優暇者正謂周公作經以優之非實也故云若命長致言若者不定之辭優君之義故唯命長致不然似言皆致以其三舉旅唯有此三觶故也　洗象至再拜　注奠于至勸君　釋曰云奠于薦南者於公所用酬賓觶之處者案前大夫二人媵觶奠于公薦南北上其上觶已取爲賓舉旅下觶仍在今大夫又媵一觶而云奠于薦南明知是所用酬賓觶之處云二人

俱拜以其共勸君者上云媵爵者二大夫媵爵如初是共勸君酒今始命長致故俱拜以其共勸君故也　公又至所酬　釋曰自此至奠于篚論爲卿舉旅之事　注一爵至酬賓　釋曰知一爵是先媵者之下觶者以其前大夫二人媵爵皆奠于薦南以其上觶者已爲賓舉旅今又行一爵故知先媵者之下觶也其後媵一觶者留之後爲大夫舉旅也云若賓若長則賓禮殺矣者前爲賓舉旅不云若賓若長專爲賓禮盛至此爲卿舉旅不專爲賓舉旅科從其一是賓禮殺也云長公卿之尊者也者有諸公公爲尊若無諸公三卿爲尊長中可以兼此二者云賓則以酬長長則以酬賓者釋經若賓若長言若不定或先或後故兩言之以旅至于篚　釋曰言如初者一如上爲賓舉旅之節　主人至復位　釋曰自此盡皆升就席論獻大夫之節　注既盡至又殺　釋曰云不拜之者禮又殺者前卿受獻不酢辟君已是禮殺今大夫受獻不但不酢主人又不拜既爵故云禮又殺　胥薦至無胥　注胥膳至俎實　釋曰云胥膳宰之吏也者案周禮有府史胥徒鄭注天官胥讀如諝謂其有才知爲什長是庶人在官者所羞薦者皆膳宰胥是膳宰之吏云

主人大夫之下先大夫薦之尊之也者案大射注直云主人大夫不云下此云大夫之下者謂大夫之中位次在下下經云辯獻大夫乃薦此薦文在上是先大夫薦之尊之也云不於上者上無其位也者案此燕禮大夫堂上士在下獨此宰夫言堂上無位者以其主人位在阼階君已在阼故主人辟之位在下是以大射注云不薦於上辟正主也云胥俎實者胥者升也謂升特牲體於俎故云俎實也　辯獻至東上　注徧獻至席也　釋曰凡大夫升堂受獻得獻訖即降獻徧不待大夫升遂薦於其位大夫始升故言遂也云徧獻之乃薦略賤也者決上卿與賓得獻即薦貴故也云亦獻而後布席也者亦上獻卿之時司宮兼卷重席設於賓左此大夫不言設席明亦得獻後即布席也若然案大射席小卿賓西東上注云席於賓西射禮辨貴賤也以此言之燕禮主歡不辨貴賤小卿與大卿皆在賓東故此賓西無小卿位　席工至其西　釋曰自此至降復位論作樂之事此上下作樂之中有四節升歌一笙二間三合樂四　注工瞽至告備　釋曰工瞽矇歌諷誦詩者也者案周禮瞽矇掌播鼗諷誦詩鄭云諷誦詩謂闇讀之不依詠也彼不依琴

瑟闇讀之即爾雅徒歌曰謡此作樂之時依於瑟即詩注云曲合樂曰歌一也故下云工歌鹿鳴之類是也云凡執技藝者稱工者執技藝文出於王制但能其事者皆稱工是以引少牢饋食祝稱工樂記師乙爲大師樂官亦稱工至於冬官巧作者皆稱工云樂正于天子樂師也知樂正與樂師相當者案周禮樂師職云凡樂成則告備此樂正告樂備故知樂正當天子樂師樂師下大夫四人上士八人下士十有六人樂師大小多矣此諸侯樂正亦有大小之名也故大射云小樂正從之鄭注云小樂正於天子樂師也是其諸侯樂正雖有大小當天子樂師知大樂正不當天子大司樂者以其天子大司樂不告樂備故不得以大樂正當之但大射主於射略於樂故小樂正告樂備此燕主歡心故大樂正告樂備故不同　小臣至乃降　注工四至同官　釋曰工四人者燕禮輕從大夫制也者鄭言此者決大射禮重工六人從諸侯制案公羊傳諸公六諸侯四若然知非大射是諸公制此燕禮是諸侯制者案鄉射皆工四人是大夫制則諸侯不得有工四人五等諸侯同六人彼公羊六人四人不同者自是舞人之數不得以彼決此也云面鼓者燕

尚樂可鼓者在前也者此決鄉飲酒左何瑟後首臣降於君故也引天子大僕二人也者周禮序官文引之者此經小臣相工大射云僕人正徒相大師僕人師相少師僕人士相上工僕人以下同官旣多遞換相工但大射辨尊卑故僕人正等相工此燕禮輕故小臣相工是以別周禮同官人多得相參之意　工歌至者華　注三者至明也　釋曰此經歌詩之類鄭於鄉飲酒已注此注與彼同但此燕禮歌小雅亦合鄉樂下就卑也鄉飲酒升歌鹿鳴之等饗或上取故彼此詩同注亦不異也　卒歌至送爵　注工歌至於席　釋曰云工歌乃獻之賤者先就事也者歌詩是其事先施功勞乃始獻之是賤者先就事對工以上不就事而得獻也故大射注云工歌而獻之以事報之是也云左瑟便其右者工北面以西爲左空其右受獻便者酒從東楹之西來故以右爲便案大射云獻工工左瑟鄭注云大師無瑟於是言左瑟者節也以其經云僕人正徒相大師無瑟言大師左瑟者爲飲酒之節此與鄉飲酒同無所分別大師或瑟或歌是以不得言節之案鄉飲酒大師則爲之洗則衆工不洗也此經主人洗升獻工不辨大師與衆工則皆爲之洗爵

又案鄉飲酒記不洗者不祭此篇與大射羣工與衆笙皆言祭故知皆爲之洗云工拜於席者以經云工興左瑟即云一人拜受爵不見有降席之文明工拜於席可知　薦脯醢　注輒薦至夫也　釋曰案上獻大夫之時云辯獻大夫遂薦之鄭注云徧獻之乃薦略賤也此獻工之長一人即薦脯醢非謂貴工即獻之正是禮尚異變於大夫也　使人相祭　注使扶至祭酒　釋曰上云小臣相工則此扶工相祭是小臣也此據相長一人文承受爵薦脯醢之下故知祭薦脯醢及祭酒二事對下衆工祭酒不祭脯醢也　公又至如初　注言賜至彌卑　釋曰此燕尚飲酒故工歌之後笙奏之前而爲大夫舉旅大射雖行燕禮主於射故笙之間至射乃爲大夫舉旅云言賜者君又彌尊賓長彌卑者案上爲賓舉旅直云公與以酬賓爲卿舉旅而云若賓若長言若不定科酬其一不專爲賓是君禮漸尊賓禮漸殺雖然猶言酬至此言唯公所賜者以上下言之是君又彌尊賓長彌卑也　卒　注旅畢也　釋曰言旅畢者謂爲大夫舉旅酬行於西階之上或從賓或從卿次第盡大夫故云旅畢也　笙入至華黍　注以笙至信也　釋曰此笙奏南

陔白華華黍三篇等經注與鄉射同亦不復重釋但此云笙入立于縣中以其諸侯軒縣闕南面而已故得言縣中鄉飲酒唯有一磬縣而已不得言縣中而云磬南注引鄉飲酒者欲見此雖軒縣近北面縣之南也

主人至主人　注一人至于下　釋曰引鄉射禮者證笙一人拜此與鄉飲酒皆直云一人拜不言拜于下故鄉飲酒與此注皆引鄉射以爲證欲見拜者拜於階下　衆笙至不祭　釋曰言不拜受爵降者於階下受爵者亦盡階不升堂云辯有脯醢者亦獻訖薦于位之前　乃間至由儀　注間代至未聞　釋曰此經注一與鄉飲酒同彼已釋訖不復重解　遂歌至采蘋　注周南至未聞　釋曰云遂歌鄉樂者鄉飲酒云乃合樂與此文不同者以其二南是大夫士樂大夫士或作鄉大夫或作州長故名鄉大夫樂飲酒不言鄉樂者以其是己之樂不須言鄉故直言合樂此燕禮是諸侯禮下歌大夫士樂故以鄉樂言之又鄉飲酒注云合樂謂歌與衆聲俱作彼經有合樂之字故也此經無合樂之字故闕而不言其實此歌鄉樂亦與衆聲俱作是以彼處解合爲歌與衆聲俱作耳此歌而解合明同也自周南以下所注亦與鄉飲酒同

亦不復重釋　大師至歌備　注大師至成也　釋曰云大師上工也者案春官大師下大夫二人小師上士四人又云上瞽四十人中瞽百人下瞽百有六十人注云凡樂之歌必使瞽矇爲焉命其賢知者以爲大師對小師巳下二百人爲上士也云掌合陰陽之聲教六詩以六律爲之音者也者並大師職文案彼云掌六律六同以合陰陽之聲注云陽聲黃鍾大蔟姑洗蕤賓夷則無射陰聲大吕應鍾南吕林鍾中吕夾鍾又云皆文之以五聲宮商角徵羽皆播之以八音金石土革絲木匏竹又云教六詩曰風曰賦曰比曰興曰雅曰頌以六德爲之本以六律爲之音云子貢問師乙以下至何歌也並樂記文師乙魯之大師以掌樂事故子貢問焉引之者證大師知樂節故告歌備故鄭云是明其掌而知之也知升歌以下四節皆三終者案禮記鄉飲酒義云工入升歌三終主人獻之笙入三終主人獻之閒歌三終合樂三終工告樂備故知皆三終彼與此經閒歌合樂不獻之者但閒歌合樂還是始升歌笙奏之前巳得獻故不復重獻云備亦成也者案周禮樂師職云凡樂成則告備故云亦成也　樂正至復位　注言由至之北　釋曰言由楹

內者以其樂正與工俱在堂廉則楹南無過處故由楹內適東楹之東
告于公云復位位在東縣之北者案大射略於樂小樂正升堂經有左
右正則知亦有大樂正至席工於西階上少東東面時小樂正亦降立
於其南北面卒管工向東坫之東南西面北上坐時鄭注云於是時大
樂正還北面立於其南臣位尊東明工升堂時小樂正升大樂正東方
西面工來東坫之東南西面時大樂正東縣之北北面其小樂正則立
於西階下東面此燕禮主於樂故大樂正升堂今降明復於東縣之北
北面也　射人至司正　注君許至事同　釋曰自此盡皆反坐論立
司正遂行所監之事云君三舉爵者爲賓爲卿爲大夫舉旅云樂備作
矣者歌笙間合四者備作各三終矣案鄉飲酒鄉射立司正後始行旅
酬者彼是士饗禮饗禮之法莫問尊卑徧獻之後乃行旅酬故立司正
之後乃行旅酬此燕禮國君燕其臣子雖一獻以辨尊卑故主人獻君
而受酬主人卑不敢酬公獻之禮成於酬故使大夫媵觶於公當酬公
君行大惠即舉之爲賓賓得觶請旅諸臣徧卿大夫乃成一獻之禮復
獻卿大夫皆爲之舉旅行酬皆成其獻但卿大夫皆堂上有位近君不

敢失禮故雖舉旅行酬而未立司正作樂後將獻羣士職卑位在堂下將爲士舉旅恐失禮故未獻之前即立司正監之故不同也　司正至不安　注洗奠至於賓　釋曰云洗奠角觶于中庭明其事以自表威儀多也者此奠觶于中庭威儀多決鄉飲酒不奠是以鄉飲酒作相爲司正洗觶執以升自西階是不奠威儀少也云君意殷勤欲留賓飲酒命卿大夫以我故安者以主人安客乃安故欲安賓先語卿大夫以我意故須安也云或亦其實不主意於賓者鄭意兩解前解主意爲賓故使卿大夫爲賓安或亦其實不專主爲賓兼羣臣共安也　司正至稽首　注右還至其位　釋曰右還將適觶南先西面也者右還謂奠時南面乃以右手向外而西面乃從觶西南行而右還北面云必從觶西爲君之在東也者若從觶東而左還北面則背君以其君在阼故也云自嚴正慎其位者以司正監察主爲使人嚴正謹慎故先自嚴正謹慎也　左還至其所　注反奠至位也　釋曰必使不空者亦欲使衆人覩知司正嚴正之處　升自至以東　注膳宰至徹然　釋曰云降自阼階以賓親徹若君親徹然者臣之升降當西階今見賓親徹膳宰

代君徹不降西階而降自阼階當君降處故云若君親徹降自阼然也

卿大至北上　注以將至反也　釋曰案大射云大夫降復位注云門東北面位不與卿同東面位者彼卿有俎卿取俎以出故大夫不敢獨在西階下故復位復門東北面位此燕卿無俎故大夫與卿同降西階下東面北上位也云以將坐降待賓反者上文賓以俎出當反入升坐故卿大夫待賓反亦升坐也　賓反至乃安　注凡燕至之心　釋曰凡在堂立行禮不說屨安坐則說屨故鄭云凡燕坐必說屨以其屨在足賤不宜在堂陳於尊者之側也云禮者尚敬敬多則不親燕安坐相親之心者左氏傳云饗以訓恭儉設几而不倚爵盈而不飲燕以示慈惠饗在廟立行禮是敬多則不親者也燕在寢以醉爲度是相親之心者也若然直云賓及卿大夫說屨不云君降說屨則君說屨之在堂上席側是以禮記少儀云排闔說屨於戶內者一人而已矣彼據尊者坐在室則尊者一人說屨在戶內今此燕在堂上則君尊說屨於席側可知也　羞庶羞　注謂膳至之道　釋曰案大射云羞庶羞注云所進衆羞謂膳肝膋狗胾醢也或有炮鼈膾鯉雉兔鶉鴽大射先行燕禮明

與彼同此注不言炮鼈已下注文不具鄭知有此物者以經云庶羞不
唯二豆而已案内則爲肝膋取狗肝一幪之以其膋濡炙之舉燋其膋
不蓼注云膋腸間脂此及大射其牲皆用狗故知有肝膋狗胾知有炮
鼈膾鯉者詩云吉甫燕喜飲御諸友炮鼈膾鯉又内則及公食大夫上
大夫二十豆有雉兎鶉鴽禮記王制云庶羞不踰牲此燕用狗必可有
此物而已鄉飲酒鄉射亦有狗但經直云羞不云庶是以鄭注云胾醢
明二豆無餘物也云骨體所以致敬也者據未坐以前庶羞所以盡愛
據説屨已後也　大夫祭薦　注燕乃至禮也　釋曰不敢於盛成禮
謂未立司正之前立行禮受獻之時不祭脯醢祭先是成禮不敢成禮
於盛時　司正至反坐　注皆命至序端　釋曰云起對必降席者經
云反坐不云降明起對必降席旣對乃反坐也是以孝經云曾子避席
曰參不敏亦是起對也知司正退立西序端者此無降文見鄉飲酒云
司正升相旅退立于序端東面故知此亦然也　主人至送觶　注獻
士至作觶　釋曰自此盡立飲論獻士之事云獻士用觶士賤也者對
上大夫已上獻用觚旅酬乃用觶此獻士即用觶故云士賤也不從今

文觚者若從觚與大夫已上何異故不從士坐至立飲　注他謂至不拜　釋曰云他謂衆士也者上云士長明此士長之外皆衆士也知亦升受爵者以其士尊於笙之長笙之長尚受爵於階上明士得升堂受爵也言不拜者以其士長得拜明衆士不拜也乃薦至東上　注天子至爲上　釋曰此等皆士而先薦者以其皆有事故先得薦司士亦先薦者案周禮司士掌羣士爵祿廢置之事士中之尊故亦先得薦也鄭引周禮序官射人司士下大夫二人約出此諸侯則上士者天子官尊諸侯宜降一等以是諸侯射人司士得在士位中云其人數亦如之者案周禮序官射人下大夫二人上士四人下士八人皆名射人則諸侯雖使士爲之人數亦等以其畿外諸侯張三侯與天子同故知射人之數亦同也言此者欲見射時射人有事非一故下文注云大射正射人之長是以大射禮大射正及小射正皆有事也云司正爲上者雖同是士以其爲庭長故設在上先薦之此經三者當官雖多皆取長先薦其餘在於衆位依齒也又士位在西有事者別在觶南北面東上也　辯獻至薦士　注每已至其位　釋曰云即位于東方蓋尊之者以其庭

中之位卿東方西面大夫北面士西方東面是東方尊今卿大夫得獻升堂位空故士得獻即東方卿位是尊之以無正文故云蓋以疑之也知畢獻薦之者以其經云辯獻士乃薦士故知當畢獻後乃薦也　祝史至薦之　注次士至東方　釋曰云次士獻之巳不變位者對先獻士士即變位鄉東方也云位自在東方者案上設位之時祝史在門東小臣在東堂下是先在東方也　主人至立飲　注北面至復位　釋曰云北面酌南鄉獻之於尊南者案大射旅食尊在西鐏之南北面則此主人在南亦北面以陳尊向君若東楹之西東向設尊亦是向君爲正彼酌者尊後東面酌此亦尊後北面酌南面獻之於尊南也云不洗者以其賤者此乃庶人在官府史胥徒之輩故云賤略之也云亦畢獻乃薦之者亦上文士此畢獻乃薦可知云主人執虛爵奠于篚復位者此約大射獻旅食訖云執虛爵奠於篚復位故知也　若射至之禮　注大射至飲酒　釋曰此一經論燕末行射之節云大射正爲司射者燕禮輕又不主爲射故射人爲擯又爲司正至射時大射正爲司射大射之時略於燕主於射故大射正爲擯又爲司正至射又親其職故不同爲

司射也云宜從之者鄉射是卿大夫禮故樂之還從之也云如者如其告弓矢既具至退中與筭也者經云如鄉射之禮明從始至末皆如之案鄉射初司射告弓矢既具至三番射訖而退中與筭故如之也云納射器而張侯者欲見此與鄉射因納射器後即張侯大射納射器之後無張侯之事是以特言此也云告請先於君乃以命賓及卿大夫者此燕禮與大射皆國君之禮此燕禮毎事皆先請於君大射亦先請於君故故大射初司射自阼階前請於公公許乃命賓及卿大夫鄉射西階上告賓曰弓矢既具乃告於主人遂告大夫是先後異也云其爲司正者亦爲司馬者鄉射將射云司正爲司馬此亦於將射司正爲司馬故亦之也若然則上文射人告具射人請賓又云射人請立司正公許射人遂爲司正皆一人也必云司正爲司馬者諸侯有常官嫌與鄉射異故言此也若士射則司正不爲司馬云君與賓爲耦者欲見鄉射賓與主人爲耦此君與賓爲耦亦是異於鄉射也引鄉射記君射至龍旜亦其異者也者謂旌與中異何者彼因記國君三處射旌與中各不同云君國中射則皮樹中以翿旌獲白羽與朱羽糅言國中則此燕射也又云於郊則閭中以旌

獲謂諸侯大射在郊又云於竟則虎中龍旜謂諸侯賓射在竟此皆諸侯禮射雖記在鄉射皆與鄉射異也云薦旅食乃射者是燕射主於飲酒者此獻士旅食後乃射是燕射於飲酒浹大射未爲大夫舉旅之前則射是彼大射主於射故也　賓降至再拜　注此當至誤爾　釋曰自此盡賓反位論賓媵爵於公之節云古者觶字或作角旁氏由此誤爾者案冬官梓人爲飲器勺一升爵一升觚三升獻以爵而酬以觚一獻而三酬則一豆矣鄭引南郡大守馬季長云觚當爲觶豆當爲斗鄭康成云古者觶角傍氏似觚故誤爲觚時人又多聞觚寡聞觗是以誤爲觚此注與彼同也　賓坐祭至反位　注反位至象觚　釋曰知反位是反席者以其堂下無席堂上乃有之而云賓升成拜不云降明上反位者反席可知也　公坐至所賜　注至此至爲觚　釋曰自此盡士旅酌卒論君爲士舉旅之事云唯公所賜者辭與爲大夫舉旅同也云至此又言與者明公崇禮不倦也者以其說屨升坐之後理當倦今言與明不倦矣　有執爵者　注士有至之者　釋曰無筭坐勸酒有執爵行之者今此爲士舉旅亦有執爵行之若無筭爵然後士有盥升

主酬授之者若然前三舉旅皆酬者自酬授人也　司正至酬士　注
欲令惠均　釋曰此所命者命大夫也以前三舉旅辯大夫則止今此
爲士舉旅故及之云欲令惠均者惠均於室及均於庭也士特牲爵止
欲得神惠均於室及均於庭此據人君之惠均於庭也　大夫至荅拜
注與酬至坐位　釋曰此即上文司正所命者也云與酬士者士立堂下
無坐位者凡禮堂上有席者坐堂下無席者立是以禮記檀弓工尹商
陽是士而云朝不坐堂下無坐位者也　大夫至上辯　注祝史至及
焉　釋曰知旅食皆及者以士未得獻時旅酬不及得獻之後旅則及
之旅食亦次士得獻故知亦酬及之其庶子以下未得獻者至獻後無
算爵及焉　卒主至之禮　注庶子至薦也　釋曰此一經獻庶子以
下之節云庶子掌正六牲之體及舞位使國子脩德學道世子之官也
者案周禮諸子職云大祭祀正六牲之體凡樂事正舞位國子存遊倅
使之脩德學道彼天子諸子之官屬大子若據諸侯爲世子之官引之
者以天子謂之諸子諸侯謂之庶子掌公卿大夫士之適子掌事是同
故取諸子職解此庶子之事云而與膳宰樂正聯事者以掌正六牲之

體得與膳宰聯事掌國子脩德學道得與樂正聯事以其樂正亦掌敎國子故也言此者欲見膳宰得獻此庶子亦得獻之意云樂正亦敎國子以舞者欲見庶子掌國子得與樂正聯事去左右正謂樂正僕人正也僕人正以下至北上鄭知義然者見大射禮而知云左右正者據中庭爲左右大射禮工遷於東僕人正亦與樂正同處名曰左正復云右正明是小樂正在西爲一也若小樂正不在西大射之禮不得有左右正之文又兩面俱縣明大小樂正各監一縣又知僕人正以下在小樂正之北北上者以鄉射弟子相工皆在西今僕人正以下亦是相工之人故知亦在西方也又工堂上西階之東相工者宜近其事故在西方樂正之北也又知北上者以大射鄉射工遷在下之時皆北上統於樂正今相者以工爲主明在堂下則宜北統於堂上矣下又知大樂正在東縣北者約鄉射云縣于洗東北至射時遷樂於阼階下之東南堂前三笴西面北上坐樂正北面立于其南是得爲一證也云若射以下至工後者案大射將射之時工遷於下東坫之東南西面北上坐相者以工爲主故知相工陪於東即在工後也云内小臣奄人掌君陰事陰令后

夫人之官也者案天官小臣序官云内小臣奄上士四人其職云掌王之陰事陰令鄭注云陰事羣妃御見之事陰令王所求爲於北宮彼后之官兼云夫人者欲見諸侯夫人内小臣亦與后之内小臣職同故雙言之云皆獻於阼階上别於外内臣也者臣云外内者案周禮有外内命夫鄭注云外命夫六卿以出案内命夫朝廷卿大夫則諸侯臣在鄉遂及采地者爲外臣在朝廷者爲内臣但外内臣皆獻於西階上此獻於阼階故云别於外内臣也云則磬人以下至盡獻可知也者此據周禮天子有此官諸侯並以下士爲之則諸侯亦有此官以其庭中之樂軒縣别有鍾磬鎛鼓故知也兼言僕人者此經直見僕人正不見僕人師僕人士大射見之内小臣奄人之賤者尚得獻明此等皆得獻可知也知凡獻皆薦者以經云如獻士獻士有薦凡此等獻訖明皆有薦也

無筭爵　注筭數至而止　釋曰自此盡無筭樂論酒行樂作無次數之節云爵行無次無數者此對四舉旅以前皆有次有數此則無次數也

士也至荅拜　注席下至再拜　釋曰自旅酬已前受公爵皆降拜升成拜至此不復降拜者禮殺故也云席下席西也者賓與卿大夫

席皆南面統於君皆以東爲上故知席下爲席西也　受賜至後飲　注不敢至來也　釋曰上已言君命所賜至此經云受賜自然惠從尊者來但先君受爵似惠不由君來故後飲然後授虛爵是由尊者來故後飲之也此執爵者皆酌行之以偏唯卒爵者興以酬士自酌與之是以鄉飲酒鄉射皆云辯卒受者興以旅在下者注云不使執觶者酌以其將旅不以己尊孤人也　執膳至奠之　注宴歡至其意　釋曰云成其意者君意欲得皆醉今執膳者酌反奠於君前望當君心故云宴歡在於飲酒成其意也　注乃猶而也　釋曰轉乃爲而者乃是緩辭此將勸士士已升階大夫即飲不可爲乃故從而解之也　士不至皆辟　注命徹至受也　釋曰云士旅酌亦如之者亦如大夫相酌之法云公有命徹冪者此君尊在東楹之西專大惠故待無筭爵乃徹冪鄉飲酒尊在房戶之閒賓主共之故賓至則徹之與此異也云小臣辭不升成拜明雖醉正臣禮也者臣之禮當下拜爲正今不言升成拜者於下已拜是雖無筭爵已醉而不倦行臣禮禮之正也云不言賓賓彌臣也者經直言卿大夫皆降不別言賓是燕末賓同於臣言彌者上旅酬

云若賓若長猶言賓但言賜不言酬已是賓卑今乃設賓不言賓是賓彌臣故同臣例也云君荅拜於上示不虛受也者案燕義云禮無不荅言上之不虛取於下也彼釋此言也但彼言不虛取於下者摠申此燕禮君荅拜之事不獨爲此言也　遂升至如初　注卿大至卒之　釋曰云卿大夫降而爵止者上文已云大夫不拜乃飲實爵士不拜受爵是大夫飲訖爵止也云於其反席卒之者謂上士受得大夫爵此經云士終旅於上如初是於大夫反席士卒之也　無筭樂　注升歌至亦然　釋曰此無筭對上升歌笙閒合各依次第而三終有次有數此則任君之情無次無數其詩樂章亦然亦無次無數　宵則至門外　注宵夜至客出　釋曰凡燕法設燭者或射之後終燕則至宵也或冬之日不射亦宵夏之日不射未必至宵也云燭燋也者古者無麻燭而用荆燋故少儀云主人執燭抱燋鄭云未爇曰燋但在地曰燎執之曰燭於地廣設之則曰大燭其燎亦名大燭故詩云庭燎之光毛云庭燎大燭也鄭云夜未央而於庭設大燭毛鄭並指此甸人執大燭之文也司烜氏云凡邦之大事共墳燭庭燎彼注謂墳大也樹於門外曰大燭於門

内曰庭燎言樹則大燭亦在地廣設之而已此閽人爲大燭於門外者亦是大燭在地者案郊特牲云庭燎之百由齊桓公始也注云僭天子也庭燎之差公蓋五十侯伯子男皆三十文出大戴禮也此亦諸侯禮以燕禮輕故不言庭燎設大燭而已云甸人掌共薪蒸者天官甸師氏職文引之者以其内有燭燋故使之在門爲大燭也云閽人門人也者案天官閽人掌守王中門之禁諸侯亦當然　奏陔　注陔夏至奏之

釋曰云陔陔夏者案鍾師九夏之中有陔夏九夏皆是詩詩爲樂章故知樂章也云賓出奏陔夏以爲行節也者此及鄉飲酒皆於賓出奏陔夏明此爲行節戒之使不失禮云凡夏以鍾鼓奏之者案周禮鍾師云以鍾鼓奏九夏鄭注云先奏鍾次擊鼓是凡夏皆以鍾鼓奏之　公與客燕　注謂四方之使者　釋曰自此盡敢拜賜命論與異國臣將燕使卿大夫就館戒客之辭事但燕異國卿大夫與臣子同唯戒賓爲異故於禮末特見之也云謂四方之使者以其云客以寡君對之故知四方使卿大夫來聘主君將燕之也　曰寡至以請　注君使至無之

釋曰云禮使人各以其爵者案公食大夫云使大夫戒各以其爵以其

大聘使卿小聘使大夫爵不同故主君亦以其爵戒之也云上介出請
入告者亦約公食使者至館門外客使者上介出請事入告賓但彼食
禮重故三辭此燕禮輕故再辭爲異耳又彼見賓出拜辱大夫不荅拜
此不言者文不具　對曰至敢辭　注上介至之辭　釋曰云敢者怖
懼用勢決之辭也者謂若怖懼之事不避危難用勢往決之故云用勢
決之辭也　注敢拜至辭也　釋曰主君使大夫往戒只爲燕事今客
從之者來就燕而云拜主君賜燕之命者謙不必有燕事　記燕朝服
於寢　注朝服至異也　釋曰凡記皆記經不具者以經不言燕服及燕處
故記人言之也云謂冠玄端緇帶素韠白屨者皆士冠禮文案屨人注
天子諸侯吉事皆舄諸侯朝服素裳素韠應白舄而云白屨者引士冠
禮成文其實諸侯當白舄其臣則白屨也鄭注周禮屨人云複下曰舄
禪下曰屨下謂底以此爲異也云燕於路寢相親昵也知燕於寢者以
其饗在廟明燕在寢私處可知也引漢法欲見與古異者周時玄冠服
則緇布衣今衣皮弁服是其異也　亨于門外東方　注亨于至掌也
釋曰此君禮故云臣所掌案公食記云亨于門外東方注云必於門外

者大夫之事也注不同者以其饗食在廟嚴凝宜親監視不得言臣所掌故注云大夫之事也鄉飲酒亨狗于堂東北者非君禮是臣於堂東北不在外者宜主人親供又法陽氣之所始故三者注皆不同也　若與至讓升　注四方至賓也　釋曰云自戒至於拜至皆如公食者此燕用狗彼用大牢此戒賓再辭彼三辭至於卿大夫立位皆不同而云如公食者謂除此之外如之若然依公食從首使大夫戒各以其爵上介出請入告已下至北面再拜稽首皆如之饌具之等不如之也云亦告饌具而後公即席小臣請執冪請羞者乃迎賓也者言此者欲見燕四方賓此等依上文與燕己臣子同亦不如公食以其公食公無席又無入廟之事又公食無請執冪羞膳故別言此也　賓爲至爲賓　注苟且至燕也　釋曰云主國君饗時親進醴于賓者謂行聘享訖禮賓之時君親酌醴進於賓若然前有饗食不言之者饗禮亡無以可言食禮又無酒醴所獻之事故不言而云饗時也　云今燕又宜獻焉者案上燕己臣子使宰夫爲主人知此親獻者若不親獻即同己臣子賓何須辭之而爲苟敬故知君當親獻焉云至此升堂而辭讓者若此時升堂

不辭即行燕賓之禮故知辭之在初升堂時云欲以臣禮燕爲恭敬也者正謂在阼西北面故云席之如諸公之位也云言苟敬者賓實主國所宜敬也者賓實主國所宜敬但爲辭讓故以命介爲賓不得敬之今雖以介爲賓不可全不敬於是席之於阼階西且敬也故云苟敬也云不嚌啐似若尊者然也者案此燕禮與大射鄉射皆不嚌啐是諸公如鄉禮今聘卿在諸公之坐亦不嚌不啐是爲似若諸公尊者然也云介門西北面西上者約聘禮而知也云公降迎上介以爲賓揖讓升如初禮者此如上文燕己臣子以大夫爲賓者同故云如初禮也云主人獻賓獻公既獻苟敬乃媵觚者若上燕己臣子之時獻賓獻公既即媵觶以酬賓但苟敬之前宜有薦有俎賓與君同明知獻公後即獻苟敬乃可酬賓也云羣臣即位如燕者如上燕己臣子同若然羣臣不待迎賓入乃從君入者以其皆蒙獻酬故因其先至寢門故小臣引之即入不待賓入後也　無膳尊無膳爵　注降尊以就卑　釋曰郊特牲云三獻之介君專席而酢焉此降尊以就卑也注云三獻卿大夫來聘主君饗燕之以介爲賓賓爲苟敬則徹重席而受酢也專猶單也彼與此事

同故鄭引彼經以證此燕己臣子不見有君親受賓酢若燕異國臣子得有專席受酢者獻卿大夫之後依次各爲此三人舉旅獻士之後賓乃媵觶於公賓取所媵觶爲士舉旅應以爲酢君君專席而受之也與卿至爲賓　注不以至無燕　釋曰此謂與己臣子燕法若與異國賓燕皆用上介爲賓如上說也云公父文伯已下是魯語文此三人皆魯大夫自相燕法云此之謂也者此謂不使所爲燕者爲賓之義云君恒以大夫爲賓者大夫卑雖尊之猶遠於君者案禮記燕義云不以公卿爲賓而以大夫爲賓爲疑也明嫌之義也注云公卿尊矣復以爲賓則尊與君大相近是不用公卿爲賓恐逼君用大夫爲賓雖尊之猶遠於君不畏逼君也　羞膳至士也　注尊君至於士　釋曰經直云請執冪與羞膳不辨其人故記人言之云尊君也膳宰卑於士者言膳宰別小膳宰也以其下云羞卿者小膳宰明於君者士也士尊於小膳宰也若然士則膳宰之長者故下注小膳宰云膳宰之佐也　若以至樂闋　注肆夏至樂焉　釋曰自此盡若舞則勺論臣子有王事之勞與之燕之事云若者不定之辭以其常燕己臣子無樂王事之勞或有或

無故言若也云肆夏樂章也今亡者鄭注鍾師云九夏皆詩篇名頌之族類也此歌之大者載在樂章樂崩亦從而亡是以頌不能具也云以鍾鎛播之鼓磬應之者鍾師云掌金奏鄭注云擊金以爲奏樂之節金謂鍾及鎛又云凡樂事以鍾鼓奏九夏鄭注云先擊鍾次擊鼓是奏肆夏時有鍾鎛鼓磬彼經注雖不言磬但縣内有此四者故鄭兼言磬也言所謂金奏也者所謂鍾師掌金奏也云記曰者此鄭引二記之文何者云入門而縣興是仲尼之文仲尼燕居云兩君相見揖讓而入門入門而縣興揖讓而升堂升堂而樂闋郊特牲云賓入大門而奏肆夏示易以敬也必引二記文者以燕在寢賓及庭及寢庭與仲尼燕居入門而縣興事相類故引之證賓及庭樂作之義也此肆夏以金奏之故引郊特牲示易以敬證用肆夏之義也不取賓入大門者大門非寢門故也云卿大夫有王事之勞則奏此樂焉知者以發首陳君與臣子常燕及聘使之臣燕次論四方賓燕今此言賓及庭奏肆夏則非尋常大夫爲賓與宰夫爲主人相對者謂若賓爲苟敬四方賓之類特奏肆夏其事既重若非有王事之勞何以致此故知是臣有王事之勞者乃奏此

樂也　升歌至三成　注新宫至終也　釋曰鹿鳴不言工歌新宫不言笙奏而言升歌下管者欲明笙奏異於常燕常燕即上所陳四節是也今工歌鹿鳴三終與笙奏全别故特言下管新宫乃始笙入三成者止謂笙奏新宫三終申説下管之義云新宫小雅逸篇也知在小雅者以配鹿鳴而言鹿鳴是小雅明新宫小雅可知　若舞則勺　注勺頌至功也　釋曰言若者或爲之舞或不爲之舞在於君意故以不定而言云舞則勺者謂爲之舞則歌勺詩以爲曲云勺頌篇告成大武之樂歌也者勺詩序文云其詩曰於鑠王師遵養時晦者鑠美也言於呼美武王之師遵循也循養晦昧之紂三分天下猶服事於殷又曰實維爾公允師者公事允信也言武王伐紂實維汝武王之事信得用師之道云既合鄉樂者以文承合鄉樂之下故知既合鄉樂也云萬舞而奏之者釋經舞時作周萬舞之舞而奏勺詩宣八年公羊傳云壬午猶繹萬入去籥傳曰萬者何干舞也謂秉干舞以奏勺詩也云所以美王侯勸有功也者天子諸侯作之是美王侯亦所以勸有功也　唯公與賓有俎　注主於至無俎　釋曰主於燕其餘可以無俎者對大射辨尊卑

公卿皆有俎其牲用狗則同也　獻公至聽命　注授公至受之　釋曰謂若主人獻公賓媵觶於公雖非獻亦釋此辭也　凡粟階不過二等　注其始至升堂　釋曰凡堂及階尊者高而多卑者庳而少案禮器云天子之堂九尺諸侯七尺大夫五尺士三尺士冠禮降三等受爵弁鄭注云降三等下至地則士三等階以此推之則一尺爲一階大夫五尺五等階諸侯七尺七等階天子九尺九等階可知今云凡粟階不過二等言凡則天子九等已下至士三等皆有粟階之法粟階不過二等據上等而言故鄭云其始升猶聚足連步一也故曲禮云涉級聚足連步以上鄭注云涉等聚足謂前足躡一等後足從之併連步謂足相隨不相過也此即聚足一也天子已下皆留上等爲粟階左右足各一發而升堂其下無問多少皆連步雜記云主人之升降散等鄭注云散等粟階則粟階亦名散等凡升階之法有四等連步一也粟階二也歷階三也歷階謂從下至上皆越等無連步若禮記檀弓云杜蕢入寢歷階而升是也越階四也越階謂左右足越三等若公羊傳云趙盾避靈公躇階而走是也　凡公至侍臣　注既拜至惠也　釋曰云既拜謂

自酌升拜時也者此即上賓得君酬酒飲訖自酌降拜升時請旅侍臣云擯者阼階下告于公還西階下告公許旅行者此約大射而知也

凡薦至宰也　注謂於至亦士　釋曰云謂於卿大夫以下者以其執冪與羞膳於君是士則知此凡者於卿大夫也云上特言羞卿者小膳宰者欲絕於賓羞賓者亦士者鄭意於此言凡揔卿大夫於文足矣上文君下特言羞卿者小膳宰者欲見直言君不須言賓以其賓之薦俎與君同明羞膳亦與君同不使小膳宰故云欲絕於賓爲羞賓者亦士也

有內羞　注謂羞至粉餈　釋曰云謂羞豆之實酏食糝食者天官醢人云羞豆之實酏食糝食鄭注云酏餈也內則曰取稻米舉糔溲之小切狼臅膏以與稻米爲餈又曰糝取牛羊豕之肉三如一小切之與稻米稻米二肉一合以爲餌煎之是也云羞籩之實糗餌粉餈者籩人職云羞籩之實糗餌粉餈鄭注云此二物皆粉稻米黍米所爲也合蒸曰餌餅之曰餈糗者擣粉熬大豆爲之爲餌餈之黏著以粉之耳餌言糗餈言粉互相足是也糗熬之亦粉之其粉擣之亦糗之是互相足也

若飲君燕則夾爵　釋曰夾爵者將飲君先自飲及君飲訖又自

飲爲夾爵　注不纁襦厭於君　釋曰鄉射記大夫對士射袒纁襦此對君肉袒故云厭於君也　若與至爵者　注受賜至惠也　釋曰謂公取二大夫所媵觶上者以酬賓是也云賓降洗升媵觶于公者謂上獻士訖賓媵觶于公是荅恩惠也　有房中之樂　注弦歌至君子　釋曰云弦歌周南召南之詩而不用鍾磬之節者此文承四方之賓燕下而云有明四方之賓而有之知不用鍾磬者以其此二南本后夫人侍御于君子用樂節是本無鍾磬今若改之而用鍾磬當云有房中之奏樂今直云有房中之樂明依本無鍾磬也若然案磬師云教縵樂燕樂之鍾磬注云燕樂房中之樂所謂陰聲也二樂皆教其鍾磬房中樂得有鍾磬者彼據教房中樂待祭祀而用之故有鍾磬也房中及燕則無鍾磬也

儀禮疏卷第十五

儀禮疏卷第十六

唐朝散大夫行太學博士弘文館學士臣賈　公彦　等撰

大射第七　鄭目録云名曰大射者諸侯將有祭祀之事與其群臣射以觀其禮數中者得與於祭不數中者不得與於祭射義於五禮屬嘉禮大戴此第十三小戴及別録皆第七　釋曰云諸侯將有祭祀之事以下文出於射義

大射至戒射　注將有至尊者　釋曰自此盡西紘論射前預戒諸官及張侯設樂懸之事不言禮言儀者以射禮盛威儀多故以儀言之是以射義云孔子曰射者何以射何以聽循聲而發發不失正鵠者其唯賢者乎若夫不肖之人則彼將安能以中是其射容難故稱儀也云將有祭祀之事當射者按射義云天子將祭必先習射於澤澤者所以擇士也已射於澤而后射於射宫射中者得與於祭不中者不得與於祭是其將祭必射也云宰告於君君乃命之者鄭意不云宰戒百官者宰先告君君之使戒乃戒即云戒百官是也云言君有命政教宜由尊者其經云戒射此戒亦政教之類故以政教言之也

宰戒至射者　注宰於至百官　釋曰按周禮大宰職云掌百官之誓戒

此言宰戒百官其事同故鄭以天子冢宰言之也其實諸侯兼官無冢宰立地官司徒以兼之故聘禮云宰命司馬注云宰上卿貳君事者也諸侯謂司徒爲宰是諸侯立司徒兼冢宰之事也言大事則掌以君命戒於百官者周禮大宰職云作大事則戒于百官贊王命是鄭之所引以證宰戒之事也　射人至贊者　注射人至射者　釋曰上文宰官尊揔戒此射人司士色別重戒之謂若天官冢宰戒百官宗伯大司寇之等重戒也云射人掌以射法治射儀者夏官射人文云司士掌國中之士治凡其戒令者此司士職文云國中之士彼士揔公卿大夫士而言此射人已戒公卿大夫則司士戒士贊者唯有士不兼大夫已上不同者斷章取義故與本職不同也云皆司馬之屬也者射人司士皆屬司馬故云司馬屬也此上下文所云戒者皆謂祭前旬有一日知者祭統云先期旬有一日宫宰宿夫人夫人亦散齋七日致齋三日若然卜及戒皆在旬有一日是大宰云前期十日帥執事而卜日遂戒注云前期前所諏之日也十日容散齋七日致齋三日其天子又有天地及山川社稷宗廟諸侯直有境内山川社稷宗廟卜日及戒皆同也按郊特

牲云卜郊受命于祖廟作龜于禰宮卜之日王立于澤親聽誓命又云獻命庫門之内戒百官也大廟之命戒百姓也注云王自澤宮而還以誓命重相申勑也王自此還齊路寢之室若然卜日在澤宮又至射宮皆同在旬有一日空十日故後日乃齊也　前射至視滌　注宰夫至射宮　釋曰此宰夫戒是再戒之宿不云宿者辟下宿視滌何者宰夫戒是申戒下宿是夕宿是以宗伯云凡祀大神享大鬼祭大示帥執事而卜日宿視滌濯注云宿申戒也此前有射人戒是七日前期此宰夫戒是申戒又知宿是夕宿者以戒宿同文明不同日以其上云前射三日戒明此非三日是前一日矣云宰夫冢宰之屬者按大宰云小宰中大夫二人宰夫下大夫四人屬冢宰故云冢宰之屬云掌百官之徵令者宰夫職文云司馬於天子政官之卿者小宰職云四曰司馬其屬六十掌邦政是也云凡大射則合其六耦者大司馬職云若大射合諸侯之六耦是將祭而射故使諸侯爲耦若其餘射則卿大夫以下爲耦也云滌謂溉器埽除者以其諸侯射先行燕禮不視滌器明滌器是射器及埽除射宮也　司馬至比十　注量人至不射　釋曰云量人司馬

之屬掌量道巷塗數者量人職文量人屬司馬故云司馬之屬也云侯
謂所射布也者以其三侯皆以布以皮爲鵠旁又飾以皮也云尊者射
之以威不寧侯者即梓人云毋或若汝不寧侯不屬于王所故抗而射
汝是也云畢者射之以求爲諸侯者射義云故天子之大射謂之射侯
射侯者射爲諸侯也射中則得爲諸侯射不中則不得爲諸侯是也容
謂之乏所以爲獲者之禦矢者此云乏周禮射人云容所以爲獲者之
禦矢解容乏之義以其容身故得禦矢言乏矢於此乏匱不去也云則
此貍步六尺明矣鄭云此者陰破先鄭故先鄭注射人貍步謂一舉足
爲步於今爲半步故鄭注彼亦引弓之下制六尺以非之也云大侯熊
侯謂之大者與天子熊侯同者司裘職云王大射則共虎侯熊侯豹侯
設其鵠諸侯則共熊侯豹侯彼畿内諸侯二侯以熊侯爲首此畿外諸
侯三侯與天子同不得與天子同其大射時所用物宜與畿内諸侯同
用熊又與天子熊侯同故云大侯也云參讀爲糝糝雜也雜侯者豹鵠
而麋飾下天子大夫也者司裘云卿大夫則共麋侯此則以豹皮爲鵠
以麋飾其側不用純麋是下天子大夫也必知以豹爲鵠以麋爲飾者

天子卿大夫用麋侯諸侯卿大夫亦用麋侯並據已家用之若助祭亦
射君之第二侯明君之第二侯用麋飾其側侯以飾得名又畿内諸侯
第二侯用豹爲鵠故知畿外諸侯亦以豹皮爲鵠可知云干讀爲豻豻
侯者豻鵠豻飾也者亦取捷黠意大夫將祭於已射麋侯者司裘云卿
大夫共麋侯是天子卿大夫以孝經云大夫有爭臣三人以有臣故將
祭得大射擇士鄭言此者以已射用麋侯又見助君祭亦射君之麋侯
云士無臣祭不射者孝經云士有爭友不言臣以僕隸爲友司裘卿大
夫下不言士故祭不言士大射若然士有賓射燕射不得大射雖不得
大射得與君賓射故射人注不言士者此與諸侯之賓射士不與也若
然諸侯之士亦然也　遂命至用革　注巾車至志焉　釋曰上文直
命量人量侯道及乏遠近之處此經論張侯高下之法也云設乏西十
北十者鄉射云乏參侯道居侯黨之一西五步注云此乏去侯北十丈
西三丈云西十北十則西與北皆六丈不得爲三分居侯黨之一者以
其三侯入堂深故也若然此三侯之下揔云西十北十則三侯之乏皆
西十北十矣西亦六丈者以三侯恐矢揚傷人與一侯亦異也云巾車

於天子宗伯之屬者周禮巾車屬宗伯故云宗伯之屬也云掌裝衣車者天子五路木路無革輓革路有革無異飾玉路金路象路有革輓又有玉金象爲飾孤乘夏篆卿乘夏縵皆以物爲飾故云裝衣車者也云侯巾類者侯亦有飾故鄉射記云凡畫者丹質及正鵠之飾故云巾類也引射義者欲證射以鵠爲主也云鵠之言較較直也射者所以直己志并下注云然則所云正者正也此取射義解之故射義云射者内志正外體直然後持弓矢審固注云内正外直正鵠之名出自此是也云或曰鵠鳥名射之難中中之爲俊是以所射於侯取名也并下云亦鳥名齊魯之閒名題肩爲正正鵠皆鳥之捷黠者鄭以正鵠之名有此二義故兩解之也云考工記梓人爲侯廣與崇方參分其廣而鵠居一焉者三等皆高廣等引之者鄭欲解經見鵠之義故先知侯鵠廣狹尺寸也云則大侯之鵠方六尺者以侯道九十弓弓取二寸二九十八侯中丈八尺三分其侯而鵠居一故知鵠方六尺也云糝侯之鵠方四尺六寸大半寸者以侯道七十弓弓取二寸則侯中丈四尺三分其侯鵠居其一丈四取丈二三分得四尺又於二尺之内取尺八寸又得六寸又

二寸一寸爲三分揔六分取二分二分於三分爲三分寸之二三分寸
之二即是大半寸故云糝侯之鵠方四尺六寸大半寸也云豻侯之鵠
方三尺三寸少半寸者豻侯侯道五十弓弓取二寸則侯中方一丈三
分其侯鵠居一焉一丈且取九尺得三尺一尺取九寸得三寸一寸分
爲三分得一分則是三分寸之一三分寸之一則是少半寸故云豻侯
之鵠方三尺三寸少半寸也云中人之足長尺二寸者無正文以目驗
而知云以豻侯計之者以大侯糝侯高下無文豻侯云下綱不及地武
則豻侯下綱去地尺二寸以是從豻侯計之也豻侯侯中一丈上下躬
及上下舌各二尺合八尺是丈八尺矣又下不及地尺二寸則豻侯上綱
去地丈九尺二寸也糝侯侯中丈四尺中上中下各四尺得八尺并之
二丈二尺也鵠居侯中三分之一則鵠下亦有四尺六寸大半寸通躬
身四尺爲八尺六寸三分寸之二矣張法糝鵠下畔與豻侯之上綱齊
所謂見鵠於豻自餘糝侯鵠下畔八尺六寸大半寸在掩豻侯亦如之
豻侯上綱本去地丈九尺二寸直掩八尺上有一丈一尺二寸在復掩
六寸上有一丈六寸在復掩三分寸二唯有一丈五寸三分寸一在少

半寸者即三分寸一也言大半寸者即三分寸二也故知糝侯下綱去地一丈五寸少半寸也大侯中丈八尺中之上下各四尺即八尺矣中方丈八尺更加八尺二丈六尺也糝侯去地丈五寸少半寸本上綱下綱相去二丈二尺其舉也上綱去地三丈二尺五寸少半寸也大侯鵠下畔與糝侯上綱齊所謂見鵠於糝也侯中丈八尺三分之則鵠下亦有六尺下躬身四尺一丈矣則大侯自鵠以下掩糝侯一丈也自一丈以下猶有二丈二尺五寸少半寸在是大侯下綱去地亦然故注依此數也云前射三日張侯設乏知三日者前文云前射三日下云樂人宿縣下云厥明自前射三日以後論事不著異日故知張侯與設乏同是射前三日矣　樂人至南陳　注笙猶至爲節　釋曰云東爲陽中萬物以生者陽氣起於子盛於午故東方爲陽中也萬物以生以其正月三陽生大蔟用事故萬物生焉云春秋傳者是外傳伶州鳩對周景王辭引之者證鍾磬爲笙之事大蔟者寅上候氣之管度律均鍾金即鍾也故奏之所以贊陽出滯云姑洗所以脩絜百物考神納賓者亦據度律均鍾姑洗在辰三月百物脩絜而出考神納賓謂祭祀而有助祭之

賓客但東方陽管唯有此二律故據此二律言之是以名東方鍾磬爲
笙也云皆編而縣之者言皆者欲解磬非應律之物與鍾同言之者以
其鎛與鼓雖同西面與鍾同不編之而磬與鍾同十六枚而在一虡與
鍾同編又同宫故兼言磬是以磬師職云掌教擊磬擊編鍾注云磬亦
編於鍾言之者鍾有不編不編者鍾師擊之是其磬與鍾編之此東方
云笙而西方言頌者以其夷則無射主西方成功收藏故稱頌頌者美
盛德之形容故云頌也但天有十二次地有十二辰按書傳云天子出
撞黄鍾之鍾右五鍾皆應入則撞蕤賓之鍾左五鍾皆應左右云五則
除黄鍾蕤賓並爲陽而應鍾林鍾已西爲右五也大吕中吕已東爲左
五也云周禮曰凡縣鍾磬半爲堵全爲肆者周禮小胥職文鼓鎛亦縣
而直言鍾磬者據編縣者爲文鼓鎛筍虡之上各縣一而已不編之鄭
彼注云半之者謂諸侯之卿大夫士也諸侯之卿大夫半天子之卿大
夫天子之卿大夫判縣東西各有鍾磬是全之爲肆諸侯卿大夫雖同
判縣半天子卿大夫取一相鍾磬分爲兩相西縣鍾東縣磬而天子之
士特縣直東有鍾磬且是全之爲肆諸侯之士直特縣半天子之士縣

磬而已或於階間或於東方又天子宮縣四面皆有諸侯軒縣闕南面
面皆有鍾磬鎛及鼓具有也卿大夫士皆無鎛者若有鎛則諸侯臣半
天子臣不得具是以闕之云鎛如鍾而大者特牲注亦云鎛如鍾而大
並據國語而注之以言鎛形如鍾而復大以大故特一縣不編之也云
奏樂以鼓鎛爲節者按周禮鎛師云掌金奏之鼓注云謂主擊晉鼓以
奏其鍾鎛也以此言之則先擊鼓後擊鍾鎛皆是與樂爲節故鄭注以
鼓鎛爲節不言鍾磬巳注解故不言也　建鼓至南鼓　注建猶至君
也　釋曰下西面北面建鼓皆言一此建鼓不言一者彼在本方故須
言一見無他鼓此鼓本東方以爲君故移來在北方故異其文不言一
也云建猶樹也以木貫而載之樹之跗也者按明堂位云殷楹鼓周縣
鼓注云楹爲之柱貫中上出也縣縣之於簨虡也此云以木貫而載之
則爲之柱貫中上出一也周人縣鼓今言建鼓則殷法也若醮用酒之
類主於射略於樂故用先代鼓云鼓不在東縣南爲君者決下一建鼓
在其南東鼓者爲賓復不在東縣北者取順君面故也　西階至其北
注言成至爲庸　釋曰言春秋傳者亦是外傳文云詠歌九則者謂六

府三事九功之德是也以此九則平民使無差慝云無射所以宣布哲人之令德者哲人謂后稷后稷以稼穡之功成於季秋先王之業以農爲本故云示民軌義謂軌法義理也云先擊西鼙樂爲賓所由來也者解先擊朔鼙之意賓向外來位在西其樂主爲樂賓故先擊朔鼙應鼙應之也云鍾不言頌鼙不言東鼓義同省文也者決上東方言笙鍾應鼙言南鼓此當言頌鍾東鼓義與上文同亦合有而不言者省文也云古文頌爲庸者此雖疊古文不從亦通義是尚書云笙庸以間笙東方鍾磬西方是庸亦功也亦有成功之義也　一建至南面　注言面至軒縣　釋曰云言面者國君於其群臣備三面爾者言國君合有三面爲辟射位又與群臣射闕北面無鍾磬鑮直有一建鼓而已故不言南鼓而言南面也云其爲諸侯則軒縣者若與諸侯饗燕之類則依諸侯軒縣三面皆有鼓與鍾磬鑮　簜在建鼓之間　注簜竹至於堂　釋曰按禹貢云篠簜既敷注云簜竹故知此簜亦竹也其器則管也是以下云乃管新宮注云管謂吹簜故知竹管也按小師職注云管如篴而小併兩而吹之今大予樂官有焉爾雅云大笙謂之巢小者謂之和簫

大者二十三管長尺四寸小者十六管長尺二寸大笙十九簧小者十三簧若然笙簫與管器異以其皆用竹故云笙簫之屬也云倚於堂者管擬吹之不倚在兩建鼓閒者以不得倚于鼓故知倚於堂也　鼗倚至西紘　注鼗如至將之　釋曰知鼗如鼓而小者按那詩云猗與那與置我鼗鼓傳云猗歎辭那多也鄭讀置爲植植鼗鼓者爲楹貫而樹之美湯受命伐桀定天下而作護樂故歎之多其改夏之制乃始植我殷家之樂鼗與鼓也鼗雖不植貫而摇之亦植之類以其殷人植鼓以木貫之而下有柎鼗亦以木爲柄而貫之但手執而不植爲異故云亦植之類鼗與鼓同文是鼗如鼓而小也知有柄賓至摇之以奏樂者按眡瞭職云掌凡樂事播鼗擊頌磬笙磬言擊鼗言播播爲摇之可知鼗所以節樂賓至乃樂作故至賓至摇之以奏樂也云紘編磬繩也者紘若天子諸侯冕而朱紘用組之類磬又編縣之用紘故知紘編磬繩也知設鼗於磬西倚於紘者以其鍾磬皆面向東人居其前西面故知鼗在磬西倚之於紘也引王制者證鼗爲節樂之器柷狀如漆筩中有椎所以節樂鼗亦節樂柷大於鼗故賜公侯樂則以柷將命賜伯子男

樂則以鼗將命自餘樂器陳於外也　厥明至在北　注膳尊至作晉
釋曰自此盡羹定論豫設尊洗具饌之事按禮記燕義諸侯射先行燕
禮此以下至東陳皆陳設器物與燕禮同但文有詳略耳云說者以爲
若井鹿盧者鹿盧之形即葬下棺碑閒重鹿盧之輩今見井上豎柱夾
之以索繞而挽之是也云其爲字從豆曲聲者此謂上聲下形之字年
和穀豆多有故從豆爲形也豐者承尊之器象形也是以豐年之字曲
下著豆今諸經皆以承尊爵之曲不用本字之曲而用豐年之豐故鄭
還依豐字解之故云其爲字從豆爲形以曲爲聲也云近似豆大而卑
矣者既用豆爲形還近似籩豆之豆舉漢法而知但豆口徑尺柄亦長
尺口徑小而又高此承尊之物口足徑各宜差寬中央亦大共高尺比
常豆而下故云近自豆而卑但斲一大木爲之取其安穩此豐若在宗
廟或兩君燕亦謂之坫致爵在於上故論語云邦君爲兩君之好有反
坫鄭注云反坫反爵之坫是也必用豐年之豐爲坫者以其時和年豐
萬物成孰粢盛豐備以共郊廟神歆其祀祝嘏其福至鄉飲酒鄉射燕
禮大射或君與臣下及四方之賓燕家富民足人情優暇旨酒嘉肴盈

尊滿俎於以講道論政旣獻酬侑酢至無筭爵行禮交樂和上下相歡勸飲爲樂故也云錫細布也者喪服記曰錫者十五升抽其半無事其縷有事其布曰錫故知錫是細布也謂之錫者治其布使之滑易也云唯君面尊者玉藻文注云面鄉也彼謂人君燕臣子專其恩惠此大射亦謂人君燕臣下與彼是同專惠之道故皆尊鼻鄉君云言專惠者決鄉飲酒尊于房戶之閒賓主夾之不得專惠故也　尊士至圜壺

注旅衆至之酒　釋曰前設縣時鑮南更有一建鼓今設尊不應在鼓北而云鑮南者其實在鼓南門西北面與燕禮同而云鑮南者遥繼鑮而言必繼鑮者樂以縣爲主故也　又尊至獻酒　注爲隸至東面

釋曰知爲隸僕人巾車縿侯豣侯之獲者以其此人皆有功又下文以此尊獻之故知也知沙酒濁者以五齊從下向上差之醍沈清於泛醴盎鬱又在五齊之上故知沙酒濁也云特涚之必摩沙者也者此解名沙酒之意云郊特牲曰汁獻涚于醆酒者此以五齊中取醆酒盎齊涚鬱盎之事獻沙也涚鬱盎之時和盎齊以手摩沙出其香汁涚清也涚之使清也此爲隸僕以下卑賤之人而獻鬱盎者此所得獻皆因祭侯

謂侯之神故用鬱鬯也云服不之尊侯時而陳於南統於侯皆東面知
此不爲大侯服不設者按下文云服不之尊東面南上故鄭云侯時而
陳於南統於侯皆東面也　設洗至西面　注或言至文也　釋曰云
異其文也者洗篚言南陳亦西面膳篚言西面亦南陳其實所從言異
尊君故也　又設至東陳　注亦統至其南　釋曰云亦統於侯也者
前設尊兩獻酒亦云服不之尊侯時而陳於南統於侯今此設篚在南
後設服不之洗在南亦統於侯　小臣至東上　注唯賓至公矣
釋曰知賓及公席布之其餘樹之於位後者下文更有孤卿大夫席文
故知也此實未布而言布之者欲辨尊卑故先言也孤尊而後言之者
言若是有無不定故後言也云小卿命於其君者也者按王制云大國
三卿皆命於天子次國三卿二卿命於天子一卿命於其君小國亦三
卿一卿命於天子二卿命於其君若言小卿據次國已下有之云射禮
辨貴賤也者决燕禮大小卿皆在尊東西無小卿位彼主於燕不辨貴
賤故也云與君論道亦不典職如公矣者成王周官云立大師大傅大
保茲惟三公論道經邦燮理陰陽是三公論道無職此大國立孤一人

論道與公同亦無職故云不典職如公也縱鄭不見周官於周禮三公亦無職考工記云或坐而論道亦通及三公矣　官饌　釋曰燕禮宰饌此不言宰而言官者欲見非獨宰故鄭云百官各饌　射人至西上注大史至大命　釋曰自此盡少進論群臣立位之事云大史在干侯東北士旅食者在士南爲有侯入庭深也者決燕禮士旅食者立于門西東上此不繼門而在士南繼士者爲有侯故入庭深也云小臣師正之佐也者下有小臣正正長也故以師爲佐云正相君出入君之大命者小臣正小臣中尊如天子大僕故引大僕職解之也　注詔告至衍耳　釋曰燕禮言爾以其近門去君遠而言爾爾近也移也揖之使移近此入庭深故不言爾而言揖揖之而已不須移近之也云上言大夫誤衍者以其大夫與公卿面有異故下別言大夫少進明上有大夫誤衍大夫大夫四字也　大射正擯　注大射正射人之長　釋曰自此盡門外北面論請立賓之事大射正對射人爲長若小臣正對小臣師亦爲長　公揖至膳者　注請士至無冪　釋曰自此盡公卿者論卿大夫定位及請執冪之事云請士可使者鄭知請士者據燕禮而知云

方圜壺獻無冪者方圜壺臣尊獻獲者尊皆無冪　乃命至東上
注命者至略之　釋曰知命之在西階前者以其小臣位在東堂下於
阼階請公命乃就西階請執冪者以其執冪者士位在西故也云羞膳
者從而東者已於燕禮釋訖云不升堂者但不由南方升略之升自北
堂是亦升堂矣　膳宰至卿者　釋曰不言命者對君言命於臣略之
擯者至賓辟　注及至至當盛　釋曰自此盡賓荅再拜論主人迎賓
拜至及獻賓之事云公降一等揖賓不言請賓至位就席者亦是以賓
與主人爲禮禮不參故不請也此言賓辟燕禮不言文略也　奏肆夏
注肆夏至肆夏　釋曰云肆夏樂章名今亡者按周禮鍾師云以鍾鼓
奏九夏杜子春引呂叔玉以爲肆夏時邁也繁遏執傹也渠思文也後
鄭云以文王鹿鳴言之則九夏皆詩篇名頌之族類也此歌之大者載
在樂章樂崩亦從而亡是以頌不能具鄭彼注破呂叔玉此注亦云肆
夏樂章名今亡與彼注亦同今此又引呂叔玉於下者以無正文叔玉
或爲一義故鄭於此兩解之也云祭山川之樂歌者以其時邁序云巡
守告祭柴望也謂巡守祭當方山川則王制及尚書云望秩於山川是

也云明昭有周者美武王有明明於周云式序在位者式用也任賢用能序之使在官位云我求懿德者懿美也我求取美德之人也云肆于時夏肆遂也夏大也能如此遂於王道之大云奏此以延賓其著宣王德勸賢與者今國君歌此詩延賓入者其欲著明諸侯宣布王之德以勸賢人使有德言與者鄭以義解之無正文故云與以疑之也云周禮曰賓出入奏肆夏者按大司樂云王出入則令奏王夏尸出入則令奏肆夏牲出入則令奏昭夏下云大饗不入牲其他皆如祭祀鄭注云大饗饗賓客也彼賓客謂諸侯來朝者也不入牲牲不入亦不奏昭夏也其他謂王出入賓客出入亦奏王夏肆夏以此言之王用肆夏以饗諸侯來朝今引之者證燕時納賓亦奏之按燕禮記云若以樂納賓則賓及庭奏肆夏鄭云卿大夫有王事之勞則奏此樂焉此亦同彼注也若臣無王事之勞則如常燕無以樂納賓法也又此納賓樂故諸侯亦得用若升歌則不可若賓醉而出奏陔夏與此異也　主人至北面

注賓將至正主　釋曰自此至虛爵降論主人獻賓之事也云不於洗北辟正主者按鄉飲酒鄉射主人降洗洗北南面是正主此宰夫代君

爲主故不於洗北南面也　注賓既至復位　釋曰云賓既拜於筵前受爵者鄭恐讀者以拜下讀爲句　注宰胥至於燕　釋曰云不使膳宰薦者不主飲酒變於燕者決燕禮使膳宰薦主於飲酒故也　樂闋注闋止至上也　釋曰此上經云奠爵拜告旨下經云賓卒爵則此經者是賓啐酒節即樂闋燕禮記亦云賓及庭奏肆夏賓拜酒主人荅拜而樂闋亦據啐酒時按郊特牲賓入大門而奏肆夏又曰卒爵而樂闋與此啐酒樂闋不同者彼注謂朝聘者故卒爵而樂闋此燕己臣子法故啐酒而樂闋也云尊賓之禮盛於上也者賓及庭奏肆夏乃至升堂飲酒乃樂止是尊賓之禮盛於堂上者也

儀禮疏卷第十六

儀禮疏卷第十七

唐朝散大夫行太學博士弘文館學士臣賈　公彥　等撰

賓以虛爵降　釋曰自此盡西序東面論賓酢主人之事　注賓南至受者　釋曰知者以經云主人北面明凡授爵鄉所受者鄉飲酒鄉射獻酬酢皆然故云凡謂南面授與所受者也　賓降至東面　注既受至安盛　釋曰以堂上爲盛故降下下文於酬賓降筵西東南面立注云不立於序內位彌尊燕禮注云位彌尊禮彌卑是未酬已前禮盛者也　注命公至之序　釋曰知公命者命由尊者出故也云東西牆謂之序者爾雅釋宮文　主人至于公　注象觚至於燕　釋曰自此盡于篚論主人獻公之事云取象觚東面者鄉公爲敬故也云不言實之變於燕者燕禮云實之主於飲酒此云酌不云實之主於射略於飲酒故也　公拜至肆夏　注言乃至於賓　釋曰言異者賓及庭奏此君受爵乃奏是其節異故也云乃者緩辭也　注人君左右房　釋曰以人君左右房故云左房對大夫士東房而已故云東房不言左以無右所對故也　注凡異至於賓　釋曰言異者使庶子授肺不拜酒立

卒爵之等皆異於賓也　更爵至荅拜　注更易至爲受　釋曰自此
盡于篚論主人受公酢之事　主人至荅拜　注媵送至作媵　釋曰
自此盡南面立論主人受賓爵之事　注辭者至酬也　釋曰上文公
飲立卒爵此則坐飲故以公決之云比於正主酬也者謂於鄉飲酒鄉
射是正主酬賓之節也　主人至薦東　注遂者至舉也　釋曰云不
北面也者此決鄉飲酒鄉射賓北面坐奠觶于薦東注皆云酬酒不舉
引曲禮君子不盡人之歡不竭人之忠以全交也　注賓不至彌尊
釋曰案鄉飲酒注云位彌尊禮彌卑引雜記一張一弛此對酬時立于
西序之時不降于下禮稍卑位稍尊此在席西東面位彌尊禮彌卑也
小臣至命長　注命之至則卑　釋曰自此盡反位論將爲賓舉旅使
二大夫媵爵之事云命之使選於長幼之中知不取卿大夫之年長者
以其下作大夫不取年長又知不取臣中位長者以其不取卿故鄭云
卿則尊士則卑故不取之而取下大夫尊卑處中者　注既酌至君舉
釋曰言亦者亦前酬酌自飲時相左於西楹之北時後者南相東向先
者北相西向向西階右旋北面待後至降也今此二人先者於尊西東

面酌訖於東楹之北東向向公前奠之右旋於東楹之北北畔西過後
者亦於罇西東面酌訖於東楹之北南過東向於公前奠之是亦交於
楹北相左也云奠於薦南不敢必君舉者凡舉者於右不舉者於左今
奠於薦左是不舉之處故云不敢必君舉也　注反門右北面位　釋
曰但大夫初與卿在門右北面得揖少進中庭北面今當反庭中位而
立云門右北面位者大夫雖得揖少進仍是門右北面位少進而已故
鄭還以門右北面言之　公坐至成拜　注公起至成然　釋曰自此
盡復位論爲賓舉旅下及大夫之事云小臣長辭變於燕者燕礼直使
小臣辭亦是燕主歡此射禮辨尊卑故使小臣長辭異於飲酒礼故云
變於燕也　公坐至稽首　注不言至下拜　釋曰自此巳下皆云公
荅拜不言再拜燕禮皆言公荅再拜不同者燕主歡不用尊卑故公拜
皆再拜此射禮主辨尊卑故直云荅拜荅一拜此一拜者正礼也故周
禮大祝辨九拜一曰稽首首至地臣拜君法二曰頓首頓首平敵相拜
法三曰空首君荅臣下拜復不爲再拜即七曰竒拜是也云下亦降也
者此非訓下爲降故以發端言降拜因上事言下拜直因降有上文即云

下也經云公卒解賓下拜者公尊不拜既爵賓降拜若為君拜既爵也
注賓在右相飲之位　釋曰賓位在左而在大夫之右者是相飲之位
非賓主之位也　注言更至禮殺　釋曰上注云不相襲者於尊言
更自敵以下言易此賓於卿是自敵以下當言易今言更者尊卿尊
則卑賓禮殺也　大夫至復位　釋曰言復位者亦如上復門右北面
位即庭中北面位也　主人至階上　注酬賓至於酬　釋曰自此盡
無加席論獻公卿之事　司宫至東上　注言兼至房來　釋曰上文
設席之下注云唯賓及公席布之也其餘樹之於位後耳者以至獻卿
乃布之若然此云兼卷者不謂始卷之直是鋪設之時兼卷而設之也
乃薦至折俎　注卿折至禮尊　釋曰云卿折俎未聞者以燕礼卿无
俎故云未聞又云蓋用脊脅臑折肺者案鄉射記云賓俎脊脅肩肺主
人俎脊脅臂肺又獲者之俎脊脅肺臑彼注云臑若膊胳觳之折以大夫
之餘體以此言之則此賓俎亦用脊脅肩肺君俎亦脊脅臂肺前体有
肩臂臑後體有膊胳觳尊卑以次用之故卿宜用臑若有公公用臑卿
宜用膊也云卿有俎者射禮尊者對燕禮不辨尊卑故公卿等皆无俎

也　注陳酒至之意　釋曰案燕禮不在射亦不啐者彼爲臣有功君與之燕恩及於卿故卿不敢啐也卿有無俎者自然不嚌也　小臣至于篚　注命長至優暇　釋曰自此盡奠于篚論舉旅之事　注於是言至尊卑　釋曰案燕禮爲卿舉旅言若賓若長唯公所酬燕禮主於飲酒此言所賜是以決之也　主人至復位　釋曰自此盡就席論獻大夫之事　注大夫至備禮　釋曰此注云大夫卒爵不拜賤不備禮燕禮注云禮殺者兩注相兼乃足對公卿拜既爵此不拜此獻卿後是禮殺亦是賤不備禮也　辯獻至就席　注辯獻至席也　釋曰既言辯獻大夫遂薦之後乃云繼賓以西東上以下云云者上摠言獻大夫辯乃一時薦之下文更明布席位次就席之儀故云辯獻乃薦略賤也略賤則是獻訖降階獻辯擯者乃摠升之就席就席訖乃薦之　乃席至四瑟　注工謂至衆也　釋曰自此盡西面北上坐論作樂及獻工之事云六人者大師少師各一人上工四人皆據文而言也云禮大樂衆也者對燕禮工四人而言也　僕人正至上工　注徒空至貴賤釋曰云僕人正僕人之長師其佐也者以正爲長師爲衆故僕人正爲長

僕人師爲佐也云士其吏也者以其在僕人之下故知僕人之吏吏則府史之類云天子視瞭相工者見於眡瞭職文云大師少師工之長也者周禮春官大師下大夫二人小師上士四人鄭注云凡樂之歌必使瞽矇爲焉命其賢知者以爲大師小師是樂工之長也云杜蒯曰曠也大師也者禮記檀弓文引之者證大師爲樂工之長也云於是分別工及相者射禮明貴賤者對燕禮主歡不明貴賤故不分別工貴及相賤

後者徒相入　注謂相至出入　釋曰上列官之尊卑此陳先後之位亦是以明貴賤者上列官之尊卑謂先言僕人正與大師後言僕人士與上工是列官尊卑也此陳先後則上工與瑟在前大師少師在後是先後之位既據入時行位亦據升堂坐之先後亦依此也云凡相者以工出入者欲見入時如此出時亦然　小樂正從之　注從大至師也　釋曰云從大師也後升者變於燕也者燕禮樂正先升又不使小樂正者彼主於樂此則略於樂故也　坐授瑟乃降　注相者至之北　釋曰鄉飲酒注云降立于西方近其事以取近其事故在西縣之北也

小樂至階東　注不統至在此　釋曰云不統於工明工雖衆位猶在

此者決燕禮工四人樂正升立于工之西在西階東不統于工此雖六人衆於彼猶統于階而云西階東不變若使小樂正通之於工恐工位移近西故猶統于階也　乃歌鹿鳴三終　注鹿鳴至諂事　釋曰云主於講道略於勞苦者據四牡勞使臣此不用之云與諂事者謂皇皇者華有諮謀諮度諮詢之事亦略之也　主人至左瑟　注工歌至節也　釋曰云洗爵獻工辟正主也者案鄉飲酒鄉射云大師則爲之洗謂君賜之樂者其餘工不爲之洗是正主法今此工六人皆爲之洗故云辟正主也必知同洗者以其更無別獻之文故知同洗也云獻不用觚工賤異之也者燕禮大射獻賓獻卿大夫皆用觚而獻工用爵故云異之鄉飲酒鄉射獻同用爵者變於君故也云大師無瑟於是言左瑟者節也者上言獻工下云一人拜受爵則六人皆在工内而云工不與左瑟於是明大師亦入左瑟中故須云大師無瑟於是言左瑟者以其六人摠當獻酒之節故摠入左瑟文不謂有瑟也　一人拜受爵　注謂大至於席　釋曰云謂大師也言一人者工賤同之也者鄉飲酒鄉射云大師則爲之洗則知此一人謂大師不言大師對君工賤不異其

文故同之而云一人也　主人至脯醢　注輒薦之變於大夫　釋曰案上文云辯獻大夫遂薦之此工得獻不待辯輒薦之故云變於大夫也　使人相祭　注使人至祭酒　釋曰知祭薦祭酒者此文承一人受爵薦脯醢之下明二者皆祭也若下文衆工直祭酒不祭脯醢也　大師至于後　注鼓北至六寸　釋曰知鼓北是西縣之北者以其下文大師少師始遷向東明此降者降在西縣之北可知云言鼓北者與鼓齊面餘長在後也者案前列樂縣之時鼓在鎛南今不言在鍾磬之北遥據鼓而言之者欲取形大又面向東工亦面向東故遥取鼓面也言餘長在後者欲見鼓長六尺六寸工面與鼓面齊鼓有餘長在人後矣言此者工與鼓前面齊後面不齊之意也云羣工陪于後三人爲列也者大師少師二人上工四人今若立時三人爲列大師後有工二人少師後亦有工二人故云三人爲列也云於是時小樂正亦降立於其南北面者亦約遷樂於東方工西面樂正北面言亦者亦東方也云工立僕人立于其側坐則在後者亦約遷樂東方時面位得知也云考工記曰鼓人爲皐陶長六尺有六寸者彼云韗人爲皐陶先鄭云韗書或爲

鞫亦謂鞫者以皐陶名官鞫即陶字從革今云鼓人者誤當作鞫人鞫人掌鼓後人誤言鼓鼓人自在地官掌教六鼓矣云爲皐陶者鼓木之名其穹隆二十版謂鼓木長六尺六寸賈侍中彼解爲晉鼓引之者證鼓東西長工齊前面於後有餘之義也　乃管新宫三終　注管謂至之中　釋曰云管謂吹簜者此云管上云簜故鄭合爲一事解之云其篇亡其義未聞者以其堂下詩故與由庚之等同亡但上由庚由儀之等有序無詩同云有其義而亡其辭此則辭義皆亡故云其義未聞云笙從工而入者案燕禮云笙入立于縣中有笙入之文此上下不見笙入之文故知笙從工而入也上云簜解爲竹謂笙簫之屬竹即管也今此經云管已解簜爲管復云笙從工而入者燕禮記云下管新宫笙入三成則吹管者亦吹笙故兼言笙欲見笙管相將也云立于東縣之中者燕禮笙入立于縣中則於此縣而言此辟射位故知立于東縣之中也　卒管至上坐　注不言至其南　釋曰工人前不即遷于東者爲管笙所作不以無事亂有事故待卒管大師乃東坫西面北上坐不言去堂遠近當如鄉射遷工作階下之東南堂前三笴西面北上云不言

縣北統於堂也者上云鼓北不統於堂者彼權立非正位故也　擯者至司正　注三爵至法也　釋曰自此盡北面立論將射立司正察儀安賓之事　注奠觶至多也　釋曰燕禮及此射禮司正不以觶升而奠之於地此鄉飲酒及鄉射爲顯其威儀多自此已後還與二鄉同也　司射至鉤弦　注司射至作接　釋曰自此至于次論射事將至誓射者及比三耦之事云司射射人也者案燕禮射人告具注云射人主此禮以其或射又云射人納賓又云射人請立司正公許射人遂爲司正則射人司正一人也又云乃薦司正與射人一人注天子射人司士皆下大夫二人諸侯則上士其人數亦如之又曰若射則大射正爲司射注大射正射人之長此篇云射人告具又曰大射正擯自此以後皆止云擯擯者自阼階下請立司正公許遂爲司正則此篇司正與大射正爲一人也下云公就物小射正奉決拾以笥大射正執弓注云大射正舍司正親其職乃薦司正注云司正大射正是也云耦次在洗東南者此無正文案鄉射記云設楅橫奉之南面坐奠之南北當洗此下云三耦出次西行拾取矢又當北行向楅則次在洗東南矣云方持弦矢曰挾者

以矢横爲方鄉射記云凡挾矢於二指閒横之是也　自阼至請射
注爲政至射禮　釋曰云爲政謂司馬也者案大宰云四曰夏官其屬
六十掌邦政是爲政謂司馬也云司馬政官主射禮者其屬有射人主
射事故司馬政官主射禮也　遂告至大夫　注因告至爲于　釋曰
云不足則士侍於大夫與爲耦也者是以曲禮云君使士射注謂以備
耦是也　遂適至射器　釋曰命謂司射命之也言有司則前文司士
戒士射與贊者注云謂士佐執事不射者是也鄉射西階前西面命弟
子納射器此言東面者君在阼宜向之故東面右顧者以其有司是士
士在西階南東面是以右顧向之　射器至而俟　注中閭至作待
釋曰云中閭中筭器也者鄉射記云於郊則閭中據此大射故知閭中
中所以盛筭故云筭器也云司射矢亦止西堂下者下文云司射卒誘
射遂適堂西改取一个挾之是也若然司射有矢無弓在堂西有弓者
誤或則據司射將獻釋獲者適阼階西去扑適堂西釋弓脫決拾是時
弓在西堂下也　工人至莅之　注工人至之長　釋曰知工人士與
梓人皆司空之屬能正方圜者冬官雖士不知官屬之號見今考工記

有三十官有梓人之官此工人士又與梓人同事故知冬官未亡時屬
司空也云能正方圜者以工巧之能知也繢人職云火以圜土以黄其
象方梓人職張五采之侯之類是知方圜也云一從一横曰午謂畫物
也者則上文横與距隨是也但未知從者横者若爲用丹若爲用墨或
科用其一云午十字謂之先以左足履物右足隨而並立也云度尺者
即鄉射記從如笴三尺横如武尺二寸是也　卒畫至階下　注埽物至
堂下　釋曰知工人梓人司宫位在北堂下雖無正文南方不見有位
其人升降自北階明位在北堂下　太史至聽政　注中未至東面　釋
曰注引鄉射者欲見太史位之所在在此也　司射至許諾　注誓猶
至作辭　釋曰卑者尊者射不異侯言此者以其誓云君射大侯大夫
射參侯士射干侯恐與尊爲耦亦各射己侯故覆言此賓與君爲耦同
射大侯士與大夫爲耦同射參侯以其旣與尊者爲耦不可使之别侯
别侯者則非耦類故也　遂比三耦　注比選至東面　釋曰云不言
面者以下云面故決之云大夫在門右北面士西方東面者仍依朝
位以其設朝之班位以來其位未改明知司射命誓及比次須還依舊

位司射面皆向之而比次也若耦及侯數天子大射賓射六耦三侯畿内諸侯則二侯四耦畿外諸侯大射賓射皆三侯三耦但諸侯畿外畿内各有一申一屈故畿外三侯遠尊得申與天子同三耦則屈畿内二侯近尊則屈四耦則申若燕射則天子諸侯例同三耦一侯而已以其燕私屈也若卿大夫士例同一侯三耦略言之數備禮記射義也　三耦至北上　注未知至爲立　釋曰云未知其耦者下經始命之故云未知其耦若然此經已言面位者三耦雖未知與誰爲耦要知爲三耦故立於此　司射至于次　注取弓至蔽處　釋曰云取弓矢不拾者次中隱蔽處者對鄉射堂西顯露之處拾取矢也　司射至誘射　注搢扱至誘人　釋曰自此至東面論司射誘射之事此射人誘射與鄉射同但鄉射往階西取弓矢此則入次取弓矢爲異然此云入次搢三挾一个則已前皆挾乘矢不改鄉射亦然引論語者彼夫子教弟子學問事司射教人射事雖不同同是教法故引爲證也　注不南至背卿　釋曰案鄉射誘射射卒南面揖者彼尊東或公或卿大夫位同不別故司射不特尊之此大射辨尊卑尊東唯有天子命卿其餘小卿及大夫

皆賓西故特尊之不背之也　注扑所至之西　釋曰云於是言立著其位者案鄉射司射先立所設中之西南三耦從之立於西南司射却就之搢三挾一个乃誘射此則誘射卒乃始來就位者由此有次就次取弓矢射訖無事乃於此立故云於是言立著其位也引鄉射記者此不言司射倚弓矢之處引之證此與彼記文同也　司馬至負侯　注司馬至爲旌　釋曰自此盡而俟論司馬師命服不負侯之事也引天子服不氏下士一人徒四人者欲見諸侯亦三侯亦使服不氏與徒爲獲者也云析羽爲旌周禮司常文　司射反位　釋曰此不言先反位者爲三耦始出次未有次前位無所先故不言先也　注上射至閒也　釋曰云上射在左便射位也者鄉射亦云上射在左不云便射位者彼東面位上射在北故在左不取便射位之義此次北西面位亦上射在北居右故上射須在左以其發位並行及升北面就物位皆言居左履物南面上射乃在右故云上射在左便射位也　注視侯至十尺　釋曰弓二寸以爲侯中參侯七十弓故侯中十四尺干侯五十弓故侯中十尺　司馬至去侯　注司馬至物閒　釋曰云司馬正政官之屬者非

大司馬大司馬之下屬大司馬故云司馬屬案天子有大司馬卿一人
小司馬中大夫二人此雖諸侯禮亦應有小司馬號爲司馬正也 知適
下物由上射後東過也者案鄉射司馬命去侯時由上射後過至下射
西西南面揚弓命去侯故引鄉射證此亦在物間西南面也 負侯至
聲止 注宫爲至爲聲 釋曰云宫爲君商爲臣樂記文云聲和相生
者宫生徵徵生商而云相生者雖隔徵亦是相生之義也云聲和者宫
數八十一商數七十二彈宫則商應故云聲和也引鄉射者彼臣禮下
云諾聲不絶不言宫商引之證與此不同之意 授獲至而俟 注大
侯至非也 釋曰云大侯服不氏負侯徒一人居乏相代而獲者上注
引周禮服不氏下士一人徒四人是以鄭分之於三侯之上大侯尊故
使服不氏與一徒居乏自餘徒三人分之於二侯徒以少一人不得相
代也引鄉射者此文不具宜與彼同 司馬至反位 注拾遂至之南
釋曰引鄉射者於此司馬不言位宜與鄉射同故引爲證 獲而未釋
獲 注但言至爲舍 釋曰云但言獲未釋筭者鄭注鄉射云但大言獲
此注不言大省文也 上射至反位 注上射至皆袒 釋曰云上射

降三等者諸侯階有七等言三等者欲明下射中等是降一等之上下下射過向西畔由右故上射至地待之乃得二人並行上射於左也云與升射者相左交于階前者降射者仍南行故得階前交往來也云上射於左由下射階上少右乃降待之者此鄭解在階下而上射得在左之意由下射階上少右向西畔乃降上射於地待之故並行時得上射在左也云凡射皆袒者案鄉射命三耦各與其耦讓取弓矢拾三耦取弓遂至卒射云脱決拾襲而俟于堂西南面此則前遂命三耦取弓矢于次不言袒至此亦言襲故須言凡射皆袒決在此不見袒亦袒可知也　三耦至反位　釋曰云司射去扑倚于西階西適阼階下北面告于公者案鄉射司射去扑倚于西階之西升堂北面告于賓曰三耦卒射注云去扑乃升不敢佩刑器即尊者之側此不升堂而在阼階下而亦去扑者尊公故也　司馬至相左　注出出至適次　釋曰自此至興反位論取矢設楅云出於次也袒時亦適次者以此而言則袒時入次令更出次知不在位上袒而入次取弓者凡袒襲皆隱處鄉射無次司馬適堂西袒執弓矢不在位此大射有次明入次袒不在位可知

注此出至降之　釋曰此出于下射之南還其後而降之者鄉射文此亦然故引爲證也　小臣至爲畢　注畢所至東肆　釋曰云畢所以敎助執事者以畢是助載鼎實之物故司馬執弓爲畢以指授若周禮執殳以爲鞭度然引鄉射禮文者證經設楅故亦當洗　司射至于公　注倚扑至聞之　釋曰自此盡未降請君行第二番射并命耦之事云倚扑者將即君前不敢佩刑器也者上以去扑告君不注至此乃注者彼告在阼階下遠君故不注至此升堂乃注義與彼同也上不升者以告以三耦射射卒事緩故在下此告欲請公卿大夫徧聞也故升但升者是其正故鄉射升堂大射告公故前在堂下此升者欲公卿聞之故也　司射至北上　注適次至面立　釋曰云告于大夫曰請降者以諸公卿在上故請大夫降鄉射降告主人與賓爲耦遂告于大夫又曰賓主人與大夫皆未降注云言未降者見其志在射大夫未降者彼臣禮主人與賓皆卑故大夫未降與此異也云適次由次前而北西面立者上云司射等適次謂入次中此適次者大夫降自西階東行適次所過向堂東西面立因過次爲適次非入次也　司射至爲上　注爲上

至之上　釋曰云爲上居羣士之上者若是士與大夫之尊者爲耦故居羣士之上也鄭云羣士之上者既爲上射恐在大夫之上故云羣士之上是以下注云士雖爲上射其辭猶尊大夫也若然國皆有三卿五大夫三耦六人而已而云使士爲耦者卿大夫或有故或出使容其不足使士備耦之法也　注言未至在射　釋曰言未者後當降故云未也若終不射不得言未是以鄉射記云衆賓不與射者不降注不以無事亂有事是不射不得云未也　遂命至挾之　注此命至未訖　釋曰自此盡襲反位論命拾取矢之事鄭知此是命入次之事者上來未有三耦入次袒決遂之事又下文乃云一耦出明此是命入次之事若然司射命訖當反位不言者以其三耦入次出乃當作取矢待作取矢即是事未訖故不言反位也仍未知今入次之後未出之間且在西方位且在階下位二者雖無文以事緩急言之三耦入次出則作之宜在階下位於義可也又鄉射云司射反位者司射反位則有三耦位得言反位此曰射位在西方去次遠又曰射位若階下去次亦遠不得言反故不言也　上射至面揖　注橫弓至爲阻　釋曰云左還反其位毋

周右還而反東面也者毋周者左還行至位即位右還而反東面是還不周也云君在阼還周則下射將背之者上射左還巳還背君而據下射而言者上射去君遠故據下射而言以其下射若右還周爲背君若左還向東覆即右還西面是不背君周即背故也　下射至面揖　注横弓至便也　釋曰云横弓亦南踣弓也者謂南踣弓以左手仰執弓裏以覆右手於弓表向下取矢亦便也上射下射俱南踣弓者取背君向南爲順故也　兼挾至面揖　注内還至可也　釋曰云不皆右還亦以君在阼嫌下射故左還而背之者若上下俱向内是相向爲順若上射左還是不故背君若下射右還背君少亦左還初時面向君轉身南向背君多似故背君故不左還也云上以陽爲内下以陰爲内因其宜可也者上射東面左還時以左手還取東相陽方爲内下射西面右還時以右手還取西相陰方爲内隨其陰陽得左右相向是因其宜也　揖以至於左　注以猶至東面　釋曰云言以者耦之事成於此意相人耦也者揖不須言以今云以者必有義意故鄭云言以者耦之事成於此謂成於此拾取矢以其取矢後一番了更無事故云成於此人意相

存耦也云上射轉居左便其反位也者位在次北西面是以上射居左至次北右還西面便也云上射少北乃東面知不少南者以其次在楅東南北面揖時已在次西面故知上射少北乃東面得東當次也　大史至而俟　注先猶至南未　釋曰此不見執筭之人案鄉射命釋獲者釋獲者執鹿中一人執筭以從之彼臣禮官少釋獲者自執中設之尚使人執筭況國君官臣多大史不自執中豈得自執筭明亦使人執之云小臣師退反東堂下位者其位已見篇首也引鄉射者證筭以南末爲順也　司射至不與　注離猶至作匙　釋曰中謂中侯注不言可知云離猶過也獵也者謂矢過獵因著維與綱二者云侯有上下綱其邪制躬舌之角者爲維者案梓人云上綱與下綱出舌尋縜寸焉注綱所以繫侯於植者也上下皆出舌一尋者亦人張手之節也鄭司農云縜籠綱者維持侯者若然則綱與維皆用繩爲之又以布爲縜籠綱然後以上个下个邊綴著縜兩頭以綱繫著植維者於上个下个上下躬兩頭皆有角又以小繩綴角繫著植故矢或離綱或離維也云或曰維當爲絹絹綱耳者鄭更爲一解絹則維也云絹綱耳者以絹爲綱

耳離著綃也云衆當中鵠者大射鵠則梓人云張皮侯而棲鵠是也
唯公至皆獲　注植中至釋獲　釋曰云中三侯皆釋獲則離維綱及
揚觸梱復亦釋之不言者以中爲主也　注傳告服不　釋曰據在大
侯而言告服不則參侯干侯告可知舉遠見近　司射至反位　注貫
猶至作闕　釋曰案上文離維綱公則釋獲言之則此云不中不釋筭
者據除君而言也

儀禮疏卷第十七

儀禮疏卷第十八

唐朝散大夫行太學博士弘文館學士臣賈　公彦　等撰

三耦至堂西　注不敢至事畢　釋曰自此盡共而俟論第二番射三耦訖次公卿大夫之事但此賓先降取弓矢即升堂者以其不敢與君並待告故下云司射告射于公小射正取公之決拾并授弓拂弓是君得告乃取弓矢是不敢與君並俟告也云取之以升俟君事畢者案下文云公將射則賓降適堂西袒決遂執弓搢三挾一个升自西階是君事畢君事畢賓降袒決遂乃更升若然賓於此不即袒決遂者去射時遠故不可即袒也　諸公至以南　注言繼至夫北　釋曰言適次者但射位在堂東次在洗東南今諸公卿東南適次前北至三耦之南以次西面立云繼三耦明在大夫北者以其三耦在北大夫在南而言繼三耦明在大夫之北也　公將至而俟　注君尊若始焉　釋曰云君尊若始焉者案上始時司馬命負侯三耦將射司馬命去侯今三耦卒射君將射司馬使更命負侯是君尊若始焉　小射至東堂　注授弓至去塵　釋曰據此經上下或云大射正或云司射或云小射正不同者今行射禮大射正一人爲

上司射次之或云小射正若然大射正與司射各一人據其行事小射正不止一人而已此云小射正一人取公之決拾於東坫上下云小射正奉決拾以笥與此一人此又云小射正授弓與取決拾别則小射正二人也云授弓當授大射正者下云大射正執弓以袂以授公明此小射正授弓者當授大射正也　公將至面立　注不敢至君也　釋曰云公將射則賓降者案前文賓降適堂西取弓矢無賓升堂之文但文不具其實即升矣是以此文云賓降云笥矢幹者案周禮矢人矢幹長三尺則此賓立於物北三尺矣　注還右至右還　釋曰云還右還君之右也者君爲下射賓爲上射司馬在君之西南揚弓命去侯訖還君之右東而南西向降自西階猶出下射之南還其後也者由如上文初將射時司馬立於物間南揚弓命去侯訖出於下射之南還其後降自西階前後是同故取彼解此云今文曰右還不從右還者若右還則右還於上射不得還君故不從也　公就至於物　注笥萑至其職　釋曰前解大射正與司射别人案此注大射正舍司正親其職則大射正與司正爲一人又案上文司射請立司正遂立司射爲司正則

司射又與大射正爲一人與上解似相違者以大射正與射人俱掌射事相當則大射正與司射別若通而言之射人不對大射正射人亦名大射正故此以射人爲大射正也　注既袒至襦上　釋曰案上文設決訖乃云公袒朱襦始云小臣正贊設拾拾當拾斂膚體宜在朱襦之上故鄭云既袒乃設拾拾當以韝襦上鄉射云袒決遂以其無襦故遂與決得俱時設若大夫對士射袒纁襦設遂亦當在袒後　大射至揉之　注順放至爲紐　釋曰云順放之也者以袂向下於弓隈順放之云觀其安危也者案考工記弓人云其弓安其弓危者以弓弱者爲危其弓強者爲安則此云觀安危者謂試弓之強弱　公既至乘矢　注公下至尊也　釋曰案上三耦射者上射射訖乃次下射此公爲下射當後射今君射前於賓故鄭云先發不留尊也　注階西至降位　釋曰案上文賓受獻訖降立於階西東面此云反位於階西東面故云反位也　公即至復筵　釋曰此公與賓復升即位者公卿以下當繼射公與賓當觀之故升就位也　司馬至如初　釋曰自此盡就席論射訖取矢委於楅之事　注司馬至乘矢　釋曰知司馬是司馬正司馬師亦坐

乘矢者此經皆言如初案上番射司馬正與司馬師乘矢故知也　注異束至殊之也　釋曰公卿皆異束但言大夫者公卿自相對其矢俱束之及其脱之亦拾取但三耦之内大夫以士耦之士矢不束大夫束之故曰尊殊之下注云不言君矢小臣以授矢人於東堂下可知知者以其小臣取矢明取之以授矢人　注此言至於楅　釋曰云此言其升前小臣委矢於楅者案上文司馬降釋弓如初在小臣委矢之上其司馬降釋弓之時卿大夫即升就席委矢當依司馬命取矢之下不失其次故不即見卿大夫升事是以於此特言司馬降釋弓與卿大夫升爲節耳故鄭亦言其次第也　司射至去扑　釋曰自此盡共而俟論數筭之事直言去扑不言去矢矢亦去之是以下文司射執弓挾一个搢扑明此時去矢後更挾之　司射命設豐　釋曰自此盡徹豐與觶論二番射訖行射爵之事　注弟子至略之　釋曰自此以上其疏見於鄉射於此不復言云不授者射爵猶罰爵略之者案詩云兕觥其觩旨酒思柔注云觩陳設貌觥罰爵不手授此飲射爵亦不手授故云猶罰爵也案獻酬之爵皆手授之此不手授故云略之也若然士以下飲

罰爵者取於豐大夫已上皆手授尊之故下注云授爵而不奠豐尊大
夫也其三耦之内雖大夫亦取於豐者以其作三耦與衆耦同事故不
復殊之　注固襲至挾也　釋曰云固襲說決拾矣復言之者起勝者
也者起勝者射畢之時降堂皆就次襲說決拾矣故云固襲今復言之
者以其勝者更袒決遂故復言不勝襲說決拾欲與勝者相起復發故
復言之也　注不勝之黨無不飲　釋曰以其經云三耦及衆射者皆
升飲射爵者言升之明知不勝之黨無不飲但大射者所以擇士以助
祭今若罰爵在於不勝之黨雖數中亦受罰及其助祭雖飲射爵亦得
助祭但在勝黨雖不飲爵若不數中亦不得助祭以其飲罰據一黨而
言取其助祭取一身之藝義故不同也　注先升至禮然　釋曰云亦
因相飲之禮然者案鄉飲酒鄉射獻酬之禮獻者在右酬者在左故云
亦也　注立卒至執弓　釋曰案鄉飲酒皆祭坐卒爵拜旣爵故此決
之受罰不備禮也云右手執觶左手執弓者以其執弛弓不釋於地明
知未飲時兩手執弓今受罰爵右手執爵爲便左手執弓可知　不勝
者先降　注後升至並行　釋曰云後升先降略之不由次也者案上

文勝者先升此文不勝者先降故云略之不由次云降而少右復並行者見下文與升飲者相左明降至堂下此二人少右復並行以其辟升者在左故也　若賓至不升　注此耦至尊也　釋曰知此耦謂士者以大夫坐於上士立於下經云耦不升故云此耦謂士也是以鄭解其意云諸公卿或闕士爲之耦者不升其諸公卿大夫相爲耦者不降席以其大夫在堂上故云不降席云重恥尊也者解士不升大夫已上不降席意以其卑者對飲尊者是可恥之事不對飲是重恥尊者也　注雖尊至夫也　釋曰云不可以己尊枉正罰也者正罰謂上文飲者在左勝者在右於西階之上北面跪取豐上之觶飲之是也今雖不取於豐亦於西階北面是不可以己尊枉正罰也　若飲至降拜　注侍射至禮也　釋曰云侍射賓也者以其賓與君對射耦自相飲故知侍射者賓也云飲君則不敢以爲罰從致爵之禮也者罰爵如上文罰者飲之而已今則從燕臣致爵於君之禮下文所謂夾爵者是也但此經云角觶與上文觶皆是三升曰觶觶與角連故謂之角觶或單言角或單言觶是以禮記少儀云侍射則約矢侍投則擁矢勝則洗爵而請不角

注云角謂觵罰爵也於尊長與客如獻酬之爵又詩云我姑酌彼兕觵
毛傳云兕觵角爵箋云兕觵罰爵是其角觶兕觵皆罰爵此角觶以兕
角爲之非謂四升曰角者也若然此角觶對下文飲君云象觶故云角
觶謂賓酌如兕自飲君即下文賓降洗象觶亦從獻酬之爵不敢用罰
爵也　注賓復至夾爵　釋曰云所謂若飲君燕則夾爵者言所謂鄉
射文彼云燕者則此經夾爵也　注不祭象射爵　釋曰案上文受罰
者取爵於豐飲之不祭此飲君爵不祭是以賓飲夾爵亦不祭皆與射
同故云象　司宫至於篚　注爲大至五升　釋曰自此盡侯而侯論
設尊獻服不之事云不於初設之者不敢必君射也君不射則不獻大
侯之獲者若然此設大侯之獲者君不射則不設之不豫設者不敢必
君射案上張侯先設大侯君射大侯張之必君射者但聖人設法一與
一奪以大射者爲祭擇士所以助祭人君不可不親故奪其尊使之必
射故豫張大侯至此設大侯之尊君射訖乃設之者許其自優暇容有
不射之理是以不射則不設射乃設之云散爵名容五升者案韓詩傳
云一升曰爵二升曰觚三升曰觶四升曰角五升曰散是其散容五升

也　司馬至服不　注言服至西面　釋曰云服不者著其官尊大侯也者自此已前皆以事名之於此而言服不著其官言尊大侯故也云服不司馬之屬者以其服不在大司馬下六十官之屬者云掌養猛獸而教擾之者猛獸熊羆之屬教之使擾馴人意象王者服不服諸侯使歸服王者云洗酌皆西面者以其設尊設洗皆東面故知洗爵酌酒皆西面向之也若然獻旅食尊後酌者爲背君此西面不嫌背君以其南統於侯故也　服不至受爵　注近其所爲獻　釋曰云近其所爲獻者以其服不得獻由侯所爲故不近乏而近侯獻之故云近其所爲獻也　司馬至反位　注不俟至反位　釋曰云不俟卒爵略賤也者案上文獻服不訖又案下文卒祭左个之西北三步東面設薦俎立卒爵若然卒爵禮祭侯訖今司馬反位在未祭侯之前故略賤也云此終言之獻服不之徒乃反位者但大侯尊服不與其徒二人共在獲所獻服不亦兼獻徒此經唯見獻服不不見獻其徒即云司馬反位明獻徒後始反位是以知反位者終言之其實獻徒後乃反位故下注云司馬正皆獻之是也

宰夫至折俎　注宰夫至脅肺　釋曰云宰夫有司宰夫之吏也者諸侯

宰夫是士而宰夫有司明是宰夫之吏府史也引鄉射記者此俎實無文故引之爲證　卒錯至從之　注不言至右个　釋曰云國君大侯服不負侯其徒居乏待獲變其文容二人也者案上注云天子服不氏下士一人徒四人掌以旌居乏待獲鄭言容二人者欲見服不與徒二人皆得獻故鄭云司馬正皆獻之云適右个由侯内者以其既祭左个次祭右个乃祭於中故云適右个由侯内　獲者至祭酒　注祭俎至未聞　釋曰云祭俎不奠爵不備禮也者言祭俎者謂祭俎上肺但肺有二種此云祭是祭肺也非是離肺知者案鄉射記云獲者之俎折脊脅肺臑又曰釋獲者之俎折脊脅肺皆有祭則此俎祭肺亦離肺若然凡祭祭肺皆不奠爵是其常云此不奠爵不備禮者但祭肺離肺兩有祭肺不奠爵若空有祭肺亦不奠爵今祭俎不奠故云不備禮云天子祝侯曰以下周禮梓人文云諸侯以下祝辭未聞知諸侯不與天子祝辭同而云未聞者以本所射侯天子中之則能服諸侯諸侯中之則得爲諸侯若天子云抗而射女諸侯則不得云抗而射女是以知祝辭有異但未聞耳　注鄉射至三祭　釋曰以其左右及中故三者皆三祭

非謂一處有三祭　卒祭至東面　注此鄉至卒爵　釋曰云不北面者嫌爲侯卒爵者前服不受獻之時侯西北面者欲歸功於侯故也今卒爵雖同舊處而東面者以其前受獻爲己今卒爵還爲己卒爵故東面是以云不北面者嫌爲侯卒爵也　設薦至卒爵　注不言至立飲　釋曰云不言不拜旣爵司馬正已反位不拜可知也者決鄉射獲者薦右東面立飲不拜旣爵此則不言之以其司馬在對司馬不拜旣爵司馬已反位不拜旣爵可知故不言引鄉射禮者此不言立位之處當同鄉射薦者東面立　司馬至之禮　注隷僕至可知　釋曰云隷僕人埽侯道者謂君射時初埽之時亦是隷僕人也云巾車張大侯者舉尊者而言其參侯干侯亦張之是以上文司馬遂命量人巾車張三侯此直云大侯舉尊而言也云及參侯干侯之獲者以其上文以獻大侯服不獲者明此經獲者是糝侯豻侯可知云隷僕人巾車於服不之位受之知者以其隷僕人巾車素無其位而經云如大侯之禮明就大侯之位受獻是以鄭云功成於大侯也云不言量人者此自後以及先可知者案上張侯之時先言量人後言巾車君射之時乃有隷僕人埽侯道

受獻先言隸僕人後言巾車是自後以及先隸僕尚得獻明量人在巾車之先得獻可知　注隸僕至而南　釋曰知自服不而南者雖無正文以其受獻於服不之位明繼服不而南可知　司射至少南　釋曰自此盡反位論獻釋獲者之事　注文武不同　釋曰言文武不同者以其獻獲者於侯西北面受獻歸功於侯是其武獻釋獲者升堂酌酒東面獻之就釋筭之所是其文故云文武不同　注俎與至爲異　釋曰云俎與服不同者以其俱用一俎云唯祭一爲異者上祭侯之俎引鄉射獲者俎與薦皆三祭鄭鄉射注云祭侯三處至此獻釋獲者不主祭侯正唯一祭俎耳故云唯祭一爲異　注祭俎至備禮　釋曰上祭侯之時祭俎不奠爵不備禮至此祭俎亦祭肺不奠爵賤亦不備禮　注亦辟俎也　釋曰以其薦俎相將薦既辟俎亦辟可知　司射至反位　注爲將復射　釋曰自此盡于公如初論司射請公爲三番射事注云不升堂賓諸公卿大夫既射矣聞之可知者決前司射升堂請射于公升今不升者諸公卿大夫前已射聞之矣　反搢至取矢　注鄉言至言耳　釋曰自此盡襲反位論三耦與卿大夫取矢之事云鄉言

拾者謂第一射時三耦云拾取矢云是言序者謂序出次時一耦先後互者皆次序出次至庭拾取矢　司射先反位　注言先至先也　釋曰云鄉不言司射先反位三耦未有次外位無所先也者凡言反位者謂前已有位今乃反之是今禮反於舊位舊位第一番之時三耦次外舊無位司射雖先有位不得言先反位是以決之　三耦至如初　注小射至代之　釋曰云禮殺代之者決第一番不言小射正作取矢　三耦至三耦　注皆進至從初　釋曰云凡繼射命耦而已不作射不作取矢從初者言凡繼射命耦者前三耦卒射後大夫降至三耦之南西面北上司射東面于大夫西比耦大夫與大夫命上射曰某御於子命下射曰子與某子射卒遂比衆耦云云至公即席後賓升階復位還莚而後卿大夫繼射後衆皆繼射釋獲皆如初注云諸公卿言取弓矢衆言釋獲互言也既司射注司射所作唯上耦是此文小射正但作三耦拾取矢公以下亦無作拾文故曰不作取矢從初從三耦法也　注説矢至謙也　釋曰云自同於三耦謙也者以其三耦是士之束既是大夫若束則異於三耦故云説矢束自同於三耦謙也鄉射坐説矢束

注云説矢束者下耦以將拾取彼不言同三耦者彼三耦非大夫故也　注大夫至下位　釋曰諸公卿大夫自爲耦者拾取矢在前大夫與士耦者説矢束拾取矢在後今待大夫反位公卿乃升就席者以其上大夫與下大夫同是大夫爵但上下有異耳故上大夫待下大夫反位乃後升就席　注請奏至者乎　釋曰云請奏樂以爲節也者謂若天子騶虞九節諸侯貍首七節大夫采蘋士采蘩皆五節云始射獲而未釋獲者謂第一番三耦射中時雖唱獲未釋筭云復釋獲者謂第二番衆耦皆射釋筭未作樂云復用樂行之者謂第三番射非直釋筭復用樂焉云射用應樂爲難者但禮射其容體比於禮其節比於樂又須中於侯名爲應樂節云孔子曰者禮記射義文引之者證射用應樂而爲難之意　注言君至北面　釋曰云樂正在工南北面者此時工在洗東西面樂正在工南北面司射在西階下東面經云命樂正者東面遥命之　注不與至下五　釋曰引學記者證鼓得與樂爲節之事云凡射之鼓節投壺其存者也者射之鼓節多少無文案今禮記投壺篇圖出魯鼓薛鼓云取半以下爲投壺節盡用之爲射節是其投壺存者云周

禮射節天子九以下者是射人樂師皆有此文引之者證射節多少

上射至若一　注樂正至重節　釋曰云貍首逸詩曾孫也者以其貍首是篇名曾孫是章頭知者以其射義上文云其節天子以騶虞諸侯以貍首卿大夫以采蘋士以采蘩以類言之騶虞采蘋是篇名貍首篇名可知射義下文諸侯君臣盡志於射又云故詩曰曾孫侯氏四正具舉小大莫處御于君所注云此曾孫之詩諸侯之射節也四正正爵四行也四行者獻賓獻公獻卿獻大夫乃後樂作而射也上云貍首下云曾孫曾孫章頭也是以鄭云曾孫其章頭射義所載曾孫侯氏是也云後世失之謂之曾孫者以曾孫爲篇名是失之云曾孫其章頭也是正世人也云小大莫處已下則燕則譽以上皆射義文彼注以燕以射先行燕禮乃射是也云閒若一者調其聲之疏數重節者謂九節七節五節中閒相去或希疏或密數中閒使如一必疏數如一者重此樂故也

大師至初儀　注不以至其目　釋曰此經云如初者皆如上第二番射法唯作樂爲異耳云辟不敏也者若以樂志不與樂節相應則見君不敏今不以樂志遲速從心其發不必應樂是辟不敏也引春秋傳者

定八年左氏傳文正月公侵齊門于陽州其時魯人顏息射人中眉退曰我無勇吾志其目也服氏注云志中其目是非其誠詐以自矜引之者證志是意所儗度也　注側持至射也　釋曰上文皆云挾一个此經云執一个故上注云方持弦矢曰挾以其將射故也此注云側持弦矢曰執謂鏃向上故云兼矢於弦尚鏃將止變於射也案鄉射禮云矢不挾兼諸弦弣不言面鏃此言面鏃不言兼弦弣各舉一邊省文之義言兼弦弣者一矢兼弦三矢兼弣也　注諸所至薦俎　釋曰云皆俟備君復射者但射已三番於後或射或否但臣不敢必君射故備擬於君也云釋獲者亦退其薦俎者前辟薦俎今既退中與筭薦俎不可虛留明亦退之可知　公又至反位　釋曰此一節論射訖爲大夫舉旅之事　司馬至公許　釋曰自此盡反位坐論徹俎升坐安燕之事　大夫降復位　注門東北面位　釋曰云大夫降者大夫雖無俎以賓及公卿皆送俎不可獨立於堂故降復位云門東北面位者謂初小臣納卿大夫門東北面揖位案下文賓諸公卿皆入門東面北上謂在西階下知大夫不復在西階下位者以其言復位者復前位其西階下舊無位故知非西階下若然公卿入

西階下鄭云諸公卿不入門而右以將燕亦因從賓者也大夫以公卿未入不可猶居西階故在門東北面位也　羞庶羞　注羞進至鶉鴽　釋曰知有膷肝膋者此大射先行燕禮燕法其牲唯有狗又案内則云肝膋取狗肝一幪之以其膋濡炙之舉燋其膋不蓼注云膋腸閒脂故知此羞中有肝膋也又知有狗胾醢者以其公食大夫有牛胾炙羊胾炙豕胾炙此燕無三牲故知胾醢亦用狗知有炰鼈膾鯉者案六月詩云吉甫燕喜既多受祉又云飲御諸友炰鼈膾鯉故知有此也公食大夫有王事之勞乃有之故六月詩鄭注以吉甫遠從鎬地來又日月長久今飲之酒使其諸友恩舊者侍之又加其珍美之饌所以極勸之也是有王事之勞乃有之無王事之勞則無故公食大夫不見也又知有雉兎鶉鴽者公食大夫二十豆有此四者此仍引内則上大夫二十豆者不引二十豆盡以其二十豆有三牲之物此狗故唯引此四者　大夫祭薦　注燕乃至成禮　釋曰云燕乃祭薦不敢於盛成禮者此大夫卑不敢與公卿同時於盛成禮也　司正至位坐　注皆命至序端　釋曰云興對必降席者經直云興不言降席鄭知降席者以爲反坐故知降席也云敬也者

決上文司正命賓與大夫以我安雖未坐不云降而對故以此爲敬若
然上不降席者彼直云安未盡殷勤故不降此命使醉是盡殷勤故與
降加敬也知司正退立西序端者案司正監酒此將獻士事未訖亦如
鄉飲酒監旅時立于西序端也　主人至拜送　注獻士至作觚　釋
曰自此盡奠于篚論獻士及祝史等之事云獻士用觶士賤也者言獻
士用觶對上獻大夫已上觚觚二升觶三升用大者賤用小者尊故云
士賤也　注其他至受爵　釋曰云其他謂衆士也者長謂士中之長
次云士謂長已下又云其他謂衆士者亦謂二十七士以其下經旅食
謂庶人在官故知此非府史以下　注司正至其佐　釋曰案燕禮薦
司正與射人一人司士一人執冪二人此不言其數又不言司士與執
冪者以射人是小射正非一人互見執事執事者皆同獻不言其數不
言執冪者二人文不具　注士既至略賤　釋曰云畢獻薦之略賤者
案上獻士立飲是畢獻訖乃云乃薦司正與射人于觶南是獻士又獻
司正已下若然薦士當在乃薦司正上至此言之者其實薦士在乃薦
司正上今此更言士得獻訖立在東方立畢乃薦不畢獻待司正薦乃

薦士也是以薦司正言乃者綏辭明司正巳下薦在士後也　注主人至略之　釋曰知主人既酌西面士旅食北面受之者以其不可背君南面授故知位之如此若然大史等亦北面則亦西面授酒也其小臣師等案上文位在阼階東面自然北面授　賓降至再拜　釋曰自此盡旅酌論賓舉爵爲士舉旅行酬之事　注賓受至再拜　釋曰云賓受公賜多矣禮將終宜勸公序厚意也者上文爲賓爲卿爲大夫舉旅皆臣自致爵今此其賓爲士舉旅行酬因得爲賓致爵於君故鄭云序賓厚意也　注反位至爲觶　釋曰自此巳前賓位在西階下東面無席戶牖之間位則有席此賓升成拜不言降反位明反位者反於戶牖之間席位云此觚當爲觶者凡旅酬皆用觶獻士尚用觶故知觚當爲觶下經觚亦當爲觶　有執爵者　注士有至授之　釋曰知士有盥升者以其爲公卿大夫使行旅不可不絜知是士者案下文云士有執膳爵者有執散爵者故知士有盥升主酌授之　注欲令惠均　釋曰以堂上公卿大夫旅徧并堂下之士故云欲令惠均也　注與酬至異也　釋曰云與酬士者決向來堂上相旅皆坐相酬執爵者行之大夫

未能受酬者輒與西階上故鄭云士立堂下與上坐者異也　注祝史至及焉　釋曰鄭知祝史以下皆得旅酬者前得獻祝史與旅皆得獻明此旅酬得之可知　士旅酌　注旅序至爵者　釋曰云無執爵者對上文卿大夫等有執爵者以其坐故也士無執爵者以其賤不坐故以次自酌以相酬無執爵者也　注獻庶至無事　釋曰獻酬之禮庶子已下最後得獻若獻庶子之後正禮畢不得更有射事故命復射在獻庶子之前　注司射至心也　釋曰此乃三番射後爵行無筭直非懈怠復有醉者是以不可恣心所欲　注拜君至在上　釋曰云不言賓賓從羣臣禮在上者謂初酬賓直言賓再舉旅言若長不專於賓已是禮殺第三舉旅云唯公所賜若賓若長至此賓士舉旅直云唯公所賜復不言若賓若長賓從羣臣禮在上　注其功至中者　釋曰上文第二番第三番唯公得中三侯皆釋獲至此燕後復射禮殺臣與君同是以鄭云和者益多尚歡樂也云其功一也者謂三侯所中皆是功故云一也云矢揚觸或有參中者卿大夫主射參侯士主射豻侯其中或揚觸容中别侯皆與釋主人至之禮　注庶子至西上　釋曰云小樂

正在頌磬之北右也工在西即北面者工在西謂遷樂於下時大師少師上工立於鼓北也云工遷於東則東面者案上遷樂於東之時直云大師少師上工皆東坫之東不見小樂正從之明留在西縣之北東面向工矣云大樂正在笙磬之北左也工在西則西面者案上文司射東面命樂正單言樂正者謂大樂正旣東面命之則大樂正元立於東矣以其工在西階下故知西面向之矣云工遷於東則北面者案上文樂正及位大師旣西面明樂正北面可知是以鄉射工遷於東西面北上樂正北面立于其南此亦與彼同北面也云國君無故不釋縣二正君之近官也言此者人君路寢之廷樂縣不釋樂正與僕人正同掌樂事是君之近官也云同獻更洗以時事不聯也者以其雖同獻於阼階上獻有前後故更爵洗之是以云時事不聯也云庶子內小臣位在小臣師之東者案公食堂上夾北有宰夫內宰在東北此射禮堂上夾北無宰位又案執事者堂上又非樂人不得在樂正位以其與小臣師同名小臣故知小臣師之東也又云少退西上者見公食在宰東北少退故知此亦少退知西上者以此位皆西上故也　無筭爵　釋曰自此盡

無筭樂論爵與樂恣意無數之事　注酬之至者來　釋曰凡行酬之法轉爵遞飲今膳散兩有宜得即飲猶待公卒爵乃飲猶代飲然明惠從公來嫌得即飲不代故著嫌不卒爵然後飲故曰嫌不代　注燕之至意也　釋曰云燕之歡在飲酒者謂安燕之歡正在於飲酒故受公爵者更酌反奠於公所擬公更賜爵是其歡燕成之意也　注乃猶而也　釋曰鄭轉乃爲而者乃是緩辭於理不切故爲之也　注升不至臣禮　釋曰於例臣於堂下再拜稽首得小臣以君命辭其拜不成當升成拜今直升不成拜者以其拜於下是臣之正禮故鄭云於將醉正臣禮　注卿大至卒之　釋曰上文卿大夫酬辯始酬士公命徹冪公卿以下降而爵止是以卿大夫升反席士以下相酬而卒之　宵則庶子執燭　釋曰自此盡篇終論禮畢容公卿出入之事　賓所至遂出釋曰案鄉飲酒鄉射賓出無取脯賜鍾人之事者彼是臣禮此爲君法故詳略不同　公不送　注臣也至禮也　釋曰案燕義云使宰夫爲獻主臣莫敢與君亢禮鄉來安燕交歡君若送之是臣與君亢禮故君不送賓也故燕禮注云賓禮訖臣禮是也　公入驁　注驁夏至入也

釋曰云鶩夏亦樂章也者案周禮鍾師有九夏皆樂章其中有鶩夏如陔夏故云亦樂章也云以鍾鼓奏之者案鍾師以鍾鼓奏九夏鄭云先擊鍾次擊鼓故云以鍾鼓奏之云其詩今亡者鄭注鍾師云九夏皆詩篇名頌之族類也此歌之大者載在樂章樂崩亦從而亡是以頌不能具是其今亡云此公出而言入者射宫在郊以將還爲入者天子射在虞庠周之小學在西郊案鄉射記於郊則閭中鄭注云諸侯大學在郊是諸侯大射所故言入者射宫在郊以將還爲入也鄭知燕在路寢者燕禮記云燕朝服於寢與羣臣賓客燕不合在燕寢故知從路寢也此篇所解多不具者以其諸侯大夫射先行燕禮大射三番多依鄉射是以與禮同者於此不復重釋之也

儀禮疏卷第十八

儀禮疏卷第十九

唐朝散大夫行太學博士弘文館學士臣賈　公彥　等撰

聘禮第八　鄭目録云大問曰聘諸侯相於久無事使卿相問之禮小聘使大夫周禮曰凡諸侯之邦交歲相問殷相聘也世相朝也於五禮屬賓禮大戴第十四小戴第十五别録第八　釋曰鄭云大問曰聘者則此篇發首所論是也云久無事者案下記云久無事則聘焉注云事謂盟會之屬若有事事上相見故鄭據久無事而言云小聘使大夫者下經云小聘曰問其禮如爲介三介是也周禮曰者大行人文鄭彼注小聘曰問殷中也久無事又於殷朝者及而相聘也父死子立曰世凡君即位大國朝焉小國聘焉此皆所以習禮考義正刑一德以尊天子也必擇有道之國而就脩之然歲相問殷相聘聘義所云比年小聘三年大聘是也大行人云上公九介侯伯七介子男五介又云凡諸侯之卿其禮各下其君二等聘義上公七介侯伯五介子男三介是諸侯之卿介各下其君二等者也若小聘曰問使大夫又下其卿二等此聘禮是侯伯之卿大聘以其經云五介上介奉束錦士介四人皆奉玉錦又

云入竟張旝孤卿建旝據侯伯之卿之聘者必見侯伯之卿聘者周公作經互見爲義此見侯伯之卿大聘玉人云瑑圭璋八寸璧琮八寸以覜聘上公之臣公食大夫俎實云倫膚七據子男之臣是各舉一邊而言明五等俱有是其互見爲義也　聘禮至圖事　注圖謀至東面釋曰自此盡官具論聘人及用幣之事云謀聘故及可使者謀聘者爲久無事須聘故謂有事故或因聘或特行若記云若有故則卒聘束帛加書將命是因聘者也晉侯使韓穿來言汶陽之田之類是特行者也言及可使者謂於三卿之中選可使者即經云遂命使者是也其摠三事皆須謀者也言謀事者必因朝者欲取對衆共詢之意云其位君南面已下知面位然者此儀禮之内見諸侯三朝燕朝燕禮是也又射朝大射是也不見路門外正朝正朝當與二朝面位同案燕禮大射皆云卿西面大夫北面士東面公降階南面揖之是以知正朝面位然也若天子三朝射人見射朝司士見正朝不見燕朝以諸侯正朝與燕朝同明天子燕朝亦與正朝同也　遂命使者　注遂猶至使卿　釋曰云既謀其人因命之也者謂謀其人人亦在謀事之中故云因命即上注

可使者是也云聘使卿者以其經云及竟張旜周禮司常云孤卿建旜
故知使卿也若然使者自在謀内審知所聘之國遠近何以下記云使
者旣受行出遂見宰問幾月之資注云古者君臣謀密草創未知所之
遠近問行用多少但所謀之時經云出聘不言其國使者不得審知故
更問之是以左氏吳公子季札遂聘齊晉衛鄭之等下文云無行則重
賄反幣是亦有歷聘之事也　使者至首辭　注辭以不敏　釋曰云
辭以不敏者鄭取孝經曾子曰參不敏之辭爲義也　君不許乃退
注退反至必進　釋曰知受命者必進者以其云退故知進乃有退法
是受命前進近君也　旣圖至如之　注旣已至於介　釋曰旣謀事
乃命介在謀後别命之謀使者是難謀後命介是易也　宰命至不辭
注宰上至受也　釋曰天子有六卿天地四時之官是諸侯兼官而有
三卿立地官司徒兼冢宰立夏官司馬兼春官立冬官司空兼秋官是
以左氏杜泄云吾子爲司徒叔孫爲司馬孟孫爲司空故禮記内則云
后王命冢宰降德于衆兆民鄭云周禮冢宰掌飲食司徒掌十二教今
一云冢宰記者據諸侯也諸侯并六卿爲三或兼職焉是其諸侯并六

卿爲三諸侯以司徒爲冢宰義與此同宰上卿貳君事諸侯謂司徒爲宰者也云士屬司馬引周禮者案司士屬司馬而云作士適四方使爲介諸侯之司馬亦然故引以證諸侯司馬戒衆介也云不辭者是其副使之賤者故不敢辭　宰書幣　注書聘至之用　釋曰宰即上命司馬兼官者也云書聘所用幣多少也者謂聘鄰國享君及夫人問卿之等幣周禮司儀云凡諸侯之交各稱其邦而爲之幣以其幣爲之禮鄭云幣享幣也於大國則豐於小國則殺是也云宰又掌制國之用者案王制云冢宰制國用必於歲之杪是以使之書幣也　命宰夫官具　注宰夫至宜齎　釋曰所命者冢宰司徒命之以宰夫屬司徒周禮宰夫掌百官府之徵令故命諸官云官具者謂使宰夫命諸官各具所行幣幣在官之府其司非一故言衆官幣謂享幣及問大夫問卿摠具之及所宜齎者謂行道所用多少皆是　及期夕幣　注及猶至聘也　釋曰自此盡受書以行論陳幣付使者之事云夕幣先行之日夕知者下云厥明釋幣于禰是行日明此夕是先行之日夕也云視之者正謂賈及衆介視之故下云使者朝服帥衆介夕注云視其事是也　管

人至門外　注管猶至作斆　釋曰云館人謂掌次舍帷幕者也者案
天官有掌舍掌次幕人等掌次云有邦事則張幕設案掌舍職云爲帷
宫設旌門又幕人云掌帷幕幄帟綬之事鄭云在旁曰帷在上曰幕幕
或在地展陳于上即此布幕是也館人即彼掌舍以諸侯兼官故鄭揔
言之也云幕以承幣者即下文官陳幣是也云寢門外朝也者謂路門
外即正朝之處也下記云宗人授次次以帷則館人與宗人共掌之若
賓客則宗人掌之也　官陳至其前　注奉所至無則　釋曰云官陳
幣者即上文官具者也館人布幕於地官陳幣於其上云奉所奉以致
命謂束帛及玄纁也者所奉謂後享時奉入以致命故知是以下文享
時所致束帛加璧以享君玄纁加琮以享夫人鄭不言璧琮者璧琮不
陳厥明乃授之也云馬言則者此享主用皮或時用馬者主用皮謂有
皮之國國無皮者乃用馬故下云庭實皮則攝之鄭注皮言則者或用
馬也記云皮馬相間可也注間猶代也土物有宜也云馬入則在幕南
者以經云馬則北面奠幣于其前也是馬在幕南故下展幣時云馬則
幕南北面奠幣于其前也知皮馬皆乘者案下賓覿時云總乘馬又云

禮玉束帛乘皮是皆乘也　使者至東上　注既受至幕南　釋曰云既受行同位者對未受命行已前卿大夫士面位各異是以記云使者既受行日朝同位鄭注云謂前夕幣之間同位者使者北面介立于其左少退別其處臣也是也知在幕南者幣在幕上使者須視幣故在幕南也　卿大至北上　注大夫至使者　釋曰此謂處者大夫常北面今與卿同西面故云辟使者　注入告至而告　釋曰朝在路門外故知入路門至路寢而告君以其在路寢聽政處故也　史讀書展幣　注展猶至之也　釋曰知史幕東西面者以其君南面使者北面故知幕東西面讀之可知是以鄭云欲君與使者俱見之也知賈人撫幣者以其賈人主幣行者故知賈人撫幣受之其幣謂官具之者非直所奉而已若然賈人當在幕西東面撫之亦欲使君與賓俱見之也　注史展至北面　釋曰云史展幣畢以書還授宰者以其宰在幕東西面史居前西面讀書展幣展幣訖明迴還授宰宰以書授使者云其受授皆北面者當宰以書授使者之時宰來至使者之東北面授使者使者北面授介三者皆北面向君故也　公揖入　釋曰以展幣授使者訖禮

畢故入於寢也　官載至于朝　注待旦行也　釋曰此云官謂官人從賓行者與前官陳幣者異必知行者以下文入竟又展之又有司展羣幣以告注云有司載幣者自展自告是也云待旦行者下文厥明釋幣遂行是也　上介視載者　注監其至乃出　釋曰經直云上介視載者注云監其安處之畢乃出不言餘人出則上文舍於朝不出待旦則行以其須守幣故也　所受書以行　注爲當復展　釋曰書謂前宰授使者此書將行爲當復展故也　厥明至于禰　注告爲至如祭釋曰自此盡亦如之論賓與上介將行告禰之事云朝服者卿大夫朝服祭故還服朝服告也云天子諸侯將出告羣廟者案禮記曾子問云孔子曰諸侯適天子必告于祖奠于禰注云皆奠幣以告之是諸侯出告羣廟案彼下文又云孔子曰天子諸侯將出必以幣帛皮圭告于祖禰遂奉以出是天子與諸侯同告羣廟之事云大夫告禰而已者大夫三廟降天子不得並告故直告禰而已若父在則告祖知者下記云賜饔唯羹飪筮一尸若昭若穆注云筮尸若昭若穆容父在父在則祭祖父卒則祭禰以此言之明初行時父在釋幣於祖廟可知案昭元年楚

公子圍聘於鄭云布几筵於莊共之廟而來服氏云莊謂楚莊王圍之祖共王圍之父是大夫並告羣廟者彼不告聘直告娶故得並告古者大夫得因聘而娶故傳云且娶於公孫段氏是也云凡釋幣設洗盥如祭者案曾子問云凡告用牲幣注云牲當爲制則告無牲直用幣而已但執幣須絜當有洗而盥手其設洗如祭祀之時亦洗當東榮南北以堂深水在洗東篚在洗西必知無祭事者下文還時云乃至于禰筵几于室薦脯醢觴酒陳鄭云行釋幣反釋奠略出謹入是其差也　有司至再拜　注更云至行也　釋曰云更云主人者廟中之稱也者上云賓至此更云主人是廟中之稱故特牲少牢皆稱主人對聘稱賓也

釋幣至下出　注祝釋至入尺　釋曰知祝釋幣者案曾子問君薨而世子生大祝裨冕執束帛升自西階命無哭告曰某之子生敢告奠幣於殯東則知此亦大祝釋之可知也云凡物十曰束者案昏禮玄纁束則每卷二丈自餘行禮云束者每卷一丈八尺爲制幣帛錦十卷者皆名束至於脯十脡亦曰束故云凡物十曰束也云玄纁之率玄居三纁居二者言率皆如是也玄三纁二者象天三覆地二也云朝貢禮云純

四只制丈八尺者純謂幅之廣狹制謂舒之長短周禮趙商問只長八
寸四八三十二幅廣三尺二寸大廣非其度鄭志荅云古積畫誤爲四
當爲三三咫則二尺四寸矣雜記云納幣一束束五兩兩五尋然則每
卷二丈若作制幣者每卷丈八尺爲制合卷爲匹也　注少頃至於神
釋曰案士虞禮無尸者出戶而聽若食閒此無祭事故云有俟於神也
又釋幣於行　注告將至禮乎　釋曰云行者之先其古人之名未聞
者此謂平地道路之神云古人名未聞者謂古人教人行道路者其人
名字未聞云天子諸侯有常祀在冬者月令祀行是也言此者欲見大
夫雖三祀有行無常祀因行使始出有告禮而已至於出城又有軷祭
祭山川之神喻無險難也大夫三祀曰門曰行曰厲者見祭法文云
喪禮有毀宗躐行出于大門者檀弓文案彼云掘中霤而浴毀竈以綴
足及葬毀宗躐行出于大門殷道也下文周柩入毀宗雖不云躐行亦
有行可知所毀者毀廟門西而云躐行明行神在廟門西矣不云埋幣
可知者承上宗廟埋之此亦埋可知云今時民春秋祭祀有行神古之
餘禮乎者鄭以行神無正文雖約檀弓猶引漢法爲況乎者猶疑之矣

若然城外祭山川之神有軷壇此禮行神亦當有軷壤是月令冬祭行注云行在廟門外之西爲軷壇厚二寸廣五尺輪四尺是也　遂受命　注賓須至復入　釋曰下云上介及衆介俟于使者之門外是其賓須介來乃受命也云自是出不復入者自釋幣於門不復更入若然則待介於門矣　上介至門外　注俟待至北上　釋曰自此盡斂旜爲使者與介向君朝受命即行之事知待於門外東面北上者上云賓釋幣訖不復入明介待賓於大門外賓出則向君也言東面北上者依賓客門外之位　使者至于朝　注旜旌至爲膳　釋曰云載之者所以表識其事者人見張旜則知是孤卿爲使之事是表識其事也云周禮曰者司常文云至於朝門者凡平諸侯三門皋應路路門外有常朝位下文君臣皆朝列位乃使卿進使者使者乃入至朝即此朝門者皋門外矣知北面東上者還依展幣之位也　君朝服至使者　注進之至使已　釋曰此還依展幣之位知大夫與卿同西面避賓下文使者還亦同展幣北面東上位　賈人至授宰　注賈人至作璪　釋曰云賈人在官知物賈者謂若王制云庶人之在官府史胥徒之類以知物

貫故名貫云其或拜則奠于其上者故覲禮記云奠圭于繅上是也但繅有二種一者以木爲中幹以韋衣之天子五采公侯伯三采子男二采采爲再行下記及典瑞皆有其文此爲繅也下記云絢組尺及曲禮下文執玉其有藉者則裼鄭亦爲之繅若韋版爲之者奠玉於上此則無垂繅屈繅之事若絢組爲之者所以繫玉於韋版使不失墜此乃有屈垂之法則此經所云者是也案向來所注皆以韋版繅藉解之者鄭意以承玉及繫玉二者所據雖異所用相將又同名爲繅是以和合解之故以韋版爲之者以解絢組之繅也　宰執至使者　注屈繅至之義　釋曰云自公左贊幣之義者禮記少儀云詔辭自右贊幣自左取地道尊右之法是贊幣之義故於公左也　使者至受命　注同面至其左釋曰知宰就使者北面者以經言同面不見使者進文使者既先北面故知就使者北面並面授之既授與使者即言受命明知則出命矣云凡授受者授由其右受由其左者據此宰由其右授使者使者受由其左又據鄉飲酒鄉射燕禮獻酢酬皆授由其右受由其左故云凡以廣之若有所因由則有授由左受由右是以使者反命之時宰自公左受玉

鄭云亦於使者之東同面並受不右使者由便也又賓授覿時士受馬適右受鄭云適牽者之右而受由便又鄉飲酒云受酬者自介右鄭云尊介使不失故位如此者皆是變例鄭據平常行事而言也　既述至上介　注述命至失誤　釋曰上文授玉訖君出命命辭雖不知何語要知使者既受命使者又重述君命爲述命述命者重失誤　上介至不從　注賈人至北面　釋曰云衆介不從者以上介送圭向外與賈人反來故衆介不從以待之云賈人將行者知者經言授賈人使受之則是行人主掌此玉故知將行者對上云賈人出玉者是留者也知在門外北面者以其使者在門外時皆北面此賈人不入明依本北面可知受享至如初　注享獻至覜聘　釋曰此經中三事上經已受聘君圭此經受享君束帛加璧又受聘夫人璋又受享夫人琮案上文夕幣時云官陳幣皮北首西上加其奉於左皮上鄭注云奉所奉以致命謂束帛及玄纁也則知所陳直陳束帛及玄纁不陳璧琮是以此經受璧而連言束帛玄纁者以其享時束帛加璧於其上玄纁加琮於其上以相配之物故兼言束帛玄纁若然璧琮右受者以其璧琮與圭璋同類

尊之故也云帛今之璧色繒者周禮大宗伯云孤執皮帛鄭注亦然又
案宗伯云以蒼璧禮天下云牲幣各放其器之色幣即幣帛禮天之璧
用蒼色則幣帛之色亦蒼色是璧色繒於漢時云璧色繒者亦因周法
則此束帛亦與璧色同以其相配但未知正用何色耳云聘用璋取其
半圭知半曰璋者案周禮典瑞云四圭有邸以祀天兩圭有邸以祀地
圭璧以祀日月璋邸射以祀山川以上向下差之以兩圭半四圭圭璧
半兩圭璋邸射又半圭璧是半圭曰璋也云圭璋特達瑞也者聘義云
圭璋特達德也鄭云特達謂以朝聘也言瑞者大宗伯云以玉作六瑞
公執桓圭以下皆是瑞故尚書云班瑞於羣后言特達者不加束帛也
云璧琮有加往德也者謂加於束帛之上言往德者郊特牲云束帛加
璧往德也謂以束帛加璧致厚往爲主君有德故以玉致之君子
於玉比德故言往德也往德義出於彼鄭言此者欲見朝覲享用玉
之意也周禮曰玉人文云瑑圭璋璧琮以覜聘者欲見此篇聘賓不用
君之所執圭璋以其公則執桓圭侯執信圭伯執躬圭子執穀璧男執
蒲璧臣出聘圭璋璧琮則瑑之而已無此桓信躬穀蒲之文又所執皆

降其君一等故引之爲證也　遂行舍於郊　注於此至於家　釋曰言遂行者受命則行不留停故云遂行言於此脱舍衣服乃即道者上文云賓朝服告禰及遂朝君受命至此衣服未改鄭注云吉時道路深衣則此脱舍朝服服深衣而行故云於此所脱舍衣服乃即道也引曲禮者見受君命及君言言别有告請之事遂行舍於郊則彼云不宿于家也　斂旜　注此行至藏也　釋曰云此行道耳未有事也者案下文云及竟張旜是有事也故此自郊已後未有事斂藏也　若過至奠幣　注至竟至當由　釋曰自此盡執策於其後論過他國竟假道之事云諸侯以國爲家不敢直徑者案左氏傳僖三十三年秦師襲鄭不假道於晉爲晉所敗是其不假道直徑過天子之師行過無假道以其天子以天下爲家所在如主人故也天子微弱則有之是以周語定王使單襄公聘於宋遂假道于陳以聘楚服氏注云是時天子微弱故與諸侯相聘同是也　下大夫至受幣　注言遂至命也　釋曰云言遂者明受其幣非爲許故也者幣本爲行禮非爲求許若許受幣當云出許受幣不須言遂今不以許道受幣云遂是以容其辭讓不受此幣不

得命遂受之故云遂也　餼之至有餼　注凡賜至秣馬　釋曰此謂
主國所致禮云凡賜人以牲生曰餼者言凡者揔解諸文案此下經云
主國使卿歸饔餼五牢云飪一牢腥二牢餼二牢陳于門西鄭注云餼
生也牛羊右牽之豕東之是牲生曰餼上介及士亦皆牲生爲餼論語
云告朔之餼羊鄭注亦云牲生曰餼春秋傳云餼臧石牛服氏亦云牲
生是凡牲生曰餼春秋僖三十三年鄭皇武子云餼牽竭矣服氏以爲
腥曰餼以其對牽故以餼爲腥詩序云雖有牲牢饔餼鄭云腥曰餼以其
對生是活故以餼爲腥又不爲牲生者鄭望文爲義故注不同也餼猶
稟也給也者於賓爲稟稟受也於主人爲給給賓客也云以其禮者尊
卑有常差常差者上賓上介牲用大牢經不言上介知與賓同大牢者
若上介與羣介同當爲介皆少牢是以下文大夫餼賓云上賓上介皆
大牢米八筐衆介皆少牢米六筐是上介與賓同之義也云米皆百筥
以下盡二十車皆約下文君使卿致饔餼禮若然上介與賓同大牢依
大夫餼賓禮米不依大夫餼賓與上介米八筐而依君致饔餼者以此
經有芻禾大夫餼賓禮無芻禾故還依主國歸饔餼之禮也案下歸饔

餼上賓上介米陳于門內衆介米百筥設於門外鄭不言者略而不辨之也云上賓上介致之以束帛羣介則牽羊者案大夫餼賓禮使者牽牛以致之上介亦如之不依此依歸饔餼者以其彼此皆是國君禮唯牽以行道之間不依歸饔餼之法致之用束帛宜與歸饔餼同也云羣介則牽羊焉者致禮於士無用束帛之法但歸餼則用大牢禮盛宰夫朝服牽牛以致之此衆介皆少牢當與大夫餼賓少牢亦牽羊以致之同也無正文故言則也上賓有禾十車芻二十車亦與下歸饔餼同也若然大牢則上介與上賓同芻禾不同者以經上賓云唯芻禾言唯著異明上介無也但下文設飧時大夫之禮禾視死牢而已此餼賓用生牢不用死牢得有禾者此過國致禮異於常禮故生致而有芻禾也以芻薪倍禾故禾十車芻二十車也　誓于至其後　注此使至示罰

釋曰此誓當在使次介假道之時止而誓言今在士帥沒其竟之後言之者此文因上設彼國禮法訖乃更却本而言之不謂此士帥沒竟後是以鄭云此使次介假道止而誓也言賓南面專威信者此聘禮雖非軍事亦是梱外之事使專威信故南面若君然也　知史於衆介之前北

面讀書者以經言衆介北面則言史讀書明亦北面與衆介同北面又
賓南面復對之故也云君行師從已下定四年召陵之會祝佗辭引之
者此聘使有旅從恐暴掠也　未入竟壹肆　注謂於至失誤　釋曰
自此盡私事論雖未至主國預習聘享威儀之事此與下文爲目所習
之禮事在下云謂於所聘之國者鄭解未入境境謂所聘之國境未入
也　爲壝至無宮　注壝土至垣也　釋曰案覲禮與司儀同爲壇三
成宮方三百步此則無外宮其壇壝土爲之無成又無尺數象之而已
云帷其北宜有所向依者雖不立主人賓介習禮宜有所向故帷其北
也云無宮不壝土畫外垣也者不壝土爲宮是畫外垣垣牆壝土爲外
牆土今則不畫宮也　朝服至執也　注不立至而已　釋曰云不立
主人主人尊也者主人則主國君受聘享者不立臣作君故云主人尊
也　介皆至西上　注入門至作豫　釋曰此所習之禮不習大門外
内及廟門内之禮者以其於外威儀少而易行故略之但習入廟聘享
揖讓升降布幣授玉之禮是以直云北面西上之位也云入門左之位者
案下文云賓入門左介皆入門右北面西上是也　習享士執庭實

注士士至之節釋曰享時庭實旅百獻國所有非止於皮知所執是皮者以其金龜竹箭之等皆列之於地不執之所執者唯有皮而已是以下聘時賓升致命授王之時執皮者張之以見文是以特言執也是以云皮有攝張之節　習夫至私事　注公事致命者也　釋曰云習夫人之聘享亦如之者以其行聘君訖則行聘夫人行享君訖即行享夫人還君受之一如受君禮故云亦如之也云習公事者謂君聘享夫人聘享及問大夫皆致君命故鄭云公事致命者是以下文行君聘享及夫人聘享訖擯出請賓告事畢鄭注云公事畢又問卿時云卿大夫升堂北面聽命賓東面致命鄭注云致其君之命皆公事致命者也私事者謂私覿於君私面於卿大夫故下文賓覿入門右注云私事自闑右是又問卿訖賓西面如覿幣入門右大夫辭賓遂左注云見私事賓雖敵謙入門右爲若降等然是也若然大夫之幣不在朝付之至郊乃付之避君禮不謂非公事　及竟張旜誓　注及至至維之　釋曰自此盡入境斂旜論賓至主國之境謁關人見威儀之事云張旜明事在此國者以其行道斂旜及境張旜明所聘之事在此國故張旜以表其事也是以鄭云

明事在此國也云張旜使人維之者案禮緯稽命徵云大夫杠五刃齊於較較崇八尺人又長八尺人維得手及之者蓋以物接之乃得維持之案節服氏掌祭祀朝覲六人維王之大常諸侯則四人但大常十二旒人有六則一人維持二旒鄭云維之以縷用線維之大夫無文諸侯四人不依命數大夫或一人或二人維持之　乃謁關人　注謁告至異言　釋曰古者境上爲關者王城十二門則亦通十二辰辰有一門一關諸侯未知幾關魯廢六關半天子則餘諸侯亦或然也云關譏異言案王制云關幾而不征注亦云幾幾異服異言二注皆無正文案周禮司門云幾出入不物者注云不物衣服視占不與衆同鄭以出入不物幾之則不物中含有此異服異言云衣服視占不與衆同則是異也但周禮司關上士二人中士四人又云每關下士二人但司關爲都摠主十二關居在國都每關下士二人者各主一關今所謂關人者謂告每關關人來告司關司關爲之告王故司關職云凡四方之賓客叩關則爲之告是也　關人至幾人　注欲知至之具　釋曰不問使人而問從者關人卑者不敢輕問尊者故問從者云欲知聘問者問得從者即知

使者是大聘亦知使者是小聘知者以君行師從一州之民卿行旅從一黨之人若大夫小聘當一族之人百人也且謂有司當共委積之具者賓客入竟當於廬宿市設少曰委多曰積是爲行道之具也　以介對　注以所至二等　釋曰云以所與受命者對謙也者上問從者幾人當爲卿行旅從對今不云而以介與受命者對是謙也聘禮上公之使七介至三介皆禮記聘義文而云聘禮者聘義亦得言聘禮也云以其代君交於列國是以貴之貴之者隨國大小節級與之介以副使者是貴之也引周禮者欲見貴之纔下其君二等而已也鄭注周禮二等謂介與朝位賓主之間也　君使至入竟　注請猶至道之　釋曰君得關人告即知爲聘來使士迎之故聘義云君使士迎于竟是也而云使士請事君子不必人故知而猶問也云遂以入竟者若然向來賓之問猶停關外君使士請訖乃導以入竟　入竟斂旜乃展　注復校至始入　釋曰自此盡賈人之館論三度展幣之事云重其事者亦恐有脱漏失錯故云重其事不可輕也斂旜變於始入者上及竟張旜注云事在此國也此則入竟後乃斂斂之者謂若初出至郊斂旜鄭云行道耳

未有事也此亦及竟示有事於此國張之始入張之去國遠更是行道
未有事故鄭云變於始入始入時示有事於此國今是行道去之故云
變於始入也　布幕至拭圭　注拭清至開櫝　釋曰賓西面者雖不
對君由是臣道異於前誓時示威信也知賈人側幕者以其幕所陳皆
賈人所主此圭雖不陳亦宜側近於幕以開圭也知賈人坐者下文聘
時於廟門外賈人開圭坐授上介故知此亦坐　遂執展之　注持之
而立告在　釋曰此經告訖下文乃云上介北面視之則此所告者告
賓云在上介乃視之　上介至復位　注言退至違位　釋曰鄭言此
者見經直有退文不見其進故云則視圭進也違位之言出於曲禮曲
禮云揖人必違其位鄭云禮以變爲敬今此進違位亦是敬也　退圭
注圭璋尊不陳之　釋曰尊不陳對下文拭璧加于左皮上陳之爲卑
故也上不言璋直言圭下乃言夫人之聘享則璋未拭而并言璋者欲
見皆不陳故　陳皮至之退　注會合至北首　釋曰璧言合諸幣者
享時當合故今亦合而陳之故小行人云合六幣六幣亦是所享之物
故也　展夫至于賓　注展夫至之類　釋曰知面位如此者其賈人

北面在幕南上介亦北面明賈人既拭夫人聘璋享琮訖乃迴身南面告上介上介於是還東面告賓可知也云所謂放而文之類者所謂禮器文案禮器云有放而文也注云謂若天子服日月以至黼黻是天子衣放象日月以下而爲文今夫人聘享展訖但上介不視至於賈人南面告上介上介東面告賓放象君禮而爲文變是其類也　有司至以告　注羣幣至自告　釋曰云羣幣私覿及大夫者上展君及夫人幣訖此言有司展群幣故知是私覿及大夫者私覿者行君夫人聘享訖賓以私禮己物見主君云大夫者亦謂賓以己物面主國之卿必知私覿之幣是賓介自將己物者以經記上下唯有君及夫人聘享及問大夫聘之幣付使者之文不見有付賓介私覿之幣又案下文賓將還云遂行舍于郊公使卿贈如覿幣使下大夫贈上介亦如之使士贈衆介如其覿幣還至本國陳幣于朝云上賓之公幣私幣皆陳上介公幣陳他介皆否注云此幣使者及介所得於彼國君卿大夫之贈賜也其禮於君者不陳公幣君之賜也私幣卿大夫之幣也至於賓反命訖君使宰賜使者及介幣以此言之彼國所報私覿之幣還與賓介明知私覿

是賓介私覿行可知也夏官校人云凡國之使者皆供其幣馬鄭注使者所用私覿若然彼使者謂天子使卿大夫存覜省問諸侯之事使者得之行私覿私覿之馬校人供之與諸侯禮異也　及郊至如初　注郊遠至半之　釋曰云周制天子畿内千里者周禮大司徒云制其畿方千里據周禮而言其自殷已上亦畿方千里商頌云邦畿千里唯民所止夏亦千里王制云天子縣内方千里鄭據夏時禹貢方千里曰甸服據唐虞畿内是也云遠郊百里者司馬法文畿方千里王城面五百里以百里爲遠郊若公百里中置國城面二百五十里故遠郊五十里自此已下至子男差之可知云近郊各半之者亦約周天子遠郊百里近郊五十里亦無正文尚書君陳序云命君陳分正東郊成周鄭注周之近郊五十里今河南洛陽相去則然鄭以目驗知之若然天子近郊半遠郊則諸侯近郊各半遠郊可知也　及館至如初　注館舍至疾也　釋曰案周禮遺人職云十里有廬三十里有宿五十里有市市有候館畿内道路皆有候館鄭云遠郊之内有候館者據此候館在遠郊之内指而言之不謂於此獨有也以行道之間停息故云小休止沐浴

又得展幣也云展幣不于賔館者爲主國之人有勞問已者就焉便疾也者若并在賔館則事煩不疾若展幣於賈人之館其賔館受勞問是以就賈人之館展幣便疾也案大行人諸侯朝天子上公三勞侯伯再勞子男一勞孤不問一勞諸侯自相朝無過如朝天子遣臣相聘無過一勞此下文使卿近郊勞此乃遠郊之内得有此勞問已者謂同姓舅甥之國而加恩厚者别有遠郊之内問勞也　賔至至帛勞　注請行至朝服　釋曰自此盡遂以賔入論主君使大夫及卿行請勞之事入近郊張旜者示將有事以自表也知皆朝服者以卿勞禮重尚朝服明以外士大夫輕者朝服可知也故舉後以明前也　上介至再拜　注出請至彌録　釋曰云入北面告賔也者此時賔當在賔館阼階西面故上介北面告賔也云每所及至皆有舍其有來者皆出請入告于此言之者賔彌尊事彌録者道皆有廬宿市來之舍前出請士大夫請行亦當出請入告於此始言之者先士次大夫後卿以是先卑後尊今復見此言故云賔彌尊事彌録也　勞者不荅拜　注凡爲至其禮　釋曰言凡者非直此卿爲君勞賔不敢當其禮不荅拜聘賔亦初入大門

主君拜賓辟不荅拜也如此之類皆然故云凡以該之至後儐勞者與
之荅拜爲己故也　賓揖至門内　注不受至於堂　釋曰知公之臣
受勞於堂者案司儀云諸公之臣相爲國客及大夫郊勞三辭拜辱三
讓登聽命是公之臣受勞於堂之事　勞者至致命　注東面鄉賓
釋曰賓在館如主人當入門西面故勞者東面向之也　賓北至者出
注北面至降拜　釋曰云北面聽命若君南面然云少退象降拜者下
文歸饔餼大夫東面致命賓降階西面再拜稽首是此象之也若然此
行尊卑禮訝受法歸饔餼時上北面受幣此在庭亦當北面訝受幣勞
者南面可知也　授老幣　注老賓之臣　釋曰大夫家臣稱老若趙
魏臧氏老之類也　出迎勞者　注欲儐之　釋曰司儀注云上於下
曰禮敵者曰儐此言儐者欲見賓以禮禮使者故云欲儐之　勞者至
皮設　注設於至皮也　釋曰庭實當三分庭一在南設之今以儐勞
者在庭故設於門内也云皮麋鹿皮者鄭於下注云君於臣臣於君麋
鹿皮可者以無正文知用麋鹿皮者案郊特牲云虎豹之皮示服猛也
彼諸侯朝享天子法用虎豹此臣聘君降於享天子法用麋鹿皮故齊

語云齊桓公使諸侯輕其幣用麋鹿皮四張亦一隅也　賓用至勞者
注言儐至爲賓　釋曰云言儐者賓在公館如家之義亦以來者爲賓
者凡言儐者謂報於賓今以賓館故賓若主人故云儐勞者即以勞者
爲賓故也　勞者至首受　注稽首尊國賓　釋曰周禮大祝辨九拜
一曰稽首首至地臣拜君法二曰頓首頭叩地平敵相於法三曰空首
首至手君荅臣下拜法郊特牲云大夫之臣不稽首非尊家臣以辟君
也今此勞者與賓同類不頓首而稽首故云尊國賓也下賓亦稽首送
者以是爲君使故亦稽首以報之也　注受送至階上　釋曰知受送
拜皆北面象階上者此經面位無文案歸饔餼賓儐大夫時賓楹間北
面授幣大夫西面受此賓亦宜與彼同北面授還北面拜送若然云受
送拜皆北面者誤當云授送拜皆北面並據賓而言也　勞者至再拜
注揖皮至而出　釋曰知東面揖執皮者以其執皮者在門內當門勞
者在執皮之西故知東面揖皮可知揖之若親受之又執皮者是賓之
使者執皮者得揖從出勞者從人當訝受之是以公食大夫禮云賓三
飯公侑食以束帛庭實設乘皮賓受幣賓出揖庭實出鄭云揖執皮者

若親受云上介受賓幣從者許受皮則此從者亦許受可知也

儀禮疏卷第十九

儀禮疏卷第二十

唐朝散大夫行太學博士弘文館學士臣賈　公彦　等撰

夫人至有蓋　注竹簋至方耳　釋曰自此盡以賓入論夫人勞賓之事夫人勞使下大夫者降于君故不使卿凡簋皆用木而圓受斗二升此則用竹而方故云如簋而方受斗二升則同如今寒具筥者寒具若籩人先鄭云朝事謂清朝未食先進寒具口實之籩實以冬食故謂之寒具筥圓此方者方圓不同爲異也案玉人云案十有二棗栗十有二列諸侯純九大夫純五夫人以勞諸侯彼有玉案者謂王后法有玉案并有竹簋以盛棗栗故彼引此爲證此諸侯夫人勞卿大夫故無案直有竹簋以盛棗栗　其實至以進　注兼猶至執栗　釋曰云兼猶兩者謂一人執兩事知右手執棗左手執栗者見下文云賓受棗大夫二手授栗則大夫先度右手乃以左手共授栗便也明知右手執棗可知必用右手執棗先度之者鄭注士虞禮云棗美故用右手執棗也　注受授至之也　釋曰初兩手俱用既受棗不共授栗游暇一手不愼也今右手授棗訖即共授栗不游手爲謹愼也　儐之至賓入　注出以

至不拜　釋曰云出以束錦授從者因東面釋辭請導之者儐下大夫
如前有束錦則此大夫亦受得束錦經言遂以賓入明知有辭請導之
雖無文鄭以意言之大夫在西明出時授束錦與己從者乃得因東面
釋請導之辭也云然則賓送不拜者以其云遂以賓入即從之明賓送
不拜謂若公食大夫使人戒賓不拜送遂從之其類也案上君使士請
遂以賓入鄭云因導之鄭不言賓送不拜者士請事空手無幣賓亦不
儐請導賓賓從入無再拜送之理故鄭不言賓送不拜此大夫勞儐與
卿同有拜送之理故云賓送不拜也覲禮大夫勞侯氏侯氏即從大夫
入拜送大夫天子使尊故雖從亦拜送與此異至于至侯矣　釋曰自
此盡侯間論賓初至主君請行聘禮賓又請侯間之事云至于朝者鄭
云賓至外門者外門即諸侯之外朝故下云以柩造朝亦謂大門外爲
外朝也云下大夫入告出釋此辭者此下大夫即夫人勞賓導賓入者
也云明至欲受之不敢稽賓案覲禮云侯氏遂從之天子賜舍鄭云且
使即安不即言欲受之者彼天子以諸侯爲臣故使且安此鄰國聘賓
不臣人之臣故言不敢稽賓也云遷主所在曰祧者此揔解天子諸侯

稱祧也云周禮天子七廟文武爲祧者案周禮大宗伯序官守祧職云
奄八人鄭注云遠廟曰祧又守祧職云掌守先王先公之廟祧鄭注云
廟謂大祖之廟及三昭三穆遷主所藏曰祧先公之遷主藏于后稷之
廟先王之遷主藏于文武之廟云奄八人廟有一奄周立七廟通姜嫄
廟爲八故奄八人祭法鄭注云祧之言超也超上去意也不毀之也云
遷主所藏曰祧天子有二祧以藏遷主諸侯無二祧遷主藏于大祖廟
故此名大祖廟爲祧也云旣拚者少儀云埽席前曰拚拚者埽除之名
云諸侯五廟王制與祭法文云則祧始祖是亦廟也言祧者祧尊而廟
親待賓客者上尊者下文迎賓於大門揖入及廟門受賓聘享皆在廟
此云先君之祧明下云廟是大祖廟可知是以於大祖廟受聘享尊之
若饗食則於禰廟燕又在寢彌相親也此鄭義若孔君王肅則以高祖
之父及祖爲二祧非鄭義也　賓曰俟閒　注賓之至聞命　釋曰此
鄭以意解之上文以意解主君不欲稽留於賓此經解賓意不欲奄卒
主人故云俟閒必知有齊戒沐浴者案玉藻云將適公所宿齊戒沐浴
彼謂臣見己君入廟必須齊戒沐浴此有齊戒沐浴可知也云未敢聞

命者謂不腆先君之祧既拚以俟之命不敢聞之也　大夫至致館
注致至至之也　釋曰自此盡送再拜論主君遣卿致館之事云賓至
此館主人以上卿禮致之者案覲禮云侯氏遂從之天子賜舍辭曰賜
伯父舍侯氏再拜稽首受儐之束帛乘馬注云王使人以命致館無禮
猶儐之者尊王使也無禮謂無束帛此云以上卿禮明有束帛致亦可
知若然有禮則稱致覲禮不稱致無禮故也案司儀云諸公相爲賓主
君郊勞云三辭拜受拜受謂拜受幣又云致館亦如之鄭云使大夫授
之君又以禮親致焉亦是有幣可知又云諸侯諸伯諸子諸男之相爲
賓也各以其禮相待也如諸公之儀是五等相待致館同有幣矣天子
待諸侯無幣則其臣來無幣可知據此文侯伯之卿聘郊勞致館有幣
則五等待臣皆同有幣也司儀諸侯之臣相爲國客亦皆有幣與此同
若諸侯遣大夫小聘曰問下云小聘曰問不享有獻不及夫人不筵几
不禮面不升不郊勞注云記貶於大聘所以爲小也獻私獻也面猶覿
也雖不言不致館略之耳亦不致也又諸臣朝覲天子天子無禮以致
猶儐尊王使又五等自相朝主國皆有禮皆有儐故司儀云賓繼主君

皆如主國之禮鄭玄謂繼主君者儐主君也儐之者主君郊勞致館饔餼還圭贈郊送之時也此等皆主君親致館又云致館亦如之亦如郊勞時亦有儐矣以此言諸臣致者皆有儐也若諸侯遣卿大夫聘王國有用幣致館無儐也故司儀云諸公之臣相爲國客致館如初之儀鄭注云如郊勞也不儐耳是也　賓迎至再拜　注卿不至禮也　釋曰云賓迎再拜者賓在館如主人故先拜也卿不言荅拜荅拜可知但文略耳雖不言入言迎則入門可知言卿致命者亦東面致君命也云卿不俟設飧之畢以不用束帛致故也者下直云宰夫朝服設飧不言致則此卿致館兼致飧矣致館有束帛致飧空以辭致君命無束帛者案下記云飧不致鄭注云不以束帛致命草次饌飧具輕若然卿以空拜致飧既即退不待宰夫設畢也以不用束帛致故也云非大禮也者對下聘曰致饔鄭云急歸大禮也若然此侯伯之卿禮其公之臣亦以幣帛致案司儀云諸公之臣相爲國客致館如初之儀鄭注云不言致飧者君於聘大夫不致飧也聘禮曰飧不致賓不拜是也其子男之臣不致可知又案司儀云君親致館至於致飧如致積之禮鄭注

云俱使大夫禮同也以此言之致館致飧似別人者但致積在道致飧在館所致別人若致館與致飧同時致館者兼致飧無嫌也言俱使大夫者言積與飧同使大夫決君不親之義何妨致館與致飧一人也其臣致飧無幣其五等諸侯致飧則有幣案司儀諸侯相於致飧如致積致積有幣知致飧亦有幣也　宰夫朝服設飧　注食不至謂是　釋曰云食不備禮曰飧者對饔餼也生與腥飪俱有餘物又多此飧唯有腥飪而無生餘物又少故云不備禮也引詩傳者案詩云彼君子兮不素飧兮毛云熟食曰飧鄭云讀如魚飧之飧則詩飧與傳魚飧同是直食魚與飯爲飧彼少牢小禮中不備此則兩大牢大禮中不備不備是同故引證一邊不備其實禮有異也春秋傳曰方食魚飧者案宣六年經書晉趙盾衛孫免侵陳公羊傳曰趙盾弒君此其復見何親弒君者趙穿也親弒君者趙穿則曷爲加之趙盾不討賊也復國不討賊此非弒君如何趙盾之復國奈何靈公爲無道靈公使膳宰以熊膰不熟公殺之盾入諫公見盾再拜盾拜稽首歸公使勇士某者往殺之勇士入門不見人闚其户方食魚飧勇士曰嘻子誠仁人也是子之儉也吾不

忍殺子也雖然吾不可復見吾君矣遂刎頸而死是魚飧之事　飪一

至鼎七　注中庭至曰陪　釋曰云中庭之饌也者對下文是堂上及門外之饌也云象春秋也者腥之言生象春物生飪熟也象秋物有成熟故云象春秋也云鼎西九東七者九謂正鼎九牛羊豕魚腊腸胃膚鮮魚鮮腊東七者腥鼎無鮮魚鮮腊故七云凡其鼎實與其陳如陳饔餼者如其死牢故掌客云諸侯之禮饔餼九牢七牢五牢其死牢如飧之陳凡介行人皆有飧饔餼此則如介禮也是飧之死牢與饔餼死牢實與飧陳同亦於東階西階也云羞鼎則陪鼎也知是一物者此云羞鼎下饔餼言陪鼎故知一也陪鼎三則下云膷臐膮是也　堂上至夾六　注八六至饔餼　釋曰堂上與西夾所陳六八非一知六八是豆者凡設饌皆先設豆乃設餘饌故鄭云凡饌以豆爲本無妨六八之内兼有餘饌故鄭言簋鉶之等也凡鄭所云皆約饔餼故云亦如饔餼也鄭必約與陳饔餼同者以其陳鼎饔餼同故知餘亦同也　門外至十車　注禾稾至門西　釋曰諸侯之禮車米視生牢禾視死牢牢皆十車者案掌客云上公之禮飧五牢饔餼九牢其死牢如飧之陳牽四牢車米

視生牢牢十車車秉有五籔車禾視死牢牢十車侯伯飧四牢饔餼七牢其死牢如飧之陳牽三牢子男飧三牢饔餼五牢其死牢如飧之陳牽二牢皆米視生牢牢十車禾視死牢牢十車是其義也云大夫之禮皆視死牢而已雖有生牢不取數焉者知然者見下歸饔餼五牢饔三牢餼二牢饔三牢死牢也門外米禾皆三十車與死三牢同不取餼二牢生之數故知義然也云米陳門東禾陳門西者此亦約下歸饔餼知之上皆云陳如饔餼此不云如饔餼者至下經與薪芻并云凡此之陳亦如饔餼是也　上介至倍禾　注西鼎至鮮腊　釋曰六者與賓西夾數同但言堂則西夾無矣云西鼎七無鮮魚鮮腊者此亦約饔餼時賓飪鼎數故下文賓腥鼎七無鮮魚鮮腊此亦鼎七故知無鮮魚鮮腊也衆介皆少牢　注亦飪至無簋　釋曰知亦飪者依上介知然知鼎五者以賓九上介七衆介當五降殺以兩又約少牢五鼎此亦少牢故知亦五鼎也知鼎實有羊豕魚腊與腸胃者以上介無鮮魚鮮腊此又無牛故從羊豕以下數之得五案少牢有膚此無者生人食與祭異故玉藻朔月少牢五俎亦云羊豕魚腊腸胃不數膚也案上注皆不言新至

尚熟於此言之者上文賓與上介皆言飪一牢在西下歸饔餼亦言飪一牢在西此衆介直言少牢不言飪下文歸饔餼亦直言餼一牢無飪恐衆介飧饔前後皆無飪故特言之新至尚熟對後無饔直有餼不尚熟也必知少牢是飪者承上介一牢飪知此亦飪云堂上之饌四豆四簋兩鉶四壺無簠知數如此者以賓與上介降殺以兩故然也知無簠者以賓簠有二曲禮云歲凶大夫不食粱非歲凶大夫食粱粱大夫常食大夫禮多與賓同簠盛稻粱則上介亦二簠與賓同士非直不合食粱差降亦無簠也

厥明至于館　注此訝至皮弁　釋曰自此盡每曲揖論將行聘禮主君迎賓向廟之事云此訝下大夫也者案周禮有掌訝中士八人爲之此訝下大夫非彼掌訝也案下記云卿大夫訝大夫士訝士皆有訝又周禮掌訝云凡賓客諸侯有卿訝卿有大夫訝大夫有士訝士皆有訝此大聘是卿故使下大夫訝也天子諸侯雖有掌訝之官朝聘之賓不使掌訝爲訝宜以尊卑節級爲訝故云此訝下大夫也言以君命迎者凡舉事皆以承君命故知迎賓待君命也云亦皮弁者下文君及賓皮弁明此大夫亦皮弁服也

賓皮至于次　注服皮至爲之　釋曰云服皮弁者朝聘

主相尊敬也者周禮大行人諸侯朝天子各服冕服廟中將幣三享覲禮亦云侯氏裨冕在廟覲天子此諸侯待四方朝聘皆皮弁者入天子廟得申其上服入己廟不可以冕服又不可服常朝之服故服天子之朝服諸侯以爲視朔之服在廟待朝聘之賓是相尊敬故也知此皮弁是諸侯視朔服者以其玉藻云諸侯皮弁以聽朔於大廟是也云次在大門外之西以帷爲之者下記云宗人授次次以帷少退于君之次以賓位在西故知也　乃陳幣　注有司至而俟　釋曰有司入于主國廟門外者案下文行聘時幣在主國廟門外知在此也知有幕者以言陳幣如展幣明亦布幕陳幣也云圭璋賈人執櫝而俟者案下文云賈人東面坐啓櫝取圭鄭注賈人鄉入陳幣東面俟於此言之就有其事也是也　卿爲至請事　注擯謂至無擯　釋曰此擯陳在主國大門外主君之擯與賓之介東西相對南北陳之云其位相承繼而出也者從門向南陳爲繼而出云主君公也則擯者五人侯伯也則擯者四人子男也則擯者三人者案周禮大行人天子待諸侯云上公之禮擯者五人侯伯之禮擯者四人子男則擯者三人今以諸侯待聘賓用天子

待己之擯數者以諸侯自相待無文鄭以意解之但天子尊得分辨諸侯尊卑以待之諸侯卑降天子不敢分辨前人故據己國大小而爲擯數且春秋又有大國朝焉小國聘焉又有卿出並聘之事則小國有朝大國法無大國下朝小國之禮若相聘問大小皆得若然待其臣據此文與待君等天子待諸侯之臣亦宜與君同也又案周禮大宗伯爲上擯小行人爲承擯覲禮嗇夫爲末擯若待子男三人足矣若侯伯少一人待上公少二人一人二人皆以士充數也引聘義者案彼鄭注質謂正自相當故設擯介通情乃相見是敬之至引之者證須擯介之意也云既知其所爲來之事者在道已遣士請事大夫問行郊勞致館之等是足知來事矣云復請之者賓來當與主君爲禮爲其謙不敢斥尊者啓發以進之者亦解所以立擯介通情及進相見之義也云於是時賓出次直闑西北面者案玉藻云君入門介拂闑大夫中棖與闑之閒士介拂棖此謂朝君又云賓入不中門此謂聘賓云不中門則此闑西北面者若然聘賓入門還依作介入時同亦拂闑也云上擯在闑東閾外西面者主位在東故賓在闑西上擯在闑東以擯位並門東西面故上

擯亦西面向君也云其相去也公之使者七十步侯伯之使者五十步子男之使者三十步者此依大行人云諸侯之卿其禮各下其君二等鄭注云所下者介與賓主之間是以步數與介數亦降二等也云此旅擯耳者案司儀云三問旅擯鄭云旅陳陳擯介不傳辭故鄭此云不傳命也若然上注下注皆引聘義云介紹而傳命者若交擯傳命則是賓介傳命此旅擯傳命者直是賓來至末介下對上擯傳本君之命也其介相紹繼則交擯旅擯同唯傳命不傳辭有異矣是以司儀云及將幣交擯鄭注亦引聘義介紹而傳命爲證以其皆是相連繼於位也云上介在賓西北東面承擯在上擯東南西面此謂賓直闑西北面主君在門內南面列位時云西北東南者據賓西北望上介介仍向正北陳之矣上擯東南望承擯等仍向正南陳之矣不謂介西北邪陳擯東南向邪陳也云各自次序而下者賓之介或七或五或三從南向北次序上次下至末介主人之擯或五或四或三從承擯向南上次下至末擯也東西相去三丈六尺云上擯之請事進南面揖賓俱前者謂上擯入向公前北面受命出門南面遥揖賓使前擯者漸南行賓至末介北東面

上擯至末擯南西面東西相去亦三丈六尺云止揖而請事者二人俱
立定乃揖而請所爲來之事云還入告于公者賓對訖上擯入告公公
乃有命納賓也云天子諸侯朝覲乃命介紹傳命耳者此引聘義文自
此以下論天子諸侯交擯法云紹者亦謂使介相紹繼以傳命傳命即
擯介相傳賓主之命也此交擯謂在大門外初未迎賓時案曲禮注春
夏受摯於朝受享於廟秋冬一受之於廟覲禮天子不下堂而見諸侯
則秋冬受贄受享皆無迎法無迎法則無此交擯之義若春夏受贄於
朝無迎法受享於廟則迎之故大行人云廟中將幣三享鄭注朝先享
不言朝者朝正禮不嫌有等也是正朝無迎法若然覲禮無迎法此云
朝覲彼言覲者覲雖無迎法饗食則有迎法故齊僕云朝覲宗遇饗食皆
乘金路其法儀各以其等爲車送逆之節故連覲也云其儀各鄉本受
命反面傳而下者雖言各鄉本受命非一時之事先上擯入受命出傳
與承擯承擯傳與末擯此是上擯鄉本受命反面傳而下末介向末擯
邊受命傳與次介次介傳與上介上介傳與賓是及其末則鄉受之反
面傳而上也云又受命傳而下亦如之者此乃發賓傳向主君一如前

發主君傳而向下故云亦如之如此三迴爲交擯三辭此則司儀云諸
公相爲賓交擯三辭者也諸侯伯子男相爲賓如諸公之儀其交擯則
同也云此三丈六尺者此則却計前云相去三丈六尺云門容二徹參
个者冬官匠人云天子五門匠人直計應門直舉應門則皐庫雉亦同
云二徹參个者轍廣八尺參个三八二十四門容二丈四云傍加各一
步也者此無正文但人之進退周旋不過再舉足一步故門傍各空一
步丈二添二丈四尺爲三丈六尺　注公不至皆裼　釋曰云降于待
其君也者案司儀諸公相爲賓公皮弁交擯車迎拜辱出大門此於門
内是降於待其君也云從大夫摠無所别也者春秋之義卿稱大夫王
制云上大夫卿是摠無别也云於是賓主人皆裼者案玉藻云不文飾
也不裼又云執龜玉襲下文行聘時執玉賓主人皆襲此時未執玉正
是文飾之時明賓主人皆裼也　賓入門左　注由賓至相君　釋曰
知衆介隨入北面西上少退者約下文入廟行聘享時衆介入廟隨賓
入門左相北面西上少退不敢與賓齊也知擯者亦入門而右北面東
上者亦約衆介統於賓北面西上明擯者北面東上亦約朝君揖位亦

北面東上而知之也知上擯進相君者鄉黨云君召使擯鄭云有賓
客使迎之彼據初迎賓時至於入門之後每事皆上擯相君也　公
再拜　注南面拜迎　釋曰知君南面者經雖不見君面位主君尊
於外國臣猶南面故郊特牲云君之南鄉荅陽之義故知君南面也
注不敢當其禮　釋曰云不敢當其禮者以卿奉君命使不敢賓辟
當相酬亢之禮故不荅拜直逡遁而已　公揖至曲揖　注每門至
之擯　釋曰諸侯三門皐應路則應門爲中門左宗廟右社稷入大
門東行即至廟門其間得有每門者諸侯有五廟大祖之廟居中二
昭居東二穆居西廟皆别門門外兩邊皆有南北隔牆隔牆中夾通
門若然祖廟已西隔牆有三則閤門亦有三東行經三門乃至大祖
廟門中則相逼入門則相遠是以每門皆有曲有曲即相揖故每曲
揖也是以司儀亦云每門止一相亦據閤門而言也云以相人偶者
以人意相存偶也云凡君與賓入門賓必後君者以賓主不敵是以
玉藻云於異國之君稱外臣某故知聘賓後於主國君也言凡者非
直聘享向祖廟若饗食向禰廟燕禮向路寢皆當後於主君故言凡以

廣之云介及擯者隨之並前而鴈行者言並上擯與上介並次擯與次介並末擯與末介並各自鴈行於後也云既入則或左或右者東行賓介於左君擯於右也云相去如初者初謂大門外相去三丈六尺也玉藻曰君入門介拂闑大夫中棖與闑之間士介拂棖鄭注云此謂兩君相見也君入必中門上介夾闑大夫介士介鴈行於後示不相沿也君若迎聘客擯者亦然又云賓入不中門不履閾鄭注云辟尊者所從也此經謂聘客鄭君并引朝君欲見卿大夫聘來還與從君爲介時入門同故并引之也云君入門介拂闑又云門中門之正又云卑不踰尊者之迹若然聊爲一闑言之君最近闑亦拂之而過上介則隨君而行拂闑而過所以與君同行者臣自爲一列主君既出迎賓主君與賓並入主君於東闑之内賓於西闑之内並行而入上介於西闑之外上擯於東闑之外皆拂闑次介次擯皆大夫中棖與闑之間末介末擯皆士各自拂棖如是得君入中門之正上擯上介俱得拂闑又得不踰尊者之迹矣又云賓入不中門者此謂聘賓大聘大夫故鄭卿大夫並言入門之時還依與君爲介來入相似賓入還拂闑故上注賓自闑西擬入時

拂闑西故也云門中門之正也者謂兩闑之間云卑不踰尊者之迹者士以大夫爲尊大夫以上介爲尊上介以君爲尊也云賓之介猶主人之擯者欲見擯介鴈行不別也　及廟至中庭　注公揖至俟之　釋曰自此盡公裼降立論行聘之事云公揖先入省内事也者曲禮云請入爲席彼卿大夫士禮是以鄭注云雖君亦然省内事即請入爲席之類也云如此得君行一臣行二於禮可矣者言得君行一臣行二者案下文三揖言之初揖注云將曲揖謂在内霤之間住主君先立無過近於内霤閒若然去門既近去階又遠也以此不得君行一臣行二下文受玉于東楹之間彼得爲君行一臣行二矣下文又云公升二等賓升君階七等君升二等賓升一等巳上仍有五階亦不得爲君行一臣行二與此同欲見君行近臣行遠之義皆據大判而言不可細分之矣言於禮可者以其尊者宜逸卑者宜勞故言於禮可也云公迎賓於大門内卿大夫以下入廟門即位而俟之者上初命拜迎賓于館之時卿大夫士固在朝矣及賓來大門外陳介之時主君之擯亦在大門外之位君在大門内時其卿大夫不以無事亂有事當於廟中在位矣必知義

然當見行事之時公授宰玉又云士受皮又云宰夫授公几皆是於外無事在廟始有事更不見此官等命入廟之文明君未入廟時此官已在位而俟公食大夫以其官各具饌物皆有事不預入廟故公迎賓入後乃見卿大夫以下之位與此異也　賓立接西塾　注接猶至於士

釋曰云門側之堂謂之塾者爾雅釋宮文云立近塾者已與主君交禮將有出命俟之於此者對在大門外時未與主君交禮直使擯傳命故去門七十步五十步三十步此將與君交禮故近門也云於此介在幣南北面西上者以上文入竟展幣時布幕賓西面介北面東上統於賓今此陳幣賓在門西北面明介北面西上統於賓也云上擯隨公入門東東上少進於士者案下几筵既設擯者出請命更不見上擯別入之文明隨公入可知也知門東有士者案公食云士立于門東北面西上鄭云統於門者非其正位也故知此亦然以擯者是卿又相君故知進於士在士前也　几筵至請命　注有几至彫几　釋曰云有几筵者以其廟受宜依神也者此對不在廟受不几筵故下云聘遭喪入竟則遂也不郊勞不几筵注云致命不於廟就尸柩於殯宮又不神之下小

聘不几筵注云記貶於聘是以記云唯大聘有几筵覲禮不云几筵文不具也又案曲禮注春夏受摯於朝受享於廟秋冬一受之於廟諸侯無此法四時皆在於廟亦無四時朝覲之别名同皆曰朝也云賓至廟門司宫乃于依前設之神尊不豫事也者此對公食宰夫設筵加席几而後迎賓彼食禮與此異也知在扆前者案司几筵云大朝覲大饗射王位依前南鄉設筵几覲禮亦云依前諸侯亦然爾雅釋宫云牖户之閒謂之扆但天子以屏風設於扆諸侯無屏風爲異席亦不同也云至此言命事彌至言彌信也者上入竟士請事近郊下大夫請行皆是謙問不敢以必來之己國不正言之至此事益至言則信矣故正問之而言請命是其事至言信矣云周禮至彫几者周禮司几筵文彼諸侯祭祀席三重上更有加莞筵紛純不引之者文略可知引之者證此所設者設常祭祀之席也　賈人至上介　注賈人至繫也　釋曰賈人鄉入陳幣東面俟於此言之就有事也者上云賓入次乃陳幣在門外不言者彼賈人未有事今此有事故就此言面位以此東面明初亦東面矣故舉此明前東面也云授圭不起賤不與爲禮也者以賈人是庶人

在官者故云賤不與爲禮爲禮當起而授也云不言裼襲者賤不裼也者若不賤以垂繅當裼以賤故不裼也云繅有組繫也知有組者下記云所以朝天子圭與繅皆九寸問諸侯朱緑繅八寸皆玄纁繫長尺絇組是也　上介至授賓　注上介至則襲　釋曰上介裼於賈人處垂繅受得圭而不襲者鄭云以盛禮不在於己故也以賓執圭升堂致命爲盛禮在己者也云上介北面受圭進西面授賓者以上介本位北面故北面受圭賓東面故上介西面授賓引曲禮者彼記人據此絇組尺爲繅藉不據韋皮衣木版畫以五采之繅藉也云執玉其有藉者則裼據此賈人垂繅以授上介上介不襲受之時也云其無藉者則襲者據此上介屈繅以授賓賓襲受之時也記人直記裼襲之義不論盛禮在己之意故各舉一邊而言也　賓襲執圭　注執圭至襲也　釋曰云執圭盛禮者玉藻云執玉龜襲注重寶瑞也若然云盛禮者以其圭瑞以行禮故爲盛禮也云又盡飾爲其相蔽敬也者玉藻又云君在則裼盡飾也注云臣於君所今聘賓於主君亦是臣於君所合裼以盡飾今既執圭以瑞爲敬若又盡飾而裼則掩蔽玉之敬故不得裼也云服之

襲也充美也者彼注云充猶覆也是故尸襲者爲尸尊故去飾也不裼
云執玉龜襲也者彼注云重寶瑞也以龜玉爲寶瑞若裼則盡飾爲蔽
敬故引之證不裼也　擯者至辭玉　注擯者至尊讓　釋曰知擯是
上擯者案上相禮者皆上擯故知此亦據上擯云圭贄之重者大宗伯
云以玉作六瑞君之所執又云以禽作六贄臣之所執摠而言之皆是
贄故左氏傳云男贄不過玉帛禽鳥但君之所執爲贄之重者也云辭
之亦所以致尊讓也致尊讓鄉飲酒義文彼爲賓主三辭三讓是致尊
讓此辭玉亦是致尊讓之事故引之爲證也案文公十二年左氏傳云
秦伯使西乞術來聘襄仲辭玉賓對曰不腆敝器不足辭也彼主人無
三辭者文不具亦當三辭也　納賓賓入門左　注公事自闑西　釋
曰案玉藻云公事自闑西注云聘享也又云私事自闑東注云覿面也
故鄭引之以證此入門左是聘享賓入自闑西入門左也　介皆至西
上　注隨賓至無門　釋曰案司儀云諸公之臣相爲國客及將幣每
門止一相及廟唯君相入注云唯君相入客臣也相不入矣此介皆入
不同者彼云每門止一相鄭云絶行在後耳非是全不入廟又云唯君

相入者謂前相君禮須入故言之臣相不前相禮故不言入其實皆入與此同也　三揖　注君與至碑揖　釋曰前云公揖入立于中庭三分庭一在南賓後獨入得云入門將曲揖者謂公先在庭南面賓既入門至碑曲揖賓既曲北面賓又揖主君揖主君二者皆向賓揖之再揖訖亦主君東面向堂塗北行當碑乃得賓主相向而揖是以得君行一臣行二非謂賓入門時主君更向内霤相近而揖若然何得云君行一臣行二也　公升二等　注先賓至行二　釋曰諸侯階有七等公升二等在上仍有五等而得云君行一臣行二者但君行少臣行多大判而言非謂即君行一臣行二此文出齊語晏子辭擯者退中庭　注鄉公至相也　釋曰上文公揖入立于中庭今公與賓升堂云擯者退中庭此文與君立中庭同故云鄉公所立處　公左還北鄉　注當拜　釋曰言左還北鄉者公升受賓致命時西鄉以左手鄉外迴身北面乃拜故云當拜　擯者進　注進阼至拜也　釋曰知阼階西者以其擯者在中庭公立處直言進則進至阼階西不得更向阼階前亦不可更進西階故知進阼階西釋辭於賓復得相公拜也　公當楣再拜　注

拜覲至賜也 ◎ 釋曰拜覲之言文出聘義彼云北面拜貺拜君命之辱是也　賓三退負序　注三退至授之　釋曰案上文賓入門公再拜賓辟不荅拜又下文云賓訝受几於筵前公一拜送賓以几辟皆言辟此不言辟故決之也案司儀云諸公之臣相爲國客及將幣客登拜客三辟授幣注云客三辟三退負序也者彼諸公之臣相聘之禮與侯伯之卿聘於鄰國之禮少異故也　公側至之閒　注側猶至行二　釋曰云佗日公有事必有贊爲之者案大射云公卒射小臣正贊襲是其贊爲之也云凡襲於隱者案士喪禮小斂主人袒于戶內襲于序東喪禮遽於事尚襲於序東況吉事乎明知襲於隱者也云公序坫之閒可也者士喪襲于序東謂於堂東地上此則公在堂上堂東南角爲坫鄭以意斟酌隱處無過於序東坫北可也無正文故云可也云中堂南北之中也入堂深尊賓事也者凡廟之室堂皆五架棟南北皆有兩架棟北一架下有壁開戶棟南一架謂之楣則楣北有二架楣南有一架今於當楣北面拜訖乃更前北侵半架於南北之中乃受玉故云南北之中乃入堂深尊賓事故也云東楹之閒亦以君行一臣行二者兩楹之閒

爲賓主處中今乃於東楹之間更侵東半間故云君行一臣行二也公側授宰玉　注使藏至序端　釋曰鄭知授於序端者凡公授受皆於序端是以下云公升側受几于序端故知此亦授于序端也　裼降立　注裼者至作賜　釋曰云裼者免上衣見裼衣者案玉藻云君衣狐白裘錦衣以裼之注云君衣狐白毛之裘則以素錦爲衣覆之使可裼也袒而有衣曰裼必覆之者裘褻也詩云衣錦絅衣裳錦絅裳然則錦衣復有上衣明矣天子狐白之上衣皮弁服與凡裼衣象裘色也若然凡服四時不同假令冬有裘襯身襌衫又有襦袴襦袴之上有裘裘上有裼衣裼衣之上又有上服皮弁祭服之等若夏則以絺綌絺綌之上則有中衣中衣之上復有上服皮弁祭服之等若春秋二時則衣袷褶袷褶之上加以中衣中衣之上加以上服也言見裼衣者謂袒衿前上服見裼衣也故玉藻云裘之裼也見美也襲者奄之故玉藻云襲充美是也云凡當盛禮者以充美爲敬非盛禮者以見美爲敬禮尚相變也者玉藻云執龜玉襲是禮之盛者充美爲敬玉藻又云君在則裼盡飾也是非盛禮者以見美爲敬據此二者是禮尚有相變也引玉藻者證禮

不盛者以裼見美也又曰麑裘青豻褎絞衣以裼之引論語素衣麑裘又云皮弁時或素衣其裘同可知也鄭并引二文者欲見諸侯與其臣視朔與行聘禮皆服麑裘但君則麑裘還用麑褎臣則不敢純如君麑裘則青豻褎裼衣君臣亦有異時若在國視朔君臣同素衣爲裼故鄉黨云素衣麑裘彼一篇是孔子行事鄭兼見君臣視朔之服是其君臣同用素裼可知若聘禮亦君臣同用麑裘但主君則用素衣爲裼使臣則用絞衣爲裼是以鄭揔云皮弁時或素衣其裘同可知也言或素衣者在國則君臣同素衣聘時主君亦素衣唯臣用絞衣爲裼也依雜記云朝服十五升布皮弁亦天子朝服與諸侯朝服同用十五升布亦同素積以爲裳白舄臣用白屨也云裘者爲温表之爲褻者案月令云孟冬天子始裘是裘爲温云表之者則裼衣是也裼衣象裘色復與上服色同也云凡襢裼者左者吉凶皆袒左是也是以士喪禮主人左袒檀弓云吳季札左袒右還其封大射亦左袒若受刑則袒右故覲禮侯氏袒右受刑是也知降立俟享也者下文賓行享是也

儀禮疏卷第二十

唐朝散大夫行太學博士弘文館學士臣賈公彦等撰

擯者出請　注不必至有無　釋曰自此盡以束帛如享禮論享禮之事　庭實至設也　注皮虎至可也　釋曰知皮是虎豹皮者經云毛在內不欲文之豫見是有文之皮郊特牲云虎豹之皮示服猛也束帛加璧往德也文無所屬則天子諸侯皆得用之此聘使爲君行之故知皮是虎豹之皮也齊語云桓公知諸侯歸已令諸侯輕其幣用麋鹿皮非其正也云攝之者右手并執前足左手并執後足者下云皮右首故云右手執前兩足必以一手執兩足者取兩足相向得掩毛在內俱放又得毛向外故鄭云內攝之者兩手相鄉也知入設參分庭一在南者見昬禮記納徵執皮攝之內文兼執足左首隨入西上參分庭一在南故知此亦然但此右首彼左首者昬禮象生故與此異也云則者或以馬也者以其皮馬相間有皮則用皮無皮則用馬故云則見其不定故也云凡君於臣臣於君麋鹿皮可也者云凡君於臣謂使者歸若使卿贈如覿幣及食饗以侑幣酬幣庭實皆有皮故云凡也臣於君謂私覿

庭實設四皮及介用儷皮此皆有麋鹿皮故亦云凡也若然大宗伯云孤執皮帛鄭云天子之孤用虎皮諸侯之孤用豹皮得用虎豹者彼所執以爲贄與庭實不同故得用虎豹也　賓入至張皮　注張者至文也　釋曰案昏禮記賓致命釋外足見文主人受幣士受皮注云賓致命主人受幣庭實所用爲節此亦然下受皮以授幣爲節也　公再至右客　注自由至而出　釋曰云執皮者既授亦自前西而出者此約下私覿時牽馬者自前西向出相類故云亦也　賓出至攝之　注象受于賓　釋曰云坐攝之者向張皮見文今攝之者還如入時執前後足内文也　公側至而東　注如入至生也　釋曰云公側授宰幣者上云公側襲側猶獨也此已上側亦獨無人贊之也云如入左在前者皮四張三人入門時先者北面在左西頭爲上餘取皮向東者亦左在前向東爲次第也云皮右首者變于生也者曲禮云執禽者左首士相見摯用雉左頭奉之下大夫執鴈上大夫執羔如執雉皆左首雉雖死以不可生服執之如羔鴈亦從左首象陽今此皮則右首變於生昏禮左首昏禮取象生與此異也　若有至享禮　注有言至實也　釋曰

云有言有所告請若有所問也者言有所告即告糴之類是也請即乞
師之類是也問即言汶陽之田之類是也鄭據傳而言有此三事皆是
有言有言即記云有故一也云有言即有書致之故記云有故則束帛加
書以將命也云春秋臧孫辰告糴者事在莊公二十八年也云公子遂
如楚乞師者事在僖二十六年也云晉侯使韓穿來言汶陽之田事在
成公八年也此三者皆見春秋經引之者證此有言以束帛加書之事
也云無庭實也者以經直云束帛如享禮則除束帛之外更無所有故
知無庭實也國語云臧孫辰以鬯圭者是告糴之物服注云無庭實也
又哀七年左傳云邾茅夷鴻以乘韋束帛自請救于吳求救非法故有
乘韋爲庭實也　賓奉至請覿　注覿見至特來　釋曰自此盡從者
訝受馬論賓將私覿主人不許而行禮賓之事云鄉將公事者聘享是
也云是欲交其歡敬也者聘是公禮非是交歡此行私禮爲交歡敬也
案郊特牲云爲人臣者無外交鄭注私覿是外交也者彼謂臣爲君介
而行私覿是外交若特行聘則得私覿非外交也故彼上經云大夫執
圭而使所以申信也注云其君親來其臣不敢私見於主國君也以君

命聘則有私見是也云不用羔因使而見非特來者謂因爲君聘使而
行私見故用束錦非特來若特來則卿用羔也若然案士相見卿初仕
見己君及卿皆見以羔見他君得有羔者案尚書有三帛二生二生卿
執羔大夫執鴈彼見天子法從朝君而見得有羔若諸侯相朝其臣從
君亦得執羔見主君可知其爲君聘則不得執羔見主君也故鄭云因
使而見非特來案定公八年經書公會晉師于瓦左傳云范獻子執羔
趙簡子中行文子皆執鴈亦是從君見主君法也　擯者入告出辭
注客有至待之　釋曰云大禮者即上行聘享是也云未有以待之者
謂主人未有以待之以禮待之即下禮賓是也故止客私覿即下文行
禮賓也　宰夫徹几改筵　注宰夫至几與　釋曰云宰夫又主酒食
者也者對上宰夫設飧今又主酒食以禮賓也云賓席東上者對前爲
神而西上也云公食大夫禮曰蒲筵及萑席此筵上下大夫也者以公
食蒲筵萑席二者是爲上下大夫法又引周禮者鄭欲推出上下大夫
用漆几也案司几筵云諸侯酢席莞筵紛純加繅席畫純筵國賓于牖
前亦如之左彤几注云國賓諸侯來朝孤卿大夫來聘後言几者使不

蒙如也朝者彫几聘者彤几但司几筵是天子之官几筵又是諸侯之
法又鄭云國賓諸侯來朝孤卿大夫來聘是諸侯與朝聘天子法則孤
卿大夫是諸侯之臣也以此言之則天子孤卿大夫几筵與諸侯之臣
同可知若然公食大夫筵上下大夫禮同用蒲筵莞席與此席不同鄭
注此國賓中卿大夫得與孤同者鄭欲廣國賓之義其實此國賓中唯
有諸侯與孤無卿大夫也鄭必知卿大夫漆几者司几筵有五几從上
向下序之天子玉几諸侯彫几孤彤几卿大夫漆几下有素几喪事所
用差次然也無正文故云與以疑之公出至如初　注公出至端也
釋曰云公出迎者己之禮更端也者前聘享俱是公禮故不出迎此禮
賓私禮改更其端序故公出迎也　宰夫至以進　注內拂至授君
釋曰知几自東箱來者案覲禮記云几俟于東箱又此經直云進不言
外明不從下來從東箱來可知也　公東至西鄉　釋曰云中攝之者
擬賓用兩手在公手外取之故也　賓進至面俟　注未設至爲梧
釋曰未設而俟者待公拜送訖乃設之故也　公壹拜送　注公尊至
作一　釋曰賓再拜稽首公乃壹拜當空首故注云公尊也　注不降

至左几　釋曰云不降以主人禮未成者案鄉飲酒義云啐酒成禮也於席末據此而言則啐酒爲成禮此設几主爲啐酒今未啐醴故云禮未成也凡云賔左几者對神右几也　宰夫至面枋　注酌以至授也　釋曰宰夫亦洗升實觶者經無宰夫升降之文以理亦之者亦上授几時從下而升東箱取几進以授君今亦從下升東箱酌醴進以授君故亦之不言宰夫升降者賤略之也云以醴自東箱來者下記云醴尊于東箱瓦泰一有豐是也云不面擸不訝授也者公西面向賔宰夫自東箱來在公傍側並授與公是以下云公側受醴不訝受故不面擸也　注賔壹至爲貴　釋曰禮器云禮有以少爲貴者今賔於上下皆再拜稽首獨此一拜故鄭據大古之醴質無玄酒配之故壹拜以少爲貴也　宰夫至東塾　注事未至宰夫　釋曰云事未畢擯者不退中庭以有宰夫也者案上文擯者退中庭又云擯者進事未畢在中庭可知此下文亦云擯者進相幣事亦未畢而在東塾故決之若然以有宰夫主飲食之事宰夫所主已雖事未畢猶得負東塾以其間有事宰夫相已無事故也若無宰夫在中庭矣　注庭實乘馬　釋曰鄭知乘馬者下文

賓覿至稽首　注不請至覿也　釋曰自此盡公降立論行私覿之事云不請不辭鄉時已請也者云不請賓不請不辭主君不辭所以不辭者鄉時已請覿主人辭之以禮賓故今不復請亦不辭之也云覿用束錦辟享幣也者以上文享主君用束帛享夫人用玄纁束帛以今用束錦是辟享幣也云總者至扣馬也者賓總八轡在前牽之二人贊者各居兩馬間各用左右手扣一匹故云在馬間扣馬也云入門而右私事自闑右者玉藻云公事自闑西鄭注云聘享也又云私事自闑東注云覿面也此行覿禮故引之也云奠幣再拜以臣禮見也者謂由闑東介又不從又自牽馬又不升堂入幣皆是以臣禮見也云贊者賈人之屬者既行臣禮不使介從明贊者是賈人之屬從行者云介特覿也者主君辭賓賓入門左則介五人隨入門西北面西上其介五人行覿禮各自特行無介從爲特覿也　注將還至北面　釋曰云贊者有司受馬乃出者賓出之時贊扣馬者未得出待人受馬乃得出所以然者幣可奠之於地其馬不可散放故待人受之乃可以出故云有司受馬乃出也云凡取幣于庭北面者言凡非一此時辭賓更出取幣後門右禮訖又取幣皆北面又

衆介奠幣擯者取亦北面故云凡以廣之也　牽馬右之入設　注庭
實至牽之　釋曰云庭實先設客禮也者對前入門右時賓奉束錦總
乘馬一時入無先後之别是臣禮今此入設下經乃云賓奉幣是先設
庭實賓客禮也云於是牽馬者四人事得申也者知四人者若如前賛者
二人則不得云右之既言右之明人牽一匹不須賓牽之事得申人牽
一匹賓不總牽是也引曲禮者欲見牽馬在右禮之常彼效馬效羊謂
尊者之物使養之今來呈見此取一邊牽之法義不與彼同也　注以
客至從介　釋曰對入門右行臣禮不得從介也　公揖至再拜　注
公再拜至之也　釋曰臣禮見謂初入門右是以今再拜新之也知此
不爲拜至者下記云禮不拜至鄭注云以賓不於是始至私覿固非始
至而爲再拜明爲臣禮見新之也　賓三至負序　注反還至圭同
釋曰云反還者不敢與授圭同者上行聘時三退負序不言反還故決
之也　注不言至之也　釋曰此決聘享皆言公受此乃私覿故略之
不言其公受也　士受至右受　注自由至受皮　釋曰此庭實之馬
四匹在庭北面西上牽馬者亦四人各在馬西以右手執馬而立士受

馬者從東方來由馬前各適牽馬者之前還違其後適牽馬者之東馬西而受之牽馬者自前行而出之云此亦並授者不自前左由便也者鄉飲酒之等於西階之上皆授由其右受由其左今乃受馬者不自左而由其右受者使授馬者授訖右迴其身於出時爲便故鄭注云便其已授而去也云受馬自前變於受皮者上受享庭實之皮受皮者自後右客鄭注云自由也從東方來由客後西居其左受皮也此亦從東而來由馬前者馬是生物恐驚故由前是變於受皮也　牽馬至乃出　釋曰四馬並北面牽馬者皆在馬西士既受馬其最西頭者便即出門不須由馬之前其次東三匹者皆由西於馬前而出故云牽馬者自前西乃出據三人而言也　賓降至君辭　注拜送至鄉之　釋曰此言賓拜送幣者私覿己物故也前享幣不拜送者致君命非己物故也　注君乃至敬也　釋曰經上云拜送而云君辭君辭復云拜也是其君乃辭之賓由拜者敬主國君故也　注此禮至明說　釋曰云此禮固多有辭矣者謂此儀禮之内賓主之辭固多有辭矣但周公作經未有顯著明言之者直云辭耳此及公食皆著其辭此二者是志記之言煥乎

可見云未敢明説者據此二者觸類而長之餘辭亦可以意量作但疑事無質未可造次明説故上注每云其辭未聞也　賓降至馬出　注廟中宜清　釋曰云公側授宰幣不言出言馬出者以廟中宜清潔出就廐幣不言出與上皮幣同皆以東入藏之故記云賓之幣唯馬出其餘皆東注云馬出當就廐也餘物皆東藏之内府是幣不出之義也

公降至請覿　注玉錦至便也　釋曰自此盡舉皮以東論上介衆介行私覿之事云玉錦錦之文纖縟者也者案聘義孔子論玉而云縝密以栗知也是玉有密致錦之纖縟似玉之密致者云禮有以少文爲貴者禮器直云有以文爲貴者有以少爲貴者無少文爲貴之語但有以少爲貴以文爲貴明亦有以少文爲貴故鄭以義而言之也　注上介用皮變於賓　釋曰賓用馬今上介用皮故云變於賓也　注贊者奠皮出　釋曰鄭知贊者奠皮出者下云有司二人舉皮從其幣出無人授之明贊者奠即出可知　注此請至而俟　釋曰云此請受請于上介也者對前賓此請上介亦不請衆介也知擯者先即西面位請之者以其上介等先立門西東面故擯西面對之云釋辭之時衆執幣者隨

也　釋曰介初在揖位君在中庭奠皮近西故介發揖位經皮西北出三分一乃東行北向當君乃北行至君所乃授幣故云自皮西進北面授幣也　介出至受幣　注不側授介禮輕　釋曰案賓覿禮云側授宰幣此不云側授故云介禮輕宰自公左受即是側不云側者當有贊者於公受轉授宰故云介禮輕也　擯者又納士介　注納者出道入也　釋曰自此盡序從之論士介行私覿之事云納者出道入也者謂若燕禮大射小臣納卿大夫出道入之也　注終不至禮見　釋曰上介奠幣訖辭之終以客禮是士介卑奠幣出私覿即了終不敢以客禮見也　擯者至固辭　注禮請至大夫也　釋曰知固衍字當如面大夫者案下士介面大夫時擯者執上幣出禮請受賓辭無固字故知此固衍字當如士介面大夫　注擯者至告之　釋曰鄭知擯立門中閾外西面者以公在內賓在門外之西東面擯者兩處相之明居閾外西面向賓告之也　士三至幣立　注俟擯至來也　釋曰上文擯者執上幣以出賓辭之士介皆辟之乃云士三人取幣立擯者執上幣始來明士三人立俟之可知也　擯者進　注就公所也　釋曰以公在庭故擯者

自門外來進向公左授幣與宰也　注使宰至之差　釋曰云使宰夫受于士者以上文士三人取幣明此宰夫所受受於士也知受之于公左者禮記少儀云贊幣自左是以凡受幣皆於公左也云賓幣公側授宰者即上云公側授宰幣于序端是也云上介幣宰受於公左者即上云庭中宰自公左受之是也云士介幣宰夫受于士者即經文是也在公左受之是尊卑不同敬之差也公所受之雖不同及其以東其藏并是宰夫宰夫幣所主故也　擯者至事畢　注賓既至出也　釋曰自此盡不顧論事畢送賓之事云衆介逆道賓而出也者介爲首賓爲尾謂逆道也必知有逆出者上文聘訖云賓降介逆出又聘夫人私覿亦介逆出諸聘禮之等皆逆出故知此亦逆出可知也　及大至問君　注鄉以至類也　釋曰云衆介亦在其右少退西上者案上賓初入門左鄭注云由賓位也衆介隨入北面西上少退今賓出至入門之位將北面拜君而後出故知其位亦當初入門之位此位前後皆約聘享入廟北面西上之位也云時承擯紹擯亦於門東北面東上上擯往來傳君命者亦約常朝入門門東北面東上之揖位上擯往來相君自是其

常引論語者彼雖非聘亦是大夫使人往來法問夫子何爲亦是問君之類故云之類也　注拜其至亦辟　釋曰案爾雅釋言恙憂也言亦者亦初迎賓入門主君拜賓辟故云亦也　公勞至不顧　注公既至顧矣　釋曰云賓不顧據上擯送賓復迴謂君云賓不顧矣故引孔子事爲證若然此送賓是上擯則卿爲上擯孔子爲下大夫得爲上擯者以孔子有德君命使攝上擯若定十年夾谷之會令孔子爲相同也

賓請至大夫　注請問至告之　釋曰自此盡亦如之論賓請問大夫訖即館卿大夫勞賓介之事云不言問聘聘亦問也嫌近君也者對文大聘曰聘小聘曰問揔而言之問聘一也不得云問卿若言問近君矣故云有事于大夫也鄭云擯者反命因告之者但從朝以來行聘享行禮賓之事事已煩矣今日即請未可即行故云反命因告之告之使知而已是以賓至館行勞賓介及受饔餼終日有事明日乃行問卿之禮也賓所請問卿宜云有事于某子故下記云幣之所及皆勞鄭云所以知及不及者賓請有事固曰某子某子是也　賓即館　注小休息也　釋曰言休息者據此一日之間其事多矣明旦行問卿暫時止息故云

小休息也　注以己至辭之　釋曰云以己公事未行者其聘享公事
已行仍有問大夫之等公事未行故不敢見云上介以賓辭辭之者以
經云賓不見明上介以賓辭辭之可知是以下言上介受明此上介辭也
大夫至介受　注不言至執羔　釋曰云周禮者案周禮秋官掌客云
凡諸侯之禮上公五積卿皆見以羔侯伯四積卿皆見以羔是主國之
卿見朝君皆執羔引之證主國卿見聘客不得執羔與大夫同用鴈不
見朝君故也　君使至五牢　注變皮至爲饋　釋曰自此盡無儐論
主君使卿歸饔餼於賓介之事云變皮弁服韋弁敬也者案周禮春官
司服王之吉服有九祭服之下先云兵事韋弁服後云視朝皮弁服則
韋弁尊於皮弁今行聘享之事等皆皮弁至歸饔餼則韋弁故云敬也
云韋弁韎韋之弁兵服也者鄭知弁用韎韋者案司服注鄭引春秋傳
曰晉郤至衣韎韋之跗注又云今時五伯緹衣古兵服之遺色故知用
韎韋也韎即赤色以赤韋爲弁也云兵服者司服云凡兵事韋弁服故
云兵服也云服之者皮韋同類取相近耳者有毛則曰皮去毛熟治則
曰韋本是一物有毛無毛爲異故云取相近耳云其服蓋韎布以爲衣

而素裳者此無正文但正服則鄭注司服云韋弁以韎韋爲弁又以爲衣裳又晉郤至衣韎韋之跗注鄭志解此跗注以跗爲幅以注爲屬謂制韋如布帛之幅而連屬爲衣及裳今此鄭云以韎布爲衣而素裳全與兵服異者鄭以意量之此爲賓館於大夫士之廟既爲入廟之服不可純如兵服故爲韎布爲衣而素裳鄭志兵服以其與皮弁同白舄故以素裳解之此言素裳又與鄭志同若然唯變其衣耳以無正文故云蓋以疑之也云殺曰饔生曰餼者周禮有内饔外饔皆掌割亨之事詩云有母之尸饔故知殺曰饔生曰餼者以其對饔是腥飪故知餼是生故下云餼二牢皆活陳之也　上介至禮辭　注朝服至尊服　釋曰鄭知義然者案下云賓皮弁迎大夫是受之用皮弁爲尊服明此著朝服朝服卑於皮弁是示不受言示不受終受之也　有司入陳　注入賓至其積　釋曰案上文直云致館及即館不辨廟與正客館之名案下記云卿館於大夫大夫館於士皆是大夫士之廟下文又云揖入及廟鄭據此而言明陳之於廟也曾子問孔子云自卿大夫士之家曰私館即卿大夫士之廟一也孔子又云公館與公所爲曰公館鄭注云公

館若今縣官宮也彼是正客館彼此兩言之者若朝聘使少則皆於正客館若使多則有在大夫廟多少不定兩言之也案大行人及掌客積與饔餼各別此注以饔餼爲陳其積者對文饔餼與積別散文揔是委積故云積也 饔 注謂飪與腥 釋曰知者上揔言饔餼五牢下陳有三處據此饔下云飪一牢腥二牢下又別云餼二牢故知饔別飪腥二者也若然飪與腥共以饔目之者以其同是死列之以鼎故也 注陪鼎至用木 釋曰案公食大夫庶羞也以非正饌故在正鼎後而言加也云當内廉辟堂塗也者正鼎九雖大判繼階而言其云于階前則階東稍遠故陪鼎猶當内廉也而辟堂塗堂塗之内也云腸胃次腊以其出牛羊也鄭言此者以其膚是豕肉腸胃是腹内之物而在肉前者以其腸胃出於牛羊故在膚前列之也云膚豕肉也唯𤏐者有膚者君子不食圂腴犬豕曰圂若然牛羊有腸胃而無膚豕則有膚而無腸胃也且豕則有膚豚則無膚故士喪禮豚皆無膚以其皮薄故也縱豕以四解亦無膚故既夕大遣奠少牢無膚以其豚解故也云此饌先陳其位後言其次重大禮詳其事也者先陳其位者南陳已上是也後言其

次者牛羊豕也下是也案設飧時直云飪一牢在西鼎九羞鼎三腥一
牢在東鼎七直言西九東七不言次陳位飧是小禮輕之故也云宮必
有碑所以識日景引陰陽也者言宮必有碑者案諸經云三揖者鄭注
皆云入門將曲揖既北面揖當碑揖若然士昏及此聘禮是大夫士廟
內皆有碑矣鄉飲酒鄉射言三揖則庠序之內亦有碑矣祭義云君牽
牲麗于碑則諸侯廟內有碑明矣天子廟及庠序有碑可知但生人寢
內不見有碑雖無文兩君相朝燕在寢豈不三揖乎明亦當有碑矣言
所以識日景者周禮匠人云爲規識日出之景與日入之景者自是正
東西南北此識日景唯可觀碑景邪正以知日之早晚也又云引陰陽
者又觀碑景南北長短十一月日南至景南北最長陰盛也五月日北
至景南北最短陽盛也二至之間景之盈縮陰陽進退可知云凡碑引
物者宗廟則麗牲焉以取毛血者云凡碑引物則識日景引陰陽皆是
引物則宗廟之中是引物但廟碑又有麗牲麗繫也案祭義云君牽牲
麗于碑以其鸞刀以取血毛毛以告純血以告殺兼爲此事也云其材
宮廟以石窆用木者此雖無正文以義言之葬碑取縣繩繂暫時之間

往來運載當用木而已其宮廟之碑取其妙好又須久長用石爲之理勝於木故云宮廟以石窆用木也是以檀弓云公室視豐碑三家視桓楹時魯與大夫皆僭言視桓楹桓楹宮廟兩楹之柱是葬用木之驗也

腥二至二列　注有腥至賓也　釋曰云優賓者案下文士四人皆饌大牢無腥是不優之也　堂上至醢屈　注戶室至爲併　釋曰云設于戶西西陳皆二以並東上韭菹其南醓醢屈者謂其南東上醓醢醓醢西昌本昌本西麋臡麋臡西菁菹菁菹北鹿臡鹿臡東葵菹葵菹東蝸醢蝸醢東韭菹案周禮天官醢人朝事之豆有八韭菹醓醢昌本麋臡菁菹鹿臡茆菹麇臡饋食之豆葵菹蠃醢此經直云韭菹醓醢屈知此昌本已下八豆者案公食下大夫六豆韭菹醓醢昌本麋臡菁菹鹿臡又云上大夫八豆鄭注云記公食上大夫異於下大夫之數豆加葵菹蝸醢以充八豆若然案朝事八豆菁菹鹿臡下仍有茆菹麇臡不取而取饋食葵菹蝸醢者案少牢正祭用韭菹醓醢葵菹蝸醢朝事饋食之豆兼用之明此賓上大夫亦兼用朝事饋食之豆以充八豆可知云東上者變於親食賓也者案公食大夫公親食賓云宰夫自東房薦豆

六設于醬東西上此云東上是變於親食賓也云屈猶錯也者猶下經
錯黍此經菹菹不自相當皆交錯陳之故云錯也　八簋至稷錯　注
黍在北　釋曰云繼者繼八豆以西陳之云八簋者此陳之次第與八
豆同故鄭云屈猶錯也八豆言屈八簋言錯者以八豆之實各別直次
第屈陳之則得相變故云屈也八簋唯有黍稷二種雖屈陳之則閒雜
錯陳之使當行黍稷閒錯不得並陳設亦相變故鄭下注凡饌屈錯要
相變是也　六鉶至羊豕　注鉶羹器也　釋曰此不言綪屈錯者綪
文自具故不言之也案此文上下綪屈錯似各別鄭此注屈猶錯士喪
禮陳衣於房中南領西上綪注云綪猶屈又似不別者云綪屈二者下
手陳之少異屈者句而屈陳之綪者直屈陳之不爲句陳訖則相似故
注士喪禮云綪猶屈言錯者閒雜而陳之與綪屈同或句屈陳而錯此
文是也或綪陳如錯公食大夫是也故公食大夫云宰夫設黍稷六簋
于俎西二以並東北上黍當牛俎其西稷錯以終南陳是其直綪錯之
也　注凡饌至相變　釋曰凡豆及簋之數皆耦兩自相對而陳之屈
錯不相對者欲使陳設者其要殺各得相變不使相當其六鉶綪者牛及豕

二者相變羊豕相當不相變以其大牢牛羊豕不耦故羊豕不得變也

八壺至南陳　注壺酒至爲味　釋曰鄭云蓋稻酒粱酒也者以下夫人歸禮醙黍清各兩壺此中若有黍不得各二壺若三者各二壺則止有六壺與夫人歸禮同又不得各三壺若三者各三壺則九壺不合八數止有稻粱無正文故云蓋以疑之鄭知不直有稻黍而爲稻粱者稻粱是加相對之物故爲稻粱也此陳饔餼堂上及東西夾簋有二十簠六上文設飧時與此堂上及西夾其對則簋十四簠四案掌客設飧公侯伯子男簋同十二公簠十侯伯簠八子男簠六又皆陳饔餼其死牢如飧之陳如何此中飧之簋數及饔餼之簠數皆多於君者彼是君禮自上下爲差此乃臣禮或多或少自是一法不可以彼相並又此中致饔餼於賓醯醢百罋米百筥周禮上公甕筥百二十侯伯甕筥百子男甕筥八十子男少於此卿大夫禮禮或損之而並此其類也

西夾至東陳　釋曰六豆者先設韭菹其東醓醢又其東昌本南麋臡麋臡西菁菹又西鹿臡此陳還取朝事之豆其六簋四鉶兩簠六壺東陳其次可知義復與前同也

儀禮疏卷第二十一

儀禮疏卷第二十二

唐朝散大夫行太學博士弘文館學士臣賈　公彦　等撰

饌于至北上　釋曰云西北上者則於東壁下南陳西北有韭菹東有醓醢次昌本次南麋臡次西有菁菹次北有鹿臡亦屈錯也上西夾饌六豆直言北上不云西北上此東夾獨云西北上者以其西夾言北上其東醓醢是西北上可知此東夾饌若不言西北上恐東夾饌從東壁南陳以東北爲上其西有醓醢與西夾相對陳之故云西北上見雖東夾其陳亦與西夾同是以鄭云亦韭菹其東醓醢也　醓醢至在東

注夾碑至陰也　釋曰案既夕禮云罋三醯醢屑鄭注云罋瓦器其容亦蓋一㲉瓬人云簋實一㲉又云豆實三而成㲉四升曰豆則罋與簋同受斗二升也禮器云五獻之尊門外缶門內壺君尊瓦甒注云壺大一石瓦甒五斗即此壺大一石也云夾碑在鼎之中央也者上陳鼎云西階前陪鼎當內廉東面北上上當碑南陳下腥鼎亦如之此言夾碑自然在鼎之中央可知云醓在東醓穀陽也醢肉陰也者醓是釀穀爲之酒之類在人消散故云陽醢是釀肉爲之在人沈重故云陰也大宗

伯云天産作陰德地産作陽德注云天産六牲之屬地産九穀之屬以六牲爲陽九穀爲陰與此醢是穀物爲陽違者物各有所對六牲動物行蟲也故九穀爲陰郊特牲云鼎俎奇而籩豆偶陰陽之義也又以籩豆醢醢等爲陰鼎俎肉物揔爲陽者亦各有所對以鼎俎之實以骨爲主故爲陽籩豆穀物故爲陰也有司徹注又以庶羞爲陽内羞爲陰者亦羞中自相對内羞雖有糝食是肉物其中有糗餌粉餈食物故爲陰庶羞肉物故爲陽也　餼二至羊豕　注餼生至其左　釋曰先言饔後言餼者陳者先以熟爲主是以先陳饔饔下即陳孰物繼之故六豆以下相次此餼是生物其下次陳芻薪米禾之等相繼也云牛羊右手牽之者曲禮云效馬效羊者右牽之以不噬齧人用右手便也言右手牽之則人居其左也云豕束之寢右亦居其左者豕束縛其足亦北首寢卧其右亦人居其左案特牲云牲在其西北首東足鄭注云東足者尚右也與此不同者彼祭禮法用右胖故寢左上右士虞記云陳牲于廟門外北首西上寢右鄭注寢右者當升左胖也變吉故與此生人同也　米百至四行　注庭實至深也　釋曰云庭實固當庭中言當中

庭者南北之中也者上享時直言庭實入設不言中庭則在東西之中其南北三分庭一在南此更言中庭欲明南北之中也上文公立於中庭宰受幣於中庭皆南北之中也知北上東西爲行者以經云北上黍粱稻皆兩行稷四行若南北縱陳止得言東西不得言北上何者以黍粱稻及稷當行皆一種無上下故也明橫陳可知黍兩行在北次粱兩行次稻兩行次南稷四行所以不用稻爲上者稻粱是加黍稷是正故黍爲上端稷爲下端以見上下而稻粱居其間亦相變者亦上綪屈錯之義云此言中庭則設碑近如堂深也者陳鼎上當其碑南向陳之醓醢夾碑在鼎中央亦南向陳之今米爲筥在醓醢之南北之中則碑近北可知言堂深者猶若設洗南北以堂深相似若然碑東當洗矣　門外至東陳　注大夫至爲逾　釋曰云大夫之禮米禾皆視死牢者上文飪一牢腥二牢是三牢死故米三十車并下禾三十車亦是視死牢也云秉籔數名也秉有五籔二十四斛也者下記云十斗曰斛十六斗曰籔十籔曰秉若然一秉十六斛又有五籔爲八斛揔二十四斛也云籔讀若不數之數者鄭君時以籔爲數名數名有數有不數故云不數

之數此從音讀其字仍竹下爲之得爲十六斗爲籔故下記注云今江淮之閒量名有爲籔者是十六斗量器之名　注秅數至百秉　釋曰下記云四秉曰筥十筥曰稯十稯曰秅四百秉爲一秅三四十二爲千二百秉也　薪芻倍禾　注倍禾至焉爾　釋曰云薪從米芻從禾者以其薪可以炊爨故從米陳之芻可以食馬故從禾陳之鄭言此者以經云倍禾恐並從禾陳之故也云四者之車皆陳北輈者以其向内爲正故也引聘義者欲見主君享禮聘賓外内皆善故引爲證也　賓皮至荅拜　注大夫使者卿也　釋曰云外門外者謂於主人大門外入大門東行即至廟門也云不荅拜者亦以爲君使不敢當故也云大夫使者卿也者即上卿韋弁者也　揖入至揖入　注賓與至夫廟　釋曰云使者止執幣者下經始云大夫奉束帛入明此賓揖入時使者止執幣可知云賓俟之于門内謙也者聘時主君揖入立于庭尊卑法此賓與使者幣故賓在門内謙也云門内即宁下故下賓問卿云及廟門大夫揖入鄭注入者省内事也既而俟于宁下是也云古者天子適諸侯必舍于大祖廟者案禮運云天子適諸侯必舍其祖廟下記云卿館

於大夫大夫館于士士館于工商鄭注云不館於敵者之廟爲大尊也以此差之諸侯無正文鄭注舍于諸公廟者諸公大國之孤云大夫行舍于大夫廟者謂卿舍于大夫也若無孤之國諸侯舍於卿廟也　入三揖皆行　注皆猶至主人　釋曰云使者尊不後主人者主人則賓所在若主人也然君與使者行當後君也　至于至一等　注讓不至三讓　釋曰云讓不言三不成三也凡升者主人讓于客三敵者則客三辭主人乃許升者是三讓三辭成也今賓三讓大夫即升無三辭則不成三也云使者尊主人三讓則許升矣者即此經主人讓大夫先升是也云今使者三讓則是主人四讓也者經雖言讓大夫先升大夫之讓不明故鄭君兩言之但使尊終先升若主人三讓使人亦三讓主人又一讓則主人四讓使者乃升故鄭復言此也案周禮司儀云諸公之臣相爲國客大夫郊勞三讓登聽命又云致饔餼如勞之禮即得行三讓之禮此中古文云三讓與彼合鄭不從者周禮統心舉其大率而云三讓此儀禮據屈曲行事觀此經直云讓大夫先升是主人或三讓大夫無三讓故不從古文也云公雖尊亦三讓乃許升不可以不下主人

也者此據公爲主人亦有三讓故上行聘時云至於階三讓公升二等
賓升亦是公先讓先升故成三讓是以聘義云三讓而後升公尊必三
讓者不下賓客主人之義故也　注大夫至禮也　釋曰大夫以束帛
同致饔餼五牢及陳豆壺車米之等今賓拜饔三牢及庭實又別拜餼
二牢及門外米禾殊拜之者敬主君以重禮故也　大夫至升堂　注
賓先至北面　釋曰前大夫奉君命歸饔餼故先升一等今賓私儐使
者無君命體敵故賓先升在館如主人之儀故也知皆北面者以其體
敵又下始云賓奉幣西面大夫東面明此北面可知　注止不至餘尊
釋曰凡賓主體敵之法主人降賓亦降今賓降使者不降者使之餘尊
雖合降而不降　注稽首至辭也　釋曰賓主既行敵體之禮當行頓
首今大夫稽首於賓爲拜君之拜尊君客故也致者賓致幣當有辭對
者大夫對亦當有辭所以無辭者文不具故也　受幣至面俟　注賓
北至之使　釋曰此賓儐使者是體敵之義經云受幣于楹閒南面知
賓不南面並授而云賓北面授者凡敵體授之義授由其右受由其左
今尊君之使是以大夫南面賓北面故知賓北面授幣　注出廟至受

之　釋曰言亦者上賓受禮時受幣馬云賓降執左馬以出上介受賓幣從者訝受馬此亦從者訝受馬故云亦也　賓送至稽首　注拜謝至弁服　釋曰知拜謝在大門外者以其直言賓拜於朝無入門之文故知在大門外若然諸侯外朝在大門外明矣引周禮者秋官掌訝職云賓客至于國賓入館次于舍門外待事于客及將幣爲前驅至于朝詔其位凡賓客之治令訝訝治之引之者欲見賓客發館至朝來往皆掌訝前驅爲之導知此拜亦皮弁者以其受時皮弁故知此拜亦皮弁也故公食大夫云若不親食使大夫各以其爵朝服以侑幣致之賓朝服以受明日賓朝服以拜賜于朝彼朝服受還朝服拜則知此皮弁受亦皮弁拜可知　上介至鼎三　釋曰自此盡兩馬束錦論主君使下大夫歸饔餼於上介之事　注飪鼎至異館　釋曰云飪鼎七無鮮魚鮮腊也者對上賓九鼎有鮮魚鮮腊也云賓介皆異館者案下記云卿館於大夫大夫館於士士館於工商彼云卿即此賓一也彼云大夫即此上介也彼云士即此衆介也故知賓介各異館必異館者所陳饔餼後無所容故也　西夾至上賓　注凡所至介也　釋曰云如上賓者

明此賓客介也者案下云賓之公幣私幣皆陳上介公幣陳是上介有與賓同者前經不言如上賓獨此經言如上賓以其此饔餼大禮西夾筥及甕如上賓以其客此上介如上賓之禮也　儐之兩馬束錦　釋曰此下大夫使者受上介之儐禮如卿使者受賓儐禮當庭同不言如上大夫者省文也　士介至門外　注牢米至西上　釋曰自此至無儐論使宰夫歸餼於衆介之事上文賓與上介米陳碑南餼陳門内此不入門陳於門外者鄭云略之也云米設當門亦十爲列北上彼亦當門此直云設於門外不云東西明當門北上與賓同云牢在其南西上者以此餼本設於庭在門内由士介賤不得入門且賓與上介門東有米三十車薪六十車門西禾三十車芻六十車皆統門爲上此餼本非門外東西之物制不在門外東西宜當門陳之云牢在其南西上知如此設之者以其賓上介餼在米南門西東上明知此牢亦在米南而西上爲異耳　宰夫至致之　注執紖至拜迎　釋曰案下記云士館于工商則此致者在工商之館宰夫從外來即爲賓客宜在門西東面此就大牢之中取以致餼云朝服無束帛亦略之者決上賓與上介皆弁

有束帛故以爲略之也云士介西面拜迎者以其士介爲主人故西面每上賓與上介米禾皆視死牢具有芻薪米禾此士直有生餼無死牢則無芻薪米禾矣　士介至首受　注受於至從者　釋曰知自牢後適宰夫右受者以其牢東北面拜明在宰夫東南從牢後來適宰夫至宰夫之後受取牛便故也必知在宰夫右受者見前君使士受私覿之馬適其右受知此亦在右受也若然君使士受私覿由前此由牢後與受馬不同者牛畜擾馴與馬有異故得從其後適宰夫右取便也云由前東面授從者於宰夫之後受牛遂由宰夫之前東授從者亦是取便也　無擯　注既受至於朝　釋曰言無擯者決上賓與上介皆有儐士介賤故略之知明日衆介亦各如其受之服從賓拜於朝者案下夫人使下大夫韋弁歸禮賓受如受饔之禮儐之乘馬束錦又歸禮於上介上介受之如賓禮儐之兩馬束錦明日賓拜禮於朝鄭注云於是乃言賓拜明介從拜夫人歸禮介尚從拜則君饔餼介皆從拜可知　賓朝服問卿　注不皮至三人　釋曰自此盡無儐論賓覿聘君之幣問主國卿之事云不皮弁別於主君者對上文行聘享私覿皆皮弁此朝

服降一等故鄭注云别於主君云卿每國三人者每國三卿是其常鄭言此者欲見三卿皆以幣問之其主國下大夫曽使向己國者乃得幣問之與卿異　卿受于祖廟　注重賓至父也　釋曰卿受鄰國君所問之禮不辭讓者以其初君送客之時賓請有事於大夫君禮辭許是以卿不敢更辭故下記云大夫不敢辭云祖王父也者大夫三廟有别子者立大祖廟非别子者并立曽祖廟王父即祖廟也今不受於太祖廟及曽祖廟而受於祖廟者以其天子受於文王廟諸侯受於祖廟大夫下君故受於王父廟　下大夫擯　注無士至見之　釋曰行聘享於主國君時主君擯者三人以上并有士擯賓又設介今直云大夫擯無士擯者以其設擯介多者不敢質示行事有漸但賓行聘享於主君之時卿以與賓相接故急見之不須士擯　擯者至揖入　注入者至宁也　釋曰大夫三門入大門東行即至廟門未及廟門而有每門者大夫三廟每廟兩旁皆南北竪牆牆皆閤門假令王父廟在東則有每門每曲之事云入者省内事也者曲禮云請入爲席是也云既而俟于宁者宁門屋宁也知俟于宁者下云賓入三揖皆行鄭注云皆猶並也

賓與卿並行以卿俟于宁故得並行與卿三揖不俟于庭者下君也案曲禮云客至於寢門則主人請入爲席然後出迎客主人肅客而入此卿既入不重出迎客者彼曲禮平常賓客故重出迎客此聘問之賓與平常賓客異上君揖賓不重出此卿亦不重出與彼同但在庭與在宁不同矣　注亦從至君也　釋曰亦者亦君受聘時擯者從君而入几筵既設擯者出請此擯者亦從卿而入省内然後出請　注古文曰三讓　釋曰不從古文者亦是不成三故賓先升一等大夫從升堂故不從三讓也　注不擯賓辟君也　釋曰上文賓行聘享訖而君禮賓有束帛乘馬敵者曰擯今卿不擯賓者辟國君也　擯者至覿幣　注面亦至質也　釋曰自此至授老幣論賓行私面於卿之事賓私面於卿其幣多少與私覿於君同故云如覿幣賓私覿之時用束錦乘馬則此私面於卿亦用束錦乘馬可知也云面亦見也其謂之面威儀質也者覿面並文其面爲質若散文面亦爲覿故鄭司儀注云私面私覿也又左傳云楚公子棄疾以乘馬八匹私面鄭伯是也　賓奉幣庭實從　注庭實四馬　釋曰以其言如覿幣故知庭實四馬也　注大夫至迎

之　釋曰知階下辭者以其授老幣時降故也知迎者下文揖讓如初
明　迎之可知　注見私至西階　釋曰云爲若降等者主人是大夫
客是士降等法士就東階今此賓與卿覿者就門右若士於大夫降等
引曲禮者主人辭賓賓遂左就門右西階復正也　庭實至如初　注
大夫至並行　釋曰云大夫至庭中旋並行者賓初入門右大夫階下
辭賓賓遂門左大夫至庭中迎賓大夫迴旋與賓揖而並行北出言如
初者大夫不出門唯有庭中一揖至碑　又揖再揖而已　注受幣至
面授　釋曰知賓北面授者以云大夫南面退西面立言退明賓不得
南面又見下文賓當楣再拜明北面授因拜可知云受幣楹間敵也者
凡授受之義在於兩楹之間者皆是體敵故昏禮云授于楹間南面注
云授於楹間明爲合好其節同也南面並授也謂賓主俱至楹間南面
並而授是以曲禮云鄉與客並然後受注云於堂上則俱南面禮敵者
並授此是敵者之常禮也雖是敵者於兩楹之間或有訝受者皆是相
尊敬之法則此云大夫南面賓北面授雖是敵禮是尊大夫故訝受又
前致饔餼賓使者於楹間賓北面授幣鄭云賓北面授尊君之使自餘

不在楹閒別相尊敬是以前云公受玉于中堂與東楹之閒鄭注云東
楹之閒亦以君行一臣行二又云公禮賓賓受幣當東楹北面注云亦
訝受又賓覿公云振幣進授當東楹北面如此之類不在兩楹之閒者
皆非敵法就文解之　擯者至奉幣　注特面至從之　釋曰自此盡
再拜送幣論上介私面於鄰國卿之事云特面者異於主君者介初覿
主君之時不敢自尊別與衆介同執幣而入今私面於鄰國卿不與衆
介同而特行禮焉故云特面者異於主君也云士介不從而入者對覿
君時衆介從而入故鄭云君尊於衆介始覿不自別也云上賓則衆介
皆從之者上介言特面則賓問卿與私面介皆從可知　皮二人贊
注亦儷皮也　釋曰案經云幣如覿則上介私面亦與私覿於君幣同
故云亦儷皮也　入門至再拜　注降等也　釋曰言降等者主人是
卿上介是大夫故入門右不敢自同賓客　擯者反幣　注出還于上
介也　釋曰不言反皮出還於上介皮出可知但文不具　注大夫至
入設　釋曰云亦者亦上賓行私面大夫升一等賓乃升此上介私面
亦然故云亦也　注亦於至而受　釋曰亦者賓行私面大夫受幣於

楹閒南面故云亦得在楹閒爲敵法上介是下大夫與卿小異大同明得行敵法在楹閒可知　擯者至賓辭　注賓亦爲士介辭　釋曰自此至拜辱論士介私面於鄰國卿之事云賓亦爲士介辭者亦者亦士介私覿於主國君時故云亦也　下大至及之　注嘗使至忘舊　釋曰自此盡于卿之禮論主國下大夫嘗使至己國者聘君使上介以幣問之事諸侯之國皆有三卿五大夫其三卿不問至己國不至己國皆以幣及之上已論訖其五大夫者或作介或特行至彼國者乃以幣及之略於三卿故也言君子不忘舊者此大夫嘗與彼國君相接即是故舊也今以幣及之故云君子不忘舊也　注上介至禮也　釋曰云上介三介下大夫使之禮也者下經云小聘曰問其禮如爲介三介是下大夫小聘之禮據此篇大聘使卿五介小聘使大夫三介若大國之卿七介小聘使大夫五介小國之卿三介小聘使大夫一介也曲禮云儗人必於其倫故問下大夫還使上介是各於其爵易以相尊敬者也

大夫若不見　注有故也　釋曰自此盡不拜論主國卿大夫有故不得親受聘君之幣之事言有故者或有病疾或有哀慘不得受其問禮

君使至不拜　注各以至禮也　釋曰云各以其爵主人卿也則使卿大夫也則使大夫者若然經云君使大夫大夫中有卿大夫揔名也云各以其爵亦是易以相尊敬故也云不拜代受之耳不當主人禮也者案周禮宗伯云大賓客則攝而載祼鄭注云宗伯代王爲祼拜送則王亦此類拜是致敬之事不可代人之拜故直受之而已不當主人之禮拜之　夕夫至歸禮　注夕問至小君　釋曰自此盡賓拜禮於朝論主君夫人歸禮於賓與上介之事云夕問卿之夕也者案下記云聘日致饔明日問大夫夕夫人歸禮是其問卿之夕也云使下大夫下君也者歸饔餼使卿此夫人使下大夫故云下君也云君使之云夫人者以致辭當稱寡小君者案隱二年傳九月紀裂繻來逆女何以不稱使婚禮不稱主人又云紀有母乎曰有有則何以不稱母母不通也何休注云禮婦人無外事明知此使下大夫歸禮者是君使之可知而稱夫人使者以其致辭於賓客時當稱寡小君故稱夫人使下大夫其實君使之也　堂上至東陳　注籩豆至六豆　釋曰言籩豆六東陳者其饌自戶東爲首二以並東陳先於北設脯即於脯南設醢又於醢東設脯

以次屈而陳之皆如上也云籩豆六者下君禮也者君歸饔餼八豆此六豆故云下君也設於戶東又辟君饌位故也云其設脯其南醢屈六籩六豆者此約君禮設豆法云韭菹其南醓醢屈故知此醢在南屈陳之又知籩豆各六者下文上介四豆四籩降殺以兩明夫人多二六豆六籩可知　壺設至兩壺　注醙白至設之　釋曰其設壺於東序自北向南而陳稻黍粱皆二壺並之而陳也故言醙黍清皆兩壺也云以黍閒清白者互相備者醙白也上言白明黍粱皆有白下言清明稻黍亦有清故也於清白中言黍明醙即是稻清即是粱也故言互相備也三酒既有清白二色故言六壺必先言醙者以白酒尊重故先設之也大夫至致之　注致夫至君也　釋曰案周禮掌客云上公之禮夫人致禮八籩膳大牢致饗大牢侯伯以下亦皆有牢是朝君來時有牢此卿來聘無牢故云下朝君也　注四壺無稻酒　釋曰知者案上致於賓六壺稻黍粱皆有清白今上介四壺明從上去之無稻米之酒清白俱去之　故四壺也　注於是至爲醴　釋曰鄭解若於上文賓下言之則介從拜之事不明故於上介之下乃云明日賓拜禮於朝則介從

牢明饗禮享大牢可知但以食禮無酒饗禮有酒故以飲賓言之引公食饗與食互相先後者此經先言食後言饗則食在饗前公食言設洗如饗禮則饗在食前饗先後出於主君之意故先後不定也　燕與至常數　注羞謂至作淑　釋曰案周禮掌客上公三燕侯伯再燕子男一燕皆有常數此臣無常數者亦是君臣各爲一不得相決知羞謂禽羞鴈鶩之屬者案下記云禽羞俶獻故知是禽知成孰煎和者以其言羞鼎臐之類故知成孰煎和者也知禽是鴈鶩之屬者案下記云宰夫歸乘禽曰如饔餼之數鄭注乘禽乘行之禽也亦云鴈鶩之屬以無正文故以意解之　注饗食至之也　釋曰不言從食者公食介雖從入不從食賓食畢介逆出是不得從食矣知從饗者下記云大夫來使無罪饗之過則餼之其介爲介注云饗賓有介者賓尊行敵禮也故知介從饗案襄二十七年宋公兼享晉楚之大夫趙孟爲客子木與之言弗能對使叔向侍言焉子木亦不能對也叔向爲趙孟介而得從饗是其義也云復特饗之即此經是也　若不至無儐　注君不至作宥　釋曰案上文云君使卿歸饔餼於賓館賓儐之今君有故不親食使卿生

致其牢禮亦於賓館但無儐爲異云謂有疾及他故也者他故之中兼
及有哀慘云非必命數也者依典命公侯伯之卿三命大夫再命子男
之卿再命大夫一命經云各以其爵故知不依命數云無儐以已本宜
往者饔餼之等不宜召賓故君使人致禮賓則儐使者此饗食之禮主
君無故合速賓之來就主君入廟賓無儐禮今主君有故生致於賓亦
無儐故云本宜往此篇據侯伯之卿來聘是使卿致禮鄭兼云使大夫
於大夫者小聘使大夫來使大夫致禮也若然經直言使大夫者大夫
中兼有上大夫兼卿也　致饗至如之　注酬幣至諸侯　釋曰云禮
幣束帛乘馬亦不是過也者鄭以饗之酬幣無文故約上主君禮賓之
時用束帛乘馬此饗賓酬幣亦不過是故云亦不是過引禮器者案彼
經云有以少爲貴者圭璋特琥璜爵鄭注云圭璋特朝聘以爲瑞無幣
帛也琥璜爵者天子酬諸侯諸侯相酬以此玉將幣也彼經不云天子
諸侯相酬之幣故此注云蓋言酬諸侯者公侯伯用琥於子男用璜引
之者證與此酬卿大夫不同之義　大夫至侑幣　注作使至同之
釋曰此一經論主國卿大夫饗食聘賓及上介之事此直言饗食不言

燕亦有燕是以鄭詩羔裘云知子之來之雜珮以贈之鄭注云與異國賓客燕時雖無此物猶言之以致其厚意其若有之固將行之士大夫以君命出使主君之臣必以燕禮樂之助君之歡是也又昭二年左傳云韓宣子來聘宴于季氏傳無譏文明鄰國大夫有相燕之法又此大夫相禮饗食有常數雖有燕之亦無常數亦無酬幣矣

儀禮疏卷第二十二

清汪士鐘影刻宋本儀禮疏

第三册

唐 賈公彦 撰

天津圖書館藏清道光十年長洲汪士鐘藝芸書社影刻南宋單疏本

（原闕卷三十二至三十七）

山東人民出版社·濟南

儀禮䟽卷第二十三

唐朝散大夫行大學博士弘文館學士臣賈　公彦　等撰

賔至于館　注玉圭至終也　釋曰自此盡賔送不拜論主君使卿館還玉及報享之事云玉圭也者舉聘君之圭云君子於玉比德焉以之聘重禮也并相切厲之義並聘義文案聘義云天子制諸侯比年小聘三年大聘相厲以禮又云已聘而還圭璋此輕財而重禮之義又云夫昔者君子比德於玉焉是其義也云還之者德不可取於人相切厲之義也者既以玉比德德在於身不取於人彼既將玉來似將德與己己不可取彼之德故還之不取德也既不得取而將玉往來者相切磋相磨厲以德而尊天子故用之也云皮弁者始以此服受之不敢不終也者始謂受聘享在廟時今還以皮弁還玉是終之也　賔皮至以入　注迎之至爲率　釋曰云帥大夫以入者大夫即卿卿亦大夫也云不純爲主也者客在館如主人卿往如賔今不拜迎是不純爲主也決上君使卿歸饔餼時賔拜迎是純爲主人故也　大夫至鉤楹　注鉤楹至外也　釋曰云不東面以賔在下也者決歸饔餼時大夫東面致命

行聘時賓亦東面致命也云必言鉤楹者賓在下嫌楹外也若然不在楹外近之者以初行聘時在堂上楹內故今還在楹內也　賓自至而立　注聽命至南面　釋曰云聽命於下敬也者此決賓受禮時公用束帛賓西階上聽命歸饔餼時賓阼階上聽命此特於下聽命故云敬也云自左南面右大夫且並受也者以鄉飲酒獻酢之時授者在右受者在左故右大夫也且並受者欲取如向君前然也云若向君前耳者謂於本國君前受圭璋時北面並受今還南面並受面位受不同並受一邊不異故云若向君前耳云退爲大夫降逡遁者以大夫降爲之逡遁而退因即負右房南面而立大夫士直有東房西室天子諸侯左右房今不在大夫廟於正客館故有右房也　大夫至階東　注大夫至面立　釋曰云大夫降出言中庭者爲賓降節也者以其大夫授賓圭訖降自西階將出門至中庭不止今云大夫降出中庭者大夫中庭賓乃降故鄭云爲賓降節也云授於阼階東者欲親見賈人藏之也者賈人是上啓櫝者是掌玉之人此時無事在堂東待此玉故賓向阼階東得見之云賓還阼階下西面立者以其賓在館如主人在阼階下西面立

是其常處立者以待授璋也　注唯升堂至改也　釋曰案上文云賓自碑內聽命升自西階是其升堂由西階也云凡介之位未有改也者以其賓唯升自西階明介猶在東方故上文授上介于阼階東也故言未有改　賓裼至束紡　注賄予至至也　釋曰此則未知何用之財若是報享之物不應在禮玉之上今言此束紡者以其上圭璋是彼國之物下云禮玉束帛報聘君之享物彼君厚禮於此此亦當厚禮於彼故特加此束紡是以鄭云相厚之至也云賄予人財之言也者案下記云賄在聘于賄又云無行則重賄反幣鄭注周禮云布帛曰賄是賄爲財物是與人財物謂之賄也云紡紡絲爲之者因名此物爲紡云今之縛也者鄭注周禮內司服亦云素紗者今之白縛也則此束紡者素紗也故據漢法況之　禮玉束帛乘皮　注禮禮至作醴　釋曰云禮禮聘君也者此謂報享之物以其彼持享物來禮此主君此主君亦以物禮彼君故云禮禮聘君也云所以報享也者彼以物享此君此君亦以物享彼君曲禮云往而不來非禮也來而不往亦非禮也今以來而往是相享之法故云報享也云亦言玉璧可知也者上文聘賓行享之時

束帛加璧束錦加琮今報享物亦有璧琮致之故云亦言玉璧可知此玉則琮也以其經言玉故以玉言之若然經言束帛兼有束錦矣案下記云賄在聘于賄又云無行則重賄反幣則此禮也　公館賓　注爲賓至朝服　釋曰自此盡賓退論明日賓將發主君就館拜謝聘君使臣來禮己國之事云公朝服者以其行聘享在廟之時相尊敬重故著皮弁此拜謝之禮輕故知著朝服　賓辟　注不敢至乃下　釋曰云此亦不見言辟者君在廟門敬也者此言亦者亦勞賓時故上文賓即館卿大夫勞賓賓不見以其不見故遣上介聽命故知此賓亦不見凡言辟者將見而不見則謂之辟此本不見而言辟者以其君在廟門外雖不見而言辟故鄭云敬也云凡君有事於諸臣之家車造廟門乃下者以其卿館于大夫之廟此館則是諸臣之家案公食記云賓之乘車在大門外又曲禮云客車不入大門以此言之君車入大門矣大夫士有兩門入門東行則是廟門矣既至廟門須與賓行禮故鄭云造廟門乃下也　上介聽命　注聽命至之老　釋曰云聽命於廟門中西面如相拜然也者案前受士介幣之時賓固辭公荅再拜擯者出立于門

中以相拜注云立門中閾外西面此中賓不見使介聽命明如相拜然
取其視外便也必知在門中西面者以其君來如賓禮東面介西面向
公可知云擯者每贊君辭則曰敢不承命告于寡君之老者以其君尊
不自出辭以是故君之擯者每事贊君出辭則曰敢不承命者謂上介
荅君之辭知告賓云告于寡君之老者案玉藻云擯者曰寡君之老注
云擯者之辭主於見他國君今上介當擯者之處故知告于賓稱告于
寡君之老　聘享至再拜　注拜此至北面　釋曰云聘享者謂賓聘
君以圭享君以璧夫人聘享者謂賓聘夫人以璋享夫人以琮問大夫
者問三卿及嘗聘彼國之下大夫送賓以登路云拜此四事者君禮一
夫人禮二大夫禮三送賓禮四四事皆再拜云公東面者公如賓禮門
西東面擯者向公向介故知北面爲相而言也　公退至于朝　注賓
從至之意　釋曰云言請命者以己不見不敢斥尊者之意者案司儀
云君館客客辟介受命遂送客從拜辱于朝此經不言拜辱而言請命
凡言請者得不由君君聽則拜此下經直云公辭賓退不見拜文是君
不受其謝故云請命者以己不敢斥尊者之意故不言辱而言請　公

辭賓退　注辭其至行之　釋曰云退還館裝駕者以明旦將發故裝束駕乗引周禮者證明日客拜禮賜遂行之事鄭彼注云禮賜者謂乘禽即此下文賓拜乘禽是也　賓三至聽之　注發去至不識　釋曰自此盡送至于竟論賓介發行主國贈送之事云明已受賜大小無不識者以其乘禽是禮以細小尚記識而拜之況饔餼食禮之大者記識可知故云大小無不識　遂行舍于郊　注始發至展軨　釋曰曲禮云已駕僕展軨鄭注云具視也彼是君車故使僕展之此卿大夫故鄭云自展軨恐不得所故也　公使至覿幣　注贈送至爲君　釋曰所以好送之者來而不往非禮以禮來往皆是和好之事故云好送之也云言如覿幣見爲反報也者以其贈之多少一如覿幣故鄭云見爲反報也　注不入至同節　釋曰言不入無儐對歸饔餼入設而有儐此則不入無儐明賓去禮宜有已云如受勞禮以贈勞同節者賓來勞之去有贈之皆在近郊禮又不别故言同節也　使者至反命　注郊近至得入　釋曰自此盡拜其辱論使者反命之事知郊是近郊者以下文云朝服載旜鄭云行時稅舍於此郊今還至此正其故行服以俟君

命敬也者初行云舍於郊斂旜今至此載旜而入故知近郊也云告郊
人使請反命於君者以其使者至所聘之國謁關人明此至郊告郊人
使請可知引春秋者案閔二年公羊傳云鄭伯惡高克使之將逐而不
納棄師之道也何休云使將師救衛隨後逐之彼無大夫文言大夫者
鄭君加之也　禳乃入　注禳祭至災凶　釋曰案春官小祝云掌侯
禳禱祠之祝號鄭注云禳禳卻凶咎故鄭此云禳是祭名也　乃入陳
至皆否　注皆否至從者　釋曰云此幣使者及介所得於彼國君卿大
夫之贈賜也者於君所得爲公幣於卿大夫所爲私幣賓之公幣有八
郊勞幣一也禮賓幣二也致饔餼三也夫人歸禮幣四也侑食幣五也
再饗幣六也夕幣七也贈賄幣八也此八者皆主君禮賜使者皆用束
錦故曰公幣賓之私幣略有十九主國三卿五大夫皆一食有侑幣饗
有酬幣皆用束錦則是十六有三卿郊贈則十九也其上介公幣則有
五致饔餼一也夫人致禮幣二也侑食幣三也饗酬幣四也郊贈幣五
也降於賓者以其上介無郊贈幣又無禮賓幣又闕一饗幣故賓八上
介五也上介私幣有十一主國三卿五大夫或饗或食不備要有其一則

其幣八也又三卿皆有郊贈如其面幣通前則十一也主國下大夫嘗使己國者聘亦有幣及之則亦有報幣之事其數不定士介四人直有郊贈報私幣主國卿大夫報士介私面士介私幣數不甚明云禮於君者不陳者謂賄用束紡禮用束帛乘皮不陳之者以經云公幣又云上介公幣他介皆否若禮於君者一統於賓不得云介之幣故知禮於君者不陳必禮於君不陳禮於己始陳者以其禮於君者是其正故不陳之禮於己者以其榮故陳之是以下注云不加於其皮上榮其多是其義也若然聘君以幣問卿而其卿不見報聘君之幣者以其尊卑不敵若報之嫌其敵體故也　注不加至多也　釋曰此決初夕幣時束帛皆加于左皮上今不言加於皮上者若加於皮上相掩蔽故不加於皮上榮其多也　公南鄉　注亦宰至南鄉　釋曰此陳幣當如初夕幣之時管人布幕于寢門外使者北面衆介立于其左東上卿大夫在幕東西面北上宰告於君君朝服出門左南鄉是以鄭此注亦依夕幣而言之　卿進至其左　注此圭至東上　釋曰案上行聘禮之時上介屈繅授賓賓襲受之今此賓執圭垂繅賓則裼繅於賓彼國致命時也

上介執璋屈繅者變於賔故也必變之者反命致敬少於鄰國致命時
故賔於君前得裼見美爲敬也云士介亦隨入並立東上者此言亦者
亦初行受于朝時君使卿進使者入衆介隨入北面東上此中雖不云
士介入明亦隨入可知　反命至再拜　注君亦至辱命　釋曰云君
亦揖使者進之乃進反命也者亦謂亦受命於朝位立定時君揖使者
乃進受命明反命亦然某君某國名者若云鄭國君齊國君云某宫若
言桓宫僖宫者左傳有桓宫之楹宫是廟名其受聘享於廟故以宫言
之但受聘享在大祖廟不在親廟四而云桓宫僖宫者略舉廟名而言
也　宰自公左受玉　注亦於至便也　釋曰此言亦者亦於出使初
受圭時宰自公左授使者圭同面注云北面並授之凡並授者授由其
右受由其左此中受由其右者因東藏之便故鄭云不右使者由便也
受上至如之　注變反至略之　釋曰云變反言致者若云非君命也
者君與夫人聘於鄰國君與夫人各有所當聘鄰國君受命於君今使
者還反命於君聘於鄰國夫人當受命於夫人使者還反命於夫人但
婦人無外事雖聘夫人亦君命之今使還反命不云反命於君變反言

致命者若本非君命猶夫人之命然故變反言致也若然婦人既無外事而承君命聘鄰國夫人者以其夫婦一體共事社稷故下記云君以社稷故在寡小君拜是賓主相對之辭也云致命曰已下聘夫人反命無文此鄭君依記上文反命於君之辭而言之云不言受幣於某宮可知略之者以其夫人受聘享皆因君聘享同時同宮故略之也　執賄至授宰　注某子至外也　釋曰此賄幣者即上文賄用束紡是也云某子若言高子國子者案閔公二年冬經書齊高子來盟僖三十三年經書齊國歸父來聘左傳曰國子爲政齊猶有禮者是也云凡使者所當以告君者上介取以授之者以上受上介璋是上介授賓明其餘皆上介取以授之云賄幣在外者以其上文云禮於君者不陳此賄幣即是禮於君前明在外也　禮玉亦如之　注亦執至皮也　釋曰此即上云禮玉束帛乘皮鄭注云禮禮聘君也所以報享也云亦執束帛加璧也者言亦亦上文行享時束帛加璧者也云宰受之士隨自後左士介受乘皮者此約初行享之時公側授宰幣士受皮皆自後右客今執享皮幣玉宰受之可知言宰受之士隨自後隨宰自後謂自士介後其

在東上者不須云自後其餘三人皆後乃得左之必左士介者取向東
藏之便故也云上介出取玉束帛士介從取皮也者此亦初享之時賓
奉束帛加璧是上介取以授賓明士介從取皮可知　注禮幣至於贈
釋曰云禮幣主國君初禮賓之幣也者謂從郊勞已後至於贈賄入度
禮賓皆有幣是自郊勞爲初也云以盡言賜禮謂自此至於贈者此則
郊勞也　授上至再拜　注授上至陳之　釋曰云不授宰者當復陳
之者此幣皆先陳之今賓執以告君賓釋辭君曰勤勞使於四方故授
上介幣當拜荅君言此幣不授與宰者當復陳之於本處此幣入於己
者故不授宰也上賄幣禮君者反命訖皆授宰故以此決之　若有至
賜也　注言此至孝也　釋曰此獻物謂入賓者故下記云既覿賓若
私獻奉獻將命注云時有珍異之物或賓奉之猶以君命致之則是賓
亦言有私獻於彼君則彼君亦有私獻報賓則此獻者也云大夫出反
必獻忠孝也者案下曲禮云大夫私行出疆必請反必有獻彼私行出
疆反必有獻此以公聘出疆反亦有獻故云大夫出反必獻此以入己
之物獻於君者忠孝也事君言忠事父言孝此獻君忠也而兼言孝者

忠臣出孝子之門故連言孝也　君其以賜乎　注不必至己也　釋曰言君其以賜乎者大夫所獻之物謙不必當君所須此物君其以賜臣下乎言乎者或當君意或不當君意故言乎以疑之云不拜者爲君之荅己也者士拜國君國君不拜士賤故也大夫拜國君國君即荅拜大夫尊故也故云不拜者爲君之荅己拜若然自反命以來盡於賜禮之等或拜或不拜無荅己之嫌獨此不拜爲君之荅己者自此以前皆是彼國報君之物賓直告事而已君受之而無言故賓不拜君有言及己者乃拜之拜君言也此獻是彼國君賜與己理須拜送是以玉藻云凡獻於君大夫使宰士親皆再拜稽首送之又郊特牲云大夫有獻弗親不面拜爲君之荅己亦此類故鄭云獻不拜者爲君之荅己若然玉藻不親此親者此因反命故親獻也　注士介至賤也　釋曰鄭知旅荅士介共一拜者君勞上介上介再拜稽首君荅拜不言再拜則君荅上介一拜矣勞士亦如之不言皆則揔荅一拜矣勞賓君荅再拜勞上介君荅一拜對賓再拜已是賤矣今此士介四人共荅一拜故云又賤也此一拜荅臣下則周禮大祝辨九拜七曰奇拜是也是以彼注云一拜荅

臣下也案曲禮云君於士不荅拜此君荅拜士者以其新行反命君勞苦之故荅拜異於常也　君使至稽首　注以所至授之　釋曰云禮臣子人賜之而必獻之君父不敢自私服也君父因以予之則拜受之如更受賜也者案内則云婦或賜之衣服則受而獻諸舅姑舅姑受之則喜若反賜之則辭不得命如更受賜臣子於君父亦然言此者證此經君使宰以所獻之物反賜使者使者辭不得命再拜稽首受之如更受賜云既拜宰即以上幣授之者以其上文云執禮幣授上介者是執上幣不執下幣明知宰所執授之者是上幣可知　乃退　注君揖入皆出去　釋曰知君揖入皆出去者初賓將行君前受命訖君揖入揖賓介出故知此君退者亦反命訖賓介出可知　介皆至之門　注將行至禮也　釋曰云將行俟於門是出之禮初行之時介皆至賓門俟賓同行今行反又送至于門是入之禮故云與尊長出入之禮　注再拜上介三拜士介　釋曰上介是大夫與己同類故知再拜士卑與己異類各一拜故言三拜士介　釋幣于門　注門大至見也　釋曰自此盡亦如之論賓上介使還禮門神及奠於禰之事知門是大門者以

其從外來先至大門即禮門神故知門是大門也案特牲筮時云席於門中闑西閾外故知此亦席于闑西閾外知東面者神居東面爲正故也云設洗于門外東方者以其廟在學設洗皆云洗當東榮故在門外亦在東方也云其餘如初于禰時者初出亦釋幣於行不如之者以其初出於廟禮文具設于行其文略故此云如禰時也言如者謂釋幣於祝先入巳下埋于西階東是也云出于行入于門不兩告告所以先見也者出時自廟出先見行即告行入時先見門故告門出入皆告一故云不兩告也　乃至至脯醢　注告反也薦進也　釋曰云筵几于室者還以特牲少牢司宫設席于奧東面右几但無牲牢進脯醢而已以告祭非常故也　觴酒陳　注主人至入也　釋曰云言陳者將復有次也者但云主人一獻當言奠今不言奠而言陳者以其下仍有室老及士獻以備三獻故言陳陳有次第之言以其三時次第皆列于坐者也云先薦後酌祭禮也者以其特牲少牢皆先薦饌乃後獻奠于鉶南此與彼同故云先薦後酌祭禮也云行釋幣反釋奠略出謹入也者必略出謹入者出時以禱祈入時以祠報故不同也　席于阼　注爲酢至於

祭　釋曰鄭知祝取爵酌者案特牲少牢尸酢主人祝取爵以酢主人但此無尸爲異也不酢於室異於祭者此決特牲少牢皆於室內尸東西面受酢此乃於外行來告反故在阼不在室知與正祭異也又於正祭時有尸尸飲卒爵以尸爵酢主人此告祭無尸[illegible]爵兼奠故别取爵以酢主人亦異也　薦脯醢　注成酢禮也　釋曰此奠謂若特牲少牢主人受酢時皆席于戶內有薦俎此雖無俎亦薦脯醢于主人之前以成酢禮也　三獻　注室老至自酢也　釋曰鄭注喪服云室老家相士邑宰知無主婦而取士者以其自外來主於告反即釋奠於禰廟故知主婦不與而取士備三獻必知有室老與士者以其前大夫致饔餼於賓時使老牽牛以致之鄭注云皆大夫之貴臣故知此亦貴臣爲獻也云每獻奠輒取爵酌者此通三獻皆獻奠訖别取爵自酢故云輒取爵酌也别云主人自酢者對正祭有尸三獻皆獻尸訖尸酢主人主婦賓長今此無尸皆自酢獨云主人者主人爲首正故舉前以包後　一人舉爵　注三獻至舉也　釋曰云三獻禮成者大夫士家祭三獻特牲少牢禮是也云更起酒者此欲獻酬從者不得酌神之尊是以特牲

行酬時設尊兩壺於阼階東西方亦如之鄭注云謂酬賓及兄弟則此亦當然故知别取酒也云主人奠之未舉者以其下文云獻從者乃云行酬似鄉飲酒鄉射一人舉觶未舉待獻介衆賓後乃行酬亦然也

獻從者　注從者至君也　釋曰知升飲於上者案特牲禮獻衆賓及兄弟之等皆升飲於西階上故此獻從者亦於階上可知云不使人獻之避國君者若正祭雖國君亦自獻故祭統云尸飲五君洗玉爵獻卿尸飲七君洗瑶爵獻大夫之等若然則告祭非常令獻從者從燕法案燕禮使宰夫爲獻主是國君不親獻此大夫親獻故云避國君也　注室老亦與　釋曰知者案燕禮使者勞者在者亦與故知此室老亦與不言士者文不具亦與可知

聘遭喪入竟則遂也　注遭喪至則反　釋曰自此盡卒殯乃歸上陳告行聘之事此以下論或遭主國君喪或聘君薨於後或使者與介身卒安不忘危故見此非常之事從此盡練冠以受論主國君或夫人薨或世子死行變禮之事云以國爲體者謂公羊傳宋人執鄭祭仲使之逐忽而立突仲以逐忽則國存不逐則國滅故逐忽而立突是以國爲體但聘君主以聘國故君雖薨而遂入關

人未告則反者聘使至關乃謁關人關人入告君君知乃使士請事已入關自然入矣若關人未告君君不知使者又未入聞主國君死理當反矣　不郊勞　注子未君也　釋曰案文公八年天王崩九年毛伯來求金公羊傳曰何以不稱使當喪未君也踰年矣何以謂之未君即位矣而未稱王也未稱王何以知其即位以諸侯踰年即位亦知天子之踰年即位也以天子三年然後稱王亦知諸侯於其封内三年稱子若然云子未君公羊傳文但彼據踰年即位後此據新遭父喪引之者以其同是子未君故也　不筵几　注致命至神之　釋曰不筵几致命不於廟決正聘設几筵也就尸柩於殯宫者國君雖以國爲體主聘其國但聘亦爲兩君相好今君薨當就尸柩故不就祖廟也云又不神之者以其鬼神所在曰廟則殯宫亦得爲廟則設几筵亦可矣但始死不忍異於生不神之故於殯傍無几筵也曾子問云君薨世子生告殯殯東有几筵者鄭云明繼體也然則尋常則殯東不設几筵當在室内矣　不禮賓　注喪降事也　釋曰云不禮者謂既行聘享訖不以醴酒禮賓也　主人畢歸禮　注賓所至饗食　釋曰知歸禮中兼有饗

食者主人有故雖饗食亦有生致法故主人亦歸之且下文云賔唯饔餼之受明本并饗食亦歸賔乃就中受饔餼若本不歸饗食空歸饔餼何頻云饔餼之受明其時并致饗食也　賔唯饔餼之受　注受正不受加也　釋曰饔餼大禮是其正自饗食之等是其加也　不賄不禮玉不贈　注喪殺禮爲之不備　釋曰云不賄者皆據上文謂不以束紡不禮玉者謂不以束帛乘皮以報享不贈者賔出至郊不以物贈之也　遭夫至君喪　注夫人至所降　釋曰云夫人世子死君爲喪主者案禮記服問云君所主夫人妻大子適婦鄭注云言妻見大夫以下亦爲此三人爲喪主也故云君爲喪主旣爲喪主是以使大夫受聘禮不以凶接吉也云其他謂禮所降者謂不禮以下不贈以上皆闕之

遭喪至以受　注遭喪至義也　釋曰此經揔説上三人死主君不得受命故使將命於大夫主人即大夫故鄭云此三者皆大夫攝主人也云長衣素純布衣者此長衣則與深衣同布但袖長素純爲異故云長衣素純布衣也此長衣之緣以素爲之故云素純也去衰易冠者謂脱去斬衰之服而著長衣脱去六升九升之冠而著練冠故云去衰易冠

也云不以純凶接純吉者聘禮是純吉禮爲君三升衰裳六升冠爲夫
人世淺絳也者對三入爲纁爲淺絳云一染謂之縓者爾雅文案彼云
一染謂之縓再染謂之赬三染謂之纁也云縓緣三年練之受飾也知
者引檀弓云練衣黄裏縓緣注云練中衣以黄爲内縓爲飾爲中衣之
飾據重服三年變服後爲中衣之飾也此公子爲母在五服外輕故將
爲人初死深衣之飾輕重有異故不同也云諸侯之妾子厭於父爲母
不得申權爲制此服不奪其恩也者諸侯尊絶朞巳下無服公子被厭
不合爲母服不奪其母子之恩故五服外權爲制此服必服麻衣縓緣
者麻衣大祥受服縓緣練之受飾雖被抑猶容有三年之哀故也云爲
妻縓冠葛絰帶妻輕者以縓布爲冠對母用練冠以葛是葬後受服而
爲絰帶對母用麻皆是爲妻輕故也　傳曰至不服也　注君之至而
葬　釋曰傳發問者恠親母與妻其服大輕故問之荅云君之所不服
者以尊降諸侯絶旁朞向來所釋皆是主君始薨假令君薨踰年嗣子
即位鄰國朝聘依吉禮受之於廟故成十七年經書邾子貜且卒十八
年邾宣公來朝傳云即位而來見踰年可以朝他國他國來朝亦得以

吉禮受之於廟矣雖踰年而未葬則不得朝人人來朝己亦使人受之於廟於夫人世子亦然以其本爲死者來故也　聘君至則遂　注旣接於主國君也　釋曰自此盡唯稍受之論聘者遭己君之喪行非常之禮事云接於主國者謂謁關人關人告君君使士請事是接於主國矣故入境則遂也　赴者至于館　注未至至作訃　釋曰未至謂赴告主國君者也以其本國遭喪赴者有兩使一使告聘者一使告主國云未可爲位者以其赴主國之使未至是以未可爲位受人弔禮云衰于館未可以凶服出見人者對下經赴者至則衰而出云其聘享之事自若吉者下云受饔餼之禮故知先行聘享乃後受禮以其主國未得赴告故自若吉也　受禮　注受饔餼也　釋曰上文遭主國之喪賓唯饔餼之受受禮亦饔餼之禮　不受饗食　注亦不受加　釋曰上文遭主國之喪云唯饔餼之受注云受正不受加也加即此饗食也故此云亦不受加也　赴者至而出　注禮爲至事也　釋曰云禮爲鄰國闕者案襄二十三年春秋左氏傳云杞孝公卒晉悼夫人喪之平公不徹樂非禮也禮爲鄰國闕服注云鄰國尚爲之闕樂況舅甥之親乎

若然赴者至主國君使者襃而出則主國可以闕樂云於是可以凶服將事者謂主人所歸禮則賓可以凶服受之其正行聘享則著吉服矣故雜記云執玉不麻是也　唯稍受之　注稍稟食也　釋曰禮君行師從卿行旅從從者旣多不可闕於稍食案周禮每云稍事皆謂米稟以其稍稍給之故謂米稟爲稍　歸執圭至升堂　注復命至亡同　釋曰自此盡卽位踊論使者喪還執圭還國復命之事云臣子之於君父存亡同者案禮記奔父母之喪升自西階此復命於殯亦升自西階法生時出必告反必面故云臣子於君父存亡同也　子卽位不哭　注將有至哭位　釋曰云不言世子者君薨也者案公羊傳君存稱世子君薨稱子某旣葬稱子踰年稱君案上文稱世子此文單稱子是知其君薨故君不稱某而與此旣葬同號者以其旣不得稱世子略云子而已故不言某其實正法稱子某是以雜記在殯待鄰國之使皆稱某云諸臣待之亦皆如朝夕哭位者但臣子一列上下文唯言子不言羣臣與子同知如朝夕哭位者案奔喪云奔父之喪在家者待之皆如朝夕哭位故知此亦然　辯復命如聘　注自陳至無勞　釋曰言辯復命

如聘者上文君存時使者復命自陳公幣已下至賜告之等今復命於殯所亦盡陳之故言辯知無勞者勞主君出命今君薨不可代君出命故知無勞也　子臣皆哭　注使者至皆哭　釋曰此據子在位哭亦兼羣臣故鄭云子與羣臣皆哭　與介入北鄉哭　注北鄉至朝夕　釋曰使者升階復命訖不見出文而言與介入者以其復命之時介在幣南北面去殯遠復命訖除去幣賓更與介前入近殯北鄉哭鄉內爲入故言與介入北鄉哭也云北鄉哭新至別於朝夕者朝夕哭位在阼階下西面今於殯前北鄉故云別於朝夕也　出袒括髮　注悲哀變於外臣也　釋曰案奔喪云至於家入門左升自西階東面哭括髮袒於殯東是於內者子故也此使者出門袒括髮變於外者臣故也　入門右即位踊　注從臣至喪禮　釋曰案奔喪云袒括髮於西階東即位踊襲絰於序東此門外袒括髮入門右即位踊亦當襲絰於序東故鄭云自哭至踊如奔喪禮也　若有至饗食　注私喪至不反　釋曰自此盡從之論使者有父母之喪行變禮之事云不敢以私喪自聞于主國者解哭于館又云凶服于君之吉使者亦取不敢解之言衰而居

謂服衰居館行聘享即皮弁吉服故不敢凶服干君之吉使也引春秋傳者案宣八年經書夏六月公子遂如齊至黃乃復公羊傳云其言至黃乃復何有疾也何言乎有疾乃復譏何譏爾大夫以君命出聞喪徐行而不反何氏注聞大喪而不反重君命也徐行者爲君當使人追代之以喪喻疾者喪猶不還而況疾乎是也以此言之使雖未出國境聞父母之喪遂行不敢以私廢王事君使人代之可也以此言之明至彼所使之國雖聞父母之喪不反可知是以哭于館衰而居　歸使至從之　注已有至深衣　釋曰云已有齊斬之服者以其私喪之內有爲父斬爲母齊衰故齊斬並言之也云不忍顯然趨於往來者解經並使衆介先衰而從之意經云歸據反國時兼云往者鄭意去時聞父母之喪不敢即反亦使衆介先衰而從之故往來並言云在道路使介居前者謂去向彼國時云歸又請反命已猶徐行隨之者此謂還國至近郊使人請反命君許入猶使介居前徐行於後隨介至國也云君納之乃朝服者以其行聘之時猶不以凶服干君之吉使而服吉服知此反命時亦不以凶服干君之吉使而服朝服如吉時反命矣云出公門釋服

哭而歸者案雜記云大夫士將與祭於公既視濯而父母死則猶是與祭也次於異宮既祭釋服出公門外哭而歸亦云其它如奔喪之禮明此亦出公門釋朝服而歸但彼祭服不可著出故門內釋服此朝服可以著出門乃釋服為異也云其他如奔喪之禮者案奔喪云至於家入門左升自西階殯東西面坐哭盡哀括髮袒降堂東即位西鄉哭成踊襲經于序東絞帶反位拜賓成踊送賓反位有賓後至者則拜之成踊送賓皆如初衆主人兄弟皆出門出門哭止闔門相者告就次於又哭括髮袒成踊於三哭猶括髮袒成踊三日成服拜賓送賓皆如初云吉時道路深衣者以其朝服之下唯有深衣庶人之常服既以朝服反命出門去朝服還服吉時深衣三日成服乃去之

儀禮疏卷第二十三

儀禮疏卷第二十四

唐朝散大夫行太學博士弘文館學士臣賈　公彦　等撰

賓入至而殯　注具謂至當用　釋曰自此盡卒殯乃歸論賓介死之事云賓入境而死遂也者若未入境即反來云主人爲之具而殯者謂從始死至殯所當用者主人皆供之鄭云具謂始死至殯所當用直云至殯所當用明不殯於館取其至殯節主人供喪具以其大斂訖即殯故連言殯故下文歸介復命之時柩止門外明斂於棺而已　介攝其命　注爲致至聞命　釋曰云初時上介接聞命者鄭解介得代賓致命之意以其命出於君初賓受命於君之時賓介同北面上介接聞君命矣以是今賓死得攝其命　君弔介爲主人　注雖有至尊也　釋曰古者賓聘家臣適子皆從行是以延陵季子聘於齊其子死葬於嬴博之閒故鄭云雖有臣子親因猶不爲主人以其介尊故也　主人至以用　注當中至賓禮　釋曰賓既死主人所歸禮與幣必以當喪者之用云當中奠贈者解經中小斂大斂之用云當中奠贈諸喪具之用者具謂襲與小斂大斂解經幣云不必如賓禮者不必如致飧饔之禮

束紡皮帛之類不堪喪者之用故也　介受賓禮無辭也　注介受至
辭之　釋曰云介受主國賓己之禮者謂公幣私幣之屬故鄭云當陳
之以反命也言無辭者雖無三辭以其賓受饔餼之時禮辭受食三辭
明介亦有禮辭云無所辭也者以有賓喪嫌介有三辭故云介受賓禮
無辭也　不饗食　釋曰案上遭君喪受饔餼不受饗食鄭云受正不
受加此云不饗食介不就君受饗食明受饔餼正禮也　歸介至門外
注門外至忠心　釋曰知門外是大門外者國君有三門皐應路又有
三朝内朝在路寢庭正朝在路門外應門外無朝外朝當在皐門外經
直云止於門外無入門之言明知止於大門外外朝之上是以上賓拜
賜皆云於門外亦在外朝矣故鄭云必以柩造朝達其忠心也　介卒
至卒殯　注卒殯成節乃去　釋曰當介復命之時賓之尸柩在外朝
上介卒復命謂復命訖出君大門奉賓之柩送至賓之家屍柩入殯於
兩楹之間君往就弔卒殯者謂殯訖殯是喪之大節故云卒殯成節乃
去謂君與大夫盡去　若大至如之　注不言至士也　釋曰云不言
上介者小聘上介士也者案經大夫介卒據大聘上介是大夫而言今

鄭以經不言上介則大夫介卒中兼有聘使大夫其卒亦如之故鄭云不言上介小聘上介士也欲兼見小聘之法也若小聘上介末介皆士則入下文士介死中以其下文更不見小聘賓介死法故此兼言之也

注不具至服也　釋曰以其士介卑其禮降於賓與上介非直具棺他衣物亦具之此士介直具棺不具他物也其士介從者自用時服斂之

君不弔焉　注主國至親往　釋曰云主國君使人弔不親往者對上經賓死君弔介爲主人此士云不弔者明不親弔使人弔之可知也

若賓至將命　注未將至君命　釋曰前云賓入境而死謂在路死未至國此經更說賓至朝俟閒之後使大夫致館未行聘享而賓在館死之事故鄭云俟閒之後是以鄭云以柩造朝以其旣至朝志在達君命則知上國外死不以柩造朝可知

小聘至郊勞　注記貶至覿也　釋曰自此盡三介論侯伯行小聘之事云不享者謂不以束帛加璧獻國所有云不禮者聘訖不以齊酒禮賓面不升者謂私覿庭中受之不升堂此對大聘升堂受若然不言私覿而言面者對大聘言覿故辟之而言面也

其禮至三介　注如爲至上介　釋曰云其禮如爲介者

謂特問使大夫得主國之禮多少如大聘卿此大夫爲上介之時即上文介之禮飧饔餼之食燕之等三介者大夫降於卿二等故也舉此侯伯之小聘則公之臣子男之臣小聘禮數其義可知也　記久至聘焉　注事謂盟會之屬　釋曰此云久無事則聘焉者則周禮殷聘也是以周禮大行人云凡諸侯之邦交歲相問也殷相聘也世相朝也注云小聘曰問殷中也久無事又於殷朝者及而相聘也云事謂盟會之屬者案春秋有事而會不協而盟是以春秋有會而不盟盟必因會若有盟會相見故云久無事則聘焉　若有至於方　注故謂至板也　釋曰云故謂災患及時相告請者此即上經云若有言一也言災患上注引春秋臧孫辰告糴于齊公子遂如楚乞師此云及時事者即上注引春秋晉侯使韓穿來言汶陽之田是也云名書文今謂之字者鄭注論語亦云古者曰名今世曰字許氏說文亦然言此者欲見經云名名者即今之文字也云策簡方板也者簡謂據一片而言策是編連之稱是以左傳云南史氏執簡以往是簡者未編之稱此經云百名以上書之於策是其衆簡相連之名鄭作論語序云易詩書禮樂春秋策皆尺二寸

孝經謙半之論語八寸策者三分居一又謙焉是其策之長短鄭注尚
書三十字一簡之文服虔注左氏云古文篆書一簡八分字是一簡容
字多少者云方板者以其百名以下書之於方若今之祝板不假連編
之策一板書盡故言方板也　主人至門外　注受其至壐之　釋曰
云既聘享賓出而讀之者上經云若有言則以束帛如享禮文承聘享
之後故知此讀諸門外故云既聘享也鄭知人是内史者案内史職云
凡四方之事書内史讀之此云使人與客讀諸門外者亦是四方事書
故知人是内史也知書必壐之者案襄二十九年左傳云公如楚還及
方城季武子取卞使公冶問壐書追而與之故知此書亦壐之也　客
將至于館　注爲書報也　釋曰此爲書報上有故之事彼以束帛加
書將命此亦以束帛加書反命于館　明日君館之　注既報至疾也
釋曰爲昨日爲書報之今日君始就館送客者書問之道尚疾故也必
須尚疾者以其所報告請多是密事是以鄭云既報館之書問尚疾也
既受至之資　注資行至作齎　釋曰使者受命於君但知出聘不知
遠近故云古者君臣謀密草創未知所之遠近故問宰行糧多少即知

遠近也故知須問之　使者至同位　注謂前至臣也　釋曰云既受行日者謂巳受命日夕幣之前使者及介朝君之時皆同位北面東上在朝處臣東方西面北上故鄭云同位者北面介立于左少退以別處臣也　出祖至其側　注祖始至作祓　釋曰云既受聘享之禮行出國門止陳車騎釋酒脯之奠於軷者凡道路之神有二在國內釋幣於行者謂平敵道路之神出國門釋奠於軷者謂山行道路之神是以委土爲山象國中不得軷名國外即得軷稱引詩傳曰者證軷祭道路之神也引春秋傳曰者案襄二十八年左氏傳子大叔云軷涉山川蒙犯霜露引之者證軷是山行之名涉者水行之稱故鄘詩云大夫軷涉我心則憂毛傳云草行曰軷水行曰涉云是以委土爲山者案月令冬祀行鄭注行廟門外之西爲軷壤厚二寸廣五尺輪四尺祀行之禮北面設主於軷上國外祀山行之神爲軷壤大小與之同鄭注夏官大馭云封土爲山象以菩芻棘柏爲神主既祭之以車轢之而去喻無險難也云或伏牲其上者案周禮犬人云掌犬牲凡祭祀供犬牲用牷物伏瘞亦如之鄭注云伏謂伏犬以王車轢之故知有伏牲其上云使者爲軷

祭酒脯祈告者也案周禮大馭掌馭玉路以祀及犯軷王自左馭馭下祝登受轡彼天子禮使馭祭此大夫禮故使者自祭犯軷而去云卿大夫處者於是餞之者案詩云飲餞于禰是處者送行人而飲酒名曰餞也云遂行舍于郊者即上經云舍于近郊是也云其有牲犬羊可者犬人職云伏瘞亦如之是用犬也詩云取羝以軷是用羊也是犬羊各用其一未必並用之言可者人君有牲大夫無牲直用酒脯若然此見出行時祭軷案韓奕詩云韓侯出祖出宿于屠顯父餞之清酒百壺是韓侯入覲天子出京城爲祖道又左氏傳鄭忽逆婦嬀于陳先配而後祖陳鍼子曰是不爲夫婦誣其祖矣鄭志以祖謂祭道神是亦將還而後祖道此聘使還亦宜有祖但文不具　所以至白倉　注圭所至作璪

釋曰云圭所執以爲瑞節者案周禮大宗伯云以玉作六瑞以等邦國又云王執鎮圭公執桓圭侯執信圭伯執躬圭子執穀璧男執蒲璧是以其圭爲瑞又案周禮掌節有玉節之節即是節與瑞別矣今此云瑞節但連言節者案節不得言瑞瑞亦是節信故連言節也云剡上象天圜地方也者下不剡象地方上剡象天圜案雜記贊大行曰博三寸厚

半寸剡上左右各寸半此經直剡上寸半不言左右文不具也凡圭天子鎭圭公桓圭侯信圭皆博三寸厚半寸剡上左右各寸半唯長短依命數不同云雜采曰繅者凡言繅者皆象水草之文天子五采公侯伯三采子男二采皆是雜采也云以韋衣木板飾以三色再就者依漢禮器制度而知也但木板大小一如玉制然後以韋衣之大小一如其板經云三采六等注云三色再就者就即等也是一采爲再就三采即六等也是以鄭注典瑞云一帀爲一就典瑞云侯伯三采三就者以一采雖有再帀併爲一就覲禮注云朱白倉爲六色者亦是一采一帀爲二色三采故六色三采據公侯伯子男則二采故典瑞云子男皆二采再就是也所以薦玉重愼者玉者寶而脆今以繅藉薦之是其重愼也

問諸至八寸　注二采至相備　釋曰此諸侯使臣聘繅藉之等云二采再就者上云三采六等此二采不云四就者此臣禮與君禮異此二采雖與子男同子男即一采爲一帀二采爲再帀爲四等今臣一采爲一就二采共爲再就是二采當君一采之處是以典瑞云瑑圭璋璧琮繅皆二采一就以覜聘亦是臣二采共當君一采一帀之處云降於天

子者案典瑞王執鎮圭繅藉五采五就言五就者據一采爲一等若據
一采一帀而言即五采十等此二采二等是降於天子也此亦降於諸
侯而言降於天子者此鄭君指上文朝天子而言故言聘諸侯降於朝
天子也云於天子曰朝者據上文所以朝天子是也則諸侯自相朝亦
同圭與繅九寸侯伯以下亦依命數云於諸侯曰問者諸侯遣臣自問
若遣臣問天子圭與繅亦八寸是以云記之於聘文互相備案玉人云
瑑圭璋八寸璧琮八寸以覜聘無所依據則於天子諸侯同言八寸者
據上公之臣侯伯之臣則六寸子男之臣則四寸各降其君二等若然
經言八寸者據上公之臣也　皆玄至絢組　注采成至作約　釋曰
上文繅藉尊卑不同此之組繫尊卑一等云采成文曰絢鄭注論語文
成章曰絢與此語異義同云繫無事則以繫玉因以爲飾者無事謂在
櫝之時亦以繫玉因以爲飾此組繫亦名繅藉即上文反命之時使者
執圭垂繅上介執璋屈繅又曲禮下云執玉其有藉者則裼無藉者則
襲鄭注亦云藉繅也裼襲皆據有繅無繅之時是其因以爲飾云皆用
五采組者以其言絢絢是文章之名經又言皆復無尊卑之別故知皆

用五采組也云上以玄下以絳爲地者以其皆用五采而經直云玄纁爲地上加五采上下皆據垂之爲上下必知上玄下絳者上玄以法天下絳以法地故也經云纁注云絳者爾雅三入赤汁爲纁絳則赤也故本絳以解纁問大夫至皮馬　注肆猶至爲肆　釋曰知載大夫幣是宰夫者以其初宰衆官具幣故知載幣於郊付使者亦是宰夫可知云幣云肆馬云賫因其宜亦互文也者以其幣是財賄易可陳列故言肆不言賫亦付使者矣馬是難陳之物故直言賫亦付使者亦陳之是因其宜互文也　注受命不受辭　釋曰受命謂受君命聘於鄰國不受賓主對荅之辭必不受辭者以其口及則言辭無定準以辭無常故不受之也　注史謂策祝　釋曰案周禮大史內史皆掌策書尚書金縢云史乃策祝是策書祝辭故辭多爲文史　辭曰至敢辭　注辭不至不敢　釋曰辭謂賓辭主人荅謂賓荅主人介則在旁曰非禮也敢故易旅卦初六云瑣瑣斯其所取災鄭云瑣瑣猶小小爻互體艮艮小石小小之象三爲聘客初與二其介也介當以篤實之人爲之而用小人瑣瑣然客主人爲言不能辭曰非禮不能對曰非禮每者不能以禮行之

則其所以得罪是其義也　卿館至工商　注館者至而已　釋曰云館者必於廟案上歸饔餼云於廟明其禮皆在廟可知云不館於敵者之廟爲大尊也者以其在廟尊則尊矣故就降等而已若又在敵者之廟以上是其大尊云自官師以上有廟有寢者案祭法云適士二廟官師一廟鄭云官師謂中士下士是其官師有廟知廟有寢案周禮隸僕云掌五寢之埽除鄭注云五寢五廟之寢天子七廟唯祧無寢詩云寢廟奕奕相連之貌故左傳云大叔之廟在道南其寢在道北是其前曰廟後曰寢工商則寢而已者案爾雅釋宫云室有東西廂曰廟注云夾室前堂又云無東西廂有室曰寢注云但有大室是其自士以上有廟者必有寢庶人在官者工商之等有寢者則無廟故祭法云庶士庶人無廟祭於寢是也　飱不致　注不以至具輕　釋曰君不以束帛致命者對饔餼以束帛致之此不以束帛致草次饌具輕者以其客始至則致之故言草次也對聘日致饔餼生死俱有禮物又多爲重故以此物爲輕而不致　賓不拜　注以不致命　釋曰云不拜者宰夫朝服設食賓無拜受之文以其不以束帛致故也　沐浴而食之　注自絜至

可知　釋曰云記此重者沐浴可知者以其食禮輕尚沐浴而食饗餼
食重者沐浴而食可知　卿大至有訝　注卿使至護客　釋曰云卿
大夫訝者謂大聘使卿主人使大夫迎士訝者小聘使大夫主人使士
迎言皆有訝者自介已下皆迎之云卿使者大夫上介士衆介也者據
此篇是侯伯之卿大聘而言其實小聘使大夫亦使士迎之所迎者謂
初行聘及饗食燕皆迎之故鄭君無所止定　賓即館訝將公命　注
使已迎待之命　釋曰案秋官掌訝職云賓入館次于舍門外待事于
客注云次如今宮府門外更衣處待事于客通其所求索彼謂天子有
掌訝之官共承客禮此諸侯使無掌訝是以還遣所使大夫士訝將公
命有事通傳于君　又見之以其摯　注又復至執雉　釋曰云復以
私禮見者訝將舍於賓館之外宜相親也者禮掌訝舍于賓之館門外
此大夫士君使爲訝雖非掌訝之官亦爲次舍于賓之館外宜相親故
執摯以相見大夫訝者執鴈士訝者執雉案士相見及大宗伯文也
賓既至其摯　注既已至其訝　釋曰云以公事聘享問大夫者此並
行君物享主國君及問大夫故云公事也云復報也者有報訝者以摯

私見己今還以摯私報之知使者及上介同執鴈不執羔者見上文主國卿大夫勞賓同執鴈則知此使者及上介同執鴈可知各以見其訝者謂使者見大夫之訝者上介見士之訝者士介亦見士訝者　凡四至可也　注言國至璧琮　釋曰案周禮大宗伯云以玉作六瑞王執鎮圭公執桓圭以下人執之曰瑞又云以玉作六器以禮天地四方謂禮神曰器此四者人所執不言瑞而言器者對文執之曰瑞禮神曰器散文則通雖執之亦曰器是以尚書云五器卒乃復與此文皆稱器云言四國獨此以爲寶者案周禮天府職凡邦國之玉鎮大寶器藏焉注云玉鎮大寶器玉瑞玉器之美者是其玉稱寶云四器謂圭璋璧琮者是據上經圭璋以行聘璧琮以行享而言此據公侯伯之使者用圭璋璧琮若子男使者聘用璧琮享用琥璜　宗人至之次　注主國至常處　釋曰主國門外以其行朝聘陳賓介皆在大門外故次亦在大門外可知云諸侯及卿大夫之使者次位皆有常處者以其上公九十步侯伯七十步子男五十步使其臣聘使大聘小聘又各降二等其次皆依其步數就西方而置之未行禮之時至於次中至將行禮賓乃出次凡爲次君次在前臣次在後故

云少退於君之次故云皆有常處　上介至授賓　注愼之至不克
釋曰此謂當將聘於主君廟門外上介屈繅以授賓賓襲受之節引曲
禮者彼器即此玉欲證執玉如重之義也　賓入至志趨　注皇自至
作玉　釋曰賓入門皇謂未至堂時升堂讓謂升堂東面向主君之時
將授志趨謂賓執玉向楹將授玉之時念鄉入門在庭時執玉徐趨今
亦然若降堂後趨進翼如則疾趨也云讓謂舉手平衡也者謂若曲禮
云凡奉者當心下又云執天子之器則上衡注云謂高於心國君則平
衡注云謂與心平則此亦執國君器也故引之爲證引孔子之執圭者
鄉黨論孔子爲君聘使法彼足蹜蹜如有循謂徐趨據入彼國廟門
執玉行步之時以足容重退之在降堂之下與此趨同故爲證也　授
如至後退　注重失至後也　釋曰授謂就東楹授玉於主君時如與
人爭承取物恐失墜云下如送君還而后退者以上文次言之此下如
送者止謂聘享每訖君實不送而賓之嚮如君送然故云下如送也君
迴還賓則退出廟門更行後事非謂賓出大門也　下階至又趨　注
發氣至如也　釋曰云下階發氣怡焉者即論語云出降一等逞顏色

怡怡如也云再三舉足自安定乃復趨也者謂降時再三舉足故又趨進翼如也云發氣舍息者以將授玉屏氣似不息今既授玉降階縱舍其氣怡然和悅也云至此舉足則志趨卷遯而行也者是釋志趨爲徐趨此舉足爲疾趨也　及門正焉　注容色至威儀　釋曰此謂聘訖將更有享而出門時云心變見於威儀者以其貌從心起觀威儀省禍福覩貌可以知心故也　執圭至失之　注記異說也　釋曰亦謂將聘執圭入廟門時云鞠躬焉則鞠躬如也如恐失之者即執輕如不克也云記異說者以上文已記執圭此又記執圭之儀以同記事而言有差異人記事說有不同也　及享至盈容　注發舍至容色　釋曰云及享發氣焉盈容者即孔子行享禮有容色一也故注引爲證也此發氣即上注云舍息一也　衆介北面蹌焉　注容貌舒揚　釋曰此謂賓行聘衆介從入門左北面曲禮云大夫濟濟士蹌蹌鄭云皆行容止之貌故此注亦云容貌舒揚也但彼大夫云濟濟諸侯云皇皇上文賓入門皇得與諸侯同者以其執君圭璋志在重玉故行容得與君同若尋常行則大夫濟濟也　私覿愉愉焉　注容貌和敬　釋曰上文享

時盈容對聘時儀貌戰色顏舒緩此私覿對享時又愉愉和敬舒於盈容也　出如舒鴈　注威儀至鴈鶩　釋曰此出廟門之外行步如鶩又舒緩於愉愉也云舒鴈鶩者爾雅釋鳥文　皇且至主慎　注復記執玉異說　釋曰上已二度記執玉行步之法今又云皇且行是別有人更記此執玉行法故云復記執玉異說也　凡庭至可也　注隨入至作干　釋曰云左先者以皮馬以四爲禮北面以西頭爲上故左先入陳也云君子不以所無爲禮者案禮器云天不生地不養君子不以爲禮言當國有馬而無虎豹皮則用馬或有虎豹皮并有馬則以皮爲主而用皮也云畜獸同類可以相代者畜謂馬獸謂虎豹爾雅釋云在家曰畜在野曰獸云同類者爾雅又云二足而羽謂之禽四足而毛謂之獸若然則馬畜亦是四足之類故云同類可以相代也　賓之至皆東　注馬出至内府　釋曰云馬出當從廐也者若有皮之國用皮則不出亦從餘物東藏也知東藏之内府者案天官内府職云凡四方之幣獻之金玉齒革兵器凡良貨賄入焉注云諸侯朝聘所獻國珍彼天子禮諸侯亦當有内府諸侯自朝聘其貢獻珍異亦入内府故注依之

也　多貨則傷于德　注貨天至爲德　釋曰此經主論聘享所用圭璋
璧琮不得過多之事也云貨天地所化生謂玉也者鄭注周禮九職亦云
金玉曰貨布帛曰賄故此注云貨天地所化生謂玉也下注云幣人所造
成幣則布帛曰賄對金玉是自然之物也云君子於玉比德焉者聘義文
云重禮也亦聘義文云多之則是主於貨傷敗其爲德者以玉比德故朝
聘用之相厲以德不取重寶珍美之意若多之則是主於貨物不取相厲
以德是傷敗其爲德是以圭璧聘享主國君璋琮聘享主國夫人各用一
而已也　幣美則沒禮　注幣人至見也　釋曰此主論享時用束帛故
享君用束帛享夫人用束錦皆不得過美云幣人所造成以自覆幣謂束
帛也者案禮記檀弓伯高之喪孔氏之使者未至冉子攝束帛乘馬而將
之孔子曰異哉徒使我不誠於伯高鄭注云禮所以副忠信也忠信而無
禮何傳乎是知自覆者覆忠信而已若更美則主意於財美而禮不見故
沒禮也云愛之斯欲衣食之君子之情也者禮記檀弓云愛之斯錄之矣
彼據愛父母而作重此亦微取彼文但此云愛之斯欲衣食之兼言食謂
以幣欲之君子之情則忠信　賄在聘于賄　注賄財至作悔　釋曰鄭

轉于作爲者欲就司儀之文爲解故也云言主國禮賓者釋經賄是主國
禮賓也云當視賓之聘禮者釋經在聘謂在賓聘財多少云而爲之財也
者釋經于賄也謂主人視賓多少爲財賄報賓云若苟豐之是又傷財也
者凡行禮用財者取不豐不儉取於折中若苟且豐多則傷於貪財引周
禮者秋官司儀職文案彼注云幣謂享幣也於大國則豐於小國則殺解經
各稱其邦而爲之幣彼又注云主國禮之如其豐殺之禮解經以其幣爲
之禮謂賄用束紡禮玉束帛乘皮及贈之屬是也　凡執玉無藉者襲
注藉謂至藉玉　釋曰凡繅藉有二種若以木爲中幹施五采三采者此繅常
有不得云無藉今此云無藉者襲據絇組尺繅藉而言若廟門外賈人啓
櫝取玉垂繅以授上介上介裼受上介屈繅以授賓賓即襲受即此執玉
無藉者是也此文與曲禮同故曲禮云執玉其有藉者則裼無藉者則襲
是也　禮不拜至　注以賓至爲醴　釋曰此文承執玉帛之下聘臣事
據鄉飲酒賓主升堂主人有拜至之禮此賓昨日初至之時主人請賓行
禮賓言俟閒此時賓已至矣故聘時不拜至是以鄭云以賓不於是始至
注職脯至貌焉　釋曰此脯禮賓時所用薦脯是也案鄉飲酒禮云薦脯五

脡故云或謂之脡皆取直貌　主人至受之　注此謂至從者　釋曰此主人之庭實者謂主人禮賓時設乘馬也經云賓執左馬以出三馬在後主人從者牽之遂從賓以出於門外賓之士介迎受之故鄭云此謂餘三馬也知士是士介從者以其經云從者訝受馬此既云士故知士介從者也　既覿至將命　注時有至致之　釋曰云猶以君命致之者以經云將命是以知雖是私獻己物與君物同皆云君命致之臣統於君故注送獻至禮輕　釋曰云奉物禮輕者謂以奉私獻入則是主於貨傷敗於享覿故不入　擯者至請受　注東面至客也　釋曰擯者東面坐取獻舉以入告者謂擯者從門東適南方西行於賓北舉幣入告於君及出一請於賓而受之故云出禮請受云東面坐取獻者以宜並受也者獻物在門外擯者出受之擯者與賓敵並受故云宜並受也云其取之由賓南而自後右客也者案上受享之時受皮者自後右客鄭注云自由也從東方來由客後西居其左受皮也此賓門西東面奠獻擯者從東由賓南自客後居賓左取獻物故云自後右客也　注固亦衍字　釋曰知固是衍字者以其上擯者禮請受不云固明知賓不固辭故云固衍字云亦者亦

士介私覿時賔固辭鄭注云固衍字當如面大夫也　注兄弟至夫人
釋曰云兄弟謂同姓者若魯晉於鄭之等同姓也云若昏姻甥舅有親
者若魯取齊女以爲舅齊則以魯爲甥是有親者也云非兄弟獻不及
夫人者以其經云兄弟之國則問夫人則非兄弟問不及夫人可知
若君不見　注君有至使者　釋曰云他故者病之外或新有哀慘也
使大夫受　注受聘至卿也　釋曰知受聘享者以其在後雖有覿獻
之法聘享在前是以據在先者而言云大夫上卿也者以其卿上大夫
故以卿爲大夫必知使卿不使下大夫者以其君無故君親受今既有
故明使上卿代君受之　注此儀至處耳　釋曰案上使大夫還玉於
館大夫升自西階鉤楹賔自碑内聽命升自西階自左南面受圭退負
右房而立大夫降中庭賔降自碑内東面授上介于阼階東此中與彼
還玉皆升自西階此非易處也但還玉時賔自大夫左受之此中大夫
於賔左受之其賔主之位皆易處於還玉時故云易處也　不禮　注
辟正主也　釋曰案上聘享及私覿訖主君禮賔此大夫代君不禮故
云辟正主也　幣之至釋服　注以與至某子　釋曰云不可以不速

也者釋經不釋服即注云所不及者下大夫未嘗使者以其經云下大
夫嘗使至者幣及之故知所不及者是下大夫未嘗使者也云不勞者
以先是賓請有事於己同類既聞彼爲禮所及則已往有嫌也者此勞
賓在後賓請有事於大夫在聘日云先是賓請有事於己同類同類謂
幣所及者故鄭云既聞彼爲禮所及云則已往有嫌者彼國幣及己是
以禮加於己今勞賓者是以禮報之若幣不及己若往勞賓則是己有
禮於賓是譏賓無禮於己之嫌是以不往勞之故云已往有嫌也云所
以知及不及者賓請有事固曰某子某子者當賓請事於大夫之時顯
其張子李子之等使受禮者預知爾時不道己姓則知己乃幣所不及
賜饔至若穆　注羹飪至作腍　釋曰古者天子諸侯行載廟木主大
夫雖無木主亦以幣帛主其神是以受主國饔餼故筵尸祭然後食之
尊神以求福故也昭穆言若者以其昭穆不定故云若也云腥餼不祭
則士介不祭也者上致饔餼之時云上介饔餼三牢則飪腥餼三者皆
有故云士介四人皆餼大牢無飪可祭故知士介不祭也　僕爲至某
子　注僕爲至官也　釋曰經並云孝孫孝子皇祖皇考以其不定故

兩言謂上經若昭若穆亦兩言之云僕爲祝者大夫之臣攝官也者若然諸侯不攝官使祝祝策矣案定四年祝佗云嘉好之事君行師從卿行旅從則臣無事若君到主國祭饗之時得不攝官乎諸侯不使人攝是以覲禮云侯氏禆冕釋幣于禰注云釋幣于禰之禮既則祝藏其幣歸乃埋之於祧西階之東大夫使僕攝祝則是本無祝官與諸侯異矣其諸侯禮大祝不行知不使小祝行者以其掌客云羣介行人宰史是諸侯從官不言祝明大小祝俱不行矣　如饋食之禮　注如少牢至無之　釋曰云如少牢饋食之禮者案少牢禮有尊俎籩豆鼎敦之數陳設之儀陰厭陽厭之禮九飯三獻之法上大夫又有正祭於室儐尸於堂此等皆宜有之至於致爵加爵及獻兄弟弟子等固當略之矣　假器於大夫　注不敢至祭器　釋曰案曲禮云大夫士去國大夫寓祭器於大夫士寓祭器於士注云與得用者言寄覲已後還若然卑者不得用尊者之器是以此大夫聘使不得將己之祭器而行致饔餼雖是祭器人臣不敢以君之器爲祭器是以聘使是大夫還於主國大夫假祭器而行之　肸肉及廋車　注肸猶至作紛　釋曰此謂祭訖歸胙

在下云廋廋人也車巾車也者案周禮天子夏官有廋人職掌養馬春官有巾車職諸侯雖兼官亦當有廋人巾車是故引周禮爲證　既致至之數　注稍稟至爲餼　釋曰云既致饔旬而稍者以其賓客之道十日爲正行聘禮既訖合歸一旬之後或逢凶變或主人留之不得時反即有稍禮故下文云既將公事賓請歸注云謂已問大夫事畢請歸不敢自專謙也主國留之饗食燕獻無日數盡殷勤也是主人留之是以周禮漿人亦共賓客之稍禮注云稍禮非飧饔之禮留閒王稍所給賓客者漿人所給亦六飲而已諸侯相待亦如之是其留閒致稍者也云乘禽乘行之禽也者別言此者欲見此乘非物四曰乘言如其饔餼之數者一牢當一雙故聘義云乘禽日五雙是此饔餼五牢者也云鴈鶩之屬者依爾雅二足而羽若然上介三牢則三雙也士介一牢則一雙也羽謂之禽故以禽爲鴈鶩之屬云其賓與上介也者以其下文別有士介故也　凡獻至于面　注執一至門外　釋曰云上介受以入告之士舉其餘從之者此乘禽而云凡獻宜約私獻私獻擯者取獻以入士舉其餘此若上介受入明其餘士舉從入可知云不辭拜受于庭者

以其經無辭文又饔餼云禮辭明此禽禮輕無辭受於庭可知上介執之以相拜于門中乃入授人者此亦約私獻私獻之時擯者取獻以入又云擯者立于閾外以相拜賓辟擯者授宰夫是其約也云上介受亦如之者以其受饔餼之時上介受巳如賓禮故知受乘禽亦如賓也云士介拜受於門外者以其受餼在門外此受乘禽在門外可知　禽羞俶獻比　注比放至時賜　釋曰云禽羞謂成熟有齊和者以其稱羞謂若庶羞内羞之等故稱禽則以鴈鶩等爲之故以成熟解之聘義謂之時賜者案聘義云燕與時賜無數時賜謂四時珍異以賜諸賓客與此俶獻是一物故引以爲證　各以其爵朝服　注此句至在此　釋曰云宜在凡致禮下者以其各以其爵朝服爲致禮而言故知義然　士無至無擯　注謂歸餼也　釋曰案上經直云宰夫朝服以致之是其無饔宰夫退去士介不儐之是也　大夫至辭矣　注此句至之下　釋曰此謂賓問卿之時卿不敢辭者以賓聘享訖出大門請有事於大夫君禮辭許是君初爲之辭故卿不辭也　凡致至籩豆　注凡致至今亡　釋曰云其其賓與上介也者案上經賓壹食壹饗上介若食若

饗餼唯士介不言饗故知其中唯有賓與上介耳云加籩豆謂其實也亦實于甕者案致饔餼醯醢是豆實實于甕明此饗之豆實亦實于甕可知也案昭六年夏季孫宿如晉拜莒田也晉侯享之以加籩武子退使行人告曰小國之事大國也苟免於討不敢求貺得貺不過三獻今豆有加下臣弗堪無乃戾也此中致饗有加籩豆者饗使者無加籩豆是正禮此云加籩豆者殷勤之義也云饗禮今亡者以其食禮在知其豆數饗禮亡無文以知之　無饔者無饗禮　注士介無饗禮　釋曰無饗者無饗禮文承饗下故鄭以無饗禮解之以其賓與上介饔餼俱有故有饗士介唯有餼而已無饔故無饗禮也　凡餼大至五斛　注謂大至大略　釋曰案上經云大夫餼賓大牢米八筐衆介米八筐不辨大小故此記人辨之云筐五斛云器寡而大略者以其君歸饔餼于賓與大夫介筥米小而多者是尊者所致以多器爲榮今大夫致禮於賓介器寡而大是略之於卑者也　既將公事賓請歸　注謂已至勤也　釋曰云已問大夫者請問三卿與下大夫嘗使於彼國幣所及皆是君命及以君物行禮者皆是公事事訖故請歸也云主國留之饗食燕獻無

日數盡殷勤也者亦謂至旬賓乃將歸主君乃留賓有此饗食燕獻之
等故燕禮注云今燕又宜獻焉是也云無日數者謂行此饗食之等相
去希數無常日數盡主人殷勤也　凡賓至聽之　注拜拜至不拜　釋曰案上經
云賓三拜乘禽於朝訝聽之遂行舍于郊又案司儀云明日客拜禮賜遂行是臨
行大小禮皆拜賜則知唯米稟芻薪等不拜也　燕則至苟敬　注饗食至以上
釋曰云饗食君親爲主尊賓也者以其饗食在廟爲賓故君親爲主至後燕禮在
寢又以醉爲度崇於恩殺於敬故賓辭而使介爲賓也以苟敬爲小敬
者以阼階西近主爲位諸公坐位故云小敬對戶牖南面爲大敬云更
降迎其介以爲賓者介在廟門内西北面降至庭迎之云不與亢禮也
者略取燕義文解君不親爲獻主而使宰夫之意也云主人所以致敬
者自敵以上者謂兩君相見兩大夫兩士以上則主人親獻也　無行
至反幣　注無行至反幣　釋曰云重其賄即上賄在聘于賄是也反
幣謂上禮玉束帛乘皮是也云秦康公者案文公十二年左氏傳云秦
伯使西乞術來聘云云是也此特來非歷聘歷聘則吳公子札聘於上
國聘齊聘魯是也　曰子至之辱　釋曰此及下三經即上經云公館

賓賓辟上介聽命聘享夫人之聘享問大夫送賓公皆再拜注云拜此四事彼見其拜此見其贄辭也　君以至君拜　注此贄至之辱　釋曰云言君以社稷故者夫人與君體敵不敢當其惠也者釋經云社稷故以其禮記哀公問孔子云取夫人爲社稷主婦人無外事天地并社稷后夫人雖不與以夫婦一體故夫人亦得云社稷主是其云社稷故者見夫人與君體敵今夫人使致禮來主人不敢當下文云君貺寡君延及二三老是與君不敵敢當之也　又拜送　注拜送至之下　釋曰此即上經君即館拜送賓故鄭云此宜承上君館之下　注不致至敬也　釋曰若賓敬主宜致主人敬賓宜拜皆是崇敬若致與拜即是崇新敬故不爲若鄉飲酒送賓賓不荅禮有終相類也　大夫至饗之　注樂與嘉賓爲禮　釋曰案鹿鳴序燕羣臣嘉賓此無罪饗之亦是樂賓爲禮者也　過則餼之　注餼之至執之　釋曰云過則餼之謂禮有失誤故引聘義使者聘而誤主君云不言罪者罪將執之者春秋之義聘賓有罪皆執之若然上經云無罪饗之有罪非但不饗又執之此過則餼之雖不饗猶生致過輕故也若然上云罪下云過互見其義也

其介爲介　注饗賓至禮也　釋曰謂饗賓於廟之時還以聘之上介爲介若然上經上介主人別行饗則是從賓爲介得介得饗復別饗也云賓尊行敵禮也者若鄉飲酒賓主行敵禮而有介然也　有大至致之　注卑不至齊禮　釋曰此據聘禮而言則無君朝之事若然則前有小國之卿大夫來聘將行饗食有大國卿大夫來聘則廢小國饗食之禮以其卑不與尊齊禮並行之　唯大聘有几筵　注謂受至神位　釋曰案上經云几筵既設擯者出請命者行聘享及私覿禮畢云宰夫徹几改筵是行聘享爲神位今小聘不爲神位屈也　四秉曰筥　注此秉至斂穧　釋曰云此秉謂刈禾盈手之秉也對上文秉爲量名也引詩者證此秉爲盈手穧即此筥亦一即今人謂之一鋪兩鋪也　注一車至作緵　釋曰云一車之禾三秅即經致饔餼時云禾三十車車三秅也

儀禮疏卷第二十四

儀禮疏卷第二十五

唐朝散大夫行太學博士弘文館學士臣賈　公彥　等撰

公食大夫禮第九　鄭目録云主國君以禮食小聘大夫之禮於五禮屬嘉禮大戴第十五小戴第十六別録第九　釋曰鄭知是小聘大夫者案下文云宰夫自東房薦豆六於醬東設黍稷六簋又設庶羞十六豆此等皆是下大夫小聘之禮下乃別云上大夫八豆八簋又云上大夫庶羞二十豆是食上大夫之法故知此篇據小聘大夫也若然聘禮據侯伯之大聘此篇據小聘大夫者周公設經互見爲義案篇末云魚腸胃倫膚若九若十有一下大夫則若七若九鄭注云此以命數爲差九謂再命者十一謂三命者七謂一命者九或上或下者再命謂小國之卿次國之大夫也卿則曰上大夫則曰下大國之孤視子男以此言之魚腸胃倫膚皆七者謂子男小聘之大夫此公食序在聘禮之下是因聘而食之不言食賓與上介直云大夫者若云食賓與上介則小聘使下大夫上介乃是士是以直云大夫兼得大夫聘賓與上介亦兼小聘之賓若然聘禮據大聘因見小聘此公食先見小聘後言大聘者欲

見大聘小聘或先或後不常之義　公食至其爵　注戒猶至親敬
釋曰自此盡如聘論主君使大夫就館戒聘客使來行食禮之事云各
以其爵者此篇雖據子男大夫爲正兼見五等諸侯大聘使卿之事故
云各以其爵也　上介出請入告　注問所以來事　釋曰據大夫就
賓館之門外賓使上介出請大夫所爲來之事　三辭　注爲既至敢
當　釋曰既先受賜者謂聘日致饔受賜大禮故今辭食不敢當之但
受饔之時禮辭而已至於饗食皆當三辭　賓不至從之　注不拜至
終事　釋曰案鄉飲酒主人拜送賓不荅拜云禮有終此賓不拜送爲
從之不終事故賓不拜送也若然鄉飲酒鄉射戒賓遂從之而云拜辱
拜送者以其主人先反不相隨故得拜辱拜送覲禮使者勞賓於門外
侯氏再拜遂送之使者既不先反猶拜送者尊天子使故也　賓朝至
如聘　注於是至次俟　釋曰云大門外如聘者則賓主設擯介以相
待如聘時云於是朝服則初時玄端者初時謂賓發館時服玄端若鄉
射主人朝服乃速賓鄭注云射賓輕也戒時玄端以此言之亦賓在館
拜所戒大夫即玄端賓遂從大夫至君大門外入次乃去玄端著朝服

出次即位也云如聘亦入於次俟者案聘禮賓皮弁聘至于朝賓入于次注云入于次者俟辦則此入次亦俟主人辦也若然聘禮重賓發館即皮弁此食禮輕及大門乃朝服　即位具　注主人至之外　釋曰云擯者俟君於大門外者解即位之事云卿大夫士序及宰夫具其饌物皆於廟門之外者以其君迎賓入始言卿大夫以下廟内之位則知此具饌物時皆在廟門外也故鄭下文注云自卿大夫至此不先即位從君而入者明助君饗食賓自無事故不在大門内是其義也　羹定注肉謂至爲節　釋曰云肉謂之羹者爾雅文云著之者下以爲節者羹定與下文陳鼎之節爲目也　甸人至若編注七鼎至作密　釋曰云七鼎一大牢也者案聘禮致飧與饔餼皆九鼎此亦一大牢而七鼎者此食禮輕無鮮魚鮮腊與聘禮腥一牢鼎七同也云甸人冢宰之屬兼亨人者案天官有甸師氏兼有亨人皆屬冢宰彼天子禮諸侯比天子爲兼官故甸人兼亨人也必使甸人陳鼎兼亨人者案亨人職云掌共鼎鑊又案甸師職云掌帥其徒以薪蒸役外内饔之事故使甸人兼亨人陳鼎若然案少牢羹定饔人陳鼎者以其無甸人官故饔人陳鼎也

既夕士禮云甸人抗重又云甸人築坅坎以士無臣使屬吏攝甸人之事非謂置此官也云凡鼎鼏蓋以茅爲之者諸文多言鼎鼏皆不言所用之物此經雖言若束若編亦不指所用之體故鄭云蓋以疑之然必知用茅者詩云白茅苞之尚書孔傳云苴以白茅茅是絜白之物故疑用茅也　設洗如饗　注必如至作鄉　釋曰云必如饗者先饗後食如其近者也鄭據此文行食禮而云如饗明先饗設洗訖乃後食故鄉前如之是先饗後食也案聘禮云公於賓壹食再饗則食在饗前矣不言如燕禮者饗食在廟燕在寢則是饗食重先行之故二者自相先後是以不得用燕禮決之也引燕禮者欲見設洗之法燕與饗食同故無饗禮引燕禮而言也　小臣至堂下　注爲公至服位　釋曰知此爲公盥者按特牲尸尊不就洗盥用槃匜故知此所設槃匜亦爲公盥不就洗也云小臣於小賓客饗食掌正君位者按夏官小臣職云小祭祀賓客饗食如大僕之法此諸侯之聘客饗食故亦小臣掌之也　宰夫至席几　注設筵至略此　釋曰云設筵於戸西南面而左几者以其賓在戸牖之閒南面又生人左几異於神右几故也云公不賓至授几

者親設湆𣿐可以略此者決聘禮禮賓時公親授几者以無設湆𣿐之
事故也故下記云不授几鄭云異於醴也　飲酒至東房　注飲酒至
飲也　釋曰云飲酒清酒也者按周禮酒正注先鄭云清酒祭祀之酒
後鄭從之則此賓客用之者優賓故也云漿飲截漿也者截之言載以
其汁滓相載故云截漢法有此名故也云其俟奠於豐上也者下云飲
酒實於觶加于豐是也此云奠即彼加也云飲酒先言飲明非獻酬之
酒也者以其鄉飲酒燕禮等獻酬之酒皆不言飲飲之可知此擬酳口
故言飲是異於獻酬酒故也是以酒人云共賓客之禮酒飲酒鄭注云
禮酒饗燕之酒不言飲食之酒云飲亦是其義也云漿飲先言漿別於
六飲也者按漿人云共王六飲水漿醴涼醫酏彼先云六飲後云水漿
與此先云漿不同故云先云漿別於六飲必別於六飲者彼六飲爲渴
而飲此漿爲酳口不爲渴故異之　凡宰至東房　注凡非至在堂
釋曰云酒漿不在凡中者雖無尊猶嫌在堂者以其酒漿常在堂若不
特言之則凡中不含之言謂酒漿仍在堂故上特言之　公如至門内
注不出至國君　釋曰自此盡階上北面再拜稽首論主君迎賓入拜

至之事云不出大門降於國君者按周禮司儀云將幣交擯三辭車逆拜辱賓車進荅拜又云致饔餼饗食皆如將幣之儀是國君來則出迎也　及廟門公揖入　注廟禰廟也　釋曰儀禮之內單言廟者皆據禰廟是以昏禮納采云至于廟記云凡行事必用昏昕受諸禰廟以此而言則言廟皆禰廟也若非禰廟則言廟祧若聘禮云不腆先君之祧問卿云受于祖廟之類是也但受聘在祖廟食饗在禰燕輕於食饗又在寢是其差次也　至于階三讓　釋曰按曲禮云客若降等則就主人之階主人固辭然後客復就西階此亦降等初即就西階者此君與客食禮禮之正彼謂大夫士以小小燕食之禮故與此不同也　公升二等賓升　注遠下人君　釋曰言遠下人君者亦取君行一臣行二之義也　大夫至北上　注東夾至於堂　釋曰此謂主國卿大夫立位云取節於夾明東於堂者序已西爲正堂序東有夾室今大夫立于夾室之南是東於堂也　士立至西上　注統於至在此　釋曰按燕禮大射士在西方東面北上不統於門又在門東北面宜東統於君今在門東西上統於門者以賓在門西辟賓在此非正位故也　小臣至

南上　注宰宰至南上　釋曰云宰東夾北西面南上者謂在北堂之南與夾室相當故云夾北也云宰宰夫之屬也者以經云南上則非止一人但宰官之内有宰夫之等是以下有宰夫之官皆於此立可知故云之屬也若然宰尊官在小臣之下者以其小臣位在北堂南故先見之非謂尊卑先後爲次也　内官至南上　注夫人至無事　釋曰云夫人之官内宰之屬也者經云内官按周禮天官内宰下大夫掌王后已下彼天子内官諸侯未必有内宰以其言内官之士以士爲之明當天子内宰故舉内宰況之也云自卿大夫至此不先即位從君而入者明助君饗食賓自無事者按前聘時君迎客于大門内時卿大夫已下入廟即位者受聘事重非饗食之事故先入廟即位此已下雖有宰及宰夫者皆有事及大夫二牲士庶羞之等皆助君食賓非已之事故後入也　介門至西上　注西上至東上　釋曰云然則承擯以下立于士西少進東上者以其介統於賓而西上則擯統於君而東上可知承擯以下既是有事之人承擯是大夫又尊於士故知少進東上不言上擯者上擯有事其位不定故不言　公當至再拜　注楣謂至降矣　釋

曰自此盡稽首論公拜至賓荅拜之事云公再拜賓降矣者釋經賓降在至再拜下公再拜上以其至再拜者公巳一拜賓即降下公再拜者賓降後又一拜雖一拜本當再拜故皆以再拜言之猶下侑幣之時公一拜賓降公再拜注云賓不敢俟成拜也若然鄭云公再拜賓降矣者解經至再拜者賓降也　賓西至荅拜　釋曰自此盡稽首論賓降荅拜之事此云荅拜下云拜也並據公未降之前賓爲一拜以其賓始一拜之間公降一等故閒在一辭之中是以鄭云賓降再拜釋經北面荅拜及拜也云公降擯者釋辭矣者解經辭曰寡君從子雖將拜興也鄭注云賓猶降終其再拜稽首者按下文賓栗階升不拜升既不拜略於下雖辭賓猶終降再拜稽首也若然擯者辭拜於下之時其位在下故下記云卿擯由下注云不升堂是也按下文云擯者退負東塾而立注云無事又云擯者進相幣然則擯者有事則進無事則退故負東塾也　賓栗階升不拜　注自以至曰辵　釋曰云自以巳拜也者於堂下終爲再拜稽首故於堂上不拜也云栗寔栗也者謂疾之意也云不拾級連步者曲禮云拾級聚足連步以上鄭注云拾當爲涉聲之誤也級等也

涉等聚足謂前足躡一等後足從之併此涉級也連步鄭云重蹉跌也連步謂足相隨不相過也其連步據足而言涉級據階而説其實一也此等尋常升法此栗階據趨君命而上按燕禮記云凡君所辭皆栗階注云栗蹙也謂越等急趨君命也又曰凡栗階不過二等注云其始升猶聚足連步越二等左右足各一發而升堂是栗階之法也云不拾級而下曰辵者凡升降有四種云辵者君臣急諫諍則越三等爲辵階越一等爲歷階又有連步又有栗階爲四等也義已具於燕禮記疏也

命之至稽首　注賓降至不成　釋曰按論語孔子云拜下禮也今拜乎上泰也是以上文主君雖辭賓猶終拜於下盡臣之禮爲成拜主君之意猶以爲不成故命之升成拜賓遂主君之意故升更拜也

士舉至待載　注入由至爲持　釋曰自此盡逆退復位論鼎入已載之事云去鼏於外次入者次入謂序入也故少牢云序入去鼏於外者以其入當載於俎故去之也士喪士虞皆入乃去鼏者喪禮變于吉故也

雍人至鼎退　注旅人至多也　釋曰云旅人雍人之屬者即燕禮云尊士旅食于門西兩圜壺鄭云士旅食者所謂庶人在官者也引王制解

之者是也云雍人言入旅人言退文互相備也者雍人言入亦退旅人言退亦入皆入而退去故云文互相備也云每器一人諸侯官多也者按少牢云鼎序入雍正執一匕以從雍府執四匕以從司士合執二俎以從司士贊者二人皆合執二俎以相從是大夫官少故每人兼執也若然特牲云贊者執俎及匕從鼎入士虞亦云匕俎從士昏禮亦云匕俎從設彼注云執匕者執俎者從鼎而入設之不言并合者士官彌少并合可知不言者文不具或可士禮又異於大夫執鼎人兼執匕俎故士喪禮小斂大斂奠舉鼎者兼執俎也若依前釋則士喪禮略威儀故也　大夫至面匕　注長以至洗南　釋曰云進盥退者與進者交于前鄭云前謂洗南但言前不云北鄉飲酒鄉射賓盥北面則此大夫亦皆北面可知云長以長幼也者若燕禮云命長之類皆據長幼爲長不謂衆中之長者也　載者西面　注載者至載之　釋曰前云左人待載其時鼎東南面今大夫鼎北面南匕之左人當載故序自鼎東西面於其前矣俎正當鼎南則載者在鼎南稍東也魚腊飪　注飪孰至宜孰　釋曰上文直云羹定肉謂之羹恐魚腊不在羹定之中故此特著

魚腊飪也以食禮尚孰故皆飪也　注饗有腥者　釋曰樂記云大饗而俎腥魚鄭注云以腥魚爲俎實不臑孰之是饗禮有腥也又宣公十六年冬晉侯使士會平王室定王享之原襄公相禮殽烝武子私問其故王聞之召武子曰季氏而弗聞乎王享有體薦宴有折俎公當享卿當宴王室之禮也又國語云禘郊之事則有全烝王公立飫則有房烝親戚宴饗則有殽烝以此觀之明饗有腥以饗禮用體薦體薦則腥矣故禮記云腥其俎謂豚解而腥之豚解者皆腥也　載體進奏　注體謂至七个　釋曰三牲與腊皆載體直言體不辨體形及數以下魚腸胃倫膚皆言七則此亦七體故鄭云下大夫體七个若然七个此不言體形按士虞記云升左肩臂臑肫骼脊脅七體彼喪禮用左又按鄉飲酒鄉射記皆云右胖進腠則此亦用右胖肩臑臂肫胳脊脅可知既用右胖則左胖爲庶羞其庶羞者此下大夫十六豆上大夫二十豆是也若致飧及歸饔餼腥鼎皆無庶羞鄉飲酒鄉射燕禮大射雖同用狗一牲以其亨亨亦皆有庶羞也云奏謂皮膚之理進其理本在前者此謂生人食法故進本本謂近上者若祭祀則進末故少牢云進下鄭云變

於食生是也　魚七縮俎寢右　注右首至骨鯁　釋曰云縮俎者於人爲横縮縱也魚在俎爲縱於人亦横云寢右鄭云右首也寢右進鬐也賓在戶牖之間南面俎則東西陳之魚在俎首在右腹腴鄉南鬐脊也進脊在北鄉賓必以脊鄉賓者鄭云乾魚近腴多骨鯁故不欲以腴鄉賓取脊少骨鯁者鄉賓優賓故也若祭祀則進腴以鬼神尚氣腴者氣之所聚故少牢進腴是也　腸胃七同俎　注以其至十八　釋曰云以其同類也者釋經同俎以其牛羊同是畜類也云不異其牛羊腴賤也者以牲體則異俎及此腸胃即同俎以其腹腴賤故略之同俎也云此俎實二十八者牛羊各有腸胃腸胃各七四七二十八也但此腸胃與牲或同鼎同俎或别鼎别俎何者據此下文七鼎腸胃與牲别鼎别俎是其正法取其鼎俎奇也少牢五俎腸胃與牲同鼎者以其有鮮獸若腸胃别鼎則六不得奇故并腸胃與牲同鼎有司徹亦然此腸胃七者以其與牲體别鼎故取數於牲亦七少牢并腸胃於牲鼎故云腸三胃三取數於脊脅各三也賓尸禮殺於正祭故腸胃各一既夕盛葬奠故腸胃五也　倫膚七　釋曰倫膚謂豕之皮革爲之但此公食大

夫爲賓用爲美故膚與腸胃皆别鼎俎特牲腥有三鼎魚腊不同鼎故膚從牲同鼎有司徹雖同少牢亦止三鼎而已羊豕魚皆一鼎故膚還從於牲鼎也又此膚與牲體之數亦七而少牢膚九者此食禮故膚從體數少牢大夫之祭膚出下牲故取數於牲之體而九也　腸胃至垂之　注順其至俎拒　釋曰腸胃得在牲而垂膚亦言順牲之性者從多而言云垂及俎拒者少牢云腸三胃三垂及俎拒是也　大夫至復位　注事畢至設俎　釋曰士匕載者又待設俎者以上文云士舉鼎又云左人待載下文云士設俎于豆南是載者又待設俎可知也　公降盥　注將設醬　釋曰自此盡各卻于其西論公與宰夫爲賓設正饌之事云將設醬者下云公設之是以盥手也　宰夫至醯醬　注授授至和醬　釋曰按記云蒲筵常長丈六尺於堂上戶牖之間南面設之乃設正饌於中席已東自中席已西設庶羞也云醯醬以醯和醬者按歸饔餼醯醢别知此醯醬不别而以醯和醬者此經所陳物異者皆别器此醯醬下但言醬不别言醯明以醯和醬可知祭祀無此法以生人尚褻味故有之　賓辭至遷所　注東遷至故處　釋曰云東遷所

者謂以西爲上君設當席中故東遷之辟君設處側近也近其故處
公立至西鄉　注不立至親饌　釋曰云不立阼階上示親饌者以其
君之行事皆在阼階上今近阼北者以其設饌在戸西近北今君亦近
北是亦親監饌故也　宰夫至鹿臡　注醓醢至作麋　釋曰云醓醢
醢有醓者按周禮醢人云朝事之豆韭菹醓醢已下依此爲次彼注云
醓肉汁也則此醓醢是肉之汁昌本者彼注云昌蒲根又按彼注韲菹
之稱菜肉通又云細切爲韲全物若牒爲菹又按彼經爲菹者經言菹
不言韲菹者即是韲也彼言昌本亦即韲也此注云菹者韲菹麤細爲
異通而言之韲亦得爲菹故云菹也云醢有骨者謂之臡案爾雅釋器云
肉爲之醢有骨者謂之臡又鄭司農云有骨爲臡無骨爲醢也云菁蔓菁菹也者即
今之蔓菁也　士設俎至亞之　注亞次至俎尊　釋曰云不言絺錯俎尊者上設
豆絺陳之下設黍稷錯陳之此設俎不絺不錯者俎尊故也　膚以爲特　注直豕
至牲賤　釋曰云出下牲賤者以豕在牛羊之下賤膚豕之所出故云
出下牲賤特之於俎東也　旅人至其所　釋曰前旅人以匕入加於
鼎退出今還使之取匕前士舉鼎入今不使士舉鼎出者以其士載訖

遂設俎於賓前事未畢故甸人舉鼎而出也　大羹至反位　注大羹至無升　釋曰云以蓋降出入反位者宰位在東夾北西面南上今以蓋降出送於門外乃更入門反於東夾北位也云大羹湆煑肉汁也大古之羹者謂是大古五帝之羹云不和無鹽菜也大古質故不和以鹽菜對鉶羹調之以鹽菜者也云瓦豆謂之鐙詩云于豆于登毛亦云木曰豆瓦曰登云宰謂大宰宰夫之長者以單言宰諸侯三卿無大宰以司徒兼大宰大宰之下有宰夫故云宰夫之長也　公設至遷之　注亦東遷所　釋曰言亦者亦前醬東遷所以醬既東遷所今於醬西遷之明亦東遷所移之故醬處也　宰夫至東牛　注鉶菜和羹之器　釋曰云鉶菜和羹之器者下記云牛藿羊苦豕薇是菜和羹以鉶盛此羹故云之器也據羹在鉶言之謂之鉶羹據器言之謂之鉶鼎正鼎之後設之謂之陪鼎據入庶羞言之謂之羞鼎其實一也　宰夫至豆東　注食有至於左　釋曰云食有酒者優賓也者按下文宰夫執漿飲賓興受唯用漿酳口不用酒今主人猶設之是優賓引燕禮者彼據酒主人奠於薦左賓不飲取奠於薦右此酒不用故亦奠於豆東酒義雖異

不舉是同故引爲證也按燕禮無此文鄉飲酒鄉射記皆云凡奠者於左舉者於右不同之而引燕禮記者此必轉寫者誤鄭本引鄉飲酒鄉射之等也　注會簋至之西　釋曰云亦一一合卻之者卻者仰也簋蓋有六兩兩皆相重而仰之謂之卻合故云一一卻合之各當其簋之西爲兩處亦者亦少牢故少牢云佐食啓會蓋二以重設于敦南也

贊者至于公　注負東至賓也　釋曰自此盡醬湇不祭論賓所祭饌之事經直云負東房鄭知負房戶而立者以公在東序内賓在戶西雖告具于公且欲使賓聞之故知於房近西是以鄭云得鄉公與賓也

贊者東面至祭之　注取授至不坐　釋曰此所授者皆謂遠賓者故菹醢及鉶皆不授以其近賓取之易故不言按曲禮云殽之序辯祭之故知雖不授亦祭可知也經直云祭知祭之於豆祭者按少牢云尸取韭菹辯擩于三豆祭于豆閒故知於豆祭也云獨云贊興優賓者欲見賓坐而不興是優賓其實俱興也引少儀者欲見贊興賓亦興之義以其賓坐贊亦坐故也

三牲至授賓　注肺不至作一　釋曰云肺不離者刌之也者按少儀云牛羊之肺離而不提心鄭云提猶絶也刌之

不絶中央少者此即爲食而舉肺也少牢云舉肺一長終肺祭肺三皆切之是祭肺切舉肺不切云不言刌刌則祭肺也者是與祭肺同其實舉肺云祭離肺者絶肺祭也者此鄭解舉肺將祭之時絶末而祭之與祭肺異也凡舉肺有二名一名離肺亦名舉肺祭肺亦名刌肺也　挩手至間祭　注扱以至以巾　釋曰此云上鉶之間祭者著其異於餘者餘祭於上豆之間此鉶别自祭鉶間云挩拭也拭以巾者案内則左佩紛帨帨即佩巾而云挩拭拭手以巾似帨不名巾者本名帨者以拭手爲名其實名巾故鄭舉其實稱也此有四鉶而云扱上鉶辯擩則唯有一柶優賓故用一柶而已少牢二鉶祭神故宜各有柶也　祭飲至不祭　注不祭至盛者　釋曰此不祭者以正在饌之内以其有三牲之體魚腊湆醬非盛者故不祭也若入庶羞則祭之故下文云士羞庶羞皆有大又云辯取庶羞之大興一以授賓賓受兼壹祭之少儀云祭膴膴詁爲大魚肉之臠是亦祭之　宰夫至遷之　注既告至上也　釋曰自此盡降出論設加饌粱與庶羞之事云遷之遷而西之以其東上也知粱東上者下文宰夫膳稻于粱西是以粱在東爲上也　公與

賔皆復初位　注位序内階西　釋曰按上公設醬時立于序内賔立于階西此云公與賔復初位故知公還在序内賔還在階西也　宰夫至粱西　注膳猶至以簠　釋曰知進稻以簠者下記云簠有蓋冪鄭注云稻粱將食乃設去會於房蓋以冪上云設黍稷訖云卻會此稻粱不云卻會者先於房去之故也　士羞至如宰　注羞進至執蓋　釋曰云皆有大者中有二物三物之肉兼有魚也云魚或謂之膴膴大也者或有司徹云尸俎五魚侑主人皆一魚皆加膴祭于其上是也少儀云膴祭也云唯醢醬無大者鄭注周禮醢人作醢之法先膊乾其肉乃後莝之雜以粱麴及鹽漬以美酒塗置甀中百日則成矣何大臠之有也醬則醢也亦無大臠也　先者反之　釋曰反之者以其庶羞十六豆羞人不足故先至者反取之下文云先者一人升設於稻南其人不反則此云先者反之謂第二巳下爲先者也　注簋西至往來也　釋曰簋西黍稷西也必言稻南者以其黍稷西近北有稻故庶羞設黍稷西南南陳之是稻粱與庶羞俱是加故南北相繼而在黍稷正饌之西是下不與正豆併也云間容人者賔當從間往來也者下文賔左擁簠

粱右執湆以降公辭升反奠于其所是賓往來也　旁四列西北上
注不統至中別　釋曰云所謂羹胾中別者按曲禮云左殽右胾彼云
殽骨體也此肉謂之羹亦一也殽爲正饌胾謂切肉則庶羞云左殽右
胾則曰此正饌在東庶羞在西間容人同故謂所謂羹胾中別也　注
先設醢緷之以次也　釋曰此云先設醢緷之次而特牲注云以有醢
不得緷也與此先設醢緷之以次違者大凡醢配胾是其正而醢卑于
胾今牛羊豕胾皆在醢下者直是緷之次非尊卑之列特牲以一有醢
若緷之當醢在胾上不成錯故不得緷少牢四豆羊胾醢故得緷而錯
與此同也　贊者至于公　釋曰自此盡兼壹祭之論贊告饌具賓祭
之事　贊升賓　注以公命命賓升席　釋曰前設饌訖贊者告具于
公公再拜揖食此使贊升賓者以其禮殺故也是以上文正饌公先拜
賓荅拜此賓先拜公公荅拜爲異也　注即就至於加　釋曰云祭稻
粱不於豆祭祭加宜於加者按下文云賓三飯以湆醬注云每飯歠湆
以肴擩醬食正饌也三飯而止又云不以湆醬注云不復用正饌也則
此湆醬是正饌而云加者但湆醬與粱皆是加故公親設之下文爲正

饌而此云加者爲湆醬雖是加以在正饌之上得與正饌爲本故名正饌其實是正饌之加故公親設之也　贊者至祭之　注壹壹至饌也　釋曰壹壹受之而兼一祭之庶羞輕也者決上三牲之脯祭之今此祭庶羞并之故云輕也云自祭之於膷臐之間以異饌也者不云於豆祭而云於膷臐之間以祭宜於加故也　賓降拜　注拜庶羞　釋曰自此盡魚腊不與論賓正食受侑幣至於食終之事　注奠而至之事　釋曰云成其意者謂成其食降階下之意故奠乃對此決下文大夫相食賓執粱與湆之西序端主人辭賓反之而不奠也　注箱東至之處　釋曰按爾雅有東西廂曰廟其夾皆在序外故也知是俟事之處者正以此文公揖退于廂而俟賓食即待事之處也　賓坐至不辭　注贊者至優賓　釋曰知云贊者以告公公聽之者公既在序外賓食在戶西若不告公公何以知之明知贊者告公也云重來優賓者若公來則勞賓不來則賓不勞故難重來而不來則優饒賓也　賓三飯以湆醬　注每飯至優賓　釋曰云每飯歠湆以殽擩醬者按曲禮三飯主人延客食胾然後辯殽鄭注云先食胾後食殽殽尊此先食殽者彼鄭云大

夫士與客燕食之法其禮食宜放公食大夫禮云若然此爲禮食故先食殽大夫士與客燕食則先食胾故不同又按昏禮同牢云贊爾黍授肺脊皆食以湆醬皆祭舉食舉也注云皆食黍也以用也用者謂歠湆咂醬而不食殽者此公食賓禮解體折節明食殽可知彼豚解者皆不食故彼不食殽也是以彼又云三飯卒食注同牢示親不主爲食起三飯而成禮也故不食殽也但湆言啜淡故也醬言擩鹹故也云三飯而止君子食不求飽者解三飯而止故下宰夫進漿是不求飽故引論語學者食不求飽爲證也云不言其殽優賓者案特牲少牢尸食時舉殽皆言次第此不言者任賓取之是優賓也　宰夫至稻西　注酒在至右漿　釋曰云酒在東漿在西者案上飲酒實于觶宰夫設于豆東是酒在東也云漿在西者即此經設於稻西是也云是所謂左酒右漿者按曲禮云酒漿處右鄭云此言若酒若漿耳兩有之則左酒右漿云兩有者據此公食而言左酒右漿也　公受至鄉立　注束帛至序端　釋曰云西鄉立序内位也者按上文公設醬公立于序内西鄉此經亦云西鄉立故知亦在序内位也云受束帛于序端者按大射禮公凡受

於序端故每云公之所受者皆約之受於序端　賓降筵北面　注以君至階上　釋曰云以君將有命者謂有束帛侑食之命故賓降筵北面於西階上以待主君之命　賓降至聽命　注降辭至許辭　釋曰云主國君又命之升知者約聘禮禮賓賓降辭幣公降一等辭栗階升聽命是也　退西楹西東面立　注俟主至將降　釋曰按聘禮賓三退負序注云三退三逡遁也不言辟者以執圭將進授之彼皆當楣再拜故賓退負序此亦爲公拜送幣但在楹西耳故賓在階西不負序以將降故也　注從者至梧受　釋曰云從者府史之屬知非士介者此子男小聘使大夫士介一人而已介已受賓幣故知訝受者非士介是府史之屬也　賓入至稽首　注便退至此退　釋曰云便退則食禮未卒不退則嫌者此鄭探解賓意食禮自有常法三飯之後當受侑幣更入以終食禮故送庭實而後入是以鄭云便退則食禮未卒解經賓入之意云不退則嫌者謂有貪食之嫌解再拜稽首將辭之意是以更入行拜若欲從此退者待公設辭留賓之意也　注賓揖介入復位　釋曰上文云介逆出下更云介逆出明知中閒介復入可知但復入之

節當此賓入之時也　注卒已也至稻粱　釋曰知會飯是黍稷者見上文云宰夫東面坐啓簋會各卻於其西此云食會飯故知會飯者是黍稷也前賓三飯不云會以其簠盛稻粱以其稻粱無會故鄭云此食黍稷則初時食稻粱矣　不以醬湆　注不復至後用　釋曰云初時食加飯用正饌此食正飯用庶羞互相成也者按上文賓三飯以湆醬注云每飯歠湆以殽擩醬是正饌稻粱是其加此云卒食會飯三飲不以醬湆鄭意以庶羞黍稷是其正庶羞是其加互相成而已言相成者既非互文直取饌食互相成而已云後言湆者湆或時後用者前文賓三飯以湆醬先言湆後言醬是先用湆此後言湆或容前三飯後用湆也故作文有先後也　注示親至侑幣　釋曰云不以出者非所當得又以已得侑幣者云不以出者決士昏禮賓取脯出以授從者彼是已所當得此非直已得侑幣下文有司卷三牲之俎歸于賓館是已所當得鄭不言三牲而言侑幣者據已得者而言之　東面再拜稽首　注卒食至於辭　釋曰云卒食拜也不北面者按上文賓受侑幣出入門左沒霤北面再拜稽首其時辭欲退公留之卒食故決之以其待公留故北面此

卒食禮終故東面爲意有異故面位不同是以鄭云不北面者異於辭也　介逆至不顧　注初來至還也　釋曰云擯者以賔不顧告公公乃還也者知擯者告公者按經公送于大門内公不見賔矣而云賔不顧明知擯者告公公還入宴寢也此擯者告賔不顧即論語云賔退必復命曰賔不顧矣但彼據聘享訖此據食禮訖事雖不同復命云賔不顧矣即不異　有司至賔館　注卷猶至釋故　釋曰云歸俎者實于篚者此食禮無肵俎而言卷三牲之俎不言用俎惟云實于篚按士虞禮亦無肵俎尸舉牲體皆盛於篚吉凶雖不同無肵俎是一故知同用篚也云它時有所釋故者解三牲之俎言卷案特牲及士虞尸卒食取俎歸於尸三个是有所釋此無所釋故稱卷也彼注云釋猶遺也遺者君子不盡人之歡不竭人之忠也

儀禮疏卷第二十五

儀禮疏卷第二十六

唐朝散大夫行太學博士弘文館學士臣賈　公彥　等撰

明日至稽首　注朝謂大門外　釋曰自此盡訝聽之論賓拜謝主君之事云朝謂大門外者以其經云拜賜于朝無賓入之文又聘禮以柩造朝亦無喪入之文皆言朝故云朝謂大門外也若然案閔二年左氏傳云季友將生使卜楚丘之父卜之曰男也其名曰友在公之右閒於兩社爲公室輔注兩社周社亳社之閒朝廷執政所在但諸侯左宗廟右社稷在大門之内則諸侯外朝不在大門内者但外朝在大門外兩社之閒遥繫外朝而言執政所在又此食禮拜侑幣聘禮歸饔餼直言拜饔與餼不拜束帛者彼使人致之故不拜此食禮君親賜故拜之

訝聽之　注受其至士訝　釋曰云此下大夫有士訝者此篇是子男使下大夫小聘又案周禮掌訝大夫有士訝故云此下大夫有士訝也

上大夫至二俎　注記公至無特　釋曰云豆加葵菹蝸醢者案周禮醢人朝事之豆云韭菹醓醢昌本麋臡菁菹鹿臡茆菹麇臡案上文下大夫六豆用鹿臡以下仍有茆菹麇臡在今上大夫八豆不取茆菹麇

鬻而取饋食之豆葵菹蝸醢者鄭以特牲少牢參之彼二篇俱以饋食爲始皆用周禮饋食之豆特牲兩豆用饋食葵菹蝸醢少牢四豆二豆與特牲同兩豆用朝事之豆韭菹醓醢注云韭菹醓醢朝事之豆也而饋食用之豐大夫禮以此觀之故此公食大夫兼用饋食之豆亦是豐大夫禮也云俎加鮮魚鮮腊者上文下大夫七俎牛羊豕魚腊腸胃與膚此云九俎明加鮮魚鮮腊云無特者陳饌要方上七俎者東西兩行爲六俎一俎在特于俎東此九俎爲三行故無特雖無特膚亦爲下　魚腸至若九　注此以至子男　釋曰云此以命數爲差也者案周禮典命公侯伯之卿三命大夫再命士一命子男之卿再命大夫一命士不命則諸侯之臣分爲三等三命再命一命不命與一命同此經魚腸胃倫膚亦分爲三等有十一有九有七則十一當三命九當再命七當一命若然惟有上下二文者以公侯伯之大夫與子男之卿同再命卿爵尊爲上大夫爵卑爲下則上言若九者子男之卿也下言若九者公侯伯大夫也故鄭云卿則曰上大夫則曰下云大國之孤視子男者欲見此經唯見三命以下案周禮典命大國之孤四命又大行人云大國之

孤執皮帛以繼子男又云其他皆視小國之君若然孤與子男同十三侯伯十五上公十七差次可知　庶羞至四列　注謂上至爲無　釋曰上文云庶羞旁四列此上大夫饌内言庶羞西東毋過四列則東西横行上下大夫皆四以爲行下大夫四四十六東西四行南北亦四行上大夫東西四行南北五行矣　上大至鶉鴽　注鴽無母　釋曰云鴽無母者案爾雅釋鳥云鴽鴾母郭氏曰䳺也青州人呼曰鴾母莊子云田鼠化爲鶉淮南子云蝦蟆所化也月令曰田鼠化爲鴽然則鴽鶉一物也　若不親食　注謂主至它故　釋曰自此盡聽命論主君不親食使大夫致禮於賓館之事疾病之外别云他故者君有死喪之事故聘禮云主人畢歸禮賓唯饔餼之受謂畢致饗食但賓不受之　豆實至南陳　注陳饔至作併　釋曰云南北相當以食饌同列耳者案上文正食之時黍稷亦南陳今於楹閒陳筐米亦南陳是正食及此饌陳是同列也云饔北陳者變於食者上文正食之時宰夫自東房薦豆六設於醬東西上陳之今於楹閒二以併北陳故云變於食也云饔數如豆者以菹醢各異物不可同饔故饔數如豆上大夫八豆則八饔下

大夫六豆則六罋云醯芥醬從焉者以其三牲不殺牲列於門內醯經
百日乃成不由不殺故有醯庶羞之醢同是醬類故使之相從但庶羞
之醢更無別種宜同一罋芥醬宜亦一罋知有芥醬者以其有生魚故
知有也云筐米四者上文上大夫八簋今乃生致之黍稷宜各一筐稻
粱又二筐故云筐米四　庶羞陳于碑內　注生魚至正饌　釋曰云
生魚者上文魚膾是魚之中膾者皆是生魚也案鄭注周禮云燕人膾
魚方寸切其腴以啗所貴是也此則全生不膾何者本膾在豆與胾炙
俱設今胾炙在牲未殺膾全不破可知若然庶羞之內衆羞俱有鄭獨
云生魚者以其胾炙在牲不殺於此無矣雖有乾腊雉兔之等以生魚
爲主故云生魚也云魚腊從焉者雖無三牲之肉有乾魚腊可知云上
大夫加鮮魚鮮腊雉兔鶉鴽者以其下大夫七鼎無鮮魚鮮腊上大夫
九鼎加鮮魚鮮腊可知雉兔鶉鴽亦生致之矣云不陳于堂辟正饌者
以其庶羞本在堂上正饌之西今在碑內故云辟正饌也若然不陳於
碑南者以其本合在堂今宜近堂故在碑北　庭實陳于碑外　注執
乘至近內　釋曰執乘皮者不參分庭一在南者以言歸宜近內者庭

賓正法皆參分庭一在南而陳之故昏禮記云納徵執皮者參分庭一
在南今云碑外繼碑而言近北矣彼參分庭一在南陳之者謂在主
人之庭參分庭陳之擬與賓向外故近南此陳於客館擬與賓入內故
鄭云以言歸故在內也　牛羊至東上　注爲其至近外　釋曰案上
庶羞與庭實在碑之內近內陳之此牛羊豕陳於門內繼門言之云爲
其踐汙館庭使近外也若然致饔餼牛羊豕亦在此此云使近外者以
饔餼有腥有熟故略其生者近門是其常此既不殺牛羊豕宜近內故
決之也　賓朝至饔禮　注朝服食禮輕也　釋曰云朝服食禮輕者
以其歸饔餼時卿韋弁賓皮弁受此食禮賓朝服受不皮弁故云食禮輕
無擯　注以己本宜往　釋曰云以己本宜往者明主君無故速賓在
廟行食禮而有侑幣賓無儐法主君有故致食禮幷有侑幣亦不合有
儐故云以己本宜往　注賜亦謂食侑幣　釋曰云亦者亦上速賓食
時拜食與侑幣今亦然故云亦　大夫至戒速　注記異至召之　釋
曰自此盡大夫之禮論主國大夫食賓之禮別於主君之事云記異於
君者案下文其他皆如公食大夫之禮故知自此已下皆記異於君法

是以此經大夫親戒速決君不親戒速此則異於君也以其下諸文皆異故云記異於君者也云先就告之歸具既具復自召之者以其戒具兩有皆親爲之故爲此解與鄉飲酒鄉射同故彼二文皆云戒賓既歸布筵設尊乃親速賓是也　賓止也　注主人三降賓不從　釋曰云主人三降者案上文鄭注皆者謂受爵受湆受幣皆自阼階降此鄭云主人三降即上三者不數主人降盥者案鄉飲酒所言降盥者皆爲洗爵故賓從降此降盥不爲洗爵故鄭不數之案聘禮致饔餼賓降堂受老束錦大夫止注云止不降使之餘尊此賓不降者雖賓主敵以主人降堂不至地故賓止不降也　賓執至序端　注不敢食於尊處　釋曰此兩大夫敵故之西序端上公食大夫大夫降階下臣卑故也　受侑至亦然　注敵也　釋曰案郊特牲云大夫之臣不稽首非尊家臣以辟君也又案左氏傳哀十七年公會齊侯盟于蒙孟武伯相齊侯稽首公拜齊人怒武伯曰非天子寡君無所稽首若然臣於君乃稽首平敵相於當頓首今言敵而稽首者以食禮相尊敬雖敵亦稽首與臣拜君同故也　其他至之禮　釋曰云其他謂豆數俎體陳設皆不異上陳

但禮異者謂親戒速君則不親迎賔公不出此大夫出大門公受醬湆幣不降此大夫則降也公食大夫大夫降食於階下此言西序端上公食卷加席公不辭此則辭之皆是異也　賔受于堂無擯　注與受君禮同　釋曰云與受君禮同者聘禮賔受致饔幣云堂中西北面注趨主君之命也堂中西中央之西此雖無儐受幣亦與之同也　記不宿戒　注食禮至一日　釋曰祭祀散齊七日爲戒致齊三日爲宿此則與祭祀異此不宿戒者謂不爲三日之戒又不爲一日之宿故鄭云此所以不宿戒者謂前期三日之戒申戒爲宿謂前期一日者若然必知三日之戒一日之宿者大射前期三日宰夫戒宰及司馬又少牢辟人君有前期一日之宿此雖人君禮以食禮輕故知有三日之戒一日之宿既無前日之事宜與鄉飲酒鄉射禮同當日爲之故皆不言日數故下注云食賔之朝宿與戒之賔則從戒而來不復召是也　不授几　注異於醴也　釋曰決禮賔時公親授几也　亨于門外東方　注必於至主陽　釋曰案上經甸人亨人之等亨人是士官不得言大夫之事言大夫之事者解亨在門外之禮也燕禮注云亨於門外臣所掌也言

臣亦是大夫事少牢廩爨饔爨皆在門外亦大夫事特牲云主婦視饎爨于西堂下者以其無廩人主之故在內若然鄉飲酒雖是大夫之事以其取祖陽氣之始故亦於門內　司宮至自末　注司宮至爲莞釋曰云司宮太宰之屬掌宮廟者案燕禮云司宮尊于東楹之西注司宮天子曰小宰聽酒人之成要者也注雖不同其義一也但燕禮司宮云設尊故以小宰解之此司宮設几席故以太宰之屬解之案太宰之下有宮人掌宮中除汙穢之事即此司宮彼不言設几席者以天子具官別有司几筵又有小宰諸侯兼官故司宮兼司几筵及小宰也云丈六尺曰常半常曰尋者此皆無正文案周禮考工記云車有六等之數云軫崇四尺謂之一等又云戈長六尺六寸既建而迆之崇於軫四尺謂之二等人長八尺崇於戈四尺謂之三等殳長尋有四尺崇于人四尺謂之四等車戟常崇于殳四尺謂之五等酋矛常有四尺崇于戟四尺謂之六等自軫至矛皆以四尺爲差以是約之即知常是丈六尺尋是八尺也云萑細葦者以類言之其實全別是以詩云葭菼注云葭蘆菼薍則葦一名蘆一名薍一名萑一名菼此萑又與莞蓆之莞不同彼

莞謂蒲也云有以識之者席無異物爲記但織之自有首尾可爲記識耳云必以長筵者以有左右饌者賓在戶牖之間南面上陳饌之時正饌在左廡着在右陳饌雖不在席上皆陳於席前當席左右其間容人故謂長筵也　宰夫至東房　注筵本至右房　釋曰上云司宮具几筵具之在房宰夫敷之而已天子諸侯左右房以其言東房對西房若大夫士直有東房而已故直云在房也　賓之至面立　注賓車至節也　釋曰云賓車不入門廣敬也者曲禮云客車不入大門與此同覲禮云偏駕不入王門偏駕謂同姓金路之等乘墨車以朝墨車亦云不入大門與此亦同云凡賓即朝中道而往者內則云男子由右女子由左車從中央故賓乘車中道云而後車還立于西方者案少儀云僕於君子始乘則式君子下行然後還立注云還車而立以俟其去是還立于西方鄉外云賓及位而止北面者案玉藻云賓立不當門彼亦謂聘使也云鄉大夫之位當車前者案大行人云上公立當軹侯伯立當前疾子男立當衡又云大國之孤朝位當車前者則鄉大夫立亦與孤同一節兼云大夫者小聘曰問使下大夫立與孤鄉同當車前故連言也云

凡朝位賓主之間各以命數爲遠近之節者案大行人云上公朝位賓主之間九十步侯伯七十步子男五十步注云朝位謂大門外賓下車及王車出迎所立處又云凡諸侯之卿其禮各下其君二等以下及大夫士皆如之若然如諸侯則依命數臣下其君二等則不得依命數矣而云依命數者依命數據君而言其臣依君命數而降之故鄭揔以命數言之也　鉶芼至有滑　注藿豆至爲芐　釋曰云滑菫荁之屬者案士虞記云鉶芼用苦若薇有滑夏用葵冬用荁鄭注云荁菫類也乾則滑夏秋用生葵冬春用乾荁此經云皆有滑不言所用之物故取士虞記解之云之屬者其中兼有葵也　贊者盥從俎升　注俎其所有事　釋曰直言此者豆亦從下升不言從豆升者贊者不佐祭豆直佐祭俎故云俎其所有事是以上經云三牲之肺不離贊者辯取之壹以授賓若然黍稷亦贊祭不從黍稷升者黍稷設之在後故也黍稷雖後升先祭者以其先食黍稷後食肉故也　簠有蓋冪　注稻粱至作幕　釋曰簠簋相將簋既有會明簠亦有會可知但黍稷先設故卻會於敦南簠盛稻粱將食乃設故鄭云去會于房蓋以冪冪巾也至於陳設冪

亦去之經云有蓋冪者據出房未設而言　凡炙無醬　注已有鹹和
釋曰云凡者欲解儀禮一部之内牛羊豕炙皆無醬醢之云已有鹹和
者若今人食炙然　上大至夫純　注謂三至純也　釋曰經云上大
夫不辨命數則子男之卿再命其席亦同下大夫鄭言謂三命大夫者
欲見公侯伯之卿三命亦與子男下大夫同公之孤四命其席則異鄭
據三命而言云孤爲賓則莞筵紛純加繅席畫純者案周禮司几筵云
筵國賓于牖前莞筵紛純加繅席畫純云左彤几與此記三命已下席
不同故知彼國賓謂筵孤也無正文故云則也　卿擯由下　注不升
堂也　釋曰此謂上擯擯詔賓主升降周還之事故云不升堂　上贊
下大夫也　注上謂至爲名　釋曰案上經云贊者告具於公而贊賓
食故云上贊使下大夫爲之　上大夫至可也　注於食至優賓　釋曰
案上經云上大夫庶羞二十豆此記人復記之者欲見上大夫食加飯
之時得兼食庶羞又食會飯及庶羞之時宰夫更設酒飲漿飲故鄭云
於食庶羞宰夫又設酒漿所以食庶羞可也所以然者優賓故也　覲
禮第十　鄭目録云覲見也諸侯秋見天子之禮春見曰朝夏見曰宗

秋見曰覲冬見曰遇朝宗禮備覲遇禮省是以享獻不見焉三時禮亡唯此存爾覲禮於五禮屬賓大戴第十六小戴十七別録第十　釋曰鄭云春見曰朝等大宗伯文云朝宗禮備覲遇禮省者案曲禮下云天子當扆而立諸侯北面而見天子曰覲天子當宁而立諸公東面諸侯西面曰朝鄭注諸侯春見曰朝受摯於朝受享於廟生氣文也秋見曰覲一受之於廟殺氣質也朝者位於內朝而序進覲者位於廟門外而序入王南面立於扆宁而受焉夏宗依春冬遇依秋春秋時齊侯唁魯昭公以遇禮相見取易略也覲禮今存朝宗遇禮今亡據此彼而言是朝宗禮備覲遇禮省可知鄭又云是以享獻不見焉者享謂朝覲而行三享獻謂三享後行私覿私覿後即有私獻獻其珍異之物故聘禮記云既覿賓若私獻奉獻將命注云時有珍異之物或賓奉之所以自序尊敬也猶以君命致之臣聘猶有私獻況諸侯朝覲有私獻可知是以周禮大宰職云大朝覲會同贊玉幣玉獻注云幣諸侯享幣玉獻獻國珍異亦執玉以致之大朝覲會同既有私獻則四時常朝有私獻可知案下文有享亦當有獻而云享獻不見者案周禮大行人云上公冕服

九章介九人賓主之閒九十步廟中將幣三享侯伯子男亦云鄭云朝先享不言朝者朝正禮不嫌有等彼據春夏朝宗而言不見秋冬者以四時相對朝宗禮備故見之覲遇禮省故略而不言此下文見享者不對春夏故言之鄭云是以享獻不見者據周禮大行人而說也必知鄭據大行人者以其引周禮四時朝見即云是以享獻不見明鄭據周禮大行人而言也有人解享字上讀以獻不見爲義者苟就此文有享無獻不辭之甚也　覲禮至再拜　注郊謂至旌門　釋曰自此盡乃出論侯氏至近郊天子使使者勞侯氏之事云郊謂近郊者案聘禮云至於近郊君使卿勞故知此郊者亦近郊也知近郊去王城五十里者成周與王城相去五十里而君陳序云分正東郊成周鄭云今河南洛陽相去則然是近郊五十里也引小行人職者約近郊勞是大行人以其尊者宜逸小行人既勞于畿明近郊使大行人也案大行人上公三勞侯伯再勞子男一勞此雖不辨勞數案小行人云凡諸侯入王則逆勞于畿不辨尊卑則五等同有畿勞其子男唯有此一勞而已侯伯又加遠郊勞上公又加近郊勞則此云近郊據上公而言若然聘禮使臣聘

而云近郊勞者臣禮異於君禮君禮宜先遠臣禮宜先近故也若然書傳略說云天子之子十八曰孟侯者於四方諸侯來朝迎於郊孝經注亦云天子使世子郊迎者皆異代法非周禮也案玉人職云案十有二寸棗栗十有二列諸侯純九大夫純五夫人以勞諸侯注云夫人謂王后勞諸侯皆九勞大夫皆五此文不見者以其聘禮於聘客主國夫人尚有勞以二竹簋方明后亦有略言王勞不言后文不具也云皮弁者天子之朝朝服者司服云眡朝則皮弁故知在朝服皮弁至入廟乃裨冕也云辟無束帛者天子之玉尊者此對諸侯玉卑故聘禮云束帛加辟是諸侯臣所執小行人合六幣云辟以帛琮以錦琥以繡璜以黼是諸侯所執以致享皆有束帛配之諸侯玉卑故也此乃行勞所用以享禮況之耳云不言諸侯言侯氏者明國殊舍異禮不凡之也者言諸侯則凡之揔稱言侯氏則指一身不凡之也而所勞之處或非一國舍處不同故不揔言諸侯而云侯氏也云郊舍狹寡爲帷宮以受勞者周禮十里有廬三十里有宿五十里有市市有館郊關之所各自有舍或來者多館舍狹寡故不在館舍以帷爲宮以受勞禮也云掌舍職曰爲帷

宮設旌門者謂爲帷宮則設旌旗以表四門彼天子所舍平地之事引之者證諸侯行亦有帷宮設旌爲門之事也案聘禮使卿勞賓受於門内司儀諸侯之臣相爲國客亦是受勞於館不爲帷宮者彼臣禮卿行旅從徒衆少故在館此諸侯禮君行師從徒衆多故於帷宮襄二十八年左氏傳云子産相鄭伯以如楚舍不爲壇注云至敵國郊除地封土爲壇以受郊勞又外僕言曰先大夫相先君適四國未嘗不爲壇今子草舍無乃不可乎子産曰大適小則爲壇小適大苟舍而已焉用壇彼亦是諸侯相朝當爲壇以帷爲宮受勞之事也　使者至受玉　注不荅至聽之　釋曰云升者升壇者以帷宮無堂可升故知升者升壇也云使者東面致命侯氏東階上西面聽之者知面位如此者並約下文就館賜侯氏車服而知也　使者至乃出　注左還至重禮　釋曰直云使者左還不云拜送玉者凡奉命使皆不拜送若卿歸饔餼不拜送幣亦斯類也若身自致者乃拜送下文儐使者及聘禮私覿私面皆拜送幣是也云左還還南面示將去也者以其東面致命而左還明左還者南面也未降而南面示將去故也云立者見侯氏將有事於己侯之

者經云而立即云侯氏還辟故知立者見侯氏將有還玉之事於己故侯之不降云還玉重禮者案聘義圭璋還之辟琮加束帛報之所以輕財重禮彼以辟琮不還則爲輕財者以其辟琮加束帛故爲輕財不還此以天子之辟不加束帛尊之與圭璋同故亦還之爲重禮也　侯氏至荅拜　注侯氏至席也　釋曰自此盡遂從之論侯氏儐使者遂從入朝之事云侯氏先升賔禮統焉者行賔禮是賔客之禮是以賔在館爲主人主人先升使者爲賔賔後升故云禮統焉謂賔統有此堂也云几者安賔所以崇優厚者案太宰云贊玉几注云立而設几優尊也此使者亦不坐而設几故云所以優厚也聘禮卿勞受儐不設几者諸侯之卿卑故不與此同也云上介出止使者則已布席者經不云上介出止使者鄭云上介出止使者案至館皆不敢當皆使上介出請事又見此經云使者乃入始云侯氏與之讓升是侯氏不出故知使上介止使者也云則已布席者以其素不云布席而云設几几不可設於地明有席席之所設唯在此時案聘禮受聘云几筵既設是几筵相將故云上介出止使者則已布席也　侯氏至送幣　注儐使至其階　釋曰云

儐使者所以致尊敬也者案聘禮使卿用束帛勞賓賓不還束帛賓儐卿以束錦此使者以玉勞侯氏侯氏還玉仍亦儐使者是致尊敬天子之使故也知拜各於其階者此賓與使行敵禮若鄉飲酒鄉射賓主拜各於其階也　使者至從之　注騑馬至至朝　釋曰知左驂設在西者陳四馬與人以西爲上案聘禮禮賓時賓執左馬以出此亦以左驂出故知左驂設在西也又知其餘三馬侯氏之士遂以出授使者之從者于外者亦案聘禮禮賓執左馬以出記云主人之庭實則主人遂以出賓之士訝受之此侯氏在館如主人明三馬亦侯氏之士以出授使者從者可知云從之者遂隨使者以至朝者亦如聘禮云下大夫勞賓使者遂以賓入至於朝其義同故知義然也　天子賜舍　注以其至作錫　釋曰自此盡乘馬論賜侯氏舍館侯氏儐使之事云賜舍猶致館者猶聘禮賓至於朝君使卿致館此不言致館言賜舍者天子尊極故言賜舍也云所使者司空與者聘禮使卿致館此亦宜使卿知是司空非卿者周禮以天地春夏秋冬六卿無致館之事司空主營城郭宮室館亦宮室之事故知所使者司空也但司空亡無正文故云與以疑

之知小行人爲承擯者案聘禮致館賓主人各擯介故知此亦陳擯介必知使小行人爲承擯者案小行人云及郊勞眡館將幣爲承而擯是其義也　曰伯至父舍　注此使者致館辭　釋曰此及下經皆云伯父者案下文謂同姓大國舉同姓大國則同姓小國及異姓之國禮不殊也　儐之束帛乘馬　注王使至於內　釋曰云王使人以命致館無禮猶儐之者尊王使也者決聘禮卿無禮致館賓無束帛儐卿此王使亦無禮致館其賓猶儐使者用束帛乘馬故云尊王使也云侯氏受館於外者案聘禮大夫帥至館卿致館而云賓迎再拜卿退賓送再拜則聘禮致館不在外此不見大夫帥至館即云天子賜舍是侯氏受舍于外可知與聘禮異也知既則儐使者於內者以其既受館則爲己所有明儐使者在內可知也　天子至初事　注大夫至作率　釋曰自此盡再拜稽首論天子使大夫戒侯氏期日使行覲禮之事知大夫是卿爲訝者以其周禮秋官掌訝職云諸侯有卿訝故知大夫即卿爲訝者云其爲告使順循其事也初猶故者以其四時朝覲自是尋常故使恒循故事之常也　諸侯至此上　注言諸至同姓　釋曰此一經論

前朝一日諸侯各遣上介受次於朝之事云言諸侯者明來朝者衆矣者上注云言侯氏者明國殊舍異禮不凡之於此言諸侯凡之者以其諸國同時遣上介故言來朝者衆矣若其行禮自有前後故鄭云顧其入覲不得並耳云受舍於朝受次于文王廟門之外者以其春夏受贄於朝無迎法受享於廟有迎禮秋冬受贄受享皆在廟並無迎法是以大門外無位既受覲於廟故在大門外受次知在文王廟門外者案聘禮云不腆先君之祧既拚以俟則諸侯待朝聘之賓皆在大祖之廟以其諸侯者無二祧遷主所藏皆在始祖之廟故以始祖爲祧案天子待覲遇亦當在祧祭法云天子七廟有二祧又案周禮守祧職云掌守先王先公之廟祧鄭注遷主所藏曰祧穆之遷主藏於文王廟昭之遷主藏於武王廟今不在武王廟而在文王廟者父尊而子卑故知在文王廟也若然先公木主藏於后稷廟受覲遇不在后稷廟者后稷生非王故不宜在焉云言舍者尊舍也者此賓以帷爲次非屋舍尊天子之次故以屋舍言之是尊舍也若天子春夏受享諸侯相朝聘迎賓客者皆有外次即聘禮記宗人授次是也有外次於大門外者則無廟門外之

内次天子覲遇在廟者有廟門外之内次無大門外之外次此文是也云天子使掌次爲之者案周禮掌次云掌王次舍之法以待張事故知使掌次爲之諸侯兼官無掌次使館人爲之故聘禮云館人布幕于寢門外鄭注云館人掌次舍帷幕者是也云諸侯上介先朝受焉者知使上介者案下文諸侯覲於天子爲宫方三百步上介皆奉其君之旂置于宫明知此亦使上介也云其來之心猶若朝也者案周禮大宗伯云春曰朝秋曰覲鄭注云朝之言朝也欲其來之早覲之言勤欲其勤王事各舉一邊而言其實早來勤王通有也故鄭云其來之心猶若朝故變覲言朝也云分別同姓異姓受之將有先後者案此經同姓西面異姓東面案下曲禮云天子當依而立諸侯北面而見天子曰覲彼此皆是覲禮彼諸侯皆北面不辨同姓異姓與此不同者此謂廟門外爲位時彼謂入見天子時故鄭注云覲者位於廟門外而序入入謂北面見天子時引春秋者案隱十一年經書滕侯薛侯來朝左傳曰爭長薛侯曰我先封滕侯曰我周之卜正也薛庶姓也我不可以後之公使羽父請於薛侯曰君與滕君辱在寡人周諺有之曰山有木工則度之賓有

礼主則擇之周之宗盟異姓爲後寡人若朝于薛不敢與諸任齒君若
辱貺寡人則願以滕君爲請薛侯許之乃長滕侯也若然彼服注云爭
長先登授玉此位在門外引之者以其在先即先登外内同故引以爲
證　侯氏至于祢　注將覲至爲綩　釋曰此經明諸侯之在館内將
覲於王先釋幣告於行主之礼知將覲質明時者案聘礼賔厥明釋
幣于祢故知此亦質明時也云裨之言埤者讀從詩政事一埤益我取
裨陪之義云天子六服大裘爲上其餘爲埤者天子吉服有九而言六
服者據六冕而言以大裘爲上無埤義衮冕以下皆爲裨故云其餘爲
裨云以事尊卑服之者即司服所云王祀昊天上帝則大裘而冕祀五
帝亦如之祀先王則衮冕以下至羣小祀則玄冕舉天子而言故云以
事尊卑服之云而諸侯亦服焉者亦據司服而言諸侯唯不得有大裘
上公則衮冕以下故鄭云此差司服所掌也云上公衮無升龍者案白
虎通引礼記曰天子乘龍載大旗象日月升龍傳曰天子升龍諸侯降
龍以此言之上得兼下下不得僭上則天子升降俱有諸侯直有降龍
而已若然彼升龍文承大旗之下知不施於旌旗而據衣服者案司常

云交龍爲旂又云諸侯建旂注云諸侯畫交龍一象其升朝一象其下
復則旌旗升降俱有而白虎通云諸侯降龍者據衣服而言案玉藻
諸侯玄冕以祭不得服衮冕以下是以鄭注司服云諸侯自於其家則降
若然諸侯自家祭降魯與二王之後皆不得用衮冕鷩冕毳冕則此
及孤卿大夫絺冕玄冕者是入君廟及入天子之廟故服也今云諸侯告
禰用裨冕者將入天子之廟故服以告禰謂若曾子問云諸侯裨冕
以朝鄭注云爲將廟受亦斯之類也云禰謂行主遷主矣者案礼記
曾子問云師行必以遷廟主行乎孔子曰天子巡守以遷廟主行載于齊
車言必有尊也彼雖據天子其諸侯行亦然以其皆有遷廟木主若然
大夫無木主聘礼賓釋幣于禰者大夫雖無木主以幣帛主其神亦爲
行主也而云禰親之者以其在外唯有遷主可事故不言遷主而云禰
也云其釋幣如聘大夫將受命釋幣于禰之礼者案聘礼將行釋幣
于禰此禰無文故約與之同乃受命即出行故云將受命釋幣于禰皆
是告將行無祭祀知祧則祝藏其幣歸乃埋之於祧西階之東者此無正
文案聘礼祝告祝又入取幣降卷幣實于笲埋于西階東此亦與彼同

云祧者諸侯遷主藏於始祖之廟諸侯旣以始祖之廟爲祧遷主歸還入祧廟故知此幣埋於祧西階之東也　乘墨至有繅　注墨車至爲璪　釋曰自此盡乃出論諸侯發館至天子廟門之外以次行覲禮之事云墨車大夫制也者案周禮巾車職云孤乘夏篆卿乘夏縵大夫乘墨車士乘棧車庶人乘役車故知墨車大夫制也必言墨車大夫制者封王路金路象路之等天子諸侯之制也云乘之者入天子之國車服不可盡同者巾車云同姓金路異姓象路四衞革路並得與天子同據在本國所乘下記云偏駕不入王門偏駕金路象路等是也旣不入王門舍於客館乘此墨車以朝也云交龍爲旂諸侯之所建者司常職文也云弧所以張縿之弓也者爾雅説旌旗正幅爲縿故以此弧弓張縿之兩幅故云張縿之弓也云弓衣曰韣者案月令云后妃帥九嬪御乃禮天子所御帶以弓韣授以弓矢于高禖之前言帶以弓韣韣是弓衣可知云瑞玉謂公桓圭之等皆大宗伯典瑞職文云繅所以藉玉至爲六色其義疏已見於聘禮記　天子至右几　注依如至黼純　釋曰云依如今綈素屏風也者案爾雅牖戶之閒謂之扆以屏風爲斧文置

於依地孔安國顧命傳云扆屏風畫爲斧文置戶牖閒是也言綈素者
綈赤也素白也漢時屏風以綈素爲之象古者白黒斧文故鄭以漢法
爲况云有繡斧文所以示威也者案周禮繢人云青與赤謂之文赤與
白謂之章白與黒謂之黼黒與青謂之黻五色備謂之繡此白黒斧以
方繡次爲之故云有繡斧文所以示威也云斧謂之黼者據繡次言之
白與黒謂之黼即爲此黼字也據文體形質言之刃白而銎黒則爲此
斧字故二字不同也云几玉几也者案周禮司几筵云左右玉几故知
此几是玉几也注左右有几優至尊也亦與此同又案大宰云贊玉几
鄭注云玉几王所依也立而設几優尊者但几唯須其一又几坐時所
以馮依今左右及立而設之皆是優至尊也兩注相兼乃具云其席莞
席以下亦司几筵文案彼云大朝覲大饗射凡封國命諸侯王位設黼
依依前南鄉設莞席紛純等鄭注云紛純者紛如綬有文而狹繅席者
削蒲弱展之編以五采若今合歡矣畫純者謂畫雲氣次席者桃枝蓆
有次列成文此次席即顧命所謂篾席也篾謂竹青據竹而言次謂次
列據文體而說是以顧命云牖閒南嚮敷重篾席孔傳云桃枝竹義與

鄭同　天子袞冕負斧依　注袞衣至侯見　釋曰云負斧依者負謂
背之南面也云袞衣者裨之上也者但裨衣者自袞冕至玄冕五者皆
裨衣故云裨之上也上文云裨衣者揔五等諸侯指其衣有三等不得
定其衣號故言揔裨衣此據天子一身故指其衣體言袞冕云繢之繡
之爲九章者衣繢而裳繡衣在上爲陽陽主輕浮故對方爲繢次裳在
下爲陰陰主沈深故刺之爲繡次是以尚書衣言作繢裳言紩繡爲九
章者鄭注司服云冕服九章登龍於山登火於宗彝尊其神明也九章
初一曰龍次二曰山次三曰華蟲次四曰火次五曰宗彝皆畫以爲繢
次六曰藻次七曰粉米次八曰黼次九曰黻皆絺以爲繡則袞之衣五
章裳四章凡九也云南鄉而立者此文及司几筵雖不云立案下曲禮
云天子當宁而立又云當扆而立在朝在廟皆云立故知此南面而立
以俟諸侯之見也　嗇夫至天子　注嗇夫至夫馳　釋曰云嗇夫蓋
司空之屬也者無正文知司空屬者案五官之內無嗇夫之名故知是
司空之屬但司空職亡故言蓋以疑之云末擯承命於侯氏下介傳而
上上擯以告於天子者案周禮司儀職兩諸侯相朝皆爲交擯則此諸

侯見天子交擯可知此所陳擯介當在廟之外門東陳擯從北鄉南門西陳介從南鄉北各自爲上下此經先云嗇夫承命告于天子則命先從侯氏出下文天子得命呼之而入命又從天子下至侯氏即令入故下注云君乃許入若然此覲遇之禮略唯有此一辭而已無三辭之事司儀云交擯三辭者據諸侯自相見於大門外法其天子春夏受享於廟見於大門外亦可交擯三辭矣云天子見公擯者五人以下並大行人文云皆宗伯爲上擯者案大宗伯職云朝覲會同則爲上相鄭注云相詔王禮也出接賓曰擯入詔禮曰相若四時常朝則小行人爲承擯故小行人職云將幣爲承而擯此文嗇夫爲末擯若子男三擯此則足矣若侯伯四擯别增一士若上公五擯更别增二士若時會殷同則肆師爲承擯故肆師職云大朝覲佐擯鄭注云爲承擯是其義也引春秋傳者案左氏傳昭十七年夏六月朔日有食之叔孫昭子救日食引夏書云辰不集于房瞽奏鼓嗇夫馳庶人走鄭引者欲見嗇夫是卑官得爲末擯之意也　天子至受之　注言非至作賀　釋曰此經直云伯父其入不云迎之禮記郊特牲云覲禮天子不下堂而見諸侯故無迎

法若然案夏官齊僕云掌馭金路以賓朝覲宗遇饗食皆乘金路其法儀各以其等爲車送逆之節者覲遇雖無迎法至於饗即與春夏同故連言之　侯氏至稽首　注入門至不授　釋曰云卑者見尊奠摯而不授者案士昏禮云壻執鴈升奠鴈又云若不親迎則婦入三月然後壻見主人出門壻入門奠摯再拜出鄭注云奠摯者壻有子道不敢授也又士相見凡臣見於君奠摯再拜與此奠圭皆是卑者不敢授而奠之　擯者謁　注謁猶至其升　釋曰云其辭所易者曰伯父其升者此又不見謁告之辭鄭注云上擯告以天子前辭者謂擯者謁以上辭云天子曰非他伯父實來予一人嘉之伯父其入予一人將受之是擯者於門外傳王辭告之使入此擯者謁告還用彼辭所改易者唯改入字爲升故云伯父其升也以其喚使升堂親受之也　侯氏至乃出　注擯者至進也　釋曰云侯氏坐取圭則遂左降者以經侯氏得擯者之告坐取圭即言升致命無出門之文明知遂向門左從左堂塗升自西階致命也云從後詔禮曰延延進也者以其賓升堂擯者不升若特牲少牢祝延尸使升尸升祝從升與此文同皆是從後詔禮之事

儀禮疏卷第二十六

儀禮疏卷第二十七

唐朝散大夫行太學博士引文館學士臣賈　公彥　等撰

四享至所有　注四當至致之　釋曰自此盡事畢論侯氏行覲禮訖相隨即行三享之事云四當爲三古書作三四或皆積畫此篇又多四字字相似由此誤也者知四當爲三者諸文唯謂三享無四享之事所以誤作四者由古書作三四之字或皆積畫者堯典云帝曰咨三岳皋陶云外薄三海泰誓序云作泰誓三篇是古書三四皆積畫也云此篇又多四字者下有四傳擯又云路下四亞之又云東帛四馬四門四尺四字既多積畫四又似三由此故誤爲四字也引大行人者欲證三享爲正文云其禮差又無取於四也者案聘禮小聘曰問不享大聘雖有享不言數明一享而已案大行人五等諸侯皆同三享若然三與一及不享是其禮之差是無取於四之義故從三爲正云初享或用馬或虎豹之皮者案下經先陳馬聘禮特言皮故知初享以此二者爲先言或者聘禮記云皮馬相閒可也又聘禮經夕幣時皮則左首展幣時更云馬則幕南北面此下經亦用馬案郊特牲云虎豹之皮示服猛也是其

或用馬或用虎豹之皮爲初享也云其次享三牲魚腊籩豆之實以下皆禮器文是以禮器云大饗其王事與三牲魚腊四海九州之美味也籩豆之薦四時之和氣也内金示和也束帛加璧尊德也龜爲前列先知也金次之見情也丹漆絲纊竹箭與衆共財也其餘無常貨各以其國之所有則致遠物也彼諸侯國王爲祫祭而致之與此因覲致之同以其因覲即助祭因祭即致享物若不當三年祫祭即特致三享也云皆以璧帛致之者案聘禮束帛加璧享君束錦加琮享夫人小行人亦云璧以帛琮以錦是五等諸侯享天子與后此云璧帛致之者據享天子而言若享后即用琮錦但三享在庭分爲三段一度致之據三享而言非謂三度致之爲皆也凡享者貢國所有或因朝而貢或歲之常貢歲之常貢則小行人云春入貢及大宰九貢是也因朝而貢者則大行人云侯服歲一見其貢祀物之等是也皆有璧帛以致之案小行人云合六幣圭以馬璋以皮璧以帛琮以錦琥以繡璜以黼此六物者以和諸侯之好故注云合同也六幣所以享也五等諸侯享天子用璧享后用琮其大各如其瑞皆有庭實以馬若皮皮虎豹之皮用圭璋者二王

之後也二王後尊故享用圭璋而特之禮器曰圭璋特義亦通於此其
於諸侯亦用璧琮耳子男於諸侯則享用琥璜下其瑞也凡二王後諸
侯相享之玉大小各降其瑞一等若如此言鄭知五等享玉各如其瑞
者見玉人職云璧琮九寸諸侯以享天子言九寸據上公琮以享后不
言者文不具公依命數與瑞等則侯伯子男之享玉亦如其瑞可知又
知五等自相享各降其瑞一等者又見玉人職云瑑琮八寸諸侯以享
夫人鄭云獻於所朝聘君之夫人兼言聘者欲見聘使亦下君之瑞一
寸與君同直言瑑琮享夫人不言瑑璧以享君亦文不具若然侯伯子
男自相享各降其瑞一寸可知圭璋據二王後享天子與后者五等諸
侯既用璧琮二王後尊明用圭以享天子用璋以享后可知又知二王
後自相享亦用璧琮者以五等諸侯降於享天子明二王後退用璧琮
可知子男自相享用琥璜者以其子男瑞用璧享天子可與瑞同自相
享不得與瑞等降用琥璜可知若然子男之臣自相聘亦享用琥璜不
得踰君故也又知五等之臣聘享之玉皆降其君一寸者又見玉人云
瑑圭璋八寸璧琮八寸以覜聘八寸據上公之臣則侯伯子男臣各降

其君一寸可知案孝經緯援神契云二王後稱公大國稱侯則二王之後爲公而前則謂公者案典命云上公九命爲伯其國家宮室車旗衣服禮儀皆以九爲節鄭注云上公者謂王之三公有德者加命爲二伯二王之後亦爲上公若然典命云王之三公八命有功加一命爲二伯則周公召公是也本國猶稱侯則魯侯燕伯是也　奉束至稽首　注卓讀至敬也　釋曰云中庭西上者案昏禮云參分庭一在南又聘禮云庭實皮則攝之注云參分庭一在南又米筥設于中庭鄭注云言當中庭者南北之中也則此云中庭亦是南北之中不參分庭一在南者以其三享同陳須入庭深設之故也云卓讀如卓王孫之卓卓猶的也者以音字旣同而讀從之卓王孫是司馬相如之妻文君之父也於十馬之内以素的一馬以爲上故訓卓爲的也云書其國名後當識其何産也者謂若晉有鄭之小駟復有屈産之類是也云馬必十匹者不敢斥王之乘用成數敬也者此爲庭實故用十匹案康王之誥二伯率諸侯而入皆布乘黃朱而陳四匹者彼據二王之後以國所有享新王享物陳於庭用圭以馬致享馬不得上堂亦陳於庭直以圭升堂致命乘

馬若乘皮故以四爲禮非所享之物故用四馬與此異也　擯者至受之　注亦言至受之　釋曰云亦言王欲親受之者亦上親受之也侯氏至隨之　注王不至益臣　釋曰云擯宰幣王既撫玉不受幣幣即束帛加璧并玉言幣故小行人合六幣皮馬與玉皆爲幣此單言宰即大宰大宰主幣故周禮大宰職云大朝覲會同贊玉幣玉獻玉几玉爵注云助王受此四者是也云王不受玉撫之而已輕財也者案聘義圭璋還之爲重禮璧琮不還爲輕財是以圭璋親受璧琮初即不受爲輕財故也云以馬出隨侯氏出授王人於外也者謂侯氏牽馬而出馬隨侯氏之後出授王人於外也云王之尊益君侯氏之卑益臣者春夏受贄于朝雖無迎法王猶在朝至受享又迎之而稱賔主至覲禮受享皆無迎法不下堂而見諸侯已是王尊爲君禮臣卑爲臣禮王猶親受其玉今至于三享貢國所有行供奉之節故使自執其馬王不使人受之於庭者是王之尊益君侯氏之卑益臣故也聘禮享用皮及賔私覿馬皆使人受之者見他國之君不臣人之臣故與此異也若然聘禮享君尚有幣問卿大夫此諸侯覲天子享天子訖亦當有幣問公卿大夫

是以隱七年左氏傳云初戎朝于周發幣于公卿而凡伯不賓服注云戎以朝禮及公卿大夫發陳其幣凡伯以諸侯爲王卿士不修賓主之禮敬報於戎是以冬天王使凡伯來聘還戎伐之於楚丘以歸是諸侯朝天子亦有聘及公卿大夫之事也　乃右至聽事　注右肉至無咎

釋曰自此盡降出論侯氏受刑王免之降出之事刑袒於右者右是用事之便又是陰陰主刑以不能用事故刑袒於右也云凡以禮事者左袒左袒者無問吉凶禮皆袒左知者士喪禮云主人出南面左袒扱諸面之右檀弓云延陵季子葬其子於嬴博之間葬訖左袒故云凡以該之引易曰折其右肱無咎者案易豐䷶卦九三云折其右肱無咎凡卦爻二至四三至五兩體交互各成一卦先儒謂之互體故鄭隨其義而注云三艮爻艮爲手互體爲巽巽又爲進退手而便於進退右肱也猶大臣用事于君君能誅之故無咎引之者證刑理宜於右之義云告聽事者告王以國所用爲罪之事也者加得字解之當云告王以國所用爲者得非罪之事也正是罪之一辭解擬受刑之意又解云告王以己無罪引下文伯父無事解之不辭之甚也　侯氏至降出　注王辭至

勞也　釋曰云當出隱於屏而襲之也者以屏外不見天子爲隱向者右袒今王辭以無事故宜襲也云天子外屏者據此文出門乃云屏南即是外屏云天子外屏取禮緯之文故禮緯云天子外屏諸侯内屏大夫以簾士以帷是也　天子至再拜　注賜車至外也　釋曰自此盡亦如之論王使人賜侯氏車服之事云同姓金路異姓象路案周禮巾車掌五路自玉路至木路玉路以祀尊之不賜諸侯金路云同姓以封象路云異姓以封革路云以封四衛木路云以封蕃國鄭云同姓謂王子母弟率以功德出封雖爲侯伯其畫服猶如上公賜魯侯鄭伯服則衮冕得乘金路以下與上公同則大公與杞宋雖異姓服衮冕乘金路矣異姓謂舅甥之國與王有親者得乘象路異姓侯伯同姓子男皆乘象路以下四衛謂要服以内庶姓與王無親者自侯伯子男皆乘革路以下蕃國據外爲揔名皆乘木路而已鄭直言金路象路者略之也云服則衮也鷩也毳也據司服而言案司服上陳王之吉服有九下云公之服自衮冕而下如王之服侯伯自鷩冕而下如公之服子男自毳冕而下如侯伯之服也　路先至車南　注路謂至十兩　釋曰云凡君

乘車曰路者鄭注周禮云路大也君之居以大爲名是以云路寢路門之等引春秋者閔二年左氏傳云狄人伐衛又云及狄人戰于熒澤衛師敗績遂滅衛夜與國人出狄入衛遂從之又敗諸河宋桓公逆諸河宵濟立戴公以廬於曹齊侯使公子無虧帥車三百乘甲士三千人以戍曹歸公乘馬祭服五稱牛羊豕鷄狗皆三百與門材歸夫人魚軒重錦三十兩鄭引之證重賜無數在車南也　諸公至是右　注言諸至氏也　釋曰云言諸公者王同時分命之而使賜侯氏也者以其言諸非一之義以諸侯來覲者衆各停一館故命諸公分往賜之云右讀如周公右王之右者案襄公二十一年左氏傳晉欒盈出奔楚范宣子殺羊舌虎囚伯華於是祁奚老矣聞之乘馹而見宣子祁奚曰夫謀而鮮過惠訓不倦者叔向有焉社稷之固也猶將十世宥之以勸能者今壹不免其身以棄社稷不亦惑乎鯀殛而禹興伊尹放太甲而相之而卒無怨色管蔡爲戮周公右王若之何其以虎也棄社稷鄭引此者證大史是右是佐公而在公右之義也云是右者始隨入於升東面乃居其右者大史卑明始時隨公後升訖公東面大史乃居其右故云是右謂

於是乃居公右而並東面知並立者以其在公右宣王命故也 升成拜 注大史至之類 釋曰引春秋者僖九年經夏公會宰周公齊侯宋子衛侯之等于葵丘傳云王使宰孔賜齊侯胙曰天子有事于文武使孔賜伯舅胙齊侯將下拜孔曰且有後命天子使孔曰以伯舅耋老加勞賜一級無下拜對曰天威不違顏咫尺小白余敢貪天子之命無下拜恐隕越于下以遺天子羞敢不下拜下拜登受鄭引之者證此大史述王辭侯氏下拜亦如此故鄭云此辭之類也但彼以齊侯年老故未降已辭此下拜禮也故降拜乃辭之彼齊侯不升成拜者亦以年老故也 使者至如之 注既云至遂言 釋曰云既云拜送乃言儐使者以勞有成禮略而遂言者經云侯氏送再拜者事勢宜終故連言之其實儐使者在拜送前必以之儐後略言者以儐有成禮可依故後略言案上篇以來每有儐禮皆是成篇之法是成禮也 同姓至叔舅 注據此至而言 釋曰案周禮冢宰職云掌建邦之六典以佐王治邦國注云大曰邦小曰國邦之所居亦曰國者彼經或邦國連言或單言國則邦國連言據諸侯單言國據王以邦在國上故云大曰邦小曰國

唯王建國是邦之所居亦曰國彼對文則例散文則通故此大國言國小國言邦也鄭云據此禮云伯父同姓大邦而言者鄭欲解稱伯父叔父不要同姓爲定之意云據此云伯父者即上文云伯父此文即云同姓大國則曰伯父是以云據此禮云伯父同姓大邦而言若也據文則不要同姓與大國案下曲禮東西二伯不問同姓異姓皆稱伯父州牧而稱叔父鄭云牧尊於大國之君而謂之叔父辟二伯亦以此爲尊是此又云同姓大國則曰伯父者唯據此禮而云伯父而言不據他文故鄭此注決爲不定之意　饗禮乃歸　注禮謂至一燕　釋曰云禮謂食燕也者案聘禮及諸文言饗皆單云饗無云禮鄭所引掌客五等饗食燕三者具有今饗下有禮故以禮爲食燕也云王或不親以其禮幣致之鄭言此者欲解經變食燕而言之禮見王有故不親食燕則以禮幣致之故言之禮云略言饗禮互文者直言饗見王無故親饗之若王有故亦以侑幣之禮致之食燕公之禮見王有故以幣之禮致之亦宜有王無故親食燕故云互文也引掌客者見五等諸侯饗食燕皆具有證經之禮是食燕之義也以此文爲互則饗食燕皆有酬幣侑幣是以

掌客職三饗三食三燕云云即云若弗酌則以幣致之鄭注云若弗酌謂君有故不親饗食燕彼是諸侯自相待法此鄭引之證經天子待諸侯法則天子待諸侯三者皆有幣可知案掌客云王巡守從者三公眂上公之禮卿眂侯伯之禮大夫眂子男之禮則天子使公卿大夫存覜省至諸侯之國諸侯與之饗食燕皆有幣與諸侯同可知也若大國之孤聘於天子及鄰國其饗食燕有侑幣酬幣亦與子男同故大行人云凡大國之孤執皮帛以繼小國之君出入三積不問一勞又云其他皆眂小國之君鄭注云他謂貳車及介牢禮賓主之間擯者將幣祼酢饗食之數故知饗食燕亦有幣也案聘禮云若不親食使大夫各以其爵朝服致之以侑幣如致饔無儐致饗以酬幣亦如之是親饗食之有幣可知又云燕與俶獻無常數又不言致燕以幣則無致燕之禮親燕亦無酬幣鹿鳴序云燕羣臣嘉賓也既飲食之又實幣帛筐篚以將其厚意則飲食據饗食有幣若然發首云燕羣臣嘉賓者文王於羣臣嘉賓恩厚燕之無數故先言其實無幣也若然天子燕己臣及四方卿大夫諸侯燕己臣及四方卿大夫皆無酬幣也　諸侯至其上　注四時至

侯也　釋曰自此盡四傳擯論會同王爲壇見諸侯之事云四時朝覲受之於廟者案曲禮下經言之春夏朝宗在朝不在廟而言四時朝覲皆在廟者朝宗雖在朝受享則在廟故并言之云此謂時會殷同也者以司儀職云將合諸侯則令爲壇三成與此爲一事則合者合諸侯也故知此爲壇見諸侯謂時會殷同時也案大宗伯云時見曰會殷見曰同鄭注云時見者言無常期諸侯有不順服者王將有征討之事則既朝覲王爲壇於國外合諸侯而命事焉春秋傳曰有事而會不協而盟是也殷猶衆也十二歲王如不巡守則六服盡朝朝禮既畢王亦爲壇合諸侯以命政焉所命之政如王巡守殷見四方四方四時分來終歲則遍若如此注則時會殷同亦有朝覲在廟而獨云四時朝覲在廟者以其周禮大行人諸侯依服數來朝時會無常期假令當方諸侯有不順服則順服者皆來朝王其中則有當朝之歲者復有不當朝之歲者若當朝之歲者自於廟朝覲若不當朝之歲者當在壇朝若十二年王不巡守則殷朝亦云既朝乃於壇者六服之內若以當歲者即在廟則依服數十二歲合有侯服年年朝者在廟朝覲其五服自甸男采衞要

五服若以十二歲王巡守揔合朝服不得獨在廟在壇朝故鄭會同皆言旣朝覲乃爲壇於國外也朝事儀未在壇朝而先言帥諸侯拜日亦謂帥巳朝者諸侯而言也云爲宮者於國外春會同則於東方云云者經直言爲壇鄭知遂四方爲之者案司儀云將合諸侯則令爲壇三成鄭注云合諸侯謂有事而會也爲壇于國外以命事天子春帥諸侯拜日於東郊則爲壇於國東夏禮日於南郊則爲壇於國南秋禮山川丘陵於西郊則爲壇於國西冬禮月與四瀆於北郊則爲壇於國北旣拜禮而還加方明於壇上而祀焉鄭引此文下及朝事儀而言故知爲壇皆依方爲之但四方之壇並宜在四郊之内以其拜日之等於近郊退來就壇明壇在近郊之内但去城不知遠近或四方皆依成數東方八里南方七里西方九里北方六里四方此其定分案職方王會同或出畿在諸侯之國故職方氏令諸侯供待之事則無常數云八尺曰尋者依考工記云殳長尋有四尺從軫差之知尋長八尺云三重者自下差之爲三等而上有堂焉堂上方二丈四尺上等中等下等每面十二尺者此以下基九十六尺上下三等每等兩相各丈二尺共二丈四尺三

等揔七丈二尺通堂上二丈四合九丈六尺也云方明者上下四方神明之象也者謂合木爲上下四方故名方此則神明之象故名明此樂解得名方明神之義也云所謂明神也者所謂秋官司盟之職云北面詔明神既盟則貳之是也云則謂之天之司盟有象者案春秋襄十一年經書公會晉侯宋公之等伐鄭鄭人懼行成秋七月同盟于亳范宣子曰不愼必失諸侯乃盟載書曰凡我同盟毋蘊年毋壅利毋保姦毋留慝救災患恤禍亂同好惡獎王室或閒兹命司愼司盟名山名川明神殛之注云二司天神司盟司愼不敬者盟司察明者是爲天之司盟也云有象者猶宗廟之有主乎者以其宗廟木主亦上下四方爲之故云猶宗廟之有主無正文約同之故云乎以疑之雖同四方爲之但宗廟主止一神而已此下文以六色爲六神用六玉禮之有此別但取四方同而已云王巡狩至於方岳之下諸侯會之亦爲此宫以見之者案下文祭天燔柴祭山丘陵升祭川沈祭地瘞鄭注云升沈必就祭者也則是謂王巡守及諸侯之盟祭也者是王巡守在方岳亦爲此宫可知是以司儀注云王巡守殷國而同則其爲宫亦如此與以其與宫同也

案司儀云王合諸侯令爲宫據時會而言其巡守據王就方岳殷國此
王有故不行諸侯同來此二者其壇文約與時會同故云與以疑之是
以鄭注大宗伯云殷同王亦爲壇於國外亦時會有文者也引司儀者
彼此同是一事但文有詳略此文言者取司儀以足之云南鄉見諸侯
也者王在堂上公於上等侯伯於中等子男於下等奠玉拜皆升堂授
玉乃降也　方明至方圭　注六色至著之　釋曰云上宜以蒼璧下
宜以黄琮者案大宗伯云蒼璧禮天黄琮禮地青圭禮東方赤璋禮南
方白琥禮西方玄璜禮北方據彼文上宜用蒼璧下宜用黄琮今於四
方還依宗伯唯上不用璧下不用琮故鄭云而不以者則上下之神非
天地之至貴者也案宗伯注此禮天以冬至謂天皇大帝在北極者也
禮地以夏至謂神在崐崘者也鄭云非天地之貴其天地之貴即昊天
崐崘是也既非天地之貴即日月之神故下云祭天燔柴祭地瘞鄭注
天地謂日月也若然日月用圭璧者典瑞云圭璧以祀日月故用圭璧
也四方用圭璋之等案大宗伯注云禮東方以立春謂蒼精之帝而大
昊勾芒食焉餘三方皆據天帝人帝人神則此亦非彼神也以其下文

有日月四瀆山川丘陵之神迎拜以爲明神故知非天帝人帝之等是以司盟云凡邦國有疑會同則掌其盟約之載及其禮儀北面詔盟神鄭注云有疑不協也明神神之明察者謂日月山川也覲禮加方明於壇上所以依之也是鄭解方明之神明日月山川之等非天帝也若然四方禮神還用圭璋琥璜非天神還用禮王者尊此明神而與天神同故用之也云刻其木而著之者雖無正文以意言之以其非置於坐以禮神於上下猶南北爲順刻木於四方亦順不刻木安於中則不可故知義然也　上介至而立　注置於至作上　釋曰云上介皆奉其君之旂置于宮尚左者此雖不言前期鄭云豫爲其君見王之位也則亦前期一日可也公侯就旂據臨朝之時也此旂鄭雖不解鄭注夏官中夏辨號名此表朝位之旂與銘旌及在軍徽幟同皆以尺易刃小而爲之也云中階之前巳下皆朝事儀明堂位文以朝事儀論會同之事明堂位周公朝諸侯于明堂不在宗廟皆與此同故鄭依之也言上者皆以近王爲上云尚左者建旂公東上侯先伯伯先子子先男而位皆上東方者以其侯伯別階相對子男雖隔門亦相對皆以東爲上故云侯

先伯子先男也云諸侯入壝門或左或右各就其旂而立者案下注云諸侯初入門王官之伯帥之則此云諸侯入壝門或左或右者是二伯初帥之各依左右若康王之誥云大保帥西方諸侯入應門左畢公帥東方諸侯入應門右皆北面此雖無應門亦二伯帥諸侯初入官門或左或右亦皆北面立定乃始各就其旂而立王乃降南面見之而揖必知王有降揖之事者燕禮大射公降揖羣臣使定位故知王亦然又知王土揖庶姓之等者此是司儀職王在壇揖諸侯之事彼與此同鄭彼注云土揖推手小下之也時揖平推手也天揖推手小舉之以推手曰揖引手曰撎故爲此解也若然覲禮天子不下堂而見諸侯今王降者以在壇會同相見與覲異故也以其覲禮廟門設擯此則堂壝門設擯是以雖繼覲禮之下覲禮無降揖法此與諸侯對面相見故有降揖之事　四傳擯　注王既至作傳　釋曰知奠瑞玉及享幣公拜於上等侯伯於中等子男於下等擯者每延之升堂致命王受玉撫玉降拜於下等者三等拜禮皆司儀職文擯者延之升堂以下約上覲禮之法云王受玉謂朝時撫玉謂享時是以司儀三等之下云其將幣亦如之鄭

云將幣享也又云及請事勞皆如覲禮者請事謂上文侯氏奠圭擯者請侯氏王欲親受之勞謂侯氏受刑後王勞之故云皆如覲禮云公也侯也伯也各一位者以其面位同故各自設擯云子男俠門而俱東上亦一位也者以其雖隔門相去近又同北面東上故共一位設擯故有四傳擯云至庭乃設擯者對上覲禮門外設擯案此上經諸侯各就其旂而立乃云四傳擯則在諸侯之北故知至庭乃設擯云則諸侯初入門王官之伯帥之耳者約顧命而知之　天子至方明　注此謂至祝號　釋曰自此盡西門外論將見諸侯先禮日月山川之事云此謂會同以春者也者案下文於南門北門西門之外禮日月四瀆會同以夏秋冬此云拜日於東門之外故知會同以春者也云馬八尺以上爲龍者是周禮廋人職文案彼云馬八尺以上爲龍七尺以上爲騋六尺以上爲馬五尺以上爲駒云大旂大常也者案周禮司常云日月爲常交龍爲旂則旂與常別此既象日月則是大常而云大旂者九旂各有定稱亦有通名故桓二年臧哀伯云三辰旂旗服氏注云九旂之摠名故大常亦謂之大旂是以諸侯建交龍爲旂亦謂之常大行人云五等諸

侯亦曰建常九斿亦是通稱也云王建大常縿首畫日月其下及旒交畫升龍降龍知義然者以其先言日月後言龍故知縿首畫日月依爾雅說旌旗云正幅爲縿長尋曰辰謂旌旗身也其下屬旒乃畫日月交龍案左傳云三辰旂旗服注云三辰謂日月星孔君尚書傳亦云畫日月星於衣服旌旗鄭注司服亦云王者相變至周而以日月星辰畫於旌旗所謂三辰旂旗昭其明也若然大常當有星所以司常及此直云日月不云星者既言三辰則日月星俱有周禮司常不言星者司常九旂皆以二字爲名故略不言星是以此文亦略不言星案文大常之上又有交龍則諸侯交龍爲旂無日月王之大常非直有日月兼有交龍司常不言交龍亦是於文略引朝事儀以下至朝諸侯此亦同法故引之證此拜日於東門之事云天子冕而執鎮圭者案玉藻天子玄冕拜日於東門之外則知此亦玄冕也搢大圭者則周禮玉人職大圭長三尺杼上終葵首是也云乘大路者則周禮玉路也以周之玉路因殷之大路飾之以玉故猶以大路爲名云樊纓十有二就者案巾車鄭注云樊馬大帶纓馬鞅就成也以五采罽飾之一帀爲一成樊與纓各飾爲

十二帀十二就也云貳車十有二乘者案周禮大行人云上公貳車九乘侯伯七乘子男五乘而天子十二以爲節故十二乘貳車者飾皆與正路同當亦飾之以玉使人乘之少儀云乘貳車則式佐車則否是也云帥諸侯朝日於東郊者朝日即拜日一也以其朝必有拜云所以教尊尊也者天子至尊猶往朝日是教天下尊敬其所尊者故云教尊尊也云退而朝諸侯者朝日於東郊退就壇使諸侯朝已云由此二者言之巳祀方明乃以會同之禮見諸侯也者言一者諸侯朝事儀與此覲禮其朝事儀朝日退乃始朝諸侯此覲禮加方明於壇上公侯伯子男就其旂而立王乃四傳擯見之是巳祀方明乃始見諸侯二者同故云由此二者言之若然朝事儀直有朝日禮畢退見諸侯此覲禮祀方明禮畢乃朝諸侯不同者以其邦國有疑則有盟事朝日旣畢乃祀方明於壇祀方明禮畢退去方明於下天子乃升壇與諸侯相見朝禮旣畢乃更加方明於壇與諸侯行盟誓之禮若邦國無疑王帥諸侯朝日而巳無祀方明之事是以朝事儀直云朝日教尊尊而朝諸侯不言祀方明之事鄭云巳祀方明者據此覲禮上下有盟誓而言此天子乘龍及

下文禮日之等若有盟誓文當在宫方三百步之上今退文在下者欲見盟誓非常尋常無盟誓之事直朝日而已故也云凡會同者不協而盟者左氏傳云有事而會不協而盟引此者解此經反祀方明之意反祀方明者爲不協而盟故也故引司盟證之云既盟則藏之者盟誓既訖寫此盟辭頒之於六官司盟之官覆寫一通自藏擬後覆驗云言北面詔明神則明神有象也象者其方明乎鄭言此者司盟云詔明神不言方明此文直言方明不言明神鄭欲合爲一事故云言北面詔明神則明神有形象可告以其方明有四方四色是其象無正文以義約爲一事故言乎以疑之云及盟時又加於壇上乃以載辭告焉者對前祀方明加於壇上祀訖退而乃朝諸侯訖又加於壇上以載辭告之云詛祝掌其祝號者案春官詛祝職云掌盟詛類造攻説禬禜之祝號注云八者之辭皆所以告神明也盟詛主要誓大事曰盟小事曰詛又云作盟詛之載辭以叙邦國之信是也　禮日至門外　注此謂至信也

釋曰知此謂會同夏秋冬者以經禮日之等各於其門外上經禮日於東門之外已是春會同明知此是夏秋冬也既所禮各於門外爲壇亦

各合於其方是以司儀云將合諸侯則令爲壇三成宮旁一門鄭注云天子春率諸侯拜日於東方則爲壇於國東夏禮日於南郊則爲壇於國南秋禮山川丘陵於西郊則爲壇於國西冬禮月四瀆於北郊則爲壇於國北云變拜言禮者容祀也者言拜無祀祀則兼拜上春云拜日無盟誓不加方明於壇直拜日教尊尊而已此經三時皆言禮見有盟誓之事加方明於壇則有祀日與四瀆及山川之事故言禮是以或言拜或言禮云禮月於北郊者月大陰之精以爲地神也者鄭據經三時先北後西不以次第以其祭地於北郊祭月四瀆亦於北郊與地同但日者大陽之精故於東郊南郊於陽方而禮之以月是地神四瀆與山陵俱是地神以山陵出見爲微陰故配西方四瀆爲極陰故月同配北方又以月尊故先言之而又祭於北郊也云盟神必云日月山川焉者爲其著明也者以山川是著見日月是其明故同爲盟神也引詩者曰明詩人以爲明證引春秋者定元年二月孟懿子會城成周宋仲幾不受功即云士彌牟曰晉之從政者新子姑受功歸吾視諸故府仲幾曰縱子忘之山川鬼神其忘諸乎引之者山川神爲盟神義也不言月者

諸文無以月爲盟神之事故不引據此覲禮言月以月明爲盟神可知

祭天至地瘞　注升沈至作殪　釋曰上論天子在國行會同之禮於國之四郊拜禮於日月山川之神以爲盟主已備於上今更言祭日月山川者據天子巡守於四岳各隨方西祭之以爲盟主故重見此文云升沈必就祭者也者對上經山川丘陵但於四郊望祭之故不言升沈之事此經言升沈必是就山川丘陵故言升沈案爾雅云祭山曰庪懸祭川曰浮沈不言升此山丘陵云升者升即庪懸也此祭川直言沈不言浮者以牲體或沈或浮不言浮亦文略也云就祭則是謂王巡守及諸侯之盟祭也者此經主爲天子春東郊夏南郊皆禮日即此經祭天燔柴也秋西郊即此經祭山丘陵升是也冬北郊即此經祭川沈祭地瘞也以其川即四瀆也鄭兼言諸侯之盟者以其諸侯自盟亦祭山川爲神主故兼言之此經兼有王官之伯以月爲神主不言者無正文故不言也云其盟偈於著明者亦如上釋以日月爲明山川爲著也云燔柴升沈瘞祭禮終矣者案周禮禋祀實柴燎是歆神始禮未終而言禮終者以其祭禮有三始樂爲下神始禋柴爲歆神始牲體爲薦饌始燔柴

是樂爲下神之後是下神之禮終故云禮終案爾雅祭天曰燔柴祭地曰瘞埋柴與瘞相對則瘞埋亦是歆神若然則升沈在柴瘞之間則升沈亦是歆神之節皆據樂爲下神之後而爲祭禮終矣或可周禮此三者爲歆神至祭祀之後更有此柴瘞升沈之事若今時祭祀訖始有柴瘞之事者也引郊特牲者案易緯三王之郊一用夏正春分以後始日長於建寅之月郊天云迎長日之至者預迎之又云大報天而主日也者鄭彼云大猶徧謂郊天之時祭尊可以及卑日月以下皆祭以日爲主又云大宗伯職曰以實柴祀日月星辰者此所引不取月與星辰之義直取日而已與此經燔祭文同鄭引此諸文者欲證此經祭天燔柴是祭日非正祭天神以其日亦是天神故以祭天言之是以鄭云則燔柴祭天謂祭日也又云柴爲祭日則祭地瘞者祭月也者以其前文天子在國祀日月燔祭既是日祭地是月可知亦非正地神也云日月而云天地靈之者以其尊之欲爲方明之主故變日月而云天地是神靈之也云王制曰王巡守至於岱宗柴是王巡守之盟其神主日也者案彼注以爲告至案祀典歲二月東巡守至于岱宗柴注爲考績燔燎柴

此又爲祭日柴不同者但巡守至岱宗之下有此三種之柴告至訖別有考績皆正祭之神別有祭日以爲方明之主尚書與王制并此文唯有柴之文故注不同互見爲義明皆有是以此引王制之柴以爲祭日引春秋者僖公二十八年晉文公敗楚於城濮爲踐土之盟傳云山川之神引之證諸侯之盟用山川爲主此不言宋仲幾者所引之言皆是諸侯之事云月者太陰之精上爲天使臣道莫貴焉者鄭注周禮九嬪職引孔子云日者天之明月者地之理陰契制故月上屬爲天使婦從夫放月紀此二處俱是緯文鄭言此者證王官之伯臣中最尊奉王使出與諸侯盟其神主月以其無正文故言與以疑之鄉來所解諸侯以山爲主王官之伯以月爲主案襄十一年左傳云秋七月諸侯同盟於亳云司愼司盟名山名川彼非直有山川兼有二司則此所云日月山川者兼有此二司可知又王官之伯非直奉王使出會諸侯而盟若受弓矢之賜得專征伐亦與諸侯爲盟　記几俟于東箱　注王即至之處　釋曰云王即席乃設之也者案公食大夫記宰夫筵出自東房則此天子禮几筵亦在東房其席先敷其几且俟于東箱待王即席乃設

之謂若聘禮賓即席乃授几若然公食大夫宰夫設筵加席几同時預設者公親設湇可以略几故以几與席同時設之若爲神几筵亦同時而設故聘禮几筵設擯者出請命云東箱東夾之前者案上文覲在文王廟中案鄭周禮注宗廟路寢制如明堂明堂有五室四堂無箱夾則宗廟亦無箱夾之制此有東夾者此周公制禮據東都乃有明堂此文王廟仍依諸侯之制是以有東夾室若然樂記注云文王廟爲明堂制者彼本無制字直云文王廟爲明堂云相翔待事之處者翔謂翱翔無事故公食賓將食辭於公親臨己食公揖退於箱以俟賓食是相翔待事之處也　偏駕不入王門　注在旁至館與　釋曰云在旁與己同曰偏者依周禮巾車掌王五路玉路以祀不賜諸侯金路以賓同姓以封象路以朝異姓以封革路以即戎以封四衛木路以田以封蕃國此五路者天子所乘爲正四路者諸侯乘之爲偏是據諸侯在旁與王同爲偏云不入王門乘墨路以朝是也者據上文而言云偏駕之車舍之於館與者偏駕既云不入王門又云乘墨車而至門外諸侯各停於館明舍在館無正文故言與以疑之　奠圭于繅上　釋曰此解侯氏入

門右奠圭釋於地時當以繅藉承之　乃釋於地此繅謂韋衣木版朱白蒼與朱綠畫之者非謂絇組尺爲繫者彼所以繫玉固者也

仪礼疏卷第二十七

儀禮疏卷第二十八

唐朝散大夫行太學博士引文館學士臣賈　公彦　等撰

喪服第十一　案鄭目録云天子以下死而相喪衣服年月親疏隆殺之禮不忍言死而言喪喪者棄亡之辭若全存居於彼焉已亡之耳大戴第十七小戴第九劉向別録第十一　釋曰案禮器云經禮三百曲禮三千鄭云經禮謂周禮也曲猶事也事禮謂今禮也禮篇多亡本數未聞其中事儀三千若然未亡之時有天子諸侯卿大夫士之喪服其篇各別今皆亡唯士喪禮在若然據喪服一篇揔包天子以下服制之事故鄭目録云天子以下相喪衣服親疏之禮喪服之制成服之後宜在士喪始死之下今在士喪之上者以喪服揔包尊卑上下不專據士故在士喪之上是以喪服爲第十一喪服所陳其理深大今之所釋且以七章明之第一明黄帝之時朴略尚質行心喪之禮終身不變第二明唐虞之日淳朴漸虧雖行心喪更以三年爲限第三明三王以降澆僞漸起故制喪服以表哀情第四明既有喪服須明喪服二字第五明喪服章次以精麤爲序第六明作傳之人并爲傳之意第七明鄭玄

之注經傳兩解之第一明黃帝之時朴略尚質行心喪之禮終身不變者案禮運云昔者先王未有宫室食鳥獸之肉衣其羽皮此乃伏羲之時也又云後聖有作治其絲麻以爲布帛養生送死以事鬼神此謂黃帝之時也又案易繫辭云古之葬者厚衣之以薪葬之中野不封不樹喪期無數在黃帝九事章中亦據黃帝之日言喪期無數是其心喪終身者也第二明唐虞之日淳朴漸虧雖行心喪更以三年爲限者案禮記三年問云將由夫患邪淫之人與則彼朝死而夕忘之然而從之則是曾鳥獸之不若也夫焉能相與羣居而不亂乎將由夫脩飾之君子與則三年之喪二十五月而畢若駟之過隙然而遂之則是無窮也故先王焉爲之立中制節壹使足以成文理則釋之矣然則何以至期也曰至親以期斷是何也曰天地則已易矣四時則已變矣其在天地之中者莫不更始焉以是象之也鄭注云法此變易可以期也又云然則何以三年也注云言法此變易可以期何以乃三年爲又云曰加隆焉爾也焉使倍之故再期也注云言於父母加隆其恩使倍期也據此而言則聖人初欲爲父母期加隆焉故爲父母三年必加隆至三年者孔

子荅宰我云子生三年然後免於父母之懷是以子爲之三年報之三年問又云三年之喪人道之至文者也夫是之謂至隆是百王之所同古今之所壹也未有知其所由來者也注云不知其所從來喻此三年之喪前世行之久矣既云喻前世行之久則三年之喪實知其所從來但喻久耳故虞書云二十八載帝乃殂落百姓如喪考妣三載四海遏密八音是心喪三年未有服制之明驗也第三明三王已降澆僞漸起故制喪服以表哀情者案郊特牲云大古冠布齊則緇之鄭注云唐虞已上曰大古又云冠而敝之可也注云此重古而冠之耳三代改制齊冠不復用也以白布冠質以爲喪冠也據此而言則唐虞已上吉凶同服唯有白布衣白布冠而已故鄭注云白布冠爲喪冠又案三王以來以唐虞白布冠爲喪冠又案喪服記云凡衰外削幅裳內削幅注云大古冠布衣布先知爲上外殺其幅以便體也後知爲下內殺其幅稍有飾也後世聖人易之以此爲喪服據此喪服記與郊特牲兩注而言則鄭云後世聖人夏禹也是三王用唐虞白布冠白布衣爲喪服矣第四明既有喪服須明喪服二字者案鄭目録云不忍言死而言喪喪者棄

亡之辭若全存於彼焉已棄亡之耳又案曲禮云天子曰崩諸侯曰薨大夫曰卒士曰不祿庶人曰死爾雅曰崩薨卒不祿皆訓死也是士以上爲義稱庶人言死得其揔名鄭注曲禮云死之言澌精神澌盡又案檀弓孔子云喪欲速貧春秋左氏傳魯昭公出居乾侯齊侯唁公於野井公曰喪人其何稱是喪棄亡之辭棄於此存於彼是孝子不忍言父母精神盡澌雖棄於此猶存於彼以此鄭義言之其喪字去聲讀之人或以平聲讀之者雖不與同義亦通也死者既喪生人制服服之者但貌以表心服以表貌故禮記閒傳云斬衰何以服苴苴惡貌也所以苴其內見諸外斬衰貌若苴齊衰貌若枲大功貌若止小功緦麻容貌可也下又云斬衰三升三升半齊衰四升以下是其孝子喪親以衣服表心但吉服所以表德凶服所以表哀德有高下章有升降哀有深淺布有精麤不同者也第五明喪服章次以精麤爲敘者案喪服上下十有一章從斬至緦麻升數有異異者斬有二義不同爲父以三升爲正爲君以三升半爲義其冠同六升三年齊衰唯有正之四升冠七升繼母慈母雖是義以配父故與因母同是以略爲節有正而已杖期齊衰有

正而已父在爲母與爲妻同正服齊衰五升冠八升不杖齊衰期章有
正有義二等正則五升冠八升義則六升冠九升齊衰三月章皆義服
齊衰六升冠九升曾祖父母計是正服但正服合以小功以尊其祖不
服小功而服齊衰非本服故同義服也殤大功有降有義爲夫之昆弟
之長子殤是義其餘皆降服也降服衰七升冠十升義服衰九升冠十
一升大功章有降有正有義姑姊妹出適之等是降婦人爲夫之族類
爲義自餘皆正衰冠如上釋也繐衰唯有義服四升半皆冠七升而已
以諸侯大夫爲天子故同義服也殤小功有降有義婦人爲夫之族類
是義自餘皆降服降則衰冠同十升義則衰冠同十二升小功亦有降
亦有正有義如前釋緦麻亦有降有正有義皆如上陳但衰冠同十五
升抽去半而已自斬以下至緦麻皆以升數升數少者在前升數多者
在後要不得以此升數爲敘者一則正義及降升數不得同在一章又
繐衰四升半在大功之下小功之上鄭下注云在小功之上者欲審著
縷之精麤若然喪服章次雖以升數多少爲前後要取縷之精麤爲次
第也第六明作傳之人又明作傳之意傳曰者不知是誰人所作人皆

云孔子弟子卜商字子夏所爲案公羊傳是公羊高所爲公羊高是子夏弟子今案公羊傳有云者何何以曷爲孰謂之等今此傳亦云者何何以孰謂曷爲等之問師徒相習語勢相遵以弟子却本前師此傳得爲子夏所作是以師師相傳蓋不虛也其傳内更云傳者是子夏引他舊傳以證己義儀禮見在一十七篇餘不爲傳獨爲喪服作傳者但喪服一篇摠包天子已下五服差降六術精麤變除之數既繁出入正殤交互恐讀者不能悉解其義是以特爲傳解第七明鄭玄之注經傳兩解之云鄭氏者北海郡高密縣人姓鄭名玄字康成漢僕射鄭崇八世孫也後漢徵爲大司農而不就年七十四卒於家云注者注義於經傳之下辨其義意若傳不釋經者則注在傳上以釋經若傳義難明者則在傳下以釋傳又在傳下注皆須題云玄謂以別傳若在傳上注者不須題玄義可知或云注或云傳出注述者意耳或有解云前漢以前云傳後漢以後云注若然王弼王肅之等後漢之人云傳此說非也　喪服至屨者　釋曰題此二字於上者與此一篇爲摠目言斬衰裳者謂斬三升布以爲衰裳不言裁割而言斬者取痛甚之意知者案三年問

云創鉅者其日久痛甚者其愈遲雜記縣子云三年之喪如斬期之喪
如剡謂哀有深淺是斬者痛深之義故云斬也若然斬衰先言斬下疏
衰後言齊者以斬衰先斬布後作之故先言斬疏衰先作之後齊之故
後云齊斬齊既有先後是以作文有異也云苴絰杖絞帶者以一苴目
此三事謂苴麻爲首絰要絰又以苴竹爲杖又以苴麻爲絞帶知此三
物皆同苴者以其冠繩纓不得用苴明此三者皆用苴又喪服小記云
苴杖竹也記人解此杖是苴竹也又絞帶與要絰象大帶與革帶二者
同在要要絰既苴明絞帶與要絰同用苴可知又喪服四制云苴衰不
補則衰裳亦同苴矣云冠繩纓者以六升布爲冠又屈一條繩爲武垂
下爲纓冠在首退在帶下者以其衰用布三升冠六升冠既加飾故退
在帶下又齊衰冠纓用布則知此繩纓不用苴麻用枲麻故退冠在下
更見斬義也云菅屨者謂以菅草爲屨詩云白華菅兮白茅束兮鄭云
白華已漚名之爲菅濡刃中用則此菅亦是已漚者也已下諸章並見
年月唯此斬章不言三年者以其喪之痛極莫甚於斬故不言年月表
創鉅而已是以衰設人功之疏絰又言麻之形體至於齊衰已下非直

見人功之跡又見經去麻之狀貌舉齊衰云三年明上斬衰三年可知然此一經爲次若此者以先喪而後服故服在喪下又先斬後乃爲衰裳故斬文在衰裳之上經杖絞帶俱蒙於苴故苴又在前經中經有二事仍以首經爲主故經文在上杖者各齊其心故在絞帶之前冠纓雖加於首以其不蒙於苴故退文在下屨乃服中之賤最後爲宜聖人作文倫次然　注者者至用布　釋曰云者者明爲下出也者周公設經上陳其服下列其人此經所陳服者明爲下人所出故服下出者明臣子爲君父等所出也案下諸章皆言者鄭君一解餘皆不釋義皆如此也云凡服上曰衰下曰裳者言凡者鄭欲兼解五服案下記云衰廣四寸長六寸綴之於心揔號爲衰非正當心而已故諸言衰皆與裳相對至於弔服三者亦謂之爲衰也云麻在首在要皆曰經知一經而兼二者以子夏傳要首二經俱解禮記諸文亦要首並陳故士喪禮云要經小焉故知一經而兼二文也云經之言實也明孝子有忠實之心故爲制此服焉檀弓云經也者實也明孝子有忠實之心故爲制此服焉案問喪云斬衰貌若苴齊衰貌若枲之等皆是心內苴惡貌亦苴惡服亦

苴惡是服以象貌貌以象心是孝子有忠實之心若服苴而貌美心不苴惡者是中外不相稱無忠實之心者也云首絰象緇布冠之缺項者案士冠禮緇布冠青組纓屬於缺鄭注云缺讀如有頍者弁之頍緇布冠之無笄者著頍圍髮際結項中隅爲四綴以固冠也此所象無正文但喪服法吉服而爲之吉時有二帶凶時有二絰以要絰象大帶明首絰象頍項可知以彼頍項爲吉時緇布冠無笄故用頍項以固之今喪之首絰與冠繩纓別材而不相綴今言象之者直取絰法象頍項而爲之至於喪冠亦無笄直用六升布爲冠一條繩爲纓與此全異也云要絰象大帶者案玉藻云大夫以下大帶用素天子朱裏終裨以玄黄士則練帶裨下末三赤用緇是大帶之制今此要絰下傳名爲帶明象吉時大帶也云又有絞帶象革帶者案玉藻韠之形制云肩革帶博二寸吉備二帶大帶申束衣革帶以佩玉佩及事佩之等今於要絰之外別有絞帶明絞帶象革帶可知案士喪禮云苴絰大鬲要絰小焉又云婦人之帶牡麻結本注云婦人亦有首絰但言帶者記其異此齊衰婦人斬衰婦人亦有苴絰以此而言則婦人吉時雖云女鞶絲以絲爲帶而

無頍項今於喪禮哀痛甚亦有二經與絞帶以備喪禮故此經具陳於上男女俱言於下明男女共有此服也云齊衰已下用布者即下齊衰章云削杖布帶是也若然案此經凶服皆依舊名唯衰與絰特制別名者案禮記檀弓云有以故興物者鄭云衰絰之制以絰表孝子忠實之心衰明孝子有哀摧之義故制此二者而異名見其哀痛之甚故也

傳曰至無時　釋曰云斬者何問辭以執所不知故云者何云不緝也者荅辭此對下疏衰裳齊齊是緝此則不緝也云苴絰者麻之有蕡者也案爾雅釋草云蕡枲實孫氏注云蕡麻子也以色言之謂之苴以實言之謂之蕡下言牡者對蕡爲名言枲者對苴生稱也是以云斬衰貌若苴齊衰貌若枲也若然枲是雄麻蕡是子麻爾雅云蕡枲實者舉類而言若圓曰簞方曰笥鄭注論語云簞笥亦舉其類也下傳云牡麻者枲麻也不連言絰此苴連言絰者欲見苴絰別於苴杖故下傳別云苴杖後傳牡麻不連言絰此苴連言絰者彼無他物之嫌獨有絰故不須連言絰也云苴絰大搹左本在下者士喪禮文與此同彼此皆云苴絰大搹連言苴者但絰連言苴絰絰中有此二言絰大搹先據首絰而言也

雷氏以搹搤不言寸數則各從其人大小爲搤非鄭義據鄭注無問人之大小皆以九寸圍之爲正若中人之跡尺二寸也云左本在下者本謂麻根案士喪禮鄭注云下本在左重服統於内而本陽也以其父是陽在亦陽言下是内故云重服統於内以言痛從心内發故也此對爲母右本在上輕服統於外而本陰也云去五分一以爲帶者以其首絰圍九寸取五寸去一寸得四寸餘四寸寸爲五分揔二十分去四分餘十六分取十五分五分爲寸爲三寸添前四寸爲七寸并一分揔七寸五分寸之一也云齊衰之絰斬衰之帶也者以其大小同故疊而同之也云去五分一以爲帶者謂七寸五分寸之一也中五分去一爲齊衰之帶今計之以七寸中取五寸去一寸得四寸餘二寸寸分爲二十五分二寸合爲五十分餘一分者又破爲五分添前爲五十五分亦五分去一揔去一十一分餘四十四分在又二十五分爲一寸餘十九分在齊衰之帶揔五寸二十五分寸之十九也云大功之絰齊衰之帶也去五分一以爲帶者就五寸中去一寸得四寸前二十五分破寸今大功百二十五分破寸則以十九分者各分破爲五分十九分揔破爲九十

五與百二十五分破寸相當就九十五分中五分去一去十九餘七十
六則大功之經五寸二十五分寸之十九帶則四寸百二十五分寸之
七十六又云小功之經大功之帶也去五分一以爲帶者又就四寸百
二十五分寸之七十六中五分去一前百二十五分破寸今亦四倍加
之以六百二十五分破寸然後五分去一爲小功帶又云緦麻之經小
功之帶去五分一以爲帶則亦四倍加之前六百二十五分破寸今則
三千一百二十五分破寸五分去一取四以爲緦麻之帶經帶之等皆
以五分破寸既有成法何假盡言然斬衰有二齊衰有四大功小功成
人與殤各有二等緦麻殤與成人章又不別若使經帶各依升數則參
差難等是以子夏作傳五服各爲一節計之似周禮掌客云羣介行人
宰史各以爵等爲牢禮之數鄭云以命數則參差難等略於臣用爵而
已此經亦然也士喪禮云苴經大鬲下本在左要經小焉鄭注云經帶
之差自此出焉謂子夏言經帶之差出於士喪之經故鄭指而言之也
但斬衰之經圍九寸者首是陽故欲取陽數極於九自齊衰以下自取
降殺之義無所法象也云苴杖竹也削杖桐也者傳意見經唯云苴杖

不出杖體所用故言苴杖者竹也下章直云削杖亦不辨木名故因釋之云削杖者桐也若然經言苴杖因釋削杖唯上下二章不通於下是以兼釋之至於經帶五服自明故不兼釋然爲父所以杖竹者父者子之天竹圓亦象天竹又外内有節象子爲父亦有外内之痛又竹能貫四時而不變子之爲父哀痛亦經寒温而不改故用竹也爲母杖桐者欲取桐之言同内心同之於父外無節象家無二尊屈於父爲之齊衰經時而有變又案變除削之使方者取母象於地故也此雖不言杖之麤細案喪服小記云經殺五分而去一杖大如經鄭注云如要經也鄭知如要經者以其先云經五分爲殺爲要經其下即云杖大如經明如要經也如要經者以杖從心已下與要經同處故如要經也云杖各齊其心者杖所以扶病病從心起故杖之高下以心爲斷也云皆下本者本根也案士喪禮下本注云順其性也云杖者何爵也者自此已下有五問五荅皆爲杖起文云者何者亦是執所不知以其吉時五十已後乃杖所以扶老今爲父母之喪有杖有不杖不知故執而問之云爵以爵荅之以其有爵之人必有德有德則能爲父母致病深故許其以杖

扶病云無爵而杖者何問辭也庶人無爵亦得杖云檐主也者荅辭也以其雖無爵無德然以適子故假取有爵之杖爲之喪主拜賓送賓成喪主之義也云非主而杖者何問辭也輔病也荅辭也鄭云謂衆子雖非爲主子爲父母致病是同亦爲輔病也云童子何以不杖者案此子夏之問辭有不同或云者何或云何以或云何如或云孰後或云孰謂或云何大夫或云曷爲有此七者荅有義意凡言者何皆謂執所不知故隱元年公羊傳云元年者何何休云諸据疑問所不知故曰者何即此問杖者何是也稱何以者皆據彼決此即下云父爲長子何以三年據期章爲衆子期適庶皆子長子獨三年是據彼決此也此即公羊傳云何以不言即位何休云據文公言即位隱不稱即位是也云何如者問比類之辭即下傳云何爲而可爲人後者同宗則可爲人後是其問比類也云孰後者不問比類依不杖章子夏傳云孰後後大宗禮有大宗小宗故問誰爲後云孰謂者亦是問比類但舊君有二等一是待放之臣二是致仕之臣俱爲舊君是以齊衰三月章云舊君傳曰爲舊君者孰謂也仕焉而已者也由其有二等故問比類也即公羊傳云王者

孰謂謂文王是也云何大夫者亦是據彼決此即齊衰三月章云大夫爲舊君傳曰何大夫之謂乎言其以道去君而猶未絶也由其大夫有致仕者有待放者不同故舉何大夫之問也言曷爲者亦是據彼決此故不杖章云大夫曷爲不降命婦也云謂據大夫於姑姊妹出嫁宜降不降故舉曷爲之問也今云童子何以不杖問辭也不能病也荅辭也此庶童子非直不杖以其未冠首加免而已故問喪云免者以何爲也曰不冠者之所服也言何以者據當室童子及成人皆杖唯此庶童子不杖故云何以決之也知當室童子杖者案問喪云禮曰童子不緦唯當室緦緦者其免也當室則免而杖矣謂適子也案雜記云童子哭不偯不踊不杖不菲不廬注云未成人者不能備禮也此獨云不杖餘不言者此上下皆釋杖故言杖不云餘者其實皆無直有衰裳絰帶而已又云婦人何以不杖亦不能病也者此亦謂童子婦人若成人婦人正杖知者此喪服上陳其服下陳其人喪服之下男子婦人俱列男子婦人同有苴杖又喪大記云三日子夫人杖五日大夫世婦杖諸經皆有婦人杖文故知成人婦人正杖也明此童子婦人案喪服小記云女子

子在室爲父母其主喪者不杖則子一人杖鄭注云女子子在室亦童子也無男昆弟使同姓爲攝主不杖則子一人杖謂長女也許嫁及二十而笄笄爲成人成人正杖也是其童女爲喪主則亦杖矣若然童子得稱婦人者案小功章云爲姪庶孫丈夫婦人之長殤是未成人稱婦人也雷氏以爲此喪服妻爲夫妾爲君女子子在室爲父女子子嫁反在父之室爲父三年如傳所云婦人者皆不杖喪服小記婦人不爲主而杖者唯著此一條明其餘不爲主者皆不杖此說非何者此四等婦人皆在杖科之内何得不杖又禮記諸文說婦人杖者甚衆何言無杖也云絞帶者繩帶也者以絞麻爲繩作帶故云絞帶也王肅以爲絞帶如要經馬鄭不言當依王義雷氏以爲絞帶在要經之下言之則要經五分去一爲帶但首經象頍項之布又在首要經象大帶用繒又在要故須五分去一以爲帶今絞帶象革帶與要經同在要一則無上下之差二則無麤細可象而云去要經五分一爲絞帶失其義也但經帶至虞後變麻服葛絞帶虞後雖不言所變案公士衆臣爲君服布帶又齊衰已下亦布帶則絞帶虞後變麻服布於義可也云冠繩纓條屬者喪

用繩爲纓屬著也著之冠垂之爲纓也云外畢者前後兩畢之末而向外攝之也云鍛而勿灰者以冠爲首飾布倍衰裳而用六升又加以水濯勿用灰而已冠六升勿灰則七升已上故灰矣故大功章鄭注云大功布者其鍛治之功麤沽之則七升已上皆用灰也云衰三升者不言裳裳與衰同故舉衰以見裳爲君義服衰三升半不言者以縷如三升半成布三升故直言三升舉正以包義也云菅屨者菅菲也外納居倚廬者周公時謂之屨子夏時謂之菲案士喪禮屨外納鄭注云納收餘也王謂正向外編之居倚廬孝子所居居在門外東壁倚木爲廬故既夕記云居倚廬鄭注云倚木爲廬在中門外東方北戶又喪大記云凡非適子者自未葬以於隱者爲廬注云不欲人屬目蓋廬於東南角若然適子則廬於其北顯處爲之以其適子當應接弔賓故不於隱者若然此下有臣爲君則亦居廬案周禮宮正云大喪授廬舍辨其親疏貴賤之居注云親者貴者居倚廬疏者賤者居堊室又雜記朝廷卿大夫士居廬都邑之士居堊室見諸侯之臣爲其君之禮案喪大記云婦人不居廬若然此經云居倚廬專據男子生文云寢苫枕塊既夕文與此

同彼注云苫編藁塊堛也彼又云不說絰帶鄭注云哀戚不在於安若然在中門外者哀親之在外寢苫者哀親之在草故也此之衰三升枕塊據大夫已上若士則大夫適子爲士者得行大夫禮若正士則枕草衰則縷三升半成布三升雜記所云齊晏平仲爲其父麤衰斬枕草是也但平仲謙爲父服士服耳云哭晝夜無時者哭有三無時始死未殯以前哭不絶聲一無時旣殯已後卒哭祭已前阼階之下爲朝夕哭在廬中思憶則哭二無時旣練之後無朝夕哭唯有廬中或十日或五日思憶則哭三無時也卒哭之後未練之前唯有朝夕哭是一有時也云歠粥朝一溢米夕一溢米者孝子遭父母之喪當爲父母致病故喪大記云水漿不入口三日之後乃始食必三日許食者聖人制法不以死傷生恐至滅性故禮許之食雖食由節之使朝夕各一溢米而已也曾子有母之喪水漿不入于口七日者失禮之法故子思非之云先王制禮過之者俯而就之不至者跂而及之故君子執親之喪水漿不入於口者三日杖而後能起是禮之常法也云寢不說絰帶者案雜記孔子云少連大連善居喪三月不解鄭注云不解倦也又案既夕文與此同

鄭注云哀戚不在於安經帶在衰裳之上而云不說則衰裳在內不說
可知此據未葬前故文在虞上既虞後寢有席衰經說可知也云既虞
翦屏柱楣者案王制云天子七月而葬諸侯五月而葬大夫士三月而
葬又案士虞禮既葬反日中而虞鄭注士喪三虞云虞安也葬時送形
而往迎魂而反反哭之時入廟中上堂不見入室又不見乃至適寢之
中舊殯之處爲虞祭以安之禮記檀弓云葬日虞不忍一日離也是日
也以虞易奠是也依公羊傳云天子九虞諸侯七虞大夫五虞士三虞
今傳言既虞謂九虞七虞五虞三虞之後乃改舊廬西鄉開戶翦去戶
旁兩廂屏之餘草柱楣者前梁謂之楣楣下兩頭豎柱施梁乃夾戶傍
之屏也云寢有席者案閒傳云既虞卒哭柱楣翦屏芐翦不納鄭云芐
今之蒲苹即此寢有席謂蒲席加於苫上也云食疏食水飲者未虞已
前朝一溢米夕一溢米而爲粥今既虞之後用麤疏米爲飯而食之明
不止朝一溢夕一溢而已當以足爲度云飲水者未虞已前渴亦飲水
而在既虞後與疏食同言水飲者恐虞後飲漿酪之等故云飲水而已
也云朝一哭夕一哭而已者此當士虞禮卒哭之後彼云卒哭者謂卒

去廬中無時之哭唯有朝夕於阼階下有時之哭喪服之中三無時哭外唯此卒哭之後未練之前一節之間是有時之哭故云而已言其不足之意云既練舍外寢者謂十三月服七升冠男子除首絰而帶獨存婦人除於帶而絰獨存又練布爲冠著繩屨止舍外寢之中不復居廬也云始食菜果飯素食者案喪大記祥而食肉閒傳云大祥有醯醬中月而禫而飲醴酒始飲酒者先飲醴酒始食肉者先食乾肉曲禮云父母之喪有疾飲酒食肉疾止復初皆爲不以死傷生也云哭無時者此三無時哭中謂練後堊室之中或十日或五日思憶則哭大記云祥而外無哭者禫而內無哭者皆在哭無時之限也　注盈手至異數　釋曰云以五分一爲殺者象五服之數也者鄭五服之內升數至多若絰帶象升數降殺參差難等若五服服爲一節則降殺易明故鄭云象五服之數也云爵謂天子諸侯卿大夫士也者案白虎通云天子爵號又夏殷之士無爵周之道爵及命士卿大夫自然皆爵也是天子以下皆曰爵也云屬猶著也通屈一條繩爲武垂下爲纓著之冠也者案禮記云喪冠條屬以別吉凶若然吉冠則纓武別材凶冠則纓武同材是以

鄭云通屈一條繩爲武謂將一條繩從額上約之至項後交過兩相各至耳於武綴之各垂於頤下結之云著之冠者武纓皆上屬著冠冠六升外畢是也云布八十縷爲升者此無正文師師相傳言之是以今亦云八十縷謂之宗宗即古之升也云今之禮皆以登爲升俗誤已行久矣者案鄭注儀禮之時古今二禮並觀疊古文者則從經今文若疊今文者則從經古文今此注而云今之禮皆以登爲升與諸注不同則今古禮皆作升字俗誤已行久矣也若然論語云新穀既升升亦訓爲成今從登不從升者凡織紝之法皆縷縷相登上乃成繒布登義強於升故從登也引雜記者證條屬是喪冠若吉冠則纓武異材云三年之練冠亦條屬者欲見條屬以至大祥除衰杖大祥除喪之際朝服縞冠當纓武異材從吉法也云右縫小功以下左者案大戴禮云大功已上唯唯小功以下額額然孝子朝夕哭在阼階之下西面弔賓從外入門北面見之大功以上哀重其冠三辟積鄉右爲之從陰陰唯唯然順小功緦麻哀輕其冠亦三辟積鄉左爲之從陽弔賓入門北鄉望之額額然逆鄉賓二者皆條屬但從吉從凶不同也云外畢者冠前後屈而出縫

於武也者冠廣二寸落頂前後兩頭皆在武下鄉外出反屈之縫於武而爲之兩頭縫畢鄉外故云外畢案曲禮云厭冠不入公門鄭注云厭猶伏也喪冠厭伏是五服同名由在武下出反屈之故得厭伏之名檀弓云古者冠縮縫今也衡縫故喪冠之反吉非古也是吉冠則辟積無殺橫縫亦兩頭皆在武上鄉內反屈而縫之不得厭伏之名云二十兩曰溢爲米一升二十四分升之一者依筭法百二十斤曰石則是一斛若然則十二斤爲一斗取十斤分之升得一斤餘二斤斤爲十六兩二斤爲三十二兩升取三十兩十升升得三兩添前一斤十六兩爲十九兩餘二兩兩爲二十四銖二兩爲四十八銖取四十銖十升升得四銖餘八銖一銖爲十參八銖爲八十參十升升得八參添前則是一升得十九兩四銖八參於二十兩仍少十九銖二參則別取一升破爲十九兩四銖八參分十兩兩爲二十四銖則爲二百四十銖又分九兩兩爲二十四銖則九兩者二百一十六銖并四銖八參添前四百六十銖八參揔爲二十四分直取二百四十銖餘二百二十銖八參在又取二百一十六銖二十四分分得九銖添前分得十九銖有四銖八參四銖銖

爲十參捴爲四十參通八參爲四十八參二十四分分得二參是一升爲二十四分分得十九銖添前四銖爲二十三銖將二參添前八參則爲十參則十參爲一銖以此一銖添前二十三銖則爲二十四銖爲一兩一兩添十九兩捴二十兩曰溢云楣謂之梁所謂梁闇者所謂書傳文案喪服四制云高宗諒闇三年鄭注云諒古作梁楣謂之梁闇讀如鶉鵪之鵪闇謂廬也廬有梁者所謂柱楣也即此柱楣者也云舍外寢於中門之外屋下壘墼爲之不塗塈所謂堊室也者今至練後不居舊廬還於廬處爲屋但天子五門諸侯三門得有中門大夫士唯有大門內門兩門而已無中門而云中門外者案士喪禮及既夕外位唯在寢門外其東壁有廬堊室若然則以門爲中門據內外皆有哭位其門在外內位中故爲中門非謂在外門內門之中爲中門也言屋下壘墼爲之者東壁之所舊本無屋而云屋下爲之者謂兩下爲屋謂之屋下對廬偏加東壁非兩下謂之廬也云不塗塈者謂翦屏而已不泥塗塈飾也云所謂堊室者間傳云父母之喪既虞翦屏期而小祥居堊室彼練後居堊室即此外寢故鄭云所謂堊室也云謂復平生時食也者此食

爲飼讀之不得爲食讀之知者天子巳下平常之食皆有牲牢魚腊練後始食菜果未得食肉飲酒何得平常時食明專據米飯而言也以其初據一溢米而言既虞飯䟽食食亦米飯也此既練後復平生時食食亦據米飯而言以其古者名飯爲食與公食大夫者同音也云斬衰不書受月者云云凡喪服所以表哀哀有盛時殺時服乃隨哀以降殺故初服麤至葬後練後大祥後漸細加飾是以冠爲受斬衰裳三升冠六升既葬後以其冠爲受衰裳六升冠七升小祥又以其冠爲受衰裳七升冠八升自餘齊衰以下受服之時差降可知然葬後有受服有不受服案下齊衰三月章及殤大功章皆云無受至正大功章即云三月受以小功衰即葛九月者今此斬衰章及齊衰章應言受月而不言故鄭君特解之案雜記云天子七月而葬九月而卒哭諸侯五月而葬七月而卒哭大夫三月而葬五月而卒哭士三月而葬是月而卒哭是天子巳下虞卒哭異數尊卑皆葬訖反日中而虞天子九虞諸侯七虞大夫五虞虞訖即受服士三虞待卒哭乃受服必然者以其大夫巳上卒哭在後月虞在前月日巳多是以虞即受服不得至卒哭士葬月卒哭與虞

同月故受服待卒哭後也今不言受月者喪服摠包天子以下若言七月唯據天子若言五月唯據諸侯皆不該上下故周公設經沒去受服之文欲見上下俱含故也

儀禮疏卷第二十八

儀禮疏卷第二十九

唐朝散大夫行太學博士引文館學士臣賈　公彥　等撰

父　釋曰周公設經上陳其服下列其人即此文父已下是爲其人服上之服者也先陳父者此章恩義並設忠臣出孝子之門義由恩出故先言父也又下文諸侯爲天子妻爲夫妾爲君之等皆兼舉著服之人於上乃言所爲之人於下若然此父與君直單舉所爲之人者餘者若直言天子臣皆爲天子故舉諸侯也若直言夫則妾於君體敵亦有夫義妾爲君若直言君與前臣爲君文不殊已外亦皆嫌疑故兼舉著服之人子爲父臣爲君二者無嫌疑故單舉所爲之人而已云傳曰爲父何以斬衰也父至尊也者言何以者問此例以父母恩愛等母則在齊衰父則入於斬比並不例故問何以斬不齊衰苔云父至尊者天無二日家無二尊父是一家之尊尊中至極故爲之斬也　諸侯爲天子

釋曰此文在父下君上者以下文君中雖言天子兼有諸侯及大夫此天子不兼餘君君中最尊上故特著文於上也　傳曰天子至尊也

釋曰不發問而直苔之者義可知故直苔而云天子至尊同於父也

君　釋曰臣爲之服此君内兼有諸侯及大夫故文在天子下鄭注曲禮云臣無君猶無天則君者臣之天故亦同之於父爲至尊但義故還著義服也　注天子至曰君　釋曰卿大夫承天子諸侯則天子諸侯之下卿大夫有地者皆曰君案周禮載師云家邑任稍地小都任縣地大都任畺地是天子卿大夫有地者若魯國季孫氏有費邑叔孫氏有郈邑孟孫氏有郕邑晉國三家亦皆有韓趙魏之邑是諸侯之卿大夫有地者皆曰君以其有地則有臣故也天子不言公與孤諸侯大國亦有孤鄭不言者詩云三事大夫謂三公則大夫中含之也但士無臣雖有地不得君稱故僕隷等爲其長弔服加麻不服斬也　父爲長子

釋曰君父尊外次長子之重故其文在此　注不言至以長　釋曰言長子通上下則適子之號唯據大夫士不通天子諸侯若言大子亦不通上下案服問云君所主夫人妻大子適婦鄭注云言妻見大夫巳下亦爲此三人爲喪主也則大子下及大夫之子不通士若言世子亦不通上下唯據天子諸侯之子是以鄭云不言適子通上下非直長子得通上下冡子亦通上下故内則云冡子則大牢注云冡子猶言長子通

於下也是冢子亦通上下也云亦言立適以長者欲見適妻所生皆名適子第一子死也則取適妻所生第二長者立之亦名長子若言適子唯據第一者若云長子通立適以長故也　傳曰何至祖也　釋曰云何以者亦是問比例以其俱是子不杖章父爲衆子期此章長子則爲之三年故發何以之傳也不問斬而問三年者斬重而三年輕長子非尊極故舉輕以問之輕者尚問明重者可知故舉輕以明重也云正體於上又乃將所傳重也者此是荅辭也以其父祖適適相承爲上已又是適承之於後故云正體於上云又乃將所傳重者爲宗廟主是有此二事乃得三年云庶子不得爲長子三年不繼祖也者此明適適相承故須繼祖乃得爲長子三年也　注此言至共廟　釋曰云此言爲父後者然後爲長子三年者經云繼祖即是爲祖後乃得爲長子三年鄭云爲父後者然後爲長子三年不同者周之道有適子無適孫適孫猶同庶孫之例要適子死後乃立適孫乃得爲長子三年是爲父後者然後爲長子三年也云重其當先祖之正體者解經正體於上又云又以其將代己爲宗廟主也者釋經傳重也云庶子者爲父後者之

弟也者謂兄得爲父後者是適子其弟則是庶子是爲父後者之弟不得爲長子三年此鄭據初而言其實繼父祖身三世長子四世乃得三年也云言庶者遠別之也者庶子妾子之號適妻所生第二者是衆子今同名庶子遠別於長子故與妾子同號也云小記曰不繼祖與禰此但言祖不言禰容祖禰共廟者案祭法云適士二廟官師一廟鄭注云官師中下之士祖禰共廟則此容祖禰共廟據官師而言若然小記所云祖禰并言者是適士二廟者也祖禰共廟不言禰直言祖舉尊而言也鄭注小記云言不繼祖禰則長子不必五世者鄭前有馬融之等解爲長子五世鄭以義推之已身繼祖與禰通已三世即得爲長子斬長子唯四世不待五世也此微破先師馬融之義也以融是先師故不正言而云不必而已也若然雖承重不得三年有四種一則正體不得傳重謂適子有廢疾不堪主宗廟也二則傳重非正體庶孫爲後是也三則體而不正立庶子爲後是也四則正而不體立適孫爲後是也案喪服小記云適婦不爲舅後者則姑爲之小功鄭注云謂夫有廢疾他故若死而無子不受重者婦既小功不大功則夫死亦不三年期可知也

爲人後者　釋曰此出後大宗其情本疏故設文次在長子之下也案喪服小記云繼别爲大宗繼禰爲小宗大宗即下文爲宗子齊衰三月彼云後大宗者則此所後亦後大宗者也　傳曰至若子　釋曰云何以三年者以生已父母三年彼不生已亦爲之三年故發問比例之傳也云受重者必以尊服服之者荅辭也雷氏云此文當云爲人後者爲所後之父闕此五字者以其所後之父或早卒今所後其人不定或後祖父或後曾高祖故闕之見所後不定故也云何如而可爲之後問辭同宗則可爲之後荅辭此問亦問比類以其取後取何人爲之荅以同宗則可爲之後以其大宗子當收聚族人非同宗則不可謂同承别子之後一宗之内若别宗同姓亦不可以其收族故也又云何如而可以爲人後問辭云支子可也荅辭以其他家適子當家自爲小宗小宗當收斂五服之内亦不可闕則適子不得後他故取支子支子則第二已下庶子也不言庶子云支子者若言庶子妾子之稱言謂妾子得後人適妻第二已下子不得後人是以變庶言支支者取支條之義不限妾子而已若然適子不得後人無後亦當有立後之義也云爲所後者之

祖父母已下之親至若子謂如死者之親子則死者祖父母則當己曾祖父母齊衰三月也妻謂死者之妻即後人之母也妻之父母昆弟昆弟之子並據死者妻之父母妻之昆弟妻之昆弟之子於後人爲外祖父母及舅與內兄弟皆如親子爲之著服也若然上經直言爲人後不言爲父此經直言爲所後者之祖父母及妻及死者外親之等不言死者緦麻小功大功及期之骨肉親者子夏作傳舉疏以見親言外以包內骨肉親者如親子可知　妻爲夫傳曰夫至尊也　釋曰自此已下論婦人服也婦人卑於男子故次之案曲禮云天子曰后諸侯曰夫人大夫曰孺人士曰婦人庶人曰妻后以下皆以義稱士庶人得其揔名妻者齊也婦人無爵從夫之爵坐以夫之齒是言妻之尊卑與夫齊者也若然此經云妻爲夫者上從天子下至庶人皆同爲夫斬衰也傳言夫至尊者雖是體敵齊等夫者猶是妻之尊敬以其在家天父出則天夫又婦人有三從之義在家從父出嫁從夫夫死從子是其男尊女卑之義故云夫至尊同之於君父也　妾爲君傳曰君至尊也　釋曰妾賤於妻故次妻後案內則云聘則爲妻奔則爲妾鄭注云妾之言接聞

彼有禮走而往焉以得接見於君子是名妾之義但其並后匹適則國亡家絶之本故深抑之別名爲妾也既名爲妾故不得名壻爲夫故加其尊名名之爲君也亦得接於夫又有尊事之稱故亦服斬衰也云君至尊也者既名夫爲君故同於人君之至尊也　注妾謂至亦然　釋曰言不得體之加尊之也者以妻得體之得名爲夫妾雖接見於夫不得體敵故加尊之而名夫爲君是以服斬也云雖士亦然者案孝經士言爭友則屬隸不得爲臣則士身不合名君至於妾之尊夫與臣爲異是以雖士妾得稱夫爲君故云雖士亦然也　女子子爲父　注女子至許嫁　釋曰自此盡爲父三年論女子子爲父出及在室之事制服又與男子不同云女子子者子女也別於男子也者男子女子各單稱子是對父母生稱今於女子別加一字故雙言二子以別於男一子者云言在室者關已許嫁者鄭意經直云女子子爲父得矣而別加在室者關已許嫁關通也通已許嫁内則女子十年不出又云十有五年而笄女子子十五許嫁而笄謂女子子年十五笄四德已備許嫁與人即加笄與丈夫二十而冠同死而不殤則同成人矣身既成人亦得爲父

服斬也雖許嫁爲成人及嫁要至二十乃嫁於夫家也　布總至三年
注此妻至無衽　釋曰上文不言布不言三年至此言之者上以哀極
故沒其布名與年月至此須言之故也以其笄既用箭則總不可不言
用布又上文經至練有除者此經三者既與男子有殊並終三年乃始
除之矣案喪服小記云婦人帶惡笄以終喪彼謂婦人期服者帶與笄
終喪此斬衰帶亦練而除笄亦終三年矣故以三年言之云此妻妾女
子子喪服之異於男子者鄭據經上下婦人服斬者而言若然周公作
經越妻妾而在女子子之下言之者雷氏云服者本爲至情故在女子
之下爲文也若然經之體例皆上陳服下陳人此服之異在下言之者
欲見與男子同者如前與男子異者如後故設文與常不例也以上陳
服下陳人則上服之中亦有女子子今更言女子子是言其異者若然
上文列服之中冠繩纓非女子所服此布總笄髽等亦非男子所服是
以爲文以易之也云謂之總者既束其本又總其末者鄭解此經云布
總者只爲出紒後垂爲飾者而言以其布總六升與男子冠六升相對
故知據出見者而言是以鄭云謂之總者既束其本又總其末也云箭

笄篠竹也者案尚書禹貢云篠簜既敷孔云篠竹箭是箭篠爲一也又云髽露紒也猶男子之括髮者髽有二種案士喪禮曰婦人髽于室注云始死婦人將斬衰者去笄而纚將齊衰者骨笄而纚今言髽者亦去笄纚而紒也齊衰以上至笄猶髽髽之異於括髮者既去纚而以髮爲大紒如今婦人露紒其象也其用麻布亦如著幓頭然是婦人髽之制也二種者一是未成服之髽即士喪禮所云者是也將斬衰者用麻將齊衰者用布二者成服之後露紒之髽即此經注是也云斬衰括髮以麻則髽亦用麻者案喪服小記云斬衰括髮以麻免而以布男子髻髮與免用布有文婦人髽用麻布無文鄭以男子髻髮婦人髽同在小斂之節明用物與制度亦應不殊但男子陽以外物爲名名爲括髮婦人陰以内物爲稱稱爲髽爲異耳鄭引漢法幓頭況者古之括髮其髽之狀亦如此故鄭注士喪禮云其用麻布亦如著幓頭也引喪服小記者彼男子冠婦人笄相對有二時一者男子二十而冠婦人許嫁而笄吉時相對也一者成服後男子喪冠婦人箭笄喪中相對也今此小記所云參上下文是據喪中冠笄相對而言引之者證經箭笄是與男冠相

對之物也云男子免而婦人髽者亦小記之文此免既齊衰以下用布爲免則髽是齊衰以下亦同用布爲髽相對而言也但男子陽多變斬衰名括髮齊衰以下名免耳婦人陰少變故齊斬婦人同名髽案士喪禮鄭注云衆主人免者齊衰將袒以免代冠免之制未聞舊說以爲如冠狀廣一寸亦引小記括髮及漢幓頭爲説則括髮及免與髽三者雖用麻布不同皆如著幓頭不别若然成服以後斬衰至緦麻皆冠如著幓頭婦人皆露紒而髽也云凡服上曰衰下曰裳此但言衰不言裳婦人不殊裳者以其男子殊衣裳是以衰綴於衣衣統名爲衰故衰裳並見案周禮内司服王后六服皆單言衣不言裳以連衣裳不别見裳則此喪服亦連裳於衣衰亦綴於衣而名衰故直名衰無裳之别稱也云衰如男子衰者婦人衰亦如下記所云凡衰外削幅以下之制如男子衰也云下如深衣者如深衣六幅破爲十二闊頭鄉下狹頭鄉上縫齊倍要也云深衣則衰無帶下者案下記云衣帶下尺注云衣帶下尺者要也廣尺足以掩裳上際也今此裳既縫著衣不見裏衣故不須要以掩裳上際故知無要也云又無衽者又案下記云衽二尺有五寸注云

衽所以掩裳際也彼據男子陽多變故衣裳別制裳又前三幅後四幅開兩邊露裏衣是以須衽屬衣兩旁垂之以掩交際之處此既下如深衣縫之以合前後兩邊不開故不須衽以掩之也案深衣云續衽鉤邊注云續猶屬也衽在裳旁者也屬連之不殊裳前後也鉤邊如今曲裾也彼吉服深衣須有曲裾之衽此婦人凶服之衰下連裳雖如深衣不得盡如深衣并有衽故鄭揔云下無衽則非直無喪服之衽亦無吉服深衣之衽也　傳曰總至二寸　釋曰云箭笄長尺吉笄尺二寸者此斬之笄用箭下記云女子子適人爲父母婦爲舅姑用惡笄鄭以爲榛木爲笄則檀弓南宮縚之妻之姑之喪云蓋榛以爲笄是也吉時大夫士與妻用象天子諸侯之后夫人用玉爲笄今於喪中唯有此箭笄及榛二者若言寸數亦不過此二等以其斬衰尺吉笄尺二寸檀弓南宮縚之妻爲姑榛以爲笄亦云一尺則大功以下不得更容差降鄭注小記云笄所以卷髮既直同卷髮故五服略爲一節皆用一尺而已是以女子子爲父母既用榛笄卒哭之後折吉笄之首歸於夫家以榛笄之外無可差降故用吉笄也若然總不言吉而笄言之者以其喪中有用

吉笄之法故小記無折笄之法當記文故小記折吉笄之首是也　注
緫六至飾也　釋曰云緫六升者首飾象冠數也上云男子冠六升此
女子子緫用布當男子冠用布之處故同六升以同首飾故也十五升
首飾尊故吉服之冕三十升亦倍於朝服十五升也云長六寸謂出紒
後所垂爲飾也鄭知者若據其束本入所不見何寸數之有乎故鄭以
六寸據垂之者此斬衰六寸南宫縚妻爲姑緫八寸以下雖無文大功
當與齊同八寸緦麻小功同一尺吉緫當尺二寸與笄同也　子嫁至
三年　釋曰不言女子子直云子嫁者上文已云女子子别於男子此
承上故不須具言直云子嫁是女子子可知直云反爲父足矣而云反
在父之室者以其出時父已死初服齊衰不與在室同既服齊衰後反
被出更服斬衰即與在室同故須言在室也言三年者亦有事須言以
其初死服朞服死後被出向父家更服斬衰三年與上在室者同故須
言三年也　注謂遭喪至適人　釋曰鄭知遭喪後被出者若父未死
被出自然是在室與上文同何須設此經明是遭喪後被七出者云始
服齊衰者以其遭父喪時未出即不杖期麻屨章云女子子嫁爲父母

是也云出而虞則受以三年之喪受者若不被出則虞後以其冠爲受
嫁女在室爲父五升衰裳八升總今未虞而出是出而乃虞虞後受服
與在家兄弟同受斬衰斬衰初死三升衰裳六升冠既葬以其冠爲受
受衰六升冠七升此被出之女亦受衰裳六升總七升與在室之女同
故云受以三年之喪受也云既虞而出則小祥亦如之者未虞已前未
被出至虞後受以出嫁之受以八升衰裳九升總今既虞後乃被出至
家又與在室女同至小祥練祭在室之女受衰七升總八升此被出之
女與之同故云既虞而出小祥亦如之云既除喪而出則已者此謂既
小祥而出者以其嫁女爲父母朞至小祥已除矣除服後乃被出不復
爲父更著服故云既除而出則已也云凡女行於大夫已上曰嫁行於
士庶人者曰適人案齊衰三月章云女子子嫁者未嫁者爲曾祖父母
傳曰嫁者嫁於大夫未嫁者成人而未嫁者是行於大夫曰嫁不杖章
云女子子適人者爲其父母昆弟之爲父後者傳雖不解喪服本文是
士故知行於士庶人曰適人庶人謂庶人在官者府史胥徒名曰庶人
至於民庶亦同行士禮以禮窮則同之行大夫以上曰嫁若天子之女

嫁於諸侯諸侯之女嫁於大夫出嫁爲夫斬仍爲父母不降知者以其外宗内宗及與諸侯爲兄弟者爲君皆斬明知女雖出嫁反爲君不降若然下傳云婦人不二斬猶曰不二天今若爲夫斬又爲父斬則是二天與傳違者彼不二天者以婦人有三從之義無自專之道欲使一心於其天此乃尊君宜斬不可以輕服服之不得以彼決此若然外宗内宗與諸侯爲兄弟服斬者豈不爲夫服斬乎明爲君斬爲夫亦斬矣

公士至繩屨　注士卿至其正　釋曰云士卿士也者以其在公之下大夫之上尊卑當卿之位故知是卿士也不言公卿言士者欲見公無正職大夫又承副於卿士之言事卿有職事之重故變言士見斯義也云公卿大夫厭於天子諸侯故降其衆臣布帶繩屨者鄭解公卿大夫天子諸侯並言之者欲見天子諸侯下皆有公卿大夫公卿大夫下皆有貴臣衆臣若然天子諸侯下公卿大夫周禮典命及大宰具有其文此諸侯下公卿典命大國立孤一人是也以其諸侯無公故以孤爲公卿燕禮云若有諸公則先卿獻之鄭注云諸公者大國之孤也孤一人言諸者容牧有三監是以其孤爲公言厭於天子諸侯故除其衆臣布

帶繩屨二事其餘服杖冠絰則如常也其布帶則與齊衰同其繩屨則與大功等也云貴臣得伸不奪其正者下傳云室老士貴臣故云貴臣得伸得伸者依上文絞帶菅屨故云不奪其正也　傳曰公至菲也釋曰云室老士貴臣其餘皆衆臣也者傳以經直云衆臣不分別上下貴賤故云室老士二者是貴臣其餘皆衆臣也云有地者衆臣杖不以即位欲見公卿大夫或有地或無地衆臣爲之皆有杖但無地公卿大夫其君卑衆臣爲之皆得以杖與嗣君同即阼階下朝夕哭位若有地公卿大夫其君尊衆臣雖杖不得與嗣君同即阼階下朝夕哭位下君故也　注室老至借也　釋曰云室老家相也者左氏傳云臧氏老論語云趙魏老是家臣稱老云家相者案曲禮云大夫不名家相長妾以大夫稱家是室老相家事者也云士邑宰也者雜記云大夫居廬士居堊室鄭注云士居堊室亦謂邑宰也與此同皆謂邑宰爲士也若然孤卿大夫有菜邑者其邑既有邑宰又有家相若魯三卿公山弗擾爲季氏費宰子羔爲孟氏之郕宰之類皆爲邑宰也陽貨冉有子路之等爲季氏家相亦名家宰若無地卿大夫則無邑宰直有家宰則孔子爲魯

大夫而原思爲之宰是直有家相者也此等諸侯之臣而有貴臣衆臣之事案周禮載師云家邑任稍地小都任縣地大都任畺地是天子公卿大夫有菜地者也案鄭志荅云天子之卿其地見賜乃有何由諸侯之臣正有此地則天子下有無地者也有菜地者有邑宰復有家相無地者直有家相可知云近臣閽寺之屬者周禮天子宮有閽人寺人閽人掌守中門之禁晨夜開閉墨者使守門者也寺人掌外内之通令奄人使守后之宮門者也是皆近君之小臣又與衆臣不同無所降其服又得與貴臣等不嫌相逼通也是以喪服小記云近臣君服斯服矣其餘從而服不從而稅彼亦是近君小臣與大臣異也云君嗣君也者釋傳云君服但其君以死矣更有君爲死君之服故知是嗣君若然案王制畿内諸侯不世爵而世禄彼則天子公卿大夫未爵命得有嗣君者以世禄降未得爵亦得爲嗣君況其中兼畿外諸侯下卿大夫也且詩云維周之士不顯亦世左氏傳云官有世功則有官族皆是[illegible]子孫得襲爵故雖畿内公卿大夫有嗣君也云繩菲今時不[illegible]周時人謂之屨子夏時人謂之菲漢時謂之不借者此凶荼屨不[illegible]人

借亦不得借人皆是異時而别名也

儀禮疏卷第二十九

儀禮疏卷第三十

唐朝散大夫行太學博士弘文館學士臣賈　公彥　等撰

疏衰至年者　注疏猶麤也　釋曰此齊衰三年章以輕於斬故次斬後疏猶麤也麤衰者案上斬衰章中爲君三升半麤衰鄭注雜記云微細焉則屬於麤則三升正服斬不得麤名三升半成布三升微細則得麤稱麤衰爲在三升斬内以斬爲正故沒義服之麤至此四升始見麤也若然爲父哀極直見深痛之斬不沒人功之麤至於義服斬衰之等乃見麤稱至於大功小功更見人功之顯緦麻極輕又表細密之事皆爲哀有深淺故作文不同也斬衰先言斬者一則見先斬其布乃作衰裳二則見爲父極哀先表斬之深重此齊衰稍輕直見造衣之法衰裳既就乃始緝之是以斬衰斬在上齊衰齊在下牡麻絰者斬衰絰不言麻此齊衰絰見麻者彼有杖杖亦苴故不得言麻此絰文孤不兼杖故得言麻也云冠布纓者案斬衰冠繩纓退在絞帶下使不蒙苴齊冠布纓無此義故進之使與經同處此布纓亦如上繩纓以一條爲武垂下爲纓也云削杖布帶者並不取蒙苴之義故在常處但杖實是

桐不言桐者以斬衰杖不言竹使蒙苴故闕竹字此既不取蒙苴亦不言桐者欲見母比父削殺之義故亦沒桐文也布帶者亦象革帶以七升布爲之此即下章帶緣各視其冠是也齊斬不言布此纓帶言布者以對斬衰纓帶用繩故此須言用布之事也疏屨者疏取用草之義即爾雅云疏不熟之疏若然注云疏猶麤者直釋經疏衰而已不釋疏屨之疏若然斬衰章言菅屨見草體者以其重故見草體舉其惡貌此言疏以其稍輕故舉草之摠稱自此以下各舉差降之宜故不杖章言麻屨齊衰三月與大功同繩屨小功緦麻輕又沒其屨號言三年者以其爲母稍輕故表其年月若然父在爲厭降至期今既父卒直申三年之衰猶不申斬者以天無二日家無二尊也是以父雖卒後仍以餘尊所厭直申三年不得申斬也云者者亦如斬衰章文明者爲下出也　傳曰至菲也　注沽猶至異數　釋曰緝則今人謂之爲緶也上章傳先云斬者何不緝也此章言齊對斬故亦先言齊者何緝也云牡麻者枲麻也者此枲對上章苴苴是惡色則枲是好色故閒傳云斬衰貌若苴齊衰貌若枲也云牡麻絰右本在上者上章爲父左本在下者陽統於

儀禮疏卷第三十

唐朝散大夫行太學博士引文館學士臣賈　公彥　等撰

内則此爲母陰統於外故右本在上也云䟽屨者藨蒯之菲也者藨是
草名案玉藻云屨蒯席則蒯亦草類云冠尊加其麤麤功大功也者此
鄭雖據齊衰三年而言冠尊加服皆同是以衰裳升數恒少冠之升數
恒多冠在首尊既冠從首尊故加飾而升數恒多也斬冠六升不言功
者六升雖是齊之末未得沽稱故不見人功此三年齊冠七升初入大
功之境故言沽功始見人功沽麤之義故云麤功見人功麤大不精者
也云齊衰不書受月者亦天子諸侯卿大夫士虞卒哭異數者其義説
與斬章同故云亦也　父卒則爲母　注尊得伸也　釋曰此章專爲
母三年重於期故在前也直云父卒爲母足矣而云則者欲見父卒三
年之内而母卒仍服期要父服除後而母死乃得伸三年故云則以差
其義也必知義如此者案内則云女子十有五而笄二十而嫁有故二
十三年而嫁注云故謂父母之喪言二十三而嫁不止一喪而已故鄭
并云父母喪也若前遭母喪後遭父喪自然爲母期爲父三年二十三
而嫁可知若前遭父服未闋即得爲母三年則是有故二十四而嫁不
止二十三也知者假令女年二十二月嫁娶之月將嫁正月而遭父喪

并後年正月爲十三月小祥又至後年正月大祥女年二十二欲以二月將嫁又遭母喪至後年正月十三月大祥女年二十三將嫁此是父服將除遭母喪猶不得爲申三年況遭父喪在小祥之前何得即申三年也是父服未除不得爲母三年之驗一也又服問注曰爲母既葬衰八升亦據父卒爲母與父在爲母同五升衰裳八升冠既葬以其冠爲之受衰八升是父卒爲母未得伸三年之驗二也閒傳云爲母既虞卒哭衰七升者乃是父服除後乃爲母申三年初死衰四升冠七升既葬以其冠爲之受衰七升與此經同是父服除後爲母乃申三年之驗是三也諸解者全不得思此義妄解則文説義多塗皆爲謬也云尊得伸者得伸三年猶未伸斬　繼母如母　釋曰繼母本非骨肉故次親母後謂己母早卒或被出之後繼續己母喪之如親母故云如母但父卒之後如母明父在如母可知下期章不言者舉父沒後明父在如母可知慈母之義亦然皆省文也故皆舉後以明前也若然直言繼母載在三年章内自然如母可知而言如母者欲見生事死事一皆如己母

傳曰至殊也　釋曰傳發問者以繼母本是路人今來配父輒如己母

故發斯問荅云繼母配父即是片合之義既與己母無別故孝子不敢殊異之也　慈母如母　釋曰慈母非父片合故次後也云如母者亦生禮死事皆如己母　傳曰至命也　釋曰傳別舉傳者是子夏引舊傳證成己義故也欲見慈母之義舊已如此故須重之如己母也云妾之無子者謂舊有子今無者失子之妾有恩慈深則能養他子以爲己子者也若未經有子恩慈淺則不得立後而養他不云君命妾曰而云父者對子而言父故言父也必先命母者容子小未有所識乃命之或養子是然故先命母也云若是則生養之終其身者案內則云孝子之身終終身也者非終父母之身終其身也彼終其身爲終孝子之身此終其身下乃云如母死則喪之三年則以慈母輕於繼母言終其身唯據終慈母之身而已明三年之後不復如是以小記云慈母不世祭亦見輕之義也云如母貴父之命也者一非骨血之屬二非配父之尊但唯貴父之命故也傳所引唯言妾之子與妾相事者案喪服小記云爲慈母後者爲庶母可也爲祖庶母可也鄭云緣爲慈母後之義父之妾無子者亦可命己庶子爲後又云即庶子爲後此皆子也傳重而已不

先命之與適妻使爲母子也若然此父命妾之文兼有庶母祖庶母但
不命女君與妾子爲母子而已　注此主至伸也　釋曰鄭知此主謂
大夫士之妾妾子之無母父命爲母子者知非天子諸侯之妾與妾子
者案下記云公子爲其母練冠麻衣縓緣既葬除之父沒乃大功明天
子庶子亦然何有命爲母子爲之三年乎故知主謂大夫士之妾與妾
子也云其使養之不命爲母子則亦服庶母慈己之服可也者小功章
云君子子爲庶母之慈己者注云君子子者大夫及公子之適妻子彼
謂適妻子備三母有師母慈母保母慈居中服之則師母保母服可知
是庶母爲慈母服小功下云其不慈己則緦可也是大夫之適妻子不
命爲母子慈己加服小功若妾子爲父之妾慈己加服小功可知若不
慈己則緦麻矣士爲庶母緦麻章云士爲庶母傳曰以名服也故此云
不命爲母子則亦服庶母慈己者之服可也云大夫之妾子父在爲其
母大功者大功章云大夫之庶子爲其母是大功也云士之妾子爲其
母期矣者期章云父在爲母不可言士之妾子爲其母鄭知者推究其
理大夫妾子厭降爲母大功士無厭降明如衆人服期也云父卒則皆

得伸也者士父在已伸矣但大夫妾子父在大功者父卒則與士皆得伸三年也　母爲長子　釋曰長子早故在母下但父爲長子在斬章母爲長子在齊衰以子爲母服齊衰母爲之不得過於子爲已故亦齊衰也若然長子與衆子爲母父在期若夫在爲長子豈亦不得過於子爲已服期乎然者子爲母有降屈之義父母爲長子本爲先祖之正體無厭降之義故不得以父在屈至期明母爲長子不問夫之在否也

傳曰至降也　釋曰云何以三年者此亦問比例父母爲衆子期等是子此何以獨三年云父之所不降母亦不敢降也者斬章又云何以三年荅云正體於上將所傳重不降故於母亦云不敢降故荅云父之所不降母亦不敢降若然夫不敢降妻亦不敢降而云父母者以其父母各自爲子故父母各云何以三年而問之是以荅各據父母爲子而言不據夫妻也　注不敢至正體　釋曰云不敢以已尊降祖禰之正體者上傳於父已荅云正體於上是以鄭解母不降亦與父同以夫婦一體故不降之義亦等　疏衰至期者　釋曰案下章不言疏衰已下者還依此經所陳唯言不杖及麻屨異於上者此章疏衰已下與前章不

殊唯期一字與前三年有異今不直言其異而還具列之者以其此一期與前三年懸絶恐服制亦多不同故須重列七服者也但此章雖止一期而禫杖具有案下雜記云期之喪十一月而練十三月而祥十五月而禫注云此謂父在爲母即是此章者也母之與父恩愛本同爲父所厭屈而至期是以雖屈猶申禫杖也爲妻亦申妻雖義合妻乃天夫爲夫斬衰爲妻報以禫杖但以夫尊妻卑故齊斬有異　傳曰至其冠釋曰云問者曰何冠也者此還子夏之問荅而言問者曰者子夏欲起發前人使之開悟故假他問荅己之言也云曰齊衰大功冠其受也者降服齊衰四升冠七升既葬以其冠爲受衰七升冠八升正服齊衰五升冠八升既葬以其冠爲受衰八升冠九升義服齊衰六升冠九升既葬以其冠爲受受服衰九升冠十升降服大功衰七升冠十升既葬以其冠爲受受衰十升冠十一升正服大功衰八升冠十升既葬以其冠爲受受衰十升冠十一升義服大功衰九升冠十一升既葬以其冠爲受受衰十一升冠十二升以其初死冠升皆與既葬衰升數同故云冠其受也大功亦然云緦麻小功冠其衰也者以其降服小功衰十升正

服小功衰十一升義服小功衰十二升緦麻十五升抽其半七升半冠皆與衰升數同故云冠其衰也義疏備於下記也云帶緣各視其冠者帶謂布帶象革帶者緣謂喪服之內中衣緣用布緣之二者之布升數多少視猶比也各比擬其冠也然本問齊衰之冠因荅大功與緦麻小功并荅帶緣者子夏欲因問博陳其義是以假問荅異常例也　注問之至布纓　釋曰云問之者見斬衰有二其冠同者下記云斬衰三升三升有半冠六升是其冠同也云今齊衰有四章不知其冠之異同爾者下記云齊衰四升其冠七升既葬以其冠爲受受衰七升冠八升唯見此降服齊衰不見正服義服及三月齊衰一章不見以不知其冠之異同故致此問也云緣如深衣之緣者案深衣目録云深衣連衣裳而純之以采素純曰長衣有表則謂之中衣此既在喪服之內則是中衣矣而云深衣以其中衣與深衣同是連衣裳其制大同故就深衣有篇目者而言之案玉藻云其爲長中繼揜尺注云其爲長衣中衣則繼袂揜一尺若今褎矣深衣則緣而已若然中衣與長衣袂皆手外長一尺案檀弓云練時鹿裘衡長袪注云袪謂褎緣袂口也練而爲裘橫廣之

又長之又爲袪則先時狹短無袪可知若然此初喪之中衣緣亦狹短不得如玉藻中衣繼袂揜一尺者也但吉時麛裘即凶時鹿裘吉時中衣深衣目録云大夫以上用素士中衣不用布緣皆用采況喪中緣用布明中衣亦用布也其中衣用布雖無明文亦當視冠若然直言緣視冠不言中衣緣用采故特言緣用布何妨喪時中衣亦用布乎云今文無冠布纓者鄭注儀禮從經今文者注内疊出古文不從古文若從經古文者注内疊出今文不從今文此注旣疊出今文明不從今文從經古文有冠布纓爲正也　父在爲母　釋曰斬章直言父即知子爲之可知今此言母亦知子爲之而言父在爲母者欲明父母恩愛等爲母期者由父在厭故爲母屈至期故須言父在爲母也　傳曰至之志也　釋曰上章已論斬衰不同訖故傳直言何以期而不三年決之也屈也者荅辭以家無二尊故於母屈而爲期是以云至尊在不敢伸其私尊也解父在母屈之意也言不敢伸其私尊明子於父母本尊若然不直言尊而言私尊者其父非直於子爲至尊妻於夫亦至尊母則於子爲尊夫不尊之直據子而言故言私尊也若然夫妻敵體而言屈公子爲

母練冠在五服之外不言屈者舉尊以見卑屈可知大夫妾子爲母大功亦斯類也云父必三年然後娶達子之志也者子於母屈而期心喪猶三年故父雖爲妻期而除三年乃娶者通達子之心喪之志故也不云心而言志者心者萬慮之揔喜怒哀樂好惡六情皆是情則爲志母雖一期哀猶未絕是六情之中而哀偏在故云志也不云心也左氏傳晉叔向云一歲王有三年之喪二據大子與穆后天子爲后亦期而云三年喪者據達子之志而言三年也　妻傳曰至親也　釋曰妻卑於母故次之夫爲妻年月禫杖亦與母同故同章也以其出嫁天夫爲夫斬故夫爲之亦與父在爲母同傳曰何以期也者傳意以妻擬母母是血屬得期恠妻義合亦期故發此之傳也此問異於常例上問母直云何以期今云爲妻乃云何以期者雷氏云妻卑以擬同於母故問深於常也云妻至親也荅以妻至親故同於母言妻至親者妻既移天齊體與己同奉宗廟爲萬世之主故云至親也　注適子至庶子　釋曰云適子父在則爲妻不杖以父爲之主也者不杖章之文也又引服問者鄭彼注云言妻見大夫已下亦爲此三人爲喪主也若士卑爲此三人

爲喪主可知若然至此經爲妻非直是庶子爲妻欲見兼有適子父沒爲妻在其中云父在子爲妻以杖即位謂庶子者案喪服小記云父在子爲妻以杖即位可是也引之者證經云是天子已下至士庶人父皆不爲庶子之妻爲喪主故夫皆爲妻杖得伸也　出妻之子爲母　釋曰此謂母犯七出去謂去夫氏或適他族或之本家子從而爲服者也七出者無子一也淫泆二也不事舅姑三也口舌四也盜竊五也妬忌六也惡疾七也天子諸侯之妻無子不出唯有六出耳雷氏云子無出母之義故繼夫而言出妻之子也傳曰至私親也　釋曰云出妻之子爲母期則爲外祖父母無服者傳意似言出妻即是絶族故於外祖可以無服恐人疑爲之服故傳明言之也又云傳曰者子夏引他舊傳證成己義云絶族者嫁來承奉宗廟與族相連綴今出則與族絶故云絶族也無施服者傍及爲施以母爲族絶即無傍及之服也云親者屬者舊傳解母被出猶爲之服也云出妻之子爲父後者則爲出母無服者舊傳釋爲父後者謂父沒適子承重不合爲出母服意云傳曰者子夏釋舊傳意云與尊者爲一體者不言與父爲體而言與尊者上斬衰章已

有傳云正體於上將所傳重釋相承父祖已上皆是尊者故不言父也
但事宗廟祭祀者不欲聞見凶人故雜記云有死於宮中三月不祭況
有故可得祭乎是以不敢服其私親也父已與母無親子獨親之故云
私親也　注在旁至絕道　釋曰云在旁而及曰施者詩云莫莫葛藟
施于條枚蔦與女蘿施于松上皆是在旁而及曰施此以母爲主旁及
外祖今母已絕族不復及在旁故云無施服也云親者屬母子至親無
絕道者屬猶續也孝經云父母生之續莫大焉故謂母子爲屬對父與
母義合有絕道故云母子至親無絕道　父卒繼母嫁從爲之服報
釋曰云父卒繼母嫁者欲見此母爲父已服斬衰三年恩意之極故子
爲之一期得伸禫杖但以不生已父卒改嫁故降於已母雖父卒後不
伸三年一期而已云從爲之服者亦爲本是路人暫時之與父片合父
卒還嫁便是路人子仍著服故生從爲之文也報者喪服上下并記云
報者十有二無降殺之差感恩者皆稱報若此子念繼母恩終從而爲
服母以子恩不可降殺即生報文餘皆放此　不杖麻屨者　注此亦
至於上　釋曰案上斬章布總箭笄亦是異於上鄭不言之至此乃注

者彼亦是異於上不言者以下文更有公士大夫之衆臣爲其君布帶繩屨亦是異於上同是斬衰而有二文皆異故不得言異於上直注云此妻妾女子子異於男子而已此則雖是別章唯此二事異於上故得言之也此不杖章輕於上禫杖故次之又云此章與上章雖杖與不杖不同其正服齊衰裳皆同五升而冠八升則不異也必知父在爲母不衰四升冠七升與上三年齊衰同者見鄭注雜記云士以臣從君服之齊衰爲其母與兄弟是父在爲母與兄弟同正服五升八升之驗也又鄭注服問云爲母既葬衰八升是初死衰五升冠八升既葬以其冠爲受受衰八升冠九升是亦爲母同正服衰五升之驗也又案此章云不杖麻屨鄭云言其異於上則上章下疏衰之等亦同又是爲母同正服五升之驗也案下記云齊衰四升冠七升及閒傳云爲母既虞受衰七升者唯據上章父卒爲母齊衰三年者也　祖父母　釋曰孫爲之服喪服條例皆親而尊者在先故斬章先父三年齊衰先母此不杖期先祖亦是其次若然此章有降有正有義服之本制若爲父期祖合大功爲父母加隆至三年祖亦加隆至期是以祖在於章首得其宜也　傳

曰至尊也　釋曰云何以期也至尊也者此據母而問所生之母至親
唯期而已祖爲孫止大功孫爲祖旣踈何以亦期荅云至尊也者祖爲
孫降至大功似父母於子降至期祖雖非至親是至尊故期若然不云
祖至尊而直云至尊者以是父之至尊非孫之至尊故直云至尊也
丗父母叔父母　釋曰丗叔旣卑於祖故次之伯言丗者欲見繼丗爲
昆弟之子亦期不言報者以昆弟之子猶子若言報爲踈故不言報也
傳曰至名服也　釋曰傳發何以期問比例者雷氏云非父之所尊嫌
服重故問也不直云何以言丗父叔父者以經揔言而傳離釋故二文
欲別問也云與尊者一體也者雖非至尊旣與尊者爲一體故服期不
言與父爲一體者直言尊者明父爲一體也爲與二尊故加期也云然
則昆弟之子何以亦期也者以丗叔父與二尊爲體故加期昆弟之子
無此義何以亦期故怪而致問也云旁尊也不足以加尊焉故報之也
者凡得降者皆由己尊也故降之丗叔非正尊故生報也云父子一體
巳下云云傳云此者上旣云一體故傳又廣明一體之義凡言體者若
人之四體故傳解父子夫妻兄弟還比人四體而言也云父子一體也

者謂子與父骨血是同爲體因其父與祖亦爲一體又見世叔與祖亦爲一體也云夫妻一體也者亦見世叔母與世叔父爲一體也云昆弟一體也者又見世叔與父亦爲一體也故馬云言一體者還是至親因父加於世叔故云昆弟一體因世叔加於世叔母故以夫妻一體也因上世叔是旁尊故以下廣明尊有正有旁之義也人身首足爲上下父子亦是尊卑之上下故父子比於首足因父子兼見祖孫故馬云首足者父尊若首加祖在期子卑若足曾孫在緦也云夫婦胖合也者郊特牲云天地合而后萬物興焉是夫婦半合子胤生焉是半合爲一體也云昆弟四體也者四體謂二手二足在身之旁昆弟亦在父之旁故云四體也云故昆弟之義無分者此傳兄弟有合離之義以手足四體本在一身不可分別若昆弟共成父身亦不可分別是昆弟之義不合分也云然而有分者則辟子之私也者昆弟理不合分然而分者則辟子之私也使昆弟之子各自私朝其父故須分也云子不私其父則不成爲子者内則云子事父母雞初鳴咸盥漱櫛縰笄總朝事父母若兄弟同在一宫則尊崇諸父之長者第二已下其子不得私其父不成爲人

人之子之法也云故有東宫有西宫云云案内則云命士以上父子異宫不命之士父子同宫縱同宫亦有隔别亦爲四方之宫也云世母叔母何以亦期也以名服也者二母是路人以來配世叔父則生母名旣有母名則當隨世叔而服之故云以名服也　注宗者至如之　釋曰案喪服小記云繼别爲大宗繼禰爲小宗大宗繼别子之後百世不遷之宗在五服之内者族人爲之月筭如邦人如爲齊衰齊衰三月章宗子是也小宗有四皆據五服之内依常著服五世别高祖則别事親者今宗子在期章之内明非大宗子是世父爲小宗典宗事者也云爲姑姊妹在室亦如之者大功章云爲姑嫁大功明未嫁在此期章若然不見姑者雷云不見姑者欲見時早出之義　大夫之適子爲妻　釋曰云大夫之適子爲妻在此不杖章則上杖章爲妻者是庶子爲妻父没後適子亦爲妻杖亦在彼章也　傳曰至不杖　釋曰怪所以期發比例而問者大夫衆子爲妻皆大功今令適子爲妻期故發問也云父之所不降子亦不敢降也者大功章有適婦注云適子之妻是父不降適婦也云子亦不敢降者謂不敢降至大功與庶子同也云何以不杖也

者既不降惟不杖故發問也父在爲妻不杖者父爲適子之婦爲喪主故適子不敢伸而杖也服問云君所主夫人妻大子適婦是大夫爲適婦爲喪主也故子不杖也若然此適子爲妻通貴賤今不云長子通上下而云適子唯據大夫者以五十始爵爲降服之始嫌降適婦其子亦降其妻故明舉大夫不降天子諸侯雖尊不降可知　注大夫至出降釋曰云大夫不以尊降適婦者重適也者此解經文所不降適子之婦對大夫爲庶子之婦小功是尊降也云凡不降者謂如其親服服之者謂依五服常法服之云降有四品者鄭因傳有降不降之文遂揔解喪服上下降服之義云君大夫以尊降者天子諸侯爲正統之親后夫人與長子長子之妻等不降餘親則絶天子諸侯絶者大夫降一等即大夫爲衆子大功之等是也云公子大夫之子以厭降者此非身自尊受父之厭屈以降無尊之妻下記云公子爲其母練冠麻麻衣縓縁爲其妻縓冠葛絰帶麻衣父卒乃大功是也大夫之子即小功章云大夫之子爲從父昆弟在小功皆是也云公之昆弟以旁尊降者此亦非己尊旁及昆弟故亦降其諸親即小功章云公之昆弟爲從父母昆弟是也

案大功章云公之庶昆弟爲母妻昆弟傳曰先君餘尊之所厭不得過
大功若然公之昆弟有兩義既以旁尊又爲餘尊厭也云爲人後者女
子子嫁者以出降者謂若下文云爲人後者爲其父母報又下文云女子
適人者爲其父母昆弟爲父後者此二者是出也凡大夫之服例在正
服後今在昆弟上者以其妻本在杖期直以父爲主故降入不杖章是
以進之在昆弟上也　昆弟　注昆兄至如之　釋曰昆弟卑於世叔
故次之此亦至親以期斷云昆兄也者昆明也以其次長故以明爲稱
弟弟也以其小故以次弟爲名云爲姊妹在室亦如之者義同於上姑
在室也　爲衆子　注衆子至其首　釋曰衆子卑於昆弟故次之注
兼云女子之義如上姑姊妹但上注鄭云在室此不云在室可知故略
不言也昆弟衆子及下昆弟之子者皆不發傳者以其同是一體故無
異問姊妹女子子在室不見者亦如上姑不見雷氏云欲見出當及時
又大功章見姑姊妹女子子嫁大功明此在室可知故略之也云士謂
之衆子未能遠別也者經不云士鄭云士者喪服平文是士故言士可
知也云大夫則謂之庶子降之爲大功者下文大夫之子皆云庶子降

一等故大功云天子國君不服之者以其絶旁親故知不服若然經所云唯據士也引内則者案彼云子生三月之末擇日翦髮爲鬌以見於父若冢子生則見於正寢其日夫妻共食具視朔食天子則大牢諸侯則少牢大夫特牲士特豚冢子未食而見必執其右手咳而名之執右明授之室事退入夫之燕寢乃食下云其非冢子皆降一等云適子庶子已食而見必循其首者不授室事故也而鄭注未食已食急正緩庶之義言冢子猶言長子通於下也彼言適子謂適妻所生第二已下庶子謂妾子也引之者證言庶子是别於適長者也　昆弟之子　注檀弓至進之　釋曰昆弟子䟽於親子故次之世叔父爲之此兩相爲服不言報者引同己子與親子同故不言報是以檀弓爲證言進者進同己子故也　大夫至昆弟　注兩言至爲弟　釋曰此大夫之妾子故言庶若適妻所生第二已下當直云昆弟不言庶也云兩言之者以其適妻所生適子或長於妾子或小於妾子故云兩言之適子或爲兄或爲弟是以經昆弟並言之　傳曰至降也　釋曰云父之所不降者即斬章父爲長子是也云子亦不敢降者於此服期是也殺可以尊者除

兄弟相爲皆大功獨爲適服期故發問比例之傳也　注大夫至爲之
釋曰云大夫雖尊不敢降其適重之也者釋傳父之所不降云適子爲
庶昆弟巳下鄭廣明大夫與適子所降者以大夫適子得行大夫禮故
父子俱降庶庶又自相降也如大夫爲之皆大功也　適孫　釋曰孫
卑於昆弟故次之此謂適子死其適孫承重者祖爲之期　傳曰至如
之　釋曰傳云何以問比例者亦爲衆孫大功此獨期故發問也云有
適子者無適孫者謂適子在不得立適孫爲後也云孫婦亦如之亦謂
立適孫是適孫將上爲祖後者也者此釋祖爲孫服重之義言周之道
不立之故云亦如之也　注周之至期也　釋曰云周之道適子死則
對殷道則不然以其殷道適子死弟乃當先立故言周之道也云長子
在則爲庶孫耳者既適子在不得立孫明同庶孫之例云凡父於將爲後者非
長子皆期也者案喪服小記云適婦不爲舅後者則姑爲之小功注云謂
夫有廢疾他故若死而無子不受重者小功庶婦之服也凡父母於子舅
姑於婦將不傳重於適及將傳重者非適服之皆如衆子庶婦也是以鄭云
凡父母於子舅姑於婦非長子皆期明非長子婦及於非適孫傳重同

於庶孫大功可知也若然長子爲父斬父亦爲斬適孫承重爲祖斬祖爲之期不報之斬者父子一體本有三年之情故特爲祖斬祖爲孫本非一體但以報期故期不得斬也　爲人後者爲其父母報　釋曰此謂其子後人反來爲父母在者欲其厚於所後薄於本親抑之故次在孫後也若然既爲本生不降斬至禫杖章者亦是深抑厚於大宗也言報者既深抑之使同本疏往來相報之法故也　傳曰至大宗　釋曰問者本生父母應斬及三年今乃不杖期故問此例也云不貳斬者荅辭又不貳斬者持重於大宗者降其小宗此解不貳斬之意也此問荅雖兼母專據父故荅以斬而言案喪服小記云別子爲祖繼別爲大宗謂若魯桓公適夫人文姜生大子名同後爲君次子慶父叔牙季友此三子謂之別子別子者皆以臣道事君無兄弟相宗之法與大子有別又與後世爲始故稱別子也大宗有一小宗有四大宗一者別子之子適者爲諸弟來宗之即謂之大宗自此以下適適相承謂之百世不遷之宗五服之内親者月筭如邦人五服之外皆來宗之爲之齊衰齊衰三月章爲宗子之母妻是也小宗有四者謂大宗之後生者謂別子之

弟小記注云別子之世長子兄弟宗之第二巳下長者親弟來宗之爲繼禰小宗更一世長者非直親兄弟又從父昆弟亦來宗之爲繼祖小宗更一世長者非直親昆弟從父昆弟又有從祖昆弟來宗之爲繼曾祖小宗更一世長者非直有親昆弟從父昆弟從祖昆弟來宗之又有從曾祖昆弟來宗之爲繼高祖小宗也更一世絕服不復來事以彼自事五服內繼高祖巳下者也四者皆是小宗則家家皆有兄弟相事長者之小宗雖家家盡有小宗仍世事繼高祖巳下之小宗也是以上傳云有餘歸之宗亦謂當家之長爲小宗者也云爲人後者孰後後大宗也者此問小宗大宗二者與何者爲後後大宗也案何休云小宗無後當絕與此義同也又云後大宗者降其小宗此則繼爲人後爲父母父母尚降明餘皆降也故大功章云爲人後者爲其昆弟是降小宗之類也云曷爲後大宗大宗者尊之統者此問必後大宗何意也明宗子尊統領是以書傳云宗子燕族人於堂宗婦燕族人於房序之以昭穆旣有族食族燕齒序族人之事是以須後不可絕也故云尊之統也云禽獸巳下者因上尊宗子遂廣申尊祖宗子之事也云禽獸知母不知父

者爾雅云兩足而羽謂之禽四足而毛謂之獸彼對文而言之也若散文言之獸亦名禽禽獸所生唯知隨母不知隨父是知母不知父云野人曰父母何算焉者野人謂若論語鄭注云野人粗略與都邑之士相對亦謂國外爲野人野人稍遠政化都邑之士爲近政化周禮云野自六尺之類者不知分別父母尊卑也云都邑之士則知尊禰者士下對野人上對大夫則此士所謂在朝之士并在城郭士民知義理者摠謂之爲士也云大夫及學士則知尊祖者此學謂鄉庠序及國之大學小學之學士文王之世子亦云學士雖未有官爵以其習知四術閑知六藝知祖義父仁之禮故敬父遂尊祖得與大夫之貴同也諸侯及其大祖天子及其始祖皆是爵尊者其德所及遠之義也云大宗收族巳下謂論大宗立後之意也云適子不得後大宗者以其自當主家事并承重祭祀之事故也　注都邑至道然也　釋曰都邑之士者對天子諸侯曰國采地大夫曰都邑故周禮載師有家邑小都大都春秋左氏諸侯下大夫采地亦云邑曰築都曰城散文天子巳下皆名都邑都邑之內者其民近政化若然天子諸侯施政化民無以遠近爲異但近者易

化遠者難感故民近政化者識深則知尊父遠政化者識淺不知父母有尊卑之別也大祖始封之君者案周禮典命云三公八命卿六命大夫四命其爵皆加一等加一等者八命爲上公九命爲牧八命爲侯伯七命爲子男五命此皆爲大祖後世不毀其廟若魯之周公齊之大公衞之康叔鄭之桓公之類皆是大祖者也云始祖感神靈而生若后稷契也自由也及始祖所由出謂祭天者謂祭所感帝還以始祖配之案大傳云王者禘其祖之所自出以其祖配之是后稷感東方青帝靈威仰所生契感北方黑帝汁光紀所生易緯云三王之郊一用夏正郊特牲云兆日於南郊就陽位則王者建寅之月祀所感帝於南郊還以感生祖配祭周以后稷殷以契配之故鄭云謂祖配祭天也又鄭注大傳云王者之先祖皆感大微五帝之精以生則不止后稷與契而已但后稷感青帝所生即生民詩云履帝武敏歆據鄭義帝嚳後世妃姜原履青帝大人跡而生后稷殷之先母有娀氏之女簡狄吞燕卵而生契此二者文著故鄭據而言之其實帝王皆有所感而生也云上猶遠也下猶近者天子始祖諸侯及大祖並於親廟外祭之是尊統遠大夫三廟

適士二廟中下士一廟是卑者尊統近也若然此論大宗子而言天子諸侯大夫士之等者欲見大宗子統領百世而不遷又上祭别祖子大祖而不易亦是尊統遠小宗子唯統五服之内是尊統近故傳言尊統遠近而云大宗者尊之統也又云大宗者收族是大宗統遠之事也引大傳者案彼稱姓謂正姓若殷子周姬之類綴之以食者以食禮相連綴使不相踈若宗子與族人行族食族燕者也云百世婚姻不通周道然者對殷道則不然謂殷家不繫之以正姓但五世絶服以後庶姓别於上而戚單於下下婚姻通也引之者證周之大宗子統領族人序以昭穆百世不亂之事也　女子子至父後者　釋曰女子卑於男子故次男子後　傳曰至服期也　釋曰經兼言父母傳特問父不問母者家無二尊故父在爲母期今出嫁仍期但不杖禫而已未多懸絶故不問女子子在室斬衰三年今出嫁與母同在不杖麻屨懸絶故問云爲父何以期也婦人不貳斬也荅辭云婦人不貳斬者何更問不貳斬之意也云婦人有三從之義已下荅辭前斬章云爲人後不云丈夫不貳斬至此女子子云婦人不貳斬者則丈夫容有二斬故有爲長子皆斬

又喪服四制云門内之治恩揜義門外之治義斷恩至於君父别時而
喪仍得爲父申斬則丈夫有二斬至於女子子在家爲父出嫁爲夫唯
一無二故特言婦人是異於男子故也若然案雜記云與諸侯爲兄弟
者服斬是婦人爲夫并爲君得二斬者然則此婦人不貳斬者在家爲
父斬出嫁爲夫斬爲父期此其常事彼爲君不可以輕服服君非常之
事不得決此也言婦人有三從之義者欲言不貳斬之意婦人從人所
從即爲之斬若然夫死從子不爲子斬者子爲母齊衰母爲子不得過
齊衰故亦不斬也云婦人不能二尊者欲見不二斬之意云曰小宗故
服期者欲見大宗子百世不遷婦人所歸雖不歸大宗宗内丈夫婦人
爲之齊衰三月小宗宗内兄弟父之適長者爲之婦人之所歸宗者歸
此小宗遂之期與大宗别傳恐人疑爲大宗故辨之曰小宗故服期也
注從者至大宗　釋曰歸宗者父雖卒猶自歸宗知義然者若父母在
嫁女自當歸寧父母何須歸宗子傳言婦人雖在外必歸宗明是據父
母卒者故鄭據父母卒而言若然天子諸侯夫人父母卒不得歸宗以
其人君絶宗故許穆夫人衛侯之女父死不得歸賦載馳詩是也云小

宗者言是乃小宗也者鄭解傳意言曰小宗者傳重釋歸宗是乃小宗也云明非一者欲見家家皆有也云小宗有四者已於上釋云丈夫婦人爲小宗各如其親之服者謂各如五服尊卑服之無所加減云避大宗者大宗則齊衰三月云丈夫婦人五服外皆齊衰三月五服內月筭如邦人亦皆齊衰無大功小功緦麻故云避大宗也

儀禮疏卷第三十

儀禮疏卷第三十一

唐朝散大夫行太學博士弘文館學士臣賈　公彦　等撰

繼父同居者　釋曰繼父本非骨肉故次在女子子之下案郊特牲云夫死不嫁終身不改詩恭姜自誓不許再歸此得有婦人將子嫁而有繼父者彼不嫁者自是貞女守志而有嫁者雖不如不嫁聖人許之故齊衰三年章有繼母此又有繼父之文也　傳曰至異居　釋曰何以朞也者以本非骨肉故致問也傳曰已下並是引舊傳爲問荅自此至齊衰朞謂子家無大功之内親繼父家亦無大功之内親繼父以財貨爲此子築宫廟使此子四時祭祀不絶三者皆具即爲同居子爲之朞以繼父恩深故也言妻不言母者已適他族與己絶故言妻欲見與他爲妻不合祭己之父故也云異居則服齊衰三月必嘗同居然後爲異居者此一節論異居繼父言異者昔同今異謂上三者若闕一事則爲異居假令前三者仍是具後或繼父有子即是繼父有大功之内親亦爲異居矣如此父死爲之齊衰三月入下文齊衰三月章繼父是也云必嘗同居然後爲異居者欲見前時三者具爲同居後三者一事闕即

爲異居之意云未嘗同居則不爲異居謂子初與母往繼父家時或繼父有大功内親或已有大功内親或繼父不爲己築宫廟三者一事闕雖同在繼父家亦名不同居繼父全不服之矣　注妻穉至服之　釋曰鄭知妻穉謂年未滿五十者案内則妾年五十閉房不復御何得更嫁故未滿五十也云子幼謂年十五已下者案論語云可以託六尺之孤鄭亦云十五已下知者見周禮鄉大夫職云國中自七尺以及六十野自六尺以及六十有五皆征之七尺謂年二十六尺謂年十五十五則受征役何得隨母則知子幼十五已下言已下則不通十五以其十五受征明據十四至年一歲已上也云大功之親謂同財者下記云小功以下爲兄弟則小功已下疏故得兄弟之稱則大功之親容同財共活可知云爲之築宫廟於家門之外者以其中門外有己宗廟則知此在大門外築之也必在大門外築之者神不歆非族故也若在門内於鬼神爲非族恐不歆之是以大門外爲之隨母嫁得有廟者非必正廟但是鬼神所居曰廟若祭法云庶人祭於寢也神不歆非族大戴禮文云夫不可二者據傳云妻明據繼父而言以其與繼父爲妻不可更於

前夫爲妻而祭故云夫不可二也云此以恩服爾者并解爲繼父期與三月云未嘗同居則不服之者以其同居與異居有服明未嘗同居不服可知　爲夫之君傳曰至從服也　釋曰此以從服故次繼父下但臣之妻皆稟命於君之夫人不從服小君者欲明夫人命亦由君來故臣妻於夫人無服也不直言夫之君而言爲者以夫之君而言爲者以夫之君從服輕故特言爲夫之君也傳曰何以期者問比例者恠人跡而同親者故發問云從服也以夫爲君斬故妻從服期也　姑姊至姊妹報　釋曰此等親出適已降在大功雖矜之服期不絕於夫氏故次義服之下女子子間在上不言報者女子子出適大功反爲父母自然猶期不須言報故不言也姑對姪姊妹對兄弟出適反爲姪與兄弟大功姪與兄弟爲之降至大功今還相爲期故須言報也　傳曰至主者也　釋曰云無主者謂其無祭主者無主有二謂喪主祭主傳不言喪主者喪有無後無無主者若當家無喪主或取五服之内親又無五服親則取東西家若無則里尹主之今無主者謂無祭主也故可哀憐而不降也　注無主至降之　釋曰云人之所哀憐者謂行路之人見此

無夫復無子而不嫁猶生哀愍況姪與兄弟及父母故不忍降之也若然除此之外餘人爲之服者仍依出降之服而不復加以其餘人恩疏故也不言嫁而云適人者若言適人即謂士也若言嫁之嫁之乃嫁於大夫於本親又以尊降不得言報故云適人不言嫁　爲君之父母妻長子祖父母　釋曰此亦從服輕於夫之君及姑姊妹女子子無主故次之言爲者亦如爲夫之君也　傳曰至者服斬　釋曰云父母長子君服斬者欲見臣從君服期若然君之母當在齊衰與君父同在斬者以母亦有三年之服故并言之云妻則小君也者欲見臣爲小君期是常非從服之例云父卒然後爲祖後者服斬者傳解經臣爲君之祖父母服期若君在則爲君祖父母從服期　注此爲至曽祖　釋曰云此爲君矣而有父若祖之喪者謂始封之君也者若周禮典命三公八命其卿六命大夫四命出封皆加一等是五等諸侯爲始封之君非繼體容有祖父不爲君而死君爲之斬臣亦從服期也云若是繼體則其父若祖有癈疾不立者此祖與父合立爲癈疾不立己當立是受國於曽祖若然此二者自是不立今君立不關父祖又云父卒者父爲君之孫

宜嗣位而早卒今君受國於曾祖者此解傳之父卒耳鄭意以父祖有廢疾必以今君受國於曾祖不取受國於祖者若今君受國於祖祖薨則羣臣爲之斬何得從服期故鄭以新君受國於曾祖若然曾祖爲君薨羣臣自當服斬若君之祖薨君爲之服斬臣從服期也若然父卒者父爲君之孫宜嗣位而早卒則君之祖亦是廢疾或早死不立是以君之父受國於祖復早卒今君乃受國于曾祖也趙商問已爲諸侯父有廢疾不任國政不任喪事而爲其祖服制度之宜年月之斷云何荅云父卒爲祖後者三年斬何疑趙商又問父卒爲祖後者三年已聞命矣所問者父在爲祖如何欲言三年則父在欲言期復無主斬杖之宜主喪之制未知所定荅曰天子諸侯之喪皆斬衰無期彼志與此注相兼乃具也　妾爲女君　釋曰妾事女君使與臣事君同故次之也以其妻既與夫體敵妾不得體夫故名妾妾接也接事適妻故妾稱適妻爲女君也　傳曰至姑等　釋曰傳意謂妾或是妻之姪娣同事一人忽爲之重服故發問也荅曰妾之事女君與婦之事舅姑等者婦之事舅姑亦期故云等但並后匹適傾覆之階故抑之雖或姪娣使如子之妻

與婦事舅姑同也　注女君至則嫌　釋曰云女君於妾無服者諸經傳無女君服妾之文故云無服必無服者鄭解其不服之意是以云報之則重還報以期無尊卑降殺大重也云降之則嫌者若降之大功小功則似舅姑爲適婦庶婦之嫌故使女君爲妾無服也　婦爲舅姑

釋曰文在此者既欲抑妾事女君使如事舅姑故婦事舅姑在下欲使妾情先於婦故婦文在後也　傳曰至從服也　釋曰問之者本是路人與子判合則爲重服服夫之父母故問也云從服也者荅辭既得體其子爲親故重服爲其舅姑也　夫之昆弟之子　注男女皆是　釋曰檀弓云兄弟之子猶子也蓋引而進之進同己子故二母爲之亦如己子服期也云男女皆是者據女在室與出嫁與二母相爲服同期與大功故子中兼男女但以義服情輕同婦事舅姑故次在下也　傳曰何以期也報之也　釋曰報之者二母與子本是路人爲配二父而有母名爲之服期故二母報子還服期若然上世叔之下不言報至此言之者二父本是父之一體又引同己子不得言報至此本跡故言報也

公妾大夫之妾爲其子　釋曰二妾爲其子應降而不降重出此文故

次之　傳曰至遂也　釋曰傳嫌二妾承尊應降今不降故發問荅云
妾不得體君爲其子得遂也者諸侯絶旁期爲衆子無服大夫降一等
爲衆子大功其妻體君皆從夫而降之至於二妾賤皆不得體君君不
厭妾故自爲其子得伸遂而服期也　注此言至同也　釋曰云唯爲
長子三年更云其餘謂已所生第二已下以尊降與妾子同諸侯夫人
無服大夫妻爲之大功也　女子子爲祖父母　釋曰章首已言爲祖
父母兼男女彼女據成人之女此言女子子謂十五許嫁者亦以重出
其文故次在此也　傳曰至祖也　釋曰祖父母正期也已嫁之女可
降旁親祖父母正期故不降也故云不敢降其祖也　注經似至不降
釋曰知經似在室者以其直云女子子無嫁文故云似在室云傳似已
嫁者以其言不敢則有敢者敢謂出嫁降旁親是已嫁之文此言不敢
是雖嫁而不敢降祖故云傳似已嫁也經傳互言之欲見在室出嫁同
不降故鄭云明雖有出道猶不降也云出道者女子子雖十五許嫁始
行納采問名納吉納徵四禮即著笄爲成人得降旁親要至二十乃行
謂請期親迎之禮以其笄而未出故云明雖有出道猶不降不直言出

而言道者實未出故云出道猶如鄭注論語云雖不得祿亦得祿之道是亦未得祿而云之道亦此類也　大夫之子至於室矣　釋曰此言大夫之子爲此六大夫六命婦服期不降之事其中雖有子女重出其文其餘並是應降而不降故次在女子爲祖下但大夫尊降旁親一等此男女皆合降至大功爲作大夫與己尊同故不降還服期若姑姊妹女子子若出嫁大功適士又降至小功今嫁大夫雖降至大功爲無祭主哀憐之不忍降還服期也傳云無主者命婦之無祭主者也者鄭兼言命婦欲見既爲命婦不降又無祭主更不降服期之意也傳云何以言唯子不報也鄭云子中兼男女傳唯據女子子鄭不從也云何以期也父之所不降子亦不敢降也者欲見此經云大夫之子得行大夫禮降與不降一與父同故傳據父爲大夫爲本以子亦之也云大夫曷爲不降命婦也已下欲見大夫是尊同大夫妻是婦人非尊同亦不降者傳解妻亦與夫同尊卑之意是以云夫尊於朝妻貴於室以其大夫以上貴士以下賤此中無士與士妻故以貴言之也　注命者至夫爵也

釋曰云命者加爵服之名者見公羊傳云錫者何賜也命者何加我服

也又案覲禮諸公奉篋服加命書於其上以命侯氏是命者加爵服之名也云自士至上公凡九等者不據爵皆據命而言故大宗伯云以九儀之命正邦國之位壹命受爵再命受服三命受位四命受器五命賜則六命賜官七命賜國八命作牧九命作伯伯則分陝上公者是九等者也以其典命上公九命侯伯七命子男五命大國孤四命公侯伯卿三命大夫再命士一命子男卿二命大夫一命士不命天子三公八命其卿六命大夫四命上士三命中士二命下士一命此經雖無士鄭揔解天子諸侯命臣后夫人命妻之事故兼言士也云君命其夫者君中揔天子諸侯云后夫人亦命其妻矣者案禮記云夫人不命於天子自魯昭公始也由昭公娶同姓不告天子天子亦不命明臣妻皆得后夫人命也鄭言此者經云命夫命婦不辨天子諸侯之臣則天子諸侯下但是大夫大夫妻皆是命夫命婦也云此所爲者凡六大夫六命婦者六命夫謂世父一也叔父二也子三也昆四也弟五也昆弟之子六也六命婦者世母一也叔母二也姑三也姊四也妹五也女子子六也云無主者命婦之無祭主謂姑姊妹女子子也鄭言此者經六命婦中有

世母叔母故鄭辨之以其世母叔母無主有主皆爲之期故知唯據此四人而言也云其有祭主者如衆人者自爲大功矣云唯子不報男女同不報爾者以其男女俱爲父母三年父母唯爲長子斬其餘降何得言報故知子中兼男女是知傳唯據女子子失之矣云大夫曷爲不降命婦者據大夫於姑姊妹女子子既以出降其適士者又以尊降在小功也者此亦六命婦中有二母故鄭辨之也云夫尊於朝已下鄭亦解姑姊妹女子子之夫貴與己同之義若然案曲禮云四十強而仕五十艾服官政爲大夫何得大夫子又爲大夫又何得爲弟之子爲大夫者五十命爲大夫自是常法大夫之子有德行茂盛者豈待五十乃命之乎是以殤小功有大夫爲其昆弟之長殤大夫既爲兄弟殤明是幼爲大夫舉此一隅不得以常法相難也　大夫至爲士者　釋曰祖與孫爲士卑故次在此也　注不敢至親也　釋曰大夫以尊降其旁親雖有差約不顯著故於此更明之經云不降祖與適明於餘親降可知大夫降旁親明矣　公妾至父母　釋曰以出嫁爲其父母亦重出其文故次在此云公謂五等諸侯皆有八妾士謂一妻一妾中間猶有孤猶

有卿大夫妾不言之者舉其極尊卑其中有妾爲父母可知　傳曰至遂也　釋曰傳曰何以期也問者以公子爲君厭爲己母不在五服又爲己母黨無服公妾既不得體君君不厭故妾爲父母得伸遂而服期也　注然則至明之　釋曰鄭欲破傳義故據傳云妾不得體君得爲其父母遂也然則女君體君者有以尊降其父母者與言與猶不正執之辭也云春秋之義者案桓九年左傳云紀季姜歸于京師杜云季姜桓王后也季字姜紀姓也書字者伸父母之尊是王后猶不得降父母是子尊不加父母傳何云妾不得體君乎豈可女君降其父母是以云傳似誤矣言似亦是不正執故云似其實誤也云禮妾從女君而服其黨服者雜記文也云是嫌不自服其父母故以明之者鄭既以傳爲誤故自解之鄭必不從傳者一則以女君不可降父母二則經文兼有卿大夫士何得專據公子以決父母乎是以傳爲誤也　疏衰至受者

釋曰此齊衰三月章以其義服日月又少故在不杖章下上皆言冠帶此及下傳大功皆不言冠帶者以其輕故略之至正大功言冠見其正猶不言帶緦麻又直言緦麻餘又略之若然禮記云齊衰居堊室者據

期故譙周亦云齊衰三月不居堊室　注無受至繩屨　釋曰云無受者服是服而除不以輕服受之者凡變除皆因葬練祥乃行但此服至葬即除無變服之理故云服是服而除若大功已上至葬後以輕服受之若斬衰三升冠六升葬後受衰六升是更以輕服受之也云不著月數者天子諸侯葬異月也者大夫士三月葬此章皆三月葬後除之故以三月爲主三月者法一時天氣變可以除之但此經中有寄公爲所寓又有舊君舊君中兼天子諸侯又有庶人爲國君鄭云天子畿内之民服天子亦如之也但天子七月葬諸侯五月葬爲之齊衰者皆三月藏其服至葬更服之葬後乃除是以不得言少以包多亦不得言多以包少是以不著月數者天子諸侯葬異月故也云小記者彼記人見此喪服齊衰三月與大功皆不言屨故解此二章同繩屨是以鄭還引之證此章著繩屨也　寄公爲所寓　注寓亦至君服　釋曰此章論義服故以踈者爲首故寄公在前言寓亦寄者詩式微云黎侯寓於衛寓即寄其義同故云寓亦寄也作文之勢不可重言寄公爲所寄故云寓也　傳曰至同也　釋曰傳依上例執所不知稱者何問此例者等是

諸侯各有國土而寄在他國故發問也失地之君也荅辭也失地君者謂若禮記射義貢士不得其人數有讓數有讓黜爵削地削地盡君則寄在他國詩式微黎侯寓於衛彼爲狄人所迫逐寄在衛黎之臣子勸以歸是失地之君爲衞侯服齊衰三月藏其服至葬更服葬訖乃除也云言與民同也者以客在主國得主君之恩故報主君與民同則民亦服之三月藏其服至葬又反服之既葬訖乃除也　注諸侯至除之　釋曰上以釋變除要待葬後諸侯五月葬而言三月故知三月藏服至葬更服葬後乃除可知不於章首言之欲就三月之下解之故也　丈夫至母妻　釋曰此與大宗同宗親如寄公爲所寓故次在此言丈夫婦人者謂同宗男子女子皆爲大宗子并宗子母妻齊衰三月也　注婦人至大宗也　釋曰此經爲宗子謂與大宗別高祖之人皆服三月也案斬章女子子在室及女反在父室者又不杖章中歸宗婦人爲當家小宗親者期爲大宗䟽者三月也云宗子繼别之後者案喪服小記及大傳云繼别爲大宗又云有五世則遷之宗小宗有四是也有百世不遷之宗繼别爲大宗是也云所謂大宗也者即上文大宗者尊之統

是也　傳曰至妻服也　釋曰傳以丈夫婦人與宗子服絶而越大功小功與曾祖同恠其大重故問比例何以服齊衰三月云尊祖也至之義也荅辭也祖謂別子爲祖百世不遷之祖當祭之日同宗皆來陪位及助祭故云尊祖也云尊祖故敬宗者是百世不遷之宗大宗者尊之統故同宗敬之云敬宗者尊祖之義也者以宗子奉事別子之祖是尊祖之義也宗子之母在則不爲宗子之妻服也者謂宗子父已卒宗子主其祭王制云八十齊喪之事不與則母七十亦不與今宗子母在未年七十母自與祭母死宗人爲之服宗子母七十巳上則宗子妻得與祭宗人乃爲宗子妻服故云然也必爲宗子母妻服者以宗子燕食族人於堂其母妻亦燕食族人之婦於房皆序以昭穆故族人爲之服也

爲舊君君之母妻　釋曰舊君舊蒙恩深以對於父今雖退歸田野不忘舊德故次在宗子之下也但爲舊君有二一則致仕二則待放未去此則致仕者也不云舊臣而云舊君者若云舊臣言謂舊君爲之非喪服體例故云舊君若斬章云父君者則臣子爲之此不復言臣法如君也　傳曰至小君也　釋曰云爲舊君者孰謂也者此經上下臣爲舊

君有二故發問云孰謂也云仕焉而已者也者荅辭也傳意以下爲舊君是待放之臣以此爲致仕之臣也云何以服齊衰三月者恠其舊服斬衰今服三月也云言與民同也者以本義合且今義已斷故抑之使與民同也云君之母妻則小君也者雖前後不得同時皆是小君故齊衰三月恩深於人故也　注仕焉至於民　釋曰云仕焉而已者謂老若有廢疾而致仕者也者此解仕焉而已有仕已老者曲禮云大夫七十而致仕云有廢疾者謂未七十而有廢疾亦致仕是致仕之中有二也云爲小君服者恩深於民也者下文庶人爲國君無小君是恩淺此爲小君是恩深於民也　庶人爲國君　注不言至如之　釋曰案論語云民可使由之不可使知之注云民者冥也其見人道遠案王制云庶人在官者其禄以是爲差也庶人謂府史胥徒經不言民而言庶人庶人或有在官者據在官者而言之檀弓云君之喪諸達官之長杖謂士大夫爲君杖則庶人不爲君杖斬則下同於民三月也云天子畿內之民亦如之者以其畿外上公五百里侯四百里已下其民皆服君三月則畿內千里是專屬天子故知爲天子亦如諸侯之境內也　大夫

至國君　注在外待放已去者　釋曰此大夫在外不言爲本君服與不服者案雜記云違諸侯之大夫不反服違大夫之諸侯不反服以其尊卑不敵若然其君尊卑敵乃反服舊君服則此大夫已去他國不言服者是其君尊卑不敵不反服者也是以直言其妻長子爲舊國君注云在外待放已去者知是待放已去者對上下文而知以其上傳以爲仕焉而已下傳云而猶未絶此傳云長子言未去明身是已去他國與本國絶者故鄭云待放已去者也　傳曰至未去也　釋曰并服而問者恠其重何者妻本從夫服君今夫已絶妻不合服而服之長子本爲君斬者亦大夫之子得行大夫禮從父而服之今父已絶於君亦當不服矣而皆服衰三月故發問也　注妻雖至無服　釋曰云妻雖從夫而出古者大夫不外娶者鄭欲解傳云妻言與民同之意以古者不外娶是當國娶婦婦是當國之女今身與妻俱出他國大夫雖絶而妻歸宗往來猶是本國之民其歸者則期章云爲昆弟之爲父後者曰小宗者是也云春秋者案春秋公羊傳莊二十七年莒慶來逆叔姬傳曰大夫越竟逆婦非禮彼云婦此云女鄭以義言之以其未至夫家故云女

引之者證古者大夫不外娶之事云君臣有合離之義者謂諫爭從臣是有義則合三諫不從是無義則離子既隨父故去可以無服矣　繼父不同居者　注嘗同居今不同　釋曰此則期章云必嘗同居然後爲異居者也但章皆有傳維庶人爲國君及此繼父不傳者以其庶人已於寄公與上下舊君釋訖繼父已於期章釋了是以皆不言也　曾祖父母　釋曰曾高本合小功加至齊衰故次繼父之下此經直云曾祖不言高祖案下緦麻章鄭注云族祖父者亦高祖之孫則高祖有服明矣是以此注亦兼曾高而説也若然此曾祖之内合有高祖可知不言者見其同服故也　傳曰至尊也　釋曰云何以齊衰三月也者問者恠其三月大輕齊衰又重故發問也云小功者兄弟之服也案下記傳云凡小功已下爲兄弟是以云小功者兄弟之服也云不敢以兄弟之服服至尊也者傳釋服齊衰之意也　注正言至恩殺也　釋曰云正言小功者服之數盡於五者自斬至緦是也云則高祖宜緦麻曾祖宜小功也據爲父期而言故三年問云何以至期也曰至親以期斷是何也曰天地則已易矣四時則已變矣其在天地之中莫不更始焉以

是象之也彼又云然則何以三年也曰加隆焉爾也焉使倍之故再期也是本爲父母加隆至三年故以父爲本而上殺下殺也是故言爲高祖緦麻者謂爲父期爲祖宜大功曾祖宜小功高祖宜緦麻又云據祖期是爲父加隆三年爲祖宜期曾祖宜大功高祖宜小功故鄭云高祖曾祖皆有小功之差此鄭揔釋傳云小功者兄弟之服其中含有曾高二祖而言之也又云則曾孫玄孫爲之服同也者曾祖中既兼有高祖是以云曾孫玄孫各爲之齊衰三月也云重其衰麻尊尊也者既不以兄弟之服服至尊故云重其衰麻謂以義服六升衰九升冠尊此尊者也云減其日月恩殺也者謂減五月爲三月者因曾高於已非一體恩殺故也　大夫爲宗子　釋曰大夫尊降旁親皆一等尊祖故敬宗是以大夫雖尊不降宗子爲之三月宗子既不降母妻不降可知　傳曰至其宗也　釋曰以大夫於餘親皆降獨不降宗子故幷服而問荅云不敢降其宗也者於餘親則降也　舊君　注大夫待放未去者　釋曰此舊君以重出故次在此也鄭知此舊君是待放未去之大夫者鄭據傳而言也案上下四經皆爲舊君不言國庶人爲國君言國其妻長

子爲舊國君言國此舊君又不言國者據繼在土地而爲之服正如爲舊
君止是不敢進同臣例故服之三月非爲土地故不言國庶人本繼土地
故言國也其妻長子本爲繼土地故言國此待放未去本爲君埽其宗廟
爲服不繼土地故不言國也　傳曰至絶也　釋曰此爲舊君服對前已
去不服舊君此雖未去已在境而爲服故恠其重所以并服而問也又餘
皆不并人問直云何以齊衰唯此與寄公并人而問者所恠深重者并人
而言至如寄公本是體敵一朝重服故并言寄公此待放之臣已在國境
可以不服而服之故并言大夫也　注以道至若民也　釋曰云以道去
君謂三諫不從待放者此以道去君據三諫不從在境待放得環則還得
玦則去如此者謂之以道去君有罪放逐若晉放胥甲父於衞之等爲非
道去君云未絶者言爵禄有列於朝出入有詔於國者下曲禮文爵禄有
列謂待放大夫舊位仍在出入有詔於國者謂兄弟宗族猶存吉凶之事
書信往來相告不絶引之者證大夫去君埽其宗廟詔使宗族祭祀爲此
大夫雖去猶爲舊君服若然君不使埽宗廟爵禄已絶則是得玦而去則
亦不服矣云妻子自若民也者此鄭還約上大夫在外其妻長子爲舊國

君也上下舊君皆不言士者上仕焉者有士可知是以傳亦不言大夫次云大夫在外言大夫者以其士妻亦歸宗與大夫同其大夫長子父在朝長子得行大夫禮未去爲君服斬若士之長子與衆子同父去子雖未去即無服矣與大夫長子異故特言大夫也此不言士者此主爲待放未絕大夫有此法士雖有三諫不從出國之時案曲禮踰竟素服乘髦馬不蚤鬋不御婦人三月而後即向他國無待放之法是出國即不服舊君矣是以此舊君唯有大夫也若然不言公卿及孤者詩云三事大夫則三公亦號大夫則大夫中揔兼之矣　曾祖父母爲士者如衆人　傳曰至其祖也　釋曰問者以大夫尊皆降旁親今怪其服故發問經不言大夫傳爲大夫解之者以其言曾祖爲士者故知對大夫下爲之服明知曾孫是大夫女子子至未嫁　釋曰此亦重出故次在男子曾孫下也但未嫁者同於前爲曾祖父母今并言者女子子有嫁逆降之理故因已嫁并言未嫁　注言嫁至所降　釋曰言嫁於大夫者明雖尊猶不降者以舉尊以見卑欲明適士者以不降可知也云成人謂年二十已笄醴者也者以其云成人明據二十已笄以醴禮之若十五許嫁亦笄爲成人亦得降與出嫁同

但鄭據二十不許嫁者而言之案上章爲祖父母本無降理不須言不敢又女子子爲祖父母傳亦不敢言降其祖父母傳不言不敢降其祖者至此乃言者謂曾祖輕尚不降況祖父母重者不降可知是舉輕以見重也云此著不降明有所降者案大功章女子子嫁者未嫁者爲世叔父母如此類是有所降也餘者皆不次　大功至受者　釋曰章次此者以其本服齊衰斬爲殤死降在大功故在正大功之上義齊衰之下也不云月數者下文有纓絰無纓絰須言七月九月彼已見月故於此略之且此經與前不同前期章具文於前杖章下不杖章直言其異者此殤大功章首爲文略於正具文者欲見殤不成人故故前略後具亦見相參取義云無受者以傳云殤文不縟不以輕服受之　注大功至沽之　釋曰云大功布者其鍛治之功麤沽之者斬麤皆不言布與功以其哀痛極未可言布體與人功至此輕可以見之言大功者斬衰章傳云冠六升不加灰則此七升言鍛治可以加灰矣但麤沽而已若然言大功者用功麤大故沽踈其言小者對大功是用功細小　子女子子之長殤中殤　注殤者至殤也　釋曰子女子子在章首者以其

父母於子哀痛情深故在前云殤者男女未冠笄者案禮記喪服小記云男子冠而不爲殤女子笄而不爲殤故知男女未冠笄而死可哀殤者女子子許嫁不爲殤者女子笄與男子冠同明許嫁笄雖未出亦爲成人不爲殤可知兄弟之子亦同此而不別言者以其兄弟之子猶子明同於子故不言且中殤或從上或從下是則殤有三等制服唯有二等者欲使大功下殤有服故也若服亦三等則大功下殤無服故聖人之意然也　傳曰至不哭也　釋曰云何以大功也問者以成人皆期今乃大功故發問也云未成人也者荅辭以其未成人故降至大功云何以無受也問者以其成人至葬後皆以輕服受之今喪未成人即無受故發問也云喪成人者其文縟已下荅辭遂因廣解四等之殤年數之別并哭與不哭具列其文但此殤次成人是以從長以及下與無服之殤又三等殤皆以四年爲差取法四時穀物變易故也又以八歲已上爲有服七歲已下爲無服者案家語本命云男子八月生齒八歲齔齒女子七月生齒七歲齔齒今傳據男子而言故八歲已上爲有服之殤也傳必以三月造名始哭之者以其三月一時天氣變有所識眄人

所加憐故據名爲限也云未名則不哭也者不止依以日易月而哭初
死亦當有哭而已　注縟猶至㡿也　釋曰云其文數者謂變除之節
也者成人之喪既葬以輕服受之又變麻服葛緦麻者除之至小祥又
以輕服受之男子除於首婦人除於帶是有變除之數也今於殤人喪
象物不成則無此變除之節數月滿則除之又云不樛垂者不絞帶之
垂者凡喪至小斂皆服未成服之麻麻經麻帶大功以上散帶之垂者
至成服乃絞之小功已下初而絞之今殤大功亦於小斂服麻散垂至
成服後亦散不絞以示未成人故與成人異亦無受之類故傳云蓋不
成也引雜記者證此殤大功有散帶要至成服則與成人異也云以日
易月謂生一月者哭之一日也若至七歲歲有十二月則八十四日哭
之此既於子女子子下發傳則唯據父母於子不關餘親云殤而無服
哭之而已者此鄭揔解無服之殤以日易月哭之事也云昆弟之子女
子子亦如之者以其成人同是期與衆子同今經傳不言者以其亦猶子
故也云凡言子者可以兼男女者謂若期章云子又云昆弟之子是子
中兼男女也又云女子子者殊之以子關適庶關通也爲子中通有長

之適若然成人爲之斬衰三年今殤死與衆子同者以其殤不成人與穀物未熟故同入殤大功也故別言子見斯義也王肅馬融以爲日易月者以哭之日易服之月殤之朞親則以旬有三日哭緦麻之親者則以三日爲制若然哭緦麻三月喪與七歲同又此傳承父母子之下而哭緦麻孩子踈失之甚也　叔父至中殤　釋曰自此盡大夫庶子爲適昆弟之長殤中殤皆是成人齊衰朞長殤中殤殤降一等在功故於此揔見之又皆尊卑爲前後次第作文也云公爲適子大夫爲適子皆是正統成人斬衰今爲殤死不得著代故入大功特言適子者天子諸侯於庶子則絶而無服大夫於庶子降一等故於此不言唯言適子也若然二適在下者亦爲重出其文故也　注公君至如之　釋曰云公君也者直言公恐是公士之公及三公與孤皆號公故訓爲君見是五等之君故言諸侯言天子亦如之者以其天子與諸侯同絶宗故也

其長殤至纓絰　注絰有至無纓也　釋曰絰之有纓所以固絰猶如冠之有纓以固冠亦結於頤下也五服之正無七月之服唯此大功中殤有之故禮記云九月七月之喪三時是也云絰有纓者爲其重也者

以經云九月纓絰七月不纓絰故知絰有纓爲其情重故也自大功已上絰有纓此鄭廣解五服有纓無纓之事但諸文唯有冠纓不見絰有纓之文鄭撿此經長殤有纓法則知成人大功已上絰有纓明矣鄭知一條繩爲之者見斬衰冠繩纓通屈一條繩屈之武垂下爲故知此絰之纓亦通屈一條屬之絰垂下爲纓可知小功已下絰無纓也者亦以此經中殤七月絰無纓明小功五月已下絰無纓可知　大功至月者

注受猶承也　釋曰此成人大功章輕於前殤章既略於此具言　傳曰至十一升　注此受之至禮也　釋曰云大功布九升小功布十一升者此章有降有正有義降則衰七升冠十升正則衰八升冠亦十升義則衰九升冠十一升十升者降小功十一升者正小功傳以受服不言降大功與正大功直言義大功之受者鄭云此受之下正據受之下發傳者明受盡於此義服大功以其大功至葬唯有變麻服葛因故衰無受服之法故傳據義大功而言也云又受麻絰以葛絰者言受衰麻俱受而傳唯發衰不言受麻以葛故鄭解之云又受麻以葛絰引間傳者證經大功既葬其麻絰受以小功葛者以其大功既葬變麻爲葛五

分去一大小與小功初死同即閒傳云大功之葛小功之麻同一也故引之爲證耳云凡天子諸侯卿大夫既虞士卒哭而受服者以於斬章釋詁言此者欲見天子七月而葬諸侯五月而葬虞而受服若然經正三月者以其天子諸侯絶旁朞無此大功喪以此而言經言三月者主於大夫士三月葬者若然大夫除死月數亦得爲三月也云此雖有君爲姑姊妹女子子嫁於國君者非内喪也者彼國自以五月葬後服此諸侯爲之自以三月受服同於大夫士故云主於大夫士也　姑姊至人者　釋曰此等並是本朞出降大功故次在此　傳曰至出也　釋曰問之者以本朞今大功故發問也　注出必至之者　釋曰案檀弓云姑姊妹之薄也蓋有受我而厚之者也鄭取以爲説若然女子子出降亦同受我而厚之皆是於彼厚夫自爲之禫杖朞故於此薄爲之大功　從父昆弟　注世父至如之　釋曰昆弟親爲之朞此從父昆弟降一等故次姑姊妹之下云其姊妹在室亦如之者義當然也謂之從父昆弟世叔父與祖爲一體又與己父爲一體緣親以致服故云從也降於親兄弟一等是其常故不傳問　爲人至昆弟　釋曰在此者以

其小宗之後大宗欲使厚於大宗之親故抑之在從父昆弟之下　傳曰至昆弟也　釋曰案下記云爲人後者於兄弟降一等者故大功也若然於本宗餘親皆降一等也　庶孫　注男女至婦人同　釋曰卑於昆弟故次之庶孫從父而服祖朞故祖從子而服孫大功降一等亦是其常故傳亦不問也云男女皆是者女孫在室與男孫同其義然也引殤小功者欲見彼殤旣男女同證此成人同不異也

儀禮疏卷第三十一

儀禮䟽卷第三十八

唐朝散大夫行太學博士弘文館學士臣賈　公彦　等撰

既夕第十三　鄭目録云士喪禮之下篇也既已也謂先葬二日已夕哭時與葬間一日凡朝廟日請啓期必容焉此諸侯之下士一廟其上士二廟則既夕哭先葬前三日大戴第十五小戴第十四别録名士喪禮下篇第十三　釋曰鄭目録云士喪禮下篇者依别録而言以其記下士之始死乃記葬時而揔記之故名士喪禮下篇也鄭又云先葬二日與葬間一日者驗經云既夕哭請啓期告于賓明旦夙興開殯即遷于祖一日又厥明即葬故知是葬前二日與葬間一日也云必容者請啓期在葬前二日中間容朝廟一日故云必容焉鄭又云此諸侯下士一廟其上士二廟則既夕哭先葬前三日者以其一廟則一日朝二廟則二日朝故葬前三日中間容二日故三日若然大夫三廟者葬前四日諸侯五廟者葬前六日天子七廟者葬前八日差次可知　既夕哭

注既已至位時　釋曰此經論既夕哭請啓期之事夕哭者是主人朝夕哭在殯宫阼階之下禮將請啓殯之時主人於夕哭訖出寢門復外

位故鄭云謂出門哭止復外位時者鄭知復外位請者見上篇卜日禮云既朝哭皆復外位朝夕之哭其禮並同明知此請啓期亦在復外位時若然上篇卜日禮云既朝哭皆復外位此不於既朝哭而待既夕哭者謂明日之朝始啓殯又不可隔夕哭故於既夕請也但復外位之時必有弔賓來亦在外位故請期因告賓也　請啓期告于賓　注將葬至爲開　釋曰云將葬當遷柩于祖有司於是乃請啓肂之期於主人以告賓者鄭解時未至而豫前二日夕哭之後出於門外位請期者明旦須啓肂以柩朝于祖故有司於此時請啓肂之期告賓使知而來赴弔之事也　夙興至門外　注祖王至共廟　釋曰自此盡階閒論豫於祖廟陳饌之事言夙興者謂夕哭請期訖明旦早起豫設盆盥於祖廟門外擬舉鼎之人盥手案小斂設盆盥在東堂下大斂設盥于門外雖不言東方約小斂盥在東堂下則大斂盥亦門外東方此下陳鼎如大斂奠則此設盥亦在門外東方如大斂也云祖王父也者案祭法云曰考廟曰王考廟此云王父王父之言出於彼云下士祖禰共廟者又祭法云適士二廟官師一廟鄭注云官師中士下士案下記云其二廟則

饌于禰則此經所朝據一廟者而言設盟于祖是下士一廟祖禰共廟據尊者而言也　陳鼎至如之　注皆皆至之奠　釋曰案上文殯後大斂之陳三鼎有豚魚腊在廟門外西面北上此陳鼎亦如之云東方之饌亦如之者彼大斂時云東方之饌兩瓦甒其實醴酒觶豆兩其實葵菹芋蠃醢兩籩無縢布巾其實栗不擇脯四脡故今云東方之饌亦如之云皆皆三鼎也者以其言皆明非一鼎皆三鼎可知又不言外內即門外及陳于阼階下亦西面北上外內同云如殯如大斂既殯之奠者以其大斂於阼階即移于棺而殯之殯訖乃于室中設大斂之奠即大斂奠在殯後恐於殯時別有奠故明之云如殯如大斂既殯之奠也

夷牀饌于階間　注夷之至此牀　釋曰云夷之言尸也者遷尸於堂亦言夷尸盤衾皆依尸而言故云夷之言尸也云朝正柩用此牀者謂柩至祖廟兩楹之間尸北首之時乃用此牀故名夷牀也　二燭至門外　注早闇至用蒸　釋曰自此盡夷衾論啓殯及變服之事二燭者以其發殯宮二者下云燭入注云炤徹與啓肂者故於此豫備之云燭用蒸者案周禮甸師氏云以薪蒸役外內饔注云大曰薪小曰蒸又案

又案少儀云主者執燭抱燋鄭云未爇曰燋燋即蒸故云燭用蒸也
丈夫至如初　注爲將至外位　釋曰云爲將啓變也者凡男子免與
括髮散帶垂婦人髽皆當小斂之節今於啓殯時亦見尸柩故變同小
斂之時故云爲將啓變也云此互文以相見耳髽婦人之變者髽既是
婦人之變則免是男子之變今丈夫見其人不見免則丈夫當免矣婦
人見其髽不見人則婦人當髽矣故云互文以相見耳引喪服小記者
證見未成服已前男子免而婦人髽既成服以後男子冠婦人笄若然
小斂之時斬衰男子括髮齊衰以下男子免不言男子括髮者欲見啓
殯之後雖斬衰亦免而無括髮知者案喪服小記云緦小功虞卒哭則
免注云棺柩已藏嫌恩輕可以不免也言則免者則既殯先啓之間雖
有事不免以此而言先啓不免則啓當免矣又喪服小記云君弔雖不
當免時也主人必免不散麻雖異國之君免也親者皆免注云不散麻
者自若絞垂爲人君變貶於大斂之前既啓之後也親者大功以上也
注直言不散麻貶於既啓之後則主人著免不貶矣以此言之啓後主
人著免可知若啓後著免亦是貶矣若然後至卒哭其服同矣以其反

哭之時更無變服之文故知同也云婦人髽及婦人笄者若未成服之時婦人髽無笄故空云髽成服之後婦人髽即有笄故喪服斬衰婦人云箭笄檀弓云南宫縚之妻之姑之喪夫子誨之髽蓋榛以爲笄是成服有笄明矣是以婦人成服云笄也云散帶垂者小斂節大功已上男子皆然若小功已下及婦人無問輕重皆初而絞之云如初朝夕哭門外位者但經直云即位如初知如門外位者以下經始云主人拜賔入即位袒明知此未入門在門外如朝夕哭位也　婦人至位袒　注此不至讙囂　釋曰云此不蒙如初者以男子入門不哭者案上篇朝夕哭云主人即位辟門婦人撫心不哭主人拜賔旁三右還入門哭婦人踊此主人入門不哭婦人不哭不踊故不得蒙如初也云將有事者謂將有啓殯之事也　商祝至命哭　注功布至作繞　釋曰云功布灰治之布也者亦謂七升以下之布也云執之以接神爲有所拂扐也者拂扐猶言拂拭下經云商祝拂柩用功布是拂拭去塵也此始告神而用功布拂扐者謂拂扐去凶邪之氣也云三有聲存神也者案曾子問亦云祝聲三鄭云警神也即此存神也云舊說以爲聲噫興者鄭注曾子

問云聲噫歆不云舊說亦是舊說也　燭入　注炤徹與啓殯者　釋曰上云二燭此鄭云炤徹與啓殯則一燭於室中炤徹奠一燭於堂照開殯肂也　祝降至于重　注祝降至作名　釋曰此祝不言商夏則周祝也燭既入室周祝從而入室徹宿奠降降時夏祝自下升取銘降置于重爲妨啓殯故也云祝降者祝徹宿奠降也者謂昨暮所設夕奠經宿故謂之宿奠也此宿奠擬朝廟所用即下云重先奠從者是也此奠所徹所置之處雖不言案上篇大斂遷小斂奠于序西南此亦序西南可也云吉事交相左者則鄉射大射皆云降與射者交於階下相左是也云凶事交相右者此凶事不言交相左者以凶事反於吉明交相右可知交相右者周祝降階時當近東夏祝升階當近西是交相右也云今文銘皆作名者此銘及下陳明器云取銘置于茵二者皆名但銘書作名亦通一塗也　踊無筭　注主人也　釋曰下文云商祝拂柩則踊無筭當知開棺柩之時以其踊爲哀號之已甚故知主人也　商祝至夷衾　注拂去至形露　釋曰開柩已出時是棺南首夷衾本擬覆柩故斂時不用今得覆棺於後朝廟及入壙雖不言用夷衾又無徹

文以覆棺言之當隨柩入壙矣　遷于祖用軸　注遷徙至以龍　釋曰自此盡由足西面論以柩朝廟之事云遷于祖用軸者謂朝廟之時從殯宮遷移于祖廟朝時用輁軸載之案士喪禮將殯云棺入主人不哭升棺用軸則遷于祖時亦升輁軸於階上載之挽柩而下若然未升饌陳之當在堂下是以下記云夷牀輁軸饌于西階東注云明階間者位近西夷牀饌于祖廟輁軸饌于殯宮而言階間明在堂下也云檀弓曰殷朝而殯于祖者殷人將殯之時先朝廟訖乃殯至葬時不復朝也云周朝而遂葬者周人殯于路寢至葬時乃朝朝訖而遂葬引之者證經將葬朝祖之事云蓋象平生將出必辭尊者曲禮云出必告反必面是也案聘禮大夫將出聘告于禰乃行介無告禰之事故不得象之云軸輁軸也者下記云夷牀輁軸是也云軸狀如轉轔者此以漢法況之漢時名轉軸爲轉轔轔輪也故士喪禮云升棺用軸注云軸輁軸也輁狀如牀軸其輪輓而行是以輪爲轔也云刻兩頭爲軹者以軸頭爲軹刻軸使兩頭細穿入輁之兩髀前後二者皆然云輁狀如長牀穿桯前後著金而關軸焉者此輁既云長如牀則有先後兩畔之木狀如牀髀

厚大爲之兩畔爲孔著金釧於中前後兩畔皆然然後關軸於其中言輁者以其厚大可以容軸故名此木爲輁也云大夫諸侯以上有四周謂之輴者大夫殯葬雖不用輴士朝廟用輁軸則大夫朝廟當用輴諸侯天子殯葬朝廟皆用輴但天子畫轅爲龍謂之龍輴檀弓諸侯云輴天子云菆塗龍輴是也此輴皆有四周爲輴故名爲輴也　重先至人從　注行之至在後　釋曰此論發殯宮鄉祖廟之次序柩之前後皆有燭者以其柩車爲隔恐闇故各有燭以炤道若至廟燭在前者升炤正柩在後者在階下炤升柩故下記云燭先入者升堂東楹之南西面後入者西階東北面在下是也云主人從者丈夫由右婦人由左以服之親踈爲先後者經直云主人從者以主人爲首者而言故鄭揔舉男子婦人并五服而言知男子由右婦人由左者以内則云道路男子由右女子由左鄭云地道尊右彼謂吉時此雖凶禮亦依之也云親踈爲先後各從其昭穆者假令昭親則在先昭踈則在後就同昭穆之中又以年之大小爲先後男從主人後女從主婦後云男賓在前女賓在後者謂無服者亦各從五服男子婦人之後爲

序也　升自西階　注柩也至阼也　釋曰云猶用子道不由阼也者案曲禮云爲人子者升降不由阼階今以柩朝祖故用子道不由阼也　奠俟至北上　注俟正柩也　釋曰既升階當正之於夷牀之上北首既正乃設奠故云俟正柩也　主人至即位　注東方之位　釋曰主人主婦從柩而升言婦人升東面不言主人西面舉主婦東面主人西面可知故下文云主人西面也云衆人東即位者唯主人主婦升自衆主人以下從柩至西階下遂鄉東階下即西面位　正柩至夷牀　注兩楹至北首　釋曰云兩楹間象鄉戶牖也者以其戶牖之閒賓客之位亦是人君受臣子朝事之處父母神之所在故於兩楹之間北面鄉之若言鄉戶牖則在兩楹間而近西矣故下記云夷牀輁軸饌于西階東饌夷牀俟正柩而言西階東則正柩于楹間近西可知矣云是時柩北首者既言朝祖不可以足鄉之又自上以來設奠皆升自阼階今此下文設奠升降皆自西階下鄭注云奠升不由阼階柩北首辟其足以此而言此時柩北首明矣　主人至如初　注如殯宫時也　釋曰主人主婦從柩升即當西面東面鄉柩主婦上文即言東面至此乃言主

人西面者以其主婦東面位不改故從柩升因言東面男子在柩東西面既改西面位故待正柩訖乃言西面也其重依上文序從之時重先不先置者以其上待正柩訖乃置之云如初者亦如上篇三分庭一在南二在北而置之故鄭云如殯宫時也　席升至西階　注席設至風塵　釋曰此論設宿奠於柩西云席設于柩之西直柩之西當西階也者知當西階以其柩當户牖之南席北鋪之自然當西階之上云從奠設如初東面也者如初謂如殯宫朝夕奠設于室中者從柩而來此還是彼朝夕奠脯醢醴酒據神東面設之於席前也云不統於柩神不西面也者謂不近柩設奠若近柩則統於柩爲神不西面故不近東統于柩知神不西面者特牲少牢皆設席于奥東面則天子諸侯亦不西面可知云不設柩東東非神位也者此亦據神位在奥不在東而言也若然小斂奠設于尸東者以其始死未忍異於生大斂以後奠皆設于室中亦不統於柩此奠不設于室者室中神所在非奠死者之處故也云巾之者爲禦當風塵者案禮記檀弓云喪不剥奠也與祭肉也與據小斂大斂之等也有牲肉故不裸露故巾之以此宿奠脯醢醴酒無祭肉

巾之者以朝夕奠在室不巾此雖無祭肉爲在堂風塵故巾之異於朝夕在室者也　主人至西面　注設奠至房中　釋曰云降拜賓即位踊襲者賓謂在殯宫看主人開殯朝祖之賓襲者從殯宫中拜賓入即位袒至此乃襲襲者先即位踊踊訖乃襲絰于序東云設奠時婦人皆室戶西南面奠畢乃得東面者知婦人戶西南面者案下記云將載柩祝及執事舉奠戶西南面東上則知此設之時婦人辟之亦戶西南面待設奠訖乃由柩足鄉柩東西面不即鄉柩東西面者以主人在柩東待設奠訖主人降拜賓婦人乃得東也若然云親者西面則大功以上相隨同西面也又云堂上迫䟽者可以居房中者以其言親者西面明䟽者小功以下不得堂上西面爲堂上迫狹自然在房中西面矣　薦車至北輈　注薦進至中庭　釋曰自此盡還出論薦車馬設遷祖奠之事薦車者以明旦將行故豫陳車云進車者象生時將行陳駕也者案曲禮云君車將駕則僕執策立於馬前已駕僕展軨是生時將行陳駕今死者將葬亦陳車象之也云今時謂之魂車者鄭舉漢法況之以其神靈在焉故謂之魂車也云輈轅也者周禮考工記有輈人爲輈輈

亦謂之輤故云輴輤也云車當東榮東陳西上於中庭者此車既非載柩之車即下記云薦乘車道車稾車以次言之則先陳乘車次陳道車次陳稾車知東陳西上者下云陳明器于乘車之西明器繼乘車而西明乘車在上已東有道車稾車故知三者西上也乘車既當東榮則三者不當中庭而云中庭者據南北之中庭不據東西爲中庭也何者以下經云薦馬入門三分庭一在南馬右還出薦馬者當車南在庭近南明車近北當中庭矣　質明滅燭　釋曰自啓殯至此時在殯宫在道及祖廟皆有二燭爲明以尚早故也今至正明故滅燭也　徹者至西階　注徹者至爲褻　釋曰云新奠者謂遷祖之奠將設新故徹去從奠以辟新奠也云不設序西南已再設爲褻者謂徹從奠不設于序西南爲再設褻黷故不設也其再設者未啓殯前夕時一設至此朝廟又設是再設也　乃奠至西階　注爲遷至其足　釋曰云爲遷祖奠也者謂遷柩朝祖之奠也云如初者亦於柩西當階之上東面席前爲之則同其饌則異以其上三鼎及東方之饌皆大斂之奠是也云奠升不由阼階柩北首辟其足者以前大斂小斂及朝夕奠皆升自阼階降自

西階今此遷祖奠升不由阼階故云辟足辟足者以其來往不可由首
又飲食之事不可褻之由足故升自西階也若然徹時所以由足者奠
畢去之由足無嫌也　主人要節而踊　注節升降　釋曰云節升降
者奠升時主人踊降時婦人踊由重南主人踊此不言婦人文不具也
薦馬至牽之　注駕車至在南　釋曰薦馬并薦纓者纓爲馬設故與
馬同時薦之案下記云薦乘車又云纓轡貝勒縣于衡又云道車載朝
服稾車載蓑笠注云道車稾車之纓轡及勒亦縣于衡也若然薦車之
時纓縣于衡此薦馬得有纓者以薦車時縣于衡至此薦馬時又取而
用之故兩見之也云駕車之馬者即上文薦車之馬也云每車二匹者
下經云公賵兩馬注云兩馬士制也故知此車有三乘馬則六匹矣云
纓今馬鞅也者古者謂之纓漢時謂之鞅故舉漢法爲況也云諸侯之
臣飾纓以三色而三成者以此下士薦馬纓三就則不依命數則大夫
亦同三色知者案巾車上公纓九就侯伯纓七就子男纓五就諸侯之
臣不得與子男同五就故知與士同三就此三色則如聘禮記三色朱
白蒼也云此三色者蓋條絲也者謂以絲爲條無正文故云蓋以疑之

云其著之如罽然者鄭注巾車云王路之樊及纓皆以五采罽飾之十二就其下金路九就象路七就注皆云五色罽飾之此則三采絲爲絛飾之但著之則同故云其著之如罽然也云天子之臣如其命數者案典命云三公八命其卿六命大夫四命出封皆加一等命數雖卑於諸侯以王人雖微猶序諸侯之上故得與同依命數就依命數其色則無過五采罽以其金路以下與諸侯其飾與王同諸侯之臣既同三色明天子大夫已上亦五采罽與諸侯同但天子之士三命以下不得依命少於諸侯之臣當同色與諸侯之臣同矣若然公之孤四命以降於天子大夫宜與三卿同三色也云王之革路條纓者至革路木路不用罽而用絛絲爲纓與此纓三色者同故引爲證也云圉人養馬者案周禮校人職云乘馬一師四圉是圉人以養馬以其養馬故使之薦也云在左右曰夾者以車三乘馬則六匹每馬二人交轡牽之故云在左右曰夾云既奠乃薦者爲其踐汙廟中者車馬相將之物前薦車在奠上今此薦馬在奠後者欲其既薦即出恐踐汙廟中故後薦之也云凡入門參分庭一在南者大判陳事在庭分爲三分一分在北則繼堂而言一

分在南則繼門而言此既繼門故云三分庭一在南又不言門左門右則當門之北矣　御者至還出　注主人至薦馬　釋曰云主人於是乃哭踊者薦車之禮成于薦馬者以其車得馬而成故前薦車時主人不哭踊至薦馬乃哭是由車成於薦馬故也主人哭踊訖馬則右還而出右者亦取便故也　賓出至祖期　注亦因至始也　釋曰自此盡屬引論祖時飾柩車之事此賓即上來弔主人啓殯者朝廟事畢而出主人送之云亦因在外位請之者上既夕哭訖因外位請啓期故云亦也此經不言告賓知告賓者若不告賓時至則設何須請期故知擬告賓故云當以告賓也云每事畢輒出者有司請期之禮每皆待事事畢因主人出在外位乃請之言每事者篇首云請期此云請祖期下文請葬期皆因出在外請之故云每事也云將行而飲酒曰祖祖始也者案詩有韓侯出祖出宿于屠顯父餞之清酒百壺又云出宿于泲飲餞于禰皆是將行飲酒曰祖此死者將行亦曰祖爲始行故曰祖也　曰日側　注側昳至之時　釋曰此主人辭以上文有司請主人祖期主人荅之曰日側者昃是傍側亦爲特義轉爲昃者取差跌之義故從昃也

云過中之時者則尚書無逸云文王至於日中昃昃即側也　主人至束襲　注祖爲至此車　釋曰云祖爲載變也者將載主人先祖乃載故云爲載變也云乃舉柩卻下而載之者卻猶却也鄉柩在堂北首今卻下以足鄉前下堂載於車故謂之爲卻也云束束棺於柩車者案禮記喪大記云君蓋用漆三衽三束檀弓云棺束縮二橫三彼是棺束此經先云載下乃云卒束則束非棺束是載柩訖乃以物束棺使與柩車相持不動也云賓出遂匠納車于階間謂此車者案下記云既正柩賓出遂匠納車於階間此經不辨納車時節故鄭明之　降奠當前束　注下遷至後也　釋曰卒束乃云降奠則未束以前其奠使人執之待束訖乃降奠之當束也云當前束猶當尸腢也者下記云即牀而奠當腢彼在尸東此在柩車西當前束亦當腢故取當腢而言也云束有前後也者以經既言前束則有後束可知故云有前後也　商祝至無貝　注飾柩至有貝　釋曰此並飾車之事其柩車即周禮蜃車也四輪迫地其轝亦一狀如長牀兩畔竪軨子以帷繞之上以荒一池縣於前面荒之爪端荒上於中央加齊云飾柩爲設牆柳也者即加帷荒是也云

巾奠乃牆下記文鄭引之者以此經直云飾柩不言設牆時節故記人
辨之以巾覆奠乃牆謂此飾柩者也云牆有布帷柳有布荒者案喪大
記云飾棺君龍帷黼荒大夫畫帷畫荒士布帷布荒鄭注云布帷布荒
者白布也君大夫加文章焉此注牆柳别案喪大記注又云在旁曰帷
在上曰荒皆所以衣柳也則帷荒揔名爲柳者案縫人云衣翣柳之材
鄭注必先纏衣其木乃以張飾也柳之言聚諸飾之所聚若然對則帷
爲牆象宫室有牆壁荒爲柳以其荒有黼黻及齊三采諸色所聚故得
柳名揔而言之皆得爲牆巾奠乃牆及檀弓云周人牆置翣皆牆中兼
有柳縫人衣翣柳之材柳中兼牆矣鄭注喪大記云荒蒙也取蒙覆之
義云池者象宫室之承霤以竹爲之者生人宫室以木爲承霤仰之以
承霤水死者無水可承故用竹而覆之直取象平生有而巳云狀如小
車笭衣以青布者此鄭依漢禮而言云一池縣於柳前者案喪大記君
三池大夫二池士一池君三池三面而有大夫二池縣於兩相士一池
縣於柳前面而巳云士不褕絞者案雜記云大夫不褕絞屬於池下褕
者依爾雅釋鳥云江淮而南青質五采皆備成章曰鷂絞者倉黄之色

則人君於倉黃色繒上又畫鷄雉之形縣于池下大夫則闕之故云大夫則不揄絞屬于池下池下揄絞一名振容故喪大記云大夫不振容振容者車行振動以爲容儀但大夫不振容池下仍有銅魚縣之士不但不揄絞又無銅魚故喪大記大夫有魚躍拂池士則無鄭注云士則去魚云左右面各有前後者柩車左右以有帷分兩相各爲前後故云前赬後緇云齊居柳之中央者雖無正文以其言齊若人之齊亦居身之中央也云若今小車蓋上蕤矣者漢時小車蓋上有蕤在蓋之中央故舉以爲說云以三采繒爲之上朱中白下倉者案聘禮記云三采朱白倉彼據繅藉用三采先朱次白下倉此爲齊用三采亦當然故取以爲義也云著以絮者旣云齊當人所覩見故知以絮著之使高知元士以上有貝者案喪大記云君齊五采五貝大夫齊三采三貝士齊三采一貝鄭注云齊象車蓋蕤縫合雜采爲之形如瓜分然綴貝落其上及旁是彼士爲天子元士元士已上皆有貝也此諸侯之士故云無貝也

設披　注披輅至爲藩　釋曰云披輅柳棺上貫結於戴者案喪大記注云戴之言值也所以連繫棺束與柳材使相值因而結前後披也此

注云披柳棺上貫結於戴以此而言則戴兩頭皆結于柳材又以披在棺上軨過然後貫穿戴之連繫棺束者乃結于戴餘披出之於外使人持之一畔有二爲前後披故下記云執披者旁四人注云前後左右各二人是也人君則三披各三人持之備傾虧也引喪大記者證披連戴而施之也云二披用纁者與戴所用異大夫與人君則戴與披用物同故喪大記云君纁戴六纁披六大夫戴前纁後玄披亦如之是其用物同也云今文披皆爲藩者言皆者此文披及下文商祝御柩執披并下記執披者三字皆爲藩今不從之也　屬引　注屬猶至之三　釋曰引謂紼繩屬著於柩車云在軸輴曰紼者士朝廟時用軸大夫已上用輴故并言之言紼見繩體言引見用力故鄭注周禮亦云在車曰紼行道曰引云古者人引柩者雜記乗人專道而行又云諸侯五百大夫三百皆是引人也言古者人引對漢以來不使人引也引春秋者案定公九年左氏傳云齊侯伐晉夷儀敝無存死之齊侯與之犀軒而先歸之坐引者以師哭之親推之三注云坐而飲食之此鄭略引之云坐引者亦謂飲食之而哭之亦以師哭之三者亦謂公親推之三也引之者證

古者人引也　陳明至之西注明器至北也　釋曰云明器藏器也者自筲以下皆是藏器故下云器西南上綪又云茵注云茵在抗木上陳器次而北也則自包筲以下揔曰藏器以其俱入壙也引檀弓者案彼注成猶善也竹不可善用謂邊無滕味當作沬沬靧也又云琴瑟張而不平竽笙備而不和注云無宮商之調又云有鍾磬而無簨虡注云不縣之也橫曰簨植曰虡云陳器乘車之西則重北者無正文上薦車云直東榮繼廟屋而言上注云中庭不得云近北明車近不在重今東陳於乘車之西明重北可知　折橫覆之　注折猶至面也　釋曰云折橫覆之者鄭云蓋如牀則加於壙上時南北長東西短今經云橫明知以長者東西陳之言覆者謂善面則折加於壙時擬鄉上看之爲面故善者鄉下今陳之取鄉下看之故反覆善面鄉上也云折猶庪也者以其窆畢加之於壙上所以承抗席若庪藏物然故云折猶庪也云方鑿連木爲之蓋如牀而縮者三橫者五無簀者此無正文以經云橫覆之明有縱對之既爲縱橫即知有長短廣狹以承抗席故爲如牀解之又知縮者三橫者五亦約茵與抗木但於壙口承抗席宜大於茵與抗木

故知縮三橫五也知無簀者以其縮三橫五以當簀處故無簀也知窆事畢加之壙上以承抗席者下葬時窆事畢云加折卻之加抗席覆之是折窆事畢加之壙上承抗席者也云橫陳之者爲苞筲以下紼于其北便也者鄭解折不縮者南北順陳而橫陳之意爲折橫陳則東西廣是以苞筲陳之於北便也　抗木橫三縮二　注抗禦至掩壙　釋曰云所以禦止土者以其在抗席之上故知以禦土也其橫與縮各足掩者以其壙口大小雖無文但明器之等皆由羨道入諸侯已上又有輴車亦由羨道入壙口唯以下棺則壙口大小容棺而已今抗木亦足掩壙口也　加抗席三　注席所以禦塵　釋曰既陳抗木於折北又加此抗席三領於抗木之上知抗木不在折上者以抗木直言橫三縮二不言加明別陳於折北抗木之下而此云加加於抗木之上可知抗席之下而云加茵明又加於抗席之上此三者以後陳者先用故先陳抗木於下次陳抗席而後陳茵先用取後陳於上者便故也是以下文及葬時茵先入壙窆事訖加折壙上則先用抗席後用抗木是其次也若然折於抗席前用而不加於抗席之上者以長大故別陳於南用之仍

在茵後其茵用之在明器前入而陳之於明器上者以其同葬具故與抗木同陳於上也但抗席茵相重陳者以其入壙時相當又皆是縱橫重累之物故重加陳之也云席所以禦塵者上云抗木所以禦土此抗席云禦塵者以此二者在壙口以承土承塵但抗木在上故云禦土抗席在下隔抗木處有塵鄉下故云禦塵是以釋之有異也　加茵至橫三　注茵所至作淺　釋曰云加茵者謂以茵加於抗席之上此說陳器之時云用疏布者謂用大功疏麤之布云緇翦者緇則七入黑汁爲緇翦淺也謂染爲淺緇之色言有幅者案下記云茵著用荼實綏澤焉此鄭注云有幅緣之者則用一幅布爲之縫合兩邊幅爲帒不去邊幅用之以盛著也故云有幅也云茵所以藉棺者下葬時茵先屬引乃窆則茵與棺爲藉故先入在棺之下也鄭云幅緣之者蓋縫合旣訖乃更以物緣此兩邊幅縫合之處使之牢固不坼壞因爲飾也云亦者亦抗木也者抗木云縮二橫三此亦縮二橫三故知亦者亦抗木也云及其用之木三在上茵二在下者上抗木先云橫三後云縮二此茵先云縮二後云橫三並據此陳列之時鄭據入壙而言故云其用之也木三在

上茵二在下各舉一邊而言其實皆有二三云象天三合地二者渾天言之則地之上下外內周帀皆有天若然云木二則在下及其用之則茵三在下茵二在上以此而言木與茵皆有天三合地二也云人藏其中焉者亦謂渾天而言上下俱有天地人尸柩藏其中故說卦云參天兩地又云立天之道立地之道立人之道爲三材也　器西南上績

注器目至反之　釋曰云器目言之也者器與下爲目即下文苞以下是也　茵　注茵在至北也　釋曰茵非明器而言之者陳器從此茵鄉北爲次第故言之故鄭云茵在抗木上陳器次而北是也　苞二

注所以至之肉　釋曰下文既設遣奠而云苞牲取下體故知苞二所以裹奠羊豕之肉也　筲三黍稷麥　注筲畚至觳也　釋曰案下記云菅筲三則筲以菅草爲之筲三各盛一種黍稷麥也云筲畚種類也者舊說云畚器所以盛種此筲與畚盛種同類故舉以爲況也云其容蓋與簋同一觳也者案考工記瓬人爲簋實一觳又云豆實三而成觳案昭三年晏子云四升曰豆豆實三而成觳則觳受斗二升此筲與簋同盛黍稷知受一觳斗二升約同之無正文故云蓋以疑之也　甕三

至疏布　注甕甒至作密　釋曰云甕甒瓦器者以甕與甒等字從缶瓦故知是瓦器云其容亦蓋一觳者聘禮記致饔餼云甕斗二升則此甕約同之故云蓋以疑之也知屑是薑桂者以其與內則屑桂與薑同云屑故引內則爲證也　甒二至功布　注甒亦至作廡　釋曰謂二者所盛須繼甕三而陳之言亦瓦器亦上甕三也　皆木桁久之　注桁所至異桁　釋曰云皆木桁久之者則自苞筲以下皆塞之置於木桁也若然既皆久塞而甕甒獨云冪者以其苞筲之等燥物宜苞塞之而無冪甕甒濕物非直久塞其口又加冪覆之云久當爲炙炙謂以蓋案塞其口者此亦如上設重鬲亦與之同故讀從炙也云每器異桁者以其言皆木桁故知每器別桁也　用器至南流　注此皆至爲柈　釋曰謂常用之器弓矢兵器耒耜農器敦杅食器盤匜洗浴之器皆象生時而藏之也　無祭器　注士禮至器也　釋曰知大夫以上兼用鬼器人器也者案檀弓云宋襄公葬其夫人醯醢百甕曾子曰既曰明器矣而又實之注云言名之爲明器而與祭器皆實之是亂鬼器與人器以此而言則明器鬼器也祭器人器也士禮略無祭器空有明器而實

之大夫以上尊者備故兩有若兩有則實祭器不實明器宋襄公旣兩
有而幷實之故曾子非之　有燕樂器可也　注與賓至器也　釋曰
言可者許其得用故云可也云與賓客燕飲用樂之器也者則升歌有
琴瑟庭中有特縣縣磬也　役器甲冑干笮　注此皆至矢箙　釋曰
此役器中有干笮無弓矢亦不用故不具上用器是常用之器故具陳
之也云甲鎧冑兜鍪者古者用皮故名甲冑後代用金故名鎧兜鍪隨
世爲名故也但上下役用之器皆麤沽爲之故下記云弓矢之新沽功
注云設之宜新沽示不用弓矢云沽餘雖不言皆沽可知也但此笮是
送死之具下記云薦乘車鹿淺幦干笮革靾者是魂車所載象生者與
此別也　燕器杖笠翣　注燕居至翣扇　釋曰云燕居安體之器也
者以杖者所以扶身笠者所以禦暑翣者所以招涼而在燕居用之故
云燕居安體之器也云笠竹箬蓋也者箬竹青之皮以竹青皮爲之
徹奠至而踊　注巾席至久也　釋曰自此盡入復位論還車爲祖奠
之事此徹遷祖奠者爲將還遷車更設祖奠云巾席俟於西方祖奠將
用焉者以下經云祖還車還車訖布席設祖奠則布此巾席也故巾席

侯祖奠在西方也云節者來象升丈夫踊去象降婦人踊者案上篇徹小斂大斂奠時皆升自阼階丈夫踊降自西階婦人踊今奠在庭無升降之事直有來往經云要節而踊明來象升丈夫踊去象降婦人踊但此經直云主人要節知有婦人亦踊者以下經徹祖奠時云徹者入丈夫踊設于西北婦人踊注云猶阼階升時也徹設於柩車西北亦猶序西南是男子婦人並有踊文則知此要節踊内亦兼婦人也云徹者由明器北西面既徹由重南東者凡奠於堂室者皆升自阼階降自西階奠於庭者亦由重北東方來陳由重北而西徹訖由重南而東象升自阼階降自西階也但設奠於柩車西而東面則徹者由奠東而西面徹之也云不設于序西南者非宿奠也者以其大斂小斂奠及夕奠乃皆經宿故皆設之於序西南爲神馮依此遷祖奠旦始設之今日側徹之未經宿即徹故不設于序西南也　袒　注爲將祖變　釋曰下經商祝御柩乃祖是將祖故此主人袒袒即變也　商祝御柩　注亦執至爲節　釋曰云商祝御柩者謂居柩車之前却行詔傾虧使執披人知其節度云亦執功布者下經商祝執功布以御柩執披故此亦如之故

執布乃祖　注還柩至行始　釋曰商祝既執功布爲御乃還柩車使轅鄉外也祖者始也爲行始去載處而已也　踊襲至前束　注主人至東南　釋曰前祖爲祖變今既祖訖故踊而襲云主人也者前祖是主人則此襲亦主人也經云少南鄭云則當前束南者以其車未還之時當前束近北今還車亦當前束少南　婦人至階間　注爲柩至東上　釋曰婦人降者以柩還鄉外階間空故婦人從堂上降在階間云爲柩將去有時者去有時即明旦遣而行之是時也今此爲行始也云位東上者以堂上時婦人在阼階西面統於堂下男子今柩車南還男子亦在車東故婦人降亦東上統于男子也婦人不鄉車西者以車西有祖奠故辟之在車後　祖還車不還器　注祖有至南上　釋曰祖還車者爲載時鄉北今爲行始故須還鄉南故鄭云祖有行漸車亦宜鄉外也不還器者鄭云器之陳自已南上南上者即上文茵下注云茵在抗木上陳器次而北是也　祝取銘置于茵　注重不至茵上　釋曰初死爲銘置于重啓殯祝取銘置于重祖廟又置于重今將行置于茵者重不藏擬埋于廟門左茵是入壙之物銘亦入壙之物故置于茵

也是以鄭云重不藏故於此移銘加於茵上也士無廞旌唯有乘車所建攝盛之旃并此銘旌而已大夫以上有廞旌通此二旌則皆備三旌也　二人還重左還　注重與至便也　釋曰云重與車馬還相反由便也者以車馬至中庭之東以右還鄉門爲便重在門內面鄉北人在其南以左還鄉門爲便是以二者雖相反各由其便　布席至而踊　注車已至祖奠　釋曰云主人要節而踊者祖奠旣與遷祖奠同車西又皆從車而來則此要節而踊一與遷祖奠同云車已祖可以爲之奠也者奠本爲柩設其柩未安不得設奠今車已還名之爲祖尸柩已定可以爲奠也云是之謂祖奠者下記云祝饌祖奠于主人之南是謂彼祖奠　薦馬如初　注柩動至之也　釋曰上已薦馬今又薦馬者以柩車動而鄉南爲行始宜新之故薦馬如初也　賓出至葬期　注亦因在外位時　釋曰云亦因在外位時者亦上啓期祖期事畢在外位故此亦因事畢出在外位時請葬期也　入復位　注主人至內位　釋曰云主人者以其送賓據主人入今送賓訖入復位明主人也云自死至於殯自啓至於葬主人及兄弟常在內位者自死至於殯在內位

在殯宫中自啓至於葬在内位據在祖廟中處雖不同在内不異故揔言之云在内位者始死未小斂已前位在尸東小斂後位在阼階下若自啓之後在廟位亦在阼階下也

儀禮疏卷第三十八

清汪士鐘影刻宋本儀禮疏

第四册

唐 賈公彦撰

天津圖書館藏清道光十年長洲汪士鐘藝芸書社影刻南宋單疏本

（原闕卷三十二至三十七）

山東人民出版社·濟南

儀禮疏卷第三十九

唐朝散大夫行太學博士弘文館學士臣賈　公彦　等撰

公賵至馬兩　注公國至緐乎　釋曰自此盡入復位杖論國君賵法之事云公國君也者公及大夫皆有臣臣皆尊其君呼之曰公故左氏傳伯有之臣曰吾公在壑谷今此云公則國君非大夫君也以下云主人釋杖迎于廟門外與喪大記如此迎送者皆據國君也云賵所以助主人送葬也者案兩小傳皆云車馬曰賵施于生及送死者故云助主人送葬者也是以下注云賵奠於死生兩施是也云兩馬士制也者謂士在家常乗之法若出使及征伐則乗駟馬其大夫以上則常乗駟馬故鄭駮異義云天子駕駟尚書康王之誥康王始即位云諸侯皆布乗黄朱詩云駟騵彭彭武王所乗魯頌云六轡耳耳僖公所乗小雅云駟牡騑騑大夫所乗是大夫以上駕駟之文也引春秋者左氏傳哀公二十三年春宋景曹卒注云景曹宋元公夫人小邾女季桓子外祖母又云季康子使冉有弔且送葬曰敝邑有社稷之事使肥與有職競焉是以不得助執紼使求從輿人注云輿衆也又云曰以肥之得備彌甥也

注云彌遠也康子父之舅氏故稱彌甥又云有不腆先人之産馬使求
薦諸夫人之宰其可以稱旌繁乎注云稱舉也繁馬飾繁纓也引之者
證公有賵馬助人之事　擯者至人袒　注尊君至西面　釋曰云
尊君命也者謂釋杖迎入是尊君命也故下文賓賵擯者出告須注
云不迎則此經皆是尊君命故鄭無所指屬君命故鄭解經不哭又
前文袒襲皆據主人此則衆主人亦袒亦是尊君命云衆主人自若
西面者以其主人一人迎賓入門門東而右其餘衆主人不迎賓明自
若常位柩東西面可知也　馬入設　注設於庭在重南　釋曰以馬
是庭實故云設于庭知在重南者以庭實法皆參分庭一在南設之又
重北陳明器不得設馬故知在重南也　賓奉至致命　注賓使至前
後　釋曰云賓使者案此使者即士也知者士喪禮君使人弔注使人
士也禮使人各以其爵故知是士也云輅轅縛所以屬引者謂以木縛
於柩車轅上以屬引於上而挽之故名轅縛也云由馬西則亦當前輅
之西者以經直云當前輅不言輅之東西及前後鄭以義言之以其馬
在重南當門柩車在階間少南亦當門賓由馬西北行當前輅致命明

在軨西可知云於是北面致命得鄉柩與奠者以賓當軨西經云北面致命明當奠柩之南北面是得鄉柩與奠也云柩車在階閒少前參分庭之北者案下記云遂匠納車于階閒是柩車在階閒也云少前者上經祖還車訖云婦人降即位于階閒明柩車少南是少前也云參分庭之北者以其中庭陳明器不得在中庭故知在參分庭之北謂參分庭在北分之北此解賓致命之處云軨有前後者以經云前軨明有後以對前故知軨有前後也　主人至服出　注棧謂至作輚　釋曰主人哭拜者仍於門右北面以賓致命訖遂哭拜也云成踊者三者三凡九踊云棧謂柩車也凡士車制無漆飾者此棧車即柩車以其賓由軨西而致命云奠幣於棧者明此棧車柩車即蜃車四輪迫地無漆飾故言棧也云左服象授人授其右也者案聘禮宰授使者圭時云同面使者在左宰在右而授其右也此車南鄉以東爲左尸在車上以東爲右故授左服容授尸之右也　宰由至以東　注柩東至藏之　釋曰云柩東主人位者解經由主人之北以幣在車東主人在車東故宰由主人位北而鄉左服上取幣以東藏之於内也但此時主人仍在門東北面

此位雖無主人既有定位故宰由位北而取幣不得履主人之位故由主人之北也　士受馬以出　注此士至可也　釋曰云此士謂胥徒之長也有勇力者受馬不得爲屬士以其受幣者宜尊受馬者宜卑故知受馬是胥徒之長以其受馬故知有勇力者也若然婚禮記云士受皮注云士謂中士下士不爲胥徒者彼主人親受幣明受皮非胥徒是正士也引聘禮者欲見此用皮亦可也　主人至位杖　釋曰主人既送賓還入廟門東復位杖也　賓賵者將命　注賓卿大夫士也

釋曰自此盡知生者賻論賓及兄弟賻奠之事云賓卿大夫士也者以其上云君下有兄弟則此賓是國中三卿五大夫二十七士可知言將命者身不來遣使者將命告主人　注不迎至某須　釋曰案雜記諸侯使卿弔鄰國諸侯主人使擯者告賓云孤某須矣故引之爲義　注柩車至室同　釋曰云既啓之後與在室同者案上篇始死時云庶兄弟襚使人以將命于室主人拜于位此主人亦拜于位俱是不爲賓出故云與在室同至于有君命亦出迎也　注賓出至有事　釋曰云賓出在外請之爲其復有事者以其賓既行賵訖出更請之爲其復有事

若無事賓報事畢送去也　若奠　注賓致可以奠也　釋曰謂賓不辭此釋所致之物或可堪爲　奠於祭祀者也　注士亦至復也　釋曰以其受羊與馬同是畜類故知亦胥徒之類但受羊不須勇力故鄭不言也　若賻　注賻之至曰賻　釋曰云貨財曰賻者公羊傳文也　注主人至主人　釋曰鄭知施於主人者以下經云知生者賻是施於主人也案春秋文五年春王使榮叔歸含且賵傳譏一人兼二事此賓所以兼事者彼譏一人獨行不與介各行故譏若雜記云上客弔即其介各行含襚賵則不譏則卿大夫士禮一人行數事可也　注坐委至後位　釋曰鄭知反位反主人之後位者以主人在門東西面云宰由主人之北鄉賓奠幣之處舉幣明宰位在主人之後故得由主人之北西行是以宰位在主人之後也　若無至受之　注謂對至委地　釋曰以堂上授有並受法以其在門外若有器盛之則坐委於地若無器則對面相授受故云捂受之捂即逆也對面相逢受也　注如其至告須　釋曰謂如上賓賵時擯者出請入告出告須也　若就至于陳　注就猶至之陳　釋曰知贈無常者案下記云凡贈幣無常注云賓之

贈也玩好曰贈在所有言玩好者謂生時玩好之具與死者相知皆可以贈死者故此經云若就器則坐奠于陳者就器則是玩好之器也云陳明器之陳者以其廟中所陳者唯明器即陳于車之西以外或言薦或言設無言陳者故指明器而言也　凡將至拜送　注雖知至人意　釋曰云君子不必人意者義取孔子云無必無固之言也　兄弟賵奠可也　注兄弟至兩施　釋曰知兄弟有服親者喪服傳云凡小功以下爲兄弟既言兄弟明有服親者也知非大功以上者以大功以上有同財之義無致賵奠之法云可且賵且奠許其厚也者若然此所知許其賵不許其奠兄弟許其貳賵兼奠而上經亦賓而有賵有奠有賻三者彼亦不使並行俱見之見三禮之中有則任行其一故摠見之云賵奠於死生兩施者以下經云知死者贈知生者賻注云各主於所知此賵奠不偏言所主明於生死兩施也　所知至不奠　注所知至不奠　釋曰云所知通問相知也者言所知明是朋友通問相知言降於兄弟者許賵不許奠也云奠施於死者爲多故不奠者但賵與奠皆生死兩施其奠雖兩施施於死者爲多知者以其言奠爲死者而行故知

■所知爲跡不許行之也　知死至者賻　注各主於所知　釋曰云各主於所知者以其贈是玩好施於死者故知死者行之賻是補主人不足施於生者故知生者行之是各施於所知也　書賵至若五　注方版至五行　釋曰以賓客所致有賻有賵有贈有奠直云書賵者舉首而言但所送有多少故行數不同　書遣於策　注策簡至以下　釋曰云策簡者編連爲策不編爲簡故春秋左氏傳云南史氏執簡以往上書賵云方此言書遣於策不同者聘禮記云百名以上書於策不及百名書於方以賓客贈物名字少故書於方則盡遣送死者明器之等并贈死者玩好之物名字多故書之於策策書明器之物應在上文而於此言之者遣中并有贈物故在賓客贈賄與賵之下特書也　乃代哭如初　注棺柩至斂時　釋曰案喪大記大夫以上官代哭士無官以親疏代哭云初謂既小斂時者案喪大記小斂之後乃代哭初死直主人哭不絕聲士二日小斂小斂主人懈怠容更代而哭也　宵爲至之右　注爲哭者爲明　釋曰燎大燭必於門内之右門東者奠於柩車西鬼神尚幽闇不須明柩車東有主人階間有婦人故於門右照之

為明而哭也　厥明至如初　注鼎五至奠時　釋曰自此盡主人要節而踊論葬日之明陳大遣奠於廟門外之事知五鼎是羊豕魚腊鮮獸各一鼎者以下經云羊左胖豕亦如之魚腊鮮獸皆如初與少牢禮同故知也云士禮特牲三鼎者特牲饋食禮陳三鼎故知也云盛葬奠加一等用少牢也者以其常祭用特牲今大遣奠與大夫常祭用少牢同是盛此葬奠故加一等用少牢也云如初如大斂奠時者以其上遷祖奠時云如殯謂如大斂明此云如初亦如大斂在廟門外及東方之饌也雖如大斂鼎數仍不同以其大斂三鼎此則五鼎然大小斂時無黍稷朔月則有黍稷此葬奠又無黍稷者大斂前無黍稷者以其初死至朔月乃有之故鄭注云至此乃有黍稷今葬奠更無黍稷者以其始死至殯自啓至葬其禮同故無黍稷亦同也凡牢鼎數或多或少不同若用特豚者或一鼎或三鼎若士冠禮醮子及婚禮盥饋并小斂之奠與朝禰之奠皆一鼎也三鼎者婚禮同牢士喪大斂朔月遷祖及祖奠皆三鼎而以魚腊配之是也其用少牢者或三鼎或五鼎三鼎者則有司徹云陳三鼎如初以其繹祭殺之於正祭故用少牢而鼎三也五鼎

者少牢五鼎大夫之常事此葬奠士攝之奠用少牢亦五鼎聘禮致飧衆介皆少牢亦五鼎玉藻諸侯朔月少牢亦五鼎其用大牢者或七或九或十或十二其云七鼎九鼎者公食大夫下大夫大牢鼎七上大夫鼎九是也鼎十與十二者聘禮致飧於賓飪一牢鼎九羞鼎三是十二也又云上介飪一牢鼎七羞鼎三是其十若然案郊特牲云鼎俎奇而籩豆偶以象陰陽鼎有十與十二者以其正鼎與陪鼎各別數則爲奇數也　其實羊左胖　注反吉至骨也　釋曰云反吉祭也者以其特牲少牢吉祭皆升右胖此用左胖故云反吉祭也云言左胖者體不殊骨也者既言左胖則左邊共爲一段故云體不殊骨雖然下云髀不升則除髀以下膞胳仍升之則與上肩脅脊別升則左胖仍爲三段矣而云體不殊骨據脊脅以上膞胳已下共爲一段亦得爲體不殊骨也　髀不升　注周貴肩賤髀　釋曰云髀不升者則膞已上去之取膞胳已下云周貴肩賤髀者案祭統云殷人貴髀周人貴肩故云脾不升腸五胃五　注亦盛之也　釋曰亦盛之者以其不用特牲而用少牢是盛葬奠案少牢用腸三胃三今加至五亦是盛此奠也　離肺　注離捀

釋曰此非直升腸胃又升離肺者案少儀云牛羊之肺離而不提心注云提猶絶也刲離之不絶中央少者使易絶以祭耳此爲食而舉亦名舉肺也　豕亦至腸胃　注如之至溷腴　釋曰云亦如之鄭云如之如羊左胖髀不升離肺也者謂豕與羊同者左胖雖同仍與羊異以其羊則體不殊骨上下共爲二段此豕之左胖則爲四段矣故别云豚解豚解揔有七段今取左胖仍爲四段矣云亦前肩後肫脊脅而已者鄭欲爲四段與羊異也云君子不食溷腴者禮記少儀文彼鄭注云謂犬豕之屬食米穀者也腴有似於人穢引之者證不取腸胃之義也　魚腊至如初　注鮮新至略之　釋曰云士腊用兔者謂此腊是其乾者云鮮新殺者二者皆用兔必知士腊用兔者雖無正文案少牢禮大夫腊用麋鄭云大夫用麋士用兔與以無正文故云與以疑之此亦云士腊用兔雖不云與亦同疑可知但士腊宜小故疑用兔也云加鮮獸而無膚者豕既豚解略之者以葬奠用少牢攝盛則當有膚與少牢同以豕既豚解四段喪事略則無膚者亦略之而加鮮獸也　東方至羸醢　注脾讀至爲蝸　釋曰陳鼎既訖又陳東方之饌于主人之南前輅之

東其豆有四脾析一蜱醢二葵菹三蠃醢四案周禮鄭注醢人云細切爲齏全物若牒爲菹又云齏菹之稱菜肉通又經不云菹者類皆是齏則此經云脾析者即齏也云脾讀爲雞脾肶之脾者鄭讀之欲見此脾雖與脾胥之脾同正謂百葉名爲脾析故讀音從雞脾肶之脾時俗有此語故讀從之也案醢人注云脾析牛百葉也此不云牛者彼天子禮容有牛此用少牢無牛當是羊百葉故不云牛也云蜱蜯也者即蛤也知蜱即蛤者以周禮醢人云蠯醢注云蠯蛤也此注云蜱蜯也以蜱蠯是一物故知蜱蜯即蠯蛤也　四籩棗糗栗脯　注糗以豆糗粉餌

釋曰云糗以豆糗粉餌者案籩人云羞籩之實糗餌粉餈鄭云此二物皆粉稻米黍米所爲也合蒸曰餌餅之曰餈糗者擣粉熬大豆爲餌餈之粘著以粉之耳餌言糗餈言粉互相足者此本一物餌言糗謂熬之亦粉之餈言粉擣之亦糗之不言互文而云互相足者凡言互文者是二物各舉一邊而省文故云互文此糗與粉唯一物分爲二文皆語不足故云互相足也又案籩人羞有二籩糗餌及粉餈此經直言糗則舉糗以見餌而無餈故鄭云糗以豆糗粉餌也　醴酒　注此東至巾之

釋曰鄭知義然者案下記云祝饌祖奠于主人之南當前輅北上巾之注云既祖祝乃饌以此言之祝饌祖奠即是還柩鄉外乃饌之于主人之南自還柩車至此饌葬奠柩車未動則此葬奠東方之饌亦饌于主人之南當與前同處故注云與祖奠同在主人之南但祖奠與大斂奠同二豆二籩此葬奠四豆四籩籩豆雖不同而同處耳云北上者蓋兩甒在北次南饌四豆豆南饌四籩也　陳器　注明器至藏之　釋曰陳饌已訖又陳明器也本作夜斂適似寫誤云適斂者以其上朝祖之日已陳明器此復陳之者由朝祖至夜斂藏之至此厥明更陳之也

滅燎至北面　注炤徹與葬奠也　釋曰昨日朝祖日至夕云宵爲燎于門內之右至此滅燎既滅二人執燭俠輅北面一人在輅東一人在輅西輅西者炤祖奠輅東者炤葬奠之饌故注云炤徹與葬奠也　賓入者拜之　注明自至出禮　釋曰此時有弔葬之賓主人皆不出迎但在位拜之所以不出迎者既啓之後既覩尸柩不可離位以迎賓唯有君命乃出故注云明自啓至此主人無出禮也　徹者至入踊　注猶阼至西南　釋曰云徹者入者謂將設葬奠先徹祖奠故云徹者入

入謂祝與執事徹祖奠者亦既盥乃入由重東而主人踊至徹訖設柩車西北則婦人踊也云猶阼階升者謂徹小斂奠者門外盥訖入升自阼階丈夫踊今徹者亦門外盥訖入由重東主人踊故云猶其升也云自重北西面而徹設於柩車西北亦猶序西南者此徹祖奠設于柩車西北亦猶小斂大斂朔月奠設于西南也　徹者東　注由柩至之饌　釋曰以其徹訖當設葬奠故徹者由柩車北東適葬奠之饌取而設于柩車西也知由柩車北而東者以其徹者設于柩車西北而云徹者東若柩車南不得云徹者東故知在柩車北東行也　鼎入　注舉入至如初　釋曰以其徹者既祖當設葬奠故五鼎皆入陳也云陳之也蓋於重東北西面北上如初者以其上篇小斂奠舉鼎入阼階前西面錯大斂奠云舉鼎入西面北上又朔月奠云鼎入皆如初其遷祖奠云陳鼎皆如殯則皆在阼階下西面北上今此但云鼎入不言如初無正文故云蓋以疑之既疑而知在東北西面北上者以其奠祭在室掌設者皆陳鼎於阼階下西面如大小斂故知也　乃奠至上綪　注籩嬴至酒也　釋曰云籩嬴醢南辟醴酒也者如上所饌則先饌脾析於西南次

北蜱醓次東葵菹次南蠃醢陳設要方則四籩宜亦設於脾析巳南綪
之爲次今不於脾析巳南爲次而發蠃醢巳南爲次故知辟醴酒醴酒
當設在脾析之南可知也　俎二至鮮獸　注成猶至爲俎　釋曰知
俎二以併不綪者若綪則宜先設羊於西南次北設豕次東設魚次南
設腊今於西南設羊次北豕以魚設于羊東設腊于魚北還從南爲始
是不綪也其鮮獸在北北無偶故云特也是以鄭云不綪者魚在羊東
腊在豕東也　醴酒至北上　注統於豆也　釋曰云統於豆者豆即
脾析也以其云北上上謂二甒醴酒繼豆言北上故云統于豆也　奠
者至而踊　注亦以至南東　釋曰自上巳來堂下設奠徹奠皆云主
人要節而踊注皆云往來爲節此主人要節而踊亦以往來爲節奠來
時由重北而西既奠由重南而東此奠饌在輅之東言由重北者亦是
由車前明器之北鄉柩車西設之設訖由柩車南而來者禮之常也
甸人至倚之　注還重至由此　釋曰自此盡徹者出踊如初論將葬
重及車馬之等以次出之事云道左倚之者當倚於門東北壁云還重
不言甸人者上云二人還重不言甸人至此乃言甸人也云重既虞將

埋之者雜記文彼注云就所倚處埋之但天子九虞諸侯七虞大夫五虞士三虞未虞以前以重主其神虞所以安神雖未作主初虞其神即安於寢不假重爲神主又士大夫無木主明亦初虞即埋之也云不由闑東西者重不反變於恒出入者恒出入則闑東闑西也云道左主人位者檀弓云重主道注云始死未作主以重主其神也則重主死者故於主人之位埋之也鄭云今時以下者引漢法證重倚道左之事也

薦馬至南上　注南上至序從　釋曰云南上者謂於門外之時南上云便其行也者以其葬於國北在路則南上上者常在前故云便其行也云行者乘車在前道稾序從者案下記云乘車載旜道車載朝服稾車載蓑笠是序從也　徹者至下體　注苞者至爲哀　釋曰云苞者象既饗而歸賓俎者也案雜記文而言之云取下體者脛骨象行者以父母將行鄉壙故取前脛後脛下體行者以送之故云象行也云又俎實之終始也者此盛葬奠用少牢其載牲體亦當與少牢同案少牢載俎云肩臂臑膊骼在兩端又云肩在上以此言之則肩臂臑在俎上端爲俎實之始膊骼在俎下端爲俎實之終今取此兩端脛骨包以歸父

毋直取脛骨爲象行又兩端爲俎實之終始也云士苞三个者自上之
差案檀弓云國君七个遣車七乗大夫五个遣車五乗注云人臣賜車
馬者乃得有遣車遣車之差大夫五諸侯七則天子九諸侯不以命數
喪數略也个謂所包遣奠牲體之數也雜記曰遣車視牢具彼注云言
車多少各如所包遣奠牲體之數也然則遣車載所包遣奠而藏之者
與遣奠天子大牢包九个諸侯亦大牢包七个大夫亦大牢包五个士
少牢包三个大夫以上乃有遣車以此而言士無遣車則所包者不載
于車直持之而已士有一包而云包三个鄭又云个謂所包遣奠則士
一包之中有三个牲體故云前脛折取臂臑後脛折取骼者若然大夫
云遣車五乗包五个則一包之中有五个五五二十五一大牢而爲二
十五體則亦取下體前脛取臂臑後脛取骼三牲有九體又就九體折
分爲二十五个五包包各五个諸侯亦大牢而包七个天子亦一大牢
又加以馬牲牲别有三體則十二體就十二體中細分爲八十一个九
包包各九个大夫以上皆不得全體謂若少儀云大牢則以牛左肩臂
臑折九个之類亦爲不全體也云亦得俎釋三个者羊俎上注云體不

殊骨也其髀又不升則骼别爲一段在俎今前脛折取臂臑其肩仍著胖爲一段後脛折取骼仍有肫一節在俎則羊俎仍有兩段在俎豕則左胖豚解爲四段在俎今前脛折取臂臑後脛折取骼仍有四段在俎若然羊俎有二段豕俎有四段相通則二俎俎有三段在故得爲俎釋三个案特牲俎釋三个注云爲改饌於西北隅遺之則此奠雖不改爲饌西北隅留之亦爲分禱五祀也引雜記者案彼云曾子謂或人曰吾子不見大饗乎夫大饗既饗卷三牲之俎歸于賓館父母而賓客之所以爲哀也注云既饗歸賓俎所以厚之也言父母家之主今賓客之是孝子哀親之去也取此者以證此包牲歸父母亦是賓客父母之事也不以魚腊　注非正牲也　釋曰云非正牲也者正牲謂上三牲魚腊非正牲故不以魚腊載之故云非正牲　行器　注目葬至之次　釋曰包牲訖明器當行鄉壙故云行器云目葬行明器者即下云茵苞已下是也故云目葬行也　茵包器序從　注如其陳之先後　釋曰此直云序從者序從即上文器西南上茵包已下是也故此亦言茵包以其爲首故也　車從　注次器　釋曰上陳明器訖次列車以從明器

故云次器也　徹者出踊如初　注於是至柩車　釋曰徹者謂包牲
訖當徹去所釋者出廟門分禱五祀者徹者出時主人踊云於是廟中
當行者唯柩車者以其上文明器及車馬鄉壙者皆出唯有柩車在廟
未出故云於是廟中當行者唯柩車也　主人至南面　注史北至爲
筴　釋曰自此盡滅燭出論讀賵讀遣之事經直云史請讀賵鄭知史
北面請者以其主人於車東北面所請者請於主人明史北面問之故
知史北面也又知在主人之前讀之對面當柩故知在主人之前西鄉
柩也請訖乃西面請時及入時書在前筭在後則史西面之時筭在史
南西面今燭在史北近史炤書爲便若在左則隔筭不便也　讀書釋
筭則坐　注必釋至其多　釋曰讀書者立讀之歫也釋筭者坐爲釋
之便也云必釋筭者榮其多者以其所賵之物言之亦得今必釋筭顯
其數者榮其多故也　卒命至逆出　釋曰言逆出則入時長在前出
時長在後燭言滅不言出者以其燭已滅不得言燭出其人亦出可知
公史至燭出　注公史至俠路　釋曰知公史是君之典禮書者以其
言公史故知君史案周禮大史小史皆掌禮則諸侯史亦掌典禮可知

云成其得禮之正以終者以其死葬之以禮是死者得禮之終事故以
君史讀而成之也知燭俠輅者上陳設葬奠云執燭夾輅北面故知也
商祝至執披　注居柩至無以　釋曰自此盡杖乃行論柩車在道發
行之事云執功布者謂執大功之布麤者也云以御柩執披者葬時乘
人故有柩車前引柩者及在傍執披者皆御治之故云御柩執披也云
柩車之前若道有低仰傾虧則以布爲抑揚左右之節者道有低謂下
坂時道有仰謂上坂時傾虧謂道之兩邊在車左右轍有高下云以布
爲抑揚左右之節者道有低則抑下其布使知下坂道有仰則揚舉其
布使知上坂云左右者謂道傾虧高下則左右其布使知道之有傾虧
也若東轍下則下其布向東西邊執披者持之西轍下則下其布向西
東邊執披者持之若然鄭云使引者執披者知之者執披者知其左右
引者知其上下也知士執披八人者案下記云執披者旁四人注云前
後左右各二人是士執披者八人也　主人至無筭　注袒爲至之序
釋曰云乃行謂柩車行者經云乃行文承主人袒下嫌主人行故云乃
行謂柩車行以行處據柩爲主柩車行主人行可知故舉柩車行也云

凡從柩者先後左右如遷于祖之序者上遷于祖時注云主人從者丈夫由右婦人由左以服之親跡爲先後各從其昭穆男賓在前女賓在後此從柩向壙之序一如遷于祖之序故如之也　出宫踊襲　注哀次　釋曰云哀次者以經云出宫踊襲以出宫有此踊襲以出宫有此踊者止爲出宫大門外有賓客次舍之處父母生時接賓之所故主人至此感而哀此次是以有踊踊訖即襲襲訖而行也故檀弓云哀次亦如之注云次他日賓客所受大門外舍也孝子至此而哀是也　至于至纁束　注邦門至送也　釋曰云邦門者案檀弓云葬于北方北首三代之達禮也此邦門者國城北門也贈用玄纁束帛者即是至壙窆訖主人贈死者用玄纁束帛也以其君物所重故用之送終也　主人至致命　注柩車至柩車　釋曰此謂宰夫將致命主人乃去杖不哭由柩車前輅之左右若然在廟柩車南鄉左則在東此出國北門柩車鄉北左則在前輅之西也賓由右致命則在柩車之東矣經直云左右鄭必知據前輅左右者次柩車在廟門時賓在柩車右主人在柩車左故知此亦當前輅左右也云當時止柩車者下記云唯君命止柩于堩

其餘則否注云不敢留神明此宰夫致命時柩車止也　主人至乃行
注升柩至車後　釋曰賓既致公賵命訖主人乃哭拜稽顙賓乃升車
實幣于棺之蓋中載以之壙上文在廟所贈之幣皆奠于左服此實于
蓋中者彼贈幣生死兩施故奠左服此贈專爲死者故實于蓋中若親
授之然云復位反柩車後者上在廟位在柩車東此行道故在柩車後也

儀禮疏卷第三十九

儀禮疏卷第四十

唐朝散大夫行太學博士弘文館學士臣賈公彦等撰

至于至北上　注統于壙　釋曰自此盡拜送論至壙陳器及下棺訖送賓之事云統于壙者對廟中南上此則北上故云統于壙也　茵先入　注當藉至茵焉　釋曰云當藉柩也者解茵先入之意以其茵入乃後屬引下棺於其上以須藉柩故茵先入云元士則葬用輁軸加茵焉者元士謂天子之士葬時先以輁軸由羨道入乃加茵於其上乃下棺於中知元士葬用輁軸者檀弓云孺子𩠂之喪哀公欲設撥注云撥可撥引輴車所謂紼問於有若有若曰其可也君之三臣猶設之顔柳曰天子龍輴而椁幬諸侯輴而設幬爲榆沈故設撥三臣者廢輴而設撥竊禮之不中者也以此言之天子諸侯殯葬皆用輴朝廟用輴可知大夫雖殯葬不用輴朝廟亦用輴以其士殯葬不用輁軸朝廟得用之明大夫朝廟得用輴故上注云大夫諸侯以上有四周謂之輴以其大夫諸侯以上有四周謂之輴以其大夫朝廟得用輴故言之也諸侯之大夫有三命再命一命殯葬不得用輴天子之元士亦三命再命一命

葬得用輁軸者春秋之義王人雖微猶在諸侯之上明天子之士尊謂之爲元元者善之長故得用輁軸不與諸侯大夫同也　屬引　注於是至爲燭　釋曰云於是説載者謂柩車至壙解説去載與披及引之等除飾者解去帷荒池紐之等然後下棺云更屬引於緘耳者案喪大記云君窆以衡大夫士以咸鄭注云衡平也人君之喪又以木橫貫緘耳居旁持而平之今齊人謂棺束爲緘以此而言則棺束君三衽三束大夫士二衽二束束有前後於束末皆爲緘耳以紼貫結之而下棺人君又於橫木之上以屬紼也　主人至不哭　注俠羨道爲位　釋曰主人袒者爲下棺變婦人不言北上亦如男子北上可知不哭者爲下棺宜靜云俠羨道爲位者羨道謂入壙道上無負土爲羨道天子曰隧塗上有負土爲隧僖二十五年晉文公請隧弗許是也　乃窆至無筭　注窆下棺也　釋曰主人哭踊不言處還於壙東西面也云窆下棺者春秋謂之塴皆是下棺之名也　襲贈至如初　注丈八至五合　釋曰云丈八尺曰制者朝貢禮及巡狩禮皆有此文以丈八尺名爲制昏禮幣用二丈取成數凡禮幣皆用制者取以儉爲節聘禮云釋幣制

玄纁束注云凡物十曰束玄纁之率玄居三纁居二此注云二制合之
束十制五合者則每一端丈八尺二端爲一匹五匹合爲十制也　卒
袒至三襲　注主婦至反位　釋曰卒謂贈卒更袒拜賓云反位者各
反羨道東西位其男賓在衆主人之南女賓在衆婦之南　賓出則拜
送　注相問至中焉　釋曰鄭知賓是相問之賓也凡弔賓有五此舉
中者案雜記云相趨也出宫而退相揖也哀次而退相問也既封而退
相見也反哭而退朋友虞祔而退注云此弔者恩薄厚去遲速之節也
相趨謂相聞姓名來會喪事也相揖甞會於他也相問甞相惠遺也相
見甞執摯相見也以此而言此經既葬而退是相見問遺之賓舉中以
見上下五者去即皆拜送可知　藏器於旁加見　注器用至置翣
釋曰云器用器役器也者用器即上弓矢耒耜之等役器即上甲胄干
笮之屬此器中亦有樂器不言者省文知有用器役器者以下別云包
筲之等則所藏者是此器也云見棺飾也者飾則帷荒以其與棺爲飾
是以喪大記云飾棺君龍帷黼荒大夫畫帷畫荒士布帷布荒注云飾
棺者以華道路及壙中不欲衆惡其親也此柩入壙還以帷荒加於柩

故鄭注云及壙中也云更謂之見者加此則棺柩不復見矣者以其唯見此帷荒故名帷荒爲見是棺柩不復見也云先言藏器乃云加見者器在見内也内之者明君子之於事終不自逸也者以用器役器近身陳之是不自逸也引檀弓者見帷荒在柩外周人名爲牆若牆屋然其外又置翣爲飾也　藏包筲於旁　注於旁至容甒　釋曰云於旁者在見外也者以其加見乃云藏包筲故知見外也云不言甕甒饌相次可知者以其陳器之法後陳者先用甕甒後用包筲包筲藏明甕甒先藏可知故云相次可知云四者兩兩而居者謂包筲居一旁甕甒居一旁故云兩兩而居也引喪大記者欲見椁内棺外所容寬狹得容器物之意也　加折至抗木　注宜次也　釋曰云宜次也者宜謂折上陳之美面鄉上今用即美面鄉下抗席又覆之又折宜承席席宜承木皆是其宜也次者木則先陳後用席則後陳先用是其次也　實土至鄉人　注謝其勤勞　釋曰案雜記云鄉人五十者從反哭四十者待盈坎注云非鄉人則少長皆反以此而言於時主人未反哭鄉人並在故今至實土三徧主人拜鄉人謝之謝其勤勞勤勞者謂在道助執紼在壙助

下棺及實土也　即位踊襲如初　注哀親之在斯　釋曰謂既拜鄉人乃於羨道東即位踊無筭如初也云哀親之在斯者以親之在斯故哀號甚踊無筭　乃反至北上　注西階至神位　釋曰自此盡門外拜稽顙論主人反哭賓弔之事反哭者拜鄉人訖反還家哭于廟入升西階東面哭云西階東面反諸其所作也者案檀弓云反哭升堂反諸其所作也注云親所行禮之處是也云反哭者於其祖廟者謂下士祖禰共廟故下經賓出主人送于門外遂適于殯宮適士二廟者自殯宮先朝禰後朝祖今反哭則先於祖後于禰遂適殯宮也案春秋僖八年經書用致夫人左氏云凡夫人不殯於廟者春秋之世多行殷法不與禮合也云不於阼階西面西方神位者以特牲少牢主人行事升降皆由阼階今不於阼階故決之以西方神位知者特牲少牢皆布席于奥殯又在西階是西方神位主人非行事直哭而已故就神位　婦人至阼階　注辟主人也　釋曰反哭之禮主人男子等先入主婦婦人等後入故婦人入丈夫在位者皆踊婦人不升西階者由主人在西階故鄭云辟主人　主婦至踊三　注入于至更也　釋曰案檀弓云主婦

入于室反諸其所養也鄭注云親所饋食之處但主人既在西階親所行禮之處以婦人無外事故於饋食之處哭也云出即位堂上西面也者自小斂奉尸夷于堂已後主婦等位皆在阼階上西面是以知出即位者阼階上西面也云拾更也者凡成踊而拾皆主人踊主婦人踊賓乃踊故云更也　賓弔至稽顙　注賓弔至無曰　釋曰知賓弔是衆賓之長者以其弔賓皆在堂下今升堂釋詞故知賓中爲首者賓之長也云反而亡焉失之矣於是爲甚者亦檀弓文引之證周人反哭而弔哀之甚也云弔者北面者以經云賓弔者升自西階即云曰如之何不見弔者改面之文明升堂北面可知云主人拜于位者拜于西階上東面位知者以其上經主人升自西階東面故知仍東面位也云不北面拜賓東者以其亦主人位也者鄉飲酒鄉射主人酬賓皆於賓東主人位特牲少牢助祭之賓主人皆拜送于西階東面故於東面不移以其亦主人位故也　賓降至稽顙　釋曰此於雜記五賓當相見之賓故鄭上注云舉中焉明五賓皆依節而弔也　遂適至踊三　注啓位至之位　釋曰案士喪禮朝夕哭位云婦人即位于堂南上主人堂下直

東序西面啓殯時云主人位如初又云主人入即位則此主啓位婦人亦即位于堂東面主人即位于堂下直東序西面直東序西面即中庭位也　兄弟至拜送　注兄弟至以歸　釋曰丈夫婦人在殯宫拾踊既訖兄弟入門者出主人拜而送之知兄弟小功以下也者此兄弟等始死之時皆來臨喪殯訖各歸其家朝夕哭則就殯所至葬開殯而來喪所至此反哭亦各歸其家至虞卒祭還來預焉故喪服小記云緦小功虞卒哭則皆免是也云異門大功亦可以歸者大功以上有同財之義爲異門則恩輕故可歸也　衆主至就次　注次倚廬也　釋曰云衆主人出門者則主人拜送兄弟因在門外云闔門者鬼神尚幽闇云次倚廬也者以未虞以前仍依於初東壁下倚木爲廬齊衰居堊室大功張幃喪服傳云既虞柱楣前屏此直云倚廬據主人斬衰者而言

猶朝夕哭不奠　注是日至易奠　釋曰自啓殯已來常奠今反哭至殯宫猶朝夕哭如前不奠耳檀弓云葬日虞弗忍一日離也是日也以虞易奠故不奠也　三虞　注虞喪至日離　釋曰云虞喪祭名日中而虞不忍一日離皆檀弓文案彼云葬日虞弗忍一日離也又云卒哭

曰成事是日也以吉祭易喪祭則三虞也云虞安也者主人孝子葬之時送形而往迎魂而返恐魂神不安故設三虞以安之云骨肉歸于土精氣無所不之者案檀弓云延陵季子葬其長子於嬴博之閒既窆左袒右還其封云骨肉歸復于土命也若魂氣則無不之是其骨肉歸于土精氣無所不之之事言此者欲見迎魂而反以虞祭安之是以鄭云孝子爲其彷徨三祭以安之云朝葬日中而虞即檀弓所云葬日虞弗忍一日離又下士虞記亦云日中而行事是也　卒哭　注卒哭至而巳　釋曰云卒哭三虞之後祭名者三虞者再虞用柔日後虞改用剛日又隔柔日卒哭用剛日故云卒哭三虞之後祭名也云始朝夕之閒哀至則哭至此祭止也者始死主人哭不絶聲小斂之後以親代哭亦不絶聲至殯後主人在廬廬中思憶則哭又有朝夕於阼階下哭至此爲卒哭祭唯有朝夕哭而巳言其哀殺也然則喪有三無時哭者始死至殯哭不絶聲一無時旣殯廬中思憶則哭二無時卒哭祭後唯有朝夕哭爲有時至練祭之後又止朝夕哭唯有堊室之中或十日或五日一哭通前爲三無時之哭也是以檀弓云哭無時使必知其反也

是據練後哭無時也　明日以其班祔　注班次至爲胖　釋曰云班次也者謂昭穆之次第云祔卒哭之明日祭名者以卒哭用剛日祔用柔日是以下士虞記云卒哭祭即云明日以其班祔故云卒哭之明日祭名云祔猶屬也祭昭穆之次而屬之者以其孫祔於祖孫與祖昭穆同故以孫連屬於祖而就祖而祭之也　記　釋曰凡記者皆是經不具記之使充經文理備足也　士處至墉下　注將有至爲於　釋曰云將有疾乃寢於適室者以士喪篇首云士死于適室此記云適寢者適室一也故互見其文若不疾則在燕寢將有疾乃寢卧于適室故變室爲寢也云東首者鄉生氣之所云墉下者墉謂之牆喪大記謂之北牖下必在北墉下亦取十一月一陽生於北生氣之始故也士喪禮論其死事故不云疾此記人記其不備凡人死皆因疾故記其疾之所在也　有疾疾者齊　注正情至其室　釋曰云有疾者既有疾當齊戒正情性故也云適寢者不齊不居其室者案鄉黨孔子齊居必遷坐又祭義云致齊於内散齊於外皆在適寢但散齊得鄉外故云於外耳是其齊居適寢也　養者皆齊　注憂也　釋曰案曲禮云父母有疾冠

者不櫛行不翔笑不至矧怒不至詈不飲酒食肉疾止復故男女養疾皆齊戒正情性也　徹琴瑟　注去樂　釋曰君子無大故琴瑟不離其側今以父母有疾憂不在于樂故去之案喪大記云疾病內外皆埽君大夫徹縣士去琴瑟注云凡樂器天子宮縣諸侯軒縣大夫判縣士特縣去琴瑟者不命之士亦謂子男之士不命者也　疾病外內皆埽　注爲有至曰病　釋曰云疾甚曰病者則外內皆埽爲賔客來問疾自絜清也　徹褻衣加新衣　注故衣至惡之　釋曰此文承疾病者及養病者則徹褻衣據死者而言則生者亦去故衣服新衣矣徹褻衣謂故玄端已有垢汙故來人穢惡是以徹去之加新衣者謂更加新朝服喪大記亦云徹褻衣加新衣鄭注云徹褻衣則所加者新朝服矣互言之也加朝服者明其終於正也互者褻衣是玄端新衣是朝服朝服言新則褻衣是故玄端言褻朝服是絜不褻矣各舉一邊而言明皆有兼也必知褻衣是玄端新衣是朝服者案司服士之齊戒服玄端則疾者與養疾者皆齊明服玄端矣檀弓云始死羔裘玄冠者易之而已羔裘玄冠則朝服故知臨死所著新衣則朝服也故鄭云終於正也　御者

至持體　注爲不至之人　釋曰案喪大記云體一人注云爲其不能自屈伸也若然四體各一人亦爲不能自轉側詩云輾轉反側據身云不能自屈伸據手足二文相兼乃具云御者今時侍從之人者士雖無臣亦有侍御僕從近人終於其手也　屬纊以俟絶氣　注有其至新絮　釋曰案喪大記注云纊今之新緜易動摇置口鼻之上以爲候亦二注相兼乃具云纊新絮即新緜禹貢豫州貢纖纊明纊新緜也　男子至之手　注備褻　釋曰案喪大記注云君子重終爲其相褻若然疾時使御者持體并死于其手若婦人則内御者持體還死于其手故喪大記云其母之喪則内御者抗衾而浴僖三十三年冬公薨于小寢左氏傳曰即安服注云小寢夫人寢也禮男子不絶于婦人之手今僖公薨于小寢譏其近女室是男子不絶于婦人之手備褻也　乃行禱于五祀　注盡孝至曰行　釋曰云盡孝子之情者死期已至必不可求生但盡孝子之情故乃行禱五祀望祐助病者使之不死也云五祀博言之士二祀曰門曰行者祭法文今禱五祀是廣博言之望助之者衆其言五祀則與諸侯五祀同則祭法云諸侯五祀是也　乃卒　注

卒終也　釋曰自此盡遷尸論上篇始死遷尸於南牖之事曲禮與爾雅皆云大夫曰卒士曰不祿今士不言不祿而云卒者義取君子曰終小人曰死故鄭云卒終也美言之使與大夫同稱也　主人啼兄弟哭　注哀有至易之　釋曰云哀有甚有否者啼即泣也檀弓云臯柴泣血三年注云言泣無聲如血出則啼是哀之甚發聲則氣竭而息之聲不委曲若往而不反對齊衰以下直哭無啼是其否也知於是始去笄纚服深衣者禮記問喪云親始死雞斯徒跣扱上衽注云雞斯當爲笄纚上衽深衣之裳前是其親始死笄纚服深衣也引檀弓者證服深衣易去朝服之事也　設牀至設枕　注病卒至爲芺　釋曰經直云士死于適室幠用斂衾不云此等之事故記人言之也云病卒之間廢牀至是設之者喪大記云疾病寢東首於北牖下廢牀是其始死亦因在地無牀復而不蘇乃設牀於南牖下有枕席是病卒之間廢牀於是設之云事相變者謂疾病時去牀既死設牀是生死事相變也衽臥席者曲禮云請席何鄉請衽何趾鄭云坐問鄉臥問趾因於陰陽是衽爲臥席昏禮注云衽臥席也　遷尸　注徙於至斂衾　釋曰云徙於牖下者

即上文牀第當牖者也於是幠用斂衾者釋士喪禮幠用斂衾之時節也　復者至而左　注衣朝至以變　釋曰云招而左者以左手執領還以左手以領招之必用左者招魂所以求生左陽陽主生故用左也復者士之有司著朝服左執領謂爵弁服也云衣朝服服未可以變者謂始死未可以變之服凶服以其復所以求生故也喪大記小臣復復者朝服彼言小臣據君則上下尊卑復者皆朝服也　楔貌至兩末注事便至作厄　釋曰云如軛者軛謂馬鞅軛馬領亦上兩末今以屈處入口取出時易故鄭云事便也此用柶異於吉時所用也　綴足至持之　注校脛至爲枝　釋曰云几脛在南以拘足則不得辟戾矣者古者几兩頭各施兩足今以夾則竪用之尸南首足鄉北故以几脚鄉南以夾足恐几欹側故使生存侍御者一人坐持夾之使足不辟戾可以著屨也　即牀至巾柶　注腢肩至新酒　釋曰即就也謂就尸牀而設之尸南首則在牀東當尸肩頭也此即檀弓云始死之奠其餘閣也與云用吉器器未變也者謂未忍異於生故未變至小斂奠則變髭豆之等爲變矣云或卒無醴用新酒者釋經若醴若酒科有其一不得

並有之事以其始死卒未有醴則用新酒若然醴酒俱有容有醴則用之不更用酒以其始死不備故也若小斂以後則酒醴具設無二醴酒是也　赴曰至某死　注赴走至作訃　釋曰云母妻長子則曰君之臣某之某死者上某是士名下某是母妻長子假令長子則云長子某甲母妻則婦人不以名行直云母與妻也云赴走告也者言赴取急疾之意故云赴走告也云今文赴作訃者雜記作訃者義取以言語相通亦一塗也　室中至亦坐　注别尊卑也　釋曰云兄弟有命夫命婦在焉亦坐者若無命夫命婦則皆立可知此士喪禮故鄭云别尊卑也尊謂命夫命婦案大記君之喪主人主婦坐以外皆立若大夫喪主人主婦命夫命婦皆坐以外皆立也士之喪主人父兄主婦姑姊妹皆坐鄭云士賤同宗尊卑皆坐此命夫命婦之外立而不坐者此謂有命夫命婦來兄弟爲士者則立若命夫命婦則同宗皆坐也　尸在至不出　注不二主　釋曰經直云主人唯君命出不言衆主人故記人辨之云衆主人不出在尸東耳云不二主者曾子問云喪有二孤廟有二主爲非禮不云不二孤而云不二主者彼廟主與喪孤相對此孤不對廟主

孤亦是喪主故以主言之也　襚者至不坐　注牀高由便　釋曰云
牀高由便者曲禮云授立不跪授坐不立此委衣於牀者不坐委之以
牀高亦如授立不坐之義故云由便也　其襚至致命　注始死時也
釋曰云始死時者謂未小斂之前尸在室中戶西故北面致命若小斂
之後奉尸夷於堂則中庭北面致命　夏祝至盛之　注差擇之　釋
曰經直云祝淅米于堂南面用盆不言夏與盛之故記人言之　注內
御至冠也　釋曰云內御女御者以婦人稱內故以女御爲內御婦女
不死男子之手故知內御女御也天子八十一御妻亦曰女御與此別
也云無笄猶丈夫之不冠也者喪服小記云男子冠而婦人笄士喪禮
男子免不冠此云婦人不笄與男子不冠同故云猶丈夫不冠也　設
明至中帶　注中帶至禪襂　釋曰經直云設明衣不辨男子與婦人
故此記人云設明衣者男子其婦人則設中帶鄭云中帶若今禪襂者
鄭舉目驗而言但男子明衣之狀鄭不明言亦當與中帶相類有不同
之處故別雖名中帶亦號明衣取其圭潔也　卒洗至左顛　注象齒
堅　釋曰經直云實貝於尸左右及中不言遠近故記人辨之云右顛

左巔謂牙兩畔最長者象生時齒堅也　夏祝徹餘飯　釋曰經不言夏祝徹故記人言之　瑱塞耳　釋曰經直云瑱用白纊用掩之不云塞耳恐同生人縣于耳旁故記人言之也　掘坎至其壞　釋曰經直云甸人掘坎于階閒不辨大小故記人明之　注塊堛也　釋曰云塊堛者爾雅釋言文孫氏云堛土塊也　明衣至下膝　注幕布至深也　釋曰云明衣裳用幕布則衣裳同用幕布云袂屬幅長下膝者唯據衣而言以其下別云裳故也云幕布帷幕之布者周禮幕人云掌帷幕幄帟綬鄭云帷幕皆以布爲之幄帟皆以繒爲之以其帷幕所以張之於外恐不相勝舉故須用布鄭亦取此文用幕布爲義也故此云帷幕之布云升數未聞者以其不云疏布直云幕布故云未聞也云屬幅不削幅者布幅二尺二寸凡用布皆削去邊幅旁一寸爲二寸計之則此不削幅謂縿使相著還以袂二尺二寸云長下膝者謂爲此衣長至膝下云又有裳於蔽下體深者凡平爲衣以其有裳故不至膝下此又有裳而言膝下故云於蔽下體深也蔽下體解此經衣至膝下也　有前至及轂注不辟至被土　釋曰云不辟質也者以其凡男子裳不連衣故

皆前三幅後四幅辟積其要閒示文今此亦前三後四不辟積者以其
一服不動不假上狹下寬也云凡他服短無見膚長無被土者他服謂
深衣深衣云短毋見膚注云衣取蔽形又云長毋被土注云爲汙辱是
也此裳及轂至足跗亦是不被土故引爲證也　縓綼緆　注一染至
曰緆　釋曰云一染謂之縓者爾雅文謂一入赤汁染之即漢時紅故
舉以爲況也云飾裳在幅曰綼者案深衣云純袂緣純邊注云純謂緣
之也緣邊衣裳之側廣各寸半則表裏共三寸矣此在幅亦衣裳之側
緣法如彼也　設握至于掔　注掔掌至結之　釋曰手無決者以其
經已云設握麗于掔與決連結據右手有決者不言左手無決者故記
之云以握繫一端繞掔還從上自貫反與其一端結之者案上文握手
用玄纁裏長尺二寸今裏親膚據從手内置之長尺二寸中掩之手纔
相對也兩端各有繫先以一端繞掔一帀還從上自貫又以一端鄉上
鉤中指反與繞掔者結於掌後節中　甸人築坅坎　注築實至曰坅
釋曰經直云甸人掘坎不云還使甸人築故記人明之還使甸人築之
也　隸人涅廁　注隸人至不用　釋曰知隸人罪人者案周禮司厲

職云其奴男子入於罪隸則中國罪人對夷隸蠻隸貉隸之等是征四夷所得也故鄭舉漢法今之徒役作者也云爲人復往褻之又亦鬼神不用者若然古者非直不共偪浴亦不共廁故得云死者不用也　既襲至中庭　釋曰士之喪死日而襲經不云中庭設燎故記明之也　厥明滅燎陳衣　注記節　釋曰云記節者爲小斂陳衣當襲之明旦滅燎之時故記節正經不云故記人亦明之也　凡絞至朝服　注凡凡至爲輪　釋曰言凡非一之言以其唯小斂至大斂有絞大斂又有紟故知凡中有大小斂也言類如朝服者雜記云朝服十五升是也

儀禮疏卷第四十

儀禮疏卷第四十一

唐朝散大夫行太學博士弘文館學士臣賈　公彦　等撰

設棜至如之　注棜今至角柶　釋曰自此盡出室論陳大小斂奠記經不備之事云角觶四木柶二爲夕進醴酒兼饌之也者以其大小斂之奠皆有醴酒醴一觶又用一柶酒用一觶計醴酒但用二觶一柶矣而觶有四柶有二者朝夕酒醴及器别設不同器朝夕二奠各饌其器也云豆籩二以併則是大斂饌者以其小斂一豆一籩大斂乃有二豆二籩故知二謂大斂饌云記於此者明其他與小斂同陳者鄭意大斂饌不在大斂節内陳之而在小斂節陳之者以其陳此籩豆之外皆與小斂同故就小斂節内陳之取省文之義也云同陳者謂多少同陳不謂大斂饌陳之亦在小斂節内也　凡籩至巾之　注籩豆至不巾　釋曰云實具設皆巾之者謂於東堂實之於奠設之二處皆巾故云皆巾之云籩豆偶而爲具具則於饌巾之巾之加飾也者此鄭指解大斂之實饌於堂東之時巾之加飾對小斂之實於堂東不巾不加飾云明小斂一豆一籩不巾者以其云籩豆具據大斂奠二豆二籩實與奠二

處皆巾明小斂奠一豆一籩堂東饌時不巾若然小斂奠設于牀東巾之爲在堂經乂設塵埃加故雖一豆一籩亦巾之即禮記檀弓云喪不剥奠也與祭肉也與以其有牲肉故也　觶俟至建之　注時朝至逮日　釋曰言此者記人恐饌時已酌於觶故記云俟時而酌也引檀弓者謂時是朝夕之時必朝奠待日出夕奠須日未没者欲得父母之神隨陽而來故也　小斂辟奠不出室　注未忍至去之　釋曰云未忍神遠之也者釋奠不出室之義始死猶生事之不忍即爲鬼神事之故奠不出室云辟襲奠以辟斂者以經云小斂辟奠故知辟襲奠只爲辟斂也云既斂則不出於室設於序西南者又解襲奠不出室若將大斂則辟小斂奠於序西南此將小斂辟奠于室至於既小斂則亦不出於室設于序西南故言不出室若然奠不出室爲既斂而言也云事畢而去之者斂事畢奉尸夷于堂乃去之而設小斂奠于尸東　無踊節　注其哀未可節也　釋曰自死至此爲節賓主拾踊有三者三有踊節而云無踊節者除三者三之外其間踊皆無節即上文踊無筭是也云其哀未可節也亦謂三者三之外無踊節而言也　既馮至布帶　注

衆主至以下　釋曰小斂于戸内訖主人袒髻髮散帶垂絰不云絞帶及齊衰以下布帶事故記者言之案喪服苴絰之外更有絞帶鄭注云絰象大帶又有絞帶象革帶齊衰以下用布齊衰無等皆是布帶也知衆主人非衆子者以其衆子皆斬衰絞帶故知衆主人齊衰以下至緦麻首皆免也　大斂于阼　注未忍至賓之　釋曰經大斂時直云布席如初不言其處故記云大斂于阼阼是主人位故鄭云未忍便離主人位也云主人奉尸斂于棺則西階上賓之者喪事所以即遠斂訖即奉尸斂于棺賓客之故檀弓云周人殯于西階則猶賓之是也　大夫至東上　注視斂　釋曰知視斂者以其文承大斂下故知大夫升爲視斂也　既馮至復位　注中庭西面位　釋曰知大夫位在中庭西面者上篇朝夕哭云主人入堂下直東序西面卿大夫在其南卿大夫與主人同西面向殯故知大夫位在中庭西面也　巾奠至北東　注巾奠而室事已　釋曰上篇大斂奠時直云乃奠燭升自阼階無執燭降由主人之北故記人言之云由主人之北東也云巾奠而室事已者既巾訖是室事已故執燭者出也　既殯主人説髦　注既殯至未聞

釋曰自此盡乘車論孝子衣服飲食乘車等之事云既殯置銘于肂復位時也者案上篇云主人奉尸斂于棺乃蓋主人降拜大夫之後至者北面視肂卒塗祝取銘置于肂主人復位云復位者從西階下復阼階下位也凡説髦尊卑同皆三日知者喪大記云小斂主人即位于戶内乃斂卒斂主人馮之主人袒説髻髮以麻注云士既殯説髦此云小斂蓋諸侯禮也士之既殯諸侯之小斂於死者俱三日也是尊卑同三日也必三日説髦者案禮記問喪云三日而不生亦不生矣以髦是子事父母之飾父母既不生故去之云今文説皆作稅者此説及下經不説經帶二字皆作稅凡釋今古之文皆在注後此在注中者以其釋經義盡者於注末言之以文更有義者釋今古字訖乃更汎説即此注已解今古字訖更釋髦義是也云兒生三月鬌髮爲鬌男角女羈否則男左女右者内則文彼注云夾囟曰角午達曰羈引之者證髦象幼時鬌之義故云長大猶爲飾存之謂之髦所以順父母幼少之心是以舜年五十不失孺子之心者也云髦之形象未聞者案詩云髧彼兩髦鄭云髦者髮至眉子事父母之飾以其云髧髧者垂之貌又云兩髦故以髮

至眉解之其狀則未聞　三日絞垂　注成服至垂者　釋曰以垂小斂日要絰大功以上散帶垂不言成服之時絞之故記人言之云成服日者士禮生與來日則除死三日則絰云三日成服此云三日絞垂之日也小功緦麻初而絞之不待三日也　冠六至屬猒　注緷謂至伏也　釋曰云冠六升者據斬衰者而言齊衰以下冠衰各有差降云緷謂縫著於武者古者冠吉凶皆冠武別材武謂冠卷以冠前後皆縫著於武若吉冠則從武上鄉內縫之緷餘在內謂之內緷若凶冠從武下鄉外縫之謂之外緷故云外之者外其餘也云纓條屬者通屈一條繩爲武垂下爲纓屬之冠者吉冠則纓武別材凶冠則纓武同材以一繩從前額上以兩頭鄉項後交通至耳各綴之於武使鄉下纓結之云屬之冠者先爲纓武訖乃後以冠屬著武故云屬也云猒伏也者以其冠在武下過鄉上反縫著冠冠在武下故云猒也五服之冠皆猒但此文上下據斬衰而言也　衰三升　注衣與裳也　釋曰經直云衰鄭兼言裳者以其衰裳升數同故經舉衰而通裳但首對身首爲尊故冠六升衰三升衰裳同三升也是以吉時朝服十五升至於麻冕鄭亦爲三

十升布與服一倍而解之　屨外納　注納收餘也　釋曰案喪服斬衰而言此則菅屨也云外納者謂收餘末鄉外爲之取醜惡不事飾故也　杖下至一也　注順其性也　釋曰案喪服爲父斬衰以苴杖竹爲母齊衰以削杖桐桐竹皆下本本謂根本鄭云順其性者謂下其根本順木之性但爲父杖竹者義取父者子之天竹性自然圓象天父子自然至孝爲母杖桐者義取桐者同也同之於父言至孝同之於父故喪服貶於父非自然之意也　居倚廬　注倚木至北戶　釋曰知在中門外東方北戶者一釋案喪服傳云居倚廬既虞翦屏既練舍外寢鄭彼注云舍外寢於中門之外屋下壘墼爲之不塗塈所謂堊室鄭以子夏傳以既練居堊室而言外外爲中門外則初死居倚廬倚廬亦中門外可知也東方者以中門內殯宮之哭位在阼階下西面鄉殯明廬在中門外亦東方鄉殯是以主人及兄弟卿大夫外位皆西面云北戶者以倚東壁爲廬一頭至地明北戶鄉陰至既虞之後柱楣翦屏乃西鄉開戶也　寢苫枕塊　注苫編藳塊塥也　釋曰孝子寢臥之時寢於苫以塊枕頭必寢苫者哀親之在草枕塊者哀親之在土云苫編藳

者案爾雅白蓋謂之苫郭云白茅苫也與此不同者彼取絜白之義此
不取絜白故鄭因時人用藁爲苫而言編藁云塊堛也者亦爾雅文
不說絰帶　注哀戚不在於安　釋曰云不說絰帶者冠衰自然不說
以其絰帶在冠衰之上故周公說經舉絰帶而言也　哭晝夜無時
注哀至至朝夕　釋曰此謂殯後在廬中除朝夕入哭於廬中思憶則
哭無時節故鄭云哀至則哭非必朝夕也　非喪事不言　注不忘所
以爲親　釋曰喪服四制云不言而事行者扶而起言而后事行者杖
而起庶人面垢而已則天子諸侯有臣不言而喪事得行者喪事亦不
言大夫士是臣降於君言而事行若然此士禮亦言而事行故於喪非
喪事不言也孝經云言不文亦據大夫士也云不忘所以爲親者則喪
事也是以曲禮云居喪未葬讀喪禮既葬讀祭禮喪復常讀樂章喪事
而言亦兼此也　歠粥至菜果　注不在至曰蔬　釋曰云不在於飽
者案周禮廩人中歲人食三鬴注云六斗四升曰鬴三鬴爲米一斛九
斗二升三十日之食則日食米六升四合今日食米一溢二升有餘是
不在於飽又案檀弓云必有草木之滋焉以爲薑桂之謂也彼薑桂爲

滋味此鄭以菜果爲滋味則薑桂之外菜果亦爲滋味也云粥糜也者案爾雅饘糜謂粥之稀者故鄭舉其類謂性不能食粥者糜亦一溢米同也云二十兩曰溢爲米一升二十四分升之一者依筭法百二十斤曰石則是一斛若然則十二斤爲一斗取十二斤分之升得一斤餘二斤斤爲十六兩二斤爲三十二兩取三十兩十升升得三兩添前一斤十六兩爲十九兩餘二兩兩二十四銖二兩爲四十八銖取四十銖十升升得四銖餘八銖銖爲十絫十升升得八絫則是一升得十九兩四銖八絫於二十兩仍小十九銖二絫則別取一升破爲十九兩四銖八絫分十兩兩爲二十四銖則爲二百四十銖又分九兩兩爲二十四銖則爲二百一十六銖并四銖八絫添前得四百六十銖八絫揔分爲二十四分且取二百四十銖分得十銖餘二百二十銖八絫在又取二百一十六銖二十四分分得九銖添前分得十九銖餘有四銖八絫四銖銖爲十絫揔爲四十絫通八絫二十四分得二絫是一升爲二十四分分得十九銖二絫將十九銖添前四銖爲二十三銖將二絫添前八絫則爲十絫爲一銖以此一銖添前二十三銖則爲二十四銖爲一兩以

一兩添十九兩捴二十兩曰溢云實在木曰果在地曰蓏者案周禮九職云二曰園圃毓草木鄭云樹果蓏曰圃案食貨志臣瓚以爲在地曰蓏在樹曰果張晏又云有核曰果無核曰蓏則此云在木曰果在地曰蓏用臣瓚之義在木曰果棗栗之屬在地曰蓏瓜瓠之屬　主人乘惡車　注拜君至作堊　釋曰云拜君命拜衆賓及有故行所乘也者以其主人在喪恒居廬哭泣非有此事則不行知義然也引雜記者證喪事上下同無別義以其貴賤雖異於親一也故孝經五孝不同及其喪親唯有一章而已亦斯義也云然則此惡車王喪之木車者案巾車云王之喪車五乘發首云木車蒲蔽是王始喪所乘木車無飾與此惡車同故引之見尊卑同也　白狗幦　注未成至爲幦　釋曰案玉藻云士齊車鹿幦此喪車無飾故用白狗幦以覆笭云未成豪狗者爾雅釋畜文也　蒲蔽　注蔽藩　釋曰藩謂車兩邊禦風爲藩蔽以蒲草亦無飾也　御以蒲菆　注不在至作騶　釋曰御謂御車者士乘惡車之時御車用蒲菆以策馬喪中示不在於驅馳云蒲菆牡蒲莖者案宣十二年楚雄負羈囚知罃知莊子以其族反之廚武子御每射抽矢菆

納諸廚武子之房服注云蔽好箭又云廚子怒曰非子之求而蒲之愛注云蒲楊柳可以為箭以此而言蒲非直得策馬亦為矢幹也　犬服　注笭間至為大　釋曰云笭間兵服者凡兵器建之於車上笭間喪家乘車亦有兵器自衛以白犬皮為服故云以犬皮為之取其堅固也云亦白者辟用白狗皮明此亦用白犬皮也　木錧　注取少至為錧　釋曰其車錧常用金喪用木是取少聲也　約綏約轡　注約繩至升車　釋曰知約是繩者案哀十一年左傳云人尋約吳髮短杜注云約繩也故知此約亦謂繩也平常吉時綏轡用索為之今喪中取其無飾故皆用繩為之也　木鑣　注亦取至為苞　釋曰平常用馬鑣以金為之今用木故知亦取少聲也　馬不齊髦　注齊翦至車輿　釋曰此注解文不於末者亦以釋不齊髦訖別記釋車義故也云齊衰以下其乘素車繅車駹車漆車與案巾車王之喪車五乘木車始死所乘素車卒哭所乘繅車既練所乘駹車大祥所乘漆車既禫所乘此士之喪車亦當五乘主人乘惡車齊衰乘素車與卒哭同大功乘繅車與既練同小功乘駹車與大祥同緦麻乘漆車與既禫同主人至卒哭巳後哀

殺故齊衰以下節級約與主人同故鄭爲此義也若然士尋常乘棧車不革鞔而漆之今既禫亦與王以下同乘漆車者禮窮則同故也　主婦至布裧　注裧者至垂之　釋曰疏布裧在亦如之之下見不與男子同云裧者車裳幃者案衛詩云漸車幃裳注云幃裳童容又案巾車后之翟車有容蓋容則童容也若然則裧與幃裳及容一也故注者互相曉也云於蓋弓垂之者案巾車云皆有容蓋容蓋相將其蓋有弓明於蓋弓垂之也　貳車白狗攝服　注貳副至差飾　釋曰依正禮大夫以上有貳車士卑無貳車但以在喪可有副貳之車非常法則有兵服服又加白狗皮緣之謂之攝服云狗皮緣服差飾者對主人服無緣此則有緣是差也　其他皆如乘車　注如所乘惡車　釋曰云其他者唯白狗攝服爲異其他謂惡車白狗幦以下齊髦以上皆同主人惡車也　朔月至奉之　注童子至未用　釋曰此盡下室論饋奠埽絜之事案曲禮埽地者箕帚俱執此直執帚不執箕者下文埽室聚諸窔故不用箕也云童子隷子弟者案桓二年左傳云士有隷子弟服注云士卑自其子弟爲僕隷禄不足以及宗是其有隷子弟也知有内豎及

寺人者士雖無臣亦有内外之言寺人奄者以通宫中之命也云示未
用者用之則用右手也　從徹者而入　注童子不專禮事　釋曰案
論語憲問云童子將命先生並行注引玉藻無事則立主人之南北面
皆不專以禮事故從徹者而入也　比奠至而東　注比猶至之窔
釋曰案上文童子從徹者入及此經則從執燭者出者以其入則燭在
先徹者在後出則徹者在先執燭者在後童子常在成人之後故出入
所從不同也云室中東南隅謂之窔者爾雅釋宫文　燕養至他日
注燕養至其頃　釋曰云燕養者謂在燕寢之中平生時所有共養之
事則饋羞湯沐之饌是也如他日者今死不忍異於生平之日也云饋
朝夕食也者鄭注鄉黨云不時非朝夕日中時一日之中三時食今注
云朝夕不言日中者或鄭略言亦有日中也或以死後略去日中直有
朝夕食也知羞四時之珍異者聘禮有禽羞俶獻聘義云時賜鄭云時
賜四時珍異故知此羞亦四時珍異也引内則者證經進湯沐亦依内
則之日數知下室日設之者言其燕養在燕寢又下經云朔月不饋食
於下室明非朔月在下室設之也以其燕養在燕寢中設之可知云進

進徹之時如其頃者一如其平生子進食於父母故雖死象生時若一食之頃也　朔月至下室　注以其至朝事　釋曰云以其殷奠有黍稷也者大小斂奠朝夕奠等皆無黍稷故上篇朔月有黍稷鄭注云於是始有黍稷唯有下室若生有黍稷今此殷奠大奠也自有黍稷故不復饋食於下室也若然大夫已上又有月半奠有黍稷亦不饋食於下室可知云下室如今之内堂者下室既爲燕寢故鄭舉漢法内堂況之云正寢聽朝事者天子諸侯路寢以聽政燕寢以燕息案玉藻云朝玄端夕深衣鄭注云謂大夫士也則亦在正寢也　筮宅冢人物土　注物猶至營之　釋曰自此盡不哭論筮宅卜日之事正經筮宅之事不物土故記人言之云相其地可葬者乃營之者凡葬皆先相乃筮之筮吉乃掘坎今直云營之不言筮宅者營之中兼筮故經云筮宅冢人物土是使冢人物土乃筮者也　卜日至皆止　注事畢　釋曰正經直云闔東扉主人哭不云主婦升堂哭者皆止之事故記明之■云卜日吉宗人告從于主婦主婦哭時堂上婦人皆哭主婦升堂堂上婦人皆止不哭啓之至不哭　注將有至爲開　釋曰自上皆記士喪上篇事自此以

下皆記此篇葬首將啓殯唯言婦人不哭不云男子故記以明之云内外男女不哭止讙囂故也　夷牀至階東　注明階至爲拱　釋曰其夷牀在祖廟輁軸在殯宮以其西階東是同故并言之鄭云明階閒者位近西也者以正經直云階閒恐正當兩階之間故記人明之是以鄭云明階閒者位近西以其柩當殯奠位之處故夷牀在西還當牖輁軸以俟載柩故近西皆在西階東云其二廟者於禰亦饌輁軸焉者以其先朝禰故至禰廟一移柩升堂明旦乃移柩于輁軸上載以朝祖廟朝祖廟時下柩訖明日用蜃車輁軸不復更用不饌之故云二廟者於禰亦饌輁軸焉　其二至乃啓　注祖尊至共廟　釋曰自此盡主人踊如初論上士二廟先朝禰奠設及位次之事云其二廟則饌于禰廟者以先朝禰後朝祖故先於禰廟饌至朝設之故也云如小斂奠者則亦門外特豚一鼎東上兩甒醴酒一豆一籩之等也云祖尊禰卑也者欲見上文朝祖時如大斂奠此朝禰如小斂奠多少不同之意也云士事祖禰者摠上士及中下之士而言云上士異廟據此經而言下士共廟據經而言中士亦共廟而唯言下士者略之其實中士亦共廟故祭法

云適士二廟官師一廟鄭云官師中下之士是也　朝于至而踊　注重不至便也　釋曰此是上士二廟先朝禰之事雖言正柩于兩楹間奠位在戶牖之間則此於兩楹間稍近西乃得當奠位亦如輁軸饌于階間而近西然也云衆主人東即位者柩未升之時在西階下東面北上柩升主人從升衆主人巳下乃即阼階下西面位云婦人從升不云主婦者以其婦人皆升故揔言之云主人要節而踊者奠升主人踊降時婦人踊也云門西東面待之便也者以其祖廟在東柩入禰廟明旦出門東鄉朝祖時其重於柩車先東鄉祖廟便也若先在門東西面及柩入乃迴鄉東則不便故云東面待之便也　燭先至在下　注炤正至於此　釋曰此燭本是殯宮中炤開殯者在道時一在柩前一在柩後今又一升堂一在堂下故鄭云先先柩者後後柩者適祖時燭亦然互記於此者上適祖時直有朝廟在道柩前後之燭至廟直云質明滅燭不見燭之升堂不升堂此文見至廟燭升與不升不見在道燭故云適祖時燭亦然互記於此以其皆有在道及至廟燭升與不升之事也　主人至如初　注如其至此行　釋曰云如其降拜賔至於要節而踊

者案上經朝祖時既正柩設從奠訖主人降拜賓至於要節而踊故此如之也云不薦車不從此行者案上祖禰共廟者朝廟日即薦車此二廟明日於祖廟薦車馬以其從祖廟行故薦今此禰廟不從此行故不薦也　祝及至適祖　注此謂至無從　釋曰自此盡不煎論至祖廟陳設及贈之事云此謂朝禰明日者以其下文朝祖之時序從如初中有燭若同日則朝祖之時已自明矣何須更有燭也以此言之則此朝祖與朝禰別日可知故鄭云舉奠適祖之序也云此祝執醴先酒脯醢俎從之巾席爲後者此禰奠與小斂奠同小斂奠時云夏祝及執事盥執醴先酒脯醢俎從此經亦祝及執事舉奠明此亦執醴先酒脯醢俎從之此經所云巾席爲後云既正柩席升設設奠如初祝受巾巾之者上正經朝祖時正柩于兩楹閒訖席升設於柩西奠設如初巾之以經直云巾之無祝受巾知受巾巾之者以上篇設小斂奠訖祝受巾巾之此與小斂奠同明設奠訖祝受巾巾之可知云凡喪自卒至殯自啓至葬主人之禮其變同者主人常在喪位不出唯君命乃出迎及送其變同則此日數亦同以其此二篇薦者啓日朝禰又明日朝祖又明日乃

葬與始死日襲明日小斂又明日大斂而殯亦同日主人主婦變服亦同以其小斂主人散帶主婦髽自啓至葬主人主婦亦同於未殯也云序從主人以下者案上注云主人與男子居右婦人居左以服與昭穆爲位是也　薦乘至于衡　注士乘至爲膳　釋曰此并下車三乘謂葬之魂車云士乘棧車者巾車之文云鹿淺幦謂車前式竪者笭子以鹿夏皮淺毛者爲幦以覆式是以詩韓奕云鞹鞃淺幭傳云鞹革也鞃軾中也淺虎皮淺毛也幭覆軾也引玉藻者彼注云犆謂緣也士之齊車與朝車同引之欲證此鹿幦亦以豹皮爲緣飾云旜旌旗之屬云云者案司常云孤卿建旜大夫士建物此士而用旜故云亦攝焉云皮弁服者視朔之服者案玉藻云諸侯皮弁以聽朔於大廟鄉黨孔子云素衣麑裘亦是視朔之服君臣同服是以此士亦載皮弁視朔之服也云貝勒貝飾勒者貝水物故以貝飾勒云有干無兵有箙無弓矢明不用者以其干與戈戟兵器及箙與弓矢皆相須乃用今有干無兵有箙無弓矢明死者不用故闕之也　道車載朝服　注道車至素裳　釋曰知道車朝夕及燕出入之車者但士乘棧車更無别車而上云乘車下

云槀車此云道車雖有一車所用各異故有乘車道車槀車之名知道車朝夕者案玉藻云朝玄端夕深衣鄭注云謂大夫士也私朝之服春秋左氏傳云朝而不夕據朝君於是有朝無夕若然云朝夕者士家朝朝暮夕當家私朝之車又云及燕出入者謂士家游燕出入之車案周禮夏官有道右道僕皆據象路而言道又案司常云道車載旞鄭注云王以朝夕燕出入與此道車同則士乘棧車與王乘象路同名道云朝服日視朝之服者案鄉黨云緇衣羔裘是孔子所服鄭注云諸侯視朝之服是君臣同服故玉藻云諸侯朝服以日視朝士之道車而用朝君之服不用私朝玄端服者乘車既載孤卿之旜故道車亦載朝君之服攝盛也云玄衣素裳者士冠禮云主人玄冠朝服緇帶素韠注云不云衣衣象冠色則不云裳裳象韠色可知故云玄衣素裳也　槀車載蓑笠　注槀猶至衡也　釋曰云槀猶散也者案上乘車道車皆據人之乘用爲名不取車上生稱則此散車亦據人乘爲號知散車以田以鄙之車者案司常云斿車載旌注云斿車木路也王以田以鄙謂王行小小田獵巡行縣鄙此散車與彼斿車同是游散所乘故與斿車同解若

然士亦與王同有以田以鄙者亦謂從王以田以鄙也若正田獵自用冠弁服乘棧車也云蓑笠備雨服者案無羊詩云爾牧來思何蓑何笠彼注云蓑所以備雨笠所以御暑而此并云備雨者非直蓑以御雨笠亦以備雨故都人士詩注云笠所以御雨喪事不辟暑是以并云備雨之服云今文槀爲潦者案周禮輪人爲蓋鄭云禮所謂潦車謂蓋車與若然彼注此文則爲潦車者義亦通矣凡道車槀車之纓轡及勒亦縣於衡者以車三乘皆當有馬有馬則有此三者但記人舉上以明下乘車云纓轡貝勒縣於衡即此三者亦縣於衡可知　將載至柩西　注將於至設之　釋曰經載柩時不云去奠設席之事故記人明之云將於柩西當前束設之者經雖先云舉奠後云降席要須設席乃設奠故云將於柩西當前束設之正經云降奠當前束是也　巾奠乃牆　注牆飾柩也　釋曰正經直云降奠當前束商祝飾柩不云巾奠故記人辨之巾奠訖商祝乃飾棺牆即帷荒與棺爲飾故變飾棺云牆也　抗木刊　注剝削之　釋曰刊削也而云剝者木無皮者直削之有皮者剝乃削之故兼言剝　茵箸至澤焉　注荼茅至御濕　釋曰茵内非

直用茅秀兼實綏澤取其香知且御濕者以其在棺下須御濕之物故與茶皆所以御濕　葦苞長三尺一編　注用便易也　釋曰言便易者葦草即長截取三尺一道編之用便易故也　菅筲三其實皆瀹　注米麥至爲敬　釋曰經直云筲三黍稷麥不辨苞之所用及黍稷生熟故記人明之是以云筲用菅草黍稷皆淹而漬之云未知神之所享者以其鬼神幽暗生者不見故淹而不熟以其不知神之所享故也云不用食道所以爲敬者案檀弓云飯用米貝不以食道食道褻則不敬故云不用食道所以爲敬也　祖還車不易位　注爲鄉外耳未行　釋曰案正經乃祖還乘車道車稾車不辨還之遠近故記人明之雖還車不易本位爲鄉外耳還車未行者皆不易位上經未還奉車在階閒婦人在堂上還車去階閒婦人降堂下若然則是還車易位而云不易位者以其三分其庭爲三位車雖去階閒猶不離三分其庭一在北之位據大判而言不易位也　執披者旁四人　注前後左右各二人　釋曰前後左右各二人者謂前之左右後之左右則一旁四人兩旁則八人上經鄭注云備傾虧也　凡贈幣無常　注賓之至所有　釋曰

正經云公賵用玄纁束帛是贈有常矣上又云賓贈奠幣如初直云奠幣如初不云物色與多少故記人明之以其賓客非一故云凡贈幣無常鄭云賓之贈也云玩好曰贈在所有者詩云知子之來之雜佩以贈之是贈在所有也　凡糗不煎　注以膏至非敬　釋曰正經葬奠直云四籩棗糗栗脯不云糗之煎不故記人明之凡糗直空糗而已不用脂膏煎和之是以鄭云以膏煎之則褻非敬故云不煎此篇唯葬奠有糗而云凡者記人通記大夫以上　唯君至則否　注不敢至于堩　釋曰正經直云柩至邦門君使宰夫贈不云止柩之事故記人明之引曾子問者彼爲日食此爲君命雖不同止柩是同故引之證止柩之事　車至至東上　注道左至在東　釋曰正經直云陳器于道東西北上統于壙以其入壙故也不云三等之車面位之事故記人明之以其不入壙故東上不統於壙也云道左墓道東者據墓南面爲正故知道左是墓道東也當是陳器之南云先至者在東者以乘車道車槀車三者次第爲先後先至謂乘車也必知此車是乘車之等者以其下有柩車故知此是三等者也　柩至至載之　注柩車至之宜　釋曰正經直云

柩至于壙屬引乃窆不云柩車斂服載之故記人明之云柩車至壙祝說載除飾乃斂乘道槀車服載之不空之以歸者此解說載謂下棺於地除飾謂除去帷荒柩車既空乃斂乘車皮弁服道車朝服槀車蓑笠三者之服載之於柩車亦不空之以歸者也云送形而往迎精而反者禮記問喪文引之證此不空歸之義云亦禮之宜者形往則送之主人隨柩路是也精反則迎之主人隨精而反是亦禮之宜然也故云禮之宜也　卒窆而歸不驅　注孝子至在彼　釋曰此文解上斂服載之下棺訖實土三孝子從蜃車而歸不驅馳而疾者疑父母之神不歸云孝子往如慕反如疑者亦禮記問喪文云孝子往如慕者如嬰兒隨母而啼慕反如疑者孝子不見其親不知精魂歸否故疑之云爲親之在彼者謂疑精魂在彼不歸言此者解經不驅之事　君視至卒事　注爲有至忌也　釋曰君於士既殯而往有恩則與大斂既布衣君至奠訖乃出不辯不得終視斂之事故記人明之是以經二事皆見於禮而言云君視斂若不待奠加蓋而出者一爲君有急事他故是以不得待奠云不視斂則加蓋而至卒事者亦是君有辟忌不用見尸柩是以加蓋

乃來云卒事者待大斂訖乃出　既正至階閒　注遂匠至曰輇　釋
曰正經不云納柩車時節故記人明之既朝正柩於兩楹之閒當此之
時遂匠納柩車於階閒云遂人匠人也者以其周禮有遂人匠人天子
之官士雖無臣亦有遂人匠人主其葬事云遂人主引徒役匠人主載
柩窆職相左右也者案周禮遂人職云大喪帥六遂之役而致之掌其
政令及葬帥而屬六綍及窆陳役注云致役致於司徒給墓上事陳役
者主陳列之耳是遂人主引徒也又鄉師職云及葬執纛以與匠師御
匶而治役謂監督其事又此遂人與匠人同納車于階閒即匠人主載
窆與遂人職相左右也云車載柩車者以其此云納車于階閒正爲載
柩若乘車道車之等則當東榮不在階閒故知此是柩車也云周禮謂
之蜃車者案遂師職云大喪使帥其屬以幄帟先及蜃車之役注云蜃
車柩路四輪迫地而行有似於蜃因取名焉是也云雜記謂之團或作
輇或作摶聲讀皆相附耳未聞孰正者言或作輇或作摶者皆或禮記
別本故云皆相附耳但未知孰正也云其車之轝狀如牀中央有轅前
後出者觀鄭此注其轝與輴車同亦一轅爲之云設前後輅者正經唯

云前輅言前以對後明知亦有後輅云轝上有四周者此亦與輴車同
云下則前後有軸以輇爲輪者此則與輴異以其輴無輪直有轉轔此
有輇輪引許叔重說者案許氏說文云有輪無輻曰輇證此輇無輻也
祝饌至巾之　注言饌至乃饌　釋曰正經直云祖還車及還重訖乃
奠如初不云饌處故記人明之祝饌祖奠於主人之南當前輅云則既
祖祝乃饌者以其未祖以前柩車鄉北輅在主人之北今云饌于主人
之南明知既祖還乃鄉饌之　弓矢之新沽功　注設之至作古　釋
曰自此盡篇末論死者用器弓矢麤惡之事以其正經直云用器弓矢
不辯弓矢善惡及弓矢之名故記人明之設之宜新者爲死者宜用新
物云沽示不用者沽謂麤爲之　有弭飾焉　注弓無至爲飾　釋曰
案爾雅云弓有緣謂之弓無緣謂之弭孫氏云緣繫約而漆之無緣不
以繫約骨飾兩頭是此弭也詩云象弭魚服是用象骨弓隈既用角明
兩頭亦得用故鄭捴云骨角爲飾　亦張可也　注亦使可張　釋曰
生時之弓有張弛此死者之弓雖不射而沽略亦使可張故曰亦也
有柲　注柲弓至作柴　釋曰柲弓檠者案冬官弓人造弓之時弓成

納之檠中以定往來體此弓檠謂凡平弛弓之時以竹狀如弓縛之於
弓裏亦名之爲柲者以若馬柲然馬柲所以制馬弓柲所以制弓使不
頓傷故謂之柲引詩云竹柲緄縢者緄繩也縢約也謂以竹爲柲以繩
約之此經之柲雖麤略用亦如此故引之爲證　設依撻焉　注依纏
至爲韐　釋曰言依者謂以韋依纏其弦即今時弓彄是也云撻弣側
矢道者所以撻矢令出謂生時以骨爲之弣側今死者用韋云皆以韋
爲之者謂依與撻皆以韋爲之異於生者也　有韣　注韣弓至爲之
釋曰知韣弓衣者案月令云帶以弓韣故知韣弓衣也鄭知用緇布爲
之者此無正文鄭驗當時弓衣用緇布而言也　翭矢至短衞　注翭
猶至其一　釋曰言候物而射之者案司弓矢鄭注云可以司候射敵
之近者及禽獸鄭君兩注語異義同云骨鏃短衞亦示不用也者案上
文沽功鄭云示不用故此亦之云生時翭矢金鏃者此亦爾雅釋器文
案彼云金鏃翦羽謂之翭是也此言短羽即翦羽也云凡爲矢五分笴
長而羽其一者案周禮矢人上陳五矢下乃云五分其長而羽其一故
云凡以廣之也案鄭彼注云矢笴長三尺五分羽一則六寸也謂之羽

者指體而言謂之衞者以其無羽則不平正羽所以防衞其矢不使不調故名羽爲衞　志矢至短衞　注志猶擬至輕也　釋曰云志猶擬也者凡射志意有所準擬故云志猶擬也云習射之矢者案司弓矢鄭注云恒矢之屬軒輖中所謂志以此言之則此恒矢也在八矢之下知是習射矢者以其矢中特輕於習射宜也案六弓唐弓大弓亦授習射者則此矢配唐大也引尚書盤庚者證志爲準擬之事輖摯者鄭讀輖從摯以其車傍周非是軒摯之摯故讀從執下至云無鏃短衞亦示不用者知此矢無鏃者上經翭矢言骨鏃此經不云鏃故知無鏃示不用也若然翭矢生時用金鏃死用骨鏃志矢生時用骨鏃死則令去之云生時志矢骨鏃者亦爾雅釋器文案彼云骨鏃不翦羽謂之志此志矢是也云凡爲矢前重後輕也者案司弓矢鄭注云凡枉矢之制枉矢之屬五分二在前三在後殺矢之屬參分一在前二在後矰矢之屬七分三在前四在後恒矢之屬軒輖中若然前重後輕者據殺矢翭矢枉矢絜矢矰矢茀矢而言引之者證此志是恒矢庳矢無前重後輕之義但周禮有八矢唯用此二矢者以其八矢之内翭矢居前最重恒矢居後

最輕既不盡用故取其首尾者也

儀禮疏卷第四十一

儀禮疏卷第四十二

唐朝散大夫行太學博士弘文館學士臣賈　公彦　等撰

士虞禮第十四　鄭目録云虞安也士既葬父母迎精而反日中祭之於殯宫以安之虞於五禮屬凶大戴第六小戴第十五别録第十四

釋曰案此經云側亨于廟門外之右又記云陳牲于廟門外皆云廟目録云祭之殯宫者廟則殯宫也故鄭注士喪禮凡宫有鬼神曰廟以其虞卒哭在寢祔乃在廟是以鄭注喪服小記云虞於寢祔於祖廟是也

士虞禮特豕饋食　注饋猶歸也　釋曰自此盡南順論陳鼎鑊祭器几筵等之事案左氏傳云卜日曰牲是以特牲云牲大夫已上稱牲亦稱牢故云少牢此虞爲喪祭又葬日虞因其吉日故略無卜牲之禮故指豕體而言不云牲大夫已上亦當然雜記云大夫之虞也犆牲又此下記云陳牲於廟門外檀弓云與有司視虞牲皆言牲者記人之言不依常例故也然少牢云司馬刲羊士擊豕不言牲者據殺時須指事而言亦非常例也云饋猶歸者謂以物與神及人皆言饋是以此虞及特牲少牢皆言饋坊記云父母在饋獻不及車馬是生死皆言饋又案周

禮王府云掌凡王之獻金玉兵器注謂百工爲王所作可以獻遺諸侯古者致物於人尊之則曰獻通行曰饋以此而言獻雖主於尊其春秋齊侯來獻魯戎捷尊魯也其云饋者上下通稱故祭祀於神而言饋陽貨饋孔子豚而言饋鄉黨云朋友之饋是上下通言饋膳夫云凡王之饋食用六穀注云進物於尊曰饋此饋之盛者王舉之饌也彼鄭據當文是進于王故云進物于尊其實通也　側亨至東面　注側亨至言之　釋曰云側亨亨一胖也知者案吉禮皆全左右胖皆亨不云側此云側亨明亨一胖而已必亨一胖者以其虞不致爵自獻賓已後則無主人主婦及賓已下之俎故唯亨一胖也若然特牲亦云側殺者彼雖亨左右胖少牢二特牲一故以一牲爲側各有所對故也云亨於爨用鑊者亦案少牢有羊鑊故亨在鑊云不於門東未可以吉也者以虞爲喪祭不於門東對特牲吉禮鼎鑊皆在門東此云門外之右是門之西未可以吉也云是日也至喪祭皆檀弓文云是日謂葬日日中而虞易去其以死事之故立尸而祭之云祔而以吉祭易喪祭者案下記云三虞卒哭他用剛日亦如初曰哀薦成事鄭注引檀弓文葬日中而虞不

忍一日離也是日也以虞易奠卒哭曰成事是日也以吉祭易喪祭如
是則卒哭即是吉祭而鄭此注云祔爲吉祭者卒哭對虞爲吉祭卒哭
比祔爲喪祭故下記云卒哭祭乃餞云尊兩甒於廟門外之右少南洗
在尊東南水在洗東篚在西注云在門之左又少南則鼎鑊亦在門左
又云明日以其班祔沐浴又云其他如饋食是祔乃與特牲吉祭同以
祔爲吉祭是以云祔而以吉祭易喪祭也云鬼神所在則曰廟尊言之
者對時廟與寢别今雖葬旣以其迎魂而反神還在寢故以寢爲廟虞
於中祭之也　魚腊至北上　注爨竈　釋曰上豕爨在門右東面此
魚腊各别鑊言北上則次在豕鼎之北而云爨竈者周公經爲爨至孔
子時爲竈故王孫賈問孔子曰與其媚於奧寧媚於竈是前後異名故
鄭舉後決前也　饎爨至西面　注炊黍至彌吉　釋曰以三鑊在西
方反吉案特牲云主婦視饎爨于西堂下宗婦主之在西方今在東亦
反吉也少牢廩爨在饔爨之北在門外者是大夫主之廩人掌男子之
事故與牲爨同在門外東方也知炊黍稷曰饎者案周禮饎人云掌凡
祭祀共盛齊盛即黍稷故知也云北上上齊于屋宇者此案特牲記云

饎爨在西壁鄭注云西壁堂之西牆下舊說云南北直屋梠稷在南彼此東西皆言壁彼云屋梠此云屋宇故知此亦齊屋也云於虞有亨饎之爨彌吉者以其小斂大斂未有黍稷朔月薦新之等始有黍稷向吉仍未有爨至此始有亨饎之爨故云彌吉　設洗至在東　注反吉至堂深　釋曰如其上文設爨反吉此亦反吉又上下篇吉時設洗皆當東榮南北以堂深今在西階西南亦當西榮南北以堂深可知也　尊于至南枋　注酒在至葛冪　釋曰云酒在東上醴也者醴法上古酒是人所常飲故在東吉禮玄酒在酒上今以喪祭禮無玄酒則醴代玄酒在上故云上醴也云絺布葛冪者絺綌以葛爲之布則以麻爲之今絺布並言則此麻葛雜故有兩號是以鄭云葛冪也　素几至序下　注有几始鬼神也　釋曰經几席具有注唯云几者以其大斂奠時已有席至此虞祭乃有几故也然案檀弓云虞而立尸有几筵筵則席虞祭始有者以几筵相將故連言筵其虞有几若天子諸侯始死則几筵具故周禮司几筵云每敦一几據始殯及葬時是始死即几席具也　苴刌至坫上　注苴猶藉也　釋曰此苴而云藉祭故易云藉用白茅

無咎　饌兩至亞之　注醢在至設之　釋曰此饌繼西楹言之則以西楹爲主向東陳之云一鉶亞之者葅以東也云醢在西南面取之得左取葅右取醢便其設之者以其尸在奥東面設者西面設於尸前葅在南醢在北今於西楹東饌之葅在東醢在西是南面取之得左取葅右取醢至尸前西面又左葅右醢故云便也　從獻至北上　注豆從至於正　釋曰此從獻豆籩雖文承一鉶之下而云亞之下別云北上是不從鉶東爲次宜於鉶東北以北爲上向南陳之若然文承一鉶下而云亞之者以其次在鉶以東去楹漸遠故云亞不謂亞鉶以東也據此陳之次然則東北葅爲首次南醢醢東栗栗北棗棗東棗棗南栗此以東面取之而入北面設之祝前得右葅左醢其籩亦然先陳者先設後陳者後設棗在左亦得其設故鄭云北上葅與棗也云豆從主人獻祝者以其尸前正豆已設訖以爲陰厭不名爲從此二豆主人先獻祝酒後乃薦豆故言從云籩從主婦獻尸祝者以其四籩二籩從主婦獻尸二籩從主婦獻祝亦是從也云不東陳別於正者以二豆與鉶在尸爲獻前爲正此皆在獻後爲非正故東北別也　饌黍至葦席　注藉

猶至爲席　釋曰云藉猶薦也者謂先陳席乃陳黍稷於上是所陳席藉薦黍稷也　陳三至扃鼏　注門外至爲鉉　釋曰此扃雖先云設其設扃在後知者案士喪禮小斂云右人左執匕抽扃予左手兼執之取鼏委于鼎北加扃則扃在鼏上故先抽扃後去鼏則鼏先設可知扃鼏雖在三鼎之下揔言其實陳一鼎訖即設之知者案下記云皆設扃鼏注云嫌既陳乃設扃鼏是也　匕俎在西塾之西　注不饌至南鄉　釋曰云不饌於塾上統於鼎也者決下文羞燔俎在内西塾上而在塾上又云賓降反俎于西塾至於主婦亞獻訖直云賓燔從如初明尸受燔訖賓亦反俎于西塾上是互見義也　主人至如之　注葬服至事也　釋曰自此盡北面論將虞祭於位及衣服之事云葬服者既夕曰丈夫髽散帶垂也者此唯謂葬日反日中而虞及三虞時其後卒哭即服其故服是以既夕記注云自卒至殯自啓至葬主人之禮其變同則始虞與葬服同三虞皆同至卒哭卒去無時之哭則依其喪服乃變麻服葛也云賓執事者賓客來執事也者以其虞爲喪祭主人未執事故云賓客來執事也案下注云士之屬官爲其長弔服加麻即此經賓

執事者弔服是也若然此士屬官中有命于其君者是以特牲記賓中有公有司鄭注云公有司亦士之屬命于其君者也案曾子問士則朋友奠不足取於大功以下又云士祭不足則取於兄弟大功以下者鄭云祭謂虞卒哭時以此而言彼朋友則公有司與此執事一物以僚友言之雖屬官亦爲朋友也　祝免至南上　注祝亦至南也　釋曰云祝亦執事者謂亦上執事也云免者祭祀之禮祝所親也者案禮記喪服小記云緦麻小功虞卒哭則免注云卒哭緦麻已上至斬衰皆免今祝是執事屬吏之等皆無免法今與緦已上同著免嫌其大重故云祭祀之禮祝所親而可以受服也　宗人至人哭　注臨朝夕哭　釋曰朝夕哭祭時門外送賓訖入門男子婦人共哭也　主人至哭位　注旣夕至朝夕　釋曰此明賓將與祭主人及兄弟等即位之事云如反哭位鄭引既夕者證主人等面位之事也　祝入門左北面　注不與至尊也　釋曰云不與執事同位接神尊也者執事即上兄弟賓即位于西方如反哭位皆是執事故曾子問喪祭不足則取兄弟故云不與執事同位接神尊也　宗人至北面　注當詔至之事　釋曰此宗人

在堂下是主人在堂時若主人在室宗人即外堂是以下記云主人在室則宗人外戶外北面注云當詔主人室事是也　祝盥至止哭　注縮縱也　釋曰自此盡哭出復位論設饌於神杖不入於門之事也案此文陰厭時主人倚杖入祝從在左西面下記云尸入祝從尸注云祝在主人前也嫌如初時主人倚杖入祝從之初時主人之心尚若親存宜自親之今既接神祝當詔侑尸也主人前自西入向東在階下未得倚杖于序今主人在西階將入室故倚杖於西序　贊薦至在北　注主婦至下者　釋曰案特牲主婦盥于房中薦兩豆此主婦不薦故決之既引曾子問士祭不足則取於兄弟大功以下者彼文承奠下故引之下卒哭既取大功以下則齊斬不執事可知此齊斬不執事唯爲今時至于尸入之後亦執事兩籩棗栗設於會南至於祔祭雖陰厭亦主婦薦主人自執事也知者下記云其他如饋食案特牲云主人在右及佐食舉牲鼎是也若大夫已上尊不執事故少牢云主人出迎鼎注云道之也是不執事也　贊設至東稷　注簋實尊黍也　釋曰云簋實尊黍也者以經西黍東稷西上故云尊黍也經云敦注言簋者案特牲

云佐食分簋鉶注云分簋者分敦黍於會爲有對也敦有虞氏之器也周制士用之變敦言簋容同姓之士得從周制耳然則此注變敦言簋者亦謂同姓之士得用簋故也　注鉶菜羮也　釋曰此對泰是湇羮佐食至戶西　注饌已至戶西　釋曰佐食出者以無事不可以空立故出立于戶西不從今文無于戶西三字者若無此文不知立之所在故不從也　祝酌至復位　注會合至爲開　釋曰特牲少牢直言酌奠不言酌醴者以彼直有酒故不言酒是酒可知此酒醴兩有今所奠者醴故須言醴也若然彼單酒此兩有者以其同小斂大斂朔月遷祖祖奠大遣奠等皆酒醴並有故此虞之喪祭亦兩有異於吉祭也　祝奠至稽首　注復位至之左　釋曰云復主人之左者上主人倚杖入祝從在左不見祝更有位故復主人左也　祝饗命佐食祭　注饗告至是也　釋曰下云祝祝卒注云祝祝者釋孝子祭辭又下文迎尸後尸墮祭云祝祝主人拜如初此等三者皆有辭此文饗神引記者是陰厭饗神辭下文迎尸上釋孝子辭者經記無文案少牢迎尸祝孝子辭云孝孫某敢用柔毛剛鬣嘉薦普淖用薦歲事于皇祖伯某以某妃配

某氏尚饗此是釋孝子辭此迎尸上釋孝子辭宜與彼同但稱哀爲異其迎尸後祝辭者即下記饗辭云哀子某圭爲而哀薦之饗鄭注云饗辭勸強尸之辭也凡吉祭饗尸曰孝子是以特牲迎尸後云祝饗注云饗勸強之也其辭取於士虞記則宜云孝孫某圭爲孝薦之饗是也下二虞卒哭記皆有辭至彼別釋　佐食至稽首　注鉤袒至何乎　釋曰云鉤袒如今擐衣也者經云鉤袒若漢時人擐衣以露臂故云如今擐衣也云孝子始將納尸以事其親爲神疑於其位設苴以定之耳者案上文祝取苴降洗設于几東者至此乃祭于苴下文乃筵尸是孝子迎尸之前用苴以將納尸以事其親爲神疑於其位故設苴以定之解預設苴之意也云或曰苴主道也則特牲少牢當有主象而無何乎者解舊有人云苴主道似重爲主道然故鄭破之云若是苴爲主道特牲少牢吉祭亦當有主象亦宜設苴今而無苴何乎是鄭以苴爲藉祭非主道也若然此據文有尸而言將納尸有苴案下記文無尸者亦有苴又特牲少牢吉祭無苴案司巫祭祀則共匰主及蒩館常祀亦有苴者以天子諸侯尊者禮備故吉祭亦有苴凶祭有苴可知　祝迎至從尸

注尸主至虞尸　釋曰自此盡如初設論迎尸入九飯之事鄭知一人
衰絰是主人兄弟者以主人哭出復位無從尸之理又云衰絰且非䟽
遠故知一人衰絰是主人兄弟也引檀弓者證祝隨主人葬先反宿虞
尸故得有祝迎尸之事云既封者封當爲窆窆下棺也　尸入至人踊
注踊不至主敬　釋曰云踊不同文者有先後也者主人在西序東面
衆兄弟西階下亦東面婦人堂上當東序西面故主人與兄弟見尸先
踊婦人後見尸故後踊是有先後云尸入主人不降者喪事主哀不主
敬者決特牲少牢尸入主人皆降立于阼階東敬尸故此不降爲主哀
淳尸至授巾　注淳沃至者也　釋曰此直言盥不言面位案特牲云
尸入門左北面盥宗人授巾上陳器時匜水之等在西階之東合在門
左則以器就特牲注云侍盥者執其器就之若然特牲設尸盥在門內
之右注云尸尊不就洗門內之右象洗在東此虞禮反吉祭故在西階
東少牢禮異於士禮故尸盥在西階東與此虞禮同也云沃尸盥者賓
執事者也案上文賓與主人皆在執事之中既宗人授巾明沃盥亦賓
執事也　尸及階祝延尸　注延進至以升　釋曰案特牲云祝延尸

注云延進也在後詔侑曰延又案少牢注云由後詔相之曰延然則延者皆在後也若然記云尸謖祝前鄉尸又曰降階還及門如出户注云降階如升時以此言之降在尸前云如升者直取與尸升同不取後同故禮器詔侑無方是也　尸升至如初　注言詔至詔之　釋曰云言詔踊如初則凡踊宗人詔之者以其上無宗人詔踊之事以此宗人詔踊云如初明前踊并明下文踊皆宗人詔之故鄭云凡也　婦人入于房　注辟執事者　釋曰以其婦人在堂上執事者由堂東故辟之入房也　主人至遂坐　釋曰案郊特牲注云尸即至尊之坐或時不自安則以拜安之此亦然妥安坐也爾雅文　從者至其北　注北席北也　釋曰此虞禮篚象特牲肵俎肵俎置于席北明此篚亦在席北以擬盛尸之饌也　尸取至墮祭　注下祭至爲墮　釋曰云尸取奠左執之者以右手將墮故也云下祭曰墮者以其凡祭皆手舉之向下祭之故云下祭曰墮云墮之猶言墮下者案左傳云子路將墮三都以三都大高故墮下之取墮爲下祭之義故讀從之引周禮守祧職云既祭藏其墮謂此也者謂此墮祭一也引之者證守祧同之耳云今文墮爲

綏又云特牲少牢或爲羞失古正矣者此二字皆非墮下之義故云失古正也云齊魯之間謂祭爲墮者齊南魯北謂祭爲墮者由墮下而祭因即謂祭爲墮是鄭從墮不從綏與羞之意也案特牲云祝命挼祭注云士虞禮古文曰祝命佐食墮祭周禮曰既祭則藏其墮墮與挼讀同耳今文改挼皆爲綏古文此皆爲擩祭也又少牢尸將酢主人時上佐食以綏祭鄭注云綏讀爲墮此三處經中墮皆不同者此五字或爲墮或爲挼或爲羞或爲綏或爲擩此五者鄭既以挼綏及羞三者已從墮復云古文作擩以其特牲及此士虞皆有擩祭故亦兼擩解　佐食至奠之　注如初至稽首　釋曰云如初亦祝祝卒乃再拜稽首者亦如上文迎尸前祝祝卒也　佐食至執之　注右手至于豆　釋曰案特牲祝命爾敦佐食爾黍稷于席上舉肺脊以授尸尸受振祭嚌之彼舉肺脊在爾敦後此舉肺脊在爾敦前者彼吉祭吉凶相變故也云右手將有事也者爲下文祭鉶嘗鉶是也云尸食之時亦奠肺脊於豆者解經無奠文知不執以食卒者案下文云尸卒食佐食受肺脊實于篚在尸手當云受肺脊又知在豆者特牲云尸實舉于菹豆是也案特牲尸

乃食食舉注云舉言食者明凡解體皆連肉少牢云食舉注云舉牢肺正脊也先飯啗之以爲道也此喪祭不言食舉亦食舉可知是以特牲注云肺氣之主也脊正體之貴者先食啗之所以道食通氣也案下文注云尸不受魚腊以喪不備味則亦不食庶羞矣　尸祭鉶嘗鉶　注右手至羊鉶　釋曰知以右手者上經云佐食舉肺脊授尸尸受振祭嚌之左手執之鄭云右手將有事指此嘗鉶用右手也引少牢者證此經嘗祭之時亦用柶案下記云鉶芼用苦若薇有滑夏用葵冬用荁有柶是用柶祭之義　泰羮至于左　注博異至肉也　釋曰云設于鉶南者以泰羮湆未設故繼鉶而言之其實觶北留空處以待泰羮云胾四豆設于左者案特牲四豆設於左南上云左者正豆之左又少牢云上佐食羞胾兩瓦豆有醢設于薦豆之北注云設於薦豆之北以其加也言北亦是左也云博異味者以其有湆有胾故也　尸飯播餘于篚　注不反至爲半　釋曰云古者飯用手者案曲禮云無摶飯又云無放飯飯黍無以箸故知古者飯用手言此者證播飯去手爲放飯云吉時播餘于會者可知故決之　三飯至于篚　注飯間至食氣　釋曰云

飯閒啗肉安食氣者以其胳脊骨體連肉又在三飯之閒故云飯閒啗肉安食氣　又三至于篚　注尸不至備味　釋曰云尸不受魚腊者案經佐食舉魚腊不云尸受嚌之明尸不受魚腊可知云以喪不備味者案特牲三舉魚腊尸皆振祭嚌之此佐食舉魚腊實於篚尸不嚌故云喪不備味　又三至如初　注後舉至成也　釋曰云後舉肩者貴要成也者案禮記祭統云周人貴肩故云貴者要成也要成者據後食即飽也　舉魚至三个　注釋猶至牲也　釋曰此經直舉魚腊俎盛於篚俎釋三个不言盛牲體者案下記云羹飪升左肩臂臑肫骼脊脅七體此上經佐食初舉脊次舉幹又舉胳終舉肩揔舉四體唯有臂臑肫三者佐食即當俎釋三个不復盛牲體故直舉魚腊而已云遺之者君子不盡人之歡不竭人之忠此上曲禮文案彼注歡謂飲食忠謂衣服於此引之併據飲食者彼注對文此注散文則歡與忠通故揔證牲體也又案特牲釋三个注云謂改饌於西北隅遺之與此注不同者此注亦有改饌之義又兼有此不盡歡忠之禮云今俗或名枚曰個音相近者經中个人下竪牽俗語名枚曰個者人傍著固字雖不同音聲相近同

是一个之義云此腊亦七體如其牲也者案下記牲有七體此腊亦不過於牲體故云如其牲言此以對彼案彼特牲吉祭十一體是以特牲記云腊如牲骨乃有十一體與此不同吉禮異故也　尸卒至初設注九飯至肵俎　釋曰云反黍如初設者案上設黍稷在俎南西黍東稷次上文佐食舉黍錯于席上此尸卒食故反黍於本處如初設云九飯而已士禮也者少牢十一飯諸侯十三飯天子十五飯故云九飯士禮也云簋猶吉祭之有肵俎者案特牲少牢尸舉牲體振祭嚌之皆加於肵俎此尸舉牲體振祭嚌之皆實於簋故云簋猶吉祭之有肵俎

主人至嘗之　注爵無至作酌　釋曰自此盡升堂復位論主人初獻尸并獻祝及獻佐食之事云爵無足曰廢爵者案下文主婦洗足爵鄭云爵有足輕者飾也則主人喪重爵無足可知凡諸言廢者皆是無足廢敦之類是也云主人北面以酳酢變吉也者案特牲少牢尸拜受主人西面拜送與此面相反故云變吉也案特牲直有主人拜送雖不見主人面位約與少牢同皆西面也云凡異者皆變吉者案特牲云主人拜送此云主人荅拜特牲云尸卒角祝受尸角曰送爵此不云送爵特

牲嚌肝訖加於菹豆此嚌肝訖加於俎皆是異於吉時故云凡異者皆變吉　賓長至右鹽　注縮從至併也　釋曰云縮從也從實肝炙於俎也喪祭進柢者案下記云載猶進柢柢本也謂肝之本頭進之向尸云右鹽於俎近北便尸取之也者縱執俎一頭向尸據執俎之人左畔有肝右畔有鹽西面向尸尸東面以右手取肝於俎右畔擩鹽於左畔是以鹽於俎之近北便尸取之云縮執俎言右鹽則肝鹽併也者謂俎既縮執則狹肝鹽不容相遠是執俎人右畔有鹽左畔有肝故云併也

尸左至復位　注取肝至於味　釋曰復位者謂賓長也尸既振肝訖復西階前衆兄弟之南東面位云以喪不志於味者決特牲少牢尸嚌肝訖加菹豆以近身此虞禮尸嚌肝訖不加于菹豆而遠加於俎以同牲體者以喪志不在於味故遠身加俎也若然特牲少牢祝不敢與尸同加於菹豆嚌肝訖加于俎與此尸同者祝無不在味之嫌禮窮則同故也　筵祝南面　注祝接至萑席　釋曰上文尸用葦席其祝席經記雖不言以尸用在喪故不用萑今祝宜與平常同故用萑也云祝接神尊也者解先得獻之事　主人至荅拜　注獻祝至面位　釋曰云

獻祝因反西面位者以少牢云主人受酢時主人拜受爵尸荅拜主人西面奠爵特牲云主人拜受角雖不言西面彼注云退者進受爵反位則西面也是吉祭時主人西面故上注云北面以酳酢變吉也今至酳酢及獻祝訖明因反西面位可知也　薦菹至荅拜　釋曰此直言薦菹醢設俎者不見薦徹之人案下文云祝薦席徹入于房注云徹薦席者執事者則此設者亦執事可知　注籩在至面立　釋曰云籩在庭者此雖無文約同薦車設遷奠之等也云不復入事已也亦因取杖乃東西面立者上文哭時主人升堂西序東面又上文云主人倚杖入今升堂復位不復入室以其事已因得取杖復東面位也　主婦至人儀　注爵有至東隅　釋曰自此盡入于房論主婦獻尸并獻祝及佐食之事云如主人儀者即上主人酳尸尸拜受爵主人北面荅拜之等今主婦亞獻亦然故云如主人儀也云爵有足輕者飾也者主婦主人之婦爲舅姑齊衰是輕於主人故爵有足爲飾也引昏禮者證經洗爵于房中不言設洗處宜與昏禮同也　自反至在西　注尚棗棗美　釋曰案特牲宗婦執兩籩主婦受設于敦南此主婦自反兩籩不使宗婦者

以喪尚縱縱反吉故然上主人獻使贊薦菹醢注云齊斬之服不執事
者彼爲主人獻故不使主婦薦此亞獻已所有事故自薦可知　尸祭
至于房　注初主人儀　釋曰此尸祭籩已下至籩燔從獻佐食皆舉
主人獻尸賓長以肝從至佐食祭酒卒爵拜主人荅拜受爵出實于篚
並如主人儀故皆云如初也　賓長至初儀　注繶爵至彌飾　釋曰
此一節論賓長終三獻之事云繶爵口足之間有篆又彌飾者案屨人
繶是屨之牙底之間縫中之飾則此爵云繶者亦是爵口足之間有飾
可知云又彌飾以其主婦有足已是有飾今口足之間又加飾也　婦
人復位　注復堂至哭踊　釋曰自此盡拜稽顙論祭訖送尸及改饌
爲陽厭之事云復堂上西面位者上云主人即位於門外如朝夕臨位
婦人及内兄弟服即位於堂亦如之以下更不見别有婦人位明復位
者還此位可知又案士喪禮凡臨位婦人即位于堂南上即面位也云
尸將出當哭踊者以哭送此喪祭故踊特牲吉祭不哭踊故亦無此復
位之事也　祝出至人哭　注西面至間嫌　釋曰云西面告告主人
也者以處主人東面故祝西面對而告之云不言養禮畢於尸間嫌者

若言養禮畢即於尸中閒有嫌諷去之或本閒作閑音以養尸事畢而尸空閑嫌諷去之　皆哭　注丈夫至哭矣　釋曰言上云主人哭則主人之外緦麻以上在位者皆哭故鄭揔丈夫婦人於主人哭斯哭矣　祝入尸謖　注謖起至爲休　釋曰云祝入而無事尸則知起矣者雖不告尸無事尸亦知無事禮畢而起矣云不告尸者無遣尊者之道也者謂不告尸以禮畢者尸尊若告之則如發遣尊者故云不告尸者無遣尊者之道也　祝前至如之　注前道至哀同　釋曰案上文尸入門丈夫踊婦人踊尸及階祝延尸尸升宗人詔踊如初尸入戶踊如初故此鄭云出如入降如升三者之節悲哀同是以如之得有三者也　祝反至用席　注改設至幽闇　釋曰祝反入謂送尸出門而反入徹神前之饌改設于西北隅也云如其設也者謂設于西北隅亦第一如奧中東面設云几在南變古文者上文陰厭時設几席于室中東面右几今云几在南明其同必變文者案少牢大夫禮陽厭時南亦几在右此言右几嫌與大夫同南面而右几故變文云几在南與前在奧同故云明東面也又以特牲云祝筵几于室中東面至於改饌云佐食

徹尸薦俎敦設于西北隅几在南是與此同也云不南面漸也者以特
牲東面右几今虞爲喪祭示向吉有漸故設几與吉祭同厞隱也于厞
隱之處從其幽闇者謂以席爲障使之隱故云厞隱從其幽闇也　祝
薦至俎出　注徹薦至房來　釋曰云徹薦席者執事者但祝之薦席
設與徹不言其人知使執事者以其主人之士不言官者皆爲之故也
云祝薦席則初自房來者以其上文神席在西序下此祝經記俱不言
今知自房來者見公食大夫記云筵出自房昏禮與士冠席皆亦在于
房故此祝席亦自房來今還于房可知也　賛闔牖戶　注鬼神至食
者　釋曰云或者遠人乎者禮記郊特牲文此鄭玄之義非直取鬼神
居幽闇或取遠人之意故也知是生人之意云賛佐食者自上以來行
事唯有祝與佐食以其云祝自執其俎出故知闔牖戶者是佐食也
注門外未入位　釋曰知是門外位者以經云出門乃更云皆復位明
門外未入位可知　宗人至稽顙　注送拜至弟也　釋曰云送拜者
明于大門外也者以其上文云復位是殯門外未出大門此云送拜是
大門外送拜可知知徹室中之饌者兄弟也者賔即執事而云賔出則

室中無執事之人唯有兄弟故徹室中之饌者兄弟可知也　記虞沐浴不櫛　注沐浴至沐浴　釋曰云唯三年之喪不櫛期以下櫛可也者經云不據三年爲主案下文班祔而明期以下虞而沐浴櫛可也　陳牲至寢右　注言牲至虞牲釋曰知腊在牲中者士虞唯有一豕而云西上明知兼兔腊得云西上也云西上變吉者案少牢二牲東上是吉祭東上今此西上是變吉也云寢右者當外左胖也者若然特牲腊在東置於棜東首牲在西尚右今虞禮反吉故寢右外左胖知腊用棜者案特牲陳鼎於門外北面北上棜在南南順實獸于其上東首是也引檀弓者證虞時有牲之事　日中而行事　注朝葬至質明　釋曰云辰正者謂朝夕日中也以朝有葬事故至日中而行虞事也云再虞三虞皆質明者以朝無葬事故皆質明而行虞事是用朝之辰正也　殺于至豚解　注主人至無廟釋曰云主人視牲不視殺凡爲喪事略也者案特牲饋食禮宗人告濯具賓出主人出皆復外位鄭云爲視牲也又曰告事畢賓出主人拜送夙興主人服如初立于門外東方南面視側殺然則特牲吉祭故主人視牲又視殺今虞爲喪事故主人視牲

不視殺是其略也凡者衆辭但此經與特牲饋食不同者皆爲喪事略故云凡以廣之豚解解前後脛脊脅而已孰乃體解升於鼎也者體解下文七體是也　羹飪至上鼎　注肉謂至及聲　釋曰肉謂之羹爾雅釋器文飪孰釋言文云脊脅正脊正脅也者案特牲注云不貶正脊不奪正也然則此爲喪祭體數雖略亦不奪正故知脊脅正脊正脅也云喪祭略七體耳者案特牲尸俎右肩臂臑肫胳正脊二骨横脊長脅二骨短脅注云士之正祭禮九體貶於大夫有併骨二亦得十一之名合少牢之體數此所謂放而不致者然則此所升唯七體故云喪祭略七體耳云離肺擧肺也者案特牲注云離猶挳也小而長午割之亦不提心謂之擧肺是也引少牢饋食禮者證離肺擧肺之異也云膉脰肉也者案少牢云雍人倫膚九實于一鼎注云倫擇也膚脅革肉擇之取美者案下注今以脰肉貶於純吉則此用膉爲貶於純吉之事也云古文曰左股上此字從肉殳殳矛之殳聲者鄭注儀禮疊古文從經今文又就古文解之者鄭欲兩從故也但字從肉義可知而以殳與股不是形人之類其理未審　升魚至中鼎　注差減之　釋曰差減之者案

特牲魚十有五今爲喪祭略而用九故云差減之也　升腊至下鼎
注腊亦七體牲之類　釋曰云腊亦七體牲之類者牲上文升左肩臂
臑肫骼脊脅是牲之七體今升腊左胖亦然特牲記云腊如牲骨是也
皆設扃鼏陳之　注嫌既至作密　釋曰云嫌既陳乃設扃鼏也者
經云陳三鼎後言設扃鼏有嫌故記人辨之皆先扃鼏後陳之也　載
猶至進鬐　注猶猶至爲者　釋曰鬐柢二者皆變於吉是以少牢云
下利升豕其載如羊皆進下注云變於食也又曰腊一純而俎亦進下
又曰魚用鮒十有五而俎縮載右首進腴注云亦變於食生也是皆與
此反矣是變於吉也云猶猶士喪既夕言未可以吉也者云與吉反則
明與生人同士喪禮小斂云皆覆進柢注云柢本也進本者未異於生
也至大斂載魚左首進鬐腊進柢鄭注云亦未異於生也又葬奠云如
初皆未異於生故記人以猶之是以鄉飲酒鄉射記皆云右體進腠是
也　祝俎至敦東　注不升至下尸　釋曰云不升於鼎賤也者祝對
上尸俎羹飪升於鼎爲貴者也云統於敦明神惠也者案上文饌黍稷
二敦于階間西上是神之黍稷今陳祝饌于神饌之東統于神物明惠

由神也云祭以離肺下尸者以其尸祭用刌肺祝不用刌肺用離肺故云下尸也　淳尸至南面　注槃以至甲也　釋曰上經直云淳尸盥宗人授巾不云執槃與執匜執巾及宗人授巾等面位故記人明之　主人至北面　注當詔主人室事　釋曰上經唯言宗人告有司具及詔主人踊皆堂下之事今主人入室宗人當升戶外詔主人室中之事故升堂也　佐食至南面　注室中至之依　釋曰云戶牖之閒謂之扆此爾雅文謂尸西南面也　鉶芼至有柶　注苦苦至爲芐　釋曰案公食記三牲具則牛藿羊苦豕薇各用其一若一牲者容兼用其二是以及特牲一豕皆云鉶芼苦薇是科用其一也知荁堇類者內則云堇荁枌榆同爲滑物故知荁堇類也云乾則滑者以其冬用之故知乾則滑于堇也云夏秋用生葵冬春用乾荁者以其秋與夏同有生葵春初未生者故春約與冬同是以經直云冬明舉夏以兼秋舉冬以兼春也　豆實至栗擇　注棗烝至籐也　釋曰云棗烝栗擇則菹刌也棗烝栗擇則豆不揭籩有籐也者此雖無正文案士喪禮大斂云毼豆兩其實葵菹芋蠃醢兩籩無籐布巾其實栗不擇脯四脡自大斂後皆云如初

則葬奠四豆脾析葵菹亦長矣四籩棗糗栗脯亦不擇也至此乃云棗烝栗擇則菹亦切矣豆籩有飾可知 尸入祝從尸 注祝在至尸也 釋曰上經陰厭時主人先祝入戶至此迎尸祝在主人前先後有異故記人明之是以鄭云祝在主人前也嫌如初時主人倚杖入祝從之也云今既接神祝當詔侑尸也者尸神象是以云既接神祝當詔侑尸即上祝命佐食爾敦舉黍稷及祝酌授尸及祝出告利成祝入尸謖之等是也 尸坐不說屨 注侍神至爲稅 釋曰案鄉飲酒

凡坐降說屨乃升坐今尸雖坐不說屨者爲侍神不敢燕惰故

儀禮疏卷第四十二

儀禮疏卷第四十三

唐朝散大夫行太學博士弘文館學士臣賈　公彦　等撰

尸謖祝前鄉尸　注前道至之節　釋曰此記尸謖之時祝前尸之儀也云必先鄉之爲之節者言必先面鄉尸者爲之節度也　還出至鄉尸　注過主至之㪺　釋曰過主人則西階上不言及階明主人見尸有蹶踖之㪺者以其經出尸降階及門皆指物而言主人者欲見階上不言西階而言主人者欲見主人見尸有蹶踖之㪺故沒去階名而云主人也　降階至出戸　注及至至在此　釋曰言還至門明其間無節也者以經自階已前皆不言及從階到門言及者以其自階到門其中道遠故特言及以殊之是以鄭云言還至門明其間無節謂無還鄉尸之節也云降階如升時將出門如出戸時皆還鄉尸也經直云及門如出戸雖不言降階如升時以將出門如出戸明降階如升時故鄭約出門以明降階也云皆還鄉尸者欲見經還者皆還鄉尸也謂鄉尸乃前道也云每將還必有辟退之容者辟退即逡巡謙讓之容貌也云凡前尸之禮儀在此者以儀禮一部所云前尸之禮儀在此經爲具悉者

尸出至詔降　釋曰尸出祝反入門左北面復位者謂祝旣送尸出反入門復位復上文祝入門左北面位故云復位也云然後宗人詔降者謂祝復位宗人乃詔告主人降以其無事故也　尸服卒者之上服　注上服至衣耳　釋曰上經直見主人服不見尸服故記人明之云上服對深衣在下玄端者案特牲經筮日云主人冠玄端至祭日夙與主人服如初是士之正祭服玄端即是卒者生時所著之祭服故尸還服之云不以爵弁服爲上者祭於君之服非所以自配鬼神者案曾子問孔子曰尸弁冕而出卿大夫士皆下之注云爲君尸或弁者先祖或有爲大夫士者彼君之先祖爲士尸服爵弁不服玄端者子孫爲諸侯先祖尸在中故先祖爲士者尸還服助祭於君之服也云士之妻則宵衣耳者以其經直云尸不辨男女士虞旣男女別尸明經云尸可以兼男女故鄭并云士之妻也案特牲正祭主婦著纚笄宵衣明女尸亦宵衣可知　男男至賤者　注異姓至適也　釋曰虞卒哭之祭男女別尸故男女別言之也云異姓婦也者以男無異姓之禮故也知經云必使異姓者據與婦爲尸者也不使同姓與婦爲尸者尸須得孫列者孫與

祖爲尸孫婦還與夫之祖姑爲尸故不得使同姓女爲尸也云賤者謂庶孫之妾也尸配尊者必使適也者男尸先使適孫無適孫乃使庶孫女尸先使適孫妻無適孫妻使適孫妾又無妾乃使庶孫妻即不得使庶孫妾以庶孫之妾是賤之極者若然庶孫妻亦容用之而鄭云必使適也者據經不使賤有適孫妻則先用適而言其實容用庶孫妻法也必知無容用庶孫者以曾子問孔子曰祭成喪者必有尸尸必以孫孫幼使人抱之無孫則取於同姓可也彼不言適是容無適而用庶此經男女別尸據虞祭而言至卒哭巳後自禫巳前喪中之祭皆男女別尸知者案司几筵云每敦一几鄭注云雖合葬及同時在殯皆異几體實不同祭於廟同几精氣合少牢吉祭云某妃配是男女共尸篇末云是月也吉祭猶未配注云是月是禫月也當四時之祭月則祭猶未以某妃配某氏哀未忘也則引少牢吉祭妃配之事爲證明禫月不當四時祭月則不云某妃配配則共尸可知　無尸至如初　注無尸至升降　釋曰自此盡詔降如初論喪祭無尸之事云無尸謂無孫列可使者知謂無孫列者禮記云無孫則取同姓之適則大夫士祭先取孫無孫取同姓之

適是有孫列可使復無同姓之適是無孫列可使者也云殤亦是也者
禮記曾子問云祭成喪者必有尸明殤死無尸可知曾子問又云宗子
直有陰厭庶殤直有陽厭是無尸也云禮謂衣服即位升降者雖無尸
主人亦如葬所服即位於西序及升降與有尸相似　既饗祭于苴
釋曰云既饗者正謂祝釋饗神辭告之使令祔之安之釋饗訖佐食取
黍稷祭于苴　祝祝卒　注記異者之節　釋曰云記異者謂記無尸
者異於有尸何者有尸祝釋孝子辭釋辭訖爲祝祝卒別有迎尸已後
之事今無尸者祝祝卒饗神訖無迎尸已後之事故下文云不綏祭之
等是記異者之節也　不綏至從獻　注不綏至爲墮　釋曰此四事
皆爲尸是以上文有尸者云迎尸而入祝命佐食綏祭又泰羹湇自門
入設于鉶南胾四豆設于左又尸食之後主人獻之後賓長以肝從主
婦亞獻賓長以燔從賓長獻後亦如之無尸闕此四事自羹巳下三事
皆蒙無字解之也云不綏言獻記終始也者以見經無尸具陳四事凡
祭禮以獻爲終舉終以見始亦得爲義今不但言獻記其終始具言四
事者欲明始於綏祭終於從獻故鄭即云事尸之禮始于綏祭終於從

獻者故具言之云綏當爲墮者周禮守祧職云既祭藏其隋字爲正取減爲義　主人哭出復位　注於祝祝卒　釋曰謂祝祝卒無尸可迎既無上四事主人遂卽哭出復戶外東面位也　祝闔至門西　注門西北面位也　釋曰鄭此及下注皆云復位者門西北面位者據上文尸出祝反入門左北面復位也　男女拾踊三　注拾更也三更踊　釋曰凡言更踊者主人踊主婦踊賓乃踊三者三爲拾也　如食閒　注隱之至頃也　釋曰隱之者謂闔牖戶也九飯之頃時節也　祝升至啓戶　注聲者至爲開　釋曰云聲者噫歆也者若曲禮云將上堂聲必揚故云將啓戶警覺神也　主人入　注親之　釋曰云親之者啓牖鄉是親之事主人無事而入者是主人親至神所恭敬之事也　注牖先至在左　釋曰云牖先闔後啓扇在内也者見上文闔牖戶闔時牖先言此經上云主人入祝從乃言啓牖是戶先開乃啓牖故須解之扇在内也云鄉牖一名也者案詩云塞鄉墐戶注云鄉北出牖也與此注不同者語異義同北牖名鄉鄉亦是牖故云牖一名也云如初者主人入祝從入在左者鄭以經如初之文在牖鄉之下恐人以爲啓牖

鄉如初上旣無啓牖鄉之事明據主人與祝位如初也　主人哭出復
位　注堂上位也　釋曰案下文云宗人詔降如初注云詔主人降之
乃降堂明此復位者復堂上東面位也　注祝復至褻也　釋曰鄭知
祝與佐食位如此者見上經云主人即位于堂衆主人及兄弟賓即位
于西方佐食即賓也故知佐食言復位復西方可知知祝復位復門西
北面位者上經祝入門左北面注不與執事同位接神尊也明此祝復
位復門西北面位可知云不復設西北隅者重閉牖戶褻也者上經有
尸者有陰厭有陽厭無闔牖戶之事今無尸者陰厭時闔牖戶今更設
饌於西北隅復更闔牖戶爲褻瀆故不爲也　宗人詔降如初　注初
贊至降之　釋曰此降謂禮畢降堂也上經云贊闔牖戶主人降賓出
注云宗人詔主人降彼謂降堂故鄭知此云如初亦如上經詔降也
始虞用柔日　注葬之至其靜　釋曰自此下盡哀薦成事論初虞二
虞三虞卒哭明三者之祭饗神辭及用日不同之事云葬之日日中者
上文云日中行事是也葬用丁亥是柔日葬始虞用日中故云始虞用
柔日也　注敢昧至剛鬣　釋曰敢昧冒之辭者凡言敢者皆是以卑

觸尊不自明之意故云昧冒之辭云豕曰剛鬣者下曲禮文　香合
注黍也至薦上　釋曰案下曲禮云黍曰香合粱曰香萁稷曰明粢是
也云大夫士於黍稷之號合言普淖而已此言香合蓋記者誤耳者曲
禮所云黍稷別號者是人君法特牲少牢黍稷合言普淖此別號黍爲
香合下特號稷爲普淖故知記誤也云辭次黍又不得在薦上者依設
薦法先設菹醢次設俎後設黍稷今黍在嘉薦之上此亦記者之誤故
鄭非之也若然俎在後今絜牲在黍上者祭以牲爲主故先言非設時
在前也　嘉薦普淖　注嘉薦至號云　釋曰言故以爲號云者鄭以
意解之無正文故言云以疑之　明齊溲酒　注明齊至爲醆　釋曰
云言以新水溲釀此酒也者鄭以溲水邊爲之與縮字義異謂以新水
漬麴乃溲釀此酒又引郊特牲明水涚齊貴新也者彼注云涚猶清也
五齊濁泲之使清謂之涚齊及取明水皆貴新也據彼注明水則周禮
司烜氏所取月中之水與此明齊新水別鄭引之者彼此雖異引之直
取新義是同故引爲證非謂爲一物也言或曰當爲明視謂兔腊也者
士祭有兔腊是故或有人作如此說云今文曰明粢粢稷也皆非其次

者若以明齊當爲明視作兔腊解者應在上與牲爲次何因退在下今文又爲稷解者上已云普淖兼黍稷何用又見稷也故知二者皆非其次也若然特牲少牢無腊號以小物略之　哀薦祫事　注始虞至古事　釋曰始虞謂之祫事者主欲其祫先祖也者案公羊傳文二年云大祫者何合祭也合先君之主於大廟故此鄭亦以祫爲合而言但三虞卒哭後乃有祔祭始合先祖始虞而已言祫者鄭云以與先祖合爲安故下文云適爾皇祖某甫是始虞預言祫之意也　注丁日至言耳　釋曰已日再虞者以其後虞用剛日初虞再虞皆用柔日始虞用丁日隔戊日故知再虞用已日云祝辭異者一言耳者一言或有一句爲一言若論語云一言以蔽之曰思無邪是也今此一言則一字爲一言謂數一虞云祫再虞云虞三虞云成是也　三虞至成事　注當祔至爲它　釋曰鄭云當祔於祖廟爲神安於此者却解初虞再虞稱祫稱虞之意今三虞改用剛日將祔於祖取其動義故也云士則庚日三虞壬日卒哭者以其已日爲再虞後改用剛日故次取庚日爲三虞也卒哭亦用剛日故庚後降辛日取壬日爲卒哭云祝辭異者亦一言耳者改

虞爲成是一言也云他謂不及時而葬者謂有故及家貧不及三月因
三日殯日即葬於國北引喪服小記者彼鄭注云報讀爲赴疾之赴謂
不待三月因殯日虞所以安神以送形而往迎魂而反而須安之故疾
虞三月而後卒哭者謂卒去無時之哭鄭云卒哭待哀殺故至三月待
尋常葬後乃爲卒哭祭云然則虞卒哭之閒有祭事者亦用剛日者以
虞卒哭已是剛日他祭在後故亦用剛日也云其祭無名謂之他者謂
虞卒哭祔祥皆有名此則無名故謂之他云文不在卒哭上者此他祭
在卒哭上今退在卒哭下者以其非常又非祭故也引檀弓者證卒哭
辭稱成事之義但卒哭爲吉祭者喪中自相對若據二十八月後吉祭
而言禫祭已前揔爲喪祭也若然此經云三虞與卒哭哀薦成事明文
而鄭注檀弓云卒哭而祭其辭蓋曰哀薦成事言蓋疑之者以鄭君以
前有人解云三虞與卒哭同爲一事解之者鄭故疑卒哭之辭而云蓋
也是以雜記云上大夫之虞也少牢卒哭成事祔皆大牢鄭注云卒哭
成事祔言皆則卒哭成事祔與虞異矣是微破前人三虞與卒哭同解
者也　獻畢未徹乃餞　注卒哭至爲餞　釋曰自此盡不脫帶論卒

哭之祭未徹餞尸於寢門外之事鄭云卒哭之祭者案上文直云獻畢未徹乃餞不言卒哭鄭知是卒哭之祭者以其三虞無餞尸之事明旦祔於祖入廟乃有餞尸之禮故鄭據卒哭而言若然三虞不餞尸者以其三虞與卒哭同在寢祔則在廟以明旦當入廟以其易處鄉尊所故特有餞送尸之禮也引詩者彼生人餞行人之禮爲行始此祭祀餞尸之禮亦鄉祖廟爲行始事雖異餞送飲酒是同故引爲證也知旦將始祔於皇祖者下云明日以其班祔鄭云卒哭之明日也是明日之旦也

注少南至廡也　釋曰云少南將有事於北者正謂下文云尸出門右南面已下是也云有玄酒即吉也者以其虞祭用醴酒無玄酒至卒哭云如初則與虞祭同今至餞尸用玄酒酒則尋常祭祀之酒非醴酒故云即吉也云此在西尚凶也者以其吉祭祭尊在房戶之間至於虞祭尊在室是凶今卒哭餞尸尊在門西不在門東是尚凶故變於吉也

注乾肉至爲蹙　釋曰云涼州烏翅者經云乾肉折俎則漢時乾脯似之故鄭以今曉古也　尸出至席從　注祝入至事也　釋曰云祝入亦告利成入前尸尸乃出者雖餞行飲酒尸將起之時祝亦如虞祭告

云利成尸乃與以前尸也知几席素几葦席也者上經初虞云素几葦席在西序至及再虞三虞及卒哭皆如初不見更設几席之文明同初虞用素几葦席今卒哭祭未餞尸於門外明是卒哭之几席故知是素几葦席也　尸出門右南面　注俟設席也　釋曰知俟設席者尸在門右南面在坐北立下即云席設之事明俟設席也　注婦人出者重餞尸　釋曰婦人有事自堂及房而已今出寢門之外故云重餞尸也　尸即至在南　注脯至於吉　釋曰云主人拜送者案上祭云主人其拜特牲亦云拜送則拜時吉凶同也云屈者在南變於吉者案曲禮云以脯脩置者左朐右末鄭云屈中曰朐則吉時屈者在左今尸東面而云朐在南則是凶禮屈者在右末頭在左故云變於吉也　注反之至有終　釋曰鄭知反之反於佐食者經云佐食授嚌尸受振祭嚌嚌訖而云反之明反與佐食佐食乃反於俎可知也云尸奠爵禮有終者上經云三獻尸皆有酢今餞尸三獻皆不酢而奠之是爲禮有終謂若主人拜送賓不荅拜亦是禮有終也　注男女至作休　釋曰鄭知男女從尸男由左女由右者約上文男子在南婦人在北南爲左北爲右因

從此位便故知男子由左婦人由右也云從尸不出大門者由廟門外無事尸之禮也者在廟以廟爲限在寢門外以大門爲限正祭在廟廟門外無事尸之禮今餞尸在寢門外則大門外無事尸之禮故鄭舉正祭況之從尸不出大門外取正祭比之故注云由廟門外無事尸之禮也　尸出門哭者止　注以餞至廟門　釋曰鄭意所以尸出大門哭者便止者正以餞於寢門以大門爲限似事尸在廟門爲限故鄭云大門猶廟門也　賓出至稽顙　注送賓至門外　釋曰上從尸不出大門者有事尸限故不出大門送之送賓於大門外自是常禮故云送賓拜于大門外但禮有終賓無荅拜之禮也　主婦亦拜賓　注女賓至掖門　釋曰上主人送男賓故知此主婦拜女賓也云不言出拜送之於闈門之內者決上文男主拜男賓言出送此明主婦送女賓于門之內以其婦人送迎不出門見兄弟不踰閾故也云闈門如今東西掖門者案爾雅釋宮云宮中之門謂之闈則闈門在宮內漢時宮中掖門在東西若人左右掖故舉以爲況也　丈夫至門外　注既卒至爲稅　釋曰云既卒哭當變麻受之以葛也者喪服鄭注云大夫以上虞而受

服士卒哭而受服士亦約此文而言也云夕日則服葛者爲祔期者今日爲卒哭祭明旦爲祔前日之夕爲祔祭之期變麻服葛是變重從輕明旦亦得變不要夕期之時變之夕時言變麻服葛者鄭云爲祔期是因祔期即變之使賓知變節故也　入徹主人不與　注入徹至爲豫　釋曰鄭知入徹是大功以下者見曾子問云士祭不足則取於兄弟大功以下者經云入徹主人不與明取大功小功緦麻之等入徹也云言主人不與則知丈夫婦人在其中者上文直言丈夫說絰不辨親疏下文婦人脫首絰不辨齊斬婦人此云入徹據大功以下則此文入徹主人不與之中丈夫婦人兼有可知以其平常祭時諸宰君婦廢徹不遲則凶祭丈夫婦人亦在但齊斬不與徹耳　婦人至說帶　注不脫至葛帶　釋曰知齊斬婦人帶不變也者案喪服小記云齊衰帶惡笄以終喪鄭云有除無變舉齊衰則斬衰帶不變可知齊斬帶不變則大功已下變可知云婦人少變者以其男子既葬首絰要帶俱變男子陽多變婦人既葬直變首絰不變帶故云少變也云而重帶帶下體之上也者對男子陽重首在上體婦人陰重要要是下體以重下體故帶不變

也云大功小功者葛帶者案大功章云布衰裳牡麻絰纓布帶三月受以小功衰即葛九月者又案小功章云布衰裳澡麻帶絰五月者二者章内皆男女俱陳明大功小功婦人皆葛帶可知云時亦不説者未可以輕文變於主婦之質者變是文不變是質不可以大功以下輕服之文變主婦重服之質故經直見主婦不見大功以下也云至祔葛帶以即位者此鄭解大功以下雖夕時未變麻服葛至祔日亦當葛帶即位也知大功以下夕時未變麻服葛者以其與主婦同在廟門外主婦不變大功以下亦不變若然夕時不變夕後入室可以變故至祔且以葛帶即位也引檀弓者亦證齊衰婦人不葛帶之事　無尸至踊三　注以餞至爲筵　釋曰自此至賓出論卒哭祭無尸可餞之事云几席設如初者雖無尸送神不異故云如初故鄭云餞尸者本爲送神也云丈夫婦人亦從几席而出者以其云出几席設如初即云拾踊三明在門外有尸行禮之處即知丈夫婦人從几席出可知言亦者亦餞尸之時也　死三至卒哭　注謂士至或殊　釋曰自此盡他辭一也論記人所記其義或殊是以更有此文也云遂卒哭不言三虞者是記人略言

之注云謂士也者以其此篇是士虞故知三日三月據士而說引雜記者見大夫已上與士異者以其王制大夫士同有三日而殯三月而葬之文雜記云大夫亦同三月而葬卒哭則士云三月大夫五月卒哭之月不同者曲禮云生與來日死與往日鄭云與猶數也生數來日謂成服杖以死來日數也死數往日謂殯斂以死日數也大夫以上皆以來日數若然士云三日殯三月葬皆通死日死月數大夫以上殯葬皆除死日死月數是以士之卒哭得葬之三月內大夫三月葬除死月通死月則四月大夫有五虞卒哭在五月諸侯已上以義可知云此記更從死起異人之間其義或殊者上已論虞卒哭此記更從始死記之明非上記人是異人之間其辭或殊更見記之事其實義亦不異前記也

將旦而祔則薦　注薦謂卒哭之祭　釋曰謂卒哭之祭日將旦而祔則薦薦謂卒哭之祭云祔則薦者記人見卒哭之祭爲祔而設故連文云將旦而祔則爲此卒哭而祭也

卒辭至尚饗　注卒辭至爲齊　釋曰云卒辭卒哭之祝辭者謂迎尸之前祝釋孝子辭云爾云不稱饌明主爲告祔也者但卒哭之祭實有牲饌而不稱者以其卒哭祭主爲告

神將祔於祖而設牲饌故不言也　女子至某氏　注女孫祔於祖母

釋曰此女子謂女未嫁而死或出而歸或未廟見而死歸葬女氏之家旣葬祔于祖母也　注不言至某氏　釋曰此對上文孫祔于祖而云祔于爾皇祖某甫此則不曰爾而變曰孫婦婦差䟽故不云爾也若然上女子亦不云爾者文承孫下云爾可知直言其皇祖妣異者耳　其他辭一也　注來日至尚饗　釋曰他辭一者正謂來日某隮祔尚饗女子及孫婦皆有此辭故云其他辭一也其祔女子云來日某隮祔爾于爾皇祖妣某氏尚饗其孫婦云來日某隮祔孫婦於皇祖姑某氏尚饗　饗辭至之饗　注饗辭至孝子　釋曰饗辭勸強神之辭也者案特牲禮迎尸入室尸即席坐主人拜妥尸尸荅拜執奠祝饗鄭云饗勸強之也其辭引此士虞記則宜云孝孫某圭爲孝薦之饗當此時爲之凡吉祭饗尸曰孝子者此一辭說三虞卒哭勸尸辭若祔及練祥吉祭其辭亦用此但改哀爲孝耳故鄭云凡以該之也　明日以其班祔　注卒哭至爲胖　釋曰引喪服小記者彼解中猶閒也一以上祖又祖孫祔祖爲正若無祖則祔于高祖以其祔必以昭穆孫與祖昭穆同故閒

一以上取昭穆相當者若婦則祔于夫之所祔之妃無亦間一以上若
妾祔亦祔于夫之所祔之妾無則易牲祔女君也云凡祔已復于寢如
既祫主反其廟者案文二年公羊云大事者何大祫也大祫者何合祭
也毀廟之主陳于大祖未毀廟之主皆升合食于大祖又案曾子問云
天子諸侯既祫祭主各反其廟今祔于廟祔已復于寢若大夫士無木
主以幣主其神天子諸侯有木主者以主祔祭訖主反于寢如祫祭訖
主反廟相似故引爲證也云練而後遷廟者案文二年經云丁丑作僖
公主穀梁傳曰作僖公主譏其後也作主壞廟有時日於練焉壞廟壞
廟之道易檐可也改塗可也是練而遷廟引之者證練乃遷廟祔遷于
寢案左氏僖公三十三年傳云凡君薨卒哭而祔祔而作主特祀於主
烝嘗禘於廟服注云特祀于主謂在寢烝嘗禘於廟者三年喪畢遭烝
嘗則行祭皆於廟言遭烝嘗乃於廟則自三年已前未得遷于廟而禘
祭此賈服之義不與鄭同案春官鬯人職云廟用卣鄭注云廟用卣者
謂始禘時自饋食始以此言之鄭義若於三年後四時當祭在廟用彝
盛鬱必用卣中尊獻象等以盛鬯酒而已故鄭取穀梁練而遷廟特祀

新死者於廟故用卣也若然唯祔祭與練祭祭在廟祭訖主反於寢其大祥與禫祭其主自然在寢祭之案下文禫月逢四時吉祭之月即得在廟祭但未配而已又玄鳥詩鄭注云君喪三年既畢歸於其廟而後祫祭于大祖明年春禘于羣廟若如此言則三年喪畢更有特禘者鄭意除練時特禘三年喪畢更有此特禘之禮也　沐浴櫛搔翦　注彌自至爲鬋　釋曰云彌自飾也者上文虞沐浴不櫛注云自潔清不櫛未在於飾鄭雖不言不在於飾沐浴少飾今祔時櫛是彌自飾也　用專至脰膉　注專猶至嗌也　釋曰云折俎謂主婦以下俎者鄭知折俎是主婦以下俎者特牲記云主婦俎觳折佐食俎觳折少牢云主婦俎臑折是也　其他如饋食　注如特至明矣　釋曰云如特牲饋食之事者知不如士虞饋食禮者虞不致爵則夫婦無俎矣上文有俎則祔時夫婦致爵以祔時變麻服葛其辭稱孝夫婦致爵與特牲同故云如特牲饋食之事也或云以左胖虞右胖祔者當鄭君時有人解者云虞祭與祔祭共用一牲各用一胖以左胖爲虞祭右胖爲祔祭不是故鄭破之云今此經云如饋食謂如特牲饋食之禮尸俎用右胖解之主

人俎左髀左肸之髀以爲虞祭主人豈得復取虞時左肸之髀而用之乎
明不然矣　用嗣尸　注虞祔至筮尸　釋曰言用嗣尸則從虞以至
祔祭唯用一尸而已云虞祔尚質未暇筮尸者以其哀未殺故云尚質
未暇筮尸若然練祥則筮尸矣故喪服小記云練筮日筮尸大祥筮尸
可知是以鄭上文注云餞尸旦將始祔于皇祖是用一尸也　注稱孝
者吉祭　釋曰對虞時稱哀案檀弓虞爲喪祭卒哭爲吉祭卒哭既爲
吉祭祔在卒哭後亦是吉祭故鄭以吉祭言之也　用尹祭　注尹祭
至誤矣　釋曰鄭知尹祭是脯者下曲禮云脯曰尹祭故知也但曲禮
所云是天子諸侯禮用脯號案特牲少牢無云用脯者故云大夫士祭
無云脯者唯上餞尸有脯此非餞尸今不言牲號而云尹祭亦記者誤
也以其上文初虞云敢用絜牲剛鬣今不言牲號而云尹祭是記人誤
云亦者亦上文香合也　注普薦至爲醙　釋曰知普薦是鉶羹者案
上文虞禮及特牲皆云祝酌奠于鉶南則鉶在酒前而設此亦普薦在
酒上故知也但虞禮一鉶此云饋食則與特牲同二鉶故云普薦也云
不稱牲記其異者對與初虞之等稱牲但記其異雖不說牲之號有號

可知也若然云記其異者所以嘉薦普淖普薦溲酒與前不異記之以

其普薦與前異將言設薦在普淖後溲酒前故并言其次耳　適爾至

尚饗　注欲其至之乎　釋曰云欲其祔合兩告之者欲使死者祔於

皇祖又使皇祖與死者合食故須兩告之是以告死者曰適爾皇祖某

甫謂皇祖曰隮祔爾孫某甫二者俱饗是其兩告也引曾子問者案彼

鄭注象有凶事者聚也云卒哭成事而後主各反其廟者至祔須得祖

之木主以孫祔祭故也天子諸侯有木主可言聚與反廟之事大夫無

木主聚而反之故云無主則反廟之禮未聞云以其幣告之乎者曾子

問云無遷主將行以幣帛爲主命此大夫士或用幣以依神而告使聚

之無正文故云乎以疑之　朞而小祥　注小祥至作基　釋曰自祔

以後至十三月小祥故云朞而小祥引檀弓者彼謂顏回之喪饋祥肉

於孔子而言彼云饋此云歸者饋即歸也故變文言之引之者證小祥

是祭故有肉也　曰薦此常事　注祝辭之異者謂小祥辭與虞祔之

辭有異異者以虞祔之祭非常一期天氣變易孝子思之而祭是其常

事故祝辭異也云朞而祭禮也者喪服小記文案彼云期而祭禮也期

而除喪道也祭不爲除喪也注云此謂練祭也禮正月存親親亡至今而期期則宜祭期天道一變哀惻之情益衰衰則宜除不相爲也是以謂小祥祭爲常事也　又朞至祥事　注又復也　釋曰此謂二十五月大祥祭故云復朞也變言祥事亦是常事也　中月而禫　注中猶至爲導　釋曰知與大祥間一月二十七月禫徙月樂二十八月復平常正作樂也云禫之言澹澹然平安意也者禫月得無所不佩又於禫月將鄉吉祭又得樂懸故云平安意也但至後月乃是即吉之正也

是月至未配　注是月至尚饗　釋曰謂是禫月禫祭仍在寢此月當四時吉祭之月則于廟行四時之祭於羣廟而猶未得以某妃配哀未忘若喪中然也言猶者如祥祭以前不以妃配也案禮記云吉事先近日喪事先遠日則大祥之祭仍從喪事先用遠日下旬爲之故檀弓云孔子既祥五日彈琴而不成聲十日而成笙歌注踰月且異旬也祥亦凶事先遠日案此禫言澹然平安得行四時之祭則可從吉事先近日用上旬爲之若然二十七月上旬行禫祭於寢當祭月即從四時祭於廟亦用上旬爲之引少牢禮者證禫月吉祭未配後月吉如少

牢酏可知也

儀禮䟽卷第四十三

儀禮疏卷第四十四

唐朝散大夫行太學博士引文館學士臣賈　公彦　等撰

特牲饋食禮第十五　鄭目録云特牲饋食之禮謂諸侯之士祭祖禰非天子之士而於五禮屬吉禮　釋曰鄭知非天子之士而云諸侯之士者案曲禮云大夫以索牛士以羊豕彼天子大夫士此儀禮特牲少牢故知是諸侯大夫士也且經直云適其皇祖某子不云考鄭云祖禰者祭法云適士二廟官師一廟官師謂中下之士祖禰共廟亦兼祭祖故經舉祖兼有禰者鄭達經意祖禰俱言也若祭無問一廟二廟皆先祭祖後祭禰是以文二年左傳云文武不先不窋子不先父是也若祭無問尊卑廟數多少皆同日而祭畢以此及少牢惟筮一日明不別日祭也　特牲饋食之禮不諏日　注祭祀至爲詛　釋曰自此至事畢論士將筮日之事云祭祀自孰始曰饋食饋食者食道也者案檀弓云飯用米貝弗忍虚也不用食道用美焉爾鄭注云食道褻米貝美若然食道是生人飲食之道孝子於親雖死事之若生故用生人食道饋之也此釋經不言祭祀而言饋食之意耳云祭祀自孰始者欲見天子諸侯饋

孰已前仍有灌鬯朝踐饋獻之事但饋食見進黍稷云饋孰見牲體而言天子諸侯堂上朝踐饋獻後迎尸於堂亦進黍稷牲體其犬豕牛羊亦孰之同節也云士賤職褻時至事暇可以祭則筮其日矣者此解經不諏日謂不如大夫已上預前十日與臣諏日而筮之是以鄭云不如少牢大夫先與有司於廟門諏丁己之日也凡士言不者對大夫已上爲之此士言不諏日少牢大夫諏日士喪禮月半不殷奠則大夫已上殷奠如此之類皆是也鄭云時至事暇可以祭者若祭時至有事不得暇則不可以私廢公故也若大夫已上尊時至唯有喪故不祭自餘吉事皆不廢祭若有公事及病使人攝祭故論語孔子云吾不與祭如不祭注云孔子或出或病不自親祭使攝者爲之不致肅敬於心與不祭同又祭統云是故君子之祭也必身親涖之有故則使人可也雖使人也君不失其義者君明其義故也是君大夫有病故皆得使人攝祭若諸侯有朝會之事則不得使人攝故王制云諸侯礿則不禘禘則不嘗嘗則不烝烝則不礿鄭注云虞夏之制諸侯歲朝廢一時祭又明堂位云是故夏礿秋嘗冬烝鄭注云不言春祠魯在東方王東巡守以春或

闕之是諸侯朝會不得攝以諸侯禮大故也案桓八年經書正月己卯烝公羊傳云烝者何冬祭也春曰祠夏曰礿秋曰嘗冬曰烝常事不書此何以書譏何譏爾譏亟也亟則黷黷則不敬君子之祭也敬而不黷踈則怠怠則忘士不及茲四者則冬不裘夏不葛何休云禮本下爲士制四者士有公事不得及茲四時祭者則不敢美其衣服若然則士不暇不得祭又不得使人攝大夫已上有公事乃有攝可知　及筮至西面　注冠端至廟門　釋曰云冠端玄玄冠玄端下言玄者玄冠有不玄端者不玄端則朝服下記云助祭者朝服不著玄端故也若然玄端一冠冠兩服也對文則玄端有纁裳玄裳黄裳雜裳若朝服緇布衣而素裳但六入爲玄七入爲緇大判言之緇衣亦名玄是以散文言之朝服亦名玄端故論語云端章甫鄭云端玄端也諸侯日視朝之服以端是正幅非直服稱端六冕亦有端稱故禮記魏文侯曰吾端冕而聽古樂則唯恐卧是冕服正幅亦名端也云門謂廟門知者士冠禮云筮於廟門爲冠禮筮尚在廟門此爲祭廟筮在廟門可知若然士冠言廟非祭恐不在廟故言廟此不言廟者爲祭廟筮可知不須言廟也　子姓

至北上　注所祭至皆侍　釋曰云子姓者子之所生者案鄭注喪大記云姓之言生也云子之所生則孫是也云小宗祭而兄弟皆來與焉者案喪服小記云繼別爲宗繼禰者爲小宗鄭注云小宗有四或繼高祖或繼曾祖或繼祖或繼禰皆至五世則遷若然繼禰者長者爲小宗親弟等雖異宮皆來祭繼祖者從父昆弟皆來祭繼曾祖者從祖昆弟皆來祭繼高祖者族祖昆弟皆來祭是皆據小宗而言也云宗子祭則族人皆侍者此鄭據書傳而言案書傳康誥云天子有事諸侯皆侍尊卑之義注云事謂祭祀又云宗室有事族人皆侍終日大宗已侍於賓奠然後燕私注云謂卿大夫以下宗室大宗之家引禮記別子爲祖繼別爲大宗繼禰爲小宗賓寮友助祭者若然大宗子祭一族之内皆來助祭引之者證經子姓兄弟若據小宗有服者若據大宗兼有絶服者也

有司至北上　注士之屬吏也　釋曰云如兄弟服者如主人冠端玄左傳云士有隷子弟謂此言爲屬吏而已　席于至闑外　注爲筮人設之也　釋曰案士冠禮云筮與席所卦者具饌于西塾乃言布席于門中筮人執筴抽上韇兼執之此不言具饌于西塾而經但言席于門

中取筮于西塾又不云抽上韇者皆是互見省文之義　注筮人至著
也　釋曰案周禮春官有卜人筮人此士禮亦云筮人故云官名也云
筮問也取其所用問神明者謂蓍也者案周禮天府云季冬陳玉以
貞來歲之美惡注云問事之正曰貞凡卜筮實問於鬼神謂卜用龜
知生數一二三四五之神筮用蓍蓍知成數七八九六之神則此鄭云
神明者也若然神既爲生成之神鄭云謂蓍者則蓍亦有神易繫辭有
蓍之德圓而神非直筮有成數之神亦有蓍之神也　宰自至尚饗
注宰羣至庶幾也　釋曰云宰羣吏之長者贊命之事非長不爲又天
子諸侯宰皆尊官故知羣吏之長也云贊命由左者爲神求變也者決
士冠禮宰自右少退贊命鄭注云宰有司主政教者自由也贊佐也命
告也佐主人告所以筮也少儀曰贊幣自左詔辭自右此祭祀故宰自
左贊命爲神求吉故變於常禮也云士祭曰歲事此言某事又不言妃
者容大祥之後禫月之吉祭者案下宿賓云薦歲事據吉祭而言又少
牢吉祭云以某妃配即與士虞記云中月而禫是月也吉祭猶未配此
與彼文同故知是禫月吉祭也云言君祖者尊之也者天子諸侯名曾

祖爲皇考此士亦云皇祖故云尊之也云某子者祖字也伯子仲子者以其某在子上爲男子美稱故以某爲伯仲叔季五十字下篇云皇祖伯某鄭注云伯某且字也不爲五十字者以某在伯下故爲且字解之與此異也　注士之至寫之　釋曰云士之筮者坐蓍短由便者決下少牢云史曰諾遂述命既乃釋韇立筮鄭注云卿大夫之蓍長五尺立筮由便與士不同知蓍有長短者案三正記云天子蓍長九尺諸侯七尺大夫五尺士三尺是也云卦者主畫地識爻爻備以方寫之者案士冠禮云筮人許諾右還即席坐西面卦者在左卒筮書卦執以示主人鄭云卒已也書卦者筮人以方寫所得之卦彼云書卦即云執以示主人則筮者書寫以示主人也此經云卒筮寫卦乃云筮者執以示主人則寫卦者非筮人故此鄭云卦者主畫地識爻爻備以方寫之也　注長占至占之　釋曰經直云長占知非長者一人而云長幼旅占之者士冠禮云筮人還東面旅占明此亦是長幼旅占經直云長者見從長者爲始也　若不至初儀　注遠日旬之外日　釋曰案曲禮云吉事先近日喪事先遠日此尊卑禮同也又云旬之内曰近某日旬之外曰

遠某日此尊卑有異云旬之内曰近某日據士禮吉事先近日謂祭祀假令孟月先於孟月上旬内筮筮不吉乃用中旬之内更筮中旬又不吉更於下旬内筮筮不吉即止大夫已上假令孟月祭於前月下旬筮來月之上旬不吉又於孟月之上旬筮中旬中旬不吉又於中旬筮下旬下旬又不吉即止不祭今云遠日旬之外日者謂上旬不吉更於上旬外筮中旬爲旬之外日非謂如大夫已上旬之外謂旬前爲旬外也

前期至尚饗　注三日至爲尸　釋曰自此盡主人退論祭前筮尸宿尸之事云三日者容宿賔視濯也者謂前期二日宿賔一日視濯是以下云厥明夕陳鼎于門外下至夙興皆祭前一日視濯之事以其夙興上事是祭前一日也宿賔又是厥明夕爲期上則宿賔與視濯别日又知宿賔是祭前二日此經乃祭前三日筮尸故鄭云容宿賔視濯言容者爲筮尸之後祭日之前有二日容此二事也若然筮尸在祭前三日宿尸云乃乃是緩辭則與筮尸别日矣以此而言則宿尸與宿賔中無厥明之文則二者同日矣二者既同日鄭直言容宿賔視濯不言容宿尸者以其宿賔在厥明之上故不嫌宿尸與宿賔别日也云某之某者

字尸父而名尸者經直云某之某鄭知字尸父而名尸者曲禮云爲人子者祭祀不爲尸鄭彼注云尊者之處爲其失子道然則尸卜筮無父者又云卒哭乃諱諱則不稱名故知尸父云某是字尸旣對父故某爲名云連言其親庶幾其馮依之也者尸父前世與所祭之父同時同時必相識知今又筮其子爲尸尸又與所祭之子相識父子皆同類故連言其親庶幾其神馮依之也云大夫士以孫之倫爲尸者案祭統云夫祭之道孫爲王父尸所使爲尸者於祭者子行也父北面而事之所以明子事父之道也注云祭祖則用孫列皆取於同姓之適孫也天子諸侯之祭朝事延尸於戸外是以有北面事尸之禮如是則天子諸侯宗廟之祭亦用孫之倫爲尸而云大夫士者但天子諸侯雖用孫之倫取卿大夫有爵者爲之故鳧鷖詩祭尸之等皆言公尸又曾子問云卿大夫將爲尸於公若大夫士祭尸皆取無爵者無問成人與幼皆得爲之故曾子問孔子曰祭成喪者必有尸尸必以孫孫幼則使人抱之是也

乃宿尸　注宿讀至作宿　釋曰云古文宿皆作羞疊之不從古文云凡宿或作速謂一部之内或作速者若公食大夫速賓之類是也云記

作肅者曲禮云主人肅客而入是也又云周禮亦作宿者大宗伯文宿眡滌濯是也是以鄭汎云或也　主人至東上　注不東至其後　釋曰云不東面者來不爲賓客者爲尸者父象也主人有子道故主人北面不爲賓客不敢當尊故不東面此決冠禮宿賓主人東面此中北面不同也云上當其後者子姓兄弟北面陪主人後東頭爲上者不得過主人故爲上者當主人之後也　尸如至西面　注不敢南面當尊　釋曰此決少牢云主人即位於廟門外之東方南面以其大夫尊於恩有君道故南面當尊此士之孫倫爲尸雖被宿猶不敢當尊也　注主人先拜尊尸　釋曰此決下文宿賓賓先拜主人乃荅拜故云尊尸是以主人先拜也案少牢云吉則遂宿尸祝擯主人再拜稽首祝告曰孝孫某云云尸拜許諾祝先釋辭訖尸乃拜許此尸荅拜後宗人乃擯辭者士尸卑主人拜尸即荅拜不得擯辭訖大夫之尸尊尊得釋辭訖乃拜　宗人至敢宿　注宗人至無敢　釋曰云如初者如宰贊命筮尸之辭者案筮尸時雖不見宰贊命以其云筮尸如求日之儀筮日時有宰贊命則筮尸時亦有宰贊命可知故此得如之也云卒曰者著其辭

所易也者前筮尸辭云筮某之某爲尸尚饗易巳上之辭也　祝許諾致命　注受宗至釋之　釋曰云始宗人祝北面至於傳命皆西面受命東面釋之者以其上文始時主人與子姓兄弟立于尸門外北面重行則宗人與祝相隨亦皆北面故云始宗人祝北面至於尸出門左西面主人避之門西東面定位訖宗人進主人之前西面鄉之受命受命訖尸旣西面明宗人旋鄉東面釋之可知　尸許至稽首　注其許至主人　釋曰云其許亦宗人受於祝而告主人者謂祝受尸許諾辭旋西面告宗人宗人告主人尸許諾主人乃再拜稽首　注相揖至尸尊　釋曰鄭知有相揖而去者約下篇少牢云主人退尸送揖不拜是也但彼有送文此經尸入後乃言主人退則尸不送可知此尸不送者士卑故尸被宿之後不送也大夫尊故尸雖受宿猶送大夫也　宿賓至敢宿　注薦進至賓耳　釋曰自此盡賓拜送論士將祭宿屬吏内一人爲備三獻賓之事也云言吾子將臨之知賓在有司中者以其云將臨之明前筮尸在其中可知以上無戒文今宿之云吾子將涖之明知賓在有司内可知案前文有司羣執事如兄弟服東面北上鄭云士之屬

吏此云賓在有司内則賓是士之屬吏可知下記云公有司門西北面東上獻次衆賓私臣門東北面西上獻次兄弟賓及衆賓行事在西階之下復似賓不在有司中者但賓是士之屬吏内言私臣據已自辟除者言公有司者亦是士之屬吏命於其君者言賓在有司中者諸士此獻者之中選以爲賓又選爲衆賓以下若在門外時同在門西東面北上及其入爲賓及衆賓者適西階以俟行事公有司不選爲賓者門西北面私臣不選爲賓門東北面門外不列者以其未有事入門而列者爲將行事公有司門西私臣門東二者皆無事故經不見記人乃辨之見其與於獻也云今特肅之尊賓耳者賓有司之内不嫌不助祭今特宿之者將使爲賓也　注厥其至爲密　釋曰自此盡主人拜送論祭前一日之夕視濯與視牲之事云門外北面當門也者以其經直云門外不言門之東西故知當門下篇少牢陳鼎在門東此當門者士卑避大夫故也　㭬在至東首　注順猶至腊也　釋曰下篇云少牢牲北首東上司馬刲羊司士擊豕宗人告備乃退不言獸少牢五鼎明有獸可知不言之者已有二牲略其小者故不言之也案士虞記陳牲于廟門外北首西上

鄭注云言牲腊在其中西上變吉此亦其西北首東足與彼文同彼云變吉者彼牲云北首西上明腊亦北首可知此實獸於上東首不與牲相統故云變吉云棜之制如今大木轝矣上有四周下無足者鄭舉漢法以曉古諸禮禮記及此儀禮而言棜者以無足解之云獸腊也者特牲鼎有豕魚腊案周禮腊人鄭注云小物全乾爲腊故知豕云牲魚水物云獸是腊可知　注其西至其生　釋曰豕不可牽之縛其足陳於門外首北出棜東其足寢其左以其周人尚右將祭故也云牲不用棜以其生者對腊死用棜而言之　注東房至南耳　釋曰大夫士直有東房西室若言房則東房矣故士冠禮陳服于房中西墉下東領北上不言東又昏禮側尊甒醴于房中亦不言東如此之類皆不言東以其直有一房不嫌非東房故不言東今此經特言東房明房内近東邊故云東房也夾室半以南爲之以壁外相望則當夾北也又與少牢籩豆所陳相反少牢近於西方此經則房中之東也言當夾北者以其夾室在房近南東故云房中之東當夾北也云西堂西夾之前近南耳者案爾雅注夾室前堂謂之相此在西堂在西相故云西夾之前近南也

注不象至不在　釋曰云不象如初者此決上經主人及子姓兄弟即位于門東如初筮位今賓及衆賓者即是前者有司羣吏執事當言如初不言者以宰前筮時在門東贊主人辭今宰在門西同行又宗人祝離位賓西北東面南上異於筮位時故不言如初也　注事彌至位彌異　釋曰云事彌至者謂祭事彌至位彌異者謂宗人祝近門離本位故云位彌異　注衆賓至禮也　釋曰云旅之得備禮者謂衆賓無問多少揔三拜之旅衆也衆賓共得三拜故云旅之也衆賓再拜者士賤衆賓得備禮案有司徹主人降南面拜衆賓于門東三拜衆賓門東北面皆荅一拜注云言三拜者衆賓賤旅之也衆賓一拜賤也卿大夫尊賓賤純臣也經云皆荅一拜明人人從上至下皆一一獨荅拜以其純臣故也所以不再拜者避國公故也此士賓莫問多少皆得一時再拜者以其士賤衆賓得備禮故也　宗人至濯具　注濯漑至几席　釋曰云不言敦鉶者省文也者決上文初饌時云豆籩鉶在東房明敦及鉶亦視可知文不云者省文故也上陳時經有几席鄭注所以不并言几席省文者經言告濯具几席不在濯内故不得云几席爲省文也云

東北面告緣賓意欲聞也者經云即位于堂下如外位則主人在東階之下宗人降自西階宜東面告濯具以賓在西亦欲聞之故也所以不正面告者爲主人告故也云言濯具不言絜以有几席者凡洗濯當告絜不洗者告具而已几席不在洗内故直告濯具不言絜嫌通几席亦在洗濯之限此決下經門外舉鼎冪云告絜　注充猶至聲氣　釋曰云北面以策動作豕者此無正文經云作是動作之言故知以策動作豕云視聲氣者案禮記内則周禮庖人唯云豕望視而交睫腥不云豕之聲氣而鄭云視聲氣者但祭祀之牲當充盛肥若聲氣不和即是疾病不堪祭祀故云視聲氣也　請期曰羹飪　注肉謂至有司　釋曰案少牢云宗人曰旦明行事此不云旦明行事而云羹飪者彼大夫尊有君道可以豫勞賓故云時節此士卑無君道故不云旦明而云羹飪是以鄭云重豫勞賓羹飪乃來也云宗人既得期西北面告賓有司者此案少牢云主人門東南面宗人朝服北面曰請祭期主人曰比於子宗人曰旦明行事上文門外賓位在門西東面今既得期鄉西在賓南北面告賓與有司使知祭日當來也　夙興至側殺　注夙早至牲也

釋曰自此盡於中庭論祭日夙興主人主婦陳設及行位之事云主人服如初則其餘有不玄端者案下記云特牲饋食其服皆朝服玄冠緇帶緇韠注云於祭服此也皆者謂賓及兄弟筮日筮尸視濯亦玄端至祭而朝服朝服者諸侯之臣與其君日視朝之服大夫以祭今賓兄弟緣孝子欲得嘉賓尊客以事其祖禰故服之緇韠者下大夫之臣夙興主人服如初則固玄端是也鄭云其餘有不玄端者明亦有著玄端者是以下記人辨之云唯尸祝佐食玄端玄裳黃裳雜裳可也皆爵韠鄭注云與主人同服是有同服者有著朝服者故鄭云其餘有不玄端者也云側殺殺一牲也者案少牢主人即位於廟門之外司馬刲羊司士擊豕皆主人不視殺案楚語云諸侯宗廟之事必自射其牲刲羊擊豕又司弓矢云凡祭祀共射牲之弓矢注云射牲示親殺也殺牲非尊者所親唯射爲可又國語云禘郊之事天子必自射其牲玉藻云凡有血氣之類君子弗身翦也者據凡常非祭祀天子尊于郊射牲諸侯降天子故宗廟亦親殺大夫士不敢與君同故視之而不親殺之側殺殺一牲者案冠禮云側尊一甒醴在服北鄭注云側猶特也無偶曰側以其

無方酒是以少牢云司馬刲羊司士擊豕以其二牲不云側也　注炊黍至作饎　釋曰知宗婦爲之者以經言主婦視饎爨明主婦自爲也是以下記云宗婦贊薦者執以坐于戶外授主婦尸卒食而祭饎爨鄭以祭饎爨用黍而已是宗婦爲之可知也云爨竈也者周公制禮之時謂之爨至孔子時則謂之竈故論語王孫賈云與其媚於奧寧媚於竈是孔子時爲竈也云西堂下者堂之西下也者以其爲爨不可正在堂下當逼西壁爲之故云堂之西下近西壁也又知南齊于坫者案既夕記云設棜于東堂下南順齊于坫明在東西堂下皆齊於坫可知又鄭下注引舊說云南北直屋梠稷在南是也案少牢云雍人概鼎匕俎于雍爨雍爨在門東南北上廩人概甑甗匕與敦於廩爨廩爨在雍爨之北廩爨既在門外不見主婦有視文主婦未知視之以否主婦視饎爨猶主人視殺牲故易歸妹上六云女承筐無實士刲羊無血鄭注宗廟之禮主婦奉筐米如饎之時兼視之可知云周禮作饎者所謂故書者或作饎也　注亨煑至釜鬵　釋曰知用鑊者下少牢云羹定雍人陳鼎五三鼎在羊鑊之西二鼎在豕鑊之西故用鑊也　注戶東至在左

釋曰知戶東是室戶東者若據房戶東西則舉東房而言今直云戶東故知室戶東也云玄酒在西尚之凡尊酌者在左者左爲上尊今云玄酒在西故云尚之是以鄉飲酒鄉射皆玄酒在西事酒在東若燕禮大射唯君面尊不從此義也　注如初至反之　釋曰經云實豆籩者[redacted]取豆籩實之又言陳于房中如初者明既而反之可知也　執事至北上　注執事至於神　釋曰鄭知經執事之俎祝主人主婦亦存焉者見士虞記祝俎陳於階間敦東彼虞不致爵故見主人主婦俎明此吉祭有致爵主人主婦陳於階間可知以主婦亦是執事之人也若然少牢主人主婦無俎者以三獻禮成别爲儐尸正祭無致爵故主人主婦無俎儐尸行三獻致爵乃有俎下大夫不儐尸者亦於三獻尸爵止行致爵乃有俎也云不升鼎者異於神者前俎升鼎而入設於階前此鼎在門外不入而言陳於階間二列故知不升鼎　注盛黍稷者宗婦也　釋曰知盛黍稷是宗婦者以其黍稷是宗婦所主故知也　尸盥至之右　注設盥至左右　釋曰云不揮者揮振去水使手乾今有巾故不揮也是以僖二十三年左氏傳云公子重耳在秦秦伯納女五人懷嬴

與焉奉匜沃盥既而揮之懷嬴怒是也云門内之右象洗在東者東謂門東據向内爲右故鄭云統於門東西上云凡鄉内以入爲左右鄉外以出爲左右者欲明門内據鄉内以入爲右者也　注爲神至接神　釋曰案上視濯時云宗人視立于賓西北東面南上鄭注云事彌至位彌異宗人視於祭宜近廟至入廟時宗人獨升視濯及出門外視牲告充未有使祝之文至此臨祭使祝敷神席故鄭云至此使祝接神故也　主婦至南面　注主婦至於姑　釋曰云雖姑存猶使之主祭祀者謂姑老不堪祭祀故姑存猶使之主祭祀也云纚者謂若士冠禮廣終幅長六尺笄安髮之笄非冠冕之笄冠冕之笄男子有婦人無若安髮之笄男子婦人俱有婦人笄對男子冠故内則云男女未冠笄又喪服小記云男子冠而婦人笄是也云宵綺屬也此衣涂之以黑其繒本名曰宵者謂此宵衣是綾綺之屬鄭注内司服云男子之褖衣黑則是亦黑也以其士喪禮有褖衣與士冠玄端爲一玄端黑是男子褖衣亦黑則此婦人宵衣亦黑可知其玄則黑之類也故鄭引玉藻君子狐青裘玄宵衣以裼之證婦人玄宵衣亦黑也云其繒本名宵者此字

據形聲爲綃從絲省聲但詩及禮記儀禮皆作宵字故鄭云其繒本名曰宵故引詩及禮記爲證引詩者直取字爲證引記謂禮記玉藻非直取證字爲宵亦以證婦人宵衣爲玄也云凡婦人助祭者同服也者經及記不見主婦及宗婦異服之文故知同服對男子助祭祝佐食等與主人服異也少牢云主婦贊者一人亦髲鬄衣移袂與主婦同其餘雖不移袂同亦宵衣可知依内司服天子諸侯王后以下助祭皆不同者人君尊卑差等大夫士卑服窮則同也引内則者彼舅没時年七十巳上姑雖存年六十巳上而當傳之家事故子之妻代姑祭雖代姑每事必請於姑引之者證經主婦而舍姑未老自爲主婦姑老則子妻爲主婦也　佐食至中庭　注佐食至之西　釋曰案下記云佐食當事則戶外南面無事則中庭北面據此而言則此經謂無事時也云立于宗人之西者案士虞禮云主人及兄弟賓即位於西方如反哭位注引既夕禮云反哭入門升自西階東面經又云宗人西階前北面注云當詔主人此特牲吉禮主人行事由阼階宗人亦在阼階階南擯主人佐食北面於中庭明在宗人之西可知

儀禮疏卷第四十四

儀禮疏卷第四十五

唐朝散大夫行太學博士弘文館學士臣賈　公彦　等撰

主人至戶内　注祝先至南面　釋曰自此盡稽首論主人主婦及祝與佐食陳設陰厭之事云主人從西面于戶内注引少牢者證主人戶内西面其時祝北墉下南面之事以其未有祝行事之法直監納祭而已下文乃云祝在左爲孝子釋辭乃有事也　注及與至用兎　釋曰鼎在門外北上東爲右人西爲左人右人尊入時在鼎前左人卑入時在鼎後又盡載牲體於俎又設俎于神坐之前主人升乃以東爲主今在堂下主人在右故云統於東也云主人與佐食者賓尊不載者以賓主當相對爲左右以賓尊不載牲體故使佐食對主人使賓爲右人而使執事在左而載也　宗人至南面　注畢狀至心叉　釋曰云畢狀如叉者下引舊説有他神物惡桑叉之言故以叉而言云蓋爲其似畢星取名焉者案詩云有捄天畢載施之行無正文故云蓋以疑之也云主人親舉宗人則執畢導之既錯又以畢臨匕載備失脫也知義然者以經言宗人執畢先入是導之也又知既錯又以畢臨匕載備失脫也

者以經云當阼階南面明鄉主人執畢臨匕備失脫可知也云今此朼用棘心則畢亦用棘心者案下記云棘心匕刻是也知畢亦棘心者以雜記匕畢同用桑據喪祭今吉祭匕用棘心則畢亦棘心也云舊說云畢以御他神物神物惡桑叉舊說如此又引少牢士虞巳下破舊說之意也云此無叉者乃主人不親舉耳者摠解士虞少牢二禮云少牢大夫祭不親舉者大夫尊主人不親舉云虞喪祭祭也主人未執事者對吉祭主人執事有畢彼無也云祔練祥執事用桑叉者以其虞時主人不執事則祔巳執事執事用桑叉則雜記所云是也云自此純吉用棘心叉者除祥後則禫月及吉祭用棘心也案易震卦彖辭云震來虩虩笑言啞啞震驚百里不喪匕鬯鄭注云雷發聲於百里古者諸侯象諸侯出教令能警戒國内則守其宗廟社稷爲之祭主不亡其匕鬯人君於祭匕牲體薦鬯而巳其餘不親爲也若然諸侯親匕牲體大夫不親者辟人君士卑不嫌得與人君同親匕也　注贊者至北面　釋曰云其錯俎東縮加匕東柄者少牢云俎皆設于鼎西西肆又云匕皆加于鼎東枋則此加匕於鼎東柄可知云既則退而左人北面也知者以其

俎從於鼎西其人當北面於其南載之便是以昏禮亦云北面載執而俟是也　注肵謂至作密　釋曰知肵謂心舌者下記云肵俎心舌皆去本末午割之實於牲鼎載心立舌縮俎是也引郊特牲者見敬有肵俎送于尸前　注卒已至加焉　釋曰主人匕牲體宗人以畢助之主人匕事訖加之於鼎則宗人既事亦加於鼎可知　注入設至以正　釋曰知載人設俎者以其經卒載下即云入設不見别人明是載者設之可知云腊特饌要方也者案經豆在神坐之前豕俎入設於豆東魚俎又次其東若腊俎復在東則饌不得方故腊俎特于俎北取其方故也　注宗婦至菜也　釋曰案少牢主婦設金敦宗婦贊三敦以其多故使宗婦贊此士祭祀二敦少故不使宗婦贊主婦可親之也若然案少牢佐食贊鉶宗婦不贊鉶此不以佐食決之而并云宗婦者此決有司徹故有司徹云主婦洗于房中出實爵尊南西面拜獻尸尸拜于筵上受主婦西面于主人之席北拜送爵入于房取一羊鉶坐奠于韭菹西主婦贊者執豕鉶以從主婦不興受設于羊鉶之西又下至主婦致爵于主人主婦設二鉶與糗脩如尸禮皆是也　注酌奠至奠之　釋

曰引少牢者案少牢祝酌奠遂命佐食佐食啓會乃奠者彼大夫禮與此士禮相變是以與此奠乃啓會異也　注稽首至尚饗　釋曰引少牢祝祝巳下者欲見迎尸之前釋孝子之辭也　祝迎尸于門外　注尸自至尸次　釋曰自此盡反黍稷于其所論陰厭後迎尸于正祭之事云尸自外來代主人接之者下注云主人不迎尸成尸尊故也云就其次而請不拜不敢與尊者爲禮者凡平賓客皆在門西主人出門左西面拜今此經直云迎尸于門外不言祝拜尸荅拜是祝出就次尸乃出次迎之而入門是不敢與尊者爲禮引周禮者證門外張尸次之事也　注主人至爲厭　釋曰云主人不迎尸成尸尊者案祭統云君迎牲而不迎尸別嫌也尸在廟門外則疑於臣在廟中則全於君君在廟門外疑於君入廟門則全於臣全於子鄭云不迎尸者欲全其尊也尸神象也鬼神之尊在廟中人君之尊出廟門則伸此士禮雖無君道亦尊尸主人不迎迎之尊不成不迎之則成尸之道尊也云尸所祭者之孫也者禮記云孫爲王父尸是也云祖之尸則主人乃宗子者以其祭祖兄弟來助祭故知宗子小宗大宗五宗皆然書傳云宗子將有事族

人皆入侍也云禰之尸則主人乃父道者禮記祭統云夫祭之道孫爲王父尸所使爲尸者於祭者子行也父北面而事之所以明子事父之道也此父子之倫也注云祭祖則用孫列皆取於同姓之適孫是其禰之尸則主人乃父道也云事神之禮廟中而已出迎則爲厭有出廟門主人有君是是厭臣之義故不迎也　注侍盥至門左　釋曰引少牢者見上經陳盥在門右今尸入門左尸尊不就盥槃匜巾等鄉門右就尸之義也　尸至至人從　注延進至人從　釋曰云在後詔侑曰延者案士虞禮尸謖祝前鄉尸鄭注云前道也祝道尸必先鄉之爲之節彼祝居尸前道之此則在尸後詔之故云延也云禮器所謂詔侑武方者彼注武無也祝詔侑尸無常謂若檀弓子事父母左右就養無方今祝延尸道尸亦無常也引少牢者見祝從尸主人又從祝入之事　尸荅至如初　注饗勸至薦之　釋曰云其辭取于士虞記則宜云孝孫某圭爲孝薦之饗者但喪祭稱哀吉祭稱孝故士虞記卒哭饗尸辭曰哀子某圭爲哀薦之饗此既吉祭宜云孝孫某圭爲孝薦之饗以其改哀云孝故曰宜云也引舊說者證圭爲絜明之義也　祝命至豆間

注命詔至於醢　釋曰云挼祭祭神食也者鄉者設饌未迎尸陰厭厭飫神今尸來升席而挼祭祭訖當食神餘引周禮而云墮與挼讀同則二字通用云今文改挼皆爲綏不從今文引古文者欲見擩下有祭無醢故疊之而不從也云擩醢者染於醢從經爲正也　注肺祭至享之　釋曰知肺祭是刌肺也者下記刌肺三鄭注爲尸主人主婦祭明是刌肺非舉肺也　注鉶肉至能享　釋曰云鉶肉味之有菜和者此即公食大夫牛藿羊苦豕薇之等是也以其盛之鉶器因號羹爲鉶故云肉味有菜和者引曲禮者證鉶羹有五味調和不合絮調之義故告旨若大羹不調以鹽菜無絮調之理也　設大羹湆于醢北　注大羹至爲汁　釋曰云醢北者爲薦左案公食大夫昏禮大羹湆皆在薦右此在左者神禮變於生人士虞禮大羹湆設于鉶南在右與生人同有不忍異於生故也云不和貴其質者案桓二年左氏傳云大羹不和以鹽菜是貴其質也云不爲神者陰厭時未設尸來始設爲尸故士虞記云無尸則禮及薦饌皆如初不挼祭無大羹湆胾從獻有尸即有大羹湆從獻縱有亦不祭不嚌是不爲神爲尸非盛者也引士虞禮曰大羹湆

自門入者證迎尸後乃從獻來也　乃食食舉　注舉言至連肉　釋
曰乃食謂食肺云食舉謂骨體正脊從俎舉鄉口因名體爲舉凡牲體
或七或二十七皆據骨節而言今言食不可空食骨以體皆連肉也
注肵俎至其先　釋曰云肵俎主於尸者以其入後乃設之故知主於
尸主人親進者敬尸故也前神俎使載者設之者欲得尊賓嘉客以事
其先故也　注榦長至牲同　釋曰云長脅文出下記也云獸腊其體
數與牲同知者亦見下記云腊如牲骨是也　注庶衆至縪也　釋曰
案公食大夫云旁四列西北上膷以東臐膮牛炙炙南醢以西牛胾醢
注云先設醢縪之次也此四豆有醢則不得先設非縪之次故也又復
一醢不得與胾炙相對相對之法炙在南醢在北胾在北醢南如此見得縪故
少牢云韭菹醓醢葵菹蠃醢韭菹在南葵菹在北注云葵菹在北縪又
云羞胾兩瓦豆有醢亦用瓦豆設于薦豆之北注云四豆亦縪羊胾在
南豕胾在北此皆有醢亦得縪者以其四豆胾醢具相對故鄭皆云縪
也　注不復至次也　釋曰云舉先正脊後肩自上而卻下縪而前終
始之次也者先舉正脊自上也次舉脅即卻也後舉骼即下縪也終舉

肩即前也前者牲體之始後者牲體之終故云終始之次也　注佐食至讀然　釋曰云俎釋三个爲改饌於西北隅遺之所釋者牲腊則正脊一骨長脅一骨及臑也知者案下記云尸俎右肩臂臑肫胳正脊二骨横脊長脅二骨短脅今以舉正脊一骨長脅一骨及骼脊脅各一骨在前脚三節後脚二節各舉其一訖前脚舉肩訖宜次盛臂後脚舉胳訖宜次盛肫前後各一節以歸脡脊以其次正脊故也前脚唯有臑在并脊脅各一骨爲三也　注尸授至俎豆　釋曰經直云肺脊加於肵俎鄭知尸不自加而授與佐食佐食受而加之者約少牢云上佐食受尸牢肺正脊加于肵鄭注云受者尸授之也是云肺脊初在菹豆者上文云尸實舉于菹豆是也　主人至酳尸　注酳猶至爲酌　釋曰自此盡入復位論主人獻尸及祝佐食之事知是獻尸者下有主婦洗爵獻尸并賓長獻尸故知此是主人酳尸也云不用爵者下大夫也者此决少牢云主人降洗爵酌酒乃酳尸用爵不用角也云因父子之道質而用角角加人事略者既辟大夫不用爵次當用觚而用角者因無臣助祭父子相養之道而用角者父子是質角加人事略得用功少故也

尸拜至肝從　注肝肝至無長　釋曰此直言肝從亦當如少牢賓長羞牢肝用俎縮執俎肝亦縮進末鹽在右此亦不言者文不具也　注醋報至作酢　釋曰云祝酌不洗者尸當酢主人宜親洗爵酌酒不親洗酌尸尊故也授代酌由祝代酌故不洗也　注退者至作挼　釋曰云挼祭亦使祭尸食也者前祝命尸挼祭祭神食今命主人祭尸食亦如尸祭神食故云亦也云其挼祭亦取黍稷肺祭者亦如上佐食取黍稷肺祭授尸尸祭之相似故云亦也　佐食至主人　注獨用至有焉　釋曰案少牢云祝與二佐食皆出盥于洗入二佐食各取黍於一敦上佐食兼受摶之以授尸尸執以命祝卒命祝祝受以東北面于戶西以嘏于主人但少牢不親嘏者大夫尸尊又大夫禮文此親嘏者士尸卑禮質故也云其辭則少牢饋食禮有焉者案少牢云祝以嘏于主人曰皇尸命工祝承致多福無疆于女孝孫來女孝孫使女受祿于天宜稼于田眉壽萬年勿替引之是也云獨用黍者食之主者案上文云爾黍于席上不云爾稷者以稷雖五穀之長不如黍之美故云食之主是以喪大記云君沐粱大夫沐稷士沐粱士喪禮士沐稻諸侯之士鄭注云

差卒而上天子沐黍是黍爲穀之貴也　注詩猶至作卦　釋曰云挂袪以小指者便卒角也但右手執角左手挂袪以小指不于左手言便卒角者飲酒之時恐其遺落故挂以小指故云便卒角也　主人至籩受　注變黍至成功　釋曰案少牢云主人出宰夫以籩受嗇黍主人嘗之納諸内此大夫尊不似有入房直見大夫出宰夫以籩受此主人寫嗇于房祝以籩受以其士賤故也云變黍言嗇因事託戒欲其重稼嗇者以黍者五穀之名非農力成功之稱故以黍爲嗇欲其重稼嗇故少牢鄭注云秋斂曰嗇是用農力之言也　注行神至設俎　釋曰此汝佐食以佐食接尸故後獻之祝接神先獻之云菹醢皆主婦設之佐食設俎知者前獻尸時菹醢主婦設之亞獻及致爵於主人籩豆亦皆主婦設之則此設菹醢亦主婦可知又知佐食設俎約少牢主人獻祝佐食設俎故此亦佐食設俎可知　祝左至復位　釋曰云主人荅拜受角酌獻佐食者案上獻祝有俎此獻佐食不言俎者上經云執事之俎陳於階間二列北上鄭注云執事謂有司以佐食亦在有司内者下記云佐食俎觳折脊脅也又下經賓長獻節鄭注云凡獻佐食皆無從

人之北西面與內子同　賓三至爵止　注初亞至待之　釋曰自此盡卒復位論賓長獻尸及佐食并主人主婦致爵之事此一科之內乃有十一爵賓獻尸一也主婦致爵于主人二也主人酢主婦三也主人致爵于主婦四也主婦酢主人五也尸舉奠爵酢賓長六也賓長獻祝七也又獻佐食八也賓又致爵于主人九也又致爵于主婦十也賓獻主人酢十一也云初亞獻也者知不初獻者以主婦亞獻承初獻後賓長又承亞獻後故知如亞獻不得如初獻也又面位及燔從皆如亞獻也云三獻禮成欲神惠之均於室中是以奠而待之者謂尸得三獻而禮成言其實飲三爵祝與佐食亦得三獻主人主婦各得一酢而已未得獻是神惠未均奠而待之者待主人主婦致爵乃均也案下文衆賓長爲加爵如初爵止鄭注云尸止爵者欲神惠之均于在庭止得一獻亦言均則不以爵數爲均直據得一獻則爲均也　注主婦至酬爵　釋曰云主婦拜拜於北面也者約有司徹尸於堂主婦致爵于主人主人致爵于主婦北面于阼階上荅拜是也　注初賓至面也　釋曰上主婦亞獻時但云宗婦執兩籩又云祝贊籩祭無豆此云贊豆如初明

贊豆之時與贊籩同故得言如初知東面者以主人西面故知也　俎入設　注佐食設之　釋曰知佐食設之者見有司下大夫不儐尸者主婦致爵於主人時佐食設俎彼室内行事與士禮略同故鄭約之知佐食設之也　注絶肺至作説　釋曰引少儀者彼注云提猶絶也不絶中央少許者引之證離肺長而不絶故須絶之云忖肺不捝手者以已斷絶取祭之不須以手絶之故不捝手也　注於席至示均　釋曰此決上主人獻尸賓長以肝從主婦獻尸兄弟以燔從今一酳而肝燔從則與尸等故云亦均亦者亦上酒均於堂内　注主人至爲受　釋曰云主人更爵自酢男子不承婦人爵也者案上主婦獻尸尸酢主婦不易爵鄭注云辟内子致爵于主人則易爵也若然案下記設洗篚在洗西實二爵鄭注云二爵者爲賓獻爵止主婦當致也此賓長所獻爵尸奠之未舉其篚唯有一爵得云易者上主婦亞獻洗爵洗爵于房中則房中有爵又主婦獻祝及佐食訖以爵入于房後主婦致爵于主人還是房内爵後主人致爵于主婦者是下篚之爵主婦飲訖實于房中之篚主人更取房内之爵以酳酢酢訖奠于下篚云主人更爵者謂酳

酢爵與房内爵相更鄭注下記云主婦當致者謂主人致爵於主婦則用下篚内爵也　注洗乃至爲受　釋曰此決上文賓獻尸獻祝及佐食皆不洗今致于主人洗故決之也案下篇不儐尸洗爵致于主人注云以承佐食賤新之此云爲異事新之注不同者但爲異事異事則是承賤承賤後則事異言雖不同理則一也云燔從皆如初者如亞獻及主人主婦致爵者謂如上主婦亞獻尸及祝皆燔從此言皆燔從如初故云如亞獻及主人主婦致爵雖云如初則無肝從故經釋云燔從皆如初云凡獻佐食皆無從者謂主人主婦及賓長獻佐食皆無從故云凡鄭言此者以經獻祝及佐食洗爵致于主人主婦燔從皆如初在獻佐食下嫌獻佐食亦然有燔從故鄭辯之若然佐食得獻與祝得獻同亦得如初但無從爲異云其薦俎獻兄弟以齒設之者以上佐食得獻時不見有設薦俎之文下記云佐食於旅也齒於兄弟故佐食薦俎亦與兄弟同時設之也　主人至初洗　注拜賓至拜者　釋曰自此盡賓爵于篚論獻賓及衆賓之事也　賓辭至荅拜　注就賓至無洗　釋曰云就賓拜者此禮不主於尊也者案鄉飲酒鄉射賓主獻酢各於

其階至酬乃同階此因祭如初賔非爲尊之所尊者謂尸也又賔是士家有司卑不得專階故就之使不得專階也對鄉飲酒鄉射得專階也云主人在右統於其位者以其賔得在西階上北面以東爲右主人位在阼階故云統于其位鄭言此者主人就西階異於飲酒主人在右則與飲酒禮同以言主人常居右也　薦脯醢設折俎　注凡節至設之

釋曰案下記云賔骼鄭云骼左骼也賔俎全體尊賔也折骨而曰折俎明凡節解牲體皆曰折升于俎故名折俎與臑折同名其折義則異彼折骨云不言其體略云折俎非貴體也者案下記云賔骼骼是牲體此經云折俎者亦用骼非貴體故略云折俎若然經尸俎祝佐食及主人主婦俎體皆不言之而鄭注獨云賔俎不言體者尸祝等經不言牲體亦不言折以其體貴故也此賔俎不言牲體而言折明非貴體也云上賔骼衆賔儀者案下記唯云賔骼其衆賔已下皆殽脀不言儀者鄭見有司徹主人獻賔儀司士設俎羊骼一又云衆賔長拜受爵其脀體儀也注云儀者尊體盡儀度餘骨可用而用之尊者用尊體卑者用卑體而已是也云公有司設之者此即有司徹云司士設俎羊骼一衆賔脀

體儀是也此下文云公有司在門西則此設俎者也　注主人至其意
釋曰云賔不敢敵主人主人達其意者以其賔是士之有司之中以卑
不敢與主人爲敵酢之是以主人酌以自酢達賔意故也若鄉飲酒鄉
射賔皆親酢主人以其賔尊行敵禮故也　注位如至之與　釋曰以
賔位在西階下東面今受獻於西階上經云執祭以降西面奠于其位
又言位如初明復西階下東面位可知也　尊兩至如之　注爲酬至
在下　釋曰自此盡揖復位論堂下設尊酬賔之事云行神惠不酌上
尊卑異之者決上文獻賔及兄弟皆酌上尊者獻是嚴正故得與神靈
共尊至此旅酬禮褻故不敢酌上尊案司尊彝職四時之祭云皆有罍
諸臣之所酢少牢上下大夫堂下皆無尊者士卑得與人君同大夫尊
辟人君故也云兩壺皆酒優之者設尊之法皆有玄酒今兩壺皆酒無
玄酒優之也案玉藻云唯饗野人皆酒鄭云飲賤者不備禮與此注無
玄酒爲優之異者此士之祭禮欲得尊賔嘉客以事其先非賤者故以
皆酒爲優之彼饗野人野人是賤者故以不備禮解之也云先尊東方
示惠由近者東方主人位西方賔位今先設東方乃設西方者見酒由

主人來故云示惠由近爲始也引禮運者彼注澄爲沈齊酒是三酒酒所以飲諸臣證此壺尊亦飲在下者也　注西面至東北　釋曰以經云主人對卒洗酌西面賓北面拜主人西面授賓北面荅拜明主人之得南過於賓故鄭以義言之云立於西階之前賓所荅拜之東北也

注奠酬至飲酒　釋曰以其神惠右不舉生人飲酒左不舉今行神惠不可同於飲酒故奠於左與生人相變故有司徹云二人舉觶酬尸侑侑奠觶于右鄭注云奠于右者不舉也神惠右不舉變於飲酒是也此酬奠於薦左下文賓舉爲旅酬以其神惠故也言不可同飲酒者謂不可同於鄉飲酒故鄉飲酒記云將舉者於右奠者於左其義與此別此下文奠觶於薦南明將舉以初在北飲酒將舉奠於薦南便其復舉

賓坐至復位　注還東至將舉　釋曰云揖復位者則初奠時少南於位可知云還東面者則初賓坐取觶薦東西面可知故鄭注云還東面就其位薦西也

主人至賓儀　注酬賓至之與　釋曰自此盡如衆賓儀論主人獻長兄弟及衆兄弟之事云酬賓乃獻長兄弟者獻之禮成於酬者以其獻賓之禮以酬副之乃禮成故冠禮云乃禮賓以一獻

之禮鄭注云獻酢酬賔主人各兩爵而禮成又鄉飲酒獻及酬賔訖乃獻介又此文獻賔即酬賔乃獻兄弟故鄭注獻之禮成於酬也云亦有薦脀設于位者以經云獻長兄弟于阼階上如賔儀則長兄弟初受獻于阼階上時亦薦脯醢設折俎於阼階上祭訖乃執以降設於下位皆當如賔儀鄭下注云設薦俎於其位者據執祭以降及其位而言也言亦者亦賔鄭必知有薦俎者見於下記云長兄弟及宗人折是也云私人爲之與者私人者即私臣下記云私臣門東北面西上是也以賔薦公有司設之則兄弟薦俎私人可知以無正文故言與以疑之也　注獻卑至明矣　釋曰云此言如衆賔儀則如獻衆賔洗明矣者以其上獻衆賔時雖不言洗此云洗獻衆兄弟如衆賔儀明獻衆賔洗可知不言之者舉下以明上省文之義故也　洗獻至之儀　注内兄至受爵　釋曰自此盡入復位論主人獻姑姊妹及宗婦之事云内賔宗婦也者此揔云内兄弟下記云内賔宗婦案彼注云内賔姑姊妹宗婦族人之婦若然兄弟者服名故號婦人爲兄弟也云其位在房中之尊北者案下記云尊兩壺于房中西墉下南上内賔立于其北東面南上宗婦北

堂東面北上是也云不殊其長略婦人者決上文獻賔於西階上獻兄弟於阼階上皆殊其長此不殊故云略之引有司徹者欲見此內賔受獻時亦南面拜受爵故下注云內賔之長亦南面荅拜言亦者亦前受獻時前雖無文約有司徹內賔之長亦南面荅拜　注爵辯至荅拜　釋曰云爵辯乃自酢以初不殊其長也者對上賔與長兄弟不得獻衆賔衆兄弟徧主人先自酢也云內賔之長亦南面荅拜者獻時不殊其長酢時猶如賔及兄弟殊其長與男子同男子婦人衆賔以下皆無酢也　長兄至無從　注大夫至主婦　釋曰此一經論士三獻之外爲加獻尸之事云如初儀者如賔長三獻之儀但賔長獻十一爵此兄弟之長加獻則降唯有六爵以其闕主人主婦致爵并酢四爵及獻佐食五唯有六在者洗觚爲加獻一也尸酢長兄弟二也獻祝三也致爵於主人四也致爵於主婦五也受主人酢六也云大夫士三獻而禮成者天子大祫十有二獻四時與禘唯有九獻上公亦九獻侯伯七獻子男五獻卿大夫士略同三獻而祭禮成也是以多之者爲加若生人飲酒禮卿大夫三獻士唯一獻而已祭禮士與大夫同者攝盛葬奠亦與■

大夫同少牢五鼎又乘車建旜亦與卿大夫同也　衆賔至爵止　注
尸爵至在庭　釋曰庭賔及兄弟雖得一獻未得旅酬其已得三獻又
别受加爵故停之使庭行旅酬是以云尸爵止者欲神惠之均於在庭也

儀禮疏卷第四十五

儀禮疏卷第四十六

唐朝散大夫行太學博士弘文館學士臣賈　公彦　等撰

嗣舉至稽首　注嗣主至諸侯　釋曰自此盡出復位論嗣子飲奠酳獻之事云嗣主人將爲後者不言適而言將爲後者欲見無長適立庶子及同宗爲後皆是故汎言將爲後也云舉猶飲也者非謂訓舉爲飲直是嗣子舉而飲之耳云將傳重累之者謂將使爲嗣牢累崇敬承重祭祀之事是以使飲之而獻也云大夫之嗣子不舉奠辟諸侯者案文王世子云其登餕獻受爵則以上嗣注云上嗣君之適長子以特牲饋食禮言之受爵謂上嗣舉奠也獻謂舉奠洗爵酳入也餕謂宗人遣舉奠盥祝命之餕也大夫之嗣無此禮辟君也今案少牢無嗣子舉奠之事故此注云辟諸侯士卑不嫌得與人君同故有嗣子舉奠之事也奠者即上文祝酌奠奠於鉶南是也郊特牲云舉斝角詔妥尸鄭注云始入舉奠斝若奠角將祭之祝則詔主人拜安之使之坐尸即至尊之坐或時不自安則以拜安之天子奠斝諸侯奠角彼鄭注意亦引此特牲祝酌奠于鉶南也　尸執至拜焉　注食肝至爲復　釋曰直言受肝

明有監是以下記云嗣舉奠佐食設豆鹽是也云食肝受尊者賜不敢餘也者食之當盡以其食若不盡直云嚌之而已此經云食肝明不敢餘也　舉奠至復位　注啐之至西階　釋曰云啐之者荅其欲酢已也者鄉飲酒鄉射主人獻賓賓皆啐酒洗爵即酢主人此嗣子獻賓賓啐之亦欲酢已故啐之其實無酢也云嗣齒於子姓者姓之言生子之所生謂孫行者今嗣亦孫之流故齒之也云凡非主人升降自西階者案曲禮云爲人子者升降不由阼階是以雖嗣子亦宜升降自西階適子孫不升阼階故於此揔言凡也　兄弟至賓儀　注弟子後生　釋曰自此盡乃羞論弟子舉觶將行旅酬之事云如主人酬賓儀者謂如上文主人酬賓就其階同北面並拜乃飲卒爵拜洗酌乃西面賓北面拜位故言如此亦然弟子洗觶酌於東方之尊阼階前東面獻長兄弟長兄弟北面拜受弟子奠于薦南長兄弟坐取觶還西面拜弟子北面荅拜長兄弟奠於薦北揖復位若有司徹云兄弟之後生者舉觶於其長長在左弟子自飲訖升酌降長拜受於其位舉爵者東面荅拜鄭注云拜受荅拜不北面者儐尸禮殺此不儐尸則拜送皆北面可知也弟

子後生者此即有司徹云兄弟之後生者是也　注胥俎至可知　釋
曰云告祭胥者謂告衆賓之等知無長賓者以其初得獻時即祭肺於
階上此獻時乃設薦俎于其位故此無長賓也上又下長兄弟如賓儀
則亦獻時祭可知故知宗人所告告衆賓衆兄弟內賓也云獻時設薦
俎於其位者得獻時乃薦于堂下及房內之位云至此禮又殺告之祭
使成禮也者案上文加爵致爵不及佐食無從殺也此告之祭使成禮
是再殺故云又殺也云其祭皆離肺者巳於記文解之也云不言祭豆
可知者以衆賓言薦俎從設言薦即豆也故云不言祭豆可知　乃羞
注羞庶至內羞　釋曰知羞非薦羞者上文受獻時皆設薦俎於其位
故知此羞乃是庶羞非薦也云下尸胾醢豆而巳者上爲尸佐食羞庶
羞四豆設於左鄭注四豆膮炙胾醢此祝以下薦羞降于尸當去膮炙
故云胾醢豆而巳云此所羞者自祝主人至於內賓者言自祝下及內
賓及衆賓兄弟皆在可知又下記云公有司獻次衆賓私臣獻次兄弟
則內賓亦及之是以少牢下篇云乃羞庶羞于賓兄弟內賓及私人不
儐尸亦云乃羞于賓兄弟內賓及私人辯是也若然少牢與有司徹儐

尸與不儐尸庶羞與房中羞皆與尸佐食及祝主人主婦皆同時羞之者彼上下大夫禮尊故得與尸同時羞此士禮卑故不得與尸同也云内羞者以其尸尊尚無内羞況祝卑故無内羞也　賓坐至在右　注薦南奠觶　釋曰自此盡實觶于篚論行旅酬之閒作止爵之事但此特牲之禮堂下行旅酬無筭爵並在室中者不與旅酬之事上大夫儐尸與旅酬不與無筭爵之事故別使二人舉觶於尸侑尸侑得舉爲旅酬偏及堂下尸與旅酬者以其儐尸在堂禮殺故也若下大夫不儐尸者堂下無旅酬直行無筭爵於堂下而已尸則不與之所以下大夫無旅酬直有無筭爵者以其禮尸於室中辟國君堂下不設尊故無旅酬直行無筭爵而已以其堂上與神靈共尊不得與尸行旅酬故屈之此特牲堂下得旅酬無筭爵並行者以其堂下與神靈別尊故爲加爵禮尸於室中酌上尊堂下旅酬行神惠酌下尊故上大夫及士之祭禮旅酬行無筭爵或行或不皆參差不等也賓酬長兄弟長兄弟在右下文長兄弟酬衆賓長自左受旅如初是賓主相酬主人常在東其同在賓中則受酬者在左若鄉飲酒賓酬主人主人立於賓東主人酬介介立

於主人之西其衆賓受介酬者自介右鄭注云尊介使不失故位衆受酬者受自左異其義也賓主相酬各守其位不以尊卑變同類之中受者于左尊右也　注其尊至北面　釋曰以其旅酬無筭爵以飲者酌己尊酬人之時酌彼尊是各自其酒故無筭爵賓弟子及兄弟弟子舉觶於其長各酌于其尊也云此受酬者拜亦北面者以經長兄弟拜受觶不言面位故鄭云受酌者拜亦北面言亦者亦賓北面也　爲加至之儀　注於旅至並作　釋曰前衆賓之長爲加爵如初爵止今還使爲加爵者作止爵也故云如長兄弟之儀云於旅酬之閒言作止爵明禮殺並作者此決上文賓三獻爵止鄭注云三獻禮成欲神惠之均于室中是以奠而待之故有室中主人主婦致爵訖乃三獻作止爵此衆賓長爲加爵如初爵止鄭注云尸爵止者欲神惠之均于在庭而堂下庭中行旅酬未訖爲加爵者作止爵故鄭注云禮殺並作也　注長兄至文省　釋曰云長兄弟酬賓亦坐取其奠觶者亦謂亦上賓坐取薦南奠觶此長兄弟所舉奠觶者即上弟子舉觶於其長是也云明其相報禮終於此其文省者以其賓舉奠觶於長兄弟行旅酬盡皆徧長兄

弟舉觶於賓行旅酬亦皆徧故云相報禮終言明者嫌其不終所以嫌者嫌其不終所以嫌者賓之酬不言卒受者此不言交錯以辯嫌其不卒不辯其實賓之酬亦卒受者實觶于篚此亦交錯以辯故鄭云文省

賓弟至薦右　注奠觶至薦右　釋曰自此盡爵無筭論二觶並行無筭爵之事云奠觶進奠之於薦右非神惠也者案上尊兩壺于阼階東加勺南柄西方亦如之鄭注云爲酬賓及兄弟行神惠至此云非神惠者彼三獻止爵欲得神惠均于室中衆賓長爲加爵止爵者欲神惠均于在庭故止爵行旅酬雖以尸而奠爵待之亦得爲神惠至此別爲無筭爵在下自相勸故得爲非神惠故奠於薦右同於生人飲酒舉者奠於薦右也　長皆至其位　注復其至北面　釋曰云復其位者東西面位者上既言皆復位荅拜此復重云復位則上文復位復在庭初舉北面位此重言復位者當復東西面位可知云凡堂下拜亦皆北面者前主人酬賓弟子舉於其長行旅酬及無筭爵兄弟弟子賓弟子舉觶皆北面則知凡堂下雖不見面位者皆北面拜可知云凡賓以下至於私人拜受送皆北面故云凡也　利洗至于篚　注利佐至殺也

釋曰自此盡西序下論佐食獻尸祭祀畢之事云利佐食也言利以今進酒也者利與佐食乃有二名者以上文設俎啓會爾敦之時以黍稷爲食故名佐食今進以酒酒所以供養故名利利即養也故鄭云以今進酒也若然少牢名佐食上利執羊俎下利執豕俎者大夫禮文故即兩見其名云更言獻者以利待尸禮將終宜一進酒嫌於加酒亦當三也者此決兄弟長及衆賓長爲加爵於尸不言獻今進酒更言獻不言加爵故鄭君解其義意以利事尸禮將終宜一進酒不似長兄弟助宗子祭祀爲加爵衆賓之長助主人祭祀設爲加爵嫌此佐食同彼二者爲加爵故變言獻是以鄭云嫌亦當三也亦者亦上主人獻主婦獻賓長爲三獻也長兄弟爲加爵衆賓長爲加爵通洗散獻尸亦三都并尸飲六士祭事尸禮畢也云不致爵禮又殺也者上文云長兄弟洗觚爲加爵如初儀不及佐食洗致如初無從注云不及佐食無從殺也此又不致故云又殺也　祝東面告利成　注利猶至之嫌　釋曰少牢云主人出立于阼階上南面祝出立于西階上東面祝告曰利成此尸外告利成彼階上告利成以尊者稍遠於尸若天子諸侯禮畢於堂下告

利成故詩楚茨云禮儀既備鍾鼓既戒孝孫徂位工祝致告鄭注云鍾鼓既戒戒諸在廟中者以祭禮畢孝孫往位堂下西面位也祝於是致孝孫之意告尸以利成是尊者告利成遠於尸也云不言禮畢於尸間之嫌者間間暇無事若然禮畢則於尸間暇無事有發遣尸之嫌故直言利成而已也、尸謖至人降　注謖起至備矣　釋曰引少牢者證大夫禮主人立位與士不同又證前尸出廟之事云前尸之儀士虞禮備矣者彼有室中出户降階出廟前尸之事故云備矣　注俎所至歸之　釋曰引少牢者是少牢下篇有司徹下大夫不賓尸之禮彼云佐食徹尸俎佐食乃出尸俎于廟門外有司受歸之此士禮不儐尸與下大夫同故引以相證也　徹庶至序下　注爲將至于房　釋曰知非神饌而云爲尸者以其尸三飯後始薦庶羞故徹之乃餕也凡餕者尸餕鬼神之餘祭者餕尸之餘義取鬼神之惠徧廟中庶羞非鬼神惠故不用也引尚書傳已下者是彼康誥傳文大宗已侍於賓奠者或有作蕢或有作暮者皆誤以奠爲正也引之者證徹庶羞不入于房而設於西序下以擬燕故也必知祭有燕者案楚茨詩云鼓鍾送尸下云備言燕私鄭注云祭祀畢歸賓客之俎同姓則留與之燕所以尊賓客親骨肉也其上大夫當日儐尸安有燕故有司徹上大夫云主人退注云反於寢也是無燕私若下大夫不儐尸與此士禮同亦當有燕也云與者以經直言設于序下不言燕疑之引書傳爲證有燕故言與以疑之也云然則自尸祝以下知義如此者以兄弟受獻於堂上主婦内賓受獻於房中尸出之後堂房無事故知燕時男子在堂婦人在房可也　筵對至簋鉶　注爲將至政矣　釋曰自此盡戶外西面論嗣子共長兄弟對餕之事云敦有虞氏之器者禮記明堂位云有虞氏之兩敦上文黍稷之敦是周制士用之云言簋容同姓之士得從周制耳者大夫異姓既用異代之器故少牢特牲皆用敦則同姓之士當同周制用簋故經言分簋是以文王世子鄭注亦云同姓之士緦衰異姓之士疑衰亦同姓與異姓別也引祭統者證餕是鬼神之惠徧廟中若國君之惠徧境内是可以觀政之事也　注命告至作餕　釋曰此決下篇少牢二佐食及二賓長餕明惠大及異姓不止族親而已　注以讀至席南

釋曰云以讀如何其久也必有以也之以者此辭在詩邶風旄丘篇必

有以從之者以此經云有以也者以先祖有功德子孫當嗣之而廟食先祖有德亦合享此祭故讀從之也是以彼注亦云我君何以久留於二佐必以衛有功德故也云其坐餕其餘亦當以之也者亦謂亦似其先祖已上皆爲以爲似者誤也云少牢饋食禮不戒者非親昵也者謂二佐食與二賓長是非親昵也引舊說者以經直言主人西面拜不見其處故引舊說以明下餕席南面　注食乃祭鉶禮殺　釋曰前正祭之時尸祭鉶嘗之告旨訖佐食爾黍於席上尸始食今餕食乃祭鉶故決之云禮殺故也　注少牢至餕爵　釋曰引少牢者欲見此禮主人亦受於戶內以授次餕引舊說以此經云酳下餕主人面位無文當北面也　注主人至化之　釋曰云讀如諸侯以禮相與之與者案禮運云諸侯以禮相與者諸侯會同聘問一德以尊天子言此者戒嗣子與長兄弟及衆兄弟相教化相與以尊先祖之德也　注既授至就坐　釋曰以其主人位在戶內下餕席南西面故知上餕授爵於戶內乃就坐　祝命至序下　注命命至燕也　釋曰自此盡畢出論徹薦俎改設饌於西北隅爲陽厭之事云祝命徹阼俎者是佐食徹之當徹阼俎

之時堂下賔兄弟俎畢出故下文云佐食徹阼俎堂下俎畢出是也者然祝命徹阼俎時堂下俎畢出又退在下者欲見先徹室内俎乃徹堂下是以祝命佐食徹阼俎及豆籩又祝自執俎以出又宗婦徹祝豆籩入於房即佐食改饌西北隅是以作經并説室内行事乃到本云上佐食徹阼俎時堂下俎畢出也云命佐食者此命命使徹阼俎下文云佐食徹俎故知祝命者命佐食也云宗婦不徹豆籩徹禮略各有爲而已者以豆籩宗婦賛設之佐食設俎理應佐食還自徹俎宗婦徹豆籩以徹禮略各自有爲而已故宗婦豆籩令佐食并徹之故云徹禮略也各有爲而已者謂宗婦徹祝俎豆籩佐食徹阼俎豆籩是各自有爲何必依前所設之時也　注俟告至以出　釋曰案有司徹下大夫不儐尸改饌于西北隅訖主人出立于阼階上西面祝執其俎以出立于西階上東面司宫闔牖戶祝告利成乃執俎以出于廟門外有司受歸之彼不儐尸之禮亦與此特牲禮同故引爲證也　宗婦至薦俎　注宗婦至于房　釋曰宗婦不徹主人豆籩而徹祝豆籩入房者爲主婦將用之爲燕祝兩豆籩而主婦用之者祝接神尸之類主婦燕姑姊妹及

宗女宜行神惠故主人以薦羞并及祝庶羞燕宗人於堂主婦以祝籩豆用之燕内賓於房是其事也云宗婦既並徹徹其卑者以宗婦不徹主人籩豆而徹祝與主婦是徹其卑者故得並徹引士虞禮者以經自有入房之文注更引士虞禮者有嫌也嫌者以主婦薦俎先在房嫌經入房又爲徹　注厞隱至厭也　釋曰云不知神之所在或諸遠人乎禮記郊特牲之文彼論正祭與繹祭之事此爲陽厭引之者欲見孝子求神非一處故前爲陰厭後爲陽厭之事也引少牢者見彼大夫禮陽厭南面此士禮東面雖面位不同當室之白則同案曾子問庶殤爲陽厭之事故彼云凡殤與無後者祭於宗子之家當室之白尊於東房是謂陽厭鄭注云當室之白謂西北隅得戶之明者也凡言厭者謂無尸直厭飫神故鄭云則尸未入之前爲陰厭矣謂祭于奥中不得戶明故名陰厭對尸謖之後改饌於西北隅爲陽厭以向戶明故爲陽厭也引曾子問云殤不備祭何謂陰厭陽厭者彼上文孔子云有陰厭有陽厭謂宗子有陰厭無陽厭凡殤有陽厭無陰厭曾子言謂殤死陰厭陽厭並有故問孔子孔子引宗子一有陰厭凡殤一有陽厭引之證成人陰

厭陽厭並有之義也　注拜送至荅拜　釋曰云凡去者不荅拜者云
凡揔解諸文主人拜送賓皆不荅拜鄭注鄉飲酒云禮有終是也若賓
更荅拜是更崇新敬禮故不荅也　注記俎至賓者　釋曰云唯賓俎
有司徹歸尸侑之俎不賓尸歸尸俎皆不見歸賓俎鄭所以知歸賓俎
者正見賓出主人送於門外再拜明賓不自徹俎主人使歸之若助君
祭必自徹其俎鄭注曲禮大夫以下或使人歸之是以孔子世家云魯
郊不致燔俎于大夫孔子不稅冕而行士大夫家尊賓則使歸之自餘
亦自徹而去也　記特牲至緇韠　注於祭至玄端　釋曰此退玄冠
在朝服下者欲令近緇色士冠在朝服上從而正也云皆者謂賓及兄
弟筮日筮尸視濯亦玄端者見上經云筮日主人冠玄端子姓兄弟如
主人之服有司羣執事如兄弟服筮尸云如求日之儀至於視濯又不
見異服故知皆玄端至祭日夙興云主人服如初初即玄端明其餘不
如初是朝服可知是以此注云皆者謂賓及兄弟也云朝服者諸侯之
臣與其君日視朝之服大夫以祭者案玉藻云諸侯朝服以日視朝下
少牢云主人朝服是也緇韠者下大夫之臣者士冠禮云主人玄冠朝

服緇帶素韠韠與裳同色此朝服緇韠大夫之臣朝服素韠此緇韠故云下大夫之臣云夙興主人服如初則固玄端引上經者直言皆朝服恐主人亦在其中故引證主人服玄端與兄弟異也　注與主至下士　釋曰周禮士之齊服有玄端素端司服文引之者欲見士之齊服有一玄端而裳則異故鄭云然則玄裳以下見玄端一而裳有三也彼注云素端者亦謂札荒有所禱請服之於此經無所當而連引之耳若然士冠亦有玄端三等裳而引司服者以此特牲祭祀時彼據齊時四命已上齊祭異冠大夫齊祭同冠故就此祭祀引齊時冠服爲證也　注順從至五升　釋曰云二爵者爲賓獻爵止主婦當致也者以一爵獻尸尸奠之未舉又一爵主婦當致者案經主婦致爵於主人婦人不見就堂下洗當於内洗則主婦致爵於主人時不取堂下爵而云主婦當致者謂主婦當受致之時用此爵也云四觶一酌奠其三長兄弟酬賓卒受者與賓弟子兄弟弟子舉觶於其長禮殺事相接者酌奠于鉶南是嗣子雖飲還復神之奠觶也餘有三在主人洗一觶酬賓奠於薦北賓舉奠於薦南此未舉也下篚有二觶在又長兄弟洗觶爲加爵衆賓長

儀禮疏四十六

九

釁之事也　注賓從至去之　釋曰云士之助祭終其事也者謂送尸爲終其事既送尸爲終其事則更無儐尸之禮若上大夫有儐尸者尸出儐不送以其事終於儐尸故也　注尸俎至神俎　釋曰云亦得十一之名合少牢之體數者謂少牢正體之數十一若牢並骨并數則十七鄭云此所謂放而不致者致至也所謂禮器彼鄭注云謂若諸侯自山龍以下皆有放象諸侯山龍以下至日月星辰卿大夫又不山龍此士併骨二數乃得十一除此唯九而已亦是放而不至也云凡俎實之數奇者有九有七有五是奇數以其鼎俎奇故實數亦奇而相稱也云脊無中脅無前貶於尊者不貶正脊不奪正也者以少牢大夫禮三脊脅具有此但有二體貶於大夫大夫即尊者也等貶牲體不貶正脊者不奪其正長脅亦不貶者義與正脊同云正脊二骨長脅二骨者將舉於尸尸食未飽不欲空神俎者此脊與脅二骨本爲餕厭飫所設也又次尸既舉脊脅而猶有脊脅在既不空神俎義得兩施　離肺一　注離猶至舉肺　釋曰云亦不提心者言亦謂亦少儀云牛羊之肺離而不提心鄭注云提猶絶也挂離之不絶中央少許者是也　注魚

水至等也　釋曰云魚水物以頭枚數者對三牲與腊以體數也云取數於月十有五日而盈者案禮運云月三五而盈三五而闕文出於彼也云此所謂經而等者亦所謂禮器彼鄭注云謂若天子以下至士庶人爲父母三年是也引之者謂魚數亦尊卑同也　注不但至骨者　釋曰云不但言體以有一骨二骨者若但言體體有九有十一則不兼二骨者若言牲骨則一骨二骨兼在其中故直言如牲骨也　祝俎至二骨　注凡接至三體　釋曰云祝俎直云脅二骨謂代脅也知者以尸俎無脡脊祝則有之尸俎無代脅祝俎有代脅可知云凡接於神及尸者俎不過牲三體以特牲約加其可併者二亦得奇名者言凡者凡祝佐食賓長長兄弟宗人之等是也接神者謂祝與佐食佐食尸未入爲神設俎卻會祝酌奠於鉶南故曰接神也接尸者賓爲三獻長兄弟爲加爵尸盥宗人授巾皆是與尸相接也知皆三體者下佐食俎觳折脊脅也賓骼長兄弟及宗人折其餘如佐食俎故知皆三體也衆賓之長亦有加爵接於尸亦應三體下文但言兄弟及宗人而衆賓長亦在焉可知故下文直云衆賓及衆

兄弟皆殽脀注云不備三者賤也則衆賓長爲加爵不在賤限以特牲約加其可併者二骨者是尊祝也佐食也已下卑無加故下注云三體卑者從正是也云少牢饋食禮羊豕各三體者以少牢二牲故祝俎無加者直三體引之以證此特牲約三體之外加其併骨也若然俎實奇數二牲各三體共六體不奇者通腊髀爲七則亦奇數也以其腊既兩髀屬于尻不殊故爲一體也　膚一至短脅　注主人至體臂　釋曰云臂左體臂者以其尸用右不云折明全升主人又云臂明左臂可知脅骨多不嫌得與尸同用右體猶脊然也　注瞉後至作瞉　釋曰云瞉後足者案既夕記云明衣裳長及瞉鄭注云瞉足跗也是瞉後足也云分後右足以爲佐食俎者經不云後右足鄭知者以少牢主婦用左臑此士妻辟之不用左臑用後右足不用後左足左足大卑故知用後右足故知用後右足故鄭云辟大夫妻也　佐食至脊脅　注三體卑者從正　釋曰直云脊脅不定體名欲見得便用之少牢佐食俎設于兩階之閒其俎折一膚鄭注云折者擇取牢正體餘骨折分用之有脀而無薦亦遠下尸是無定體也　注骼左至略之　釋曰知骼是左骼

者以其尸用右骼故知賓所用骼是左骼可知也云長兄弟及宗人折不言所分略之者此決上文主婦俎觳折佐食俎亦名觳折此不言所分故知略之也　注又略至除者　釋曰云又略者上文長兄弟及宗人直言折不言所折骨體巳是略此又不言折而言骰脅是又略也言此所折骨値有餘體即破之可也云祭禮接神者貴者謂長兄弟及宗人巳上俎皆三皆有嚌肺以接神及尸貴故三體不止接神尸神象所接尸者亦貴可知自衆賓以下折體而巳不接尸神賤無獻故也宗人雖不獻執巾以授尸亦名接尸也引祭統者見貴賤皆有骨示均之義云巳所辟除者則府史之等不命於君者也　注獻在至與旅　釋曰公有司獻在衆賓後私臣獻在兄弟後故云獻在後者賤也云祭祀有上事者貴之者謂衆賓兄弟次賓之甲得獻衆賓擇取公有司可執事者謂前舉鼎匕載羞從獻衆賓擇取公有司酬爵之屬如此者門外在有司羣執事中入門列在東面爲衆賓餘者在門西位也兄弟雖無上事亦皆在西面位族親故也私臣獻在兄弟後者職賤公有司在衆賓後不執事賤於執事者故曰有上事者貴之宗人獻與旅齒於衆賓則

公有司爲之佐食於旅齒於兄弟則私臣之中擇爲賓使爲佐食也是以前文佐食北面立于中庭注云佐食賓佐尸食者是也案前賓得獻薦脯醢設折俎注云公有司設之及獻兄弟薦脀注云私人爲之與二者皆使執事云非執事者以受獻者不得自設俎暫使二者設之非本執事之人然則公有司私臣薦俎皆使徒隸爲之與云皆與旅者上宗人獻旅云齒於衆賓佐食旅齒於兄弟是但言獻次不言旅以宗人佐食約之與旅者亦此二人也若天子諸侯祭祀其位無文此公有司在門西北面東上私臣在門東北面西上天子諸侯祭祀可依此位矣同姓無爵者在阼階前西面北上卿西階前東面北上大夫在門東北面士門西北面旅食在其後少牢下篇云衆賓位在門東北面既獻在西階西南衆賓繼上賓而南天子諸侯之賓其位或依此與案祭統云凡賜爵昭爲一穆爲一昭與昭齒穆與穆齒凡羣有司皆以齒此之謂長幼有序此不見昭穆位者主人衆兄弟非昭穆乎故彼注昭穆猶特牲少牢饋食之禮主人之衆兄弟也羣有司猶衆賓下及執事者君賜之爵謂若酬之是也若其有爵者則以爵序之何故然也案文王世子其在

外朝則以官其在宗廟之中則如外朝之位宗人授事以爵以官是不以姓其獻之亦以官故祭統云尸飲五君洗玉爵獻卿尸飲七以瑶爵獻大夫尸飲九以散爵獻士及羣有司皆以齒明尊卑之等是也其酬蓋因此位而昭穆得獻蓋依少牢下篇主人洗升酌獻兄弟阼階上注云兄弟長幼立飲賤不別大夫之賓尊於兄弟又曰辯受爵其位在洗東西面北上升受爵其薦脀設于其位注云先著其位於上乃後云薦脀設於其位明位初在是也此中皆無爵者以此二者差之知無爵者從昭穆有爵者則以官矣鄉釋執事者貴即衆賓無事者公有司私臣注祭統云羣有司猶衆賓下及執事者似衆賓不執事言下及殊卑者指謂公有司私臣是亦得名爲執事言衆賓据尊言謂之不執事者或衆賓中容有不執事者也

儀禮疏卷第四十六

儀禮疏卷第四十七

唐朝散大夫行太學博士弘文館學士臣賈　公彦　等撰

少牢饋食禮第十六　鄭目録云諸侯之卿大夫祭其祖禰於廟之禮羊豕曰少牢少牢於五禮屬吉禮大戴第八小戴第十一別録第十六

釋曰鄭知諸侯之卿大夫者曲禮下云大夫以索牛用大牢是天子卿大夫明此用少牢爲諸侯之卿大夫可知賓尸是卿不賓尸爲下大夫爲異也　少牢饋食之禮　注禮將至之牲　釋曰自此盡如初儀論卿大夫祭前十日先筮日之事云禮將祭祀必先擇牲繫于牢而芻之者案周禮地官充人職云掌繫祭祀之牲牷祀五帝則繫于牢芻之三月享先王亦如之注云牢閑也必有閑者防禽獸觸齧養牛羊曰芻三月一時節氣成案楚語諸侯卿大夫等雖不得三月亦皆有養牲之法故鄭據焉言芻之唯據羊若豕則曰豢故地官槁人職云掌豢祭祀之犬樂記亦云豢豕作酒非以爲禍不言豕曰豢文略也云羊豕曰少牢者對三牲具爲大牢若然豕亦有牢稱故詩公劉云執豕於牢下經云上利升牢心舌注云牢羊豕也是豕亦稱牢也但非一牲即得牢稱一

牲即不得牢名故郊特牲與士特牲皆不言牢也　日用丁己　注內
事至乃筮　釋曰云內事用柔日曲禮文彼云外事以剛日內事以柔
日內事謂冠昏祭祀出郊爲外事謂征伐巡守之等若然甲丙戊庚壬
爲剛日乙丁己辛癸爲柔日今直言丁己者鄭云取其令名自丁寧自
變改皆爲謹敬之義故也云必先諏此日明日乃筮者以其舉事尚朝
旦不可今日謀日即筮是以此文云日用丁己乃云筮旬有一日是別
於後日乃筮也　筮旬有一日　注旬十至之己　釋曰知旬十日者
此云旬有一日以先月下旬之己筮來月上旬之己者除後己之前通
前己爲十日十日爲齊後己日則祭若然筮日即齊乃可故下文筮日
即云乃戒官不云厥明也鄭直云下旬己上旬己據用己一日而言若
用丁言先月下旬丁筮來月上旬丁若丁己之外辛乙之等皆然鄭必
言來月上旬不用中旬下旬者吉事先近日故也　筮於至主人　注
史家至事者　釋曰云主人朝服西面于門東者此爲將筮故西面案
下文爲期于廟門外主人門東南面注云主人不西面者大夫尊於諸
臣有君道也者彼不爲卜筮之事故主人南面也又主人朝服者爲祭

而筮還服祭服是以上篇特牲筮亦服祭服玄端以此而言天子諸侯爲祭卜筮亦服祭服案司服云享先王則衮冕祭義云易抱龜南面天子衮冕北面雖有明知之心必進斷其志焉是爲祭而卜還服祭服則諸侯爲祭卜筮服祭服可知若爲他事卜筮則異於此孝經注云卜筮冠皮弁衣素積百王同之不改易士冠主人朝服注云尊蓍龜之道是也云史家臣主筮事者案雜記大夫士筮亦云史練冠長衣是史主筮事也　主人至尚饗　注丁未至歆也　釋曰云丁未必亥也直舉一日以言之耳者以日有十辰有十二以五剛日配六陽辰以五柔日配六陰辰若云甲子乙丑之等以日配辰丁日不定故云丁未必亥經云丁亥者不能具載直舉一日以丁當亥而言餘或以己當亥或以丁當丑此等皆得用之也云禘于大廟禮曰日用丁亥者大戴禮文引之證祭用丁亥之義也云不得丁亥則己亥辛亥亦用之者鄭云此吉事先近日唯用上旬若上旬之内或不得丁己以配亥或上旬之内無亥以配日則餘陰辰亦用之故春秋宣八年經書辛巳有事於大廟文二年經書八月丁卯大事于大廟昭十五年經書二月癸酉有事于武宮桓

十四年乙亥嘗此等皆不獨用丁己之日與亥辰也云無則苟有亥焉可也者此即乙亥是也必須亥者案月令云乃擇元辰天子乃耕注云元辰蓋郊後之吉亥也陰陽式法亥爲天倉祭祀所以求福宜稼于田故先取亥上旬無亥乃用餘辰也云伯某且字也者以某在伯下若某在子上者某是伯仲叔季以某且字不得在子上故也云大夫或因字爲謚者謂因二十冠而字爲謚知者以某且字者觀德明功若五十字人人皆有非功德之事故知取二十字爲謚也春秋者案隱八年左氏傳云無駭卒羽父請謚與族公問族於衆仲衆仲對曰天子建德因生以賜姓胙之土而命之氏諸侯以字爲謚因以爲族公命以字爲展氏彼無駭之祖公子展以展爲謚在春秋前其孫無駭取以爲族故公命爲展氏若然無駭賜族不賜謚引之者大夫有因字爲謚證伯某某或且字有謚者即某爲謚也此經云伯某是正祭之稱也若時有告請及非常祭祀則去伯直云且字言某甫則聘禮賜饔唯羮飪筮一尸若昭若穆僕爲祝祝曰孝孫某薦嘉禮于皇祖某甫是也若卿大夫無謚正祭與非常祭一皆言五十字在子上與士正祭禮同則云某子故聘禮

記云皇考某子是也特牲士禮無謚正祭稱皇考某子若士告請之祭則稱且字故士虞記云適爾皇祖某甫是也　史曰至擊筮　注將問至而神　釋曰云史曰諾西面于門西者謂既云諾乃之於門西閾外西面述命乃筮也云左執筮及下云擊筮筮者皆是蓍以其用蓍爲筮因名蓍爲筮云兼執韇者上文已用右手抽上韇此經又用右手抽下韇是二韇兼執之也云易曰蓍之德圓而神者鄭彼注云蓍形圓而可以立變化之數故謂之神也引之者證蓍有神故擊而動之也　遂述至尚饗　注述循至占繇　釋曰云遂述命者史既受主人命乃右還向閾外西面遂述上主人之辭謂之述命述命訖乃連言曰假爾大筮有常此是即席西面命筮與述命同爲一辭者對士喪禮卜葬日云不述命若述命即與即席西面命龜異異者鄭注云述命命龜異龜重威儀多也對此大夫少牢述命命筮同筮輕威儀少爲文也云常吉凶之占繇者謂應凶告吉應吉告凶則不常此吉凶之占依龜之繇辭繇辭則占龜之長若易之爻辭以占筮也　乃釋韇立筮　注卿大至由便　釋曰云卿大夫之蓍長五尺者大戴禮三正記皆有此文立筮由便以

其蓍長立筮爲便對士之蓍三尺坐筮爲便若然諸侯蓍七尺天子蓍九尺立筮可知　卦者至退占　注卦者至占之　釋曰云卦者史之屬也者以其筮是史故知卦者是史之屬也云書於版者釋經書卦于木木即版也云史受以示主人者以經書卦是畫卦者恐是卦者以示於主人以卦者卑宜還使筮史受以示主人也　注從者至之言　釋曰以主人之祭本以求吉今以疑而問筮筮而得吉是從主人本心故曰從者是求吉得吉之言也　乃官至乃退　注官戒至宗廟　釋曰云官戒戒諸官也當共祭祀事者使之具其物且齊也滌溉濯祭器埽除宗廟者以其筮祭日得吉當以崇祭事故知官戒戒諸官有此數事此等皆事見於下文故鄭揔而言也　若不至如初　注及至至後己　釋曰云遠日後丁若後己者案上曲禮云喪事先遠日吉事先近日近日即上旬丁己是也若上旬丁己不吉則至上旬又筮中旬丁己不吉至中旬又筮下旬丁己不吉則止不祭以其卜筮不過三也是以鄭云後丁若後己也　宿　注宿讀至作羞　釋曰自此盡改筮尸論筮尸宿尸及宿諸官之事云大夫尊儀益多者其大夫宿戒兩有士有宿而

無戒是儀略故云大夫儀多也此直是儀多而云益多者據士尸一宿
下文大夫尸再宿是儀益多益多猶云彌多也此云前祭一日又戒以
進之使知祭日當來并下文明日朝服筮尸並是前祭一日唯下文前
宿一日宿戒尸者是前祭二日以言前宿一日明祭前二日可知也
注皆肅至將筮　釋曰云皆肅諸官之日者解經宿是肅諸官之日云
又先肅尸者揔解經前宿一日宿戒尸謂是肅諸官之日前又先肅尸
校一日當祭前二日也云重所用爲尸者肅諸官唯一肅尸有再肅是
重所用爲尸者故也云又爲將筮者亦是肅之使知祭日當來故也若
然宿與戒前後名不同今合言之者以前有十日之戒後有一日之宿
若單言戒嫌同十日若單言宿嫌同一日故宿戒並言明其别也或可
此是初戒尸云宿戒尸者故加宿字於戒上也　明日至如初　注某
之至士異　釋曰云某之某者字尸父而名尸也者案曲禮云父在不
爲尸注云爲其失子道然則尸卜筮無父者若然凡爲人尸者父皆死
矣死者當諱其名今對尸故知不稱尸父之名故上某是尸之父字下
某爲尸名是生者可稱名是以云字尸父而名尸也云字尸父尊鬼神

也者以不稱名是尊鬼神也云不前期三日筮尸者大夫下人君者決上篇特牲士禮云前期三日筮尸此祭前一日筮尸吉遂宿尸不同之事但天子諸侯前期十日卜得吉日則戒諸官散齊至前祭三日卜尸得吉又戒宿諸官使之致齊士卑不嫌故得與人君同三日筮尸但下人君不得散齊七日耳大夫尊不敢與人君同直散齊九日前祭一日筮尸并宿諸官致齊也云祭之朝乃視濯與士異者亦是士卑得與人君同祭前一日視濯大夫尊不敢與人君同故與士異也云與士異亦是下人君下人君亦是與士異互換省文爲義也　吉則至祝擯　注筮吉至神象　釋曰云筮吉又遂肅尸重尸也者以其諸官一肅其尸■已宿訖今筮吉又肅再肅者是重尸者也云旣肅尸乃肅諸官及執事者此重解上文宿是此宿尸後事置於上文者彼爲前宿一日宿戒尸之事故云也其實當在此重肅尸之後也云祝爲擯者尸神象者決前筮尸時皆主人出命至此使祝擯以尸是神象故使祝擯也案特牲使宗人擯主人辭又有祝共傳命者士卑不嫌兩有與人君同此大夫尊下人君故闕之唯有祝擯而已又此尸不言出門面位案特牲主人

宿尸時尸如主人服出門左西面鄭注云不敢南面當尊則大夫之尸尊尸出門徑南面故主人與尸皆不在門東門西也　注尸不拜者尸尊　釋曰凡賔主之禮賔去主人皆拜送今云尸送揖不拜者以大夫尸尊故也　注即改至遠日　釋曰此決上文筮日不吉筮遠日者以日爲祭祀之本須取丁巳之類故須取遠日後旬丁此筮尸不吉不須退至後旬故筮不待遠日也　既宿至之外　注爲期至肅之　釋曰自此盡曰諾乃退論宗人請祭期之事云爲期肅諸官而皆至者此即上文宿同時之事以其後宿尸及宿諸官與爲期皆於祭前之日也知爲期亦夕時也者案特牲云厥明夕陳鼎于門外又下文同日夕時而云請期曰羮飪是夕時則此大夫禮爲期亦夕時可知也知大夫尊直肅尸餘使人肅之者以經云宿尸反即云爲期明大夫不自肅賔以下可知故云使人肅之也　注此次至來也　釋曰言此次早晏者一日一夜辰有十二冬日夏夜長短不同是以推量比次日辰之早晏也云主人不西面者大夫尊於諸官有君道也者決特牲主人門外西面士卑於屬吏無君道故也云爲期亦唯尸不來也者言亦特牲爲期時賔

及衆賓即位于門西時無尸此大夫禮餘賓之等並來亦唯尸不來是以主人南面亦爲無尸也　明日至乃退　注刲擊至屬水　釋曰自此盡東榮論視殺視濯之事案特牲視牲與視殺別日今少牢不言視牲直言刲擊告備乃退者省此大夫禮視牲告充即刲擊殺之下人君士卑不嫌故異日矣必知人君視殺別日者大宰職云及執事眡滌濯及納亨贊王牲事注云納亨納牲將告殺謂鄉祭之晨既殺以授亨人又云及祀之日贊玉幣爵之事注云日旦明也是其視牲與殺別日案祭義云君牽牲穆荅君卿大夫序從既入門麗于碑卿大夫袒而毛牛尚耳諸侯禮殺於門内此大夫與特牲士皆殺於門外者辟人君云刲擊皆謂殺之者豕言擊動之使鳴是視牲也羊言刲謂殺之是視殺也大夫視牲視殺同日故互見皆有故鄭云刲擊皆謂殺之又云此實既省告備乃殺之文互者省也者亦是視牲訖即視殺如鄉所解下言告備欲見兼有也云尚書傳曰羊屬火豕屬水者此尚書大傳文引之者解司馬刲羊以其司馬火官還使刲羊羊屬火故也案周禮鄭注司空奉豕司士乃司馬之屬官今不使司空者諸侯猶兼官大夫又職職相

兼况士無官僕隸爲司馬司士兼其職可知故司士擊豕也　注雍人
至告絜　釋曰云雍人掌割亨之事者周禮饔人職文云凡概者皆陳
之而後告絜者案特牲視濯時皆陳之視訖告絜此亦當然　注廩人
至爲烝　釋曰云廩人掌米入之藏者周禮地官廩人職文以其穀入
倉人米入廩人故也云甗如甑一孔者案冬官陶人職云甗實二鬴厚
半寸脣寸甑實二鬴厚半寸脣寸七穿鄭司農云甗無底甑以其無底
故以一孔解之云匕所以匕黍稷者也者上雍人云匕者所以匕肉此
廩人所掌米故云匕黍稷也　司宮至東榮　注放猶至器也　釋曰
案特牲云宗人升自西階視壺濯及豆籩反降東北面告濯具鄭注云
不言絜以有几席若然彼几席不概則几洗篚三者亦不概而并言之
者以其同降于東堂下故繼觚觶連言之其實不概也云大夫攝官司宮
兼掌祭器者下文司宮筵神席於奥此又掌豆籩之等故鄭云攝官案
內則鄭注云諸侯兼官者彼對天子天子六卿諸侯三卿兼六卿此則
大夫對諸侯諸侯具官大夫攝官也　羹定至之西　注魚腊至於牲
釋曰自此盡簞巾于西階東論鼎及豆籩盤匜等之事云魚腊從羊膚

從豕統於牲者案公食大夫云甸人陳鼎鄭注云甸人冢宰之屬兼亨人者此大夫雍人陳鼎者周禮甸人掌供薪烝與亨爨聯職相通是以諸侯無亨人故甸人陳鼎此大夫又無甸人故使雍人與亨人聯職故亨人云職外内饔之爨亨故使饔人也云魚腊從羊膚從豕者上文概鼎時鄭云羊豕魚腊皆有竈今陳鼎宜各當其鑊此三鼎在羊鑊之西二鼎在豕鑊之西故云魚腊從羊膚從豕也其實羊豕魚腊各有鑊也此直有羊豕言皆有鑊前注何知魚腊皆有竈案士虞禮云側亨於廟門外之右東面魚腊爨在廟門外東南魚腊爨在其南士之魚腊皆有爨則大夫魚腊皆有鑊可知故羊豕魚腊皆有竈也　司馬至一鼎

注外猶至爲併　釋曰上十一體言一者見其體也下言皆二骨以並見一體皆有二骨也云脊從前爲正脅旁中爲正脊先前脅先後屈而反猶器之縪也云先前者正脊是也先後者即短脅是也故特牲記云尸俎正脊二骨横脊長脅二骨短脅鄭注云脊無中脅無前貶也明代脅最在前也脊先前脅先後者取縪屈之義若然脊以前爲正其次名脡卻後名横者取脡脡然直後言横者取闊於脡凡名骨皆隨形名之

唯言正者以義取稱焉此言繂者指解脊不取肩胳也若尸舉牲體則脅肩胳爲繂故鄭注特牲云舉先正脊後肩自上而卻下繂而前終始之次也故尸舉牲體如繂也案下注云升之以尊卑此注云猶器之繂也若繂則不得見尊卑若以尊卑升復不得見繂兩注似乖者凡牲體四支爲貴故先序肩臂臑膊胳爲上是尊然後序脊脅於下是卑次應先言正脊而先言短者又取繂之義也但所序骨體各有宜不可准定也若然既以尊卑升之而祭肺貴序在下者腸胃及肺在内不得與外體爲尊卑之次當以腸内自爲先後之次也云脊脅骨多六體各取二骨併之以多爲貴者此經肩臂已下皆言一至十一體之下揔言皆二骨知二骨據脊脅骨多六體各取二骨者案特牲記肩臂臑肫胳不言二骨至序脊脅即言二骨以並故知此言皆二骨亦據脊脅可知也

注豕無至溷腴　釋曰云君子不食溷腴禮記少儀文彼注云腴有似於人穢故樂記注云以穀食犬豕曰豢是似人也　注倫擇至美者　釋曰知脅革肉者下文云膚九而俎亦横載革順故知膚者是脅革肉也　司士至用麋　注司士至全也　釋曰云司士又升副倅者謂是

第三俎其司士與前文司士升豕者別知者以下經云司士三人升魚腊膚則此豕魚腊宜各一人又此升鼎宜俱時明是副倅者非升豕者可知云倅者案諸子職云掌國子之倅鄭云是公卿大夫之副貳則此云倅亦副之別名以其副牲鼎故云副倅也　司宮至玄酒　注房戶至作冪　釋曰云棜無足禁者酒戒也大夫去足改名優尊者若不爲之戒然者此決特牲用棜仍云禁此改名曰棜是優尊者若不爲神戒然鄉飲酒雖是大夫禮猶名斯禁者尋常飲酒異於祭祀也　司宮至南肆　注枓斢至此也　釋曰云凡設水用罍沃盥用枓禮在此也者言凡揔儀禮一部內用水者皆須罍盛之沃盥水者皆用枓爲之鄭言禮在此者以士冠禮直言水在洗東士昏禮亦直言水在洗東鄉飲酒特牲記亦云然皆不言罍器亦不云有枓其燕禮大射雖云罍水又不言有枓故鄭注揔云凡此等設水用罍沃盥用枓其禮具在此故餘文不具省文之義也　改饌至之實　注改更至東面　釋曰前司宮摡豆籩訖饌豆籩放於西方今欲實之乃更設豆籩於房中南面如饋之禮東面設然者此大夫禮威儀多決特牲士禮視濯時豆籩鉶在東房

至實豆籩時直云豆籩鉶陳於房中如初鄭云如初者取而實之既而
反之是其不改豆籩之處因而實之是士禮威儀略也　小祝至階東
注爲尸將盥　釋曰案特牲直云尸盥匜水實于槃中簞巾在門内之
右不言其人未聞也知非祝者彼下文始言祝筵几于室中注云至此
使祝接神明前非祝也　主人至西面　注爲將祭也　釋曰自此盡
華順論祭時將至布設舉鼎匕載之事　司宫至右之　注布陳至爲
右　釋曰案特牲云祝筵几鄭云使祝接神此使司宫者此大夫禮異
於士故司宫設席祝設几大夫官多故使兩官若共其事亦是接神故
祝設几也　注道之至不舉　釋曰此決特牲主人降及賓盥士禮自舉
鼎此大夫尊不舉故不盥也　司宫至南柄　注二尊至爲枋　釋曰
云二尊兩甒者即上司宫尊兩甒于房户之間是也知二勺兩尊用之
者玄酒雖有不酌重古如酌者然也　陳鼎至東枋　注膚爲至西南
釋曰此云膚爲下門外陳鼎時不言至此言之者以膚者豕之實前陳
鼎在門外時未有俎據鼎所陳則膚在魚上今將載於俎設之最在後
故須分别之也云膚爲下以其加者以羊無别俎而豕有膚俎故謂之

加以加爲下也云南于洗西陳于洗西南者洗當東榮近東也其陳鼎鼎當東序則近西也而言南于洗西則鼎陳于洗西稍近南東西不得與洗相當也　俎皆至西肆　注肵俎至當鼎　釋曰云異其設文不當鼎者羊俎在羊鼎西今云肵俎在羊俎北不繼鼎明不當鼎也若繼鼎言者即在鼎西也　佐食至爨也　注牢羊至爲刌　釋曰言皆如初爲之于爨也者經言此者以前膚鼎時不見心舌嫌不在爨故明之云皆如初爲之于爨皆者皆羊豕羊豕皆有心舌也案特牲記云肵俎心舌皆去本末午割之實于牲鼎載心立舌縮俎即是未入鼎時則制此心舌然也既未入鼎時先制之是以雖出爨亦得爲皆如初爨也云凡割本末食必正也者鄉黨孔子云割不正不食故割本末爲食正也云肵之爲言敬也者郊特牲文彼云肵之爲言敬也言所以敬尸也云周禮祭尚肺者禮記明堂位云有虞氏祭首夏后氏祭心殷祭肝周祭肺是周之禮法祭肺而此肵俎不取肺而用心者以其事尸尚心舌心舌知滋味者故特牲記鄭注亦云心舌知食味者欲尸之饗此祭是以進之若然舌之所嘗五味乃是心之所知酸苦也故心舌并言之　佐

食至在上　注升之至於此　釋曰升羊載右胖者准例實鼎曰升實俎曰載今實俎而言升者以其升者上也是以載俎外載兩言之也但此經所載牲體多少一依上文升鼎不異而重序之者以其載俎之時恐與入鼎時多少有異故重序之舉肺祭肺上已言今又言之者以其上升鼎時直言舉肺一祭肺三不言長短上所以不言長短者以其入鼎時二者未制故不辯長短至此載俎乃制長短及切之故具辯之也若然上升鼎時不制者若升鼎制之恐二肺雜亂是以升俎乃制之若然心舌未升鼎時已午割勿没不言至載俎乃言午割者彼二者其體殊異不雜亂故俎乃一辯之而已云肩臂臑肫胳在兩端脊脅肺肩在上者此是在俎之次俎有上下猶牲體有前後故肩臑在上端肫胳在下端脊脅肺在中其載之次序肩臂臑正脊脡脊横脊代脅長脅短脅肺腸胃肫胳也云升之以尊卑者即上文上利升羊以下序其在鼎也云載之以體次者俎法四體尊於脊脅即經四體在兩端脊脅肺在中者故云各有宜也云拒讀爲介距之距者案左氏傳昭二十五年云季郈之雞闘季氏介其雞服氏云擣芥子播其雞羽鄭氏云介甲爲雞著甲又云郈氏

爲之金距注云金距以金踏距今鄭君合取季氏之介又取郈氏之距而云介距之距也引之者彼距在雞足爲距此俎距在俎爲橫也是以云俎距脛中當橫節也案明堂位云俎有虞氏以梡夏后氏以嶡殷以椇周以房俎注云梡斷木爲四足而已嶡之言蹷也謂中足爲橫距之象周禮謂之距彼注云周禮謂之距即指此俎距而言是距爲俎足中央橫者也此言俎距脛中當橫節者案明堂位夏后氏以嶡謂中足之橫下仍有殷之椇謂橫下仍有曲橈之足下又有周之房俎謂四足下更有跗鄭云上下兩間有似於堂房是橫下更有二事故言脛中當橫節也云凡牲體之數及載備於此者案此經即折前體肩臂臑兩相爲六後體膞胳兩相爲四短脅正脅代脅兩相爲六脊有三摠爲十九體唯不數觳二通之爲二十一體二觳正祭不薦於神尸故不言是牲體之數備於此言及載備於此者上經云升於鼎此經云載於俎是其及載備於此也　下利至進下　注進下至相見　釋曰云進下變於食生也者決公食大夫鄉飲酒牲體皆進腠腠是本是食生人之法此言進末末爲終謂骨之終食鬼神法故云變於食生也云所以交於神明

儀禮疏卷第四十八

唐朝散大夫行大學博士弘文館學士臣賈　公彥　等撰

卒脀至戶內西面　注將納祭也　釋曰自此盡主人又再拜稽首論先設置爲陰厭之事也　主婦被錫衣至入于房　注被錫至爲蝸　釋曰云主婦贊者一人亦被錫者此被錫移袂與主婦同既一人與主婦同則其餘不得如主婦當與士妻同纚笄綃衣若士妻與婦人助祭一皆纚笄綃衣以綃衣下更無服服窮則同故特牲云凡婦人助祭者同服是也云被錫讀爲髲鬄者欲見鬄取人髮爲之之義也云古者或剔賤者刑者之髮以被婦人紒爲飾因名髲鬄焉者此解名髲鬄之意案哀公十七年左傳說衛莊公登城望戎州見己氏之妻髮美使髡之以爲呂姜髢是其取賤者髮爲髲之事也云此周禮所謂次也者案周禮追師云掌王后以下副編次三翟者首服副鞠衣襢衣首服編褖衣首服次鄭彼注副首飾若今步摇編編列髮爲之若今假紒次次第髮長短爲之所謂髲鬄鄭云所謂髲鬄者指此文也是彼此相曉也云不纚笄者大夫妻尊者此決特牲主婦纚笄士

妻卑故也云亦衣綃衣者亦如特牲士妻主婦綃衣也綃衣者六服外之下者云而侈其袂耳侈者蓋半士妻之袂以益之衣三尺二寸袪尺八寸者士妻之袂二尺二寸袪尺二寸三分益一故三尺三寸袪尺八寸也故內司服注亦爲此解也或云衣三尺三寸或云袂俱合義是以喪服記云亦名袂爲衣也云韭菹醓醢朝事之豆也者案周禮醢人職朝事之豆韭菹醓醢昌本麋臡菁菹鹿臡茆菹麋臡彼天子八豆今大夫取二豆爲饋食用之豐大夫禮故也若然葵菹蠃醢亦天子饋食之豆今大夫用之鄭不言者彼饋食當其節天子八豆此大夫取二而已故不須言之云葵菹在綪者以其韭菹在南醓醢在北今於次東葵菹在北蠃醢在南是其綪次之也　主婦至于房　注敦有至于房　釋曰敦有首者尊者器飾也飾蓋象龜知有此義者以其經曰敦南首明象龜蟲獸之形故云首知象龜者以其蓋形龜象故也云周之禮飾器各以其類者案周禮梓人云外骨內骨以脰鳴者以胷鳴者之類鄭云刻畫祭器博庶物也又周禮司尊彝有雞彝之等是周之禮飾器各以其類也云龜有上下甲者欲言此敦蓋取象之意以龜有上下甲故敦

蓋象之是亦取其類也敦蓋既象龜明簋亦象龜爲之故禮器云管仲鏤簋朱紘注云謂刻而飾之大夫刻爲龜耳諸侯飾以象天子飾以玉言以玉飾之還依大夫象形爲飾也天子則簋敦兼有九嬪職云凡祭祀贊玉齍注云玉齍玉敦受黍稷器是天子八簋之外兼用敦也特牲云佐食分簋鉶注云爲將餕敦有虞氏之器也周制士用之變敦言簋容同姓之士得從周制耳則同姓大夫亦用簋特牲少牢用敦者異姓大夫士也明堂位云有虞氏之兩敦夏后氏之四璉殷之六瑚周之八簋鄭注云皆黍稷器制之異同未聞案周禮舍人注圓曰簋孝經注直云外方曰簋者據而言若然云未聞者據殷已上未聞周之簋則聞矣故易損卦云二簋可用享注云離爲日日圓巽爲木木器象是其周器有聞也孝經緯鉤命決云敦規首上下圓相連簠簋上圓下方法陰陽是有聞而鄭云未聞者鄭不信之故也　注酳奠至累之　釋曰酳奠酳酒爲神奠之者以其迎尸之前將爲陰厭爲神不爲尸故云爲神奠之也云後酳者酒尊要成也者上經先設餘饌此經乃酳者酒尊物設饌要由尊者成故後設之也引特牲者酳奠之處當在鉶南此經不言

故引爲證也云重累之者以黍稷各二二者各自當重累於敦南卻合之也　注羊曰至豐也　釋曰云羊曰柔毛豕曰剛鬣下曲禮文羊肥則毛柔濡豕肥則鬣剛也彼注云號牲物者異於人用也引春秋者證黍稷大和之義案彼左氏桓六年傳文楚武王侵隨使薳章求成焉軍於瑕以待之隨人使少師入楚軍董成楚以羸師而納少師少師還請追楚師季梁止之曰天方授楚楚之羸其誘我也臣聞小之能敵大也小道大淫所謂道忠於民而信於神也上思利民忠也祝史正辭信也今民餒而君逞欲祝史矯舉以祭臣不知其可也公曰吾牲牷肥腯粢盛豐備何則不信對曰夫民神之主也是以聖王先成民而後致力於神故奉牲以告曰博碩肥腯謂民力之普存也奉盛以告曰絜粢豐盛謂其三時不害而民和年豐也則此之所言隨季梁辭也　注主人至後尸　釋曰自此盡牢肺正脊加于肵論尸入正祭之事云主人不出迎尸伸尊也者禮記云君迎牲而不迎尸別嫌也尸在廟門外則疑於臣在廟中則全於君故主人皆不出迎尸尸在廟門外爲臣道故主人不出迎尸伸尊也引特牲者尸出入時主人與賓西位上皆逡巡辟位

敬尸也云既則後尸者下經云祝延尸尸升自西階入祝從注云由後詔相之曰延是後尸者也　注庭南没霤　釋曰庭南者於庭近南是没盡門屋霤近門而盥也是以特牲亦云尸入門北面盥繼門而言即亦此没霤者也　祝延至祝從　注由後至西階　釋曰周禮曰大祝相尸禮者案職云相尸禮注云延其出入詔其坐作是也　注主人至人左　釋曰祝先入至主人入而居祝之右者以祝從尸後詔侑之故在尸後主人前及尸即筵主人與祝西面則主人尊故也云祝從尸尸即席乃却居主人左者解祝在先居左之意也　祝主至遂坐　注拜妥至而殺　釋曰案爾雅妥安坐也故云拜妥尸拜之使安坐也案特牲云尸啐酒告旨主人拜尸荅拜祭鉶嘗之告旨不得遂坐此經云荅拜遂坐故鄭解其遂坐而卒食之意以其閒有不啐奠不嘗鉶不告旨也大夫之禮尸彌尊故無拜事特牲所云嘗鉶謂嘗豕鉶此不嘗鉶謂不嘗豕鉶也知非不嘗羊鉶者案下云嘗羊鉶故知不嘗豕鉶也不告旨者既不啐奠故無告也言彌尊者既不啐奠一尊又不嘗鉶不告旨是彌尊也云不告旨者爲初亦不饗者案特牲迎尸即席坐主人拜妥

尸尸荅拜執奠祝饗主人拜如初注云饗勸强之也其辭取於士虞記則宜云孝孫某圭爲而孝薦之饗是士賤不嫌得與人君同大夫尊嫌與人君同故初不饗後亦不告旨故云不告旨者爲初亦不饗食也云所謂曲而殺者禮器文彼注云謂若父在爲母期不得申大夫不得者亦不得申故引爲證若然曲而殺爲初不饗食而言也　注未有至不命　釋曰云未有事也者釋祝反南面也云墮祭爾敦文在下經官各肅其職不命者言祝無事之義案宿諸官各肅其事不須命故祝得反南面

注牢羊至爲徧　釋曰云黍稷之祭爲墮祭者肺與黍稷俱得爲墮故周禮守祧職既祭則藏其墮墮中豈不能兼肺肺與黍稷俱祭於苴上上既藏之明肺與黍稷器不動人就器減取之故特得墮名舉肺則全取因上絶之不得墮稱及其藏之并有墮名也云將食神餘尊之而祭之者謂隂厭是神食後尸來即席食尸餕鬼神之餘故尸亦尊神而祭之以其凡祭者皆不是盛主人之饌故以祭之爲尊也　上佐至右之

注爾近至相因　釋曰曲禮云飯黍無以箸是古者飯食不用匕箸若然器即不動器中取之故移之於席上便尸食也云重言上佐食明更

起不相因者前舉尸牢肺時坐而取之興以授尸不因此坐取肺卽爾
敦黍明更坐爾黍而起不因前坐也案特牲云黍稷此及虞皆不云稷
者此後皆黍稷連言明并黍稷食之不虛陳而不食不言爾之者文不
具其實亦爾之也　主人至膚北　注羞進至之加　釋曰郊特牲訓
肵爲敬今此主人親進之故鄭云敬尸之加以其爲尸特加故云加也
若然特牲三俎膚從豕俎故肵在腊北此五俎有膚俎故肵在膚北
上佐至羊鉶　注芼菜至有滑　釋曰芼菜者菜是地之芼知羊用苦
豕用薇皆有滑者案公食大夫記云鉶芼牛藿羊苦豕薇皆有滑是也
食舉　注舉牢至道也　釋曰此食舉在羞肵之下特牲食舉在羞肵
之上不同者彼特牲食舉下乃云羞肵俎者是其正以食舉後尸卽嚌
幹之屬卽加於肵俎故食舉後卽進肵是正也此食舉不在羞肵之上
上佐食羞鉶羹尸祭鉶訖乃得食舉故退食舉在祭鉶之下又不退羞
肵在食舉下者由主人敬尸故不退在下也特牲爾敦下設大羹此不
云者大羹不爲神直是爲尸者故此不言儐尸乃有也云舉牢肺正脊
也者上文云上佐食舉尸牢肺正脊以授尸尸受祭肺明今食先云食

舉是上牢肺正脊也云先食啗之以爲道也者案特牲舉肺脊以授尸尸受振祭嚌之左執之注肺氣之主也脊體之貴者先食啗之所以道食通氣是也　三飯　注食以黍　釋曰知先食黍者以前文先言爾黍故知先食黍也　注幹正脅也　釋曰上文序體先言短脅次言正脅則正脅在中上食舉是正脊故知此食幹亦先取正脅也特牲云食幹鄭注爲長脅也彼記序九體有長脅無代脅者案鄭注云脊無中脅無前脡於尊者故與此異也　上佐至之北　注設於至尚味　釋曰特牲略於少牢故有豕膮此少牢二牲故不尚味而無膷膮也　尸又至横之　注又復至於肉　釋曰云食大名者以其論語文多言食故云食大名也云小數曰飯者此少牢特牲言三飯五飯九飯之等據一口謂之一飯五口謂之五飯之等據小數而言故云小數曰飯也云魚横之者異於肉者魚在俎縮肉在俎則横其同在肵俎仍横之魚本縮今則横矣與牲體異故云魚横異於肉也必知肉在肵仍横者但言加于肵不云縮則與本俎同横可知也大夫不儐尸者於此時亦當設大羹此主爲大夫不儐尸者大羹之文也　注腊魚至威儀　釋曰云腊

揔之是其便也　注主人至尊尸　釋曰云彌尊尸者此少牢與特牲尸酢主人使祝代尸酭者已是尊尸今主人拜受訖又拜爲俠拜是彌尊尸也　注綏或至爲肵　釋曰經中綏是車綏或有禮本作挼者故亦讀從周禮守祧既葬則藏其墮取墮減之義也云將受嘏者下文主人受嘏之時先墮祭是以佐食授黍稷與主人爲墮禮　注右受至則坐　釋曰云尸常坐有事則起主人常立有事則坐者案禮器云周坐尸曲禮云立如齊鄭云齊謂祭祀時則是尸常坐主人祭時則常立經云坐祭之謂墮祭尸餘是尸與主人爲禮是主人有事乃坐也尸荅主人拜乃立是尸有事則起也　注命祝以嘏辭　釋曰謂命祝使出嘏辭以嘏於主人下文是也　卒命至引之　注嘏大至相近　釋曰云嘏大也者郊特牲云嘏長也大也故鄭云予主人以大福案特牲尸親嘏主人此尸使祝嘏主人者大夫尸尊故不親嘏特牲無嘏文不具也　主人至諸內　注詩猶至作卦　釋曰云出出戶也者以主人位在戶內西面今云出故知是出戶也此宰夫以籩受嗇大夫之禮特牲主人出寫嗇于房祝以籩受彼士禮與大夫異也案春官鬱人云大祭祀與

量人受舉斝之卒爵而飲之鄭云斝受福之嘏聲之誤也王酳尸尸嘏王此其卒爵也少牢饋食禮主人受嘏詩懷之卒爵執爵以興出宰夫以籩受嗇黍主人嘗之乃還獻祝此鬱人受王之卒爵亦王出房時也是王受嘏與大夫同也案楚茨詩既齊既稷既匡既勑注云嘏之禮祝偏取黍稷牢肉魚擩於醢以授尸孝孫前就尸受之天子使宰夫受之以筐祝則釋嘏辭以勑之天子嘏辭與大夫同也云復嘗之者重之至也者前已嚌之是已嘗今復言嘗是重受福之至也特牲不言復嘗者文不具也　主人至坐受　注室中迫狹　釋曰言迫狹大夫士廟室也皆兩下五架正中曰棟棟南兩架北亦兩架棟南一架名曰楣前承簷以前名曰庪棟北一架爲室南壁而開戶即是一架之開廣爲室故云迫狹也必知棟北一架後乃爲室者昏禮主人延賓升自西階當阿東面致命鄭云阿棟也入堂深明不入室是棟北乃有室也　主人西面荅拜　注不言拜送下尸　釋曰上主人酳尸尸拜受主人拜送今主人獻祝祝拜受主人荅拜拜送禮重荅拜禮輕今言荅拜故云不言拜送下尸也　薦兩豆葅醢　注葵葅蠃醢　釋曰知者上云韭葅醓

醢鄭云朝事之豆也而饋食用之豐大夫禮上亦云葵菹蠃醢是饋食之豆當饋食之節是其常事故不言豐大夫之禮今祝用之亦其常事故知用葵菹蠃醢也　注皆升至不殊　釋曰言升下體者髀與短脅横脊皆羊豕之下體屬于尻又腊之下體爲祝賤故也云魚横者四物共俎殊之也者以其魚猶在俎縮載今横者爲四物共俎横而殊之也縮有七物而云四物者據羊豕魚腊故云四物也云尤賤者羊豕體不屬於尻以腊用左右胖故有兩髀言髀屬于尻尻在中謂髀與尻相連屬不殊是尤賤也周祝賤常連之也　祝取至祭俎　注大夫至不盛　釋曰云大夫祝俎無肺祭用膚遠下尸者案特牲尸俎有祭肺離肺祝俎有離肺無祭肺是下尸今大夫尸俎亦皆有祝則離肺祭肺俱無是遠下尸也云不嚌之膚不盛者決離肺祭訖嚌之加于俎今以無肺祭不盛故也凡膚皆不嚌獨於此言之者以其以膚替肺肺則嚌此則不嚌故須言之也　注亦如至賤也　釋曰亦如佐食授爵乃興者此經直云卒爵與不云授爵故特明之案下文主婦獻祝祝卒爵坐授主婦爵主婦又獻二佐食二佐食坐授主婦爵主婦獻祝與獻二佐食同明

主人獻祝祝授主人爵亦與二佐食同可知云不拜既爵大夫祝賤也者此決特牲祝卒角拜主人荅拜以士卑故祝不賤此大夫尊故祝賤不拜既爵也　注不啐至禮略　釋曰特牲士之佐食亦啐大夫佐食賤禮略天子諸侯禮雖亡或可對天子諸侯佐食啐乃卒爵貴故也

俎設至一膚　注佐食至下尸　釋曰云有脅而無薦亦遠下尸者有脅即經俎實是也無薦謂無葅醢也既無肺已是下尸又無薦是遠下尸也　有司至房戶　注男女至于篚　釋曰云自此盡入于房論主婦亞獻祝獻尸與佐食之事此直云有司授婦贊者于房案禮記內則云非祭非喪不相授器其相授則女受以篚其無篚則皆坐奠之而后取之此經雖不言受以篚及奠於地之事亦當然也云男女不相因者案特牲佐食卒角主人受角降反于篚升入復位訖主婦乃洗爵于房酌亞獻尸是不相因爵也引特牲者證男女不相因爵主婦不取此爵也　注入戶至東隅　釋曰云入戶西面拜由便也者下注云此拜於北則上拜於南矣由便也云不北面者辟人君夫人也者案特牲主婦北面拜注云北面拜者辟內子也則是士妻卑不嫌得北面與人君夫

人同也　注贊者至主婦　釋曰知贊者有司贊者也者上文云有司
贊者取爵於篚此還是上有司贊者也　賓長至筵前　釋曰云尸祭
酒卒爵者案特牲賓長獻爵止注云欲神惠之均於室中待夫婦致爵
此大夫禮或有儐尸者致爵在儐尸之上故不致爵爵不止也若然有
司徹尸作止爵三獻致爵於主人主人不酢主婦又不致爵于主婦下
大夫不儐尸賓獻尸止爵主婦致爵于主人酢主婦主人不致於主婦
特牲主人與主婦交相致爵參差不同者此以尊卑爲差降之數故有
異也上大夫得儐尸故致爵上辟人君下大夫不儐尸故增酢主婦而
已士卑不嫌與君同故致爵具也　注啐酒至禮殺　釋曰云不獻佐
食將儐尸禮殺者以其祝與佐食俱是事神及尸是以獻尸并及之故
主人主婦獻祝與佐食今賓獻祝不及佐食者但爲待儐尸故於賓長
獻是祭末禮殺故不及佐食闕之也　主人至廟門　釋曰自此盡廟
門論祭祀畢尸出廟之事注事尸之禮訖於廟門者上祝迎尸於廟門
今禮畢又送尸於廟門案禮記尸在廟門外則疑於臣是以據廟門爲
斷　祝反至階南　注徹肵至歸尸　釋曰自此盡篇末論徹肵俎行

餕之事云徹肵俎不出門將儐尸也者決特牲佐食徹尸俎出廟門者送尸者也云肵俎而以儐尸者其本爲不反魚肉耳者案曲禮云毋反魚肉謂食時魚肉不反俎故尸食亦加肵俎本爲尸不反魚肉今儐尸將更食魚肉當加於肵俎未得即送尸家故云本爲不反魚肉也故儐尸訖并後加者得歸之也　注大夫至大也　釋曰案祭統云凡餕之道而與施惠之象也是故上有大澤則惠必及下是以特牲二人餕惠之小者大夫四人餕明惠之大者也　上佐至人備　注備四至盥升　釋曰下佐食對之者不謂東西相當直取上佐食東面下佐食西面爲對以其下佐食西面近北故不得東西相當也云賓長二人備者亦不東西相當以其一賓長在上佐食之北一賓長在下佐食之南是亦不東西相當也故云備不言對也　注右之至在北　釋曰東面在南據上佐食西面在北據下佐食右之者飯用手右之便故也　注資猶至作齎　釋曰云兩下是餕者據二賓長以二佐食爲下故云一賓長在上佐食之北一賓長在下佐食之南以地道尊右故二佐食皆在右若然羊俎兩閒南北面置之故二賓長於俎一端取黍也必知上佐食東

面近南下佐食西面近北者以其尸東面近南今尸起上佐食居尸坐處明知位次如此　司士至祭舉　注舉舉至爲徧　釋曰知舉是舉膚者以其尸舉肺餕者下尸明不舉肺當舉膚是以特牲云佐食授餕者各一膚明此大夫禮亦舉膚也　主人至取舉　注三拜至面拜　釋曰知面位如此者以主人在戶內西面三拜餕者餕者在東面而荅主人拜可知在西面位者以主人在南西面不得與主人同面而拜明迴身南面向主人而拜故鄭以義解之如此也　司士至食舉　釋曰云又進二豆湆于兩下者以其神坐之上止有羊豕二鉶一進與上佐食一進與下佐食故更羞二豆湆於兩下湆者從門外鑊中來以兩下無鉶故進湆也　注不拜至壹也　釋曰云不拜受爵者大夫餕者賤也者決特牲使嗣子與兄弟餕爲貴故拜受爵也云荅壹拜略也者特牲亦無再拜法此云略者以其四餕皆拜主人總荅一拜故云略也　注主人至酳也　釋曰特牲上餕親自酳酢主人此上餕不酳者上餕將嘏主人故在尸位不可親酳特牲上餕酳者以上餕不嘏主人既卒爵三餕俱出上餕酢主人少牢禮備又嘏主人故不酳也　注親嘏至

以黍　釋曰言亦者亦上皇尸命工祝嘏主人以黍此亦以黍上文司士進敦乃分黍于羊俎兩端下不言稷故知亦黍也　注送佐食不拜賤　釋曰賔主之禮賔出主人皆拜送此佐食送之而不拜故云賤也

儀禮䟽卷第四十八

儀禮疏卷第四十九

唐朝散大夫行太學博士弘文館學士臣賈　公彥　等撰

有司徹第十七　釋曰鄭目録云少牢之下篇也大夫既祭儐尸於堂之禮祭畢禮尸於室中天子諸侯之祭明日而繹有司徹於五禮屬吉大戴第九小戴第十二別録少牢下篇第十七　釋曰言大夫既祭儐尸於堂之禮者謂上大夫室内事尸行三獻禮畢別行儐尸於堂之禮又云祭畢禮尸於室中者據下大夫室内事尸行三獻無別行儐尸於堂之事即於室内爲加爵禮尸即下文云若不儐尸以下是也　有司徹　注徹室至祭也　釋曰自此盡如初論徹室内之饋并更整設及温尸俎之事云徹室中之饋及祝佐食之俎者室内之饋主於尸饌薦俎黍稷皆名饋下大夫不儐尸餕訖云有司官徹饋饌于室中西北隅彼鄭注云官徹饋者司馬司士舉俎宰夫取敦及豆則此饋内兼數物唯無脈俎脈俎上篇佐食徹之先設於堂下也又言及祝佐食之俎者殊其尊卑爲文祝亦有薦在室内北墉下佐食之俎在兩楹之間無薦此等見於上篇今徹祝與佐食并爲文者賤者省文之義其實祝薦俎

在室内佐食俎在階閒此直云有司不言官下大夫不儐尸云官徹者
彼爲更饌西北隅爲陽厭故見官也斯俎亦用儐尸不使有司同時徹
者斯俎本爲尸故設之徹之皆不與正俎同時而後設先徹案楚茨詩
云諸宰君婦廢徹不遲此不言者彼人君禮故不同也云卿大夫既祭
而賓尸禮崇也者此對下大夫不儐尸禮不崇也云以此薦俎之陳有
祭象而亦足以厭飫神者對下大夫尸出之後改饌西北隅爲厭飫神
今儐尸者雖不設饌西北隅以此薦俎之陳有祭象亦足以厭飫神亦
下大夫也云天子諸侯明日祭於祊而繹者欲見天子諸侯尊別日爲
之與卿大夫禮異但祊與繹二者俱時爲之故郊特牲云繹之於庫門
内祊之於東方失之矣鄭注云祊之禮宜於廟門外之西室繹又於其
堂神位在西此二者同時而大名曰繹其祭禮簡而事尸禮大引春秋
傳者此宣八年左氏傳辛巳有事于大廟仲遂卒于垂卿佐卒輕于正
祭不合廢但繹祭禮輕宜廢而不廢故譏之云壬午猶繹引之者證人
君別日爲繹又見二者雖同時而大名繹故孔子書繹不書祊引爾雅
者爾雅釋天文彼云周曰繹商曰肜夏曰復胙復胙者復胙日之胙祭

殷曰肜者義取肜肜祭不絶周曰繹者取尋繹前祭之事但祊者禮器云爲祊乎外注祊祭明日之繹祭也謂之祊者於廟門之旁因名焉其祭之禮既設祭於室而事尸於堂孝子求神非一處是也此祊是明日又祭故於廟門外若然正祭祊即於廟門内故楚茨詩云祝祭于祊祀事孔明毛傳云祊門内也鄭云孝子不知神之所在故使祝博求之平生門内之旁待賓客之處祀禮於是甚明是正祭祊在門内也郊特牲云索祭祝于祊不知神之所在於彼乎於此乎或諸遠人乎祭于祊尚曰求諸遠者與亦是祭之明日祊故云求諸遠者但此大夫儐尸同用正祭之牲天子諸侯禮大別曰又別牲故牛人云享牛求牛鄭云享獻也獻神之牛謂所以祭者也求終也終事之牛謂所以繹者也是其別牲也　埽堂　注爲賓至曰拚　釋曰爲賓尸新之者正祭於室之時堂亦埽訖今將儐尸又埽之故云爲儐尸新之引少儀者若直埽席前止可云拚今云埽不云拚明於堂廟汎埽引之見汎埽爲義也　司宮攝酒　注更洗至爲攝　釋曰鄭云更洗益整頓之者案士冠禮再醮攝酒注云攝猶整也整酒謂撓之此更添益整頓則此洗當作撓此謂

賓尸唯徹室中之饋亦因前正祭之酒更撓攪添益整新之也　乃燅尸俎　注燅温至寒也　釋曰知温尸俎於爨者見下文云卒燅乃升羊豕魚三鼎故知先温於爨之鑊乃後升之於鼎也肵亦温焉知者案下文載俎所舉在肵肩胳脊脅皆在載於俎明亦温可知又云獨言温尸俎則祝與佐食不與賓尸之禮者但正祭時尸祝及佐食皆有俎今獨言温尸俎欲見賓尸時祝與佐食不與而別立侑也云古文燅皆作尋者論語及左傳與此古文皆作尋論語不破至此疊古文不從者彼不破者或古文通用至此見有今作燅有火義故從今文也云記或作焊者案郊特牲云有虞氏之祭也尚用氣血腥爓祭用氣也注云爓或爲焊今此義指彼記或讀之故云記或作焊也引春秋傳者案哀公十二年左傳夏公會吳于橐皋吳子使大宰嚭請尋盟公不欲使子貢對曰盟所以周信也故心以制之玉帛以奉之言以結之明神以要之寡君以爲苟有盟焉弗可改也巳若猶可改日盟何益今吾子曰必尋盟若可尋也亦可寒也服注云尋之言重也温也寒歇也亦可寒而歇之■鄭引之者證燅尸俎是重温之義　卒燅至如初　注腊爲至爲密

釋曰云腊爲庶羞者鄭解不設腊之義案上設尸俎則皆在其内今升鼎言無腊下載又不見腊體明從庶羞可知云膚從豕去其鼎知者下載體時膚猶在豕鼎不爲庶羞可知但正祭時五鼎今二者皆去其鼎故云賓尸之禮殺於初也　乃議至異姓　注議猶至作侑　釋曰自此盡侑荅拜論選侑并迎尸及侑之事云是時主人及賓有司已復内位者下文侑出俟于廟門之外又云主人出迎尸侑言侑即賓之賢者明賓有司主人皆復内位矣若然知賓主不先在内必知出復内位者上篇云四餕者二佐食二賓長餕訖皆出未見入主人送上餕言退皆有出事今議侑在内故云是時賓主人已復内位也　宗人戒侑　注戒猶至爲侑　釋曰知南面告於其位者以賓位在門東北面請以爲侑明面鄉其位可知知賓位在門東北面者下文將獻賓時云主人降南面拜衆賓門東三拜衆賓門東北面皆荅壹拜是也云戒曰請子爲侑者案燕禮公曰命某爲賓射人傳公命當云請子爲賓此處命侑當先云主人曰命某爲侑宗人傳主人辭戒曰請子爲侑鄭以互文約之故云然也　侑出至之外　注俟待至心也　釋曰云主人與禮事尸

極敬心也者正謂立侑以輔尸使出便迎之是極其敬心也　注言與至賓客　釋曰云尸益卑者以儐尸之禮以尸爲賓客當在門西東面北上今執臣道門外北面故云益卑也　主人至人擯　注賓客至擯贊　釋曰案少牢宿尸祝擯此宗人擯者以祝不與儐尸故使宗人爲擯也云賓客尸而迎之主人益尊者上篇正祭時主人不迎尸以申尸之尊至此賓客尸而迎之以尸同賓客是主人益尊故也　注沒霤至又讓　釋曰經直云揖乃讓鄭知沒霤相揖至階又讓者案上篇鄉飲酒之等入門三揖至階又讓故知也　注東上統於其席　釋曰尸在門外北面西上統於賓客至此升堂亦應西上故決之云東上統於其席以其賓席以東爲上故也　乃舉　注舉舉至殺也　釋曰自此盡西枋論門外舉鼎匕俎入陳于廟門之事云舉者不盥殺也者決正祭時皆盥訖乃舉鼎此儐尸禮殺舉者不盥故云殺也　注如初至北上　釋曰云如初者此如上經正祭時陳鼎之事也　注雍正至爲蹙　釋曰云雍正羣吏掌辨體名肉物者案周禮内饔職云掌割亨煎和之事辨體名肉物注云體名脊脅肩臂臑之屬肉物胾燔之屬此士之雍正所

掌亦依之也知四俎據尸侑主人主婦者據下文四者皆有俎知之也云陳之宜具者此四俎當俱陳于鼎之西分二俎陳豕鼎魚鼎之西者欲便三鼎之西並有俎故云陳之宜具也　注並併至作併　釋曰云其南俎司馬以羞羊匕湆羊肉湆者匕湆謂無肉直汁以其在匕湆也即下文司馬在羊鼎之東二手執桃匕枋以挹湆注于疏匕是也云肉湆者直是肉從湆中來實無汁下文云羊肉湆臑折正脊一正脅一腸一胃一是也案下文次賓羞羊匕湆司馬羞羊肉湆此注并云司馬不云次賓者案上經正祭時云司馬刲羊據此正文没次賓不言其實羞羊匕湆者是次賓也又云其北俎司士以羞豕匕湆豕肉湆豕脅湆魚者此經陳二俎以爲益送之俎南俎已是司馬所用於羊湆之等則此北俎是司士羞豕湆之等若然案下文亦次賓羞豕匕湆司士羞豕脅此并云司士者亦據上經正文司士擊豕而言實次賓羞豕匕湆也云疏匕匕柄有刻飾者以其言疏是疏通刻飾之名若禮記云疏屏之類故知柄有刻飾亦通柄刻雲氣以飾也　注几所至玉爵　釋曰引大宰者證宰授主人几之義　注位作至上位　釋曰鄭言此者主人位

常在阼階上其賓位在戶西及在西階上今恐尸復位在戶西以其未得在戶西故言賓階上位也　主人至不坐　注左之至几輕　釋曰云主人退尸還几縮之者以主人橫執几進授尸時尸二手受於主人手閒時亦橫受之將欲縱設於席故還之使縮以右手執几外廉故鄉北面縮設于席也云左之者異於鬼神者謂若上篇以來設神几皆在右爲生人皆左几之等是其生人陽故尚左鬼神陰故尚右也云不坐奠之者几輕者此決下文啐酒坐奠之不言坐是重之此言坐執之故也　注侑拜者從於尸　釋曰以主人授几止爲尸故主人拜送其尸獨荅拜今侑亦拜故云從於尸以其立侑以輔尸故侑從尸拜也　主人至送爵　釋曰自此盡與退論主人主婦獻於尸之事云主人降洗尸侑降尸辭洗者案鄉飲酒主人降洗賓降主人辭降賓對此中亦應主人降洗賓降主人辭降　主婦至與退　注昌昌至房也　釋曰案此上下經主人先獻主婦乃後薦者若正祭則先薦後獻若繹祭則先獻後薦故祭義云君獻尸夫人薦豆鄭注云謂繹日也則此儐尸禮與天子諸侯繹祭同故亦先獻後薦也云昌本巳下等物至此皆朝事之

籩麷蕡白黑形鹽膴鮑魚鱐醢人云朝事之豆韭菹醓醢昌本麋臡菁
菹鹿臡茆菹麇臡故鄭注此皆據彼而言又案彼注昌本昌蒲根有骨
爲臡無骨爲醢云蕡熬枲實也者案喪服傳云苴者麻之有蕡者也牡
麻者枲麻也若然蕡麻有實枲麻無實鄭云蕡枲實者舉其類耳其實
枲是雄麻無實若竹器圓曰簞方曰笥鄭注論語亦云簞笥亦是舉其
類也白黑之等無正文鄭以形色而言之云大夫無朝事而用之儐尸
亦豐大夫之禮者案禮記坐尸於堂子北面而事之注云天子諸侯之
祭朝事延尸於戶外是以有北面事尸之禮是特牲少牢正祭無朝事
於堂直有室中之事若然大夫雖用天子諸侯朝事之籩豆以其禮殺
故八籩八豆之中各取其四耳其韭菹醢者則無骨之醢昌菹醢者即
周禮麋臡麋臡散文亦名醢又案周禮鄭注云韲菹之稱菜肉通全物若
䐑爲菹細切爲韲彼昌本不言菹是細切爲韲此云昌菹則大夫以昌
本爲菹異於天子諸侯所用也云主婦取籩興者以饌異親之者鄭意
以籩豆俱時設而籩不使婦贊者取籩以授主婦者以籩與豆不同所
實又別故主婦宜親就房親取之也　乃升　釋曰自乃升盡于其上

論司馬載俎因歷說十一俎之事　注言燅至一俎　釋曰云言燅尸俎復序體者明所舉肩骼存焉者上篇少牢載牲體十一脊脅皆加並骨二尸食特舉脊肩骼在於肵俎上文直言燅尸俎嫌所舉在肵者不在故復序其體所舉肩骼則存焉所舉未知此正俎爲在下羊肉湆以本脊脅皆二骨以並今皆一骨故鄭云明所舉肩胳存焉以肩胳一骨前尸所舉今復序之明在可知脊脅雖舉以其二以並今脊脅載一骨在正俎一骨在湆俎故鄭云亦著脊脅皆一骨也以其前所舉者未知在何俎故直注云著脊脅皆一骨不云存耳云一俎謂司士所設羊鼎西第一俎者此俎在侑俎之南故下文注侑俎云羊鼎西之北俎也鄭君知尸俎在南見羊肉湆俎在豕俎之南羊尊豕卑明尸俎在侑俎之南或解云言第一者最在北故侑俎下注云司士所設羊鼎西之北俎也明北俎在俎之南已下所注俎之次第皆據司士雍人所陳爲次義可知也　羊肉至南俎　注肉湆至爲汁　釋曰云肉湆肉在汁中者以增俎實爲尸加也者以決正祭之鼎直升牲體無湆者以正祭之俎非加今儐尸增俎實爲尸加故有湆也凡牲體皆出汁不言湆又下豕

脀亦出于汁皆不言湆此特得湆名者特牲少牢正祭升牲體於鼎時
皆無匕湆故直云升體於俎設於尸前鼎内亦無匕湆升文今此升牲
體於尸前匕湆亦升焉故得湆名以在俎實無汁故進羊肉湆必先進
羊匕湆然後進羊肉湆見此湆爲肉而有故在羊肉湆前進之使尸嘗
之故鄭下注云嚌湆者明湆肉加耳嘗之以其汁尚味是也若然豕亦
有匕湆不名肉湆而名豕脀者互見爲文言脀者見在俎無汁言肉湆
者見在鼎内時有汁也若然羊豕互見爲文魚何以不言魚湆而云湆
魚者羊先言肉後言湆使肉前進匕湆明是湆從肉來可知魚前無進
匕湆故先言湆以明魚在湆可知魚無匕湆者鄭下注云不羞魚匕湆
略小味也羊有正俎羞匕湆肉湆豕無正俎魚無匕湆隆汚之殺云必
爲臑折上所折分者上經退臑在下者以折分故退之今此經云臑折
即上經所退臑在下者也左右體之臑而必取右體之臑折分用之貴
神俎故也若然脊脅二骨亦分一骨爲肉湆者亦是貴神俎故也云此
以下十有一俎俟時而載於此歷説之爾者案下文卒升賓長設羊俎
於豆南賓降尸升筵唯設此一俎餘十一俎皆未又主人主婦升席時

乃設之是其俟時而載今於此已下雖未載因前俎遂歷陳說之耳十一俎者即尸之羊肉湇一也豕脀俎二也侑之羊俎三也豕俎四也主人羊俎五也羊肉湇俎六也豕脀七也主婦羊俎八也尸侑主人三者皆有魚俎是其十一通尸羊正俎爲十二俎其四俎尸侑主人主婦載羊體俎皆爲正俎其餘八俎雍人所執二俎益送往還故有八其實止二俎也　司士至一俎　注臑在至北者　釋曰云臑在下者順羊也者以其豕脀不折臑臑亦在下順上文羊臑在下由折分此雖不折順羊故亦在下也豕肉湇所以不折者由豕無正俎皆是肉湇故不順所折也　侑俎至一俎　注侑俎至尸同　釋曰侑俎用左體者案少牢載尸俎皆右體脊脅皆二骨舉肺一切肺三尸主人主婦盡用腸三胃三尸正俎用一湇俎用一唯有一在此是以自侑已下及主人主婦皆用左體脊脇若然燅尸俎時左體亦同升於鼎上不云者文不具是以前陳俎時皆設於鼎西若不同升鼎則侑主人主婦俎如特牲執事之俎陳在階間不應在鼎側也若然特牲執事與主人主婦之俎亦不升鼎彼爲自異於神少牢祝與佐食俎亦不升鼎亦自異於神此自侑已

下悉與尸同鼎者以儐尸禮益卑唯尸尊禮詳侑已下禮略故也云其
羊俎過三體有脀尊之加也者鼎俎數奇今體數四故云加若禮緯云
禮六十已上籩豆有加是以少牢視羊豕體各三又下文主人羊肉湆
俎體亦三今儐尸之有侑猶正祭之有祝侑四體必知以脀爲加者侑
豕俎無脀主人羊肉湆俎亦無脀故知有脀爲加以立侑以輔尸尊之
故以脀爲加體也云豕左肩折折分爲長兄弟俎也者以下文設薦俎
而注云衆兄弟儀禮文薦脀皆不云折唯兄弟云先生之脀折鄭云先
生長兄弟折豕左肩之折是以知義然也云無羊湆下尸也者直云無
羊湆不云肉者以匕湆肉湆皆無故直云無羊湆以包二者皆無此二
湆尸皆有侑皆無故云下尸也云豕又祭肺不嚌肺不備禮者上尸羊
俎有祭肺豕俎有嚌肺是備禮侑羊俎豕俎皆切肺故曰不備禮也
胙俎至一俎　注胙俎至俎同　釋曰無體遠下尸者尸用右體主人
用左體是其相下之義今主人正俎全無牲體故云遠下尸也云以肺
代之肺尊也者尸侑一肺今主人一俎有兩肺故知以肺代體肺者氣
之主食所先祭尊於腸胃故以肺代體云加羊肉湆而有體崇尸惠亦

尊主人者以俎物雖與尸不同者肉湆與尸同至尸酢主人而設之故曰崇尸惠正俎所以不崇尸惠者遠下尸故無正俎遠下則無肉湆者近下尸故侑無羊肉湆注但云下此非直崇尸惠亦見尊主人者侑無羊匕湆無豕匕湆而主人盡有是其尊主人所有者尊見下文受酢致爵時云不言左臂者大夫尊空其文者牲右體貴左體賤侑用左體皆言左肩左肫今主人用左臂直云臂不云左者大夫尊故空其文似若得用右體然必知是左臂者以右臂在尸俎故也云降於侑羊體一而增豕膚三有所屈有所申亦所謂順而摭也者案禮器注云謂若君沐粱大夫沐稷士沐粱大夫不沐粱屈於君士則申與君同是亦屈申之義故引爲證也云其湆俎與尸俎同豕俎又與尸豕俎同者以其共用益送之俎故知同也　主婦至一俎　注無豕至西者　釋曰云無豕體而有膚以主人無羊體不敢備也者以主人俎無羊體故主婦俎亦無豕體以主人遠下尸主婦亦遠下尸也云無祭肺有嚌肺亦下侑也祭肺尊者言亦者亦主人下侑也侑用肩主人用臂祭肺尊嚌肺卑侑俎皆祭肺主婦皆嚌肺故云下侑也云嚌羊肺者文承膚下嫌也者肺

文承膚下有豕肺之嫌故須辨之云嚌羊肺者以別之也云膚在羊肺
上則羊豕之體名同相亞也者羊豕雖異脊脅之等體名則同今豕雖
直言膚不言體以豕膚在羊肺之上使繼羊之體故云相亞若然下文
主人獻賓之時司士設俎羊骼一腸一胃一切肺一膚一所以膚又在
肺下者彼取用之先後故退膚在下　司士至其上　注橫載至俎同
釋曰案上歷說十一俎尸侑主人之下皆次言豕俎魚俎亦是歷說十
一俎獨不陳魚俎於豕俎之下而陳并於此者欲見魚水物別於正牲
又欲見魚獨副賓長獻三故并於此序之云橫載之者異於牲體彌變
於神者以其牲體皆橫載於俎於人爲縮鬼進下生人進腠上篇少牢
正祭升體時云下利升豕其載如羊無腸胃體其載于俎皆進下鄭注
進下變於食生也所以交於神明不敢以食道敬之至也引鄉飲酒禮
進腠羊次其體豕言進下互相見明正祭之時牲體皆橫載進下可知
至此儐尸事神禮簡儐尸禮隆以尸爲賓客故從生人禮牲體皆進腠
橫載於俎異於載魚於正祭之時縮載故少牢云司士升魚十有五而
俎縮載右首進腴於俎爲縮於尸爲橫首向右腹腴向尸鄭注云右首

進腴亦變於食生也若生人則亦縮載於人爲橫首亦向右進鰭脊向人腹腴向外今儐尸之禮載魚宜亦同生人縮載進鰭今橫載於人爲縮不與正祭同又與生人異欲見儐尸之禮異於正祭又不得全與生人同鄭云彌變於神者牲體既進腠是巳變於神至於魚載又橫於俎是彌變於神也云膴讀如殷冔之冔者讀從士冠禮郊特牲周弁殷冔冔覆也可以覆首此亦取魚腹反覆於上以擬祭云其俎又與尸豕俎同者謂上司士所設於豕鼎之西者也　卒升　注卒巳至羊俎　釋曰自此盡立于筵末論薦獻於尸之事云卒升者案上有主人酌獻尸主婦薦籩豆又升羊俎進於尸前因歷說十一俎之事今言卒升還計上升羊俎故云卒是以鄭亦云巳載尸羊俎而言之此事從上文獻尸下盡乃卒爵有五節五節者從主人獻酒於尸并主婦設籩豆是其一也賓長設俎二也次賓羞羊燔尸乃卒爵五也　賓長至豆祭　注賓長上賓　釋曰上文載羊俎退卒升於十一俎下者欲就此賓長設羊俎之事故此言賓長設羊俎于豆南賓乃降注云賓長上賓者案下三獻時云上賓洗爵注云上賓長也是以鄭上下文相曉爲一人者也

注桃謂至爲扱　釋曰云讀如或舂或抌之抌者讀從詩或舂或抌彼注抌杼臼也云此二匕者皆有淺升狀如飯橾此以漢法況之言淺升者對尋常勺升深此淺耳　注肺羊祭肺　釋曰知羊祭肺者見上載尸羊正俎而云祭肺一故知此羊俎上祭肺其羊肉湆雖有嚌肺一此下經乃升此時未升故知非嚌肺也　次賓至以降　注嚌湆至尚味　釋曰云嚌湆者明湆肉加耳嘗之以其汁尚味者此匕湆似大羹案特牲大羹不祭不嚌以不爲神非盛此嚌之者明湆肉加先進其汁而嘗之尚味故也以湆肉加在鼎有汁在俎無汁故以匕進汁是以上注云肉湆肉在汁中者以增俎實爲尸加是也特牲大羹自門入本不在鼎不調之此肉湆在鼎已調之故云尚味也　尸席至荅拜　注言美至之東　釋曰案上篇少牢尸不啐奠不告旨大夫之禮尸彌尊至於儐尸啐酒告旨者異於神奠具尸禮彌儐故也　司馬至以降　注絶祭至敬也　釋曰引周禮者案大祝職辨九祭七曰絶祭注云絶末以祭引之證絶祭與此同也云湆使次賓肉使司馬大夫禮多崇敬也者司馬火官羊又火畜則羊湆與肉皆當司馬載之案上文次賓載湆此經

司馬羞肉者以大夫官多各使載其一是以云大夫禮多崇敬也　注燔炙　釋曰案詩云載燔載烈注云傅火曰燔貫之加于火曰烈烈則炙也彼以燔炙相對則異此云燔炙者燔之傅火亦是炙類故曰燔炙

主人至荅拜　注不洗至專階　釋曰自此盡主人荅拜論主人獻侑并薦俎從獻之事也此節內從獻有三事主人獻時主婦薦籩豆一也司馬羞羊俎二也次賔羞羊燔三也侑降於尸二等無羊匕湇又無肉湇云不洗者俱獻間無事也者此則以其獻尸訖即獻侑中間無別酢酬之事故不洗凡爵行爵從尊者來向卑者俱獻間無事則不洗爵從卑者來向尊雖獻間無事亦洗是以此文獻尸訖俱獻侑不洗是爵從尊者來故特牲賔致爵於主人洗爵者鄭云洗乃致爵爲異事新之以其承佐食賤雖就獻間以其爵從卑者來故洗之故不儐尸鄭注云洗致爵者以承佐食賤新之是爵從卑者來故洗也云主人就右者賤不專階者對主人不就尸階者尸尊得專階故也　注醢在至統焉　釋曰凡設菹常在右便其擩令菹在醢北者以其立侑以輔尸故菹在北統於尸也　注荅拜至之右　釋曰知拜於侑之右者以其前拜爵時

尸在侑之右　尸受至爵酌　注酌者將酢主人　釋曰自此盡就筵
論主人受尸酢并薦籩豆及俎之事就此事中亦有五節行事尊主人
故與尸同者尸酢主人時主婦亦設籩豆一也賓長設羊俎二次賓羞
羊匕湆三司馬羞肉湆四也次賓羞羊燔主人乃卒爵五也但特牲少
牢主人獻尸尸即酢主人主人乃獻祝及佐食此尸待主人獻侑乃酢
主人不同者此尸早達主人之意欲得先進酒於侑乃自飲彼尸尊不
達主人欲自達己意故先酢主人乃使主人獻祝與佐食故不同是以
下文賓長獻尸致爵主人尸乃酢之遂賓意亦此類也　司宮至于房
注設籩至二籩　釋曰此乃陳主人受酢設席之位案特牲爲士案少
牢下大夫皆致爵乃設席此儐尸受酢即設席者以其儐尸尸益卑主
人益尊故明一等受酢即設席案上設尸籩云興取籩於房麷蕡注云
以饌異親之與此婦贊者執二籩麷蕡主婦不興受文不同者凡執籩
豆之法皆兩雙執之此侑與主人皆二籩故主婦與婦贊者各執其二
於事便故主婦不興受設之上尸籩豆各四故主婦興取籩豆於房亦
見異饌親之義也云設籩于菹西北亦辟鉶者上設侑籩正當豆此在

西北明辟鉶云亦亦尸籩當豆西外列以辟鉶故也　注奠爵至復用
釋曰云言虛俎者羊湆俎訖於此虛不復用者此俎雍人所執陳奠於
羊俎西在南者自此賓羞匕湆司馬羞羊肉湆於尸次賓又羞匕湆於
主人同用此俎三降皆不言虛欲見後將更用至於此言虛俎明其不
復用此俎又見下次賓羞羊燔於主人則北之豕俎用北之豕俎而得
羞羊燔者以其禮殺故也　主人至序南　注不降至崇酒　釋曰直
云次賓羞燔者燔即羊燔知者以其主人與尸侑皆用羊體鄉主婦獻
尸以後悉用豕體賓長獻尸後悉用魚從是以知主人之燔羊燔也云
不降奠爵于篚急崇酒者此下唯有崇酒之文更無餘事故云急崇酒
案鄉飲酒介荅拜主人卒爵坐奠於西楹南介右再拜崇酒注云奠爵
西楹南以當獻衆賓與此不同者彼實有獻衆賓之事故云當獻衆賓
亦復見急崇酒兩見之也　司宫至主婦　注房東至之東　釋曰自
此盡主婦荅拜論主婦亞獻尸并見從獻之事上文主人獻節凡有三
爵有主人獻尸獻侑并受酢此主婦獻内凡有四爵即分爲四節解之
四者主婦獻尸一也獻侑二也致爵於主人三也受尸酢四也下文賓

長爲三獻爵止故與主婦亞獻同此主婦亞獻尸一節之内從獻有五
五者主婦亞獻主婦設兩鉶一也主婦又設糗與脩二也次賓羞豕匕
湆三也司士羞豕脀四也次賓羞豕燔尸乃卒爵五也　尸拜于筵上
受　注尊南至便也　釋曰賓主獻酢無在筵上受法今尸於筵上受
者以婦人所獻故尸不與行賓主之禮故不得各就其階若然少牢主
人祝拜於席上坐受者注云室内迫狹故拜筵上與此禮異云尊南西
面拜由便也者此決下文西面於主人之北拜送爵今酌尊因在尊南
西面拜獻尸者便也言便者便其西面授尸故不退主人之北　注飲
酒至爲斷　釋曰云無黍稷殺也者決正祭時有黍稷故也　酌獻至
荅拜　注酌獻至西面　釋曰同有三等降於尸二等無鉶羹與豕匕
湆云三等者主婦酌獻侑主婦羞糗脩一也司士羞豕脀二也次賓羞
燔侑乃卒爵三也　主婦至侑與　注豕脀至禮殺　釋曰案上下文
尸與侑及主人主婦但是正俎皆横執俎以升又横設於席前若益送
之俎皆縮執之又縮於席前今司士所羞豕脀是益送之俎縮執是其
常而言縮執者以其文承上主人獻侑時無羊肉湆故主婦獻侑司士

羞豕脀不得相如是以經特著縮執俎見異於正俎諸文特云横執縮執者皆此類　受爵至荅拜　注主婦至併敬　釋曰自此盡荅拜受爵論主婦致爵于主人之事此科亦有五節行事主婦致爵於主人時主婦設二鉶一也又設糗脩二也豕匕湆三也豕脀四也豕燔主人卒爵五也云主婦易位拜於阼階上辟併敬者前主婦獻尸侑拜送於主人北今致爵於主人拜於阼階上者辟併敬主人與尸侑故易位也若然案特牲三獻爵止乃致爵此未三獻已致爵者以上篇已有獻於尸故此不待三獻又見儐尸禮殺故早致　主婦至不拜　注主人至告旨　釋曰云主人拜啐酒嘗鉶不拜若然則啐酒有拜嘗鉶無拜案前主婦獻尸尸坐啐酒左執爵嘗上鉶執爵以興坐奠爵拜拜在嘗鉶之下則嘗鉶有拜坐啐酒不拜與此違者彼拜雖在嘗鉶下其拜仍爲啐酒拜在嘗鉶下者以因坐啐酒不興即嘗鉶嘗鉶訖執爵興坐奠爵拜拜仍爲啐酒是以特牲少牢尸嘗鉶皆不拜或此經啐酒之上無拜文有者衍字也　尸降至以降　注將酢主婦　釋曰自此盡皆就筵論尸酢主婦之事此科内從酢有三三者主婦受酢之時婦贊者設豆籩

一也司馬設羊俎二也次賓羞羊燔主婦卒爵三也以其主婦受從與
侑同三主人受從與尸同五尊卑差也　注設席者主婦尊　釋曰以
賓長以下皆無設席之文唯主婦與主人同設席故云主婦尊特牲及
下大夫主婦設席亦是主婦尊　注婦人至少者　釋曰案特牲記云
宗婦北堂東面北上注云宗婦族人之婦其夫屬于所祭爲子孫者是
也彼直云宗婦是特牲宗婦一人而已不言贊或少未可定此大夫禮
隆贊非一人而稱贊贊主婦及長婦故云宗婦之少者　注出房至子
也　釋曰云不坐者變於主人也者上主人受酢坐卒爵故云變於主
人也執爵拜變於男子者上下經凡男子拜卒爵皆奠爵乃拜故云變
於男子也　上賓至賓降　注上賓至止也　釋曰此一經論賓長備
三獻獻尸其尸奠於薦左未舉之事尸不舉者以三獻訖正禮終欲使
神惠均於庭徧得獻乃舉之故下文主人獻及衆賓以下訖乃作止爵
若然特牲及下大夫尸在室內始行三獻未行致爵尸奠爵欲得神惠
均於室此儐尸之禮室內已行三獻至此儐尸夫婦又已行致爵訖儐
尸又在堂故爵止者欲得神惠均於庭與正祭者異云上賓賓長者上

文云賔長設羊俎是此與上文長賔互見爲一人云謂之上賔以將獻異之者言長賔賔中長尊稱輕若言上賔賔中上尊稱重故以將獻變言上賔云或謂之長賔者或少牢文案彼云長賔洗爵獻于尸此異之稱上賔者少牢尸有父尊屈之故但云長賔耳若然不儐尸亦云長賔特牲云賔三獻如初又不言長賔者士賔卑又闕之云奠爵爵止者特牲云賔三獻如初燔從如初爵止不儐尸者亦然是其爵止之事案下經爵止者多非爲均神惠之事故此特解之　主人至不升　注侑不至不從　釋曰自此盡皆左之論主人酬尸設羞之事云侑不升尸禮益殺者儐尸之禮殺於初今侑不升又殺故云益殺也　尸北至薦左　注降洗者主人　釋曰此主人酬尸尸奠於薦左者不舉案下經不舉二人舉觶于尸侑侑奠觶于右注云奠于右者不舉也神惠右不舉變於飲酒與此不同者特牲及下不儐尸皆無酬尸之事此特有之由儐尸如與賔客飲酒無故有酬異於神惠神惠右不舉侑奠於右是也侑一名加者少牢無侑尸此乃有故無加稱是以主人酬賔賔奠於左亦是神惠故即舉之特牲及不儐尸皆有酬賔同是神惠故皆奠於左也

注二羞至陽也　釋曰以二羞是内羞房中之羞以儐尸用之故云盡歡心云房中之羞其籩是周禮籩人職云羞籩之實案彼鄭注云此二物持粉稻米黍米所爲也合蒸曰餌餅之曰餈糗者擣粉熬大豆爲餌餈之黏著以粉之耳餌言糗餈言粉互相足是也云其豆則酏食糝食者周禮醢人職羞豆之實案彼鄭云酏饘也内則曰取稻米舉糔溲之小切狼臅膏以與稻米爲饘又曰糝取牛羊豕之肉三如一小切之與稻米稻米二肉一合以爲餌煎之是也若然案王制云庶羞不踰牲注云祭以羊則不以牛肉爲羞依内則羞用三牲者據得用大牢者若大夫巳下不用大牢者則無牛矣而此引之者舉其成文以曉人耳云庶羞羊臐豕膮皆有胾知者案公食大夫牲皆臛及炙胾今此鄭直云臐胾不言炙者此儐尸飲酒之禮故主人獻尸皆羊燔從當主婦獻皆豕燔從公食大夫是食禮故庶羞並陳此飲酒之禮故先以燔從酬賓之後乃言司士羞庶羞則知止有羊臐豕膮羊胾豕胾以其燔炙前巳從獻訖故知止有臐胾而巳云房中之羞内羞也者案下大夫不儐尸云乃羞宰夫羞房中之羞司士羞庶羞于尸祝主人主婦内羞在右庶羞

在左是也云内羞在右陰也者以其是穀物故云陰也云庶羞在左陽也者以其是牲物故云陽大宗伯亦云天産作陰德地産作陽德鄭亦云天産六牲之屬地産九穀之屬是其穀物陰牲物陽者也

儀禮疏卷第四十九

閶門外洞涇橋西
青霞齋吳刻字店

儀禮疏卷第五十

唐朝散大夫行太學博士弘文館學士臣賈　公彦　等撰

主人至壹拜　注拜于至爲一　釋曰自此盡賔降論主人獻長賔已下并主人受酢之事云拜于門東明少南就之也者以其繼門言之明少南就之云言三拜者衆賔賤旅之也者案周禮司士職孤卿特揖大夫以其等旅揖注云特揖一一揖之旅衆也大夫爵同者衆揖之此云旅之者旅衆也衆人共得一拜云衆賔一拜賤也者以賤不得備禮故云賤也云純臣也位在門東者此對特牲記云公有司門西北面東上獻次衆賔私臣門東北面西上獻次兄弟此賔皆在門東故云純臣者指北面時也得獻訖在西階下亦不純臣故下經云獻私人于阼階上注云私人家臣已所自謁云獻私人于阼階上注云私人家臣已所自謁除也大夫言私人明不純臣也若然大夫云私人見不純臣士言私臣不言人者大夫尊近君若言私臣則臣與君不異故名私人士卑無辟君臣之名不嫌故名私臣　注羊骼至爲胳　釋曰云設俎者既則俟于西序端者案鄉飲酒司正升相旅受酬者降席司正退立于序端然則先事

既設後事未至其退立之位當在於序端知此不降者下文賓執祭以降宰夫執薦以從司士執俎以從無升文明此不降退立於序端可知

注成祭至脯肺　釋曰云取祭以降反下位也反下位而在西階西南已獻尊之者凡言反位者或反初位或上下位異亦爲反此則初位在門東令得獻反在西階南與主人相對已獻尊之故也若燕禮士得獻位于東方亦是尊之者也云祭脯肺者案經云取脯取肺祭之明祭是脯肺　注既盡至不拜　釋曰云長賓升者以次第升受獻者知不直次上賓後一人爲衆賓長時受獻必以長幼次第受獻者以其下文云宰夫贊主人酌若是以辯鄭云每獻一人奠空爵于棜宰夫酌授於尊南是奠爵故以長幼次第受獻也　辯受至儀也　注徧獻至爲議

釋曰即薦謂若燕禮三卿已上得獻即薦大夫徧獻乃薦亦其類云亦宰夫薦司士脀者此約上賓此衆賓亦同此二人爲之云儀者尊體盡儀度餘骨可用而用之尊者用尊體卑者用卑體而已者以其言儀取尊卑得其儀但尊體既盡就卑體之中度尊卑之儀而用之不可辯其尊體故鄭以意解之尊者用尊體卑者用卑體而已也云亦有切肺膚

者案特牲用離肺知此衆賓用切肺膚者以其侑用切肺不敢殊於尸明衆賓亦不敢殊於侑若然不儐尸者亦用切肺者亦是不敢變於儐尸禮也　乃升至在左　注主人至敢酢　釋曰特牲主人獻長賓訖即酢此辯獻乃酢者主人益尊先自達其意特牲主人獻內賓辯乃自酢注云爵辯乃自酢以初不殊其長也則此大夫尊初則殊其長故也宰夫至荅拜　注宰夫至爲爵　釋曰自此盡于薦左論主人酬長賓於堂下之事也云宰夫授主人觶則受其虛爵奠于篚者謂上主人受賓之酢爵今宰夫既授觶訖因受取酢之虛爵降奠于篚也知然者上文主人受爵訖賓降主人無降文即云宰夫授觶主人受之明主人手中虛爵宰夫受之奠於篚可知若然知不待酬賓虛觶受之奠於篚者以其下文賓之虛觶奠於薦左故知非賓虛觶其賓奠薦左者後舉之以爲無筭爵也　主人至以辯　注兄弟至待之　釋曰自此盡其衆儀也論主人獻兄弟於阼階之事云兄弟長幼立飲賤不別者案特牲云獻長兄弟于阼階上如賓儀者士卑長兄弟爲貴殊貴賤故云如賓儀長賓坐飲也此大夫禮長賓坐飲衆賓立飲至於大夫貴兄弟賤兄

弟長幼皆立飲不得如賓儀故立飲賤不別也云大夫之賓尊於兄弟宰夫不贊酌者兄弟以親昵來不以官待之者決上文大夫賓貴使宰夫贊酌今兄弟酌不使宰夫贊酌者爲兄弟是親昵不以官待之故兄弟雖賤於賓不得使人贊酌而親之也　辯受至其位　注亦辯至私人　釋曰云既云辯矣復言升受爵者爲衆兄弟言也者以上經云兄弟之長升拜受爵嫌衆兄弟亦升拜受爵是以此更云升受爵直爲衆兄弟不拜受爵而言鄭即云衆兄弟升不拜受爵也若然上賓拜受爵又拜既爵衆賓拜受爵不拜既爵長兄弟得與衆賓同衆兄弟又不拜受爵是其差也云先著其位於上乃後云薦脀設於其位明位初在是者初位謂經云其位在洗東西面北上是先著其位於上乃云升受爵者謂發此位升堂受爵又云薦脀設於其位者謂受爵時設薦脀於其東西面位是先著其位於上乃後云薦脀設於其位明位初在是也故先云洗東位以此而言則衆賓亦先有位在門東北面繼上賓後獻訖亦薦脀於位皆是先有位不繼於門東而在西階西南者彼謂已獻薦之故也云位不繼於主人而云洗東卑不統於尊者案特牲主人卑故

兄弟助祭之位得繼主人於阼階下南陳又得辟大夫不敢自尊也此以大夫尊故兄弟之位在洗東不繼主人卑不統於尊故也云此薦脀皆使私人者上獻賓長及衆賓使宰夫設薦司士設俎又使宰夫贊酌至於此獻兄弟爲親昵不以官待之主人親酌明亦不以官使私人薦脀可知　注先生至之折　釋曰知先生是長兄弟者以其文承長兄弟之下故知先生非老人教學者知折是豕左肩之折者以上初亨牲體明侑俎豕左肩折注云折分爲長兄弟俎是也　主人至荅拜　注内賓至左人　釋曰自此盡亦有薦脀論主人獻姑姊之等於房中之事知内賓是姑姊妹及宗婦者約特牲記而知也云獻於主婦之席東主人不西面尊不與爲賓主禮也者案特牲獻内兄弟於房中如獻衆兄弟之儀主人西面荅拜此大夫禮主人南面拜故決之不與爲賓主之禮也云南面於其右主人之位恒左人者謂人在主人左若鄉飲酒鄉射之等於西階上北面主人在東賓在西此南面則主在西賓在東故云恒左人也　坐祭至薦脀　注亦設至北上　釋曰云亦設薦脀於其位者言亦者亦上先生之等引特牲記者欲見内賓設薦之位處

主人降至薦脀　注私人至位定　釋曰自此盡主人就筵論主人獻私人之事云私人家臣已所自謁除也者此對公士得君所命者此乃大夫自謁請於君除其課役以補任爲之云大夫言私人明不純臣也者大夫尊近於君故屈己之臣名爲私人云士言私臣明有君之道者士卑不嫌近君故得名屬吏爲私臣也云北上不敢專其位者以其兄弟北上今繼兄弟之南亦北上與兄弟位同故云不敢專其位云兄弟位定者與上衆兄弟云其位在洗東西面北上升受爵其薦脀設于其位注云先著其位於上明位初在是此不先著位於上俱言繼凡獻者是據獻位爲言則未獻時在衆賓後矣案特牲記云私臣位在門東北面是衆賓後也云凡獻位定則是凡獻以前非定位也　尸作三獻之爵　注上賓至自舉　釋曰自此盡降實于篚論舉三獻之爵賓長又獻侑并致爵之事云上賓所獻爵者若然三獻是上賓不言上賓而言三獻者以其主人主婦并此賓長備三獻因號上賓爲三獻是以事名官者也云不言三獻作之者對特牲云三獻作止爵故決之下大夫不儐尸自作爵者順上大夫爲文作其爵

者以神惠均於庭訖欲使尸飲此酒但此一節之内有四爵行事四者尸作三獻之爵一也獻侑二也致爵於主人三也受尸酢四也　注不羞至之殺　釋曰云不羞魚匕湆略小味也者對羊豕牲之大有匕湆之等魚無以魚爲小味故略之也云隆汚之殺者以有者爲隆盛無者爲殺少也　注司馬至於尸　釋曰上文尸使司士羞魚此侑使司馬羞魚故云變於尸也　注賓拜至就之　釋曰就之者賓於禮當在西階上今在東楹之東以主人席在於阼階是以賓拜於東楹東就之也　注既致至賓意　釋曰遂賓意者賓雖不言其意欲得與主人抗獻酢之禮今尸見致爵於主人訖即酌以酢賓是遂達賓之意　二人至皆降　注三獻至尸侑　釋曰自此盡及私人論旅酬從尸及上下無不徧之事云三獻而禮小成者以此獻爲正後仍有舉奠加爵之等終備乃是禮之大成故云小成也云使二人舉爵序殷勤於尸侑者飲酒之禮酬與無筭爵乃盡歡心故以旅酬及無筭乃爲殷勤於尸侑也案鄉飲酒及鄉射特牲等皆一人舉觶爲旅酬始二人舉觶爲無筭爵始今儐尸乃以二人爲旅酬始者此儐尸別一禮與彼不同以其初時主人

酬尸尸奠之侑未得酬故使二人舉觶侑乃得奠而不舉即與亦奠一爵一爵遂酬於下是以須二人舉觶兄弟之後生者舉觶於其長爲無筭爵者以其賓長所舉奠酬亦爲無筭爵以此二觶者皆在堂下故爲無筭爵尸不與無筭爵故舉堂下觶爲無筭爵其爲旅酬皆從上發尸爲首故特牲等使一人舉觶爲旅酬與賓長所舉薦右之觶此賓不舉旅酬皆從尸舉故所奠者爲無筭一爵亦是異於特牲　注尸拜至禮殺　釋曰決上文尸酢主人主人東楹東北面拜受爵尸西楹西北面荅拜是各各於其階今尸酬主人同于阼階故云禮殺也　注言就至待之　釋曰言立待之者以其不言適阼階上酬主人明主人不去立待之可知　注酬不至侑也　釋曰此決上主人酬賓賓奠之也　注遂旅至呼之　釋曰知者若不贊呼之則當如上文衆賓長升兄弟之長升拜受爵故知有贊呼之也　注私人至飲之　釋曰私人位在兄弟之南今言下飲之則私人之長一人在西階下飲之其餘私人皆飲於其位故下經云卒爵升酌以之其位相酬辯是也　卒飲至于篚注末受至猶飲　釋曰凡旅酬之法皆執觶酒以酬前人前人領受其

意乃始自飲此私人末受酬者後雖無人可旅猶自飲之訖乃實爵於
篚以其酒是前人所酬不可不飲故也　乃羞至私人　注無房至宗
婦　釋曰此經論無筭爵時羞庶羞於賓及兄弟之等事云此羞同時
羞則酌房中亦旅者旅酬之下云乃羞庶羞內賓羞在私人之上私人
得旅酬則房中內賓亦旅可知　兄弟至其長　注後生至作觶　釋
曰自此盡爵止論後生舉觶於長兄弟主人酬兄弟之事　注長在左
辟主人　釋曰凡獻酬之法主人常左人若北面則主人在東今長兄
弟北面云長在左則在西故辟主人　注拜受至待也　釋曰云儐尸
禮殺者案特牲兄弟之後生舉觶於其長爲旅酬又兄弟弟子舉觶於
其長爲無筭爵拜送皆北面此云東面決上儐尸禮殺也云長賓言奠
兄弟言止互相發明者上文主人酬賓奠爵于薦左是長賓言奠此言
爵止是兄弟言止長賓言奠明止而未行此言止明亦奠薦左故云互相
發明也云相待也者酬賓雖在前及其行之相待俱時舉行故下文云賓
及兄弟交錯其酬皆遂及私人爵無筭是也若二人舉觶于尸侑侑奠于
右不舉尸即酬主人主人酬侑侑酬長賓至于衆賓遂及兄弟遂及私

人依次第行徧不交錯所謂旅酬也　賔長至不止　注如初至者也
釋曰此一經論衆賔長加爲爵數多與上賔異何者上賔獻侑致爵於
主人時皆有湆魚從今無湆魚從故經云無湆也云爵不止者上賔獻
尸時亦止爵待獻堂下畢乃舉觶今尸不止爵即飲故云爵不止云賔
長者賔之長次上賔者非即上賔者以其上賔將獻異之言上賔此不
異其文明非上文上賔爲賔長者故以爲次上賔者也經云無湆爵不
止文在如初之下不蒙如初之文則知與上異故文在如初下也云不
使兄弟不稱加爵大夫尊也者此決特牲云長兄弟爲加爵又衆賔長
爲加爵不言獻此言獻者尊大夫若三獻之外更容有獻故云大夫尊
也云不用觚大夫尊者此亦決特牲云長兄弟洗觚爲加爵此用爵爵
尊於觚故云大夫尊者也　賔一至於下　注一人至發明　釋曰此
一經論次賔舉觚于尸更爲旅酬如上旅酬之事但前二人舉觶於尸侑
尸舉旅酬從上至下皆徧飲今亦從上至下故云亦遂之於下云上言
無湆爵不止互相發明者上經云爵止與上賔奠爵云互相發明今此
又與上文無湆爵不止相發明是以二文皆在如初之下　賔及至無

筭　注筭數至數也　釋曰自此盡有司徹論堂下行無筭爵禮終尸
侑出主人送於廟門外之事云長賓取觶者是主人酬賓觶云長兄弟
取觶者是兄弟之後生者舉觶于其長之觶也　尸出至不顧　注拜
送之　釋曰儐尸之禮尸侑賓也故孔子亦云賓不顧矣　有司徹
注徹堂至不徹　釋曰云徹堂上下之薦俎也者案上文堂上有尸侑
之薦俎堂下有賓及兄弟之薦俎皆徹之也云外賓尸雖堂上婦人不
徹者案特牲云宗婦徹祝豆籩入于房徹主婦薦俎此篇首云有司徹
鄭注云徹室中之饋及祝佐食之俎爲將儐尸故使有司徹之下大夫
不儐尸改饋饌于西北隅云有司官徹饋饌于室中西北隅至篇末禮
終云婦人乃徹注云徹祝之薦及房中薦俎不使有司者下上大夫之
禮然則此篇首云有司徹別無婦人也下大夫有司饌陽厭婦人徹之
篇末云徹室中之饌注云有司饌之婦人徹之外内相兼禮殺此尸外
儐尸亦禮殺嫌婦人亦徹之故云雖堂上婦人不徹婦人必不徹者異
於下大夫也堂上儐尸猶如堂內之陽厭故鄭注篇首云賓尸則不設
饌西北隅以此薦俎之陳有祭象而亦足以厭飫神是也　若不賓尸

注不賓至之矣　釋曰自此盡牢舉如賓論下大夫不賓尸之事云不賓尸謂下大夫者從尸飲七巳前皆與上大夫賓尸者同巳後則以此祝侑續之是儐尸之禮故云不賓尸謂下大夫也云其牲物則同不得備其禮耳者謂不備儐尸禮也引曾子問者破舊説案彼上云若宗子有罪居于他國庶子爲大夫其祭也祝曰孝子某使介子某執其常事攝主不厭祭不旅不假不綏祭不配注云皆辟正主厭厭飫神也厭有陰有陽迎尸之前祝酌奠奠之且饗是陰厭也尸謖之後徹薦俎敦設于西北隅是陽厭也此不厭者不陽厭也不旅不旅酬也假讀爲嘏不嘏不嘏主人也不綏祭謂今主人也又云布奠於賓賓奠而不舉是也云而此備有似失之矣者謂此不儐尸者不厭巳下皆有則非如舊説使昆弟攝者故云似失之矣　則祝侑亦如之　注謂尸七飯時　釋曰案上篇尸食七飯告飽祝西面于主人之南獨侑不拜侑曰皇尸未實侑是也　尸食　注八飯　釋曰上巳七飯故知此當八飯也　乃盛至皆牢　注盛者至體焉　釋曰案特牲尸食訖乃盛今八飯即盛者大夫禮與士相變若然此先言臑者見從下起不言盛肩肩未舉舉

乃盛不言骼骼已舉先在俎有司徹不盛俎者更無所用全以歸尸故也云盛者盛於肵俎也者以特牲云盛肵俎俎釋三个故知盛於肵以歸尸故也云此士體羊豕者以其五鼎下有魚腊膚又不升故唯羊豕也云其脊脅皆取一骨也與所舉正脊幹骼凡十矣者案上篇載時皆二骨以並今但盛一骨不云正脊長脅者先舉一骨故不序也凡骨體之數左右合爲二十一體案少牢注云肩臂臑肱骨也膊骼股骨鄉飲酒注前脛骨三肩臂臑也後脛骨二膞胳也又後有髀𣪊折特牲記云主婦俎𣪊折注云𣪊後足也昏禮不數者凡體前貴於後𣪊賤於臑故數臑不數𣪊是以不升於鼎又以髀在肫上以竅賤正俎不用又脊有三分一分以爲正脊次中爲脡脊後分爲橫脊脅亦爲三分前分爲代脅次中爲長脅後分爲短脅是其二十一體也云而俎猶有六體焉者謂三脊三脅皆取一骨盛於肵各有一骨體在俎不取以備陽厭也故云而俎猶有六體焉也　魚七　注盛半至而已　釋曰云魚十有五而俎者案少牢載魚鮒云十有五而俎云其一已舉者謂尸食時已舉其一唯有十四在云必盛半者魚無足翼於牲象脊脅而已者案中候

云魚者水精隨流出入得申朕意鄭注引春秋緯琁璣樞曰魚無足翼紂如魚乃討之是也紂雖有臣無益於股肱若魚雖有翼不能飛若然此注云魚無翼者亦從彼文魚雖有翼不能飛云象脊脅者六體十二骨盛六是半魚無足象牲脊脅亦盛半盛半相似數則不同以其牲之脊脅則六魚之半則七也　腊辯無髀　注亦盛至作脾　釋曰云亦盛半者謂除尸舉其餘兩半亦似魚十四盛七爲半必知盛半者以其此腊在魚下明盛半與魚同此腊亦盛右體知者以其牲用右故此亦盛右體知脊屬焉者案上篇少牢云腊一純而俎脊不折直爲一段代脅長脅短脅各一骨左右三脅脅骨合爲六體并脊爲七通肩臂等十爲十七體與牲體同如腊肩尸食既舉而俎唯有十六在言盛半明脊屬又且凡牲載體者脊皆屬焉下經云乃撫于魚腊俎俎釋三个其餘皆取之明不盡盛可知若然案士虞禮升腊左胖髀不升實于下鼎注云腊亦七體牲之類又特牲記云腊如牲骨鄭注云不但言體以有一骨二骨者以此言之腊與牲體設骨多少盡同而云腊脊脅皆一骨者以其左右盡升欲使祝及主婦巳下俱取於此腊體故下云祝主人之

魚腊取于是注云祝主人主婦俎之魚腊取於此者大夫之禮文待神餘也三者各取一魚其腊主人臂主婦臑祝則骼也今若復分一骨二骨則數多於特牲祝以下俎無腊體不升腊右胖故云腊如牲骨與右胖同皆祝俎所不用上篇少牢雖祝俎有腊兩髀屬竅上大夫禮又異於此士虞禮祝以下亦無腊體故鄭注士虞禮腊亦七體牲之類鄭注云凡腊用純者據上下大夫以上祭祀及士之嘉禮士祭禮則腊不用純辟大夫云言無髀者云一純而俎嫌有之者案上篇少牢載腊云一純而俎不云髀不升故此明之而云腊辯無髀也案上篇少牢祝俎云腊兩髀在祝俎不升於鼎不在神俎已自明矣今此更明之者以少牢陳鼎上下大夫皆同今此下大夫不儐尸其祝俎腊骼不云無髀何以明之　注不言至于尊　釋曰案少牢云設俎羊在豆東豕亞其北魚在羊東腊在豕東特膚當俎北端今摭魚腊宜在魚俎東而繼羊俎言之以羊尊爲主也　乃摭至以出　注个猶至爲摭　釋曰知魚摭四枚腊摭五枚者以魚盛半其俎猶有七个在故摭去四枚釋三个腊盛半而俎猶有八體在摭去五枚釋三个皆爲改饌西北隅也云腊則短

脅正脅代脅魚三枚而已者以腊右體已盛脊又屬焉唯有左在下文云主人腊臂主婦腊臑祝則骼所釋者故知脅又牲體所釋者是脅脊此腊脊已在盛半限故知所釋唯有三脅耳　祝主至于是　注祝至主未聞　釋曰案特牲士禮不待神餘故主人主婦祝皆無腊上大夫之祝當有腊俎至於儐尸腊爲庶羞又不載於俎與此異此下大夫待神餘故祝主人主婦皆有腊體也云其腊主人臂主婦臑祝則骼也與者主人用臂主婦用臑見於下經祝無文而知用骼以其骼無正文故云與以疑之也云此皆於鼎側更載焉者上撫時共在一俎以出及下設時主人主婦及祝各異俎又不同時故知更載俎云鼎側則不復升鼎也云不言主婦未聞者下有主婦俎腊臑則主婦用腊可知此經直云祝主人不云主婦未聞其義或轉寫者脫耳　尸不至三飯　注凡十至五飯　釋曰上篇士禮九飯少牢上下大夫同十一飯士大夫既不分命數爲尊卑則五等諸侯同十三飯天子十五飯可知　主人洗至如儐　釋曰自此盡薦脅皆如賓禮論主人獻尸祝及佐食之事此主人獻有五節主人獻尸一也酢主人二也獻祝三也獻上佐食四也獻

下佐食五也　注肝牢至爲換　釋曰云綏皆當作挼者案經唯有一綏而云皆者鄭并下佐食綏揔破之故云皆也云讀爲藏其墮之墮者讀從周禮守祧職云既祭則藏其隋必讀從之者義取隋減之事也

主婦至如儐　注自尸至上篇　釋曰自此盡入于房論主婦亞獻尸及祝并獻二佐食之事此一節之内獻數與主人同唯不受嘏爲異云與儐同者經既云如儐而注復云與儐同者爲事在上篇而發也

主婦至反位　釋曰此設籩實繼在少牢室内西南隅陰厭神饌也　注棗饋至爵位　釋曰案周禮籩人職云饋食之籩棗㮚桃乾藤榛實羞籩之實糗餌粉餈又加籩之實蔆芡㮚脯是鄭據籩人職而言也云雜用之下賓尸也者案上儐尸者麷蕡白黑糗餌之等朝事之籩羞籩之實各用之而不雜也案上賓尸主婦亞獻尸設籩直有脯脩二籩下大夫之禮主婦亞獻有四籩者賓尸之禮主人獻尸主婦設四籩麷蕡白黑故至主婦獻時直設糗餌與脯脩二籩通前四籩六籩此主人初獻如上篇無籩從故至主婦亞獻設四籩猶自少於賓尸兩籩　注自主至于賓　釋曰上篇主婦但有獻而已無籩燔從之事此篇首儐尸主

婦亞獻尸乃有籩餌之事其物又異唯糗同耳故云此異于儐也上注云自尸侑不飯告飽至此與儐同者在上篇此注云此異于賓者上注云至此與儐同者皆與儐禮同在上篇故注云至此也此自卒爵下至荅拜與儐同在上篇自祝受加于肵以上至主婦反籩儐尸異所得相決鄭所以不在卒爵上注而在尸荅拜下注者取終一事故也　注主婦至曰酌　釋曰案特牲主婦獻尸不夾爵拜上篇上大夫賓尸主婦獻尸夾爵拜此下大夫既不賓尸主婦宜與士妻同今夾爵拜者爲不賓尸降崇敬故夾爵拜與上大夫同言降謂降賓尸之禮也　注自尸至上篇　釋曰經無尸卒爵之文鄭注云尸者以經有卒爵之文多故言尸以別之也　注内子至于賓　釋曰案特牲主婦設籩者士妻卑也案上尸與主人籩皆主婦設之至此祝不使主婦而使宰夫設籩故云祝賤使官可也案禮記注内子卿妻引春秋趙姬請逆叔隗以爲内子證卿妻爲内子今此下大夫妻得稱内子者欲見此下大夫妻於祝不薦籩兼見上大夫妻亦不薦籩故變言内子也或可散文下大夫妻亦得爲内子也云自宰夫薦至賓羞燔亦異于賓者少牢主婦獻祝亦

無籩燔從一事此有籩燔從者亦異于賓也　賓長至爵止　注尸止至待之　釋曰自此盡庶羞在左論賓長獻尸祝佐食并致爵之事此一節之内凡有十爵獻尸一也主婦致爵於主人二也主人酢主婦三也尸作止爵飲訖酢賓長四也賓獻祝五也又獻上佐食六也又獻下佐食七也賓致爵於主人八也又致爵于主婦九也賓受主人酢十也云賓尸西北面荅拜者案上少牢正祭賓獻與此篇首賓長獻皆云拜送此特言荅拜者下大夫故也言拜送者禮重云荅拜者禮輕　主婦至設席　注拜受至士也　釋曰此下大夫夫婦致爵之禮祭統云夫祭有十倫之義七曰見夫婦之别焉又曰尸酢夫人執柄夫人受尸執足夫婦相授受不相襲處酢必易爵彼據夫婦致爵而言又詩既醉序云醉酒飽德謂見十倫之義志意充滿是天子諸侯皆有夫婦致爵之事但少牢上大夫受致不酢下大夫受致又酢不致士受致自致是上大夫尊辟君受致不酢下大夫與士卑不嫌得與人君同夫婦致爵也云拜受乃設席變於士也者案特牲禮未致爵已設席故云異於士其上大夫正祭未致爵至賓尸尸酢主人設席以有尸賓故設席在前也

案周禮司几筵云祀先王昨席亦如之鄭注云謂祭祀及王受酢之席彼受酢時已設席與大夫禮異也鄭注周禮司几筵又云后諸臣致爵乃設席與此禮同者士卑不嫌多與君同故也　注臂左至牲體　釋曰知是左臂者右臂尸所用故知左臂也云特牲五體此三者以其牢與腊臂而七者以經云臂脊脅皆牢牢謂羊豕也既羊豕臂脊脅俱有是六也通腊臂而七是以牲體唯有三也云牢腊俱臂亦所謂腊如牲體者腊如牲體特牲記文案彼云腊如牲骨骨即體也故以體言之以其上腊摭五枚左肩臂臑肫胳今主人不用肩而用臂者以其羊豕皆用臂故腊亦用臂是以鄭云腊如牲體但此腊臂直一骨無並故須云腊如牲體也　主人至爵拜　注無從至摭也　釋曰云無從者變於士也者案特牲主婦致爵於主人肝燔並從此無肝燔從故云變於士也　注自酢不更爵殺　釋曰此決上主婦受酢時祝易爵洗酌授尸尸以醋主婦今自酢又不更爵故云殺也　注作止至於賓　釋曰云作止爵乃祭酒亦變於士者特牲賓三獻如初燔從如初爵止無祭酒之文至三獻作止爵尸卒爵亦無祭酒之文知特牲祭酒訖乃止爵者

以經云燔從如初乃云爵止鄭注云初亞獻也亞獻時祭酒訖乃始燔
從則三獻燔從如初始云爵止明是祭酒既訖乃始止爵今大夫作止
爵乃祭酒故云變於士云自爵止至作止爵亦異於賓者此篇首賓尸
禮賓長獻尸奠爵又云尸作三獻之爵不解以爲與賓同云異者賓尸
止爵在致爵後其作之在獻私人後欲神惠之均於庭此止爵在主婦
致爵前作之在致爵後欲神惠均於室中與特牲燔從如初爵止同少
牢上篇所以不致爵者爲賓尸賓尸　止爵者欲室中神惠均於庭故止
爵也特牲再止爵者一止爵欲神惠均於室中一止爵者順上大夫之
禮也　注北堂至南上　釋曰云東面者變於士妻者案特牲記宗婦
北堂東面北上注云宗婦宜統於主婦主婦南面此東面故云變於士
妻云内子東面則宗婦南面西上者此無正文鄭以意解之何者宗婦
位繼於主婦今主婦准特牲在宗婦位易處則宗婦位亦易處在主婦
位南面西上可知云内賓自若東面南上者亦約特牲記文　注席北
至爲下　釋曰案特牲宗婦東面北上今主婦在宗婦之位東面鄭以
北爲下者若宗婦之衆則北爲上今主婦特位立則依曲禮席東鄉西

鄉以南方爲上因於陰陽故北爲下　注豕折至而五　釋曰云豕折骨也者謂不全體就體骨中折之故云折骨云不言所折略之者謂不言所折骨名是略之引特牲主婦觳折者證略而不言骨名其折是觳折也云豕無脊脅下主人者主人於上文有脊脅也云羊豕四體與腊臑而五者上主人牢與腊臂而七此五是其略也　注自賓至於賓　釋曰異者謂賓獻及二佐食以下至此奠于篚異於少牢賓長獻直及祝不及佐食故鄭彼注云不獻佐食將儐尸禮殺是也　主人降至人辯　注自乃至庶羞　釋曰此一經論主人獻堂下衆賓兄弟下及私人并房中内賓皆與上大夫禮同之事　賓長至于篚　注致謂至佐食　釋曰此經論次賓長獻尸已下之事以其上賓長上已獻尸訖明此是次賓長爲加爵也云不言如初者爵不止又不及佐食者謂不言同上文云賓長獻于尸如初無湆爵不止注云如初如其獻侑酢致主人受尸酢也無湆爵不止別不如初者此文不與彼同者爲經不可如一故鄭注彼此各申經意　賓兄至筭爵　注此亦至此篇　釋曰此一經論堂下賓及兄弟行無筭爵之事此堂下兄弟及賓行無筭爵似

上大夫無旅酬故鄭云此亦與儐同者在此篇若此經兼有旅酬鄭不得言與儐同案特牲尸在室內亦不與旅酬之事而堂下賓及兄弟行旅酬又使弟子二人舉觶爲無筭爵者下大夫雖無儐尸之禮堂下亦與神靈共尊不敢與人君之禮同既與神靈共尊故闕旅酬直行無筭爵而已特牲堂下得獻之後與神別尊故旅酬無筭爵並皆行之士賤不嫌與君同故得禮備也　利洗至奠之　注利獻至於賓　釋曰此一經論佐食事尸禮將畢爲加爵獻尸及祝之事云利獻不及主人殺也者此對上文賓長爲加爵及主人此不及主人是殺也又云此亦異於賓者案上少牢無利獻賓三獻尸即止此篇首儐尸之禮佐食又不與故無佐食獻故云異也　釋曰自主人出至此與賓雜者也者謂有同有不同故上少牢直云祝告曰利成此云祝告于主人曰利成上少牢云祝入尸謖主人降立于阼階東西面此云祝入主人降立于阼階東西面尸謖彼云祝先此云祝前彼云祝命佐食徹肵俎降設于堂下此云祝反復位于室中祝命佐食徹尸俎佐食乃出尸俎于廟門外有司受歸之故云雜云先蓑徹主人薦俎者變于士者特牲既餕祝命佐食徹阼

俎此餕前徹作薦俎故云變於士引特牲者證徹作薦俎所置之處也卒養至用席　注官徹至作茀　釋曰自此下盡篇末論餕訖改饌於西北隅爲陽厭之事云官徹饋者司馬司士舉俎者經云官徹則司馬主羊司士主豕明還遣此二人舉俎可知即上經云司馬刲羊司士擊豕是之云宰夫取敦及豆者以其宰夫多主主婦之事此敦及豆本主婦設之今云官徹明非婦人知是宰夫爲之也是以上文云宰夫羞房中之羞又上主婦獻祝宰夫薦鄭注云内子不薦籩祝賤使官可也以此言之則宰夫代主婦設籩豆及敦可知云當室之白孝子不知神之所在庶其饗之於此所以爲厭飫者此言雜取曾子問郊特牲祭義之文案曾子問說陽厭之事云當室之白尊于東房鄭云得戶明者也郊特牲云索祭祝于祊不知神之所在於彼乎於此乎尚曰求諸遠者與祭義云勿勿乎其欲饗之是鄭所取陽厭及祊祭求神之事云不令婦人改饌敦豆變於始也尚使官也者此決少牢初設饌主婦薦兩豆宗婦一人贊兩豆主婦設一敦宗婦贊三敦是其始時婦人設之今使宰夫徹豆敦者尚使官故也　注埽豆至階東　釋曰引舊說者案曾子

問凡幣帛皮圭爲主命埋之堦間此豆間之祭案舊說埋之西階東以神位在西故近西階是以鄭亦依用也　注拜送至賔也　釋曰此決賔尸時尸出侑從主人送于廟門之外拜尸不顧拜侑與長賔亦如衆賔從鄭注云從者不拜送也言從者不拜送則此云拜送者拜送長可知不言長者下大夫賤無尊賔故不別其長也　注徹祝至之禮　釋曰云不使有司者下上大夫之禮者決上大夫祭畢將賔尸有司徹賔尸禮終亦有司徹今婦人徹故云下上大夫之禮也　注有司至禮殺　釋曰云有司饌之婦人徹之外内相兼禮殺者此徹室中之饌者於上經有司徹饋饌于室中西北隅者今使婦人徹之故云外内相兼外者謂有司官改饌西北隅内者謂今婦人■徹饋故云相兼也

儀禮疏卷第五十　計肆拾柒萬伍阡捌伯肆拾捌字

宣德郎守大理寺丞國子監直講賜緋魚袋　臣崔偓佺校定

通直郎守太子洗馬國子監直講騎都尉杭州監彫印版　臣王　煥校定

諸王府侍講承奉郎守尚書屯田員外郎兼國子監直講賜金魚袋　臣孫奭校定

承奉郎守尚書屯田員外郎直集賢院騎都尉　臣李維校定

朝散大夫行尚書職方員外郎祕閣檢理上柱國　臣舒雅校定

朝請大夫尚書虞部郎中崇文院檢討[redacted]閣護軍　臣杜鎬校定

南宫[redacted]朝請郎中守大理寺丞　臣朴[redacted]文拜校

朝奉郎守國子博士騎都尉　臣李慕清拜校

翰林侍講學士中大夫守尚書工部侍郎兼國子監祭酒權同句當官院事柱國河間郡開國侯食邑一千户食實封四伯戶賜紫金魚袋臣邢昺都校

大宋景德元年六月　日

朝散大夫給事中叅知政事柱國太原縣開國伯食邑八百戶食實封貳伯戶賜紫金魚袋　臣王欽若

朝散大夫守尚書刑部侍郎叅知政事柱國瑯琊郡開國侯食邑一千戶食實封四伯戶賜紫金魚袋　臣王旦

推忠協謀佐理功臣光祿大夫尚書右僕射兼門下侍郎同中書門下平章事監修國史上柱國隴西郡開國公食邑三千

推忠協謀翊戴佐理功臣特進守司空兼門下侍郎同中書

事昭文館大學士上柱國東平郡國公食邑五千七百戶